제8판

경영학으로의
초대

김귀곤 김솔 이순희 이주헌 조남신

박영사

현재 경영환경은 다양하고 복잡한 위기와 기회로 가득하다. 코로나19 팬데믹에서부터 시작하여 러시아-우크라이나 전쟁, 이스라엘-하마스 가자지구 전쟁, 에너지 위기, 물가 상승, 높은 금리 등 다양한 요인으로 인해 매우 불안정한 상태이며 향후 기업에 미치는 영향 또한 예측하기 어렵다.

앞으로는 다양한 경영환경 변화가 예상된다. 첫째, 기술 혁신의 가속화가 예상된다. 5G 기술의 보급과 함께 더 빠른 데이터 속도와 연결성이 강화될 것이다. 인공지능(AI)과 기계 학습(ML)의 발전으로 인해 비즈니스 프로세스의 자동화가 더욱 확대될 것이다. 둘째, 지속 가능한 경영이 강조될 것이다. 기업들은 환경 및 사회적 책임에 대한 요구가 높아짐에 따라 지속 가능한 경영에 더 많은 중점을 둘 것이다. 친환경 제품 및 서비스의 개발, 탄소 중립화 노력, 재생에너지 활용 등이 확대될 것이다. 셋째, 글로벌 무역과 물류의 큰 변화가 예상된다. 글로벌 무역 환경은 더욱 빠른 변화를 겪을 것이며, 새로운 무역 협정 및 무역 관세의 조정이 발생할 것으로 예상된다. 물류 및 공급망 관리에서 디지털 기술의 도입이 가속화되어 효율성이 향상될 것이다. 넷째, 인적자원 경쟁력의 강화가 필요하다. 인적자원의 다양성과 포용이 강조될 것이며, 유연한 업무 환경을 제공하는 기업이 인재 확보에서 우위를 차지할 것이다. 실무 경험이 풍부한 인재와 디지털 기술에 능통한 인재의 수요가 더욱 증가할 것이다. 다섯째, 사이버 보안의 중요성이 강화될 것이다. 기업들은 사이버 공격 및 데이터 침해에 대한 대비책을 강화할 필요가 있다. 보안 기술과 전문가의 수요가 더욱 증가할 것으로 예상된다. 마지막으로 신속한 의사결정이 필요하다. 빅데이터 및 데이터 분석을 활용한 의사결정 속도가 더욱 중요해질 것이다. 실시간 정보에 기반한 전략 수립 및 실행이 기업의 경쟁 우위를 결정짓는 중요한 요소가 될 것이다.

이러한 경영환경의 변화에 대응하기 위해서는 기업들이 민첩성과 혁신성을 강화하며, 변화에 대한 적응 능력을 키우는 것이 핵심이 될 것이다. 우리는 어떤 생존 전략으로 후일을 도모해야 하는가?

Back to the Basic 중국의 철학자인 유자는 다음과 같은 명언을 남겼다. '군자는 기본이 되는 일에 힘을 쓰며, 매사에 기본이 바로 서야 도(道)가 발생한다.' 영어로는 'Back to the Basic'이라는 의미 정도일 것이다. 미래의 예측이 불투명할수록 결국 기본에 충실한 것이 급변하는 시대에 대응하는 최선의 해법이 된다. 미래에 대한 섣부른 예측에 휘둘리지 않고 기업 경영에 필요한 인사조직, 마케팅, 재무, 회계, 전략, 생산관리, 경영정보, 국제경영 등에 대한 상식적이고 기본적인 내용들을 꼼꼼히 챙기고 제대로 실행에 옮겨야 하는 것이다. 국내외 경제 위기나 기업의 흥망성쇠도 결국에는 관행이라는 이름으로 가장한 채 기본을 어기고 행해졌던 많은 일들 때문은 아닐까? 이제는 기업 경영에 필요한 기본적인 사항들을 하나 하나 곱씹어 보며 기업과 경영자의 의사 결정 프로세스를 다시 한번 재점검할 시기가 도래한 것 같다.

본「경영학으로의 초대」를 통해 경영학을 전공하여 경영이라는 단어를 처음 접하게 되는 대학생뿐 아니라 어느 정도의 직장 경험을 통해 기업 경영을 직간접적으로 경험하다가 다시 경영을 제대로 공부하기 시작한 경영대학원(MBA) 학생, 오래 시간 현장에서 고객들과 부딪히며 경쟁자들과 여러 규제 하에서 살아남느라 고군분투하고 있는 기업인들, 기업인들이 사회에서 건전한 방식으로 성장하도록 유도하는 제도와 규제를 만드는 정부 관계 당국자들도 본 도서에 나와 있는 상식적이며 기본적인 그리고 어찌 보면 너무도 당연한 '경영학의 기본 내용들'을 제대로 공부할 수 있는 기회가 되었으면 좋겠다.

본「경영학으로의 초대」도 어느덧 8판에 이르게 되었다. 여기까지 올 수 있었던 것은 모두 다 독자들의 이 책에 대한 애정과 관심에 기인한다. 8판에서는 큰 내용의 변화보다는 최신의 사례들을 교체/추가하는 작업에 중점을 두었다. 본「경영학으로의 초대」의 저자들은 본서를 사용하는 국내의 여러 학교의 교수님들과 학생들로부터 받은 여러 개선 및 지적 사항을 지속적으로 반영하여 다음 9판에서는 더욱 완성도 높은 교재를 출간하기 위해 노력할 것을 약속 드린다.

2024년 2월
이문동에서

머리말

경영학처럼 현실에 가까운 학문은 별로 흔치 않다. 이 세상을 살아가는 거의 모든 사람들이 알게 모르게 기업 혹은 경영과 너무도 가까운 사이를 유지하고 있기 때문이다. 예를 들어 대부분의 소비는 경영학과 밀접히 관련되어 있다. 가정의 경제를 계획하고 집행하는 것 역시 경영학의 중요한 주제에 가깝다. 아울러 많은 사람들이 기업에 종사한다는 사실 또한 경영학이 우리 삶에 얼마나 가까이 있는지를 알려 주는 하나의 신호라고 할 것이다. 그럼에도 불구하고, 경영이란 무엇인가, 그리고 경영학이란 무엇인가란 아주 단순한 질문에 선뜻 답을 제공할 수 있는 사람은 그다지 많지 않으며, 특히 경영학을 처음 접하는 사람들뿐 아니라 경영학을 오래 공부한 사람들조차도 답하기는 그다지 쉽지 않다. 왜 그런지 한번 생각해 보자.

첫째로, 이는 아마도 경영학이 갖는 다양성과 학제적 특성(interdisciplinary)에 기인하지 않을까 생각된다. 경영학은 그 안에 매우 다양한 분야가 존재한다. 학자에 따라, 혹은 필요에 따라 여러 가지 구분법이 있지만, 대략 마케팅, 회계, 재무, 생산, 인사·조직, 국제경영, 전략, 경영정보시스템 등의 여러 분야가 있으며, 이들의 학문적 내용이 서로 현저히 다른 경우가 일반적이다. 기업을 보아도 마찬가지이다. 기업 내에서도 여러 다양한 기능들이 하나의 부서를 이루고 있지 않은가? 마케팅을 공부한 사람이 회계를 설명하기 쉽지 않으며, 재무를 책임지고 있는 사람이 경영정보시스템을 관리하기란 매우 어려운 법이다. 따라서 본서는 이러한 어려움을 극복하고자 다양한 분야의 저자를 초빙하였으며, 각자 맡은 전문분야의 내용을 경영학의 입문과정에 맞추어 쉽게 쓰고자 노력하였다.

둘째로, 경영학은 현실을 떠나서는 그다지 큰 의미를 갖지 않는다. 즉 기업 혹은 소비자의 문제 해결에 도움을 주지 못하는 이론만의 경영학은 환영을 받을 수 없다는 점이다. 본서는 이러한 점을 충분히 반영하고자 노력하였다. 설명하고 있는 이론이 실제 현장에서 어떻게 적용되는가에 대한 풍부한 예를 들었으며, 다양한 사례를 통하여 실전의 감각을 최대한 살리고자 하였다.

셋째로, 경영학은 빠르게 변화한다는 점이다. 환경의 변화는 곧바로 경영학의 이론과 실제에 영향을 주며, 경영학 그 자체 역시 이를 적극 반영하여야 한다. 예를 들어 최근 몇년 사이에 눈부신 발전을 이룬 IT(Information Technology)는 경영 전반에 지대한 영향을 미쳤다. 새로운 사업의 기회가 나타났으며, 기업의 운영이란 측면에서도 다양한 새로운 방법론들이 대두되었다. 본서는 이러한 점을 고려하여 최근의 변화를 적극적으로 수용하는 한편 이들 변화가 경영을 실제 어떻게 변화시키는가에 많은 주안점을 두었다.

이상에서 언급한 바와 같이 본서는 경영학의 다양한 분야를 조망하는 한편, 이론과 현실의 격차를 최대한 좁히고자 노력하였으며, 아울러 최근의 변화를 적극 수용하였다는 점에서 경영학을 처음 접하는 독자들의 이해를 돕고자 하였다. 또한, 본서를 경영학의 입문과목에서 강의할 분들을 위하여 강의에 필요한 참고자료를 준비하였으므로 참고자료들이 더욱 알찬 강의의 밑거름이 되기를 바라마지 않는다.

끝으로 본서가 나오기까지 저자들은 많은 분들에게 도움을 받았다. 한국외국어대학교 경영학과 박사과정의 이원영·허훈 학형, 석사과정의 심정은 학형은 여러 저자의 글을 일관성 있게 편집하는 데에 놀라운 솜씨를 선보였다. 또한 박영사의 안종만 회장님과 이원일 차장님은 긴 저술 기간 동안에 물심양면으로 협조를 아끼지 않았으며, 홍석태 님은 저자들의 원고를 제대로 된 책의 형태로 만드는 데 큰 기여를 하였다. 이 모든 분들에게 이 자리를 빌어 깊은 감사의 말씀을 전하고자 한다.

본서의 저자들은 책의 완성도를 높이기 위하여 그간 최선의 노력을 기울였으나, 여전히 부족한 점이 많이 있을 것이라 생각된다. 혹시라도 발견되는 문제점은 전적으로 저자들의 책임이며, 부족한 부분은 앞으로의 개정작업에서 보완할 것을 약속드린다. 아울러 독자 여러분의 날카로운 지적과 격려를 부탁드린다.

2002년 2월
저자 일동

차 례

제1부 　 경영이란 무엇인가

제 3 장 　기 업

제 4 장 　경영자

제 5 장 　경영환경과 전략적 대응

제2부   경영, 어떻게 하는가

제 6 장   미래의 계획: 경영계획

제 7 장   미래의 계획: 전략경영

제 8 장 **현재의 실행: 누가 실행할 것인가**

제 9 장 **현재의 실행: 어떻게 실행할 것인가**

제3부 **기업의 가치는 어떻게 만들어지는가**

제11장 **고객의 이해**

제12장 제품/서비스의 흐름

경영학으로의 초대
Business Management

PART

1

경영이란 무엇인가

Chapter 1

경영과 경영학

세계 최대 규모의 기후 정상회의인 제28차 유엔기후변화협약 당사국총회("Conference of the Parties", 이하 "COP")가 지난 2023. 11. 30.부터 2023. 12. 13.까지 아랍에미리트 두바이에서 개최되었다. 이번 회의에 참여한 198개 당사국들은 지구 온도 상승 억제 1.5도 목표 달성을 위해 2030년까지 "에너지 부문에서 화석연료로부터의 전환(transitioning away from fossil fuels in energy systems)"을 가속화한다는 내용이 담긴 "UAE 컨센서스"를 채택했다. 또한 2030년까지 전 지구적으로 재생에너지 용량을 3배로 확충하고 에너지 효율을 2배로 증대하며, 원자력 및 탄소 포집 활용·저장(CCUS) 등 저탄소 기술을 가속화하는 내용 등을 합의하였다. 특히 참가국들은 기후위기 대응을 위한 전반적인 패러다임의 전환을 강조하고, 모든 투자의 흐름을 저탄소발전 목표에 부합하도록 할 것을 촉구하였다.

I. 배경

유엔기후변화협약 당사국총회는 기후변화에 대응하기 위해 매년 개최되는 국제 기후 정상회의이다. UNFCCC(United Nations Framework Convention on Climate Change, UN 기후변화협약) 출범 이후 30년 동안 COP는 매년 회원국을 소집하여 기후변화 대응의 의지와 책임을 표명하고 기후 관련 정책을 파악 및 평가해 왔다. 2015년 COP 21에서 체결된 파리협정은 2100년까지 지구의 평균 기온 상승폭을 산업화 이전 수준과 비교해 2℃ 이하, 더 나아가 1.5℃ 이하로 억제하도록 노력한다는 내용을 담고 있다. 이번 COP 28에서는 파리협정 이후 처음으로 파리협정 제14조에 따른 전 지구적 이행점검(Global Stocktake, 이하 "GST") 결과가 도출되었다.

2. COP 28 주요 이슈

(1) 전 지구적 이행점검 및 탈 화석연료 전환 합의

이번 GST를 위해 이번 COP 28에서는 감축, 적응, 이행수단 등 각 부문별로 장관급 회의를 진행하여 그동안의 이행상황을 검토하고, 이를 바탕으로 당사국들의 향후 정책방향을 제시하는 총 21

페이지 196항의 결정문이 채택되었다.

이번 GST를 통해, 파리협정에서 정한 1.5℃ 감축 목표를 달성하기 위해서는 전 지구적 탄소배출을 2019년 대비 2030년에는 43%, 2035년에는 60% 감축이 필요하며, 2025년 이전 배출 정점 도달 및 2050 탄소중립 달성이 필요하다는 기존 감축경로를 재확인하였다. 또한 '재생에너지 및 에너지 효율에 관한 서약'을 통해, 한국을 포함한 123개국은 2030년까지 재생에너지 발전 용량을 3배 늘리고 에너지 효율을 2배 이상 개선하기로 합의하였다. 이 밖에도 2030년까지 메탄 포함 이산화탄소 외의 온실가스 배출량 감축, 무(저)공해 차량의 신속한 보급을 포함한 수송 부문 감축 가속화와 같은 내용이 채택되었다.

10년 안에 화석연료로부터 '전환'

한편 COP 28에서는 화석연료 '퇴출'이 최대 쟁점으로 다루어졌다. 2021년 영국 글래스고에서 열린 COP 26에서 당사국들은 석탄의 '단계적 퇴출'(phase out)을 논의하였으며, 2022년 이집트 샤름엘셰이크에서 열린 COP 27에서는 단계적 감축 대상을 다른 화석연료까지 확대해야 한다는 요구가 높았으나 이에 대한 합의를 보지 못했다. 이번 COP 28에서는 선진국과 개도국 간, 화석연료 의존도가 높은 산업개도국과 도서개도국 등 기후취약국들 간 첨예한 대립 끝에 '전환(Transition)'이라는 표현을 사용한 타협이 이루어졌다. 최종 합의문엔 2050년 탄소 중립 달성을 목표로 10년 안에 화석연료로부터 '전환'을 시작한다는 문구가 포함되어 있다.

(2) 전 지구적 적응 목표 수립

COP 27에 이어, 이번 COP 28에서는 기후 변화의 영향에 적응(adaptation)하기 위한 지원 전략이 강조되었으며, 최종 합의문에는 적응에 필요한 재정을 두 배로 늘리고 향후 적응에 대한 평가 및 모니터링 계획을 수립해야 한다는 요구가 포함되어 있다.

COP 28에서 수립된 전 지구적 적응 목표 체계는 파리협정 제7조 제1항에 명시된 적응 역량 강화, 회복력 증진, 취약성 저감 목표에 대해 구체적인 수치를 제시한 것으로, 전 지구적 적응 목표 달성 및 전체적인 진전 사항 검토에 대한 지침을 제공하기 위해 마련되었다.

(3) 손실 및 피해 기금의 운영 방안 결정

선진국이 기후 위기에 직면한 개발도상국을 돕기 위해 마련하는 '손실과 피해' 기금(loss and damage fund)의 운영방안을 담은 결정문이 채택되었다. 이는 지난 COP 27에서 손실과 피해 대응을 위한 기금 및 지원체계를 마련하기로 합의한 지 1년 만에 채택된 것으로 일종의 권고안과 같은 성격을 띠고 있다. 기금의 초기재원 조성과 관련하여 아랍에미리트(UAE)는 1억 달러 공여를 약속하며 의장국으로서 리더십을 발휘하였고, 독일, 미국, 일본 등 일부 국가들도 정상회의를 통해 재원 공여를 선언하였다.

(4) 기후 재원 목표 수립 노력의 진전

개발도상국의 기후 완화 및 적응 이니셔티브에 자금을 지원하기 위해 선진국들이 이미 약속한 1,000억 달러를 기반으로 2024년 말까지 새로운 기후 재원 목표(New Collective Quantified Goal, 이하 "NCQG")를 수립하기로 하였고, 이와 관련하여 목표 수립에 관한 작업 방식 및 절차 등에 대해 합의가 이루어졌다. 내년에 개최될 COP 29 이전에 NCQG 관련 당사국간 협상문 초안(draft negotiating text)의 주요한 틀이 마련될 수 있도록 규모, 기간 등 NCQG 주요 구성 요소 논의를 위해 적어도 연 3회 이상 워크숍 형태의 기술전문가 대화와 당사국 간 회의를 개최하는 등 NCQG 논의에 더욱 속도를 낼 예정이다.

(5) 파리협정 제6조(국제 탄소시장)

COP 28에서 중요하게 논의된 분야는 탄소시장과 관련된 파리협정 제6조이다. 파리협정 제6.2조는 협력적 접근법을 통한 감축실적의 국제적 이전(ITMO), 제6.4조는 UNFCCC가 관장하는 하향식의 지속가능발전 메커니즘을 규정하고 있다. 파리협정 제6조가 상정하고 있는 탄소시장은 민간기구가 운영하고 있는 자발적 탄소시장(VCM)까지 아우르고 있다.

2021년 COP26에서 제6.2조와 제6.4조의 세부 이행규칙이 제정되어 국제 탄소시장 개설 기반이 마련되었고, 2022년 COP27에서 제6.2조 관련 협의가 구체화되었으나, 세부적인 기술 지침에 대해서는 완전한 합의가 도출되지 않았다. 이번 총회에서는 제6.2조에 따른 감축 실적 승인 절차를 구체화하는 세부규정안 및 제6.4조 관련 탄소 제거 활동에 대한 감독기구(Supervisory Body) 권고안 등에 대한 논의가 진행되었으나, 당사국 간의 의견차이로 합의에 실패하였으며, 내년 COP 29에서 논의가 지속될 예정이다.

(6) 투명성 보고서 작성 지원 계획

파리협정의 모든 당사국은 2024년부터 격년 주기로 투명성 보고서(Biennial Transparency Report, 이하 "BTR")를 통해 온실가스 배출 및 흡수량, 국가 온실가스 감축목표 이행·달성 경과 등 정보를 제출해야 한다.

그러나 개도국은 자체적인 보고 시스템이 없거나 전문가 부족으로 인하여 2024년 12월까지 제출하여야 하는 첫 번째 BTR 제출에 차질이 예상되고 있다. 이에 파리협정 투명성 체계 협상에서는 BTR의 작성 및 제출 기한 준수를 위하여, 개도

국에 필요한 재원과 역량 배양 지원 현황을 확인하고, 2025년 6월까지의 구체적인 지원 계획 등을 담은 결정문을 채택하였다. 아울러 선진국들의 경험을 개도국에 공유하기 위한 촉진적 대화체(facilitative dialogue) 운영, 개도국의 BTR 작성을 재정적으로 지원하고 있는 지구환경금융(GEF)과의 워크숍 개최 등을 통하여 개도국에 대한 구체적 지원이 이루어질 예정이다.

3. 대한민국 대표단의 활동

대한민국 대표단은 COP 28 개최 이전부터 GST, 탄소배출 감축, 국제 탄소시장 등 주요 의제에 대해 국가제안서를 제출하는 등 우리 측 입장을 적극 개진하였다. 특히 2050 탄소중립 달성을 위한 강화된 기후행동을 촉구하면서 신재생에너지뿐만 아니라 다양한 무탄소 에너지원의 활용 등 저탄소기술의 중요성이 결과문서에 반영될 수 있도록 '무탄소에너지 이니셔티브'의 글로벌 확산을 제안했다. 무탄소에너지 이니셔티브는 2050년 넷제로 달성을 위한 방법의 일환으로, 재생에너지로 산업의 모든 필요 전력을 충당하자는 RE100과 달리 탄소를 배출하지 않는 원자력발전과 청정수소 등을 포함한다. 이와 궤를 같이하여, GST 결과문서에는 재생에너지뿐 아니라 원자력, 저탄소 수소, 탄소 포집활용 및 저장(CCUS) 등 (무)저탄소기술 가속화를 위해 노력한다는 사항이 기재되기도 하였다.

4. 우리 기업에 대한 시사점

(1) 탄소중립 목표의 구체적 이행방안 수립 및 재생에너지 산업 관련 관심 필요

COP 28 합의에 따라, 우리나라를 포함한 약 130개국이 2030년까지 재생에너지 용량을 3배로 확충하고 에너지 효율을 2배로 증대하는 목표

에 동참하게 되었다. 우리나라는 기존에 국제적으로 국가적 기후 대응 수준이 저조한 것으로 평가받은 바 있으나, 전 지구적 에너지 전환의 요구가 거세지고 GTS를 통해 각국 국가 온실가스 감축목표 이행 점검이 이루어짐에 따라 국내에서도 에너지 전환 대응 및 탄소중립 목표 달성을 위한 구체적 수단과 관련 규제가 지속적으로 증가할 것으로 전망된다. 기업 역시 국가 온실가스 감축목표 세부 이행방안 및 관련 정부 규제를 모니터링하고, 재생에너지 투자, 직접PPA 및 제3자PPA, RE100 REC 거래 등의 수단을 활용한 구체적 탄소중립 이행 방안을 수립할 필요가 있을 것이다.

한편 COP 28 합의 내용에 따라 2030년까지 재생에너지 용량을 3배로 확대할 경우 재생에너지 육성 관련 다양한 정책이 도입될 수 있을지 귀추가 주목된다. 특히 해상풍력 활성화를 위한 원스톱샵 법을 포함하여 국회나 산업부에서 논의 중인 재생에너지 정책들이 COP 28 합의 내용에 따라 보다 속도감 있게 추진될 수 있을지 기업 입장에서 관심을 가질 필요가 있다. 또한 무탄소에너지 이니셔티브와 궤를 같이하여 국내 수소 산업 활성화가 기대되므로 2024년 개설 예정인 CHPS 시장, 청정수소 인증제 등을 포함하여 수소 산업 전반에 대해 주목할 필요도 있어 보인다.

(2) 기후변화 '적응'에 대한 인식 및 대응

기업의 지속가능경영과 관련하여 종전에는 탄소중립을 위한 온실가스 배출량 감축이 주요 의제로 다루어졌고 기후변화 적응은 별로 논의되지 않았다. 그러나 기후변화가 불가피한 현상으로 다가옴에 따라 국제적으로 기후변화 적응에 관한 논의가 점차 확대되고 있으므로 기업들로서도 기후변화 시나리오에 따른 전략 및 비즈니스 모델을 수립하는 등, 기후변화 적응에 대하여 보다 적극적으로 대응할 필요가 있다. 변화하는 환경에 대응하여 장기적 기업가치를 제고하는 ESG 투자의 관점에서도 기후변화 적응은 중요하게 인식하고 대응하여야 할 것이다.

(3) 자연자본 공시를 포함한 ESG 공시를 대비

COP 28에서는 국가 차원의 온실가스 배출량 보고 및 이와 관련된 투명성을 다루었으며, 이는 기업의 ESG 공시와 밀접한 관련이 있다. 미국, EU 등 각국에서는 기후정보를 포함한 ESG 정보 공시를 의무화하는 추세이며, 우리나라 역시 환경정보 공개제도의 개편이 진행되고 있으므로 기업들은 이러한 ESG 공시의 제도화 추이를 주시하면서 이에 적시에 대응할 수 있도록 준비할 필요가 있다.

아울러 환경정보 공시에서는 기후변화뿐만 아니라 생물다양성, 자연자본 관련 공시도 준비할 필요가 있다. COP 28 최종 합의문에서는 전 세계 기후 목표 달성을 위해 자연과 생태계를 보호하고 복원하는 것이 중요하다는 점을 강조함으로써 자연과 기후의 연관성을 부각시키고 있다. MSCI 리포트에 따르면, 투자자들은 자연 보호 또는 생태계 개선 프로젝트에서 점점 더 많은 투자 기회를 찾고 있으며, 이는 재정이 취약한 개발도상국 대외채무를 선진국이나 국제민간환경보호단체가 변제해주는 대신 개발도상국으로 하여금 변제된 채무액만큼 자국 자연보호에 투자하도록 하는 제도(debt-for-nature swaps) 및 탄소배출권 같은 메커니즘을 통해 실현되고 있다.

이처럼 생물다양성 및 자연자본에 대한 글로벌 관심도가 증가하고 있는 가운데, 1,100개 이상의 글로벌 기업들이 참여한 자연자본 재무정보 공개 태스크포스는 올해 9월 생물다양성을 포함한 자연자본 관련 공시 프레임워크 최종 권고안을 발표하였다. 한편 국제 ESG 공시의 표준을 주도하고 있는 IFRS 지속가능성 공시기준 제정위원회도 차기 공시기준 제정 주제로 생물다양성, 인적자본, 인권 등을 정하였으며, 조만간 여론 수렴절차를 거쳐 제정 우선순위를 정할 예정이라고 한다.

(4) 클린테크(Clean Tech) 관련 기회 발굴

GST에서 유엔기후변화협약 최초로 1.5도 목표 달성을 위한 주요 감축 수단으로 재생에너지 외에 원자력, 저탄소 수소, CCUS(탄소 포집 활용 및 저장) 등이 명시됨에 따라, CCUS 기술과 같은 이른바 '클린테크'에 대한 상당한 투자가 이루어질 것으로 보인다. 실제로 블룸버그 NEF(New Energy Finance)의 보고서에 따르면 클린테크 분야는 2023년 3분기에만 166억 달러의 투자를 유치하였고, BCG는 글로벌 기후테크 누적 시장 규모가 2050년까지 60조 달러에 이를 것으로 전망하고 있다. EU탄소국경조정제도 등 탄소중립과 관련된 규제가 강화되는 상황에서 클린테크 기술은 더 많은 관심과 투자를 받을 것으로 예상되므로 클린테크 분야의 육성 및 기술의 선제적 확보를 통해 기업과 투자자는 새로운 비즈니스 기회를 발굴할 수 있을 것이다.

출처: 리걸타임즈 2024.01.04.

경영과 경영학

1. 경영의 개념적 이해

최근 들어서는 기업조직뿐만이 아니라 거의 모든 조직에서 '경영'을 말한다. 거의 모든 선거에서 후보자들은 누구나 할 것 없이 정치에 '경영 마인드'를 도입하겠다고 주장한다. 심지어는 가장 보수적이라고 할 수 있는 학교나 종교단체 등에서도 '경영'이라는 말을 서슴없이 붙이고 있는 실정이다. 그러나 전통적으로 경영의 주된 대상은 기업조직이었다. 따라서 아직도 '경영'하면 '기업경영'을 떠올리는 경우가 많으며 본 교재에서도 기업이라는 영리조직을 대상으로 하는 '기업경영'에 한정하여 논의하고자 한다. 물론 본 교재에서는 기업이라는 특정 조직을 대상으로 하는 기업경영(학)을 공부하게 되겠지만 우리가 사회생활을 영위하면서 직면하게 되는 다양한 조직에서의 활동에도 경영(학)이 적용될 수 있음을 먼저 말해 둔다.

인간은 사회적 동물로서 적어도 하나 이상의 조직에 속해 있으며 조직구성원들과 상호작용하며 살아간다. 이처럼 인간은 공동체 생활을 영위하기 때문에 삶의 터전인 공동체를 존속·발전시키는 자체가 삶의 존속·발전인 것이다. 경영이 무엇인가를 논하기 위해 공동체를 구성하고 있는 구성원을 생산자와 소비자로 단순화시켜 보자. 이 공동체가 유지·발전하기 위해서는 생산자와 소비자 간에 지속적인 교환활동이 이루어져야 한다. 어떻게 하면 주고받는(give & take) 교환활동이 지속적으로 이루어질 수 있을까? 이에 대한 정답은 생산자는 '생산활동'이 소비자는 '소비활동'이 지속적으로 이루어질 수 있는 조건 내지는 환경을 만들어 주는 것이다. 먼저 재화나 서비스를 생산해서 소비자에게 공급하는 역할을 담당하는 생산자는 재화나 서비스를 생산하는 데 소모되는 비용(원가)에 적정이윤을 가산한 금액 이상의 가격을 받아야만 존속할 수 있다. 따라서 생산자를 위한 삶의 필요조건인 '원가에 적정이윤을 가산한 금액 ≤ 재화나 서비스의 가격'이라는 부등식을 만족시켜 주어야 계속적으로 생산할 수 있는 유인을

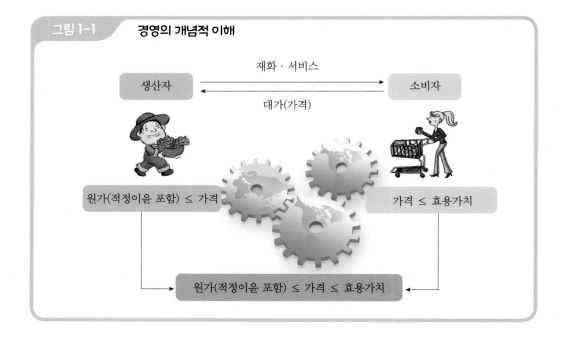

그림 1-1 **경영의 개념적 이해**

재화 · 서비스

생산자 ——————————→ 소비자

대가(가격)

원가(적정이윤 포함) ≤ 가격   가격 ≤ 효용가치

원가(적정이윤 포함) ≤ 가격 ≤ 효용가치

갖게 된다.

　반면에 재화나 서비스를 구매(수요) 및 사용·소비하는 소비자는 재화나 서비스를 사용·소비함으로써 얻게 되는 효용가치가 그 재화나 서비스의 구매가격보다 크거나 같아야 지속적으로 구매 및 사용·소비한다. 즉 '재화나 서비스의 가격 ≤ 재화나 서비스의 효용가치'라는 부등식이 만족되어야 한다. 따라서 생산자와 소비자 모두가 서로 공존할 수 있는 이상적인 해는 재화나 서비스의 가격이 원가에 적정이윤을 가산한 금액과 재화나 서비스의 효용가치 사이에 존재하게 하는 것이다. 즉 '원가에 적정이윤을 가산한 금액 ≤ 재화나 서비스의 가격 ≤ 재화나 서비스의 효용가치'라는 부등식을 충족시키는 데 있다. 따라서 경영자는 재화나 서비스의 가격이 가운데 존재할 수 있는 가능성을 높이기 위하여, 즉 공동체의 존속 및 발전을 위하여 재화나 서비스의 생산에 소요되는 원가를 절감하는 능력(생산성, 생산·운영관리 능력)을 높여야 하고 동시에 재화나 서비스의 효용가치를 높이는 능력(창조성, 마케팅관리 능력)을 발휘해야 한다. 이를 개념적으로 종합해보면 경영은 기업조직과 소비자 간에 교환활동(give & take, exchange)이 원활하게 이루어질 수 있도록 조건이나 환경을 조성해 나가고 그 결과로 그들로 구성된 공동체가 유지·발전될 수 있도록 노력하는 것이다.

사례 1-1　'전기차' 친환경의 역설, 환경 위협 '폐배터리'…위기를 기회로

　기후변화 방지를 위해 내연기관차에서 전기차로의 전환이 가속화되고 있지만 역설적으로 전기차에 투입된 '사용 후 배터리'(폐배터리)는 환경오염을 야기한다. 각종 중금속과 전해액이 포함된 폐배터리를 그대로 매립할 경우 심각한 토양오염으로 이어질 수 있다.

　전기차 보급 활성화로 수명을 다한 배터리가 기하급수적으로 늘면서 폐배터리 재활용 시장이 커지고 있다. 국내 배터리 기업들도 시장 선점을 위해 재활용 공장을 짓는 한편 국외 기업들과 합작법인 설립에 속도를 내고 있다.

　21일 에너지 시장조사업체 SNE리서치에 따르면 글로벌 전기차 폐차 대수는 2030년 411만 대에서 2040년에는 4,227만 대까지 늘어날 것으로 전망된다.

　각국은 폐배터리 재활용에 적극적이다. 유럽연합(EU)은 2031년부터 배터리 핵심 원료인 리튬·코발트 등의 재활용을 의무화하는 내용이 담긴 '지속 가능한 배터리법'을 통과시켰다.

미국도 인플레이션감축법(IRA)에 따라 폐배터리 재활용 비율을 확대하고 있다. 제조 공정에서 발생하는 불량품인 스크랩도 재활용 대상이다.

기업들은 폐배터리를 분해하고 용해시켜 리튬, 코발트, 니켈 등의 원재료를 회수한다. 이렇게 얻은 광물은 배터리 제작 과정에서 원가 절감 효과를 불러온다. 또 원자재 채굴과 정제 과정에서 생기는 탄소배출량도 줄일 수 있다. 환경보호와 경제적 이익이라는 두 마리 토끼를 잡을 수 있는 셈이다.

에코프로는 지난 19일 SK에코플랜트, 전기·전자폐기물 전문기업 테스와 함께 헝가리에 폐배터리 재활용 공장 설립을 위한 업무협약(MOU)을 체결했다. 헝가리는 지난해 기준 중국, 폴란드, 미국에 이어 세계 4위 배터리 생산국이다. 2025년 공장 완공으로 폐배터리를 안정적으로 확보해 여기서 얻은 원재료를 배터리 제조에 다시 투입하는 게 목표다.

LG에너지솔루션은 중국 1위 코발트 생산업체 화유코발트와 배터리 리사이클 합작법인(JV)을 설립했다. 중국 장쑤성 난징시와 저장성 취저우시에 각각 폐배터리를 가공하는 공장과 재활용 금속을 처리하는 공장을 만들어 내년 말부터 가동할 계획이다.

리튬이나 니켈 같은 핵심 광물을 회수하는 기술을 고도화하는 작업도 하고 있다. 삼성SDI는 지난해 5월 경기 용인시에 있는 SDI연구소 안에 '리사이클 연구 랩'을 신설했다. 대한상공회의소는 2045년 폐배터리 재활용을 통해 국내 기업들이 회수할 수 있는 광물 규모를 수산화리튬 2만t, 황산망간 2만 1,000t, 황산코발트 2만 2,000t, 황산니켈 9만 8,000t으로 추정했다.

SK에코플랜트는 폐배터리 재활용에 필요한 핵심 기술 내재화에 성공했다. SK에코플랜트 관계자는 "폐배터리에 용매 추출 방식을 적용해 양극재 원자재인 니켈, 코발트 등을 97% 회수하는 데 성공했다"며 "회수된 니켈, 코발트의 순도가 99.9%를 웃돌아 실제 배터리 제조에 쓰이는 수준을 기록했다"고 말했다. SK에코플랜트는 실증 사업을 거쳐 2025년 준공 예정인 경북 경주시 공장에 해당 기술을 적용할 방침이다.

출처: 경향신문 2023.11.21.

2. 경영(학)이란

경영(학)은 여러 가지로 정의할 수 있겠지만 앞서 살펴본 바와 같이 기업조직과 소비자 두 주체 간에 'give & take', 즉 교환(exchange)이 잘 이루어지도록 하는 체계적인 활동을 경영이라고 개념적으로 정의할 때 다음과 같이 정의해 보고자 한다.

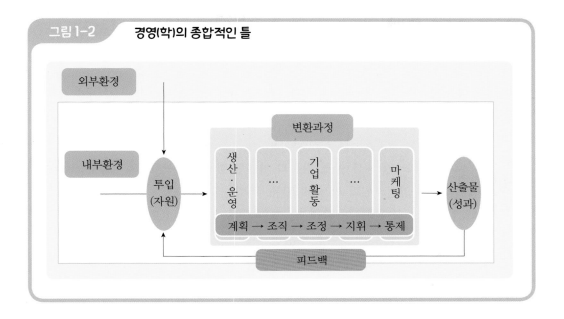

그림1-2   **경영(학)의 종합적인 틀**

경영은 '기업조직이 일정한 공동목표를 달성하기 위하여 환경과 상호작용하면서 관리기능 또는 관리과정을 통해 조직의 자원을 조직의 활동에 효과적이고 효율적으로 투입·통합·조정하는 과정'이다. 그리고 경영학은 '이를 연구하는 학문'이라고 볼 수 있다. 〈그림 1-2〉는 이러한 경영(학)의 정의를 잘 표현해 주고 있다.

〈그림 1-2〉에서 알 수 있듯이 경영시스템 모형에 의하면 오늘날 기업조직은 개방체계(open system)로서 내·외부환경으로부터 자원을 투입하여 관리기능과 조직활동을 통한 변환과정을 거쳐 다양한 형태의 산출물(경영성과)을 만들어낸다. 또한 이러한 경영과정은 경영성과에 대한 피드백을 통해 순환적으로 반복된다.

투입과정

투입된 자원(inputs)은 기업조직의 내부 환경으로부터 투입된 인적자원, 재무적 자원, 물적자원, 정보적 자원 등의 내부자원과 기업조직의 외부 환경으로부터 투입된 시장·사회·정치·경제·기술적 측면 등의 외부 환경적 정보(외부자원)이다.

변환과정

변환과정(transformation process)은 관리기능 또는 관리과정과 조직활동으로 이루어져 있으며, 관리기능 또는 관리과정(management function or management process)은 의사결정(목표설정)으로부터 시작하여 계획수립, 조직화, 지휘(리더십을 통한 지휘, 동기유발을 통한 지휘, 의사소통을 통한 지휘) 및 통제로 구성되어 있다. 그리고 조직활동(organizational activities)으로는 조직의 주된 활동(main activities)인 생산·운영 활동과 마케팅 활동이 있으며, 지원활동(supporting activities)인 인적자원의 확보 및 활용, 경영자금의 조달 및 활용, 경영정보의 수집 및 활용, 회계정보의 산출 및 활용 등이 있다. 지원활동은 주된 활동인 생산·운영 활동 및 마케팅 활동을 돕는 역할을 수행한다.

결국 변환과정은 경영과 관련된 모든 조직활동을 관리과정을 통해 투입물을 산출물로 만들어가는 과정이라고 할 수 있다.

산출과정

기업경영활동의 산출물(outputs)이라고 할 수 있는 경영성과는 크게 세 가지 부분, ① 재화 및 서비스의 제공을 통한 소비자(고객)의 만족 정도(고객

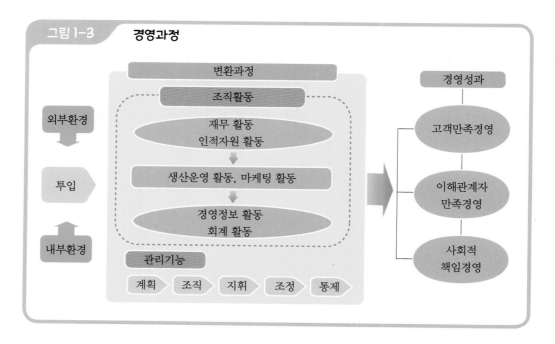

그림 1-3 경영과정

만족 경영), ② 이해관계자(주주, 거래업체 및 공급업체, 경영자, 종업원 등)에 대한 적절한 보상의 제공 정도(이해관계자 만족경영), ③ 사회의 기대에 대한 부응 정도(사회적 책임경영)로 나누어 볼 수 있다. 그리고 이들 경영성과는 효과성 (effectiveness)과 효율성(efficiency)이라는 두 가지 측면에 의해 파악·측정되며, 효과성은 기업조직의 목표 달성 정도를, 효율성(능률성)은 투입(inputs) 대비 산출(outputs)을 의미한다.

이와 같은 경영과정을 요약해 보면 〈그림 1-3〉과 같다.

경영학의 학문적 성격 및 연구방법

1. 학문적 성격

경영학은 기업조직의 제반 현상을 기술(description)하고 설명(explanation) 하며 예측(prediction)하는 것을 목적으로 하는 이론과학(theoretical science)일 뿐만 아니라, 기업경영의 실무를 위한 규범적 방향을 제시해야 하는 '실천과학 (practical science)' 내지는 '응용과학(applied science)'이다. 다시 말해서, 경영학은 기업조직의 경영에 관한 단순한 지식 이상의 것으로서 그 지식이 항상 실제 경영에 응용될 수 있어야 하며, 기업경영을 바람직한 방향으로 나아가도록 통제(control)할 수 있어야 한다는 말이다.

그러나 실제로 경영이론이 경영상의 문제들을 위한 완전한 처방이나 해답을 모두 제시해 줄 수는 없다. 기업경영에는 어떤 원칙이나 이론으로도 설명될 수 없는 부분이 존재하기 때문이다. 그래서 성공적인 기업조직의 경영을 위해서는 경영에 관한 이론적 지식의 무장과 함께 경영자의 오랜 경험이나 직관도 매우 중요한 요소이다. 이와 같은 이유로 경영학은 과학이지만 기술을 포함하고 있다.

요약건대, 경영학의 주된 연구대상은 기업조직이며, 그 학문적 성격은 〈그림 1-4〉와 같이 이론과학인 동시에 응용과학이고, 과학(science)인 동시에 기술 (art)이다.

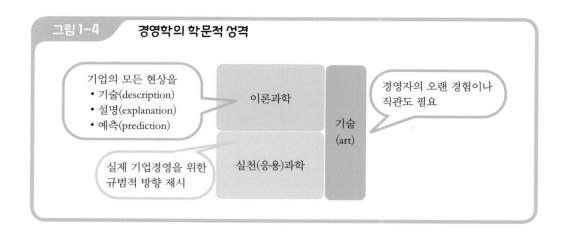

2. 연구방법

경영학을 연구하는 데 있어서는 다른 학문분야와 마찬가지로 다양한 연구방법이 사용된다. 이들 연구방법들은 단독으로 사용되기도 하지만 연구를 진행하는 과정에서 단계적으로 또는 중첩적이거나 상호 교차적으로 사용되는 경우가 더 일반적이다. 예를 들어 사례연구(case study) 같은 경우에는 단독으로 사용되기도 하지만, 사회과학의 한 분야인 경영학을 연구하기 위해서는 여러 연구방법들이 함께 사용되는 과학적 연구방법(scientific method)이 일반적으로 사용된다.

귀납적 연구방법

귀납적 연구방법(induction)은 개개의 여러 특수한 사실들 간의 어떤 관계로부터 일반적이고 보편적인 진리나 원칙을 이끌어 내는 연구방법이다. 예를 들어 20년 동안 증권거래소에서 주식거래를 하던 투자자가 선거시즌만 되면 주식이 폭등하는 현상을 여러 번 경험했다고 가정하면 투자자는 선거, 즉 정치적 사건이 주식가격에 영향을 미친다는 결론에 도달할 수 있다. 이 경우 여러 선거시즌에 주식이 폭등하는 현상이 개개의 특수한 사실이 되고, 이들 사실들의 유사성(관계)으로부터 정치적 사건이 주식가격에 영향을 미친다는 일반적인 원칙을 이끌어 냈기 때문에 귀납적 연구방법이라고 할 수 있다(〈그림 1-5〉).

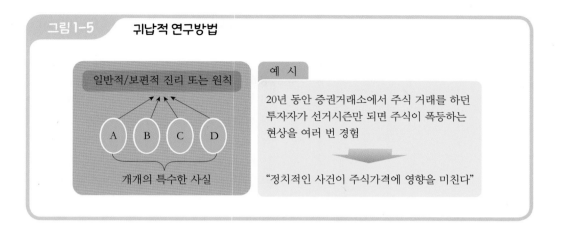

그림 1-5 **귀납적 연구방법**

연역적 연구방법

연역적 연구방법(deduction)은 귀납적인 방법과는 반대로 일반적이고 보편적인 원리나 원칙으로부터 개개의 특수 원칙이나 법칙을 이끌어 내는 연구방법이다. 따라서 연역적 연구방법에서는 가설의 설정이 매우 중요한 요소이다. 예를 들어 연봉제도가 업무성과에 긍정적인 영향을 미친다는 이론이 알려져 있다고 하자. 이러한 이론을 접한 연구자가 직장에 연봉제도를 도입하여 실제로 업무성과의 변화를 확인하였다면 이는 연역적 연구방법을 사용한 것이다(〈그림 1-6〉).

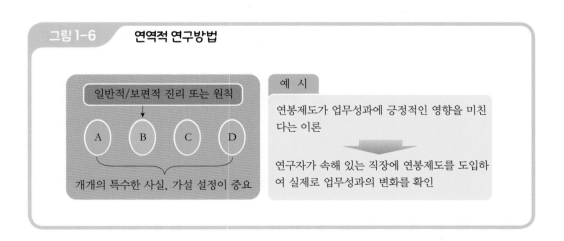

그림 1-6 **연역적 연구방법**

올해 韓은 총선, 美는 대선…선거와 증시의 상관관계는?

한국의 4월 국회의원 선거에 이어 11월 미국 대통령 선거까지 한미 양국에서 굵직한 정치 이벤트가 잇따라 벌어질 갑진년(甲辰年) '선거의 해'가 밝았다. 특히, 지난 1987년 민주화 이후 국내 대선·총선은 물론 최근 수차례 미국에서 치러진 대선과 중간선거를 앞두고는 양국 대표 주가 지수가 높은 확률로 상승세를 보였던 것으로 나타나면서 올해 주가 흐름의 향방에 대한 관심 역시 높아지는 상황이다.

코스피, 민주화 후 대선·총선 17회 중 11번 상승

3일 헤럴드경제는 한국거래소(KRX) 정보데이터시스템을 통해 지난 1987년 대통령 직선제 개헌 이후 치러진 총선 당해 연초 코스피 지수 대비 총선 전일 종가 기준 코스피 지수의 등락률을 분석했다.

이 결과 총 9회(13~21대) 치러진 총선 중 5번(55.56%)의 선거 전 코스피 지수가 상승한 것으로 나타났다. 14대(1992년 3월) 총선을 제외한 다른 총선이 4월 중순에 치러진 것을 고려하면 총선 당해 연초 주가 흐름은 우상향 곡선을 그릴 가능성이 더 높다고 볼 수 있는 셈이다.

조사 대상 중 코스피 지수 상승률 1위는 22.77%를 기록한 13대(1988년 4월) 총선 이전 시점이었다. 그 뒤를 17대(2004년 4월) 총선 13.03%, 19대(2012년 4월) 총선 9.24%, 14대(1992년 3월) 총선 2.16%, 20대(2016년 4월) 총선 1.02% 순서로 따랐다.

총선 전 코스피 지수가 하락한 시기에 눈여겨 볼 포인트는 불가항력적인 대외 리스크가 발생했다는 점이다. 16대(2000년 4월) 총선이 치러지기 전 -18.58%로 코스피 지수 하락률 1위를 기록한 것은 미국 증시에서 이른바 '닷컴 버블' 사태가 터지며 폭락장세를 보인 여파가 코스피 지수를 직격했기 때문으로 분석된다. 하락률 2·3위를 기록한 21대(2020년 4월, -15.50%), 18대(2008년 4월, -7.51%) 총선 기간 전에는 각각 신종 코로나바이러스 감염증(코로나19) 팬데믹(세계적 대유행), 서브프라임 사태로 인한 글로벌 금융위기로 전 세계 증시가 맥을 추지 못했던 시기이기도 했다.

한국에서 총선보다도 주가 상승세가 더 뚜렷하게 나타난 것은 대선이다. 민주화 이후 치러진 대선 당해 연초 코스피 지수 대비 대선 전일 종가 기준 코스피 지수의 등락률을 분석했을 때 총 8회(13~20대) 대선 중 6회(75%) 선거에서 코스피 지수가 오름세를 보였기 때문이다.

한 증권업계 관계자는 "민주화 이후 직접선거를 통해 선출된 대통령이 이끄는 대부분의 정부에선 큰 선거를 앞두고 사실상 주가 부양 정책으로 볼 수밖에 없는 각종 조치를 취해왔고, 이런 것이 주가엔 긍정적 효과를 낸 것"이라면서 "묵혀뒀던 규제 개혁이나 기업 활동에 대한 지원 정책 등을 큰 선거 전에 내놓음으로 인해 종목들의 밸류에이션을 상승시킨 것이 사례"라고 설명했다.

2006년 이후 美 대선·중간선거 9회 중 6회 다우지수 상승

큰 선거 전 주가가 오르는 현상은 한국뿐만

아니라 미국에서도 비슷하게 나타난다.

헤럴드경제가 인베스팅닷컴을 통해 지난 2006년 이후 치러진 9차례의 미 대선·중간선거 당해 뉴욕증권거래소(NYSE) 다우존스30산업평균지수의 흐름을 분석한 결과, 연초 대비 선거 전일까지 다우지수가 상승세를 탄 경우는 총 6회(66.67%)에 이르는 것으로 나타났다.

가장 큰 폭으로 다우지수가 하락했던 지난 2008년 미 대선(-29.74%) 기간의 경우 '글로벌 금융위기'의 직격탄을 맞은 직후라는 점, 지난 2020년 미 대선(-5.65%)의 경우 코로나19 팬데믹에 따른 경기 위축이 한창이었다는 점을 고려한다면 선거를 앞두고는 대체적으로 주가가 우상향 곡선을 그리는 경향성이 뚜렷했다 볼 수 있다.

다만, 큰 선거 직후 시점엔 주가가 하락하는 모양새 역시 관측되기도 했다. 최근 9차례 총선 후 3개월 간의 코스피 지수 등락률을 분석했을 때 총 6회(66.67%)에서 하락세가 보이면서다.

특히, 14·17·19대 총선의 경우엔 연초부터 선거 전까지 각각 2.16%, 13.03%, 9.24% 상승했던 코스피 지수가 총선 후 3개월 뒤엔 각각 -12.15%, -19.31%, -10.48%란 정반대 수치를 보이기도 했다.

한 증권관련 학계 관계자는 "선거 전 정부 지출을 늘려 주식 시장에 더 많은 자금이 흘러가도록 해 주식 시장의 덩치를 키우다 선거 이후엔 '재정건전성' 등을 이유로 '돈풀기'를 중단하며 발생한 현상으로 읽을 수도 있다"면서 "기업·신용 부실 등 주가에 부정적 영향을 미칠 수 있는 각종 리스크 발생 시점을 인위적으로 미뤘다 선거 이후 터뜨린 경우도 있었으며, 이런 일들이 주가에 그대로 반영된 결과"라고 분석했다.

尹 개미친화 정책…"투심 자극" vs "증시 근본적 영향 ↓"

증권가에선 올해 총선 전 국내 증시의 흐름이 완만한 상승 곡선을 그릴 것이란 의견이 우세하다.

우선 총선 전 여야 가릴 것 없이 경제 산업 육성과 국가 경쟁력 제고 등의 목적으로 각종 공약을 내놓을 가능성이 높은 상황 속에, 이들 공약이 장세를 주도할 가능성이 높다는 이유에서다.

작년 말부터 정부가 드라이브를 걸고 있는 '3대 개인주주 친화 정책'이 증시에 미칠 영향에 대한 관심 역시 지대하다. 정부는 지난해 11월 공매도를 전면 금지한 데 이어 지난달 21일엔 양도세를 부과하는 대주주 기준을 기존 10억원 이상에서 50억원 이상으로 완화하겠단 결정을 내리기도 했다. 여기에 윤석열 대통령은 전날 서울 영등포구 한국거래소 서울사무소에서 개최한 '2024 증권·파생상품시장 개장식'에서 금융투자소득세 폐지를 추진하겠단 입장을 천명하기도 했다.

한 증권업계 관계자는 "개인 투심을 자극함으로써 지난해 '2차전지 투자붐'으로부터 이어져 온 개인 수급 중심의 주가 상승세에 속도를 더할 지 여부가 관심사"라며 "공매도 금지로 인해 외국인 투자자의 영향력이 감소하고 개인 투자자의 주가 결정력이 커진 상황도 변수"라고 설명했다.

이 밖에도 미국 연방준비제도(Fed·연준)가 상반기 중 피벗(pivot, 금리 인하)에 돌입할 것이란 기대감이 커지는 것도 올 초 국내 증시엔 긍정적 요인으로 꼽힌다.

다만, 장밋빛 전망을 내놓긴 이른다는 의견도 나온다. 또 다른 증권업계 관계자는 "정부 주도의 개인주주 친화 정책은 총선에 앞서 표심을 잡기 위한 의도가 큰 것일 뿐, 해당 정책이 주가 지수 등 증시에 근본적인 영향을 미칠 가능성은 낮다"면서 "궁극적 목적 '코리아 디스카운트' 해소를 위해 시급하게 손 봐야 할 각종 외국인 투자자에 대한 정책이 후순위로 밀리는 것도 증시엔 부정적 영향을 미칠 수 있다"고 지적했다.

이 밖에 태영건설發 부동산 프로젝트파이낸싱(PF) 부실 문제가 시스템적 위기로 확대될 수 있다는 점도 리스크로 꼽힌다.

출처: 헤럴드경제 2024.01.03.

실험적 연구방법

실험적 연구방법(experimental method)은 독립변수의 변화에 따른 종속변수의 변화 정도를 파악할 때 많이 사용되는 방법이다. 이 방법은 동질의 조사대상을 실험집단과 통제집단으로 나누고, 실험집단의 독립변수에만 변화를 준 다음, 실험집단과 통제집단의 종속변수 간에 차이가 있는지를 확인하는 방법이다. 예를 들어 담배 포장지에 씌어 있는 "지나친 흡연은 당신의 건강을 해칠 수 있습니다"라는 문구의 광고효과를 측정하는 경우, 실험집단에는 위의 문구를 담배 포장지에 삽입하고 통제집단에는 위의 문구를 담배 포장지에 삽입하지 않은 채로 두 흡연집단의 담배제품에 대한 선호도차이와 같은 소비자 반응차이를

그림 1-7 실험적 연구방법

실험집단

통제집단

동질의 조사대상

예시

"지나친 흡연은 당신의 건강을 해칠 수 있습니다"라는 문구의 광고효과 측정

흡연에 대한 문구가 삽입된 경우(실험집단)와 삽입되지 않은 경우(통제집단)의 제품 선호도(소비자 반응) 차이 비교

조사하였다면 이는 실험적 연구방법을 사용한 것이다. 앞으로 인간관계론에서 살펴보게 될 Mayo와 그 연구팀의 호손(Hawthorn) 실험 등도 이러한 연구방법을 사용한 것이다(〈그림 1-7〉).

사례연구(case study)

사례연구(case study)는 여러 개의 실제적인 사례를 가지고 깊이 있는 관찰과 분석을 통하여 어떤 일반원칙을 도출해내는 연구방법이다. 사례연구는 과거의 실제 선례를 가지고 연구하기 때문에 연구과정을 통하여 기업의 경영내용을 파악하고 분석하여 종합할 수 있는 능력을 배양할 수도 있다. 무엇보다도 사례연구가 중요한 것은 경영학이 이론과학이면서 실천(응용)과학이기 때문에 경영학의 이론지식을 실제경영과 연결시키는 데 크게 기여할 수 있기 때문이다. 그러나 한 가지 유의해야 될 점은 과거 사례와 동일한 상황이 미래에도 일어난다는 보장이 없으며 실제 일어나는 경우도 매우 적다는 사실이다. 뿐만 아니라 과거사례와 동일한 상황이 발생하더라도 연구를 통한 경영관리원칙의 도출이 그 상황을 설명할 수 없는 기술(art)부분이 존재하기도 한다(〈그림 1-8〉).

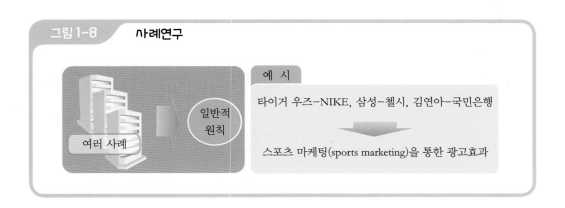

그림1-8 사례연구

여러 사례

일반적 원칙

예 시

타이거 우즈-NIKE, 삼성-첼시, 김연아-국민은행

스포츠 마케팅(sports marketing)을 통한 광고효과

"마케팅도 데이터 시대"…CJ올리브네트웍스, 마케터 위한 행사 성료

CJ올리브네트웍스가 28일 데이터를 기반한 마케팅 전략을 공유하는 자리를 마련했다.

CJ올리브네트웍스는 이날 서울 송파구 롯데호텔월드 크리스탈볼룸에서 데이터 마케팅 컨퍼런스 'THE MAXONOMY 2024'를 개최했다.

CJ올리브네트웍스의 데이터 마케팅 솔루션 전문가 그룹인 '팀 맥소노미'에서 주관한 행사로, 최신 마케팅 트렌드와 인사이트를 나누고 지속가능한 마케팅 전략을 공유했다. 이날 850여 명 이상의 마케터가 참석해 성황을 이뤘다.

올해는 변화하는 마케팅 환경에서 효과적인 데이터 마케팅을 완성하기 위한 방향과 단계별 전략을 논의했다.

최근 수년 째 계속되는 경기 불황과 개인 정보보호 이슈 강화, 생성형 AI를 비롯한 새로운 기술 등장 등 마케팅 시장은 큰 변화들을 겪으며 마케터의 역할이 더욱 중요해지고 있다.

CJ올리브네트웍스의 팀 맥소노미는 마케팅 자동화 솔루션 Braze와 데이터 분석 솔루션 Amplitude, 고객 경험 분석 솔루션 Contentsquare의 한국 공식 파트너다.

팀 맥소노미는 해당 솔루션의 라이선스를 공급하고, 전문 컨설팅 서비스를 통해 기업의 제품·고객 분석을 통한 마케팅 캠페인을 지원하고 있다.

연사로 선 장준희 미트박스 실장은 축산물 직거래 플랫폼인 자사 성장을 위해 어떤 마케팅 기법을 활용했는지 소개했다.

장 실장은 "구매량이 많고 충성 고객일수록 플랫폼을 사용하는 시간이 급격하게 짧아지는 걸 발견했다"며 "이 점이 우리에게 큰 인사이트를 줬고, 새로운 서비스를 만들 때 다른 접근을 할 수 있게 도와줬다"고 말했다.

이어 "데이터 마케팅에서 가장 중요한 건 관점"이라며 "데이터를 아무리 능숙하게 분석하고 마케팅 툴을 잘 다뤄도, 고객에 대한 명확한 관점이 없으면 소용없다"고 강조했다.

강문회 CJ ONE 멤버십제휴사업 매니저는 사용자 라이프스타일에 맞는 개인화된 서비스를 제공하는 노하우를 설명했다. 인구 통계 대비 CJ ONE 회원 비중을 분석해보니 전체 인구의 57%, 20대 여성의 90%에 달했다.

강 매니저는 "올해 10~20대 남성 이용자가 크게 늘어 남성 MZ세대들도 멤버십 활동에 적극적으로 참여하는 추세라는 점을 발견했다"고 밝혔다.

그는 일정 기간 동안 제휴사들과 협업해 멤버십 할인 혜택을 제공하는 '프리즘 데이'에 구매 전환율이 63%를 기록해 높은 효과를 냈다고 설명했다.

강 매니저는 "포인트 적립·사용, 간편결제, 쿠폰 사용 등 다양한 상황에서 하나의 바코드로 통합 사용할 수 있도록 사용자가 편의성을 높일 것"이라고 전했다.

정기수 CJ올리브네트웍스 팀 맥소노미 팀장은 "이번 행사는 지난해보다 고객사에서 직접 연사로 참여하는 세션이 3배 이상 증가했다"며 "실제 기업에서 데이터를 어떻게 활용해 빠른 성장을 이어가고 있는지 직접 들어볼 수 있는 좋은 기회"라고 말했다.

출처: 아시아경제 2023.11.29.

과학적·연구방법

과학적 연구방법은 앞서 설명한 여러 연구 방법들이 단계적으로 또는 중첩적으로 사용되어 하나의 결론을 이끌어내는 종합적인 방법이라고 할 수 있다. 대부분의 경영학 이론(논문)들은 과학적 연구방법을 통해서 이루어진다. 과학적 연구방법은 크게 세 부분으로 이루어진다. 첫 번째는 현실세계에서 현상 또는 사실(facts)을 관찰하고 귀납적 과정을 통해 현상에 대해 설명하는 부분으로 경영학 관련 논문에서 문제제기나 연구배경 부분에 해당한다(〈그림 1-9〉에서 ①, ②). 두 번째는 연역적 과정을 통해 현상에 대한 예측이나 가설을 설정하는 부분으로 경영학 논문에서 이론적 배경과 가설의 설정부분에 해당한다(〈그림 1-9〉에서 ③). 세 번째는 예측이나 가설을 검증하는 부분으로 실험적 연구방법 등을 사용하며 논문의 실험설계 및 실증분석에 해당된다(〈그림 1-9〉에서 ④).

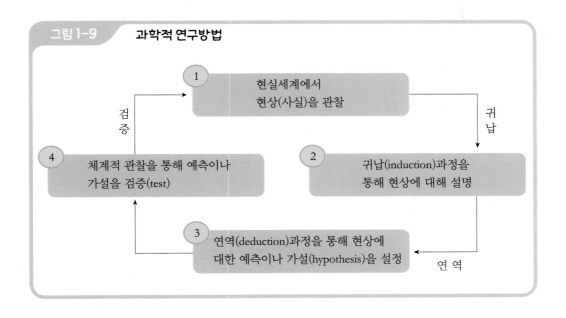

그림 1-9 　과학적 연구방법

① 현실세계에서 현상(사실)을 관찰

귀납

② 귀납(induction)과정을 통해 현상에 대해 설명

연역

③ 연역(deduction)과정을 통해 현상에 대한 예측이나 가설(hypothesis)을 설정

④ 체계적 관찰을 통해 예측이나 가설을 검증(test)

검증

본 교재의 구성

본 교재는 3부로 구성되어 있다.

먼저 제 1 부에서는 '경영은 무엇인가'라는 주제로 기업조직과 경영(학)을 이해하기 위한 기초적인 개념들을 5장으로 나누어 살펴볼 것이다. 제 1 장에서는 경영과 경영학을 이해하고, 제 2 장에서는 경영학의 발달과정을 학파에 따라 개관할 것이다. 제 3 장에서는 경영(학)의 대상인 기업을 살펴보고, 제 4 장에서는 기업조직을 경영하는 경영자를, 그리고 제 5 장에서는 개방시스템으로서의 기업조직이 직면하고 있는 경영환경과 그에 대한 전략적 대응을 살펴볼 것이다.

제 2 부에서는 '경영, 어떻게 하는가'라는 주제를 가지고 경영의 순환과정을 시간의 흐름에 따라 미래의 계획(제 6 장: 경영계획, 제 7 장: 전략경영)과 현재의 실행(제 8 장: 조직화 과정, 제 9 장: 계획화 과정), 그리고 과거의 평가(제10장)로 나누어 살펴볼 것이다.

제 3 부에서는 '기업가치, 어떻게 만들어지는가'라는 주제를 가지고 경영과정에서 일어나는 조직활동들을 고객의 이해(제11장: 마케팅), 제품/서비스의 흐름(제12장: 생산 및 서비스 운영관리), 사람의 이해(제13장: 인적자원관리), 자금의 흐름(제14장: 재무 및 회계), 정보의 흐름(제15장: 경영정보), 글로벌화의 이해(제16장: 국제경영)라는 이름으로 각론을 공부하기 위한 예비학습을 할 것이다.

요약

경영(학)의 정의에 대한 개념적 이해나 경영학의 학문적 성격, 그리고 경영학의 연구방법에 대한 개괄적인 이해는 경영학을 체계적으로 공부하기 위한 하나의 방향키 역할을 한다. 본서에서는 경영을 '기업조직이 일정한 공동목표를 달성하기 위하여 환경과 상호작용하면서 관리기능 또는 관리과정을 통해 조직의 자원을 조직의 활동에 효과적이고 효율적으로 투입·통합·조정하는 과정'이라고 정의하고 '이를 연구하는 학문'을 경영학이라고 정의하였다. 따라서 경영학의 주된 연구대상은 기업조직이며, 그 학문적 성격은 이론과학인 동시에 응용과학이고, 과학(science)인 동시에 기술(art)이라고 할 수 있다. 이러한 학문적 성격을 반영하여 대부분의 경영학에 관한 연구방법으로는 과학적 연구방법이 활용되고 있다.

참고문헌

- 김귀곤 외, 제품범주의 현저성이 브랜드 확장평가에 미치는 영향: 동서양 비교문화적 접근, 마케팅연구, 24(1), 29-50, 2009.
- 김남현 외, 「경영학의 이해」, 경문사, 2004.
- 김진학, 「21세기 경영학」, 한티미디어, 2007.
- 신유근, 「경영학원론—시스템적 접근」, 다산출판사, 2011.

토의문제

1. 경영에 대한 개념적 이해를 대학에서의 교수와 학생 간의 관계에서 설명해 보라.
2. 개방체계하에서의 경영학을 정의해 보고, 투입과 변환과정, 산출 측면으로 나누어 구체적으로 설명해 보라.
3. 경영의 관리과정과 경영활동을 구분하여 설명해 보라.
4. 경영학의 학문적 성격을 최근의 논문사례를 들어 설명해 보라.
5. 경영학에 관한 연구 논문들 중에 하나를 선택하여 사용된 연구방법들을 설명해 보라.

Chapter 2

경영학의 발달과정

 글로벌 CEO 10명 중 4명 "경영에 생성형 AI 도입"

글로벌 기업 CEO 10명 중 4명은 기업 경영에 생성형 AI 도입을 시험하고 있다고 밝혔다.

한국딜로이트그룹은 3일 글로벌 기업 CEO 104명과 아시아태평양 기업 소속 CFO 276명을 대상으로 진행한 '글로벌 CEO와 AP CFO들이 말하는 2024년 경제·산업 전망'을 통해 이 같이 밝혔다.

딜로이트 글로벌 CEO서베이는 포춘 500, 글로벌500, 포춘커뮤니티 기업이 속한 26개 이상의 산업군에 속한 104명의 글로벌 CEO이 참여했다. 또한 AP CFO 서베이 경우, 호주, 중국, 인도, 일본 등 4개 국가를 포함하는 동남아시아 주요 기업의 276명 CFO들을 대상으로 진행됐다.

이번 조사에서 글로벌 CEO의 38%는 기업 경영에 생성형 AI 도입을 시험하고 있다고 밝혔다.

도입 수준은 제한적 활용이 34%, 사업 부서에 실질적으로 활용하는 비중이 13%로 23년 6월 조사 대비 14%p, 6%p 증가했다. 글로벌 CEO는 생성형 AI를 업무 효율성 개선(96%)과 자동화(89%), 운영비용 절감(87%) 등 목적으로 활용한다고 답했다.

다만, 생성형 AI를 적용하기 위한 데이터 전문 인력 확보와 사이버 보안에 대한 과제가 남아있는 만큼 전면 도입에 대해선 유보적인 태도를 보이는 것으로 나타났다.

또한 글로벌 CEO는 성장관리의 주요 과제로 우수한 인재 유치 및 관리(77%)를 꼽았으며, 인재 채용과 조직문화의 중요가치로 다양성, 형평성, 포용성(DEI)을 전략적 우선순위와 목표로 통합했다.

DEI 투자에 대한 이유로 '조직의 가치와 일치'라고 답한 비율은 90% 달했으며 이어 '조직의 채용 및 인재 확보 역량 제고'가 78%를 기록하며 인재확보와 관련된 투자에도 많은 노력을 기울이는 것으로 나타났다.

한편 글로벌 CEO들은 2024년 인플레이션·지정학적 불확실성(51%)을 가장 우려한다고 밝혔고, 금융 및 시장 불안정성(38%), 규제대응과 인재부족(35%) 그리고 경제 양극화(21%)를 다음으로 꼽았다.

2024년은 우리나라를 비롯해 미국, 유럽연합(EU), 일본, 대만 등에서 일제히 선거가 치러지는

'슈퍼 선거의 해'인 만큼 자국 우선주의와 자국민 보호주의를 앞세운 관세 및 친 환경, 이민 규제 등이 강화될 전망이다.

한국딜로이트 측은 이미 지속되는 미중 패권 경쟁 속에서 미국과 EU는 물론 중국도 자국 산업 보호를 위한 관세 부과, 수출입 통제, 환경 의무 부과 등을 이용할 가능성이 높고, 공급망 분리 및 다변화 추구를 위한 다양한 장치들이 작동할 전망이라고 설명했다.

또한 첨단기술 산업 육성과 보호를 위한 각종 규제 및 장벽 도입은 물론, 국가 안보와 개인정보 보호를 위한 각종 법과 제도가 도입됨에 따라 기업들이 넘어야 할 벽이 높아지고 있다.

이에 따라 올해 '성장관리'를 위해 풀어가야 할 핵심 과제에 규제 환경 변화에 대한 대응이 부상하고 있다는 분석이다.

홍종성 한국 딜로이트 그룹 총괄대표는 "기업 리더들은 경기 침체 대응에서 한 발 더 나아가 긴 안목을 가지고 경기회복 시기에 도약을 위한 준비를 시작해야 한다"며 "다년간 복합 위기에 맞서 온 글로벌 CEO 및 AP지역 CFO들의 인사이트를 통해 국내 기업 관계자들이 올해 경기 전망이 불확실한 가운데 사업 기회를 포착하고 전략을 마련할 수 있는 계기가 되길 바란다"고 말했다.

출처: 한국경제TV 2024.01.03.

경영학의 발달 배경

1. 경영학의 시작

경영에 대한 개념적 정의를 근거로 판단해 볼 때, 경영의 출발점은 공동체를 이루고 농경과 목축을 시작할 때부터라고 할 수 있다. 농경과 목축은 인간과 자연과의 교환활동, 즉 주고받는(give & take) 관계로 생각해볼 수 있기 때문이다. 이러한 교환활동은 인간과 인간의 물물교환의 형태로 발전하였고 화폐가 등장하면서 더욱더 활발해졌다. 이후 1776년 Smith(1776)의 「국부론」(The Wealth of Nations)에서 제기된 분업(division of labor)에 대한 주장과 18세기 영국에서 시작된 산업혁명(industrial revolution)을 계기로 대량생산이 이루어지면서 체계적이고 구체적인 이론에 근거한 경영의 필요성이 본격적으로 제기되었다.

2. 경영학의 전개과정

현대적 의미의 경영학의 발달은 크게 미국의 경영관리학과 독일의 경영경제학에서 찾아볼 수 있다. 그러나 오늘날의 주된 경영학의 접근법들이 미국을 중심으로 발전되고 있기 때문에 이하에서는 미국 경영관리학의 발전을 중심으로 경영학의 발달과정을 전개해 나가고자 한다.

미국 경영관리학의 발전에 공헌한 Taylor를 비롯한 초기의 경영자들은 그들의 관리상의 경험을 서술하고 그 경험들을 기본적인 원칙으로 일반화하려고 노력하였다. 그리고 그 후에는 보다 과학적이고 학문적인 연구를 시도하는 많은 학자들이 나타나 경영학이론을 학문적으로 체계화하였다. 그 결과 실무자들과 다양한 학자들의 경영관점을 중심으로 여러 경영학파들(schools of management thought)이 생겨나게 되었다. 본 교재에서는 이러한 학파들을 고전적 경영학, 행동과학적 경영학, 관리과학적 경영학으로 분류하여 설명하고, 현대적인 경영학의 접근법으로 시스템이론(systems approach)과 상황적합이론 (contingency approach) 등을 설명하고자 한다. 다음에 전개될 경영이론의 발달과정을 정리해 보면 〈그림 2-1〉과 같다.

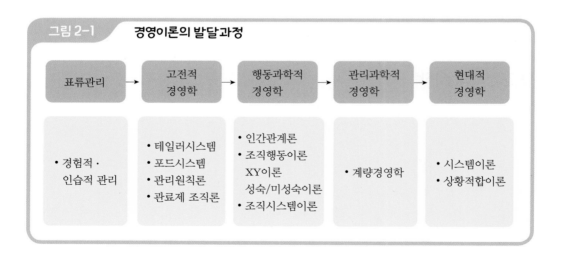

그림 2-1 **경영이론의 발달과정**

고전적 경영학

　　대량생산이라는 시대적 요구에 따라 발생한 산업혁명은 보다 정교한 관리적 접근방식의 필요성을 증대시켰다. 1911년 Taylor의 과학적 관리론에서 출발한 고전적 경영학은 '합리적 인간'을 가정하고 있으며 크게 두 흐름의 세 가지 핵심 이론으로 구성되어 있다. 고전적 경영학의 두 흐름은 '과학적 관리'에 근거를 두면서 작업자나 개인의 직무에 관리의 초점을 맞춘 직무관리(management of jobs)를 강조하는 흐름과 '관리이론'에 근거를 두면서 조직 전체에 관리의 초점을 맞춘 조직관리(management of organization)를 강조하는 흐름이다. 직무관리를 강조하는 이론으로는 과학적 관리론(Taylor) 등이, 조직관리를 강조하는 이론으로는 관리원칙론(Fayol)과 관료제 조직론(Weber) 등이 있다.

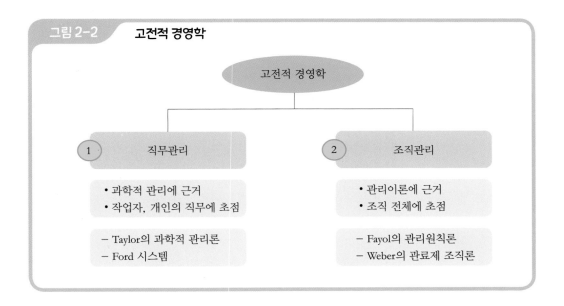

그림 2-2　**고전적 경영학**

1. 직무관리

Taylor의 과학적 관리론

19세기 전반 남북전쟁을 계기로 급속한 공업화과정을 겪게 된 미국경제는 종업원들의 조직적인 태업의 문제에 직면하게 되었고 이전의 관리방식인 표류관리(drifting management), 즉 경험적, 인습적 관리 방법을 통해서는 이 문제를 해결할 수 없었다. Taylor는 이러한 조직적 태업의 원인을 생산성 증가로 인한 종업원 자신 또는 직장동료의 해고에 대한 두려움, 경영자에 의해 일방적으로 설정된 불안정한 임금체계, 그리고 일반적인 작업의 비효율성이라고 보았다. 그리고 시간연구(time study)와 동작연구(motion study)에 의한 표준작업량의 설정으로 이 문제를 해결하려 하였다. 또한 차별적 성과급제를 통해 동기부여와 함께 임금관련 분쟁도 해결하고자 하였다.

Taylor의 과학적 관리론은 〈그림 2-3〉과 같은 과업관리의 원칙 제시, 차별적 성과급제, 직능적 직장제도, 기획부제도와 지시표제도의 실시 등을 그 특징으로 한다.

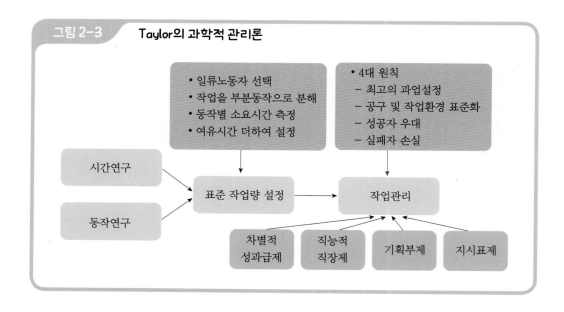

그림 2-3 **Taylor의 과학적 관리론**

▍과업관리(task management)의 4대 원칙

과업(task)이란 정상적인 능력을 가지고 있는 작업자가 건강을 해치지 않고 하루의 작업시간에 할 수 있는 최대작업량을 의미한다. Taylor는 ① 시간연구와 동작연구에 의한 공정한 1일 과업량 설정, ② 표준화된 제 작업조건의 구비, ③ 성공한 노동자에 대한 우대, ④ 실패한 노동자에 대한 손실 등의 과업관리원칙을 제시하였다.

▍차별적 성과급제(differential piece-rate system)

동일한 작업에 대하여 작업자가 과업을 달성했을 때는 고율의 임금을, 달성하지 못했을 때는 저율의 임금을 지불토록 하는 차별적 성과급제를 실시하였다.

▍직능적 직장제도(functional foremanship)

작업을 전문화하고 각 전문부문마다 전문지식을 가진 직장을 두어 작업자를 지휘·감독하게 하는 직능적 직장제도를 실시하고 이를 위해 과업에 적합한 노동자의 선발과 교육훈련을 중시하였다.

▍기획부(planning department) 제도와 지시표(instruction card) 제도

생산현장과 기획부문을 분리하여, 기획부에서 모든 기획 및 관리업무를 전담하도록 하고, 지시표를 통하여 기획부와 생산현장을 연결하였다.

Taylor의 과학적 관리론은 많은 경영자들에 의해 수용되었고 후속 연구자들에 의해 확대 연구되었다. Gilbreth & Gilbreth는 '동작과 피로(motion and fatigue)'의 연구를 통해 작업단순화(work simplification)를 강조하였으며, Gantt는 '작업의 일정계획과 통제'를 연구하여 오늘날에도 활용하고 있는 Gantt 차트(chart)를 창안하고, 각 직무에 표준작업량 및 표준임금을 설정하고 표준을 초과하였을 때 보너스를 지급하는 형식의 보상시스템인 과업보너스시스템(task bonus system)을 개발하였다.

과학적 관리론은 경영학의 발전은 물론이고 실제 경영현장에 커다란 영향을 끼쳤으며 오늘날에도 많이 활용되고 있다. 그러나 과학적 관리론에 대한 비판의 소리도 높다. 우선 작업과정에서 나타나는 작업자들 간의 인간관계나 비공식집단의 활동 등의 사회적 관계의 영향을 반영하지 않고 경제적 유인에 의한 능률의 논리만을 지나치게 강조하고 있다. 또한 Taylor의 원래 의도와는 달리 작업이 지나치게 단순화·표준화됨으로써 작업에 대한 만족도가 떨어지는 결과를 초래했고, 차별적 성과급제는 작업에 대한 의욕을 높이기보다는 성과를 달성하지 못한 종업원들에 대한 해고 수단으로 사용되는 등의 여러 가지 문제점을 노출시켰다.

Ford 시스템

Ford 시스템(동시관리)은 Taylor의 과학적 관리론을 바탕으로 자기소유의 자동차 생산 공장에서 전체 작업조직의 능률향상을 도모하기 위하여 자동적인 기계의 움직임을 종합적으로 연구하여 개발한 과학적 관리방식이다. Ford는 생산의 표준화와 이동조립법(conveyor system)에 의한 유동작업방식을 채택함으로써 소품종 대량생산에 의한 제품의 단위당 원가절감 및 제품의 판매가격 인하

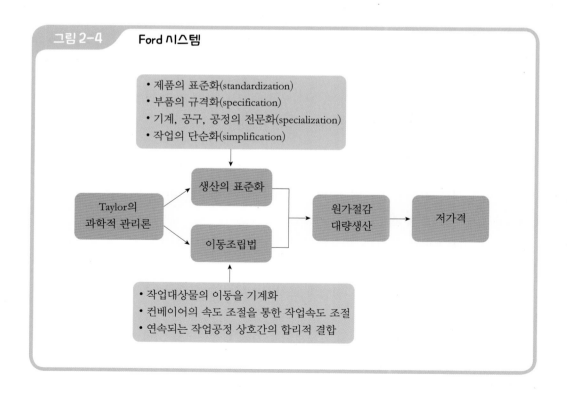

그림 2-4 Ford 시스템

를 실현하였다.

Ford 시스템의 경영신념은 봉사주의로서 Ford는 기업경영을 일반에 대한 봉사활동으로 간주하고 '저가격과 고임금(low prices and high wages)'의 원리를 추구하였다. 이는 기업을 하나의 공조직으로 보고 기업의 공공윤리를 강조하였을 뿐만 아니라 경영목적을 이윤동기가 아닌 봉사동기에 두었음을 의미한다. 이 밖에도 Ford는 봉사의 결과로서 얻어진 이윤은 전적으로 기업 내부에 유보해서 기업을 위해 활용해야 한다고 주장함으로써 내부유보에 의한 자기금융의 필요성을 강조하였다.

Ford 시스템은 최저생산비를 달성하기 위해 제품의 단순화와 부품의 호환성을 근간으로 하는 생산의 표준화와 이동조립법(conveyor system)을 주축으로 하는 대량생산방식을 도입하였다.

▌생산의 표준화

❶ 단순화(simplification): 제품의 단순화, 작업의 단순화
❷ 표준화(standardization): 부품의 규격화, 작업의 표준화
❸ 전문화(specialization): 기계 및 공구의 전문화, 각 공정의 전문화

▌이동조립법

이동조립법은 생산의 표준화를 전제로 각 작업 간의 작업 대상물의 이동을 기계화한 유동작업방식으로, 컨베이어의 속도조절을 통해 작업속도를 조절할 수 있으며 연속되는 작업공정 상호간의 합리적 결합이 가능하다.

Ford 시스템(동시관리)은 봉사주의(저가격과 고임금) 경영이념을 실천하기 위하여 생산의 표준화와 이동조립법을 주축으로 하는 대량생산방식을 도입하였다. 그러나 이 시스템은 지나친 생산과정의 기계화와 자동화를 추구함으로써 노동자의 자율성을 약화시키고 이에 따라 노동조합의 결성 촉진, 국가의 각종 법률제정을 통한 노동자보호의 필요성을 제기하는 계기가 되었다.

2. 조직관리

기업조직의 규모가 대형화되면서 경영자 및 관리자들은 개별직무의 능률 보다는 '전체 조직의 관리'에 더 큰 관심을 갖게 되었다. 이러한 연구들 중에 가장 대표적인 것이 Fayol의 관리원칙론과 Weber의 관료제 조직론이다. 이 두 이론은 주로 현장관리자에게 초점을 둔 테일러의 과학적 관리론과는 달리 조직 전체적인 측면에서 접근하기 때문에 일반관리론의 한 범주로 묶기도 한다.

Fayol의 관리원칙론

관리이론(administrative theory)에서는 관리 혹은 경영을 관리자가 수행하는 관리기능(managerial functions)으로 설명한다. 연구자들마다 '관리기능'에 상이한 기능들을 포함시키고 있지만 공통적으로 포함되는 관리기능은 계획(planning), 조직화(organizing), 통제(controlling)의 세 가지 핵심기능이라고 볼 수 있다.

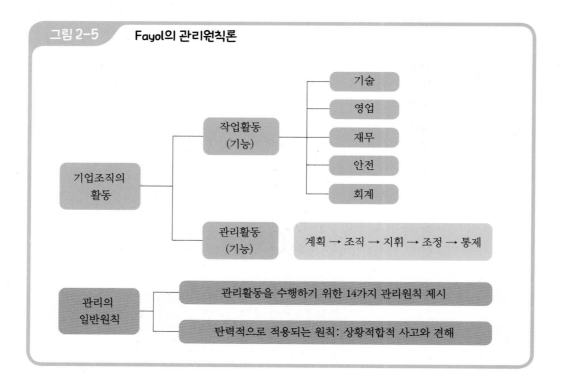

그림 2-5 **Fayol의 관리원칙론**

초기 관리이론의 창시자 중 한 사람인 Fayol은 '모든 관리자'의 활동에 관심을 가지고 기업조직의 활동을 '관리활동'과 '작업활동'으로 대별하였다. 중요한 관리활동으로 계획수립(planning), 조직화(organizing), 지휘(commanding), 조정(coordinating), 통제(controlling) 등을 포함시켰으며, 작업활동으로는 기술(technical), 영업(commercial), 재무(financial), 안전(security), 회계(accounting) 등을 포함시켰다. 그리고 그는 관리활동을 합리적으로 수행하기 위해서는 다음과 같은 14가지의 관리원칙이 필요하다고 주장하였다.

▌14가지 관리원칙

❶ 분업(division of work or labor)의 원칙: 전문화의 원칙
❷ 권한 – 책임(authority-responsibility)의 원칙: 권한, 책임, 최종책임 또는 보고의무(accountability)의 삼면등가의 법칙
❸ 규율(discipline)의 원칙: 규율준수
❹ 명령 일원화(unity of command)의 원칙: 하위자는 1명의 상급자로부터 명령과 지시를 받을 것
❺ 지휘일원화(unity of direction)의 원칙: 동일목표의 활동은 지휘권이 1명에게 부여
❻ 개인이익의 전체이익 종속(subordination of individual interest to the general interest)의 원칙: 조직의 이익이 개인의 이익에 선행
❼ 보상(remuneration)의 원칙: 공정보상
❽ 집권화(centralization)의 원칙: 조직의 각 부문을 총괄할 수 있는 중심점 존재
❾ 계층연쇄(scalar chain)의 원칙: 명확하고 단절 없는 의사소통 경로 및 권한의 계층간 연쇄
❿ 질서(order)의 원칙: 인적·물적 자원의 적재적소 배치
⓫ 공정(equity)의 원칙: 관리자의 하위자에 대한 친절하고 정의로운 대우
⓬ 고용안정(stability of tenure of personnel)의 원칙: 능률은 안정된 노동력에 의해 증진
⓭ 주도권(initiative)의 원칙: 주도권 또는 창의력 발휘에 의한 계획의 선행
⓮ 단결(esprit de corps)의 원칙: 조직은 하나의 팀(team)으로서 기능

Fayol은 이러한 관리원칙이 학습될 수 있고 그 조직이 처한 상황에 따라 다르게 적용되어야 함을 강조함으로써 오늘날의 상황적합이론적인 사고와 뜻을 같이 하고 있다.

Weber의 관료제 조직론

조직을 하나의 전체 시스템으로 보는 관료제 조직론(bureaucratic organization)은 19세기 말 독일학자 Weber에 의해서 제시되었다. Weber는 조직이란 사적인 욕망을 위해 즉흥적으로 관리되어서는 안 되며, 합리적인 기반 위에서 관리되어야 한다고 주장하면서 이와 같은 조직관리 시스템을 관료제(bureaucracy)라 칭하였다. 그리고 그 특성을 다음과 같이 제시하였다.

▌관료제의 특성

❶ 분업: 개인의 직무를 단순하고 일상적이며 명확히 규정된 과업들로 세분화

❷ 조직의 권한위계: 명확한 상하 명령체계에 의한 직위나 직책의 설정

❸ 고도의 공식화: 명문화되어 시스템적으로 적용되는 규칙, 표준화된 업무처리 절차

❹ 비개인적 특성: 모든 구성원들에게 예외 없이 공평하게 규칙과 통제 적용

❺ 업적 혹은 자료에 근거한 채용결정: 기술적 자질, 전문능력 및 업적에 근거한 선발

❻ 경력통로 중심: 구성원들은 일정한 경력통로를 따라 승진, 종신재직권(tenure) 부여

❼ 조직생활과 개인사생활의 명확한 구분: 조직활동의 합리적·비개인적 수행 방해 제거

오늘날 관료주의 또는 관료제는 종종 지나친 서류 중심, 형식 지향, 변화거부 등의 부정적인 의미로 받아들여진다. 역동적으로 변화하는 환경에 신속하게 대응해야 하는 기업의 입장에서는 매우 부정적인 요소들이기 때문이다. 그러나 관료제 조직론은 대규모의 조직에서 조직구조를 설계할 때 고려해야 되는

그림 2-6　**Weber의 관료제 조직론**

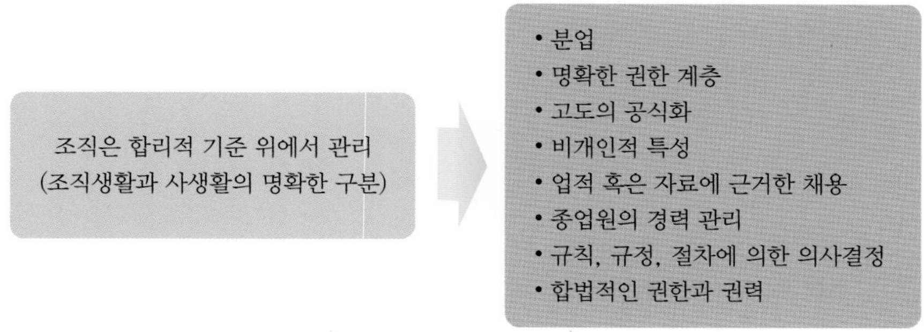

조직은 합리적 기준 위에서 관리
(조직생활과 사생활의 명확한 구분)

- 분업
- 명확한 권한 계층
- 고도의 공식화
- 비개인적 특성
- 업적 혹은 자료에 근거한 채용
- 종업원의 경력 관리
- 규칙, 규정, 절차에 의한 의사결정
- 합법적인 권한과 권력

요소들에 대한 이론적 토대를 제공했다는 데 의미가 있다. 따라서 오늘날 관료제 조직론을 차용하기 위해서는 상황에 따라 부정적인 측면을 극복하면서 장점만을 극대화할 수 있는 노력이 요구된다 하겠다.

행동과학적 경영학

고전학적 경영학에서는 분업을 통한 전문화된 직무설계, 차별적 성과급의 도입, 관리기능의 적절한 활용 등이 이루어지면 생산성이 증가할 것으로 가정하였다. 특히 Tayler의 과학적 관리론에서는 인간을 수동적이고 합리적으로 행동하는 경제적 존재(economic man)로 보고 경제적 유인(economic incentives)을 통해 동기를 부여하려고 하였다. 그러나 이러한 공식적이고 인간을 기계화하는 관리방식은 사회적 욕구와 성장 욕구 등과 같은 종업원들의 비경제적 욕구들을 간과하게 하였으며 인간적 소외감을 야기하였다. 결국 과학적 관리는 종업원의 상위욕구에 대한 불만, 종업원의 의욕저하, 그리고 이로 인한 작업능률의 저하로 생산성 증대를 실현하는 데 실패하였다.

이러한 과학적 관리론의 인간성 무시에 대한 비판과 반성에서 인간관계론이 등장하게 되었으며, 이후의 조직행동론(Organizational Behavior: OB)과 더불어 행동과학적 경영학을 형성하였다. 고전적 경영학인 과학적 관리가 작업자의 직무에 초점을 맞추고 있다면, 행동과학적 경영학은 직무를 수행하는 사람에 초점을 두고 있다.

사례
2-1

"韓 맥주 시장, 부동의 1위 비결? 수평적 기업 문화에 있죠"

2023년 맥주 시장은 다양한 신제품 출시와 일본 맥주 부활로 그 어느 때보다 경쟁이 치열했다. 이러한 가운데 12년 동안 국내 맥주 시장에서 1위 자리를 한 번도 내어주지 않은 제품이 있다. 바로 오비맥주 '카스'(Cass)다. 카스는 일명 '국민 맥주'로도 불린다. 동네 편의점이나 마트, 음식점 등 어디서나 쉽게 볼 수 있고, 없어서는 안 될 브랜드로 자리 잡았기 때문이다.

그 중심에는 소비자의 니즈 파악은 물론, 직원들과의 자유로운 소통과 자율성을 강조하는 벤 베르하르트(Ben Verhaert·한국명 배하준) 오비맥주 동아시아 총괄 대표이사가 있다. '이코노미스트'는 베르하르트 대표를 만나 그의 경영 철학과 비법에 대해 들어봤다.

"오비맥주는 모든 임직원 간 수평적 기업문화를 지향하고 있어요. 직급체계가 명확하게 드러나는 임원실을 없애고 같은 공간, 동일한 사무환경에서 업무를 보도록 했죠. 수평적 업무 환경이 수평적인 기업문화를 만들고, 구성원 간의 소통과 협업을 촉진한다고 생각합니다. 열린 공간에서 이뤄지는 양질의 커뮤니케이션과 창의적인 업무 수행이 수평적 업무 환경의 가장 큰 매력이죠."

오비맥주는 올해 3월부터 지정된 자리 대신 원하는 공간을 선택할 수 있는 '자율좌석제'를 도입했다. 꼭 같은 팀이 아니더라도 다른 팀 사람들과 어울릴 수 있고 다양한 의견을 공유해 생각의 폭을 넓힐 수 있다는 직원들의 피드백을 반영한 제도다.

"개인 업무를 보면서 바로바로 생각과 진행 상황들을 공유하고 피드백까지 신속하게 이뤄져 형식이나 절차 등에 소요되는 불필요한 시간을 줄일 수 있었죠. 경영진 간의 활발한 의사소통이야말로 회사에 유익하고 필요한 지침이라고 생각합니다. 구성원 모두의 상호 소통과 단결심, 팀 정신을 강화하고 '현명하고 빠른' 결정을 내리는 데에도 도움이 되고 있어요." 오비맥주는 임원이라도 개인 집무실이 없다. 대표이사를 비롯한 모든 임직원의 자리는 지정석 없이 매일 아침마다 새로 정해진다.

다양한 연령과 성별·인종…수평적 업무환경 조성

베르하르트 대표는 오비맥주의 이 같은 수평적 업무 환경은 임직원 간의 팀워크 외에도 임원들 간, 혹은 본인 개인 업무에 있어서도 매우 효과적이라고 이야기했다. 별도의 임원 회의를 소집하지 않아도 한데 모여 앉아 이야기를 시작하면 그게 곧 회의가 된다는 게 그의 설명이다. 공간과 별개의 이야기이지만 오비맥주는 수평적인 조직문화를 만들기 위해 사장·상무·팀장 같은 딱딱한 직급 대신 각자가 정한 '닉네임'을 호칭으로 사용하고 있다.

직급 호칭이 조직 내 수직적인 분위기를 형성한다는 일부 의견에 따른 것이다. 상사와 직원 사이, 동료 사이에 보다 수평적인 업무 처리가 가능해졌다는 긍정적인 평을 얻었다. 베르하르트 대표는 매우 만족스럽게 생각한다고 했다.

오비맥주를 비롯한 전 세계 AB인베브 계열 회사의 경우, 수평적 업무환경을 조성해 이미 많은 직원이 이러한 분위기에 익숙해져 있다. 베르히르트 대표도 조직 내 다양한 연령과 성별·인종·국적·배경의 구성원들이 함께하는 만큼, 유연하고 수평적인 오비맥주의 선진적 기업문화로 소속감을 결집하는 데 집중하고 있다.

오비맥주는 2022년 11월부터 임직원의 사기 진작과 구성원들의 일과 삶의 균형을 지원하고자 '근무지 자율선택제'도 시행하고 있다. 근무지 자율선택제는 안전한 원격 근무가 가능한 환경이라면 국내외 상관없이 원하는 곳에서 일할 수 있는 유연근무제도다. 이를 통해 오비맥주 직원들은 연간 총 25일 업무 장소를 자율적으로 선택해 근무할 수 있다. 일 8시간 근무 시간을 지키며 효율적인 협업 및 소통을 위해 한국시간 기준으로 오전 10시부터 오후 4시까지를 '공통근무 시간'으로 정해 이 시간만 근무 시간에 포함한다면 어디서든 '근무지 자율선택제'를 활용할 수 있다.

여기에 지난 2017년부터 총 근로시간 범위 내에서 업무 시작 및 종료 시각을 근로자가 결정하는 '선택적 근로시간제'를 선제적으로 시행해 오고 있다. "오비맥주는 글로벌 기업으로 조직 내 다양한 연령과 성별·인종·국적 등으로 구성돼 있어요. 국내 기업과 차별화되게 서로에 대한 존중, 자율적인 근무환경, 긴밀하고 유연한 내부 소통방식 등 다양한 분야에서 선진적인 기업문화를 전개하고 있죠. 대표적으로는 '다양성, 포용성(DEI)의 달', 유연근무제, 자율좌석제, 해피아워 등이 있습니다."

이러한 가운데 오비맥주의 대표 브랜드 카스는 올해에도 12년 연속 업계 부동의 1위를 유지하고 있다. 카스는 한국농수산식품유통공사(aT) 식품산업통계정보 기준 올해 9월 누적 소매점 매출 점유율 38.5%로 1위를 차지했다. 치열한 경쟁 속에서도 2위 브랜드와 격차를 3배 이상으로 벌리며 선두 자리를 지킨 것이다. 베르하르트 대표는 앞으로도 오비맥주가 국내 시장 1위를 굳건히 지켜나가도록 노력할 계획이다.

"오비맥주는 앞으로도 소비자 트렌드에 맞춘 지속적인 혁신과 사회적 책임 이행을 위해 힘쓰겠습니다. 국내 1위 맥주회사로서 소비자들에게 다양한 맥주 경험과 뛰어난 품질의 제품을 제공할 수 있도록 더욱 노력해 나가겠습니다."

출처: 이코노미스트 2023.12.12.

1. 인간관계론

인간관계론은 과학적 관리의 지배적 논리인 '능률성'이나 '비용'의 논리와는 달리 인간의 본질을 사회적 존재(social man)로 가정하고 인간의 태도나 감정을 중시하는 '감정'의 논리를 핵심논리로 삼았으며 '호손실험(Hawthorne studies)'을 계기로 활발하게 전개되었다. 호손실험(Hawthorne studies)은 미국의 Western Electric사의 호손(Hawthorne)공장에서 인간행동에 관해 수행된 〈표 2-1〉과 같은 일련의 실험들을 말하며 이를 호손연구라고 한다.

Mayo의 하버드대학 연구팀은 1927년부터 1932년까지의 실험연구결과들을 면밀하게 분석한 후, 다음과 같은 결론을 얻게 되었다. 생산성의 변화에 영향을 미친 것은 작업자들의 심리적 반응이라는 것이다. 실험집단이나 통제집단에 선발된 작업자들은 모두 선발을 통해 특별한 주목의 대상이 됨으로써 어떤 자부심을 느끼거나 자기들이 조직에 중요한 존재라는 생각을 갖게 됨으로써 그들에게 동기가 부여되었고 그 결과 성과가 높아졌다는 것이다. 또한 실험연구의 과정에서 관리자들의 관리행동의 유형(supervisory style)이 지시적인 유형에서 보다 온정적인 유형으로 달라진 것이 작용하여 높아진 성과를 보이게 되었다는 것이다. 이러한 결과를 토대로 Mayo는 작업자의 사회적 환경, 특히 자연발생적으로 형성된 비공식 작업집단이 작업자의 생산성에 크게 영향을 미친다고 주장

표 2-1 　호손(Hawthorne)연구

실험	내용	수행자
제1차: 조명실험	조명의 변화 → 작업자의 생산성	1924~1927 미국국립과학아카데미(NAS) & 회사 내의 자체 엔지니어
제2차: 계전기 조립실험	조명 외의 작업관련 요인(작업시간, 임금, 휴식시간 등) → 작업자의 생산성	
제3차: 면접실험	작업자의 심리적 요인 → 작업자의 태도와 생산성	1927~1932 Mayo의 하버드대학 연구팀
제4차: 배선관찰실험	다양한 사회적 요인(비공식적 조직 및 규범) → 작업장에서의 지속적 성과증대	

하였다. 따라서 관리자는 작업자의 '인정을 받고 싶은 욕구'와 '사회적 욕구의 충족'의 중요성을 인식해야 하며, 조직 내의 여러 계층 사이의 효율적 의사소통 경로를 개발하는 것이 매우 중요하다고 주장하였다. 또한 이를 위한 유용한 방법 중의 하나가 참여라고 주장하였다. 결국, 인간은 경제적 수단에 의해서만 동기가 유발되는 것이 아니라 여러 가지 다양한 욕구에 의해서 동기가 유발될 수 있다는 사실을 알려 준 것이다. 그러나 호손실험은 종업원의 심리적, 사회적 욕구를 지나치게 강조하고 연구에 있어 지나치게 관찰과 면접에만 의존하였다는 비판을 받기도 한다.

2. 조직행동론

인간관계론이 기업조직 내의 작업자의 작업행동에 관한 연구라고 한다면 조직행동론(organizational behavior)은 인간의 행동에 관한 연구를 집합하여 종합적이고 과학적으로 연구 및 이용하려는 응용학문이라고 할 수 있다. 조직행동론은 특히 동기부여나 리더십 등을 중심으로 전개되었다.

X이론과 Y이론

McGregor의 X이론과 Y이론은 인간의 본성에 대한 가정을 두 가지로 크게 구분하고 각기 특성에 따른 관리전략을 제안하는 동기부여이론 중의 하나이다. X이론의 가정에 의하면, 인간은 원래 변화를 싫어하여 게으르며 일하기를 싫어하고, 책임지기를 회피하려 들며, 지시 및 통제를 받거나 금전적 유인이 있어야 일을 한다. 따라서 이러한 종업원들을 동기부여하기 위해서는 금전적인 보상제시와 함께 의사결정권을 소수의 관리자에게 집중시키고, 많은 규칙을 만들며 부하를 철저히 감시·감독하는 것이 필요하다. 즉 이러한 본성을 지닌 구성원들을 관리하기 위해서는 통제기능을 강조하는 조직을 만들어야 한다는 것이다. 반면, Y이론의 가정에 의하면, 인간은 일하는 것을 자연스럽게 여기고 기꺼이 책임을 감수하며 문제해결에 창의력과 상상력을 발휘한다. 뿐만 아니라 스스로 통제할 수 있고 자아실현 욕구도 가지고 있다. 이러한 구성원들은 적절한 동기가 주어지면 적극적으로 조직의 활동에 협력하기 때문에 통제할 필요가 없다.

따라서 이러한 본성을 지닌 구성원들을 관리하기 위해서는 긍정적인 생각을 북돋워주고 상호 협력하는 분위기를 조성하는 형태로 조직을 구성해야 한다는 것이다.

McGregor는 인간의 본성에 대한 두 가지 가정 중에서 Y이론이 관리의 방식으로서 보다 바람직하다고 보고 구성원들을 통제하기보다는 자발적으로 협력하도록 유도할 것을 강조하였다. 그러나 경우에 따라서는 Y이론에 입각한 관리방식이 X이론에 입각한 관리방식보다 생산성이 떨어질 수도 있으므로 상황적합적으로 접근하여야 할 것이다.

성숙 · 미성숙이론

Argyris는 Maslow와 McGregor의 영향을 받아 많은 사람들이 조직으로부터 성숙된 인간으로 대접받지 못하고 있다는 점을 지적하고, 관리방법이 인간의 행동이나 성장에 미치는 영향에 대하여 연구하였다. 이를 Argyris의 미성숙–성숙이론(immaturity-maturity theory)이라고 한다. 그에 의하면 인간은 미성숙상태에서 성숙상태로 발전하면서 퍼스낼리티(personality)가 7가지 차원에서 변화가 일어난다고 주장한다(〈표 2-2〉 참조). 예를 들면 인간은 미성숙하고 의존적인 상태에서 성숙하고 독립적인 단계로 발전해 나아가는 존재라는 것이다.

그럼에도 불구하고 공식조직은 조직구성원들의 발전단계를 저해하는 요인이 되고 있다는 것이 그의 지적이다. 즉 공식조직이 조직구성원들로 하여금 자기가 맡은 일만 기계적으로 처리하도록 하고, 상사의 명령에 복종하도록 하며,

표 2-2 　**7가지 차원의 미성숙 – 성숙 변화과정**

미성숙 - → 성숙	
① 수동적 · 소극적 행동	① 능동적 · 적극적 행동
② 의존적 상태	② 자주적 · 독립적 상태
③ 단순하고 한정적인 행동	③ 복잡하고 다양한 행동
④ 얕고 약한 관심	④ 깊고 강하며 지속적인 관심
⑤ 근시안적 관점	⑤ 장기적 관점
⑥ 종속적 지위에 만족	⑥ 대등하거나 우월적 지위 추구
⑦ 자아의식 결여	⑦ 자아의식, 자기통제

부하들이 한 명의 상사에게만 매달리도록 강요하는 등 인간을 수동적이고 의존적이며 종속적으로 만들고 있다는 것이다. 따라서 조직구성원들이 조직을 위해 일하면서도 동시에 자신의 욕구도 충족시키고 퍼스낼리티도 성숙시킬 수 있는 방안(동기요인)을 마련하는 것이 개인과 조직 모두에게 유익하다는 것이다.

3. 조직 시스템이론

과학적 관리론의 한계를 극복하기 위해 나타난 인간관계론은 비록 구성원들을 인간적인 존재로 대하고 인간관계를 중시한다는 긍정적인 측면이 있었지만 합리적인 요소를 무시하고 비공식집단 및 사회적 측면을 지나치게 강조한다는 문제점을 드러냈다. 즉, 과학적 관리론이 '사람 없는 조직(organization without people)'이라는 비판을, 인간관계론은 '조직 없는 사람(people without organization)'이라는 비판을 받게 되었다. 이에 따라 과학적 관리론과 인간관계론의 입장을 통합해서 개인목표와 조직목표의 조화를 추구하고, 경제적 욕구 및 사회적 욕구의 충족을 강조하는 복합적 인간관(complex man)을 가정하는 '인간 있는 조직(organization with people)'에 관한 이론들이 나타나게 되었다. 이 이론들은 공식조직과 비공식조직의 합으로서의 조직 전체적인 의사결정을 중시하는 경향을 보인다.

Barnard의 조직이론

Barnard는 조직을 상호작용하고 협동하는 하위시스템들의 결합으로 이루어지는 전체시스템(협동체계)으로 간주하였다. Barnard의 조직이론의 특징은 다음과 같이 요약해 볼 수 있다.

▎**협동체계**(cooperative system)
❶ 개인은 자유의사에 의한 선택능력 및 의사결정 능력은 있으나 일정한 한계가 존재하기 때문에 자기능력 이상의 또는 혼자서는 달성할 수 없는 목적을 달성하기 위해서 조직(협동체계)을 형성: 조직구성원은 서로 상호작용하면서 협동하는 존재

❷ 조직의 목표와 조직구성원의 목표가 균형을 유지하여야 기업조직(협동체계)이 효과적으로 운영·존속

▌공식조직의 성립조건

❶ 활동주체인 인간의 공헌의욕(willingness to contribution) 필요: 공헌의욕은 유인(inducement)이 공헌(contribution)보다 크거나 같을 때 발생
❷ 각자의 활동을 총괄하는 공통목적(common purpose) 필요
❸ 각자의 활동이 제각각이 되지 않도록 의사소통체계(communication) 필요

▌조직균형이론(organizational equilibrium theory)

❶ 조직은 여러 개의 상·하위 시스템들이 연결되어 있는 복합시스템
❷ 조직은 복잡한 내·외부시스템들과 상호작용하는 개방시스템
❸ 내적 균형: 내부요소인 조직구성원들 간의 균형적 관계 유지
❹ 외적 균형: 외부환경과의 균형적 관계 유지
❺ 경영자는 내적 균형과 외적 균형을 조화롭게 이루어갈 책임이 있으며 이를 통해서 조직은 생존·발전

▌권한수용설

권한은 기본적으로 상급자의 지위에 달려 있는 것이 아니라 명령에 응하는 하급자의 수용의사에 의해 좌우

Simon의 조직이론

Simon의 조직이론은 Barnard의 조직이론을 의사결정론 중심으로 계승·발전시킨 근대적 조직이론이다. Simon은 인간을 제한된 합리성(bounded rationality)을 갖는 의사결정자로 보고, 조직을 인간이 행하는 집약된 의사결정시스템으로 보았다. Simon의 조직이론의 특징은 다음과 같이 요약해 볼 수 있다.

▌의사결정과정

❶ 각종의 전제조건에서 결론을 유도하는 과정

② 가치전제: 경험적으로 검정이 불가능한 궁극적인 목표의 선택과 관련된 전제

③ 사실전제: 경험적으로 검정이 가능한, 목표를 실현하기 위해 필요한 정보인 수단의 선택과 관련된 전제

④ 목적의 합리성보다 수단의 합리성을 강조

▍ **조직균형이론**(organizational equilibrium theory)

① 개인이 조직 속에서 수행한 경영활동이 자기 자신의 목표에 직·간접적으로 공헌을 할 때에 적극적으로 조직의 목표달성에 참가

② 조직이 개인목적을 충족시켜 주는 유인과 그 대가인 개인의 공헌이 균형을 이룰 때 조직은 유지·존속

▍ **조직영향력이론**

① 조직이 구성원의 동의를 위해서 사용할 수 있는 영향력의 유형: 조직에서 부과하는 권위나 종업원의 자기통제(self-control)

② 경영환경의 변화와 관련해서 자기통제의 중요성 역설

▍ **제한된 합리성**(bounded rationality)

인간은 자신의 가치관, 자신의 기술, 불완전한 정보 등에 의해서 제약을 받기 때문에 인간의 합리성은 제한적: 관리인모형(administrative model) ↔ 합리적 경제인 모형

관리과학적 경영학

제 2 차 세계대전 직후 보다 정교하고 수학적인 모델에 기초를 둔 과학적인 접근방법을 이용하여 조직 내 작업의 문제와 인간의 문제를 해결하려는 경

영에 대한 새로운 접근법이 나타났다. 이와 같은 접근방법을 관리과학적 경영학이라고 한다. 관리과학적 경영학의 등장 배경은 제 2 차 세계대전중 군대에서 행해졌던 중요한 프로젝트연구자들이 군사전략이나 군수물자의 수송문제를 해결하기 위하여 계량적 방법(quantitative method)의 적용가능성을 연구하기 시작한 데서 비롯되었다. 전쟁이 끝난 후 많은 사람들이 전시중에 새로이 개발된 방법들이 산업분야에 적용될 수 있는지를 연구하기 시작했고 우선적으로 생산관리 분야에 신속히 적용되었다. 이후 '운영관리(operations management)'를 거쳐 현재는 경영계획모형, 모의 의사결정 활동 등에 널리 활용되고 있다. 이와 같은 관리과학적 경영학은 계량경영학(quantitative approach to management), OR(operations research), 또는 경영과학(management science)이라는 용어와 혼용되어 사용되고 있으며, 적절한 관리적 의사결정을 위한 포맷의 제시, 수학적 모형의 제시, 컴퓨터 적용 등의 특성을 갖는다.

대표적인 OR(operations research)기법으로는 ① 손익분기분석(break-even analysis), ② 선형계획법(linear programming), ③ 대기이론(queuing theory), ④ 네트워크모형(network models), ⑤ 시뮬레이션(simulation), ⑥ 확률분석(probability analysis), ⑦ 회귀분석(regression analysis) 등이 있다. 이처럼 관리과학적 경영학은 경영실무에 다양하게 활용되고 있지만 다음과 같은 한계점을 가지고 있다. 첫째, 관리기술(managerial skills) 측면에서 전문적 기술이나 통합적 기술의 습득에는 도움이 되지만 인간관계적 기술은 효과적으로 다루지 못한다. 둘째, 관리기능(managerial functions) 측면에서 계획과 통제활동에는 많이 적용되고 있으나 조직화, 지휘기능에는 많이 적용되지 못한다. 셋째, 경영자의 역할(managerial roles) 측면에서 의사결정의 역할을 지나치게 강조하기 때문에 인간관계적 역할이나 정보관리 역할 등을 소홀히 하고 있다. 그리고 마지막으로 수학적 모형이기 때문에 가변성이 많은 현실과 거리가 있고 경영문제가 복잡할수록 적용하기가 어려운 한계가 있다.

시간의 본질은 움직이는 것!

"신선 놀음에 도끼자루 썩는 줄 모른다"는 속담이 있다. 바둑 등 무언가 재미있는 일에 몰두하다 보면 시간이 매우 빠르게 흐른다는 의미로 누구나 경험해본 일이다. 반면 사랑하는 사람을 기다릴 때 하루가 3년 같이 길다는 일일여삼추(一日如三秋)는 시간이 매우 느리게 간다는 의미이다. 시간의 흐름을 인식하는 우리 몸의 생체시계가 여러 요인들에 의해 영향을 받아 일정(Even)하게 작동하지 못하기 때문에 일어나는 현상이다. 신선 놀음과 기다림뿐만 아니라 맥박, 호흡, 신진대사, 성장, 기억과 경험 그리고 나이 등에 따라 생체시계가 빨라지거나 늦어진다.

20대에는 시속 20Km로, 30대에는 30km, 60대에는 60km로 세월이 점점 빠르게 흐른다는 한탄은 나이가 들면서 육체의 생체시계가 느려 지기 때문에 나오는 것이다. 또 늙을수록 오래 기억에 남는 새로운 경험과 정보량 그리고 인상 깊은 일의 가짓수가 줄어들면서 시간이 빨리 흐른다는 인식이 생긴다. 이런 현상들은 여러 심리학자들이 이미 실험을 통해 입증한 것이다. 예를 들어 심리학자 퍼거스 크레이크(Fergus I. Craik)는 평균 나이 72세의 노인들을 대상으로 시간의 흐름을 짐작케 하는 실험을 했다. 실제로 120초의 시간이 지났는데 그 노인들은 40초 지났다고 대답했다. 노인의 생체시계가 천천히 가니 상대적으로 외부의 시간은 빨리 흐른 것으로 인지한 것이다.

시간의 어느 한 시점을 시각(時刻)이라 하고,

시간은 시각과 시각 사이의 간격이다. 해가 뜬 시각과 다시 뜨는 시각과의 간격을 하루(1일)라 하고, 그 간격을 24 등분한 것은 시간의 예이다. 시간의 단위 초, 분, 시는 과학의 기본 단위이며, 60진법을 이용한 시간 단위의 사용은 고대 바빌론과 이집트 시대부터 시작되었다. 하루의 8만 6400분의 1이 1초이지만, 1초의 과학적 정의는 1967년 국제 도량형 총회에서 내려졌다. 1초는 세슘(Cesium) 원자가 방출하는 빛이 91억 9,263만 1,770번 진동하는 데 걸리는 시간이다. 1초의 정의도 움직임을 기준으로 한 것이다.

빅뱅이 우주의 시작이고 우주팽창 이론에 의해 지금도 우주가 계속 움직인다면, 138억년 전 우주 생성부터 지금까지 또 앞으로도 시간은 우주의 움직임과 함께 무한히 흐르는 것이다. 그 무한한 흐름을 인간이 태양, 달, 별 등 천체와 인류를 둘러싼 사물의 움직임을 기준으로 토막낸 것이 시간이다. 따라서 움직임은 시간이 있어야 가능한 것이고, 시간은 움직임이다. 우주 만물이 움직이고 변하기 때문에 시간이 생기는 것이고, 모든 것이 정지한다면 시간도 정지할 것이다. 아니 시간은 없어질 것이다. 그렇다면 시간은 과거, 현재, 미래의 순처럼 앞으로만 직선적으로 흐르고 뒤로 감 수는 없는 것일까?

이에 대해 오스트리아의 물리학자 볼츠만(Ludwig Boltzmann; 1844~1906)은 "그렇다"고 대답했다. 그는 물리학에서 '무질서한 정도'를 의미하는 엔트로피(Entropy) 개념을 가지고 "시간의 흐름은 한 방향이며 되돌릴 수 없는 것"이라고 설명하였다. 물리학에서 에너지의 흐름은 질서가 강한 곳에서 약한 곳으로 즉, 무질서의 정도(엔트로피)가 더 심한 쪽으로 흐르는 것이라는 '엔트로피의 증가의 법칙(열역학 제2법칙)'이 시간의 흐름에도 적용된다고 본 것이다. 컵 안의 물은 흙바닥에 쏟으면 엔트로피가 증가한 것이고 그 물을 다시 컵에 담을 수는 없다는 것과 같은 논리이다. 우주 전체의 엔트로피는 증가하면 증가했지 감소는 없다는 것이 과학자들의 이론인데 이는 우주 만물뿐만 아니라 인간 사회의 모든 현상도 마찬가지이다. 질서보다는 무질서한 엔트로피가 증가하는 상태가 여차하면 발생한다. 그래서 질서 유지를 위한 법과 공권력은 인간 사회에 늘 필요한 것이다.

시간의 흐름이 엔트로피의 증가처럼 한 방향으로만 간다는 것은 아인슈타인의 상대성이론(1905년), 빅뱅이론(1927년) 그리고 허블의 우주팽창론(1929년)의 등장으로 그 과학적 타당성이 인정되었다. 아인슈타인은 특수상대성이론에서 '시간의 흐름은 우주 어디에 있던 어떤 상태의 누구에게나 다 똑같다'라는 기존의 절대적 객관성을 부인하고, 시간도 상대적으로 상황에 따라 변할 수 있다는 점을 밝혔다. 아무튼 현재까지의 과학과 기술로는 시간을 되돌릴 수 없으므로 타임머신 같은 과거로의 시간 여행에 대한 인간의 상상력과 욕망이 더 강해진 것 같다.

시간의 본질은 움직임이니 더 많은 움직임은 더 많은 시간을 쓰는 것이다. 부지런히 많이 움직이고 일을 할수록 더 많은 시간을 유용하게 쓴 선(善)으로 인정하는 것이 전통적 윤리, 종교 그리고 철학자들의 생각이었다. 우리는 그런 가르침을 받고 자라왔다. '청소년은 금방 늙고,

학문은 어려우니 짧은 시간도 가볍게 여기지 말고 열심히 공부하라'는 '소년이노학난성(少年易老學難成), 일촌광음불가경(一寸光陰不可輕)'이 그 예이다. 광음(光陰) 즉, 빛과 어두움은 자연의 움직임이니 그들의 움직임을 시간으로 보고 그것의 불가역성(不可逆性)을 강조한 것이다. 역사적으로 볼 때, 종교적 시간관은 순환적 시간이었으나, 과학의 영향으로 한 번 흘러간 시간은 다시 돌아오지 않는 직선적 시간관으로 바뀌었다. 다윈의 진화론은 그것을 공고히 했고 엔트로피 법칙이 나오면서 과학적으로 설명된 것이다.

산업현장은 생체시계에 따라 움직이는 곳이 아니다. 기업에게 시간은 생산요소이며 투입(Input)이다. 시간의 불가역성을 강조하며 무조건 근로자에게 부지런히 움직이기를 강조할 수는 없다. 산업혁명 이후 시간의 측정이 더 쉬워지고 명확해지면서 산업계에서 시간은 과학적으로 그리고 경영학적으로 관리되어야 할 자원으로 인식되기 시작했다. 테일러리즘(Taylorism)의 시간관리가 그것이며, 뒤이은 헨리 포드의 컨베이어 시스템으로 상징되는 포디즘(Fordism)은 분업을 바탕으로 시간을 줄여 노동 생산성을 강조한 것이다.

기업에서 생산성은 시간이 핵심 요소이다. 시간이 돈이고 돈이 곧 시간이니 두 가지를 다 아끼는 방향으로 기업은 관리되어야 한다. 경영학에서 생산-운영관리의 기본 대상은 품질, 비용, 유연성 그리고 시간이다. 소비자가 원하는 때에 신속하게 정시에 제공하는 것이 시간 관리의 핵심이고 현대 기업의 성공 비결이다. 시간 경쟁(Time-based Competition)과 스피드 경영

(Speed Management)의 개념이 여기에서 나온다. 시간을 경영전략의 핵심으로 삼아, 시간과 시점을 중시하는 소비자의 요구에 신속하게 대응하고자 사업상의 모든 면에서 시간의 투입을 줄이려는 경영활동을 말한다.

생산 현장에서 시간을 줄여 생산성을 높이는 데에는 여러가지 방법이 있다. 그 대표적인 것이 자재의 대기 시간을 최소화 한 JIT(적기 공급 생산; Just In Time)와 SEF 이론이다. SEF는 빠르고(Swift) 일정한(Even) 흐름(Flow)을 뜻하는 것이니, 자재나 정보가 빠르게 이동하고 변동성이 낮은 일정한 흐름을 보여야 생산성이 크게 올라갈 수 있다는 이론으로 제조업뿐만 아니라 서비스업으로 그 적용 범위가 확장되고 있다. 컨베이어 벨트를 이용한 제조업체에서 JIT와 SEF는 생산원가를 낮추고 생산성을 높이기

위한 시간관리의 하나이다. 컨베이어 벨트가 멈추지 않고 일정한 속도를 지속적으로 움직일 수 있도록 필요한 자재는 적시에 공급되어야 하며, 각 공정의 투입 인원수는 남거나 부족 하지 않게 관리되어야 한다.

직원들은 워라밸을 원하며 더 적은 근로 시간을 요구하고, 고객들은 더 많은 시간을 자신에게 할당해 주기를 원한다. 과거에는 돈을 절약하기 위해 시간을 투자 했지만 이제는 시간을 절약하기 위해 돈을 투자해야 한다. 쇼펜하우어는 "책을 사면서 그것을 읽을 시간도 함께 살 수 있다면 좋겠다"라 했는데, 이젠 기업도 할 수 있다면 돈을 주고서라도 고객과 임직원에게 시간을 사서 주는 경영을 해야 한다. 그렇지 않으면 기업 내외에 엔트로피가 증가한다.

출처: 매일경제 2023.05.15.

현대적 경영학

1950년대부터 기업경영환경이 급격하게 변화하면서 경영자들은 기업조직을 환경과 부단히 상호작용하는 개방체계(open system)로 보게 되었다. 이러한 상황하에서는 고전적 경영학, 행동과학적 경영학, 관리과학적 경영학 등이 제시한 경영기법이나 처방이 일관성 있는 효과를 발휘하지 못하였다. 각각의 접근방법들이 각기 다른 환경하에서 제시되었기 때문이다. 따라서 현대적 경영학은 앞서 살펴본 세 가지 접근법(학파)을 상황에 따라 취사선택하여 절충하고 있다. 예를 들어 고전적 경영학에서는 관리기능을, 행동과학적 경영학에서는 협동과 인본주의를, 관리과학적 경영학에서는 경쟁전략을 차용하고 있다.

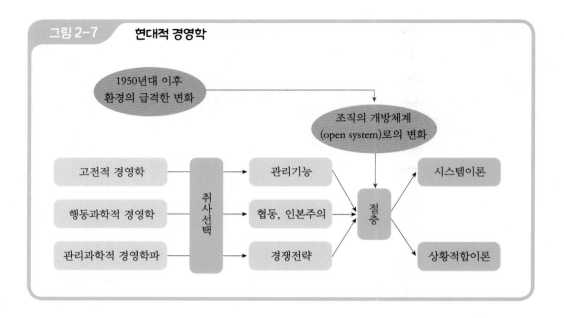

그 결과 하나의 독립된 학파로서는 인정받지 못하고 있지만 시스템적 접근법 (management systems approach)이나 상황적합적 접근법(contingency approach)이 라는 이름으로 많은 연구들이 이루어지고 있다.

1. 시스템이론

시스템(system)이란 공동의 목표를 달성하기 위하여 상호작용하면서도 독 립적으로 움직이는 부분들(하위시스템, subsystem)의 집합으로서 하나의 실체 (entity)이다. 시스템은 조직 외부환경과의 상호작용 여부에 따라 개방시스템 (open system)과 폐쇄시스템(closed system)으로 나누어 볼 수 있으며 특별히 언 급하지 않으면 오늘날 개방시스템을 의미한다.

Churchman에 의하면 모든 시스템은 기본적으로 다음과 같은 네 가지 특 성을 가지고 있다고 한다. 첫째, 모든 시스템은 임의로 통제할 수 없는 외부 적 환경하에서 활동을 전개한다. 둘째, 모든 시스템은 구성요소(elements or components) 혹은 하위시스템으로 구성된다. 셋째, 모든 시스템의 하위시스템

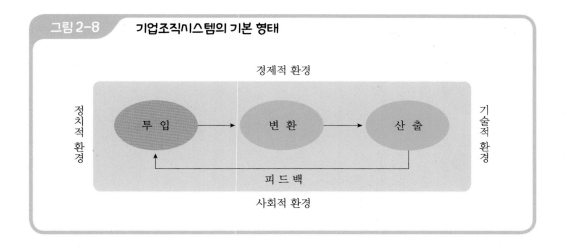

그림 2-8   기업조직시스템의 기본 형태

은 상호 관련성(interrelatedness)을 가지고 있다. 특히 하위시스템 간의 상호 관련성은 나머지 하위시스템에 영향을 주지 않고 어느 한 하위시스템을 변화시킬 수 없다는 것을 의미하기 때문에 시스템적 접근법의 주요한 특성을 이룬다. 마지막으로 모든 시스템은 구심점 혹은 목적을 가지고 있다. 이는 조직의 노력과 하위시스템의 노력의 대상이면서 평가 또는 통제시 표준이나 기준으로 작용한다.

기업조직을 하나의 시스템으로 보게 되면 조직 내의 많은 부분들과 부서, 하위시스템들(subsystems)이 상호 관련되어 있고 그 같은 상호 관련된 부분들 모두가 조직목표달성에 공헌해야 한다는 점을 쉽게 이해할 수가 있다. 앞서 제 1 장에서 보았던 경영학의 종합적인 틀도 이러한 시스템이론의 관점에서 살펴본 것이다. 기업조직시스템의 기본 형태는 〈그림 2-8〉과 같다.

2. 상황적합이론

현대적 경영학의 상황적합이론(contingency theory)은 앞서 살펴본 시스템개념을 기초로 하여 발전된 것이다. 이는 수많은 상황에서 발생하는 모든 문제를 해결할 수 있는 '유일하고도 최선인 방법(one best way)'이 존재한다는 보편주의 입장을 부정하면서 앞서 살펴보았던 전통적 경영이론들의 한계점인 특수상황 하에서의 문제 해결의 부적격성을 극복하고 있다. 즉 상황적합이론에 따르면,

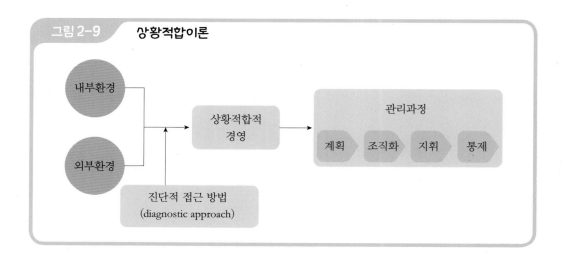

그림 2-9 상황적합이론

모든 조직들은 서로 다르고 같은 조직이라고 하더라도 시간의 흐름에 따라 변하기 때문에 계속해서 새로운 상황에 직면하게 된다는 것이다. 따라서 관리기법도 각 상황에 가장 적합한 관리기법이 적용되어야 한다는 것이다.

상황적합이론의 주된 결정요인은 기업조직 내·외의 환경이다. 따라서 〈그림 2-9〉와 같이 기업조직의 내·외부의 환경요인에 적합한 경영(관리)이 이루어져야 한다.

사례 2-3 **새해 주목해야 할 무역환경**

2023년에는 미국의 반도체 정책, 유럽연합(EU)의 탄소국경제도(CBAM) 시행 등 글로벌 시장에서 기업의 의사결정을 뒤흔들 중요한 변화가 있었다. 한국에는 이외에도 디지털경제동반자협정(DEPA) 가입과 환태평양경제동반자협정(CPTPP) 협상 등 굵직한 통상 이슈들이 있었다. 2023년 우리 수출기업을 힘들게 한 전쟁과 신냉전 등 기존의 지정학적 불확실성은 단기간에 해결되기 어렵기에 2024년에도 우리 기업들은 고군분투해야 할 상황이다. 이에 올해 무역 환경과 관련한 몇 가지 현안을 짚고자 한다.

첫 번째는 신시장 개척이다. 그동안 한국은 대중 무역 비중이 매우 높았는데 미·중 무역 갈등과 코로나19를 거치면서 대중 수출이 감소했다. 이는 중국 경기가 안 좋아진 원인도 있지만 고기술 제품을 제외하고는 전반적으로 중국 기업 제품이 우리 제품을 대체하고 있는 것으로 생각된다. 또 그런 현상이 진행되는 산업 분야에서 중국 기업들이 동남아시아 지역으로 수출을 늘리고 있어서 올해부터는 아세안(동남아국가연합)을 비롯한 주요 동남아 국가에서는 이들 지역에 공을 들여온 일본과 중국, 한국 간 치열한 3파전이 예상된다. 최근 정부가 무역투자촉진프레임워크(TIPF)를 체결하고 공급망과 산업 위주로 글로벌 협력체제를 추진하는 것은 이 상황에서 매우 고무적인 일이다. TIPF는 매우 유연한 방식이니 그동안 전략적으로 중요하지만 자유무역협정(FTA) 파트너로는 상대적으로 덜 고려한 국가들과 계속 협력을 확대해 신시장을 개척해야 한다.

두 번째는 환경 의제다. EU는 환경 의제에 매우 강경하므로 대EU 수출기업은 CBAM을 비롯해 공급망 실사법 등 가치 규범이 포함된 의제를 반영해야 한다. 기후변화로 인한 자연재해를 매년 세계 인구가 체감하기 때문에 환경 의제는 앞으로 더욱 강화될 것이다. 기업들은 환경 의제를 ESG(환경·사회·지배구조)에 포함하면 선제적으로 대응할 수 있다. 특히 중소기업이 환경 의제와 공급망 실사법 대응에 취약한 편인데, 정부가 중소기업 ESG 표준 가이드라인 등을 발표했으니 이를 참고하면 도움이 될 것이다.

세 번째는 디지털 강국인 한국에 특히 중요한 '디지털통상 규범에 대한 논의'다. EU에서 인공지능(AI) 거버넌스 프레임워크를 발표하면서 이제는 디지털 기술을 어떻게 사용해야 할지도 보다 자세한 청사진이 나오고 있다. 한국도 2023년 DEPA 가입을 비롯, 인도태평양경제프레임워크(IPEF)의 디지털 협상과 한·EU 디지털무역협정 협상에 들어갔는데, 올해 좋은 성과를 내 참여국 간 디지털 서비스 교역이 더욱 원활히 이뤄지기를 기대한다. EU는 개인정보의 역외 이전에 민감한데, EU와 디지털무역협정을 체결하면 앞으로 우리나라가 다른 국가와 디지털무역협정을 맺는 것이 쉬워질 것이다.

마지막으로 국제 정치적 여건도 주요 변수다. 2024년에는 미국 대통령 선거가 있다. 미국은 여전히 글로벌 경제에 영향력을 행사하는 국가이기 때문에 중요하다. 도널드 트럼프 전 대통령의 지지율이 높다고 알려졌는데, 만약 트럼프 전 대통령이 다시 돌아온다면 그의 보호무역주의도 부활할 것이다. 물론 조 바이든 대통령 역시 미국 제일주의에 기반한 정책을 펼쳤으므로 큰 틀에서 보면 통상정책은 그리 다르지 않겠지만 지정학에 대한 해석은 달라질 수 있다. 그에 따라 동맹국 간 이해관계가 미묘하게 변할 가능성이 있다. 기업들은 플랜B를 생각해 둬야 한다.

러시아·우크라이나 전쟁, 중동의 무력 충돌 등 여러 국제 문제가 있지만 그렇다고 한국의 수출 전망이 비관적이지는 않다. 올 한 해도 대한민국 수출을 격려한다.

출처: 한국경제 2024.01.02.

요약

경영이론의 출발점은 Taylor(1911)의 과학적 관리법이라고 할 수 있으며, 이후 학파를 이루며 고전적 경영학, 행동과학적 경영학, 관리과학적 경영학으로 전개되어왔다. 그리고 현대적인 경영학의 대표적인 접근법으로는 시스템이론과 상황적합이론 등을 들 수 있다. 먼저 고전적 경영학은 직무관리를 강조하는 '과학적 관리'와 조직관리를 강조하는 '관리이론'의 두 흐름으로 나누어볼 수 있다. 고전적 경영학의 인간성 무시에 대한 비판과 반성에서 인간관계론이 등장하게 되었으며, 이후의 조직행동론과 더불어 행동과학적 경영학이 형성되었다. 행동과학적 경영학은 직무를 수행하는 사람에 초점을 두고 있다. 제 2 차 세계대전 직후 보다 정교하고 수학적인 모델에 기초를 둔 과학적인 접근방법을 이용하여 조직 내의 작업의 문제와 인간의 문제를 해결하려는 경영에 대한 새로운 접근법이 나타났다. 이와 같은 접근방법을 관리과학적 경영학이라고 한다. 그러나 관리과학적 경영학은 경영기술 측면에서 인간관계적 기술, 관리기능 측면에서 조직화와 지휘기능, 경영자의 역할 측면에서 인간관계적 역할이나 정보관리 역할 등을 소홀히 하고 있을 뿐만 아니라 수학적 모형으로 가변성이 많은 현실과의 괴리 등이 문제점으로 지적되고 있다. 1950년대 이후 기업경영환경이 급격하게 변화하면서 경영자들은 기업조직을 환경과 부단히 상호작용하는 개방체계(open system)로 보게 되었다. 이러한 상황하에서 현대적 경영학은 세 가지 접근법(학파)을 상황에 따라 취사선택하여 절충하고 있으며 대표적 접근법으로는 하나의 독립된 학파로서는 인정받지 못하고 있지만 시스템이론이나 상황적합이론 등을 들 수 있다.

참고문헌

- 김남현 외, 「경영학의 이해」, 경문사, 2004.
- 김영규, 「경영학원론」, 박영사, 2009.
- 장영광 외, 「생활속의 경영학」, 신영사, 2011.

토의문제

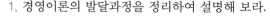
1. 경영이론의 발달과정을 정리하여 설명해 보라.
2. 고전적 경영학과 행동과학적 경영학을 이론적 특징, 시사점 측면에서 비교하여 설명해 보라.
3. 현대경영학이 그 이전까지의 이론들을 어떻게 취사선택하고 있는지를 설명해 보라.
4. 시스템이론과 상황적합이론을 비교하여 설명해 보라.

Chapter 3

기 업

올해 이차전지 관련주가 증시를 뜨겁게 달구면서 대기업 집단 시가총액 순위에서도 에코프로그룹과 포스코그룹이 약진했다.

31일 연합인포맥스가 그룹사 시총 추이를 분석한 결과 포스코그룹 시총 순위는 작년 말 6위에서 올해 말 5위로 올랐다.

포스코그룹이 이차전지 소재 사업에 박차를 가하는 가운데 그룹 시총은 42조 9,000에서 93조 9,000으로 50조원 넘게 불어났다.

그룹 대장주 포스코홀딩스의 경우 1년간 주가는 80.65% 오르고 시총은 23조 4,000에서 42조 2,000으로 늘었다. 보통주 기준 코스피 시총 순위도 11위에서 6위로 뛰었다.

또 다른 대표적인 이차전지주로 꼽히는 에코프로그룹의 올해 말 시총은 59조 5,000으로 기업 집단 중 6위다.

에코프로그룹은 작년 말에는 시총이 12조 3,000으로 17위 수준이었는데 1년 새 47조원 이상 늘며 순위가 수직으로 상승했다.

이차전지 열풍을 타고 에코프로, 에코프로비엠,

에코프로에이치엔의 주가가 동반 급등하고 지난 11월 에코프로머티리얼즈가 상장한 영향이다.

반면 성장주 부진에 카카오[035720]와 네이버는 그룹 시총 순위에서 하락했다. 카카오그룹은 작년 말 5위에서 올해 말 7위로, 네이버는 8위에서 9위로 각각 밀려났다.

또 셀트리온그룹은 7위에서 8위로, HD현대그룹은 9위에서 10위로 각각 한 계단씩 내려갔다.

다만 올해 주식시장이 오름세로 한 해를 마감하면서 시총 순위가 내려간 기업들도 대체로 시총 규모는 증가하는 경향을 보였다.

시총 1~4위 상위권은 1위 삼성그룹, 2위 LG그룹, 3위 SK그룹, 4위 현대차그룹으로 지난해와 같았다.

삼성그룹은 부동의 1위를 지켰다. 삼성전자 등의 주가가 오르면서 올해 한 해 동안 그룹 시총 규모도 571조 9,000에서 709조 7,000으로 138조원 가량 불어났다.

삼성전자 주가는 작년 말 5만 5,300원에서 올해 말 7만 8,500원으로 41.95% 상승했다. 시총도 330조 1,000에서 468조 6,000으로 늘었다.

2022년(12월 29일)		
순위	그룹명	시총
1	삼성	571,920
2	LG	203,415
3	SK	126,294
4	현대자동차	105,086
5	카카오	47,128
6	POSCO	42,920
7	셀트리온	35,489
8	네이버	29,529
9	HD현대	29,172
10	한화	20,023

2023년(12월 28일)		
순위	그룹명	시총
1	삼성	709,691
2	LG	190,022
3	SK	179,711
4	현대자동차	140,394
5	POSCO	93,875
6	에코프로	59,451
7	카카오	50,186
8	셀트리온	45,635
9	네이버	36,380
10	HD현대	34,315

LG그룹은 2위를 유지했으나 시총 10위권에서 유일하게 작년보다 시총이 줄었다.

LG에너지솔루션, LG화학, LG생활건강 등 주요 계열사 주가 하락에 그룹 전체 시총은 1년 새 203 조 4,000에서 190조원으로 13조원 정도 감소했다.

SK그룹 시총은 126조 3,000에서 179조 7,000 으로, 현대차그룹 시총은 105억 1,000에서 140조 4,000으로 각각 증가했다.

출처: 연합뉴스 2023.12.31.

기업이란

1. 기업의 특징

기업은 경영학의 관심대상이자 연구대상이다. 일반적으로 경영학에서의 기업은 국민경제를 구성하는 기본적 단위이며, 제품이나 서비스를 생산 및 판매하는 조직시스템으로서 다음과 같은 특징들로 요약해볼 수 있다(〈그림 3-1〉 참조).

첫째, 기업은 생산 및 영리경제의 단위이다. 물론 공기업과 같이 공익을 목

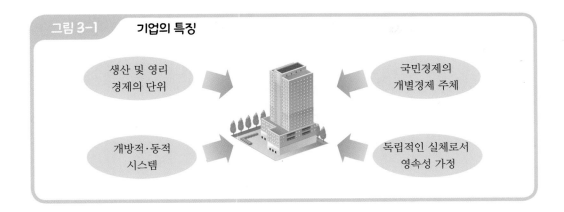

그림 3-1 **기업의 특징**

- 생산 및 영리 경제의 단위
- 국민경제의 개별경제 주체
- 개방적·동적 시스템
- 독립적인 실체로서 영속성 가정

적으로 하는 기업도 존재하지만 우리가 경영학의 대상으로 삼고 있는 기업은 투입(input)보다 많은 산출(output)을 통하여 이윤을 실현하려는 생산 및 영리경제의 단위이다.

둘째, 기업은 국민경제를 구성하는 개별경제의 주체이다. 국민 또는 국가경제의 주체는 가계와 기업, 정부의 세 가지 개별경제 주체로 대별될 수 있다. 이때 가계는 순수 소비경제 단위로서 욕망의 극대화를 추구하고 기업은 생산경제 단위로서 이윤극대화를 추구한다. 그리고 정부는 공적 소비경제(생산의 일부를 담당하기도 함) 단위로서 공공복리 및 수지균형을 추구한다. 이들 경제주체들은 상호간의 분업과 교환 등을 통해 국민경제가 선순환(생산↑ → 국민소득, 정부재정↑ → 수요↑ → 생산↑ → …)될 수 있도록 부단한 노력이 요구된다.

셋째, 기업은 개방시스템(open system)이다. 따라서 기업은 자신을 둘러싸고 있는 여러 내·외적 환경요인들과 직·간접적으로 부단하게 상호작용하는 동적 시스템(dynamic system)이다.

넷째, 기업은 하나의 독립적인 실체이다. 즉 기업은 소유자와 분리된 하나의 독립적인 실체(entity)로서 그 존재의 영속성(going concern)을 가정한다. 따라서 경영학은 일반적으로 주식회사 형태를 연구대상으로 삼고 있다.

2. 기업과 경영

이제 우리는 앞서 살펴본 경영(학)과 기업에 관한 이해를 토대로 이들 간의 관계를 〈표 3-1〉과 같이 정리해 볼 수 있다.

따라서 우리는 '기업경영'의 의미를 '경영활동을 통한 기업목적의 달성'으로 요약해 볼 수 있다.

표 3-1 기업과 경영 간의 관계

	기업	경영
역할	목적 설정	목적달성을 위한 수단
단위	소유 단위	작업 단위
추구혜택	수익성 또는 이윤을 추구	생산성 또는 경제성을 추구

3. 기업의 형태

기업은 기준을 어떻게 정하느냐에 따라 다양하게 분류될 수 있지만 기본적으로 출자, 경영, 그리고 지배의 3가지 요소에 의해 분류해 볼 수 있다. 이를 좀 더 구체적으로 살펴보면 기업은 먼저 누가 출자하느냐에 따라 크게 사기업과 공기업으로 나뉜다. 일반적으로 사기업은 개인이 출자한 기업으로 영리추구

표 3-2 기업의 형태 ※: 상법상의 회사

경제적 형태			법률적 형태		
사기업	단독(개인)기업		개인상인(기업)		
	공동기업	인적 공동기업 (소수공동기업)	합명회사,※ 합자회사※		회사기업
			유한회사※		
			민법상의 조합, 익명조합	조합기업	
		자본적 공동기업 (다수공동기업)	협동조합		
			주식회사※		
공기업			국영기업, 지방공익기업, 공사, 공단		
공사공동기업			특수회사		

가 주 목적인 반면, 공기업은 공익을 목적으로 국가나 공공기관이 출자한다. 사기업은 다시 출자자수에 따라 단독(개인)기업과 공동기업으로 나누어 볼 수 있으며 공동사기업은 인적(소수) 공동기업과 자본적(다수) 공동기업으로 나누어 볼 수 있다. 〈표 3-2〉는 이를 요약 및 정리한 것이다.

오늘날 기업의 형태는 개인 또는 단독기업의 형태에서 점차 소수공동기업이나 다수공동기업의 형태로 발전해 가고 있다. 〈표 3-2〉에 나타난 여러 기업형태 중 사기업의 특징을 살펴보면 다음과 같다.

개인기업

개인 또는 단독기업은 출자 및 경영, 지배가 개인단독으로 이루어지는 기업을 말한다. 따라서 출자자는 모든 이익이나 손실에 대하여 단독으로 책임진다(무한책임). 오늘날 소규모의 소매상이나 영세한 공장들이 이에 해당되며 주로 가업이나 생업의 형태로 나타난다.

공동기업

▌인적(소수) 공동기업

■ 합명회사

합명회사는 2인 이상의 연대무한책임사원으로 구성되며, 출자지분을 양도하려면 다른 모든 사원의 동의가 있어야 한다. 합명회사는 단독기업에 비하여 자본조달이 쉽고 경영면에서 시너지 효과를 기대할 수 있다. 그러나 사원 간의 의견이 일치하지 않을 경우 의사결정이 늦어지거나 의사결정을 못할 수도 있다.

■ 합자회사

합자회사는 2인 이상의 무한책임사원과 유한책임사원으로 구성된다. 이 때 무한책임사원은 직접 경영에 참여하지만 유한책임사원은 경영에는 참여하지 않고 자신이 출자한 범위 내에서만 유한책임을 진다. 합자회사는 유한책임사원을 모집할 수 있기 때문에 합명회사보다는 자본조달이 용이하지만 유한책임사원의 지분양도라고 하더라도 무한책임사원 전원의 동의가 있어야 하기 때문에 자본의 교환성은 거의 인정되지 않는다고 할 수 있다.

■ 유한회사

유한회사는 50인 이하의 유한책임사원으로만 구성된다. 유한회사의 사원은 의결권 등에서는 주식회사와 유사하지만 사원수의 제약으로 주식회사보다는 자본규모가 작고 출자지분의 양도도 사원총회의 승인을 받아야 하는 등의 제약을 받는다. 소수의 사원과 소액의 자본으로 운영되는 중소기업에 적당한 기업형태이다.

■ 익명조합과 민법상의 조합

익명조합은 2인 이상의 무한책임사원과 유한책임사원으로 구성된다는 점에서는 합자회사와 유사한 형태이나 유한책임사원이 익명이라는 점에서 차이가 난다. 따라서 외견상 익명조합은 단독기업이나 합명회사처럼 보이기도 한다. 그러나 익명의 유한책임사원(익명조합원)이라 하더라도 자기의 이름을 그 기업에 사용하도록 허락한 경우에는 무한책임사원과 동일한 책임을 부담한다.

민법상의 조합은 2인 이상이 공동출자와 공동경영을 약정하는 것만으로도 그 효력이 발생하는 기업형태이다. 이 때 조합원 모두는 업무집행을 담당하고 무한책임을 진다. 민법상의 조합은 상법상의 법인이 아니라는 점에서도 익명조합과 구별된다.

▌자본적(다수) 공동기업

■ 주식회사

주식회사는 현대사회에서 가장 대표적인 기업형태라고 할 수 있다. 주식회사는 모두 유한책임사원으로 구성되는 자본적 공동기업으로 다음과 같은 특징을 가진다.

첫째, 주식회사는 자본을 모두 증권화(의제자본이라 함)하고 있다. 주식회사는 이러한 자본의 증권화 제도를 통해 거액의 자본을 장기간 사용하기를 원하는 기업의 요구와 소액의 자본을 투자하되 필요하면 언제든지 회수하기를 원하는 투자자의 이율배반적인 요구를 동시에 해결할 수 있다.

둘째, 주식회사의 사원(출자자, 주주)은 자신의 투자액(주식 매입가격) 한도 내에서만 책임을 진다(엄격한 유한책임제도). 따라서 투자자는 회사가 망하더라도 자신이 소유하고 있는 주식만 휴지가 되는 손실을 입는다. 이는 투자자들로 하여금 위험부담을 감소시켜 누구나 안심하고 투자할 수 있도록 해주며 개인재산과 회사재산을 분명히 구별해주는 역할을 수행한다.

셋째, 주식회사는 소유와 경영이 분리될 수 있다. 출자자(주주) 수가 많아지고 주식분산이 고도화될수록 투자자들은 경영에 관여하지 않고 주가상승차익이나 배당과 같은 자본이득(capital gain)에만 관심을 갖게 된다. 뿐만 아니라 경영환경이 복잡해지고 경영에도 고도의 기술과 능력을 필요로 하게 됨에 따라 기업들은 전문경영인을 필요로 하고 있다. 국내에서는 '재벌'이라는 특수한 가족경영 기업지배구조로 인하여 소유와 경영이 분리되지 않은 기업이 존재하기는 하나 최근에는 소유와 경영을 분리하기 위한 움직임을 보이고 있다.

사례 3-1 "소유경영 분리+완전자회사 전환"…메리츠금융, 모범적 거버넌스로 주주가치 제고

메리츠금융지주가 소유와 경영을 분리하고 지배구조를 완전 자회사 체제로 전환하며 주주가치 제고에 성공하는 등 기업 지배구조(거버넌스) 면에서 호평을 받고 있다. 한국 주식의 디스카운트 요인이 거버넌스라는 지적이 나오는 가운데 메리츠금융은 소유-경영 분리 원칙의 지배구조 개편에서 주주환원 강화 정책을 펼쳤다. 이에 기관 및 개인투자자들 사이에서도 긍정적 평가가 이어진다.

26일 메리츠금융에 따르면 조정호 메리츠금융 회장은 지난 5일 한국기업거버넌스포럼과 KCGI자산운용이 공동주최한 '제2회 한국 기업거버넌스 대상' 시상식에서 경제부문 대상을 수상했다. 수상 배경으로는 조 회장의 지휘 아래 소유·경영 분리 원칙을 지키며 지배구조를 개편한 것은 물론, 경영 전문화, 자사주 매입 및 소각, 배당 확대로 주주환원 강화에도 앞장서고 있다는 점이 꼽힌다.

특히 조 회장이 지난 2011년 전문 경영인에게 전권을 일임해 소유와 경영을 분리한 것과, 지난해 11월 포괄적 주식 교환을 통해 지주사가 자회사인 화재와 증권의 지분 100%를 보유하는 완전 자회사 체제로 전환한 것은 거버넌스 개선에 있어서의 모범 사례라는 평가다.

그간 한국 자본시장에서는 대기업들의 핵심 계열사 물적분할 등 이른바 '쪼개기 상장'으로 인해 소액주주들이 피해를 보는 사례가 많았지만, 메리츠금융지주는 조 회장을 비롯한 대주주 지분율이 50% 이하로 떨어지는 상황에서도 3개 상장사를 하나로 합쳐 '원-메리츠'로 전환했다. 이를 통해 경영효율을 높이고 그룹 전체의 파이를 키워 주주가치를 제고할 수 있다는 점도 입증했다.

지난 2005년 화재와 증권을 합친 메리츠금융그룹의 자산은 3조 3,000억원이었으나 올해 3분기 기준으로 95조원에 달해 30배가 넘는 성장을 이뤄냈다. 회사 효율경영뿐만 아니라 대주주의 1주와 소액주주의 1주가 동등한 가치를 가져야 한다는 조 회장의 신념에서 지배구조 개편이 이뤄진 것으로 전해졌다.

아울러 '원 메리츠' 탄생 첫 해부터 주주환원 정책을 한층 더 강화했다.

올해 자사주 매입 및 소각, 배당 등을 통해 연결기준 당기순이익의 약 50% 수준의 주주환원을 약속하고 이행했다. 또 지난 3월 이후 6,400억원(신탁계약 체결 기준) 규모의 자사주를 매입한 뒤 이 중 3,000억원 규모를 소각해 주주가치를 높였다.

지난 11월 임시주총에서는 자본준비금 감액을 결의, 배당가능이익으로 2조 1,500억원을 추가 확보했다. 증시에서도 긍정적 평가가 이어지며 메리츠금융 시가총액은 일부 은행계 지주 계열을 제외한 금융사 중 최고 수준인 12조원 수준까지 치솟았다.

소유구조와 경영을 분리한 것도 호평을 받는다. 오너 대신 전문경영인이 자율적으로 회사를 경영할 수 있도록 대폭 권한을 이양, 수천억대 투자까지 대표가 결정한 후 사후보고하는 식이다. 임기도 안정적으로 보장, 임기가 짧은 전문경영인들이 단기 재무 성과에만 치중하는 것과 대조된다.

이를 통해 최희문 부회장과 김용범 부회장은 중장기적 안목에서 경영성과를 꾸준히 일궈내며 금융권의 대표적인 장수 CEO로서 입지를 굳혔다.

최 부회장은 2010년부터 2023년까지 13년간 메리츠증권 CEO를 지냈고, 김 부회장 역시 2015년부터 2023년까지 9년간 메리츠화재를 진두지휘했다.

'원-메리츠' 전환 1주년을 맞아 지난 11월 말 단행한 인사 및 조직 개편에서는 기존 두 명의 부회장은 지주에 자리하고, 메리츠화재 최고경영자(CEO)에는 1977년생인 김중현 신임 대표이사 부사장을, 메리츠증권 CEO에는 리스크관리 등에 강점을 가진 장원재 신임 대표이사 사장을 선임해 후계 경영구도까지 마련했다.

출처: 이코노믹리뷰 2023.12.26.

■ 협동조합

협동조합은 경제적으로 불리한 소비자나 생산자들이 경제적 약점을 보완하기 위하여 공동으로 출자하는 기업의 형태이다. 따라서 협동조합은 일반기업처럼 영리가 주 목적이 아니라 조합원 자신들이 상호 이용하기 위해서 설립되는 것이 일반적이다. 이러한 협동조합의 형태에는 소비자협동조합, 생산자협동조합, 신용협동조합 등이 있다.

사례 3-2 '위기를 기회로'…ESG 경영과 협동조합

ESG(환경·사회·지배구조)를 빼고는 경영을 논할 수 없는 시대가 왔다. 2021년 이후 국회에 상정된 관련법 개정안 및 제정안은 100여 건이 넘는다. 법안들의 핵심 골자는 ESG 관련 공시 내용에 대한 평가 결과를 공개하고 우수기업에게 인센티브를 주는 것이다. ESG 관련법은 기업 경영에 위기이자 기회가 될 수 있다.

정부 조직을 비롯한 모든 기업 및 협동조합도 ESG 경영에서 예외일 수 없다. 2022년 농협대학이 개설한 ESG경영과정을 수료한 후 농협 경영에 접목시키기 위해 노력하고 있다. 교육을 받으며 느꼈던 점은 ESG 경영이 협동조합 원칙과 크게 다르지 않으며 협동조합은 태생적으로 ESG 경영을 할 수밖에 없다는 것이다. 국제협동조합기구(ICA)가 1995년 창립 100주년을 맞아 새롭게 규정한 협동조합 7대 원칙에는 ESG 경영이 고스란히 담겨있기 때문이다.

환경(Environment)과 관련해 명시적으로 규정된 협동조합 원칙은 없지만 농업이 가지는 환경적 가치를 생각한다면 ESG와 농업은 불가분의 관계다. 농업은 친환경 농법을 통해 안전한 먹거리를 제공하는 단계를 넘어 새로운 영농 기법으로 탄소 중립에 기여할 수 있다. 특히, 도시농업의 환경적 가치에 주목할 필요가 있다. 지난 9월 농촌진흥청이 발표한 자료에 따르면 도

시농업의 환경적 가치는 생물 다양성 증진에 따른 생태적 가치가 1,810억원, 도시 열섬현상 완화에 의한 환경정화 가치가 1,854억원, 옥상녹화와 도시녹화 등이 1,789억원으로 총 7,861억원에 이른다.

환경과 관련한 농축협의 실천사례도 눈여겨 볼 만하다. 경남 함양농협의 'ESG양파'는 재배와 유통 단계에 저탄소 인증 등 ESG 요소를 적극 반영한 상품이다. 재배 시에는 옥수수 전분으로 만든 생분해성 필름을 사용하고 포장에는 6개월 이내 자연분해되는 친환경 소재를 사용해 환경오염 우려를 덜고 폐기비용을 절감했다고 한다. 강원도 한반도농협에서는 친환경생분해필름을 농업인에게 적극 권장하고 고기 배설물과 사체, 이끼 등을 섭취해 '하천의 청소부'로 불리우는 다슬기를 하천에 방류해 ESG 경영을 실천하기도 했다.

사회(Social)와 관련된 협동조합원칙은 제7원칙인 '지역사회에 대한 기여'라고 할 수 있다. 협동조합은 기본적으로 조합원의 이익을 추구하는 조직체이지만 조합원들이 속한 지역사회와도 긴밀하게 연결돼 있다. 협동조합은 조합원들의 공동체인 지역사회를 발전시켜 나가고자 하는 책임의식을 토대로 운영되고 있음을 의미한다.

'지역사회에 대한 기여'와 관련된 농협의 대

표적인 사업이 로컬푸드다. '로컬푸드 운동'은 지역내에서 생산된 식품을 지역에서 소비하기 위해 1990년대 초 유럽에서 처음 시작됐다. 최근에는 지구 온난화가 국제 문제로 대두하면서 탄소 마일리지를 줄일 수 있다는 점에서 로컬푸드가 주목받고 있다. 2012년 전북 용진농협에서 처음 시작된 농협의 로컬푸드 직매장은 2022년 기준 전국에 866개소가 운영중이다. 지역에서 생산된 안전한 먹거리를 탄소 배출 저감을 위한 근거리 공급체인을 구축해 지역사회에 안정적으로 공급할 수 있는 로컬푸드사업 활성화를 위한 정부와 지방자치단체의 정책과 지원이 필요해 보인다.

마지막으로 지배구조(Governance)와 관련된 원칙은 제2원칙인 '조합원의 민주적 관리'이다. 협동조합은 '공동으로 소유되고 민주적으로 운영되는 사업체'이다. 이는 협동조합 내부의 통제권이 민주적인 방식에 따라 조합원에게 배분되어야 함을 강조한 것이다. 통제권의 '민주적 배분'은 협동조합을 주식회사와 구별할 수 있도록 해주는 중요한 요소이기도 하다.

농협의 경우 통제권을 민주적으로 배분하기 위해 농협법 개정을 통해 지배구조를 지속적으로 개선하고 있다. 자산 총액이 2,500억원 이상인 농축협은 조합장을 비상임으로 운영하고 자산총액이 1,500억원 이상인 경우에는 경영의 전문성과 책임성을 제고하기 위해 상임이사와 사외이사를 의무적으로 두도록 하고 있다. 특히, 내부통제 강화와 내실있는 윤리경영 실천을 통한 신뢰 확보를 위해 자산총액이 1조원 이상인 농축협은 상임감사를 의무적으로 두어야 한다.

농축협이 자율적으로 지배구조를 개선한 사례도 시사하는 바가 크다. 전북 전주농협의 경우 농협법과 정관에 '선출직 임원 등'의 연임을 제한하는 규정이 없음에도 불구하고 농식품부 인가를 통해 정관을 개정해 조합장뿐만 아니라 이·감사에 대해서도 연임을 2회로 제한하였다. 선거 관련 후유증을 최소화하고 조합원들끼리 서로 양보하고 배려하는 아름다운 선거 풍토를 정착시켜 조합원들의 경영참여 기회를 확대할 수 있는 토대를 마련했다는 점에서 의미있는 사례로 평가하고 싶다. 전남 순천농협의 청년이사 제도도 마찬가지다. 만 45세 미만인 조합원 중에서 비상임이사 1명을 선출하여 농협경영에 참여시킴으로써 청년조합원의 농업·농촌·농협에 대한 이해를 넓히고 사업에 활력을 불어넣으며, 정부의 청년농업인 육성정책에도 부응할 수 있는 지배구조개선 사례로 볼 수 있다.

ESG 경영을 디딤돌로 삼아 지속가능 경영의 토대를 마련할 것인지 아니면 걸림돌로 내버려두어 시장에서 도태될지는 전적으로 기업의 몫이다.

협동조합도 예외는 아니다. 다양한 이해관계자들이 참여한 이사회에서 친환경농법으로 생산된 로컬푸드를 지역내 업체에 판매하고 수익의 일정부분을 지역사회에 환원하는 선순환 구조야 말로 농축협이 가장 쉽게 접목할 수 있는 ESG 경영 실천모델이라고 생각한다. 나아가 전국 1,111개 농축협이 각자의 경영 여건과 지역 특성에 맞는 차별화된 ESG 경영 실천방안을 발굴해 지역 발전에 기여한다면 지속가능 경영에도 큰 도움이 될 것이다.

출처: 한국경제 2024.01.02.

기업의 집중

기업은 그들의 다양한 이해관계나 목적달성을 위하여 인수합병(M&A)을 포함한 다양한 방법으로 결합하고자 한다. 다음에서는 이러한 기업집중에 대해서 살펴보자.

1. 기업집중의 목적

기업집중의 목적은 다음과 같이 세 가지로 분류해 볼 수 있다.

시장통제의 목적

시장통제목적의 결합이란 시장에서의 경쟁을 제한·회피하거나 시장통제력을 강화하기 위하여 동종 또는 유사업종 기업들 간에 이루어지는 결합을 말한다. 이러한 결합형태의 예로는 수평적 통합(horizontal combination), 카르텔(cartel), 트러스트(trust) 등이 있다.

경영합리화의 목적

경영합리화목적의 결합이란 생산비절감이나 원료의 안정적 확보를 위하여 생산 공정이나 유통경로상의 기업들 간에 이루어지는 결합을 말한다. 이러한 결합형태의 예로는 수직적 통합(vertical combination), 산업자본형 콘체른(konzern) 등이 있다.

기업지배의 목적

기업지배목적의 결합이란 재벌 또는 금융기업이 출자 또는 대부관계를 통하여 자본적 여유가 없는 다른 기업을 지배하려는 목적으로 결합하는 것을 말한다. 이 때 타기업은 동종, 이종을 구분하지 않으며 이러한 결합의 예로는 자본적 결합(capital combination), 금융자본형 콘체른(konzern) 등이 있다.

2. 기본적 형태의 기업집중

기본적 형태의 기업집중에는 카르텔(cartel), 트러스트(trust), 콘체른(konzern)이 있다.

카르텔

카르텔(kartel, cartel)은 동종 또는 유사업종의 기업들 간에 협정을 통해 수평적으로 이루어지는 결합 형태를 말한다. 이 때 카르텔에 참여하는 기업들은 법률적으로나 경제적으로 완전한 독립성을 유지하기 때문에 협정에는 구속력이 거의 없다. 이와 같은 카르텔은 자유경쟁의 지양, 시장의 통제 및 지배, 가격의 유지 및 기업안정 등을 목적으로 한다.

그러나 카르텔은 공정경쟁을 저해하기 때문에 우리나라에서는 1975년에 '물가안정 및 공정거래에 관한 법률'을 제정하여 자유경쟁을 제한하는 모든 카르텔행위를 금지하고 있다.

사례 3-3

힘 바진 석유 카르텔 OPEC…미국 생산량 최대·앙골라 탈퇴 선언

'지구 최대 카르텔'이라 불리던 석유수출국기구(OPEC)가 원유 시장의 주도권을 잃어가고 있다.

21일(현지시간) CNBC방송에 따르면 미국 셰일 오일 생산량 증가와 회원국 내부 분열로 OPEC의 위상이 예전만 못하다는 평가가 나오고 있다. 미국의 원유 생산량이 역대 최대를 기록하면서 유가에 미치는 영향력이 제한된 데다가, 협조 감산에 불만을 품은 앙골라가 탈퇴를 선언했기 때문이다.

미국 에너지정보청(EIA)은 지난주 원유 생산량이 일일 1,330만 배럴로 사상 최대를 기록

했다고 집계했다. 미국 셰일 기업들이 생산량을 빠르게 확대하면서 중동 산유국들의 담합 시도가 무력화하기도 했다. 실제로 OPEC과 비OPEC 산유국 협의체 OPEC플러스(+)의 추가 감산 결의에도 국제유가는 최근 하락세를 이어간 바 있다.

팀 스나이더 마다토리이코노믹스 애널리스트는 "미국 셰일 오일이 러시아와 사우디의 발목을 잡았다"며 "미국 최대 석유 매장지인 퍼미안분지에서 생산량을 늘릴 준비가 돼 있다"고 분석했다.

여기에 아프리카 2대 산유국 앙골라까지 돌

연 회원국 탈퇴를 선언했다. 디아만티누 아제 베누 앙골라 광물자원석유가스부 장관은 "앙골라의 OPEC 회원국 잔류에 아무런 이점이 없다고 느껴진다"며 "우리의 이익을 수호하고자 탈퇴를 결정했다"고 말했다.

앙골라는 OPEC+ 차원의 협조 감산 확대에 반대해왔다. 이 나라의 원유 생산량은 하루 평균 110만 배럴 수준으로 원유 시장에서의 영향력이 크진 않지만, 향후 OPEC 내에서 감산 확대나 감산 장기화에 반발하는 나라가 늘어날 가능성이 시사됐다.

앙골라의 탈퇴로 OPEC 회원국은 12개국으로 줄어들었다. 앙골라 탈퇴에 앞서 카타르와 에콰도르가 각각 2019년, 2020년 사우디아라비아와의 마찰 등에 따라 OPEC을 탈퇴했다. OPEC의 세계 시장점유율도 2010년 약 34%에서 약 27%로 쪼그라들었다.

CNBC방송은 "일부 회원국 탈퇴와 더불어 OPEC+의 협조 감산, 미국을 비롯한 비OPEC 국가들의 생산량 증가로 인해 시장점유율이 감소하고 있다"며 "브라질은 내년 1월 OPEC+에 가입할 것으로 예상되지만, 산유국의 공동 생산량 상한제에는 참여하지 않을 것으로 보인다"고 짚었다.

출처: 이투데이 2023.12.22.

트러스트

트러스트(trust)는 다수의 개별기업들이 법률적으로나 경제적으로 독립성을 상실하고 자본적으로 하나의 기업이 되는 기업합동(fusion)의 형태이다. 이러한 트러스트는 기업집중의 형태 중에서 구속력이 가장 크다고 할 수 있으며 시장

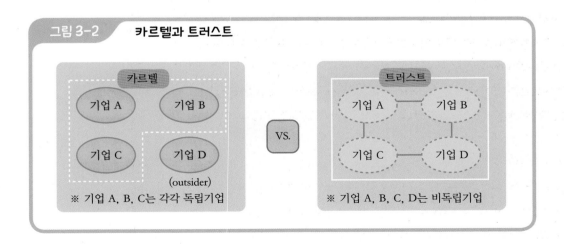

그림 3-2 **카르텔과 트러스트**

카르텔
기업 A   기업 B
기업 C   기업 D (outsider)
※ 기업 A, B, C는 각각 독립기업

VS.

트러스트
기업 A   기업 B
기업 C   기업 D
※ 기업 A, B, C, D는 비독립기업

의 지배 또는 독점을 목적으로 한다. 트러스트는 기존의 기업들이 해체되고 새로운 기업으로 발족하는 신설합동(consolidation)과 자본력을 가진 한 기업이 다른 기업을 흡수하는 흡수합동(merger)의 두 가지 형태로 구분된다.

그러나 트러스트 역시 시장의 독점화로 인한 폐해가 심각했기 때문에 미국 정부는 1890년에 반트러스트법(Anti-trust Act)인 '셔먼법(Sherman Act)'을 제정하였고 1914년에는 이를 보완하여 '클레이톤법(Clayton Act)'을 제정한 바 있다.

콘체른

콘체른(konzern)은 다수의 개별기업들이 법률적(형식상)으로는 독립성을 유지하지만 경제적(실질적)으로는 독립성을 상실한 기업집중 형태를 말한다. 콘체른은 한 기업(모기업, 주로 대기업)이 다른 기업(자회사)의 주식을 소유하거나, 금융대여, 경영진 파견을 통한 인적 결합의 형태 등으로 이루어지며 주식 보유에 의한 결합형태가 가장 일반적이다. 콘체른의 유형에는 생산의 합리화나 생산비의 절약을 목적으로 수개의 관련기업들이 수직적으로 결합하는 산업자본형 또는 생산형 콘체른과 거래망의 확보나 영업비의 절약과 같은 판매활동의 합리화를 위하여 거래상의 동종 또는 유사 관련기업들이 수평적으로 결합하는 판매형 콘체른, 그리고 금융업체가 수개의 기업들을 결합하여 주식의 소유나 자금의 대부를 통하여 각 기업에 대해 지배관계를 형성하는 다각적 결합형태의 금융자본형 콘체른이 있다.

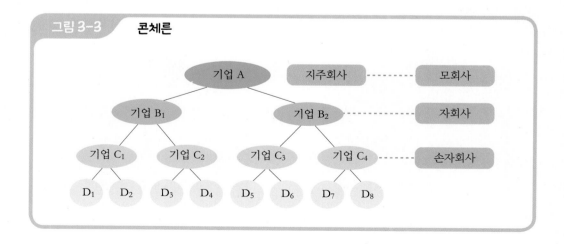

그림 3-3 콘체른

금융자본형 콘체른의 대표적인 형태인 지주회사(holding company)는 많은 경우 증권대위(substitution of securities) 방식을 사용하여 다른 회사(자회사)의 경영권을 지배한다. 이러한 현상은 오늘날 주식이 고도로 분산되고 부재소유주의 증가로 주주총회에 대한 관심 등이 저하되었기 때문에 더욱 활성화되고 있다.

3. 특수한 형태의 기업집중

기업집단

기업집단(enterprise group)이란 기술적인 면이나 판매, 금융상의 공동이익을 획득하기 위하여 기업마다 독립성을 유지하면서 집단화하는 현상을 말한다. 기업집단은 콘체른과 유사하게 자본적 결합 형태로 이루어지기도 하지만 통일적인 지배회사가 나타나지 않고 통일적인 관리도 이루어지지 않는다는 데 그 특징이 있다. 기업집단은 인접지역 내에서 주로 생산부문에서의 기술적인 결합으로 이루어지기 때문에 '기업들 간의 생산적 집합체'라고도 불린다.

기업집단의 대표적인 형태로는 '다각적 결합공장'이라고도 하는 콤비나트(Kombinat)가 있다. 콤비나트는 자원, 자본, 기술 등을 지역적으로 결합시켜 경제적 이익을 추구하는 결합 형태로 1930년대 소련의 공업화 전략에서 비롯되었다. 콤비나트는 원료확보의 용이성, 연료 및 에너지의 절감, 운송시간 및 물류

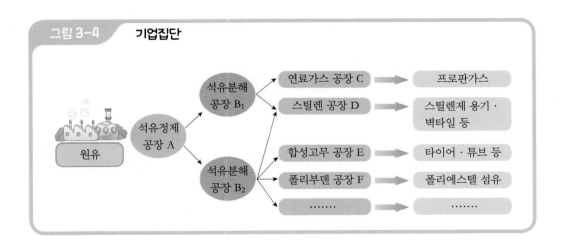

그림 3-4 기업집단

비 절감, 자원의 다각적 이용 등을 통해 궁극적으로 원가를 절감하고 이익을 증대할 수 있는 이점이 있지만 많은 공장들이 동시에 건설되어야 하고 단지 내의 원재료 공급이 원활하게 이루어지지 않으면 조업이 순조롭게 진행되지 않을 수도 있으며, 동시에 다수의 인력이 소요됨으로써 기능공부족현상이나 폐수·폐기물 등으로 인한 공해, 환경오염 등의 문제점을 야기할 수도 있다.

콩글로머리트

콩글로머리트(conglomerate)는 상호관련성이 없는 이종기업 간에 다각적으로 결합되어 있는 복합기업을 의미한다. 이와 같은 기업형태는 1950년대 후반부터 1960년대에 미국에서 급격히 생겨나게 되는데, 이는 그 당시 동종 또는 유사기업 간의 수평적·수직적 결합을 금지시켰던 '클레이톤법(Clayton Act)'과 같은 공정거래법망을 피하기 위해 편법으로 나타난 새로운 기업집중의 형태라고 할 수 있다.

콩글로머리트는 동일시장을 대상으로 결합하는 시장형 콩글로머리트(낙농식품소매업과 식료품체인점), 생산기술면에서 공통성이 있는 기업 간에 이루어지는 생산형 콩글로머리트(가전제품업체와 반도체기업), 그리고 기술, 공정, 시장 등에서 전혀 관계가 없는 기업 간에 이루어지는 순수형 콩글로머리트(금융업체와 철강업체)의 세 가지 유형으로 나누어진다. 그러나 콩글로머리트는 이러한 유형에 관계없이 기본적으로 다각화 경영을 통해 경기변동에 따른 위험을 분산시키는 데 그 목적이 있다. 동일한 XX그룹이라는 이름 하에 반도체, 휴대폰, 증권, 보험, 중공업, 호텔, 건설, 골프장 등의 다양한 기업이 동시에 결합되어 있는 한국의 '재벌'도 순수형 콩글로머리트의 일종으로 볼 수 있다.

조인트 벤처

조인트 벤처(joint venture)는 원래 둘 이상의 사업자가 공동으로 출자하고 공동으로 손익을 계산하는 결합 형태로 합작회사 또는 합작투자회사라고도 불린다. 1930년대 미국의 건설업계에서 처음 시작된 조인트 벤처는 오늘날 국제 간의 기업제휴 또는 국제 간의 공동출자형태로 많이 활용되고 있다. 따라서 최근에는 국내의 한 기업이 외국의 기술을 도입하거나 자국의 국경을 넘어 타국

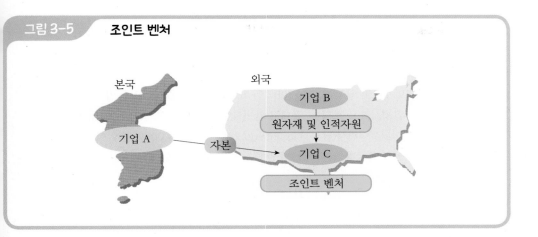

그림 3-5 조인트 벤처

에 진출하려 할 때 다수의 관련회사들이 공동출자를 통하여 하나의 새로운 회사를 설립하게 되는 경우를 지칭하고 있다.

　이러한 조인트 벤처는 두 개 이상의 회사가 하나의 공동목적을 달성하기 위해 공동투자 및 공동경영을 하고 손익을 공동으로 부담함으로써 위험을 분산시킬 수 있다. 그러나 이렇게 설립된 회사는 목적달성을 위한 사업이 끝나면 해산하게 되는 일시적 기업의 성격도 가지고 있다.

사례 3-4 　50년 협력속 삼성-코닝 '동상이몽'

삼성디스플레이는 매출액 2조원과 영업이익률 40%가 넘던 '알짜' 조인트벤처의 지분을 일시에 정리했다. 4,000억원이 넘는 배당금을 포기하더라도 회수한 투자금을 이용해 액정디스플레이(LCD)에서 유기발광다이오드(OLED)로 디스플레이 사업의 무게중심을 옮기려는 판단이었다.

반면 단독경영권을 확보한 코닝은 LCD 시장에서 여전한 영향력을 보이면서 아시아지역 생산 전진기지로 탈바꿈시켰다. 흑자경영을 이어오면서 4,000억원이 넘는 유상감자로 일부 투자금을 회수하기도 했다.

지배력 변화맞은 조인트벤처…
삼성디스플레이 과감한 회수결정

삼성그룹과 미국 코닝은 1973년 삼성코닝

에서 시작해 1995년 삼성코닝정밀유리(현 코닝정밀소재)과 2012년 삼성코닝어드밴스드글라스까지 조인트벤처를 잇따라 설립했다. 하지만 삼성코닝은 브라운관(CRT) TV 수요가 급감해 2007년 코닝정밀소재에 흡수합병시켰고 코닝정밀소재 지분은 2014년 모두 거둬들이면서 남은 조인트벤처는 삼성코닝어드밴스드글라스뿐이다.

가장 큰 배경으로 2013년 10월 삼성그룹과 코닝간 체결한 포괄적 사업협력을 꼽을 수 있다. 삼성디스플레이가 코닝정밀소재 지분전량인 42.6%를 자사주 매입소각 방식으로 2조 178억원에 처분하는 대신 미국 코닝(Corning Incorporated) 지분 7.4%에 해당하는 전환우선주를 2조 4,426억원에 취득하는 것이 큰 틀이다. 코닝정밀소재는 코닝 헝가리법인(Corning Hungary Data Services)이 지분 100%를 확보하면서 합자체제를 종료하지만 삼성과 코닝 간 협력의 강도는 단순 조인트벤처 설립을 넘어 더욱 견고해진 셈이다.

다만 코닝정밀소재는 삼성디스플레이 지분 매각 직전인 2013년 별도 기준 매출액이 2조 4,000억원에 이르던 회사다. LCD용 기판유리 제조에 사업영역이 집중됐지만 LCD 시장이 대대적인 호황을 누린데다 50%에 근접하는 영업이익률을 자랑하면서 2013년 말에 이르러 무차입경영 상태에서도 3조원에 가까운 현금성자산을 쌓는 데 성공했다. 코닝정밀소재가 2013년 지급한 전체 배당금은 1조원이 넘었으며 삼성디스플레이가 지분율대로 수취한 배당금은 4,300억원에 이르렀다.

삼성디스플레이 지분전량을 자사주로 매입

할 수 있었던 것도 현금성자산이 바탕이 됐기 때문이다. 실제로 삼성디스플레이 지분매입 직후인 2014년 말 코닝정밀소재의 현금성자산은 6,300억원 가까이로 큰폭 줄면서 무차입경영을 끝내고 관계사인 코닝 룩셈부르크법인(Corning Luxemburg)으로부터 1조 9,000억원에 이르는 15년 만기 장기차입금을 조달하기도 했다.

삼성디스플레이 OLED 집중…코닝 LCD 입지 공고

삼성디스플레이가 이처럼 '알짜'로 꼽히던 코닝정밀소재에 대한 지배력을 과감히 정리한 이유는 무엇일까. 삼성디스플레이는 2012년 코닝과 합자해 OLED용 기판유리를 제조하는 삼성코닝어드밴스드글라스를 출범시키면서 디스플레이 사업에서의 무게중심을 기존 LCD에서 OLED로 이미 옮기고 있었다. 삼성디스플레이는 지난해 5월 LCD 사업에서 전면 철수하기에 이르렀다.

여기에 2013년 코닝정밀소재 전체 매출액 2조 3,980억원 중 삼성디스플레이로부터 발생한 매출액 비중이 73%(1조 7,473억원)일 만큼 삼성디스플레이와의 장기공급계약 외에 별다른 매출처 다변화를 이루지 못하고 있었다. 이 때문에 삼성디스플레이로서는 코닝정밀소재로부터의 배당금을 포기하더라도 미국 코닝 지분을 취득해 더 큰 협력을 도모할 시기라고 판단했을 가능성이 높다. 삼성디스플레이는 삼성코닝어드밴스드글라스로부터는 배당금을 수취하지 않고 있다.

반면 코닝으로서는 코닝정밀소재의 쓰임새가 쏠쏠하다. 코닝은 LCD 시장에서 여전히 입지를 공고히 하고 있다. 코닝정밀소재 지분

100%를 확보하면서 아시아지역 LCD용 기판유리 생산의 전진기지로 탈바꿈시켰다. LCD 시장에서 여전히 경쟁력을 확보하고 있다는 판단으로 보인다. 지난해 코닝정밀소재 매출처 상위에는 미국뿐 아니라 중국 충칭·허페이, 일본, 대만 등 소재 관계사가 다수 올라있다.

비록 삼성디스플레이 지분처분 이후 영업이익률이 20% 아래로 큰폭 하락하면서 수익성은 후퇴했지만 코로나19 타격을 받은 2020년을 제외하면 지난해 1,418억원 등 매년 당기순이익 흑자를 달성했다. 최근 코닝이 2028년까지 5년간 15억 달러(약 2조원)를 투자해 차세대 초박막 벤더블 글라스 생산기지와 제품 통합 공급망을 구축할 계획을 밝힌 것도 코닝정밀소재의 여전한 쓰임새와 무관하지 않다.

코닝정밀소재는 2018년부터 유의미한 배당을 실시하지 않고 있다. 영업이익 3,000억원과 영업이익률 20% 붕괴에 따른 위기감 때문으로 보인다. 다만 2021년 한 차례 유상감자를 실시해 4,964억원을 회수했다. 당시 유상감자 영향으로 100%를 소폭 웃돌던 부채비율이 130% 이상으로 상승했다.

출처: 더벨 2023.10.31.

요약

기업은 경영학의 관심대상이자 연구대상이다. 일반적으로 경영학에서의 기업은 국민경제를 구성하는 기본적 단위이며, 제품이나 서비스를 생산 및 판매하는 조직시스템이다. 따라서 기업조직은 생산 및 영리경제의 단위, 국민경제를 구성하는 개별경제의 주체, 개방시스템, 하나의 독립적인 실체로서의 성격을 갖는다. 기업은 크게 사기업과 공기업, 공사공동기업으로 나누어 볼 수 있으며 소유와 경영의 분리, 자본의 증권화제도, 유한책임제도 등의 특징을 갖고 있는 주식회사가 오늘날 가장 일반적인 기업형태라고 할 수 있다. 기업은 그들의 다양한 이해관계나 목적달성을 위하여 인수합병(M&A)을 포함한 다양한 방법으로 결합하고자 한다. 기본적 형태의 기업집중으로는 카르텔, 트러스트, 콘체른 등이 있으며 특수한 형태의 기업집중으로는 기업집단, 콩글로머리트, 조인트벤처 등이 있다.

참고문헌

- 김남현 외, 「경영학의 이해」, 경문사, 2004.
- 김영규, 「경영학원론」, 박영사, 2009.
- 김진학, 「21세기 경영학」, 한티미디어, 2007.

토의문제

1. 경영학의 연구대상으로서의 기업의 특성에 대하여 설명해 보아라.
2. 오늘날 일반적인 기업형태인 주식회사의 특징에 대하여 설명해 보아라.
3. 기업의 집중이 일어나는 이유와 그 목적에 부합하는 기업집중의 형태를 사례를 들어 설명해 보아라.
4. 단순한 형태의 기업집중인 카르텔, 콘체른, 트러스트를 비교해서 설명해 보아라.
5. 콩글로머리트와 조인트벤처의 최근 사례를 들어 설명해 보아라.

Chapter 4

경영자

애플이 망할 거라고 했다. 2011년 10월 스티브 잡스가 사망하자 시장은 애플의 앞날을 우려했다. 주가는 보름 넘게 하락했다. '파괴적 혁신가'가 사라지고 '따분한 살림꾼' 팀 쿡이 두 번째 일인자로 올라섰기 때문이다.

하지만 팀 쿡은 잡스 없는 애플을 10배 넘게 키워냈다. 잡스가 살아 있던 2011년 8월 애플의 시가총액은 3,410억 달러였다. 2020년 8월 시총 2조 달러를 돌파했다. 그리고 2023년 6월 사상 처음으로 시총 3조 달러를 돌파한 기업이 됐다.

빌 게이츠가 떠난 이후 마이크로소프트(MS)는 주저앉았다. 모바일 시대를 준비하지 못한 MS는 2011년 시가총액이 세계 3위에서 10위까지 곤두박질쳤다. 2014년 MS CEO 자리에 오른 사티아 나델라는 회사를 정비한 후 새 전성기를 열었다.

나델라의 지휘 아래 '늙은 공룡' 취급을 받던 MS는 세계 최대의 클라우드 컴퓨팅 기업이 됐다. 그는 멈추지 않았다. 오픈AI와의 발 빠른 협업으로 MS를 'AI 퍼스트무버'로 이끌고 있다. 회사 가치는 급등했다. MS는 현재 시총 3조 달러를 바라

보며 애플에 도전하고 있다.

리사 수 AMD CEO도 회사의 구원투수 역할을 했다. 그는 2014년 CEO 자리에 올라 기술 경쟁력을 강화하며 회사를 폐업 위기에서 살려냈다. 이후 CPU 시장에서 인텔을, GPU 시장에서 엔비디아를 위협하는 기업으로 재탄생했다.

이들은 모두 창업자가 일군 성공의 제국을 물려받았다. 또 다른 혁신은 불가능해 보였지만 새로운 문법을 적용했고 창업자를 뛰어넘는 결과를 냈다. 링크드인 공동창업자인 리드 호프먼은 이 같은 유형의 CEO를 '리파운더(Refounder·재창업자)'라고 정의한다.

왜 지금 리파운더인가?

빌 게이츠는 전성기를 달리던 시절 한 인터뷰에서 질문을 받았다. "가장 두려운 경쟁자가 누구냐?" 그는 답했다. "어느 차고에서 무언가를 개발하고 있는 젊은 기업가들이다." 이 답을 할 때쯤 미국의 한적한 차고에서는 구글 창업자들이 자신이 인터넷 세계의 지배자가 될 줄도 모르고 무언가

를 개발하기 시작했다.

파괴적 혁신으로 새로운 시장을 열고 선두를 달렸던 기업도 정체기를 맞는다. 혁신의 결과물은 일상이 되고, 경쟁자들은 더욱 새로운 제품으로 그 자리를 위협한다. 모바일로의 급속한 이동 등 기술과 제품의 진화는 기존 강자들을 오래된 기업으로 퇴색시킨다.

시장의 레거시가 된 기업에는 새로운 리더십이 필요한 이유다. 리파운더는 창업자가 창조해낸 '파괴적 혁신'보다는 변화에 대응하고 내부를 통합하는 '점진적 혁신'으로 회사의 성장을 이어간다.

빌 게이츠가 나델라 CEO를 두고 "사티아는 과거와 완전히 결별하지 않았지만 새롭고 대담한 도전을 이끌었다"고 평가한 이유다.

호프먼 역시 "회사가 커질수록 리파운더는 기업의 문화와 사명을 유지하고 변화하는 세계에 대응한다"며 "창업자는 회사를 그 사회에서 강력한 위치로 성장시킨다면, 리파운더는 어떻게 그걸 지속할 수 있는지 찾아야 한다"고 말했다.

리파운더의 역할이 창업자와 다른 이유는 이들에게 주어진 조건이 다르기 때문이다. 그들이 물려받은 기업은 관료제에 찌든 거함이다. 1등의 기억은 있지만 열정과 활력, 민첩성은 떨어져 있다. 고위 경영진은 혁신보다 타성에 젖어 있을 확률이 높다.

성공의 경험은 시효를 다하면 실패의 싹이 되기도 한다. 2024년 한국 경제를 이끌어 온 기업들이 맞닥뜨린 현실도 크게 다르지 않다.

다음은 변화의 속도다. 2년 전만 해도 꽤나 괜찮아 보였던 국내 대기업들의 포트폴리오는 갑자기 퇴색해 미래지향성을 발견하기 힘들게 됐다. 기술과 취향의 발전 속도 때문이다.

올해는 더 예측이 어렵다. AI가 어떤 산업을 파괴하고, 어떤 승자를 그 자리에서 끌어내릴지 예측하기 힘들다. 기술이 진화하는 속도는 이제 인간의 예상을 넘어섰다.

글로벌 시장에서는 자유무역이라는 말은 고어가 된 지 오래다. 세계 각국은 새로운 진영을 중심으로 본격적으로 새판을 짜기 시작했다. 국내에서는 실패도 기회로 삼을 수 있던 고성장 시기는 끝났고, 추격자 전략도 그 시효를 다했다.

경영 조건은 더 복잡해졌다. CEO의 상상력이 기술이나 숫자에만 그쳐서는 안 된다. 2024년 새로운 리파운더의 탄생을 기다리는 이유다.

리파운더의 조건

리파운더는 기업을 위기에서 구해내고 체질개선을 지휘하며 새롭게 도약시킨다. 리파운더가 기업을 승계받은 오너인지 전문경영인인지는 중요하지 않다. 중요한 건 시대의 변화에 대응할 수 있는 속도와 성장을 지속할 수 있는 능력이다.

후계자를 경영자 반열에 오를 수 있게 키워내는 시스템과 후계자를 알아보는 창업자의 안목은 리파운더를 발굴할 수 있는 필수 조건이다.

창업가는 화산 같은 열정과 아이디어를 쏟아내는 사람이다. 창업가는 대부분 회사의 성장을 위해 직원과 자기 자신을 한없이 몰아붙이는 카리스마를 지녔다.

리파운더는 다르다. 분열된 내부를 통합하고 떨어진 사기를 끌어 올리기 위해 경쟁과 배척보다는 공감과 동기부여를 우선으로 했다. '혼자 빨리' 가는 것보다 '함께 멀리' 가는 것을 강조한다. 조직을 이끌던 한 명의 천재는 사라졌지만 다수의 협업으로 더 나은 결과를 낼 수 있기 때문이다.

미국은 애플, MS, AMD 등 경제와 산업을 주도하는 빅테크 기업에서 성공적인 리파운더를 배출했다.

한국은 리파운더는 모두 오너 경영인이라는 공통점이 있다. 이들은 아버지가 일군 회사에 새로운 성장동력을 심고 세계 무대에서 경쟁하며 기업 가치를 끌어올렸다.

일본에서는 망한 줄 알았던 소니를 부활시킨 히라이 가즈오의 리파운딩 전략을 살펴봤다. 또 '후계자 리스크'가 경제 문제로까지 번진 일본의 현실을 통해 한국의 미래를 고민했다.

이남우 연세대 교수는 "스타벅스가 하워드 슐츠를 3번이나 경영 일선에 소환한 것을 보면 리파운더를 발굴하는 것이 얼마나 어려운 일인지를 알 수 있다"며 "한국 기업이 리파운더를 발굴하기 위해서는 삼성, 현대 등 글로벌 기업에서 훌륭한 성취와 경영 노하우를 쌓은 사장단이 다른 기업 사외이사로 가서 경험의 선순환이 이뤄질 수 있도록 개방적인 이사회 시스템이 필요하다"고 말했다.

출처: 한경Business 2024.01.02.

경영자

1. 전문경영자

기업조직의 목표달성에 있어서 효과적이고 효율적인 경영은 매우 중요하다. 이러한 경영의 실질적인 주체를 경영자라고 한다. 경영자는 그 정의나 역할에 있어서 경영환경의 변화와 함께 역사적으로 변천되어 왔다. 오늘날 전문경영자 또한 기업경영의 핵심주체가 되기까지는 기업규모의 확대에 따른 여러 변화과정(소유경영자 → 고용경영자 → 전문경영자)을 거쳐 온 결과이다. 이러한 경영자의 변화과정은 소유와 경영의 분리과정을 배경으로 이루어져 왔다.

소유와 경영의 분리

소유와 경영의 분리라는 개념은 자본가가 담당하는 출자기능과 경영자가 담당하는 관리기능이 분화되는 현상을 의미한다. 오늘날 많은 선진국의 대규모의 기업들은 자본가 또는 소유경영자가 경영일선에서 완전히 물러나고 전문경영인이 경영활동을 수행하는 소유와 경영의 분리구조로 이루어져 있다. 이처럼 소유와 경영이 분리되게 된 이유는 다음과 같은 두 가지 측면에서 생각해 볼 수 있다.

먼저 자본적 측면에서 대규모의 자본조달을 위한 주식회사 형태의 도입 때문이라고 할 수 있다. 즉 주식회사의 형태를 도입함에 따라 자본의 증권화가 가능해지고 이에 따라 주식이 광범위하게 분산되면서 대다수의 주주들은 이익배당이나 주가상승에만 관심을 기울일 뿐 경영참여에는 별다른 관심을 보이지 않게 되었다. 이른바 부재 소유주(absentee ownership)의 등장이다. 이들은 기업경영 그 자체에는 무관심하기 때문에 주주총회는 형식적인 것이 되기 쉽고, 그 결과 전문경영자에 의한 기업의 실질적 지배가 가능하게 되면서 소유와 경영이 분리되게 된 것이다.

다음으로 경영적 측면에서 급격한 환경변화와 기업규모의 대규모화로 인한 전문경영인의 필요성 때문이라고 할 수 있다. 즉 사회가 급격히 변화하고 기업규모가 대규모화되면서 기업의 경영활동도 점차 전문성·복잡성을 띠게 되었다. 그 결과 오늘날 기업은 동태적 경영환경에 창조적으로 대응하고 치열한 경쟁을 헤쳐 나갈 수 있는 전략적이고 혁신적인 의사결정능력을 구비한 전문경영자가 아니면 성공적으로 경영활동을 수행할 수 없게 되었다. 이와 같은 의미에서 소유와 경영의 분리는 전자인 자본적 측면보다 후자인 경영적 측면에서 그 근거를 찾을 수 있을 것이다.

소유 · 고용 · 전문 경영자

자본주의 초기의 기업이나 오늘날 소규모 기업들의 경우에는 자본의 출자뿐만 아니라 생산 및 판매활동에 이르기까지 경영에 관련된 모든 기능과 활동들이 소유경영자 한 사람에 의해서 수행된다. 이러한 경영자를 소유경영자(owner manager)라고 하며 흔히 기업가(entrepreneur)라고도 한다. 따라서 전형적인 소유경영자는 자본의 직접적인 출연과 운영은 물론 기업경영상의 모든 위험을 직접 부담하고 기업성장에 필요한 혁신활동마저도 스스로의 책임하에 수행하는 사람이다.

그러나 기업규모가 점차 확대되고 경영활동이 복잡성을 띠게 되면서 당초의 출자자인 기업가는 스스로가 모든 경영기능을 감당할 수 없게 되었다. 이에 따라 기업가는 따로 경영자를 고용하여 경영활동의 일부를 위양하게 되었는데 이때의 경영자를 고용경영자(employed manager)라고 부른다. 따라서 고용경영자는 경영기능의 일부에 대해서만 책임을 지는 단순한 유급경영자(salaried manager)에 불과하다.

계속해서 경영규모가 대형화되고 급격한 환경변화에 따라 경영활동이 극도로 복잡해지면서 각 분야에 전문적인 지식과 교육적인 배경을 지닌 경영자가 필요하게 되었다. 이때의 경영자를 이른바 전문경영자(professional manager)라고 한다. 따라서 전문경영자는 주로 오늘날 소유와 경영이 분리된 대규모의 주식회사에서 찾아볼 수 있으며, 그의 권한은 출자기능을 제외한 경영활동 전반에 거쳐 포괄적으로 미치게 된다.

〈그림 4-1〉은 소유와 경영의 분리에 따른 경영자의 유형을 도식화한 것이다.

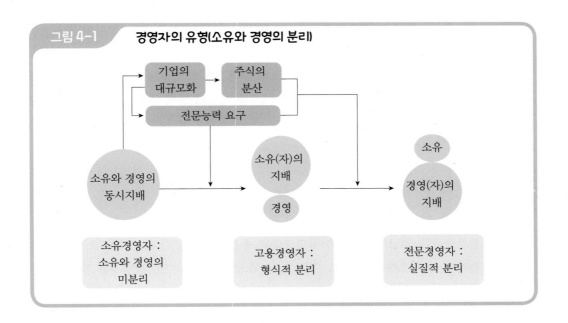

그림 4-1 **경영자의 유형(소유와 경영의 분리)**

2. 경영자의 유형과 기능

오늘날 기업의 (전문)경영자는 개인이 아니라 복수의 인간집단, 즉 계층화된 전체 경영자 집단을 의미한다. 이처럼 경영자 계층을 구성하고 있는 경영자의 유형은 위계수준과 직무범위의 두 가지 기준에 의해 구분할 수 있다.

위계수준

경영자 계층을 형성하고 있는 경영자의 유형은 위계수준에 따라 일반적으로 다음의 세 가지로 구분하고 있다. 위계수준에 의한 경영자의 구분은 그가 수행하는 직무의 내용에 따라 판단되어야 할 상대적인 개념이다. 예로 제시된 경영층의 직급명칭은 기업의 규모와 성격에 따라 다를 수 있기 때문이다.

▌ 최고경영층

최고경영층(top management)은 환경과 관련하여 기업의 장기적 목표·전략·정책 등을 결정하고 아울러 기업의 사회적 책임도 지는 경영자이다. 따라서 최고경영층은 기업 전체에 장기적 또는 전반적으로 영향을 미치는 전략적 의사결정을 주로 하게 된다. 일반적으로 이사급 이상의 경영자를 의미한다.

▌ 중간경영층

중간경영층(middle management)은 최고경영층이 설정한 경영목표·전략·정책을 집행하기 위한 제반 활동을 수행한다. 뿐만 아니라 하위경영자를 지휘·감독하는 것은 물론 때로는 노동자들에게 직접 명령·지시를 내리기도 한다. 따라서 중간경영층은 최고경영층과 하위경영층의 중간에서 상호간의 관계를 조정하는 역할이 가장 중요하다. 대체로 부장·차장·과장 등에 해당하는 경영자를 지칭한다.

▌ 하위경영층

하위경영층(low management)은 현장에서 실제로 작업을 하는 노동자나 일반 사무원을 직접 지휘·감독하는 경영층으로서 운영 또는 일선감독자이라고도 한다. 일반적으로 생산현장에서는 직장·조장·반장 등의 감독자와 사무직의 계장 또는 대리급이 이에 해당된다.

직무범위

　직무범위에 따른 경영자의 유형은 다음과 같이 직능경영자(functional manager)와 전반경영자(general manager)로 나누어 볼 수 있으며, 위계수준에 의한 경영자 유형과 대응시켜 보면 최고경영층은 전반경영자에, 중간 및 하위경영층은 직능경영자에 해당한다.

▋직능경영자

　직능경영자란 생산·마케팅·인사·재무 등 기업의 어느 한 부문활동만을 책임을 지고 있는 경영자를 말하며 부문경영자라고도 한다. 생산현장을 중심으로 전개된 Taylor의 과학적 관리법 이후 전통적인 경영이론은 각 부문활동의 효율성에 초점을 맞추어 왔다. 이와 같은 직능경영자 중심의 경영활동은 각 부문에서는 효율적일 수 있지만 기업 전체적으로는 효과적이지 못한 부문최적화현상(sub optimization)이 발생할 수 있다. 각 직능경영자는 상반된 이해관계를 가질 수 있기 때문이다. 예를 들어 영업부문을 담당하는 직능경영자는 매출 증대, 시장점유율 확대 등에만 관심을 가지는 반면 재무부문의 직능경영자는 이익이나 유동성, 낮은 위험과 높은 수익성 등에만 관심을 가지기 때문이다.

▋전반경영자

　전반경영자란 어느 한 부문만이 아니라 기업 전체를 총체적인 차원에서 경영하는 사람을 일컬으며, 총괄경영자라고도 한다. 즉 직능경영자들에 의해 수행된 다양한 부문의 경영활동들은 기업 전체의 입장에서 조정·통합되어야 하는데, 이러한 역할을 담당하는 사람이 전반경영자이다. 오늘날 경영학의 주요 관심사는 전반경영자의 역할에 있다. 현대의 기업경영은 각 부문활동의 효율성(efficiency)보다 기업 전체의 목표달성이라는 효과성(effectiveness)을 중시하는데, 전반경영자는 상대적으로 전략적·거시적 경영활동을 수행할 뿐만 아니라 직능경영자가 수행하는 부문활동들을 조정하고 통합하는 역할을 수행하기 때문이다.

　이상에서 언급한 경영자의 유형을 그림으로 나타내면 〈그림 4-2〉와 같다.

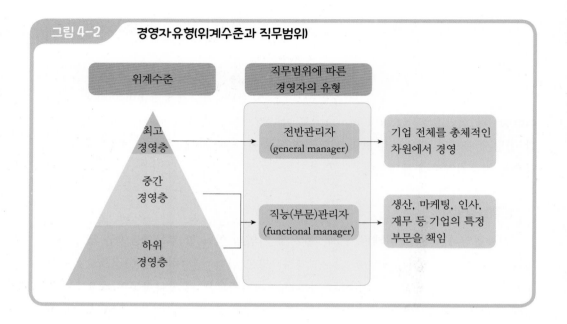

그림 4-2　경영자유형(위계수준과 직무범위)

3. 경영자의 역할과 경영기술

경영자의 역할

모든 계층의 경영자는 경영목표의 달성을 위해 계획을 수립하고, 조직을 형성하고, 부하를 지휘하며, 그 성과를 통제하는 등의 여러 경영활동을 수행하게 된다. 그러나 이러한 일련의 과정적 경영활동은 경영목표 달성을 위해 필요한 경영자의 순환적 직능, 즉 관리과정을 의미할 뿐이며, 그 과정에서 경영자가 실제로 어떻게 행동하고 있느냐를 설명해 주지는 못한다. Mintzberg는 실증적 관찰 자료에 근거하여 어떤 계층의 경영자를 막론하고 공식적 권한과 지위로부터 비롯되는 대인적·정보적·의사결정적 역할을 수행하고 있다고 주장하였다.

▎대인적 역할

대인적 역할(interpersonal role)은 경영자가 기업을 계속적으로 운영해가면서 사람들과의 대면 과정에서 수행하는 역할이다. 이러한 대인적 역할에는 대외 대표자(figurehead)로서의 역할, 리더(leader)로서의 역할, 연락 또는 접촉자

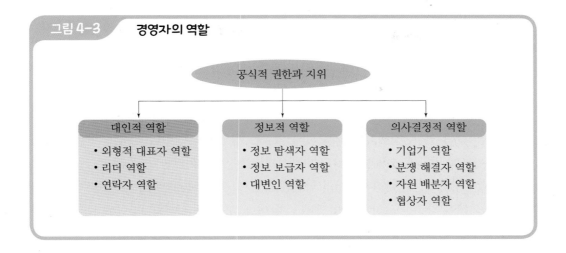

그림 4-3　　**경영자의 역할**

공식적 권한과 지위

대인적 역할	정보적 역할	의사결정적 역할
• 외형적 대표자 역할 • 리더 역할 • 연락자 역할	• 정보 탐색자 역할 • 정보 보급자 역할 • 대변인 역할	• 기업가 역할 • 분쟁 해결자 역할 • 자원 배분자 역할 • 협상자 역할

(liaison)로서의 역할 등이 있다. 첫째, 대외 대표자(figurehead)로서의 역할은 한 단위조직의 장으로서 대외행사에 참석하거나 내방객을 접대하는 등의 행위를 말한다. 둘째, 리더로서의 역할에는 종업원을 채용하고 훈련시키며 동기를 부여하는 등의 역할이 있다. 셋째, 연락 또는 접촉자로서의 역할은 기업 내의 종업원들과의 접촉, 기업 외부의 공급자나 고객 등과 같은 제 이해집단과 접촉을 의미한다.

▌정보적 역할

경영자의 정보적 역할(informational role)은 기업경영에 필요한 다양한 정보를 기업 내외부의 다양한 경로를 통해 수집하고, 이를 다시 부서 또는 기업 내외부의 다른 사람들에게 전달하는 것을 말한다. 이러한 정보적 역할은 모니터(monitor)로서의 역할, 전파자(disseminator)로서의 역할, 대변인(spokesperson)으로서의 역할의 세 가지로 분류해 볼 수 있다. 첫째, 모니터로서의 역할은 공식적인 조직의 정보망뿐만 아니라 비공식적인 개인 정보망을 통해 기업경영에 필요한 다양한 정보를 꾸준히 탐색하는 것을 말한다. 둘째, 전파자로서의 역할은 종업원 등에게 필요한 중요 정보를 전달, 퍼뜨리는 역할을 지칭한다. 셋째, 대변인으로서의 역할은 그가 수집한 정보의 일부를 자신의 부서 혹은 기업 내외부의 이해관계자들에게 전달해 주는 것을 말한다.

▌ 의사결정적 역할

의사결정적 역할(decisional role)은 경영자가 경영활동을 전개하면서 끊임없이 의사결정을 수행해야 됨을 의미한다. 경영자의 의사결정적 역할에는 기업가(entrepreneur)로서의 역할, 경영 방해 또는 애로요인의 관리자(disturbance handler)로서의 역할, 자원 배분자(resource allocator)로서의 역할, 협상가(negotiator)로서의 역할이 있다. 첫째, 기업가로서의 역할은 경영자가 기업의 성장과 발전을 위해 솔선수범하며 창의적 노력을 다해야 한다는 것을 의미한다. 둘째, 경영 방해 또는 애로요인의 관리자로서의 역할은 파업·고객파산·계약위반 등과 같이 기업 내외에서 각종 애로상황이 발생했을 때 이에 대한 적극적 해결방안을 모색하는 것을 의미한다. 셋째, 자원 배분자로서의 역할은 경영자가 그 기업의 자원을 어떻게 그리고 누구에게 배분할 것인가를 결정하는 역할이다. 마지막으로 협상가로서의 역할은 경영자가 공급업자와의 계약을 체결하거나 노동조합과의 의견차 해소, 여러 이해관계자들과의 각종 협상 등을 수행하는 것을 말한다.

경영기술

앞서 우리는 소유와 경영이 분리된 오늘날 많은 기업들에서 전문경영자들에 의해 기업경영이 이루어지고 있음을 살펴보았다. 전문경영자는 계획수립·조직화·지휘·통제 등과 같은 관리과정뿐만 아니라 경영자 역할(대인적·정보적·의사결정적 역할)을 훌륭하게 수행하는 데 필요한 구체적 능력을 갖추고 있어야 한다. 이처럼 경영자가 경영직무를 잘 수행할 수 있는 능력을 경영기술이라고 한다. 이러한 경영기술은 경험·교육훈련·실무를 통해서 학습되고 개발 및 향상될 수 있는 특성을 가지고 있다.

▌ 경영기술의 유형

Katz는 모든 계층의 경영자는 다음과 같이 전문적 경영기술·인간적 경영기술·개념적 경영기술과 같은 세 분야에 관한 기술을 기본적으로 갖추고 있어야 한다고 주장하면서 이를 경영자의 기술집합(management skill-mix)이라고 지칭하였다.

첫째, 전문적 경영기술(technical skill)은 전문분야에서 고유한 도구·절차·기법 등을 사용할 수 있는 능력을 지칭한다. 경영자는 자신들이 책임지고 있는 업무의 메커니즘을 정확히 파악하고 이를 수행할 수 있는 전문적 기술을 충분히 지니고 있어야 한다.

둘째, 인간적 경영기술(human skill)은 다른 사람들과 같이 일하고, 그들을 이해하며, 그들에게 동기를 부여할 수 있는 능력을 말한다. 경영자는 부하직원에 대한 통솔과정은 물론 여러 가지의 경영활동수행과정에서 많은 사람들과 빈번한 접촉을 하게 된다. 따라서 모든 계층의 경영자들은 기업 내의 다른 사람들과 원만한 대인관계를 유지할 수 있는 능력을 갖추고 있어야 한다.

셋째, 개념적 경영기술(conceptual skill)은 기업의 모든 이해관계와 활동을 조정·통합할 수 있는 정신적 능력으로서 기업조직을 전체로 보고 각 부분이 서로 어떻게 의존관계를 유지하고 있는가를 통찰할 수 있는 능력을 일컫는다. 이는 어느 한 요인 또는 부분의 변화가 다른 요인 또는 부분, 그리고 조직 전체에 영향을 미칠 수 있기 때문에 경영자에게 요구되는 경영기술이다. 따라서 경영자는 의사결정과정에서 각 부분의 이해관계와 활동을 총체적으로 고려할 수 있어야 한다.

▌ 경영자 계층과 경영기술

위에서 살펴본 경영기술은 모든 계층의 경영자에게 필요하긴 하지만 그들의 상대적 중요성은 개별 경영자가 속한 경영자 계층에 따라 다르게 나타난다. 〈그림 4-4〉는 경영계층에 따른 경영기술의 상대적 중요성을 도식화한 것이다.

〈그림 4-4〉에서 알 수 있듯이 전문적 경영기술은 하위수준의 경영계층에서 특히 중요하게 간주되며 상위수준의 경영계층으로 올라갈수록 그 중요성은 낮아진다. 반면에 개념적 경영기술은 상위수준의 경영계층에서 특히 중요하게 간주되며 하위수준의 경영계층으로 내려갈수록 그 중요성은 낮아진다. 이는 최고경영자일수록 기업 전체에 영향을 미치는 포괄적이고 장기적인 의사결정을 많이 하기 때문이다. 그리고 인간적 경영기술은 모든 수준의 경영계층에서 거의 비슷한 비중으로 중요하게 간주되지만 중간경영층에서 특히 요구되는 경영기술이다. 이는 앞서 살펴본 바와 같이 중간경영층이 최고경영층과 하위경영층의 중간에서 상호간의 관계를 조정하는 역할을 담당하기 때문이다.

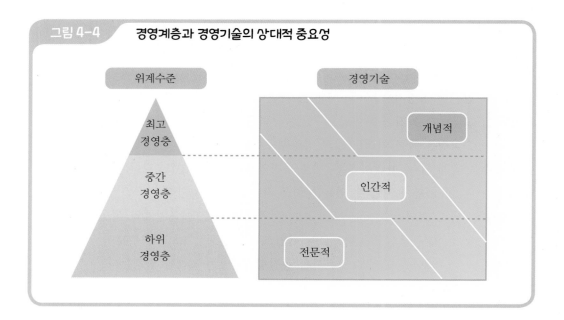

그림 4-4 경영계층과 경영기술의 상대적 중요성

위계수준 / 경영기술

최고 경영층 / 중간 경영층 / 하위 경영층

개념적 / 인간적 / 전문적

경영자(기업)의 사회적 책임

1. 도덕적 해이와 대리인 문제

앞서 살펴본 바와 같이 환경의 급격한 변화와 기업규모의 대규모화로 오늘날 많은 기업들은 고용경영자나 전문경영자에 의해 운영되고 있다. 특히 전문경영자는 자신의 판단에 의해 경영에 관한 모든 의사결정을 행하고 영업성과에 근거하여 주주들에게 평가를 받게 된다. 이와 같은 고용경영자나 전문경영자의 출현은 필연적으로 도덕적 해이(moral hazard)와 대리인 문제(agency problem)를 발생시킨다.

도덕적 해이

도덕적 해이(moral hazard)의 원래 의미는 '정보를 가지고 있는 자신의 행동이 정보를 가지고 있지 못한 상대방에 의해서 정확히 파악될 수 없다는 점(정보의 비대칭성)을 이용해서 상대방의 입장에서 보면 바람직하지 않은 행동을 취하게 되는 현상'이다. 예를 들어 운전자는 보험에 가입하지 않았더라면 기본적으로 사고를 예방하기 위해 주의해서 운전할 것이나 보험에 가입함으로써 그만큼 운전에 부주의하게 되고 사고의 확률이 높아져 보험회사에 손해를 끼칠 수도 있다. 즉 보험에 가입한 운전자는 보험회사가 알지 못하는 정보의 비대칭성을 이용해서 보험회사에 바람직하지 않은 부주의한 운전을 하게 된다는 것이다. 이처럼 도덕적 해이가 예상되면 보험회사는 완전보험을 제공해서는 안 된다. 즉 공동보험제도(손실의 일부만을 보험회사가 보상해주고 나머지는 보험가입자가 부담)나 기초공제제도(손실액 중 처음 얼마까지는 보험가입자가 부담하고 그 이상은 보험회사가 보상) 등의 적절한 유인설계를 통해 도덕적 해이가 일어나지 않도록 주의를 기울여야 한다.

대리인 문제와 도덕적 해이

이와 같은 도덕적 해이 문제는 본인과 대리인관계에서도 나타나는데 이를 주식회사의 소액주주와 전문경영인 간의 관계 측면에서 살펴보자. 최근 전문경영자에 의해 운영되는 주식회사의 경우, 경영에 직접적으로 참여하지 않는 수많은 소액주주들은 본인(주인, principal)이라 할 수 있고 경영의 전권을 위임받은 전문경영자는 대리인(agent)이라고 할 수 있다. 이때 대리인인 경영자는 주인인 주주의 부를 극대화하기 위해 최선을 다해야 하지만 종종 적당한 노력만 기울이거나 그들 자신의 이익이나 실속을 채우기 위해 기업의 자원을 낭비하는 도덕적 해이를 일으키기도 한다. 이를 대리인 문제라고 한다. 결국 대리인 문제는 본인과 대리인 관계에서 발생하는 대리인의 도덕적 해이의 문제로서 주인(principal)인 주주가 대리인(agent)인 경영자의 행동을 세밀하게 관찰할 수 없기 때문에 대리인인 경영자가 주인인 주주의 이익극대화를 위해 노력하지 않고 자신들의 이익을 위해 노력하는 데서 발생한다고 할 수 있다. 이러한 예로는 활동비나 판공비의 과다계상, 각종 특혜수당(fringe benefit)의 계상, 회사 자동차나 비행기의 업무외적 이용, 종업원과 결탁을 통한 지나치게 높은 수준의 퇴직금 책정 등이 있다. 또한 전문경영자가 이익을 부풀려 자신의 능력을 과대포장하고 성과급을 많이 받으려 한다든가 아니면 자리의 보존을 위해 큰 투자성과를 가져다 줄 수도 있는 고위험 투자안을 가능하면 회피하려한다든가 하는 행위들도 전문경영자 개인에게는 이익이 되지만 주주에게는 손해를 끼치는 행위들이기 때문에 도덕적 해이에 의한 대리인 문제라고 할 수 있다. 따라서 주주들은 이러한 경영자의 불성실한 행동(도덕적 해이)을 감시하기 위해 영업실적의 분기별 보고, 주주총회의 개최횟수 증가, 법정소송을 통한 이사 불신임권 행사 등을 실시하게 된다.

사례 4-1 "카카오 경영진 반성 안 담긴 쇄신안…폐쇄적 의사결정 구조 바꿔야"

카카오가 내우외환으로 최대 위기를 맞고 있다. 재계 순위 15위로 급성장하는 과정에서 독과점, 골목상권 침해 논란이 일었는데, 최근 사법리스크까지 불거졌다. SM엔터테인먼트 인수 과정에서 시세조종을 한 혐의로 지난 10월 배재현 투자총괄대표가 구속됐고, 창업자인 김범수 미래이니셔티브 센터장도 금감원에 출석해야 했다. 카카오모빌리티 분식 회계 논란도 이어졌다. 최근엔 김정호 경영지원총괄의 욕설 논란과 사내 비리 의혹 공방이 벌어졌다.

경영진의 도덕적 해이 문제도 불거졌다. 대표적으로 올해 9월 카카오 재무그룹장을 맡던 김모 부사장은 법인카드로 1억원 상당의 게임 아이템을 결제했다가 적발돼 정직 3개월의 징계를 받았다. 카카오엔터테인먼트를 비롯한 4개 자회사에서 경영난으로 대규모 희망퇴직을 받는 상황에서 터진 경영진의 일탈 행위였다. 한 해 전으로 거슬러 올라가면 류영준 카카오페이 전 대표가 카카오페이 상장 한 달 만에 다른 임원들과 함께 스톡옵션으로 받은 주식을

대량 매각하면서 '먹튀' 논란을 일으켰다. 남궁훈 전 카카오 대표는 올해 상반기 카카오 주가가 큰 폭으로 하락하는 중에도 스톡옵션을 매각해 약 94억원의 차익을 실현하고 떠났다.

안팎의 위기가 커지면서 김범수 센터장이 전면에 나섰다. 지난 10월 30일 김 센터장과 홍은택 카카오대표를 비롯해 주요 공동체(계열사) 최고경영자들이 참여하는 '경영쇄신위원회'(쇄신위)를 만들어 매주 월요일 비상경영회의를 열고 있다. 외부 독립기구인 '준법과 신뢰 위원회'(준신위)를 설립해 쪼개기 상장, 공정거래법 위반, 독과점, 최고경영진의 준법 의무 위반 등 사회적으로 지적받은 여러 문제에 대한 관리 감독과 조사를 맡겼다.

카카오의 위기는 스스로 초래한 면이 크다. 임일 연세대 경영대학 교수는 "카카오톡의 영향력으로 이익을 늘리겠다는 생각이 너무 강해지면서 초심이나 사명감을 잃었다. 여러 회사를 무리하게 인수하면서 초기의 기업 문화가 무너졌고, 독점으로 얻는 기업의 이익과 소비자의

편익을 조화시키는 고민을 소홀히 했다. 백년기업을 만들려면 초심으로 돌아가야 한다"고 말했다.

카카오 공동체 노동조합 '크루유니언'(전국화학섬유식품산업노동조합 카카오지회)은 경영 쇄신 논의에 직원 참여를 보장하라고 요구하고 있다. 법인카드 남용 사건 당사자를 솜방망이 처벌하면서 공동체 경영진은 자정 능력을 잃었다고 비판했다. 크루유니언의 조합원 수는 4,000명을 넘고, 주요 공동체 가입률은 30% 이상이다. 크루유니언을 이끄는 서승욱 지회장은 지난 12월 7일 주간경향과의 인터뷰에서 경영진이 반성하고, 책임지는 자세를 보여야 한다고 강조했다. 경영 쇄신을 위한 논의가 투명하게 공개되고, 플랫폼 기업의 공적 가치를 보장할 민주적 통제가 필요하다고 말했다.

- 카카오가 지난 12월 5일 노조에 보낸 공문에서 온라인 게시물 게시와 건물 내 피켓 시위에 대해 사전협의를 요청했다. 노조 활동의 자율성을 침해한다는 지적이 나온다.

"과거에도 피켓 시위를 했는데 회사가 이렇게 반응을 보인 적이 없다. 김범수 센터장 등 경영진과 관련된 문제라 그런 듯하다. 여러 번 전달했는데도 우리가 요구한 인적 쇄신과 직원 참여에는 아무 답변이 없다. 지난해 불거진 카카오모빌리티 매각이나 경영진의 도덕적 해이 문제도 논의한 적이 별로 없다. 다음 주 월요일(12월 11일) 간담회를 연다고 하는데 어떤 걸 논의하겠다는 건지 전혀 알려진 게 없다. 4곳의 공동체에서 구조조정이 이뤄지면서 상당히 많은 사람이 희망퇴직으로 고통을 분담했는데, 이런 문제도 전혀 이야기되고 있지 않다."

"현재의 문제에 발을 담가서 같이 논의할 주체가 많아져야 한다. 기존처럼 소수의 폐쇄적인 의사결정 구조로는 지금의 위기를 돌파하기 어렵다. 현재의 위기를 초래한 책임이 있다면, 문제를 해결할 때까지 백의종군해야 한다."

- 쇄신위에 직원이 참여해야 한다는 요구인가.

"꼭 쇄신위 직접 참여는 아니라도 방법은 여러 가지가 있다. 과거 카카오페이 블록딜 논란 때 '신뢰회복협의체'를 만들어서 노사가 1년 가까이 협의를 벌였다. 그 정도의 노력도 이번에는 하지 않고 있다."

- 계열사 희망퇴직은 어떻게 진행됐나.

"카카오엔터프라이즈가 제일 컸다. 전체 1,200명 정도였던 인력이 500명대로 줄었다. 계열사 간 이동도 있지만 반 정도는 희망퇴직이다. 카카오VX(스크린 골프 등을 서비스하는 스포츠 전문 계열사), 카카오엔터프라이즈, 카카오게임즈 자회사인 엑스엘게임즈도 희망퇴직을 받았다. 엑스엘게임즈의 경우 올해 흑자 전환 가능성이 높다는 점에서 비판할 부분이 크다. 심지어 수익이 좋은 부서는 인센티브를 지급하는 상황에서 한쪽에선 희망퇴직을 받았다. 카카오엔터프라이즈의 경우 불과 지난해 400명 넘게 신규채용했는데, 올해 600명 넘게 내보냈다."

- 경영진 책임을 강조했다.

"왜 회사가 어려워졌는지 알아야 그에 맞는 해법이 나오는데 지금은 원인이 명확히 나오지 않은 상황에서 회사가 어렵다는 이유로 희망퇴직을 받고 있다. 카카오엔터프라이즈의 경우 책임을 져야 할 백상엽 전 대표를 고문으로 선임했다. 류영진 전 카카오페이 대표도 블록딜 이후에도 고문 자리를 거의 1년 넘게 유지하다 퇴사했다. 카카오페이 블록딜이나 남궁훈 전 대표의 스톡옵션 행사 등 회사 이익보다 개인의 이익을 추구한 경영진이 비일비재했다. 이들의 반성이 있어야 한다. 경영진의 문제가 큰데, 회사가 이를 인정하지도 않은 상태에서 쇄신안을 발표하는 게 진정성이 있을까. 카카오엔터프라이즈의 경우 지난해 적자가 1,406억원에 달했다. 회사 자체의 본질적 경쟁력보다 재무적 관점에서의 투자라든가 상장을 통해 기업규모를 확대하는 데만 관심을 쏟았다. 심지어 그렇게 확대된 기업의 가치가 내부로 돌아오지 않고, 소수의 경영진 또는 투자자들의 이익으로만 돌아갔다."

- 12월 11일 김범수 창업자 간담회 때 본사 직원만 참여할 수 있다는데.

"정치개혁을 논의한다면서 여당만 발표하면 누가 이해할 수 있을까. 심지어 쇄신의 중요한 어젠다가 카카오모빌리티이고, 카카오엔터테인먼트인데 그곳 직원들이 빠진 채 논의하면 뭘 이야기할 수 있을지 모르겠다. 카카오엔터프라이즈가 카카오에서 분사한 지 3년밖에 안 됐는데 이 회사가 어려워진 건 내부의 문제라고만 볼 수 없다. 당시 김범수 의장과 가까운 지인인 백상엽 전 대표가 분사를 이끌었고, 김 의장도 전망을 긍정적으로 말했다. 그런데 지금 이 상황이 된 것에 유감 표명이나 사과가 전혀 없다. 카카오엔터프라이즈의 지분 80% 이상을 가진 대주주인 카카오 이사회에 카카오엔터프라이즈 경영진 감사를 요구했지만 거부했다. 카카오도 김범수 의장도 계열사 문제에는 책임을 지지 않고 있다."

- 노조의 요구로 임원의 스톡옵션 매도를 제한했다.

"회사가 쇄신의 의지가 있다면 스톡옵션 문제부터 내려놓고 이야기해야 한다. 카카오 계열사 한 곳은 대표가 가진 스톡옵션이 전체 직원이 가진 양의 절반에 달한다. 한 명이 회사 일의 절반을 하는 것도 아닌데, 아무리 경영진에게 어드밴티지를 인정해준다고 해도 과도하다. 과도하게 스톡옵션을 주는 것 자체가 문제가 크다는 것이다. 경영진은 그 이익을 실현하는 쪽으로 방향을 잡지 모두의 편익이 증가하는 쪽으로 방향을 잡을까. 경영진의 의도가 악했다거나 개인의 일탈로 봐선 안 된다. 애초에 그렇게 될 수밖에 없는 구조가 문제다. 경영진에게 엄청난 물량의 스톡옵션으로 보상을 약속하고 일정 이상의 수익이 나는 걸 조건으로 건다면 당연히 수익에만 올인할 수밖에 없다. 그런 상황에서 구성원과의 대화나 사회적 대화가 필요하다는 말이 얼마나 다가갈 수 있을까."

- 카카오의 수평적 문화가 기업 확대 과정에서 약해진 것인가.

"소수 경영진에 너무 권한이 집중돼 있다. 의사 결정 단계가 개방적이어야 하고 정보의 격차가 없어야 한다. 그렇지 않은 상황에서 수평적 구조를 말한다고 문제가 해결되는 건 아니다. 문제를 제기하면 문제의 원인을 보지 않고 갑자기 사람을 바꾼다거나 단기적인 대안이나 기구를 만들어놓고, 결과 없이 끝난다. 경영진의 글을 점점 사내 게시판에서 찾아보기 어렵고, 오프라인에서도 만나기 힘들다. 그러다 보니 어떤 의사결정이 어디서 결정됐는지 명확하지 않다."

- 경영진 보상 구조를 어떻게 바꿔야 한다고 보나.

"노조가 고민할 문제는 아니지만 전체 이익과 조화를 이뤄야 한다. 개인이 특출나게 높은 비율로 이익을 가져가는 게 아니라 전체 이익과 어느 정도 동기화되는 구조를 만들어야 한다. 특히 IT 기술을 이용해 얻는 이익을 전체 사회와 어떻게 나눌지도 이야기해야 한다. 가뜩이나 이해관계자가 많은 사업을 하면서 정작 노동조합 같은 이해관계자와 대화하는 것조차 꺼리고 있다."

- 김정호 총괄은 '100 대 0 원칙'을 어겼다고 스스로 징계를 요청했다.

"카카오 내부에선 모든 정보를 공유하고 (100%) 외부에 유출하지 않는다는 건데, 보안을 강조했다기보다 정보 공유의 차이가 없어야 한다는 걸 강조한 원칙이다. 그래야 제대로 된 토의를 할 수 있기 때문이다. 지금 경영진은 내부 문제를 공개적으로 이야기해선 안 된다고 하는데, 앞뒤가 바뀐 말이다. 전 CFO의 게임 아이템 결제 문제도 내부에서 논의가 안 되고 조치가 없으니까 외부로 나간 것이다. 내부의 문제를 이야기하지 않아서 해결할 수 있는 게 아니라 오히려 내부 시스템적으로 왜 이런 이야기를 할 수 없었는지 점검해야 한다. 비상경영회의를 6차까지 했는데 무슨 이야기를 했는지 전혀 공개가 안 된다. 공개되면 경영에 부담이 되고 주주에게 피해가 간다고 하지만 전형적으로 숲을 보지 못하고 나무만 가리키는 행태다."

- 회사가 노조의 요구에 무응답으로 일관하는데.

"IT 창업 1세대가 가진 엘리트주의 인식이라

고 본다. 나의 능력, 한 사람의 능력에 대한 믿음이 강하고 다수의 힘을 체험하거나 경험하지 못한 부분이 있다. 카카오만이 아니라 대부분의 판교 IT 경영진을 보면 다른 세계에 사는 듯한 느낌이다. 재벌과는 조금 다르다. 재벌은 혈연관계인데 여긴 혈연보다 학연이 더 크다. 노조도 그렇고, 직원도 그렇고 기본적으로 깊게 대화할 수 있는 상대로 보지 않는 느낌이다."

- 준신위 활동을 전망하면.

"일단 지켜봐야 한다. 권한을 많이 부여했지만 그 권한을 제대로 활용하기 어려울 수 있다. 물론 자리 잡았으면 좋겠다. 내부 조직이긴 했지만 준신위와 비슷한 조직은 이전에도 있었다. 다만 대표가 바뀌면 결과적으로 흐지부지된 경우가 많았다. 지금은 김범수 센터장이 전면에 나와 그런 위험성은 줄었다고 보지만 어떻든 현재의 문제에 발을 담가서 같이 논의할 주체가 많아져야 한다. 그 관계가 긴장감 있게 유지돼야 문제를 풀 수 있을 것 같다. 기존처럼 소수의 폐쇄적인 의사결정 구조로는 지금의 위기를 돌파하기 어렵다. 심지어 그들은 현재의 위기를 초래한 책임이 있다. 사내에서 홍은택 대표의 연임 여부가 화제인데, 상식적으로 지금 상황에서 홍 대표가 연임한다면 책임을 졌다고 할 수 있을까. 물론 책임을 진다는 건 문제를 해결할 때까지 백의종군한다는 것이다. 남궁훈 전 대표처럼 문제가 터지니 사퇴하고 나가서 스톡옵션을 쓰고, 해결은 남은 사람이 하는 건 아니다."

- 전 CFO 징계가 가벼웠다고 보나.

"일반 직원의 경우 사회적 기준보다 훨씬 높게 처벌한다. 예를 들어 최근 카카오게임즈 정보 유출은 다 해고였다. 성적 괴롭힘이나 직장 내 괴롭힘도 무겁게 처벌해 고용노동부가 모범사례로 칭찬할 정도였다. 대상이 경영진이면 완전히 달라진다. 원칙을 지키지 않는 일순위가 경영진이다. 이 문제가 중요한 건 플랫폼 서비스나 IT 기업의 영향력이 커진 상황에서 이들 기업의 내부 구조가 제대로 잡히지 못한다면 우리 사회도 굉장히 많은 영향을 받기 때문이다. 예를 들어 카카오모빌리티를 사모펀드에 넘긴다면 공공적 가치를 유지할 수 있을까. 플랫폼 기업에 대한 민주적 통제가 필요한데 그 방법 중 하나가 노조. 기업에만 맡기거나 반대로 정부에서 통제하는 방식이 아니라 다른 대안이 될 것이다. 플랫폼과 관계된 많은 분들이 관심을 갖고 목소리를 내면 좋겠다."

출처: 경향신문 2023.12.11.

대리인 비용

이와 같은 주주와 경영자 간의 대리인 문제는 주주의 감시비용(monitoring cost)과 경영자의 확증비용(bonding cost), 그리고 잔여손실(residual loss)이라는 3가지 형태의 대리인 비용을 발생시킨다.

먼저 주주는 대리인인 경영자가 주인인 자신들을 위해 경영활동을 수행하도록 감시비용을 지출한다. 이러한 감시비용에는 대리인인 경영자가 자신만의 이익을 추구하고 있지는 않은지를 직접적으로 감시하는 데 소요되는 비용뿐만 아니라 경영자로 하여금 주주를 위하여 의사결정을 하도록 유인하는 데 소요되는 비용도 포함된다. 전자는 외부감사제도나 사외이사제도 등에 소요되는 비용을 의미하며, 후자는 성과급제도, 주식옵션제도 등에 소용되는 비용을 의미한다.

두 번째, 대리인인 경영자입장에서도 자신들이 주주를 위하여 최선을 다하고 있다는 것을 입증할 필요가 있다. 이때 수반되는 비용을 확증비용(bonding cost)이라고 한다. 예를 들어 경영자가 자신의 의사결정이나 경영활동이 주주를 위한 것임을 주주에게 설득하기 위하여 많은 경제적, 시간적인 노력을 투입하게 되는데 이러한 노력 자체가 결과적으로 회사에는 손실이 되는 기회비용이 될 수 있다.

세 번째, 잔여손실은 감시비용이나 확증비용 외에 경영자가 기업을 위한 최적의 의사결정을 하지 않음으로써 발생하는 기업가치의 손실을 말한다.

2. 사회적 책임

　　기업은 경영자에 의하여 운영되기 때문에 기업의 사회적 책임은 종종 경영자의 사회적 책임이라고도 한다. 따라서 본서에서 사용되는 사회적 책임은 기업 또는 경영자의 사회적 책임을 동시에 의미한다.

사례 4-2　기업 바뀌면 세상도 변화…신년사로 본 산업 · 유통가 '현재와 미래'

　　"삼성 제품을 사용하는 것이 지속 가능한 내일을 만드는 것이 되도록 하자."(2023년)

　　"본원적 경쟁력 강화를 최우선으로 추진하자."(2024년)

　　국내 최대 기업으로 꼽히는 삼성전자의 신년사다. 한종희 대표이사(부회장)와 경계현 대표이사(사장) 공동명의로 발표된 신년사 메시지만 보더라도 회사의 변화를 단적으로 알 수 있다.

　　2023년을 '신(新)환경경영전략의 원년'이라고 선언했던 삼성전자는 최근 1년간 다양한 제품에 친환경 기술을 접목해 왔다. 폐어망 재활용 플라스틱과 같은 소재를 스마트폰 제작에 적용하거나, 친환경 냉매를 사용하는 냉난방 시스템(EHS) 제품을 고도화하는 등의 성과를 냈다. 세계적으로 거세진 환경 · 사회 · 지배구조(ESG) 강화 요구에 적극적으로 대응하겠단 전략을 차근히 실현해 낸 결과다.

　　신년사는 이같이 '앞으로의 1년'을 엿볼 수 있는 메시지로 꼽힌다. 시장에서 삼성전자가 올해 신년사에서 '초격차 기술' 강화를 내세운 점에 주목하고 있는 이유이기도 하다. 최근 역대급 반도체 불황에 실적이 곤두박질친 삼성전자가

'본원적 경쟁력 강화'를 내세웠다는 점만으로도 다양한 변화를 전망할 수 있기 때문이다.

　　한 부회장과 경 사장은 반도체 사업과 관련해 "경쟁사와의 격차 확대를 넘어 업계 내 독보적 경쟁력을 갖추자"고 당부했다. 최근 전자 · IT 업계 최대 화두에 오른 인공지능(AI)과 관련해선 "생성형 AI를 적용해 디바이스 사용 경험을 혁신하는 것은 물론, 업무에도 적극 활용해 일하는 방식을 획기적으로 바꿔가자"고 말했다.

신년사에 묻어난 韓 산업계 변화

　　기업이 바뀌면 세상이 변화한단 말이 있다. 기업에서 만들어 내는 상품을 통해 경제적 가치가 창출되는 것은 물론, 제품 · 서비스를 사용하며 개인의 삶도 달라지기 때문이다. 기업의 변화는 최고경영자(CEO)로 대변되는 의사결정권자들이 이끈다. 이들이 어떤 사업을 선택하고 집중하는지에 따라, 좁게는 기업의 생존이 넓게는 세상의 변화가 정해지는 셈이다. 국내 산업계를 이끄는 10대 그룹의 신년사는 그래서 '한국 경제의 현재와 미래'를 진단하는 지표가 되곤 한다.

　　10대 그룹을 이끄는 이들은 올해 신년사를

통해 '성장·세계·미래'를 강조했다. 고객·변화·가치 등 매년 등장하는 단어가 있는 반면 최근 3년간 키워드로 꼽히지 않은 AI·조직 등이 등장한 점도 눈여겨볼 만한 대목이다.

기업데이터연구소 CEO스코어는 최근 국내 10대 그룹의 '2024년 신년사'에 쓰인 단어들의 빈도수를 조사해 발표했다. 신년사에 '성장'을 언급한 빈도수는 최근 3년 ▲2022년 공동 5위(28회) ▲2023년 3위(39회) ▲2024년 1위(38회)로 지속해서 높아졌다. 반면 지난해 글로벌 경기 위축에 대한 우려로 신년사 키워드 4위에 올랐던 '위기'는 19위로 밀려났다. 국내 산업계를 이끄는 이들은 2024년을 '위기 극복'보단 '성장 도모'의 시기로 진단한 셈이다.

포스코는 특히 10대 그룹 중 '성장'이란 단어를 가장 많이 사용한 곳으로 꼽혔다. 최정우 포스코그룹 회장은 올해 신년사를 통해 "친환경 성장 비전을 중심으로 사업구조를 혁신하고 역량을 키워 나간다면 성장의 기회는 우리가 선점할 수 있을 것"이라고 강조했다.

그룹별로 강조한 단어 역시 신년사를 통한 향후 1년을 가늠하는 요인으로 꼽는다. 최태원 SK그룹 회장은 '해현경장'(解弦更張·거문고 줄을 고쳐 매다)이란 사자성어를 내걸었다. 그는 "느슨해진 거문고는 줄을 풀어내어 다시 팽팽하게 고쳐 매야 바른 음(正音)을 낼 수 있다고 한다"며 "경영 시스템을 점검하고 다듬어 나가자"고 주문했다. 정의선 현대차그룹 회장은 지난 3일 경기 광명시에 위치한 기아 오토랜드 광명을 찾아 "한결같고 끊임없는 변화를 통해 지속 성장해 나가는 해로 삼자"며 "고통 없이는 결코 체질을 개선할 수 없다"고 강조했다. 그가 신년사

를 발표한 장소는 1973년 한국 최초의 컨베이어 벨트로 생산되는 일관 공정 종합 자동차 공장으로, 올해 상반기 한국 최초 전기차 전용 공장으로 다시 태어난다.

구광모 LG그룹 회장은 지난해 12월 20일 일찍이 신년사를 내고 2024년 화두로 '차별적 고객가치에 대한 몰입'을 제시했다. 김승연 한화그룹 회장은 "글로벌 챔피언으로 나아가기 위해서는 끊임없이 도전하고, 스스로를 혁신하는 그레이트 챌린저가 돼야 한다"고 강조했다. 허태수 GS그룹 회장은 "2024년은 침체의 시작이자 미래를 향해 큰 걸음을 내디뎌야 할 기회의 시기"라며 "그룹 전반이 경각심을 가지고 비상한 대응을 해달라"고 당부했다.

시장 변화의 특히 민감한 이동통신 3사(SKT·KT·LG유플러스)에선 AI·디지털전환(DX) 등을 공통으로 강조하고 나섰다. 유영상 SKT 사장은 "실사구시(實事求是·사실에 입각해 진리를 탐구하려는 태도)의 자세로 '글로벌 AI 컴퍼니' 성과를 거두는 한 해로 만들자"고 했다. 국내 양대 플랫폼 기업으로 꼽히는 네이버·카카오는 평년과 마찬가지로 올해도 별도의 시무식이나 신년사 발표 없이 갑진년을 시작했다. 카카오는 다만 그간 경영 일선에서 물러난 창업자 김범수 경영쇄신위원장(미래이니셔티브센터장)이 CA협의체 공동 의장을 맡는 변화로 2024년을 출발했다. 정신아 카카오 대표이사 내정자와 함께 조직 쇄신을 이끌겠단 의지다.

'저성장 위기 탈출' 과제로 제시한 유통가

올해 유통가 수장들은 신년사에서 저성장 기조 속 위기를 기회로 만들자고 당부했다.

신동빈 롯데 회장은 "불확실한 경영 환경에서는 압도적 우위의 핵심 역량을 가진 기업만이 생존할 수 있다"며 "고객에게 차별화된 가치를 전달할 수 있도록 사업 구조도 과감히 개편해 줄 것"을 강조했다. 이와 함께 'AI 트랜스포메이션'(AI Transformation) 시대를 맞이하기 위한 사업 혁신도 당부했다.

정용진 신세계 부회장은 "신세계가 1위 회사가 맞느냐는 물음에 분명한 답을 내놓아야 한다"며 "소비할 때 '단 한 클릭의 격차'가 고객의 마음을 흔들고 소비 패턴을 바꿨다. 사소해 보이는 '한 클릭의 격차'에 집중해 경쟁사와 차이를 만들 수 있다"고 주문했다.

정지선 현대백화점그룹 회장은 "올해 위기 상황에 대비하고 사업 안정화를 추구하면서 '기민하게 미래를 대비할 수 있는 성장 메커니즘의 확립' 최우선 목표로 노력해 나가자"며 "성장 메커니즘은 미래에 대한 폭넓은 구상을 통한 새로운 성장 기회의 창출과 고객가치를 중심으로 한 혁신이 지속되는 체계"라고 말했다. 이어 "미래를 구상한다는 것은 다양한 미래를 보고 성장 대안을 폭넓게 고려해서 나온 가능치를 목표로 삼는 것을 의미한다"며 "계열사별로 처해있는 사업환경과 역량, 자원에 매몰된 통념을 버리고 성장을 지속하기 위해 새롭고 다양한 시각으로 비즈니스의 변화 방향을 모색해야 한다"고 당부했다.

손경식 CJ그룹 회장은 "사상 초유의 위기 상황에 직면해 있다"면서 핵심 가치인 '온리원'(ONLYONE) 정신을 강조했다. 손 회장은 CJ그룹 내부의 문제가 크다고 평가했다. 그는 "지금의 위기는 우리의 현실 안주와 자만심 등 내부적 요인에 의한 것으로 더 심각하다"면서 "넷플릭스·쿠팡 등 새로운 혁신적인 경쟁자가 우리의 비즈니스 모델을 위협하고 후발주자들이 빠르게 추격하고 있는데도 제대로 대응하지 못했다"고 지적했다. 또 "올해는 온리원 정신을 재건하는 데 모든 힘을 집중해야 할 것"이라며 "임직원 모두가 1등을 하겠다는 절실함, 최고가 되겠다는 절실함, 반드시 해내겠다는 절실함을 다시 회복해야 한다"고 말했다.

출처: 이코노미스트 2024.01.05.

사회적 책임의 대두배경

사회적 책임이란 표현이 처음 사용된 것은 1929년 대공황 이후라고 한다. 이는 시장기능의 실패가 기업 또는 경영자의 사회적 책임의 가장 중요한 요인임을 의미하고 있다. 또한 기업의 사회적 책임론의 근거로 기업을 둘러싸고 있는 내·외적 환경의 변화를 간과할 수 없게 되었다. 기업을 단지 하나의 폐쇄시스템(closed system)으로만 보던 전통적 관념과는 달리 그것을 환경과 상호작용하는 하나의 개방시스템(open system)으로 간주하는 이상, 기업이 존속·발전하기 위해서는 당연히 환경에 대해 응분의 책임을 부담해야 하기 때문이다. 이는 곧 기업이 사회 내에서 영리를 추구하는 경제적 실체이기도 하지만 동시에 사회적 기관임을 의미하고, 경영자도 단지 경제적 능률의 향상만을 추구하는 것이 아니라 사회적 유효성도 도모해야 한다는 것을 의미하고 있다.

▌시장의 불완전성과 실패

Smith 이후 고전경제학의 논리에 따르면 시장에는 보이지 않는 손(invisible hands)이 작용하기 때문에 시장에 참여하는 개개인 모두가 자신의 최대이익만을 추구하는 행동을 한다 할지라도 자원은 효율적으로 분배되고 이들 각자의 이해는 자연스럽게 조화를 이룬다고 한다. 이는 완전경쟁시장하에서는 시장기능이 정상적으로 작동하기 때문에 시장에서 결정되는 가격과 생산량은 생산자와 소비자 모두에게 최선의 이익과 효용을 제공한다는 것을 의미한다. 따라서 이와 같은 시장의 자동조절력이 유지되기만 한다면 경영자가 자신의 이익만을 추구하더라도 사회적 책임의 문제는 개입될 여지가 없다.

그러나 시장이 불완전하게 되면 앞서 살펴본 시장의 자동조절기능은 무너지게 되고 결국 자원의 효율적 배분을 달성할 수 없는 시장의 실패(market failure)로 이어지게 된다. 이러한 요인으로는 규모의 경제를 통한 독과점기업들의 등장이나 특정한 경제활동이 아무런 대가 없이 제 3 자에게 이익을 주거나 손해를 끼치게 되는 외부효과 등을 들 수 있다.

먼저 시장을 하나 또는 소수의 기업이 지배하는 독과점기업의 등장은 시장의 불완전 경쟁과 함께 시장실패를 가져오고 기업 또는 경영자로 하여금 이에 따른 사회적 책임을 강력히 요구하고 있다. 독과점기업들은 완전경쟁시장에서처럼 시장에서 결정되는 가격을 그대로 수용하는 가격수용자(price taker)가 아니라 가격을 마음대로 조정할 수 있는 가격결정자(price maker)이다. 이처럼 독과점기업들은 가격을 마음대로 조정할 수 있기 때문에 굳이 양질의 제품을 생산할 필요성을 느끼지 않는다. 이러한 상황에서 독과점기업들이 생산하는 제품을 소비하는 소비자의 만족도는 떨어질 수밖에 없으며 사회 전체적으로도 자원이 낭비되는 등의 비효율적인 자원배분이 이루어질 수도 있다.

다음으로 시장의 실패를 가져오는 외부효과 중 특히 외부불경제효과 역시

기업 또는 경영자의 사회적 책임을 요구한다. 외부효과에는 제 3 자에게 이익을 주는 외부경제효과(예를 들면 과수원 옆의 양봉업자)와 제 3 자에게 손해를 끼치는 외부불경제효과(예를 들면 주택가의 유흥업소 업주)가 있다. 외부경제효과나 외부불경제효과 모두 아무런 대가 없이 제 3 자에게 이익을 주거나 손해를 끼치기 때문에 시장실패를 가져오지만 문제의 심각성은 주로 외부불경제효과에 모아진다. 이는 외부불경제효과를 발생시키는 경제활동에 대하여 사회적으로 어떤 규제나 문제제기가 있지 않으면 그 당사자는 굳이 이러한 활동을 억제할 필요성을 느끼지 않기 때문이다.

▍사회구성부문 간의 상호의존성 증대

오늘날과 같이 정보통신기술 및 물류시스템의 발달, 전문성의 증대, 산업의 고도화 등은 사회를 구성하는 모든 부문들 간의 상호의존성을 더욱 증대시킬 뿐만 아니라 각 부문 간 또는 그 구성원들 간의 상호협력의 필요성을 강력히 요구하고 있다. 특히 거시적인 측면에서 국민경제에서 생산을 담당하고 있는 기업은 경영결과에 따라 국민(국가)경제의 미래가 달라질 수 있으므로 가계, 정부 및 외국과의 상호의존적 관계에서 국민경제가 선순환될 수 있도록 부단한 노력이 요구된다.

▍기업규모의 대형화와 영향력 증대

오늘날 많은 기업들은 규모의 경제를 실현하기 위해 기업규모를 대형화하는 추세에 있으며, 이에 따라 기업을 둘러싼 여러 환경요인들, 특히 내·외부의 이해관계자들(종업원·소비자·정부·지역사회·경쟁기업 등)에 대한 기업의 영향력도 급격히 증가하고 있다. 그러나 이러한 영향력은 사회전반에 걸친 모든 이해관계자들의 이익과 일치하는 방향으로만 작용하지는 않는다. 예를 들면 자의적인 인력관리, 대기업의 중소기업 업종으로의 진출, 일방적인 높은 가격의 설정이나 가격조절, 제품개발에 대한 소홀, 오염물질의 대량배출 등과 같이 사회 전반에 걸쳐 부정적인 영향을 미칠 수도 있다. 이처럼 기업규모의 대형화와 영향력 증대로 인해 사회구성원들의 삶의 질(quality of life)이 저해되는 것을 방지하기 위해서는 기업에 집중된 권력의 남용을 방지 및 견제하고 다른 사회구성요소와의 권력균형을 유지하도록 하는 조치가 반드시 필요하다. 뿐만 아니라 사회 전반에 걸쳐 영향력을 갖고 있는 기업 또는 경영자는 그에 상응하는 사회적 책임의식 또한 동시에 가져야 한다.

▌ 소유와 경영의 분리 및 전문경영자의 출현

앞서 경영학에 대한 개념적 이해나 소유와 경영의 분리에서 살펴본 것처럼 오늘날의 전문경영자의 역할은 소유경영자와는 달리 이익의 극대화라는 전통적 기업목표의 실행자 역할에만 머무르지 않는다. 즉 소유와 경영의 분리, 그리고 기업경영에 있어서 전문경영자의 주도적 위치확보는 경영자 또는 기업에게 사회적 책임을 부과하게 된 또 하나의 배경이 된다.

전문경영자는 소유경영자와는 달리 전통적 기업목표인 이익 또는 이윤의 극대화만을 고집할 수 없다. 기업도 주주 이외에 종업원·소비자·공급업자·지역사회 등 많은 이해관계자의 참여와 협조가 확보되지 않으면 사회 내에서 존립근거가 약해지고 결과적으로 기업의 지속적인 유지·발전이 불가능해질 수도 있기 때문이다. 따라서 전문경영자는 주주만이 아니라 각 이해집단의 이해도 조정해야 하는 사회적 책임을 지지 않을 수 없다. 뿐만 아니라 전문경영자는 소유경영자와는 다른 관점에서 교육을 받고, 가치관 및 사회적 의식을 형성하기 때문에 기업의 목표 등을 설정하는 데 있어서도 기업의 이익극대화 이상의 사회적 책임을 포함해야 한다.

사회적 책임의 내용

기업 또는 경영자의 사회적 책임은 다음과 같이 크게 세 가지로 분류해 볼 수 있다.

▌ 기업의 유지 · 발전

기업은 국가경제의 생산주체로서 재화 또는 서비스를 생산하고 공급하는 것은 기업의 본질적인 사회적 역할이다. 따라서 경영자는 효율적이고 효과적인 기업경영활동을 통하여 기업이 유지·존속될 수 있도록 적정이윤을 창출해야 한다. 이윤을 창출하지 못해 도산하는 기업들이 속출하게 되면 국민경제의 한 축이 무너짐으로써 국민경제의 악순환으로 이어질 수도 있기 때문이다. 결국 기업을 유지·발전시켜야 할 경영자의 책임은 1차적이고 본질적인 책임으로서 다음의 2·3차적 책임을 실현하기 위한 바탕을 마련해 주는 것이기 때문에 매우 중요하다.

▌ 이해자 집단에 대한 이해 조정

현대의 기업은 개방체계(open system)로서 기업조직 내·외부의 각종 이해집단과의 상호작용 속에서 유지되고 성장한다. 특히 기업에 직접적인 영향을 미치는 주주, 종업원, 경영자 등의 내부환경요인과 소비자, 경쟁자, 지역사회, 금융기관, 정부 등과 같은 외부적 환경요인들이 중요한 이해자 집단이 될 것이다. 이들 이해자 집단들은 기업의 의사결정에 영향을 주고받으면서도 동시에 이해자 집단 상호 간에는 이해가 상충되는 특성을 가지고 있다. 따라서 기업 또는 경영자는 이들 간의 상충되는 이해를 원만히 조정하여 기업경영활동에 애로가 발생되지 않도록 해야 할 의무가 있다. 이와 같은 기업 또는 경영자의 이해자 집단에 대한 이해조정책임은 대외적이고 2차적인 사회적 책임이며 동시에 직접적 책임이라고 할 수 있다.

▌ 사회발전

기업이익의 사회 환원이라는 관점에서 경영자 또는 기업이 사회의 발전을 도모하고, 사회구성원에게 유익한 여러 사업을 수행 또는 개입하는 것은 당연한 일이다. 그리고 이러한 일들은 기업의 장기적 이익의 창출에도 긍정적인 효과를 미친다. 그러나 사회발전에 대한 책임은 2차적 책임과 마찬가지로 경영자의 대외적 책임이긴 하지만 반드시 부담해야 한다고는 볼 수 없기 때문에 경영자의 3차적인 사회적 책임이며 간접적 책임이라고 할 수 있다.

사회적 책임의 범위와 논쟁

오늘날 기업 또는 경영자의 사회적 책임에 대해서는 그 대두배경에서 살펴본 바와 같이 경영자가 당연히 수행하여야 하는 것으로 인식되고 있다. 그러나 기업 또는 경영자에게 요구되는 사회적 책임의 범위에 대해서는 학자들 간의 견해가 나뉜다. 최소한의 사회적 책임만을 주장하는 고전적인 견해와 최대한의 사회적 책임을 주장하는 윤리적인 견해이다. 고전적인 견해는 기업이 주주 부의 극대화 또는 이윤 극대화를 추구하되 법적인 한계 내에서 이루어지기를 주장한 반면, 윤리적 견해는 기업이 사회의 모든 구성원들에 대하여 책임을 가져야 한다는 주장이다. 그러나 기업 또는 경영자에게 요구되는 사회적 책임의 정도는 기업조직이 처한 여러 환경적 요소들에 따라 다를 수 있으며, 실제로 아직도 논쟁이 계속되고 있다. 분명한 것은 환경요인의 상호작용이 증대되고 시장실패의 비용이 커질수록, 그리고 기업의 영향력이 커질수록 기업의 사회적 책임에 대한 요구는 더 커질 것이다. 결론적으로 기업존립의 전제조건이라는 측면에서 1차적 책임과 기업조직이 개방시스템이라는 측면에서 2차적 책임까지는 기업 또는 경영자가 반드시 부담해야 할 사회적 책임으로 보인다. 그러나 3차적·대외적 간접책임은 지나치게 강조하다보면 기업존재의 저해요인으로 작용하여 사회 전체적으로도 불이익을 초래할 수 있기 때문에 경영자의 가치관이나 판단에 맡겨야 할 것이다. 그럼에도 불구하고 오늘날 기업조직이 사회 내에서 차지하고 있는 비중이나 중요성, 그리고 광범위한 영향력을 고려해 볼 때 사회발전에 좀 더 기여하는 방향으로 사회적 책임을 확대해가는 것이 바람직하다고 본다.

요약

오늘날 전문경영자 또한 기업경영의 핵심주체가 있기까지는 기업규모의 확대에 따른 여러 변화과정(소유경영자 → 고용경영자 → 전문경영자)을 거쳐 이루어졌으며 그 변화과정은 소유와 경영의 분리과정을 배경으로 하고 있다.

경영자의 유형은 위계수준에 따라 최고경영층, 중간경영층, 하위경영층으로 그리고 직무범위에 따라 직능경영자와 전반경영자로 나누어 볼 수 있다. Mintzberg에 의하면 모든 경영자는 유형에 관계없이 공식적 권한과 지위로부터 비롯되는 대인적·정보적·의사 결정적 역할을 수행한다. 그리고 Katz에 의하면 모든 경영자는 전문적·인간적·개념적 경영기술과 같은 세 분야에 관한 기술을 기본적으로 갖추고 있어야 하며 경영계층에 따라 상대적 중요성은 달라진다. 예를 들어 전문적 경영기술은 하위수준의 경영계층에서 특히 중요하게 간주되며 상위수준의 경영계층으로 올라갈수록 그 중요성은 낮아진다. 반면에 개념적 경영기술은 상위수준의 경영계층에서 특히 중요하게 간주되며 하위수준의 경영계층으로 내려갈수록 그 중요성은 낮아진다. 그리고 인간적 경영기술은 모든 수준의 경영계층에서 거의 비슷한 비중으로 중요하게 간주되지만 중간경영층에게 특히 요구되는 경영기술이다.

고용경영자나 전문경영자의 출현은 필연적으로 도덕적 해이와 대리인 문제를 발생시킨다. 그리고 주주와 경영자 간의 대리인 문제는 주주의 감시비용과 경영자의 확증비용, 잔여손실이라는 3가지 형태의 대리인 비용을 발생시킨다.

개방시스템하에서의 기업 또는 경영자는 기업의 유지·발전이라는 1차적이고 본질적인 책임과 이해자 집단에 대한 이해 조정이라는 대외적·2차적·직접적 책임, 그리고 사회발전이라는 간접적인 사회적 책임을 다하여야 한다.

참고문헌

- Dessler, G., *Management: Leading People and Organizations in the 21st Century*, Upper Saddle River, Prentice-Hall, 2002.
- Robbins, S. P. and M. Coulter, *Management*, Upper Saddle River, Prentice-Hall, 2002.
- 김남현 외, 「경영학의 이해」, 경문사, 2004.
- 김영규, 「경영학원론」, 박영사, 2009.
- 장영광 외, 「생활속의 경영학」, 신영사, 2011.

토의문제

1. 경영자의 유형과 각 기능에 대하여 설명해 보라.
2. 경영자의 역할에 대하여 비교하여 설명해 보라.
3. 경영자의 도덕적 해이와 대리인 문제에 관하여 설명해 보라.
4. 경영자의 사회적 책임의 범위에 대하여 논하여라.

Chapter 5

경영환경과 전략적 대응

삼성전자·SK하이닉스의 2024 반도체 전략은?

전 세계 반도체 시장이 올해를 기점으로 반등이 예상되는 가운데 삼성전자와 SK하이닉스 역시 2024년 전망과 계획을 발표하며 세계 반도체 시장에서 선두 유지를 위한 전략 강화에 나서고 있다.

삼성전자, HBM3 비중 확대 및 ASML 협업 기대

삼성전자는 2024년은 거시경제의 불확실성이 상존할 것으로 예상되나 메모리 시황과 IT 수요의 회복이 될 것으로 판단해 메모리 부문에서는 HBM3E의 비중을 확대하고 파운드리에서는 GAA(Gate-All-Around) 기술을 통해 3나노 2세대 공정 양산을 통해 기술 경쟁력을 강화한다는 전략이다.

우선 삼성전자는 DS 부문에서 고성능·첨단공정 제품 판매 및 다양한 응용처 신규 수주를 지속 확대해 기술 경쟁력과 시장 리더십을 더욱 공고히 할 방침이다.

메모리는 재고 건전화 및 고용량화 추세 등으로 수요 회복이 전망되는 가운데, 첨단공정 제품 판매를 적극 확대할 계획이다. 또 업계 최고 수준의 생산능력을 기반으로 ▲HBM3 ▲HBM3E 비중을 확대해 고성능·고대역폭 수요에 적극 대응할 계획이다.

파운드리는 GAA 3나노 2세대 공정 양산과 테일러 공장 가동을 통해 기술 경쟁력을 더욱 강화하고 ▲고성능컴퓨팅 ▲차량 ▲소비자 등 다양한 응용처로 수주를 확대해 나갈 방침이다.

그러나 최근 본지에서 보도한 바와 같이 현재 삼성 파운드리 3나노 반도체 수주는 2024년 해결해야 할 가장 큰 과제다.

삼성전자는 "최근 관심이 확대되고 있는 어드밴스드 패키지 사업의 경우 국내외 HPC 고객사로부터 로직 반도체와 HBM, 2.5D 패키징을 아우르는 턴키 주문을 포함해 다수의 패키지 사업을 수주했으며 올해부터 본격적인 양산 및 사업 확대가 기대된다"고 말했다.

아울러 삼성전자는 지난해 12월 네덜란드 방문에서 ASML과 1조 원을 투자해 국내에 R&D 센터 설립하는 MOU를 체결함에 따라 향후 2나노 반도체 개발 가속화가 기대된다.

당시 경계현 사장은 "ASML의 '하이 NA EUV(하이 뉴메리컬어퍼처 극자외선)' 장비에 대한 기술적 우선권을 갖게 됐다"고 언급했듯이 TSMC와 인텔과의 2나노 기술 개발 경쟁에서 한발 앞설 것으로 예상된다.

SK하이닉스, HBM 중심으로 AI 인프라 시장 우위 선점

SK하이닉스는 지난해 고성능 메모리 제품을 중심으로 시장 수요가 증가하면서 대표적인 AI용 메모리인 HBM3, 고용량 DDR5와 함께 고성능 모바일 D램 등 주력제품들의 판매가 호조를 보인 가운데 2024년 역시 HBM과 DDR5, LPDDR5 등 고부가 주력제품에 대한 투자를 늘리기로 했다.

아울러 D램 10나노 4세대(1a)와 5세대(1b) 중심으로 공정을 전환하는 한편 HBM과 TSV에 대한 투자를 확대한다는 계획이다.

SK하이닉스 김우현 부사장(CFO)은 지난 3분기 경영실적 발표에서 "당사는 고성능 메모리 시장을 선도하면서 미래 AI 인프라의 핵심이 될 회사로 탄탄하게 자리매김하고 있다"며 "앞으로 HBM, DDR5 등 당사가 글로벌 수위를 점한 제품들을 통해 기존과는 다른 새로운 시장을 창출해낼 것이며 고성능 프리미엄 메모리 1등 공급자로서의 입지를 지속 강화해 나가겠다"고 말했다.

특히 SK하이닉스는 2024년 조직개편과 임원인사를 통해 미래 AI 인프라 시장에서 경쟁우위를 유지한다는 목표로 'AI Infra' 조직을 신설하기로 했다.

'AI Infra' 산하에 지금까지 부문별로 흩어져 있던 HBM 관련 역량과 기능을 결집한 'HBM Business'가 신설되고 기존 'GSM(Global Sales & Marketing)' 조직도 함께 편제된다.

아울러 'AI Infra' 산하에 'AI&Next' 조직이 신설돼 차세대 HBM 등 AI 시대 기술 발전에 따라 파생되는 새로운 시장을 발굴, 개척하는 패스파인딩 업무를 주도하기로 했다.

SK하이닉스는 "올해 도전적인 글로벌 경영환경에서 당사는 다운턴 위기를 이겨내면서 HBM을 중심으로 AI 메모리를 선도하는 기술 경쟁력을 시장에서 확고하게 인정받았다"며 "이런 흐름에 맞춰 이번 조직개편과 임원인사를 통해 회사의 AI 기술 경쟁력을 한층 공고히 하는 한편 고객 요구와 기술 트렌드에 부합하는 혁신을 선도하고자 한다"고 밝혔다.

한편 SK하이닉스는 용인 반도체 클러스터에 120조 원을 투자해 4개의 반도체 공장을 건설키로 했으며 2025년 3월 첫 번째 공장을 착공하고 2027년 5월 준공하는 것이 목표다.

SK 최태원 회장은 공사 현장 방문 당시 "용인 클러스터는 SK하이닉스 역사상 가장 계획적이고도 전략적으로 추진되는 프로젝트"라며 "클러스터 성공을 위한 경쟁력을 확보하는 데 최선을 다해 달라"고 당부했다.

출처: 테크월드뉴스 2024.01.03.

경영환경

1. 경영환경이란

오늘날 경영의 대상인 기업조직은 하나의 개방시스템(open system)으로서 자신을 둘러싼 여러 환경요인과 상호작용을 한다. 따라서 경영환경(business environment)은 기업의 성장 여부는 물론이고 종종 기업의 생존 여부와 같은 경영성과를 결정하는 매우 중요한 영향요인이라고 할 수 있다. 이를 좀 더 구체적으로 살펴보면 기업은 생산에 필요한 자원을 주위의 내·외부환경으로부터 조달하고, 생산된 재화 및 서비스를 다시 환경에 공급하는 식으로, 기업과 환경은 마치 하나의 유기체처럼 상호작용을 하면서 성장 및 발전을 도모한다.

그러나 경영환경은 계속해서 변화하는 특성을 가지고 있으며 경우에 따라서는 기업경영활동에 의해서 변화되기도 한다. 따라서 경영자는 환경의 중요성을 충분히 인식하고 환경변화를 사전에 예측하며 이에 적극적으로 대처할 수 있는 통찰력과 판단력을 갖추어야만 성공적인 기업경영을 이룰 수 있다.

2. 경영환경의 분류 및 특성

경영환경은 크게 외부환경요인(또는 시장환경)과 내부환경요인(또는 조직환경)으로 나누어볼 수 있으며, 기업에 직접적인 영향을 미치느냐의 여부에 따라 직접환경요인과 간접환경요인으로 나누어 볼 수 있다. 따라서 내부환경요인은 주주, 종업원, 경영자, 조직의 문화 등과 같이 기업에 직접적인 영향을 미치는 직접환경요인이라고 할 수 있다. 그리고 외부환경요인은 소비자, 경쟁자, 지역사회, 금융기관, 정부 등과 같은 직접적인 환경요인(또는 과업환경, task environment)과 경제적 요인, 기술적 요인, 정치·법률적 요인, 사회·문화적 요인처럼 기업에 광범위하고 포괄적으로 영향을 미치는 간접적인 환경요인(또는 일반환경, general environment)으로 나누어 볼 수 있다. 〈그림 5-1〉은 이러한 경영환경요인을 정리한 것이다.

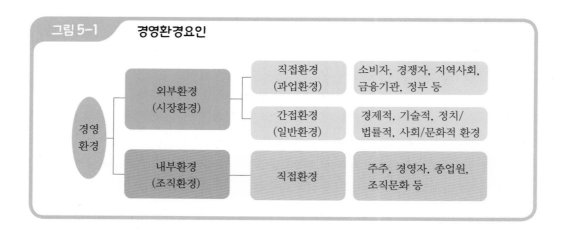

외부의 직접적 환경요인

▎소비자

소비자(customer, consumer)는 기업이 판매하는 재화나 서비스의 직접적인 구매자이기 때문에 경영활동에 직접적으로 영향을 미치는 외부환경요인 중에 가장 강력하고 중요한 요인이다. 소비자는 최종소비자와 중간소비자로 구분할 수 있다. 중간소비자는 중간상처럼 제품을 구매하여 다음 단계에 판매하거나 다른 제품의 생산을 위해 부품으로 사용하는 경우 등의 소비자를 일컫는다. 외부의 직접적 환경요인으로서 소비자가 중요한 이유는 소비자의 종류에 관계없이 앞서 살펴본 기업외부의 간접적인 환경요인인 일반환경에 따라서 소비자의 구매행태나 성격이 달라지며, 소비자운동의 활성화 정도에 따라 소비자의 영향력이 달라진다는 것이다. 예를 들어 기업규모의 확대, 대량생산체제의 도입, 그리고 경쟁의 심화 등은 시장구조를 판매자시장(seller's market)에서 구매자시장(buyer's market)으로 바꾸어 놓았다. 이러한 시장구조의 변화는 거래상의 조건이 구매자(소비자)에게 유리하게 전개될 수밖에 없기 때문에 오늘날 소비자의 경영활동에 미치는 영향력은 실로 대단하다. 특히 소비자단체 등은 단순히 상품을 비교 평가하여 그 정보를 소비자에게 제공하는 것에 그치지 않고 상품에 대한 리콜을 주도하거나 소비자를 위한 법적·제도적 장치를 요구하는 등의 정치적인 힘을 발휘함으로써 경영활동에 대한 영향력을 키워가고 있다.

▎경쟁자

경쟁자(competitor)는 동일하거나 유사한 제품 또는 서비스를 소비자에게 제공함으로써 기업의 경영활동에 직접적인 영향을 미친다. 특정 산업 내에서의 경쟁강도는 기존 경쟁기업 간의 경쟁상황, 당해 산업의 성장률, 진입장벽, 대체재 등에 따라 다르게 나타난다. 먼저 기존의 경쟁기업의 수가 많을수록, 시장점유율, 기업규모, 영업방식 등이 유사할수록 경쟁은 치열해진다. 둘째, 산업성장률이 낮은 경우에는 상대기업이 점유하고 있는 시장점유율을 빼앗아야 하기 때문에 성장률이 높은 산업에 비해서 상대적으로 경쟁강도가 강하다고 할 수 있다. 셋째, 진입장벽이 낮은 산업일수록 새로운 기업이 손쉽게 진입할 수 있기 때문에 경쟁이 치열해진다. 넷째, 대체재의 수가 많거나 신규 대체재의 출현가능성이 높을수록 경쟁은 치열해진다.

▎공급자

기업조직은 개방체계(open system)로서 여러 자원들을 외부로부터 공급받는다. 따라서 외부에서 인적자원과 물적자원을 공급하는 공급자(supplier)는 매우 중요한 직접적인 환경요인이다. 자원을 공급받는 입장에서 기업은 생산성이 높고 능력이 뛰어난 우수한 인적자원이 공급되는 환경이나 뛰어난 품질을 가진 부품을 적기에 저렴한 가격으로 공급해 주는 협력업체가 있는 환경을 선호할 수밖에 없다. 이를 위해 기업들은 우수한 공급자 선정 및 관리 프로그램을 운영하기도 하고 공급자의 경쟁력을 높이기 위한 여러 가지 노력을 기울이기도 한다. 최근 각광을 받고 있는 공급사슬관리(Supply Chain Management: SCM)도 이러한 공급자의 중요성이 반영된 결과이다. 공급사슬관리는 수요자가 공급자를 선정하여 지속적으로 기술적, 경제적 지원을 하면서 우수한 재료나 원료, 부품을 공급받는 관리체계이다. 공급사슬관리는 공급자로 하여금 수요자에게 양질의 자원을 안정적으로 공급하고 공급자는 안정적인 공급처를 확보할 수 있는 win-win전략의 하나로 평가되고 있다.

"SCM 시장 26조 규모로 성장…정부 차원 전략 수립 필요"

글로벌 디지털 SCM(공급망관리) 시장 규모가 2027년 189억 달러(약 26조원)까지 성장할 것이라는 전망이 나왔다. 중국의 공급망 장악에 대응하기 위해 미국, 영국 등 선진국들이 국가 차원의 SCM 전략을 세우고 있는 만큼 한국도 정부 차원에서 SCM 전략을 수립해야 한다는 주장도 나왔다.

윤성욱 KISTI(한국과학기술정보연구원) 데이터분석본부 본부전략팀 선임기술원은 최근 보고서에서 이같이 주장하며 △클라우드 기반 전(全) 공급망 디지털 전환 지원 △국가 전략 기술별 글로벌 공급망 데이터 생태계 구축 △실시간·자동화 공급망 계획 기술 개발 △공급망 시각화 기술 개발 등이 필요하다고 강조했다.

SCM은 기업의 불필요한 활동들을 제거하거나 생산성을 향상시킬 수 있는 전략을 가리킨다. 원자재 공급자, 제조업자, 분배업자, 소매업자, 최종 고객으로 연결된 개별 참여 기업의 생산·주문·배송·재고를 통합 관리해 공급망 전체의 이익을 향상시키는 경영 관리 기법을 뜻한다.

SCM은 코로나19(COVID-19)를 겪으며 기업들 사이에서 중요하다는 인식이 커졌다. 이후 미·중 패권경쟁, 러시아의 우크라이나 침공 장기화 등 국제 정세가 긴박하게 돌아가면서 공급망 독점 문제가 야기되자 AI(인공지능), 빅데이터, 클라우드 등 신기술을 활용한 스마트팩토리같은 디지털 SCM에 대한 기업들의 관심은 더욱 증가하는 추세다.

아울러 중국이 급격한 경제 성장과 반도체, AI 등 첨단 기술 영역의 발전에 힘입어 석탄, 희토류, 마그네슘, 망간 등 첨단 산업의 핵심 원자재 및 에너지를 독점 공급하기 시작하면서 국가적으로도 SCM이 중요해졌다. 미국과 유럽 국가들은 중국을 견제할 목적으로 글로벌 공급망을 재편하기 위해 동맹국들과 함께 자국 중심의 공급망을 구축 중이다.

이처럼 미국과 유럽이 글로벌 SCM 시장을 주도하는 가운데 시장조사업체 한국IDC는 국내 SCM 시장이 2030년까지 3,278억원 규모로 성장할 것이라고 전망했다. 한국IDC에 따르면 국내 SCM 시장 규모는 2021년 1,640억원에서 매년 8%씩 성장할 것으로 예측된다. 국내 기업들이 생산성 향상을 위해 클라우드와 AI를 도입하는 것도 SCM 시장 확대에 주요한 요인이 될 전망이다.

국내 SI(시스템통합) 기업 중에서는 삼성SDS(삼성에스디에스(161,800원 ▼3,000 -1.82%))가 SCM 분야를 선도하고 있다. 올해 상반기 국내 SCM 1위 기업인 엠로(69,900원 ▲2,900 +4.33%)를 인수하기도 한 삼성SDS는 머신 러닝 기술을 적용해 재고별, 고객별 수요 예측을 자동화시켰고 리얼타임 플래닝 기술을 활용해 공급망 계획 수립 시간을 7시간에서 40분으로 단축시켰다. 삼성SDS는 엠로, o9솔루션즈와 함께 통합 SCM을 개발해 내년 미국 SCM 시장에 진출할 계획이다.

LG CNS도 물류로봇 구독 서비스로 SCM 시장에 뛰어들고 있다. 물류로봇과 클라우드 기반의 물류센터 제어시스템을 결합해 자동화로

봇, AI피킹로봇, 무인운송로봇 등의 서비스를 제공 중이다. LG CNS는 이를 고객이 필요한 만큼만 이용할 수 있도록 구독형으로 제공해 비용적 측면에서 강점을 갖고 있다. 이 밖에도 한국오라클, SAP코리아, 한국하이네트, 지앤텍 등이 시장 경쟁에 참여하고 있다.

윤 선임기술원은 "한국은 소수의 대기업을 중심으로 SCM 기술이 적용되고 있는 게 현실"이라며 "아직까지 ERP나 CRM 시스템이 구축되지 않은 중견·중소기업도 많이 존재한다. 국내 SCM 기술의 발전 및 확산을 위해 정책적, 기술적 측면에서의 새로운 전략들이 필요하다"고 말했다.

출처: 머니투데이 2023.10.10.

▌금융기관

기업은 경영활동, 특히 영업활동에 필요한 자산을 준비하기 위하여 자본을 조달하여야 한다. 자본조달방법에는 크게 자기자본으로 조달하는 방법과 타인자본으로 조달하는 두 가지 방법이 있다. 기업경영에 있어서 모든 자본을 자기자본만으로 조달하는 것이 반드시 바람직한 것은 아니며 자본조달규모를 확대하기 위하여 대부분의 기업들은 일정수준의 타인자본을 통해 자본을 조달한다. 대부분의 타인자본은 증권회사(회사채 발행)나 은행(직접 차입)과 같은 금융기관(financial institution)을 통해서 조달된다. 따라서 금융기관은 자본이라는 물적자원을 공급하는 공급자 중의 하나라고 할 수 있다. 금융기관은 기업의 원리금 상환능력을 가장 중요시하기 때문에 자금을 필요로 하는 기업의 신뢰도나 재무건전성을 정확히 평가하기 위하여 다양한 노력을 기울인다. 이는 자금을 필요로 하는 기업들이 금융기관들에게 높은 원리금상환능력을 보여줄 수 있도록 신뢰도나 재무건전성을 높이려는 노력을 유도하는 계기가 된다.

하이브에 1,500억 투자한 미래에셋, BTS 돌아오면 웃을까

미래에셋증권이 2년째 하이브에 무이자로 돈을 빌려주고 있다. 2년 전 하이브가 이자율 0%로 발행한 4,000억원 규모의 전환사채 중 3,900억원을 미래에셋증권이 투자했지만 지금까지 주식전환을 통한 차익실현 기회를 잡지 못하고 있기 때문이다.

그나마 다행스러운 점은 미래에셋증권이 투자한 3,900억원어치 전환사채 중 2,400억원은 다른 투자자에게 매각했다는 것이다. 다만 미래에셋증권 고유자금이 들어가 있는 1,500억원어치 전환사채는 이자도 받지 못하고 주식전환을 통한 차익실현도 하지 못하고 있다.

미래에셋, 하이브 CB에 1,500억 직접투자

하이브가 지난 11월 금융감독원 전자공시시스템에 올린 분기보고서에 따르면 9월 기준 회사가 발행한 채무증권은 4,000억원 규모의 전환사채(CB)가 유일하다. 전환사채는 채권에 투자한 투자자가 주식전환을 통해 추후 차익실현을 할 수 있는 주식연계채권(메자닌채권)이다.

해당 CB는 지난 2021년 11월 5일 발행했다. 하이브가 지난 2020년 10월 유가증권 시장에 상장한 후 처음으로 발행한 CB이기도 하다.

4,000억원어치 CB는 미래에셋증권이 3,900억원, 하이브 산하 레이블 플레디스 엔터테인먼트의 한성수 마스터 프로페셔널(Master Professional·MP)이 나머지 100억원을 투자했다.

미래에셋증권의 투자금액은 다시 두 유형으로 나뉜다. 1,500억원은 미래에셋증권 고유자금으로 투자한 금액이고 나머지 2,400억원은 미래에셋증권이 CB를 인수 후 다른 투자자에게 재매각한 셀다운(Sell Down·인수 후 재매각) 형태의 투자금이다. 즉 미래에셋증권이 하이브 CB에 직접 투자한 금액은 1,500억원인 것이다.

전환가격 38만원.. 현 주가는 20만원대
문제는 하이브 주가다.

하이브는 2020년 10월 공모가 13만 5,000원으로 유가증권시장에 상장했고 이후 주가가 크게 올라 2021년 11월에는 1주당 42만 1,500원을 기록하기도 했다.

자연스레 미래에셋증권이 하이브 CB에 투자한 시점도 주가가 크게 상승한 시기였다. CB를 발행했던 2021년 11월 4일 기준 하이브 주가(종가기준)는 35만 6,500원이었다. 공모가 대비 164% 오른 수치다.

주가가 많이 올라간 상태에서 발행한 CB였기 때문에 1주당 주식 전환가격도 38만 5,500원으로 정해졌다. 미래에셋증권이 고유자금 투자분(1500억원)을 모두 주식전환한다면 총 38만 9,105주를 확보할 수 있는 가격이다. 이는 하이브 총발행주식의 1% 수준이다.

하지만 CB발행 이후 하이브 주가는 최고점(40만원 대)을 찍은 뒤 계속 하락하면서 10만원대까지 내려왔다. 주가가 공모가(13만 5,000원)보다 더 떨어지기도 했다. 이후 하이브 주가는 반등을 거듭해 현재 20만원 대 초반을 기록 중이다. 다만 미래에셋증권이 보유한 하이브 CB 전환가격에는 여전히 못 미치는 금액이다.

1500억 무이자 대출.. 미래에셋 선택은

미래에셋증권이 보유한 하이브 CB는 지난해 11월부터 주식전환이 가능한 상황이지만 전환가격보다 주가가 낮아 현재로선 주식전환이 어려운 상황이다.

주가하락에 따른 전환가격 조정 조건(리픽싱)도 없다. 일반적으로 CB발행 시 주가하락 가능성이 있다고 판단하면 리픽싱 조건을 넣지만 하이브CB에는 시가하락에 따른 리픽싱 조건을 넣지 않았다.

CB발행 당시 주가가 고공행진했기 때문에 하이브에 유리한 조건으로 채권을 발행한 것이다. 투자자인 미래에셋증권도 하이브 주가 상승 가능성을 높게 보고 리픽싱 조건을 포함하지 않은 CB 투자에 나선 것이다.

물론 하이브가 현재 주가에 맞춰 유상증자, 전환사채·신주인수권부사채 등을 발행한다면 미래에셋증권이 투자한 CB 역시 전환가격을 조정할 수 있다. 또 합병이나 주식분할, 감자, 주식병합 등을 한다면 이때도 전환가격 조정이 가능하다. 다만 이는 주가하락과 관련없이 주식 발행량 증가에 따른 자연스러운 가격조정으로 미래에셋증권의 투자 단가에 영향을 미치지 않는다.

특히 채권 성격을 가진 CB이지만 이자율(표면, 만기)이 0%이기 때문에 2021년 투자 이후 미래에셋증권은 사실상 무이자로 돈을 빌려주고 있는 셈이다.

미래에셋증권은 내년 9월부터 물려있는 돈을 갚으라고 요구할 수 있는 조기상환청구권(풋옵션)을 행사할 수 있지만 이때는 원금 1,500억원만 받을 수 있다. 풋옵션 행사 시 원금만 받도록 하이브와 계약을 했기 때문이다. 이 역시 하이브에 유리한 계약구조다.

결과적으로 미래에셋증권은 2년이 넘도록 하이브로부터 이자를 받지 않고, 풋옵션을 행사해도 원금만 받을 수 있다.

향후 미래에셋증권의 선택은 △내년 9월부터 가능한 풋옵션 행사로 원금만 돌려받거나 △하이브의 콜옵션(매도청구권) 행사로 CB 일부를 넘기거나(콜옵션 최대한도는 1,320억원) △장기투자를 통해 하이브 주가가 전환가격 이상으로 회복할 때까지 기다린 후 차익실현을 하는 방법이 있다.

하이브 기업가치의 핵심이라 할 수 있는 그룹 방탄소년단(RM·진·슈가·제이홉·지민·뷔·정국) 멤버 전원은 현재 군백기(군복무로 인한 공백기)에 들어간 상황이다. 멤버 전원이 전역하는 시기는 2025년 6월이며, 미래에셋이 보유한 CB 전환청구 기간은 2026년 10월 5일까지다.

미래에셋증권 관계자는 "추후 BTS컴백 등을 통해 (하이브)주가가 오를 수도 있기 때문에 지켜보고 있다"고 설명했다.

출처: 비즈워치 2023.12.15.

▌지역사회

지역사회(community)는 다양한 차원과 방법으로 경영활동과 밀접한 관계를 갖는다. 예를 들어 기업은 지역사회 주민들에게 고용의 기회를 제공하거나 지방정부에 세금을 납부하고 지역의 여러 기업들과 협력관계를 맺음으로써 지역사회에 기여한다. 지역사회 주민을 위한 각종 문화행사나 교육을 지원하기도 한다. 따라서 많은 지방정부들은 자신의 지역에 많은 기업체를 유치하기 위하여 노력을 기울인다. 그러나 만일 기업이 폐수를 방류하거나 공해를 일으키고, 임금을 의도적으로 체불하는 등의 지역사회에 피해를 입힌다면 그 기업은 오히려 지역사회의 공격대상이 되며 그 지역사회로부터의 퇴출압력을 받게 되는 정치적 위험에 직면하게 될 수도 있다.

▌정 부

정부(government)는 앞서 살펴봤던 정치·법률적 환경요인과 매우 밀접한 관계를 가지고 있다. 후자가 모든 산업 또는 모든 기업에 일률적으로 영향을 미친다면 전자는 특정 산업이나 기업에 미치는 영향이다. 즉 정치·법률적 환경요인에 의해서 정책방향이 설정되면 정부는 이를 구체적으로 실행하는 환경으로서의 의미를 갖는다. 따라서 경영활동의 지원과 규제에 대하여 법률이나 각종 규제사항으로 이미 규정되어 있다 하더라도 현실적으로 이를 시행하는 정부의 의지에 따라 기업이 느끼는 체감지수는 현저히 달라질 수 있기 때문에 정부가 이들 법률이나 규제를 강력하게 집행한다면 당해 기업들은 직접적인 어려움을 겪을 수밖에 없다. 규제뿐만 아니라 지원활동도 마찬가지이다. 예를 들어 일선 담당공무원들이 행정처리를 지연시키거나 소극적으로 수행한다면 중소기업 육성책과 같이 아무리 훌륭한 정치·법률적인 환경이라고 하더라도 큰 의미는 없을 것이다.

외부의 간접적 환경요인

▌경제적 환경

모든 기업조직은 경제시스템을 구성하고 있는 하나의 생산경제주체로서 경제행위를 하기 때문에 자신이 속한 경제적 환경의 영향을 받을 수밖에 없다.

이러한 경제적 환경의 구체적인 요인들로는 경제체제, 경기변동, 국민경제규모, 경제정책 등을 들 수 있다. 먼저 기업의 경영활동은 그가 속한 국가의 경제체제가 자본주의 경제체제인지, 사회주의 경제체제인지에 따라 영향을 받으며 자본주의 경제체제 내에서도 정부의 간섭 정도에 따라 다른 영향을 받는다. 또한 기업의 경영활동은 국가의 경제상황이 호황인가 불황인가에 따라서도 영향을 받는다. 일반적으로는 경제상황이 호황일 때 기업경영은 활발하게 이루어지지만 기업에 따라서는 반대의 경우도 발생한다. 예를 들어 라면이나 소주는 경기가 불황일 때 오히려 혜택을 보는 제품들이다. 국민경제의 규모도 경제적 환경요인이 된다. 국민경제규모가 클수록 잠재적인 수요자가 많기 때문에 경영환경이 양호하다고 할 수 있다. 국제적으로 자유주의 무역체제를 주장하면서도 실제적으로는 보호무역주의를 추구하는 오늘날의 경제환경하에서는 특히 국민경제의 규모가 중요한 요인이 될 수 있다. 이 밖에도 산업구조나 금리, 환율, 물가 등을 다루는 재정 및 금융정책 등도 기업경영에 영향을 미치는 경제적 환경요인이라 할 수 있다.

▌정치 · 법률적 환경

기업의 성공적인 경영활동은 소비자에게 유용한 신제품의 개발과 보급 그리고 고용증대 등을 통하여 궁극적으로 국민경제의 성장에 기여한다. 따라서 정부는 조세감면, 금융지원, 중소기업육성 등을 통하여 경영활동을 촉진·보호하고 각종 규제완화를 통하여 기업의 자율성을 보장해주고 있다. 그러나 기업의 경영활동은 공해유발, 자유경쟁질서의 파괴, 공공이익의 침해 등과 같은 사회적으로 바람직하지 못한 결과를 초래하기도 한다. 이때 정부는 이를 방지하기 위하여 상법, 세법, 공해방지법, 독과점규제법, 공정거래법, 품질규제법 등과 같은 법률을 제정하고 행정명령 등을 통하여 여러 가지 규제를 가한다. 이러한 각종 법률의 제정 및 개정, 규제의 완화 및 강화 등은 정부의 정치적 성향이나 동기가 구체화된 것이기 때문에 정부여당의 정책기조, 정치 및 정당 체계, 정치풍토, 정치적 안정도 등은 경영활동의 중요한 정치적 환경요인이 된다. 특히 법률은 정부의 추상적인 경제에 대한 정치적인 의지가 구체적인 형태로 구현된 것이기 때문에 법률적 환경과 정치적 환경은 매우 밀접한 관계를 가지며 그 중심에 정부가 있다고 할 수 있다. 전통적으로 보수적인 성향의 정부는 상대적으로 기업입장의 정책을 추진하는 반면 진보적인 성향의 정부는 노동자 및 서민을 위한 정책을 추진하는 경향이 있으며 법률의 제정 및 개정에도 그러한 경향을 반영한다. 예를 들어 보수적인 정부는 기업에 대한 금융지원을 강화하거나 각종 세금을 경감해주고 기업에 대한 각종 규제를 완화하고자 한다. 따라서 기업조직은 국회나 정부에 대해 로비활동(lobbying) 등의 방법으로 정치환경에 대해 영향을 미치기도 하면서 상호작용하고 있다.

▎사회 · 문화적 환경

사회·문화적 환경이란 기업조직의 활동영역인 사회의 관습 및 문화, 가치관, 생활양식, 인구통계학적 변인(demographic factors) 등 사회 구성원의 생각과 행위에 영향을 미치는 사회·문화적 제도와 태도를 말한다. 사회·문화적 환경은 앞서 살펴본 경제적, 정치·법률적 환경뿐만 아니라 기술적 환경 등 제반 환경요인과 복합적으로 작용하여 생성되기도 하고 영향을 미치기도 한다. 따라서 사회가 다원화되고 문화의 독창성 및 다양성이 강조될수록 기업은 사회·문화적 환경요인의 변화에 대한 분석과 예측이 어려워지며 이러한 환경에 적절히 대응하지 못하면 경쟁에서 탈락하기도 한다.

이러한 사회·문화적 환경요인은 그 영향이 국지적 성격을 가지고 있기 때문에 어떤 지역에서는 효과적인 경영전략이 다른 지역에서는 전혀 효과를 보지 못할 수도 있다. 이와 더불어 사회·문화적 환경요인은 인구통계학적 변수에 의하여 좌우되는 경향이 많은 특성도 가지고 있다. 구체적으로 경영활동에 영향을 미치는 인구통계학적 변수로는 잠재적 여성취업자 수의 증가, 고학력자의 증가, 출산율의 감소, 이혼율의 증가 등을 들 수 있다.

▎기술적 환경

기업경영의 관점에서 기술적 환경은 일반적 환경요인 중에서 가장 변화가 빠르고 그 정도가 심한 환경요인으로서 기업조직뿐만 아니라 사회 전 부분에 걸쳐 광범위하고 심대한 영향을 미친다. 기술적 환경요인들은 경영자에게 적어도 두 가지 시사점을 제공한다. 첫째, 새로운 기술개발의 영향으로 제품 진부화

(product obsolescence)가 발생하고 경쟁이 증가한다. 반면에 새로운 기술의 등장으로 신제품이 개발 및 보급되고 새로운 사업기회도 증가한다. 그 결과 전혀 관계없던 사업영역들이 경쟁관계로 바뀌기도 한다. 예를 들어 오디오 산업과 컴퓨터 산업은 별개의 사업영역이었으나 정보기술(IT)의 발달로 오늘날에는 많은 사람들이 컴퓨터를 이용하여 음악을 듣고 녹음 및 편집하기도 한다. 둘째, 기술변화에 대한 정교한 감시 및 예측기법을 개발할 필요성이 증대된다. 즉 경영자는 경쟁적 지위를 계속적으로 유지하기 위하여 산업 내외에서의 기술발전을 감시·예측하기 위한 통합적 기술과 진단적 기술을 개발해야 한다는 것이다. 과거거대기업들은 조직의 복잡성과 방대한 자료들로 인하여 자료의 취합 및 분석에 시간이 많이 소요되고 의사결정이 늦어져 변화에 신속하게 대응하지 못하는 문제점들을 노출하기도 하였지만, 오늘날 거대기업들은 막강한 자금력으로 경영정보시스템(management information system)을 구축함으로써 의사결정이 중소기업보다 오히려 더 신속하게 이루어지고 있다.

내부의 직접적 환경요인

▌주 주

오늘날 많은 기업들은 주식회사의 형태로 운영되고 있으며 소유와 경영이 분리되고 있다. 즉 기업경영은 주주(stockholder, shareholder)로부터 경영을 위탁받은 전문경영자들이 수행하고, 기업의 소유주인 주주들은 이들 전문경영자들의 경영활동이 주주 부의 극대화를 위하여 이루어지도록 끊임없이 유도하거나 감시하게 된다. 그 결과 전문경영자들은 능력이 부족하다고 판단되거나 주주의 이익에 반하는 경우 주주들의 경영진 교체요구에 직면할 수도 있다. 더군다나 최근에는 자본시장에서 외국인 대주주가 많아지면서 주주 부의 극대화와 기업경영의 글로벌 스탠더드를 강력히 요구하고 있다. 따라서 주주는 오늘날 기업 경영자에게 직접적인 영향을 미치는 매우 중요한 내부의 환경요인이 되고 있다.

▌종업원

종업원은 자본과 더불어 매우 중요한 생산요소이다. 따라서 경영자는 종업원들이 조직목표달성에 기여할 수 있도록 동기를 부여하고 생산성을 높이기 위하여 우리사주제도, 성과분배제도, 경영참여제도 등과 같은 각종 유인제도를 도입하기도 한다. 반면에 종업원들은 노동조합 등을 결성하여 적정 임금, 고용의 안정성 확보 등과 같은 자신들의 권익을 보호하기 위해 노력한다. 이러한 과정에서 그들은 자신들의 영향력을 배가시키기 위하여 연합노조를 만들거나 전국적인 노동조합 단체를 만들어 정부를 압박하기도 한다. 이처럼 종업원은 경영에 직접적이고도 치명적인 영향을 미치기도 한다. 그러나 경영자나 사용자는 노동조합 등을 적대적인 관계로만 바라보지 말고 서로 동반자적인 관계에 있음을 인식하면서 기업조직의 성장과 발전을 위하여 공동노력을 기울여야 할 것이다.

▌경영자

기업조직의 성장 및 발전을 위해서는 종업원에 대한 동기부여와 더불어 경영자(executive, manager)의 리더십(leadership) 또한 기업내부의 매우 중요한 직접적인 환경요인이다. 경영자는 기업의 경영활동 방향을 결정하고 이를 지휘하는 사람으로서 경영 목표달성의 중심에 위치해 있기 때문이다. 더군다나 최근에는 전문경영인체제가 많이 도입되면서 조직 내에서의 경영자의 역할이나 영향력은 더욱 커지고 있다. 그러나 이러한 전문경영인체제는 주주와 자신의 이해관계에서 갈등을 일으킬 수 있으며 이 때문에 대리인 문제(agency problem)가 발생되기도 한다. 이와 관련된 내용은 전장의 경영자와 사회적 책임에서 구체적으로 살펴보았다.

▌조직문화

조직구성원들이 공유하는 가치관이나 신념, 사고방식 등을 의미하는 조직문화(organizational culture)는 조직구성원들의 과업수행과정중에 적지 않은 영향을 미치며 행동을 지배한다. 따라서 바람직한 형태의 조직문화 형성은 궁극적으로 조직구성원들의 기업조직에 대한 몰입을 향상시킴으로써 목표달성에 기여하게 하는 매우 중요한 기업자산이 된다. 이 때문에 경영자는 바람직한 조직문화가 형성될 수 있도록 많은 노력과 관심을 기울이고 지원 또한 아끼지 말아야 할 것이다.

경영환경의 분석

　경영환경(내/외부)의 분석에서 얻어진 자료는 기업경영활동의 실제계획에 투입(inputs)요소로 사용되기 때문에 경영환경분석은 경영활동과 계획과정의 전제(premises)가 된다.

1. 외부환경의 분석

외부환경의 두 차원

　기업조직의 외부환경은 〈그림 5-2〉에서 보는 바와 같이 '변화의 정도(degree of change)'와 '복잡성의 정도(degree of complexity)'의 두 가지 차원에서 분석해 볼 수 있다. 이 때 '변화의 정도'는 환경이 안정적(stable)인 상태이거나 동태적(dynamic)인 상태의 정도를 나타낸다. 환경이 안정적인 상태이면 어떤 특정한 환경적 상황이 시간의 경과에 따라 반복되기 때문에 경영자가 미래의 사

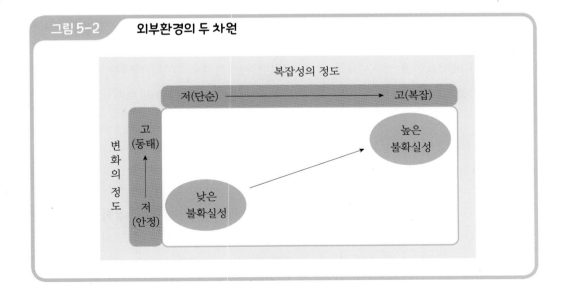

그림 5-2　**외부환경의 두 차원**

건을 예측할 수 있는 반면, 동태적인 상황이면 환경적 상황이 자주 또는 급격히 변화하기 때문에 경영자가 과거의 패턴으로부터 미래의 사건을 예측하기가 어렵다. 다음으로 '복잡성의 정도'는 환경의 단순성－복잡성을 연속선상에서 살펴보는 것으로 기업조직이 상호작용해야 할 환경요인의 수 내지는 다양성과 환경에 대한 정교한 지식의 필요성 정도의 영향을 받는다. 따라서 많은 수의 소비자, 공급자, 경쟁자 등이 존재하거나 제품, 소비자 등에 정교한 지식을 가지고 있을 필요성이 높은 환경일수록 복잡성의 정도는 높아진다.

외부환경의 분석

〈그림 5-2〉에서 살펴본 바와 같이 두 환경적 차원의 결합은 환경의 불확실성(environmental uncertainty) 정도를 결정한다. 즉 환경이 '안정－단순'으로부터 '동태－복잡'으로 변화해 감에 따라 환경에 대한 구체적인 정보가 결여되고, 기업조직의 특정한 행동의 결과에 대한 예측력이 떨어지기 때문에 경영자의 의사결정은 고도의 불확실성하에서 이루어진다.

경영자는 외부환경분석을 통하여 사업의 기회(opportunities), 위협(threats), 제약요인(constraints) 등과 같은 기업경영활동의 효과성에 매우 중요한 일련의 요인들을 파악할 수 있다. 즉 경영자는 외부환경분석을 통해 기업조직이 제공할 수 있는 제품이나 서비스의 사업기회를 판단할 수 있다. 뿐만 아니라 기업조직의 효과성에 대한 위협요인들을 식별할 수 있으며 기업조직의 경영활동에 대한 제약요인을 알 수 있게 된다. 이처럼 환경분석으로부터 파악된 사업의 기회, 위협요인, 제약요인 등을 종합적으로 고려하여 경영자는 미래의 경영활동방향을 결정하게 된다.

2. 내부환경의 분석

기업조직의 경영활동영역과 존속의 기반을 제공해 주는 것이 외부환경분석의 결과였다면 기업조직이 외부환경적인 기회를 이용하여 구체적인 경영활동을 수행하고 일정한 목적을 달성할 수 있는 능력과 역량을 가지고 있는지의 판단은 내부환경분석의 결과이다. 이와 같은 능력과 역량은 기업조직의 자원과 밀접하게 관련되어 있기 때문에 경영자는 기업조직의 여러 자원들을 분석해봄으로써 기업조직의 강점과 약점을 파악해 볼 수 있다. 경영자는 내부환경분석을 통해 파악된 기업조직의 강점과 약점 위에 자신의 가치시스템(value system)을 결합하여 기업조직이 무엇을 할 수 있는가를 결정하게 된다.

전략적 대응

1. 전략의 도출

앞서 우리는 내외부환경분석을 통하여 기업경영활동에 어떻게 적용하는지를 살펴보았다. 경영자는 외부환경의 분석 및 예측을 통해 기업경영활동의 기회와 위협요인, 그리고 제약요인 등을 파악함으로써 기업조직의 활동가능영역을 찾아 낼 수 있었다. 그리고 내부환경을 분석·평가하여 기업조직이 무엇을

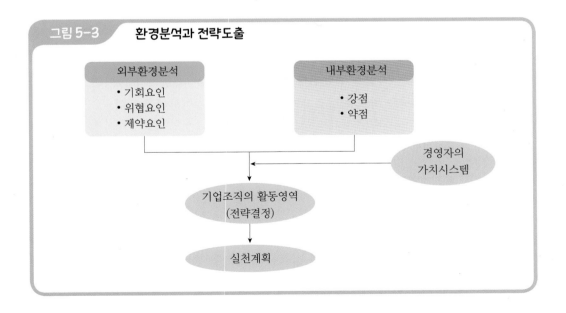

그림 5-3 환경분석과 전략도출

할 수 있는가를 결정하였다. 물론 이 때 경영자의 가치관이 크게 영향을 미친다는 것도 살펴보았다. 경영전략을 "기업조직의 목표달성을 위한 경영활동의 방향과 내용을 결정하기 위한 포괄적이고 통합적인 틀"이라고 볼 때 경영자는 외부환경과 내부환경의 대응(matching)을 통해서 기업조직의 활동영역(domain)—제품이나 시장—을 결정하는 전략적 의사결정(전략계획)을 하고 있는 셈이다. 이와 같이 경영전략이 결정되게 되면 이어서 전략의 실천계획이 수립되게 되는데, 〈그림 5-3〉은 이와 같은 관계를 도식화한 것이다. 경영전략에 관한 내용은 다음에 더 자세하게 살펴볼 것이다.

2. 환경에 대한 대응

환경요인을 내부환경요인과 외부환경요인으로 나누어볼 때 내부환경요인은 경영자가 통제할 수 있는 환경요인이기 때문에 능동적으로 대응할 수 있는 반면, 대부분의 외부환경요인은 경영자가 통제할 수 없는 환경요인으로 수동적으로 적응해야 한다. 특히 외부환경요인들은 기업조직의 경영활동에 불확실성을 초래하기 때문에 효과적으로 관리하지 않으면 기업조직의 존재 여부까지도 위협받을 수 있다. 불확실성이란 경영자가 환경을 이해하고 변화를 예측하기 위한 충분한 정보를 가지고 있지 못하는 상황이며 환경요인들의 수와 그 같은 요인들이 변화하는 정도에 따라 달라진다. 이와 같은 고도의 불확실성에 대처하기 위해서는 기업조직이 환경변화에 적응(adapting)하든가 아니면 환경에 영향(influencing)을 미쳐 기업조직과 양립할 수 있도록 하여야 한다.

환경에 대한 적응

▌경계역할의 증대

경계역할(boundary-spanning roles)이란 기업조직을 외부환경의 핵심적인 요인과 연결 및 조정하는 역할이다. 경계역할의 담당자(boundary spanners)는 외부환경요인에 대한 조사를 통해 자료를 수집, 분석하고 여러 요인들과의 접촉이나 거래를 통해 조직의 이익을 대변한다.

▌계획(기획)부서의 강화

환경의 불확실성이 높을수록 기업조직은 계획 또는 기획 부서를 강화하고 추세분석 및 계량적 경제모형 등을 활용하여 미래를 보다 정확하게 예측할 수 있어야 한다. 또한 환경변화에 대한 예측정보를 기업조직의 내부 구성원들에게 제공함으로써 환경변화에 대응할 수 있도록 한다.

▌조직구조의 변경

기업조직이 환경변화에 의한 불확실성을 경험하거나 기업조직의 혁신이 요구될 때에는 유연한 조직구조가 효과적이라고 할 수 있다. 유연한 조직구조(유기적 조직구조)는 정보의 흐름이 자유롭고 규칙과 규제는 최소로 유지되며, 의사결정의 분권화 및 폭넓은 권한위양, 그리고 팀워크의 고무 등을 추구하기 때문에 환경이 급속하게 변화할 때 가장 효과적인 조직구조라고 할 수 있다.

사례 5-3 AI 부문 임원 신설, 외부 영입…국내 빅테크 조직 개편 박차

인간의 질문에 인간의 언어로 답하는 생성형 인공지능(AI) 열풍이 불어닥친 지난 한 해 동안 자체 인공지능 모델 개발이나 전략 구축에 몰입했던 국내 빅테크들이 새 해 들어 본격적인 '인공지능 확산'을 위한 지휘부 구축에 박차를 가하고 있다. 자체 개발 인공지능 모델의 안정성을 높이거나 회사 상품·서비스의 필요에 맞춰 잘 녹아들게 하는 등 '실질적 성과'를 목표로 인공지능 부문 임원급 직책을 신설하거나 인재를 전진배치하는 모양새다.

네이버는 새 해 들어 최고경영자(CEO) 직속으로 '퓨처 에이아이 센터'(Future AI Center) 조직을 신설했다. 수장은 네이버 인공지능 전략을 이끌면서 대통령 직속 디지털플랫폼정부위원회 에이아이-데이터(AI-Data) 분과위원장 등 대외 활동도 활발히 벌여 '인공지능 전도사'로 불려온 하정우 네이버클라우드 에이아이(AI) 이노베이션센터장이 맡았다. 100명 규모로 꾸려지며, '인공지능 안정성'을 목표로 활동을 벌인다.

지난해 8월 초거대 인공지능 모델 '하이퍼클로바엑스(X)'를 발표하고 기업간거래(B2B) 시장 진출을 선언한 네이버에게 인공지능 안정성은 계약 수주를 위해서도 필수적인 요소라고 할 수 있다. 퓨처 에이아이 센터는 하이퍼클로바엑스의 안전한 서비스 개발과 위험 관리를 통해 안정성이 강화된 초거대 인공지능 생태계를 구축해나갈 계획이다. 하 센터장은 페이스

북을 통해 "2024년은 인공지능 안정성을 중심으로 한 글로벌 인공지능 신질서가 만들어질 중요한 시간"이라며 "네이버는 물론 우리나라가 글로벌 인공지능 리더십을 갖도록 기여하겠다"고 밝혔다.

지난해 10월 초거대 인공지능 모델 '믿음'을 발표한 케이티(KT)는 이 기술 기반 서비스와 플랫폼 개발을 수행할 '에이아이테크랩'(AI Tech Lab)을 신설하고, 윤경아 상무를 영입했다. 윤 상무는 에스케이텔레콤과 현대카드를 거친 인공지능·빅데이터·클라우드 전문가다. 배순민 상무가 이끄는 '에이아이투엑셀랩'(AI2XLab)이 전략 수립과 기술 개발을 담당하고, 신설 조직은 '확산'을 담당하는 구조다. 앞서 케이티는 기술혁신부문장(CTO)을 신설하고, 인공지능 전문가인 오승필 부사장을 영입하기도 했다.

에스케이텔레콤(SKT)은 '에이아이(AI) 컴퍼니 성과 가시화'를 목표로 지난해 말 기존 에이아이(AI) 사업부를 두개의 조직으로 나눠 강화했다. '글로벌·에이아이(AI) 테크 사업부'는 네이버 출신의 정석근 사업부장(CAGO)이, '에이아이(AI)서비스사업부'는 우아한형제들 출신의 김용훈 사업부장(CASO)이 지휘한다. 엘지유플러스(LGU+)도 지난 임원인사에서 전병기 에이아이(AI)·데이터사이언스그룹장을 전무로 승진 발령했다.

포브스는 올해 대기업 사이에서 인공지능 전략을 주도할 책임자를 임명하는 것이 보편화할 것이라고 지난해 말 전망했다. 포브스는 "바이든 대통령의 행정명령에 따라 앞으로 몇 달 안에 미국 정부기관에도 400명 이상의 새로운 '최고 인공지능(AI) 전문가'가 고용될 것"이라며 "최고 인공지능 책임자를 지명하는 것은 기업이 인공지능에 대해 진지하다는 점을 외부에 알리는 인기 있는 방법이 될 것"이라고 내다봤다.

출처: 한겨레 2024.01.05.

환경에 대한 영향 및 통제

▌광고 및 홍보활동

광고(advertising)를 통해 기업조직의 제품 및 서비스에 대한 수요를 창출하거나 홍보활동(public relations)을 통해 기업조직 자체에 대한 일반대중이나 소비자의 이미지를 높임으로써 고객에 대한 불확실성을 줄일 수 있다.

▌정치적 활동

정치적 활동(political activity)을 통해 기업조직이나 기업경영활동에 유리하도록 정부의 입법이나 규제의 완화에 영향을 미칠 수 있다. 기업들 가운데는 로비스트를 통해 합법적으로 비용을 지불하면서 정부기관에 영향력을 행사하기도 한다.

▌ 협회 활동

대부분의 기업조직들은 자신들이 이익을 보호하기 위해 동업자협회(trade association)를 결성하고 이를 통해 자금 및 인력을 결집하며 환경에 영향을 미친다.

▌ 공동운영

경쟁회사나 원료공급업체 또는 유통업체(판매회사) 등과의 합병(merger)이나 조인트벤처(joint venture) 등을 통해 공동운영함으로써 그 회사들로부터 가해지는 위협을 감소시키고 기회를 증대시킬 수 있다.

사례 5-4 합병 상장 앞두고 변동성 커진 셀트리온…증권가는 기대반 경계반

셀트리온헬스케어를 합병하며 몸집을 불린 통합 셀트리온(068270)이 급등락을 이어가고 있다. 자회사이자 코스닥 상장사인 셀트리온제약(068760)을 비롯해 협력사 역시 불안한 주가 흐름을 보이는 중이다. 증권가에서는 셀트리온의 합병 효과에 주목하면서도 단기간 주가 급등에 따른 변동성 확대를 경계하는 모습이다.

4일 마켓포인트에 따르면 셀트리온은 이날 5.83%(1만 3,500원) 하락한 21만 8,000원에 장을 마감했다. 지난해 26일 이후 4거래일 연속 상승하다 전일 보합 마감한 후 급락했다. 글로벌 금리 인하 기대가 과열됐다는 평가에 코스피 지수가 하락하는 등 투자심리가 흔들리자 타격을 받았다.

셀트리온은 지난해 12월 28일 셀트리온헬스케어를 흡수합병하고 '통합 셀트리온'으로 출범했다. 제품 개발부터 판매까지 전체 사업 사이클을 일원화하며 2030년 매출액 12조원 규

모로 몸집을 불릴 계획이다. 글로벌 종합 바이오회사로 성장한다는 청사진에 오는 12일 합병신주 상장을 앞두고 지난 2일 52주 신고가(24만 1,000원)를 경신하는 등 강세 흐름을 보이기도 했다.

셀트리온이 급등락을 반복하는 사이 셀트리온제약을 비롯해 협력사인 고바이오랩(348150)과 에이비프로바이오(195990) 등도 불안한 흐름이다. 셀트리온제약은 새해 첫날 상한가를 기록하는 등 강세를 보였지만 이날 5.27% 하락했으며 셀트리온과 마이크로바이옴 신약을 공동 개발 연구 중인 고바이오랩은 4거래일 연속 상승하다 이날 8.39% 하락했다. 이중항체 항암제를 공동개발 중인 에이비프로바이오 역시 주가가 2.18% 빠졌다.

시장에서는 셀트리온제약과 협력사의 주가가 큰 변동성을 보이는 것에 대해 추가 합병과 M&A에 대한 기대감이 반영된 것으로 해석하

고 있다. 셀트리온은 전일 2020년 인수했던 일본 다케다 제약의 의약품 아시아태평양 사업권을 국내 전문의약품 사업을 제외하고 매각하며 자금을 확보했다. 셀트리온은 지난해 8월 진행한 합병 관련 간담회에서 셀트리온과 셀트리온헬스케어 간 합병이 완료된 후 6개월 이내에 셀트리온제약과의 합병을 진행하겠다고 밝힌 바 있다.

증권가에서는 통합 셀트리온의 성과에 주목하면서도 급격한 주가 상승을 경계하는 모습이다. 에프앤가이드에 따르면 추정기관 14곳이 제시한 셀트리온의 목표주가의 평균값은 21만 5,000원으로 지난 2일 이미 이를 넘어섰다.

셀트리온이 제시한 올해 목표 매출액 3조 5,000억원 달성 여부에 대해서도 의견이 갈린다. KB증권은 통합 이후 셀트리온의 예상 매출액을 2조 6,919억원으로 추정한 반면 대신증권은 3조 6,679억원, 신한투자증권은 3조 3,674억원으로 전망했다.

박재경 하나증권 연구원은 "1분기 실적이 발표된 후 밸류에이션 평가를 진행해 목표주가를 제시할 것"이라며 "주가 변동성이 확대된 상황이나 신약 출시 등 펀더멘털 이슈에 따라 중장기적인 주가 흐름이 확인될 것"이라 전망했다.

출처: 이데일리 2024.01.05.

요약

경영환경은 크게 외부환경요인(또는 시장환경)과 내부환경요인(또는 조직환경)으로 나누어볼 수 있으며, 기업에 직접적인 영향을 미치느냐의 여부에 따라 직접환경요인과 간접환경요인으로 나누어 볼 수 있다. 따라서 내부환경요인은 주주, 종업원, 경영자, 조직의 문화 등과 같이 기업에 직접적인 영향을 미치는 직접환경요인이라고 할 수 있다. 그리고 외부환경요인은 소비자, 경쟁자, 지역사회, 금융기관, 정부 등과 같은 직접적인 환경요인(또는 과업환경)과 경제적 요인, 기술적 요인, 정치·법률적 요인, 사회·문화적 요인처럼 기업에 광범위하고 포괄적으로 영향을 미치는 간접적인 환경요인(또는 일반환경)으로 나누어 볼 수 있다.

경영자는 외부환경분석을 통하여 사업의 기회, 위협, 제약요인 등과 같은 기업 경영활동의 효과성에 매우 중요한 일련의 요인들을 파악하고 이를 종합적으로 고려하여 경영자는 미래의 경영활동방향을 결정하게 된다. 또한 경영자는 내부환경분석을 통하여 외부환경적인 기회를 이용하여 구체적인 경영활동을 수행하고 일정한 목적을 달성할 수 있는 능력과 역량을 가지고 있는지를 판단한다. 이와 같은 능력과 역량은 기업조직의 자원과 밀접하게 관련되어 있기 때문에 경영자는 기업조직의 여러 자원들을 분석해봄으로써 기업조직의 강점과 약점을 파악해볼 수 있다. 경영자는 내부환경분석을 통해 파악된 기업조직의 강점과 약점위에 자신의 가치시스템(value system)을 결합하여 기업조직이 무엇을 할 수 있는가를 결정하게 된다.

내부환경요인은 경영자가 통제할 수 있는 환경요인이기 때문에 능동적으로 대응할 수 있는 반면, 대부분의 외부환경요인은 경영자가 통제할 수 없는 환경요인으로 수동적으로 적응해야 한다. 특히 외부환경요인들은 기업조직의 경영활동에 불확실성을 초래하기 때문에 효과적으로 관리하지 않으면 기업조직의 존재 여부까지도 위협받을 수 있다. 이와 같은 불확실성에 대처하기 위해서는 기업조직이 환경변화에 적응(adapting)하든가 아니면 환경에 영향(influencing)을 미쳐 기업조직과 양립할 수 있도록 하여야 한다.

참고문헌

- Applegate, L. M., F. W. McFarlan and J. L. McKenney, *Corporate Information System Management*, 5th ed., McGraw Hill, 1999.
- de Figueiredo, J. M., "Finding Sustainable Profitability in Electronic Commerce," *Sloan Management Review*, Summer 2000.
- Kalakota, R. and M. Robinson, *e-Business Roadmap for Success*, Addison-Wesley, 1999.
- Phiips, C. and M. Meeker, The B2B Internet Report, Morgan Stanley white paper, Apr. 2000.
- 김대홍, "새로운 패러다임 시대의 e-비즈니스 전략," 「현대리서치」, White Paper, 2000.
- 김영규, 「경영학원론」, 박영사, 2009.
- 장영광 외, 「생활속의 경영학」, 신영사, 2011.

토의문제

1. 경영환경을 개방시스템 측면에서 분류하고 통제가능성 측면에서 기업의 경영전략과 연결시켜 설명해 보라.
2. 디지털환경하에서 기업의 가장 핵심적인 경영이슈를 한국기업이 e-비즈니스 패러다임으로 전환하기 위해 해결해야 될 과제와 연결하여 설명해 보라.
3. 외부환경(정부의 정책과 글로벌사회)과 관련된 친환경경영의 최근 성공적인 사례를 제시하고 외부환경에 대응하는 기업의 전략적인 측면에서 설명해 보라.

경영학으로의 초대
Business Management

PART

2

경영, 어떻게 하는가

PART 2
경영, 어떻게 하는가

Chapter 6

미래의 계획: 경영계획

'치지직' 플랫폼은 변화 중…네이버·카카오가 주목한 미래 먹거리는

변화의 산물. 정보통신기술(ICT) 업계에서 플랫폼을 부르는 또 다른 이름이다. 편의성을 제공해 사람을 끌어모으고, 이를 기반으로 수익을 창출하는 게 사업의 핵심이기에 붙은 별명이기도 하다.

네이버와 카카오가 국내 양대 플랫폼 기업으로 꼽히는 이유도 여기에 있다. 두 기업은 PC 보급·인터넷 대중화·스마트폰 등장 등의 기술 변화에 따라 시시각각 달라지는 시장 요구에 맞춘 서비스를 적기에 마련, 이용자를 확보해 왔다. 아이지에이웍스가 운영하는 빅데이터 분석 플랫폼 '모바일인덱스'에 따르면 11월 기준 카카오톡 애플리케이션(앱) 월간활성이용자수(MAU)는 4,092만 명이고, 네이버는 이 기간 3,857만 명(검색 앱 기준)을 기록했다.

핵심 서비스인 검색(네이버)·메신저(카카오)를 지속 고도화하고, 신규 서비스·사업을 꾸준히 추진하며 '국민 플랫폼'이란 지위를 구축한 셈이다. IT업계 관계자는 "네이버·카카오의 변화는 늘 현재 진행형"이라며 "국내 IT업계 동향을 살피려면 두 기업의 변화를 보면 된다는 말이 있을 정도"라

고 말했다. 양사가 이용자 이탈을 막고 새로운 수익을 올리려는 시도가 새해에도 계속될 것이란 설명이다.

양사는 갈수록 빨라지는 기술 변화에 대응해 지금도 다양한 신규 사업을 추진하고 있다. 네이버와 카카오의 2024년 미래 먹거리 키워드로는 '신규 서비스·생성형 인공지능(AI)·글로벌 확장' 등이 꼽힌다.

치지직부터 사우디까지…네이버 '확장일로'

'치지직'(CHZZK)은 네이버가 추진 중인 다양한 신규 서비스 중 단연 가장 '핫'한 사업으로 꼽힌다. 지난해 12월 19일 베타(시험) 버전으로 베일을 벗은 치지직은 네이버가 마련한 게임 스트리밍 플랫폼이다. 베타 서비스 출시 하루 만에 국내 양대 애플리케이션(앱) 마켓(구글플레이·앱스토어)에서 인기 순위 1위에 오르기도 했다.

이는 트위치의 공백이 가시화된 데 따른 흥행으로 분석된다. 미국 아마존의 자회사 트위치가 국내 사업을 2024년 2월 27일 철수하기로 하면서 신규

플랫폼에 관심이 높아지고 있다. 트위치는 한국에서만 약 670만 명의 이용자로 확보한 플랫폼으로, 아프리카TV와 국내 시장을 양분해 왔다. 이 플랫폼이 정리 절차에 들어갔다는 소식이 대외에 공개되자, 네이버는 치지직 출시를 공식화했다.

트위치의 빈자리를 노리는 '치지직'은 베타 서비스에서 ▲고화질 해상도(최대 1080p 60fps, 비트레이트 8Mbps) ▲주문형비디오(VOD) 다시 보기 ▲텍스트음성변환(TTS) 보이스 후원 등의 기능을 우선 선보였다. 치지직 내 재화인 '치즈'를 통한 스트리머 후원 기능도 도입했다. 현재 방송 송출은 별도 권한을 부여받은 스트리머만 가능하다.

네이버는 베타 서비스 기간 추가 기능을 순차 선보이고, 편의성·안정성 점검을 진행한 뒤 2024년 중 치지직을 정식 오픈할 계획이다. 오는 1월 ▲채팅 관리 기능 개선 ▲연령 제한 설정 ▲익명 후원 기능 마련이 예정돼 있다. 2월에는 ▲스트리머 구독 기능 ▲방송 탐색 서비스 신설 ▲영상 후원 기능 마련 등을 진행할 계획이다.

네이버는 앞서 게임 특화 커뮤니티 ▲네이버 게임 라운지 ▲네이버 e스포츠 페이지 등을 운영해 왔다. 게임 사업에 직접 진출하기보단 소통의 장을 마련, 이용자를 끌어모으는 전략을 펼치고 있다. 회사는 이를 활용해 이용자와 '치지직'에 관한 소통을 진행, 충성 고객 확보에도 적극적으로 나섰다. 업데이트부터 이벤트 소식까지 이용자가 관심을 보일 정보를 제공하며 시장 기대감을 높이고 있다.

네이버의 핵심 서비스인 '검색' 기능도 생성형 AI 기술을 기반으로 지속해 고도화 중이다. 회사는 지난해 8월 24일 차세대 초대규모 AI 모델 '하이퍼클로바X'를 마련하고, 다양한 생성형 AI 서비스를 마련했다. 구체적으로 ▲대화형 AI 서비스 '클로바X'(8월) ▲생성형 AI 검색 '큐:'(9월) ▲블로그 등에서 창작자가 활용할 수 있는 생산 도구 '클로바 포 라이팅'(10월) 등을 시험 버전으로 순차 공개했다. 12월엔 큐:와 통합검색을 결합, 본격적으로 생성형 AI 서비스를 플랫폼 전면에 내세웠다. 네이버 관계자는 "베타 기간 축적된 사용자 피드백을 바탕으로 답변 품질을 지속 고도화, 2024년에는 모바일 적용 확대하고 음성·이미지 입력 등을 지원하는 등 편의성을 더욱 높일 것"이라고 설명했다.

글로벌 확장에도 속도를 낸다. 네이버는 2023년에 ▲북미 최대 패션 개인 간 거래(C2C) 플랫폼 '포시마크' 인수 ▲사우디아라비아 5개 도시 디지털 트윈 플랫폼 구축 사업 수주 ▲네이버웹툰 해외 사업 확장 등의 성과를 올렸다. 네이버는 구체적인 지역별 매출 비중을 공개하고 있진 않지만, 업계에선 전체 수익의 약 40% 안팎(라인 포함)을 해외에서 올리고 있다고 추정한다.

네이버는 2022년 일찍이 '글로벌 3.0'이란 전략을 공개하고, 해외 매출 비중 50% 달성을 목표치로 제시한 바 있다. 이 전략의 일환으로 경쟁력을 강화한 네이버웹툰은 2023년 3분기 누적 기준 글로벌 거래액이 1조 3,000억원을 돌파하는 성과를 올렸다. 일본에서만 거래액이 1,000억엔(약 8,700억원)을 돌파했다. 2024년에도 ▲네이버웹툰을 중심으로 한 콘텐츠 사업 확장 ▲중동 사업 확대 ▲C2C 글로벌 생태계 마련 ▲기술 수출 등을 기반으로 해외 매출을 끌어올릴 방침이다. 회사는 최근 글로벌 3.0 전략 강화를 위해 김범준 전 우아한형제들 대표를 최고운영책임자(COO)로 영입하기도 했다.

AI 입기 시작한 카카오톡…콘텐츠 중심 해외 확장

카카오 역시 '국민 메신저'로 자리 잡은 카카오

톡을 기반으로 다양한 신규 서비스 마련을 추진 중이다. 대표적 사업으로 오픈채팅 독립 앱 '오픈링크' 출시가 꼽힌다.

오픈채팅은 현재 카카오톡에서 같은 관심사를 지닌 사람끼리 채팅방을 만들어 대화할 수 있는 서비스로 운영되고 있다. 친구로 추가하지 않아도 대화를 나눌 수 있다. 취미나 정보 등 공통의 관심사에 따라 서로 모르는 사람끼리 의견을 나눌 수 있다는 점이 가장 큰 매력으로 꼽힌다.

카카오는 지난해 5월 카카오톡의 첫 화면을 개편하며 3번째 탭 자리에 오픈채팅을 배치하기도 했다. 해당 서비스를 전면에 내세우며 서비스 활성화에 나선 셈이다. 회사 관계자는 "오픈채팅은 글로벌 이용자를 포함해 더 넓은 이용자층을 마련하기 위한 목적으로 독립 앱 출시를 계획하고 있다"며 "신규 출시한 오픈링크 앱에서는 관심사와 취향에 따라 이용자 자신의 다양한 페르소나를 담을 수 있고, 대규모 커뮤니티 활동에 유용한 기능도 마련할 것"이라고 말했다. 오픈링크는 관심사 기반의 커뮤니티 앱을 지향한다. 타깃 광고에 적합한 성격을 지녔단 의미다. 이 때문에 회사 안팎에선 오픈링크 출시로 신규 매출원이 마련될 수 있으리란 기대가 나온다.

오픈링크 외에도 카카오헬스케어가 오는 2024년 2월 1일 일반에 공개를 예고한 '파스타'가 신규 동력원으로 꼽힌다. 파스타는 연속혈당측정기(CGM)와 연동된 초개인화 혈당 관리 서비스로, 회사는 막바지 개발 절차를 진행하고 있다.

생성형 AI 서비스를 카카오톡에 접목하려는 시도도 활발하다. 회사는 카카오톡에 지난해 12월 18일 대화 요약과 말투 변경 등 AI 기능을 시험적으로 추가했다. 최신 버전으로 앱을 업데이트한 후 실험실에서 'AI 기능 이용하기'를 설정하면 사용할 수 있다. 말투 변경은 작성된 메시지를 ▲정중체 ▲상냥체 ▲임금체 ▲신하체 ▲로봇체 ▲이모지체 등의 콘셉트에 맞게 전환해 주는 기능이다.

생성형 AI 서비스를 구동하는 차세대 초대규모 AI 모델 '코(Ko)-GPT 2.0'도 개발 중이다. 모델 성능을 결정하는 파라미터(매개변수) 수를 60억·130억·250억·650억 개 등으로 다양화해 카카오톡에 접목할 수 있는 최적의 서비스를 마련하겠단 취지다. 회사 관계자는 "10개 정도의 주제로 기술실증(POC)을 추진해 유효성을 검증하는 중"이라며 "이 중에서도 대표적인 서비스로는 'AI 콘텐츠 봇'이 있다. 이를 통해 이용자들의 관심사를 촘촘하게 구분해 이에 부합하는 맞춤형 콘텐츠를 대화 맥락에 맞게 제공할 것"이라고 설명했다.

글로벌 확장은 '콘텐츠'를 중심으로 전개되고 있다. 카카오는 현재 '2025년까지 해외 매출 비중 30%를 달성하겠다'는 목표로 '비욘드 코리아'란 전략을 추진하고 있다. 2021년 10.2%에 그쳤던 해외 매출 비중은 해당 전략 도입 후 2023년 3분기 누적 기준 18.4%로 증가했다. 카카오는 카카오엔터테인먼트와 카카오픽코마가 영위하는 웹툰·웹소설 사업과 SM엔터테인먼트를 중심으로 한 K-팝(POP) 등 콘텐츠 사업을 통해 해외 매출 규모를 확대할 방침이다. 카카오픽코마가 운영 중인 일본 웹툰 앱 픽코마는 2023년 1월부터 10월까지 누적 수익 약 6억 달러를 기록하며 단일 만화 앱으로는 세계 1위를 차지하기도 했다.

회사는 이와 함께 2024년 1분기 중 6엑사바이트(EB) 데이터를 저장할 수 있고 총 12만 대 서버 보관이 가능한 '데이터센터 안산'을 본격 가동, 서비스 안정성을 강화할 예정이다.

출처: 이코노미스트 2024.01.05.

조직 관리의 관점에서 관리과정의 맨 처음단계인 경영계획(기능)은 ① 조직이 달성해야 할 목적 및 목표(이하에서는 목표로 통일하여 사용함)를 설정하고, ② 이들 목표를 달성하기 위한 방법을 결정하는 두 가지의 과업을 수행하는 기능이다.

목표의 설정

조직의 목표는 조직의 지속적인 성장과 발전을 위해 중요한 기능을 담당한다. 조직목표가 현실성 있게 설정되고 실행되었을 경우에는 조직성과의 유효성과 지속적인 성장으로 이어지지만, 현실성이 없게 설정되거나 잘못 실행되었을 경우에는 업적수준의 저하는 물론 조직의 생존 자체에 대한 위협을 불러일으키기도 한다. 이러한 의미에서 조직의 목표는 조직의 방향(direction)과 노력의 초점(focus of effort) 및 지속성(persistence: 목표가 달성될 때까지 계속적으로 노력해야 한다는 의미의 지속성)을 제공해 주기 때문에 매우 신중하게 설정되어야 한다.

1. 목표의 정의 및 역할

목표란 조직이 실현하고자 하는 바람직한 상태(desired states)나 달성하고자 하는 최종성과(performance)를 말한다. 따라서 조직목표는 그 조직의 최고경영자 및 주요 경영진들의 열망을 반영하고 있다.

조직의 목표설정은 다음과 같은 측면에서 매우 중요한 의미를 가지며, 목표의 역할은 관리과정의 첫 단계인 계획화 과정에 앞서 이루어지기 때문에 종종 계획(화 과정)의 역할로 설명되기도 한다.

첫째, 조직목표는 계획의 수립 및 조직화에 영향을 미치며, 조직 내의 개인이나 집단의 노력방향에 지침을 제공한다.

둘째, 조직목표는 구성원들에게 효과적이고 효율적으로 과업을 수행할 수 있도록 동기를 부여한다.

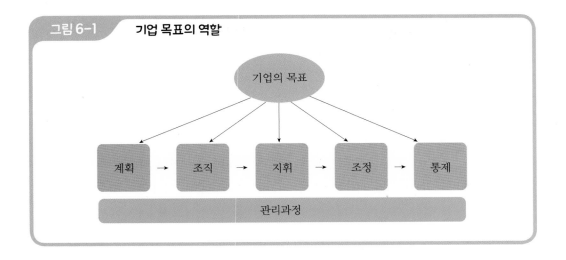

셋째, 조직목표는 조직 활동을 평가하고 통제할 수 있는 기반을 제공한다. 즉 조직은 목표를 기준으로 구성원의 노력결과를 평가하고 노력의 방향이 목표달성을 위한 방향에서 벗어나지 않도록 수정한다.

이와 같이 조직의 목표는 계획, 조직화, 지휘, 동기유발, 통제 등의 기반을 제공함으로써 〈그림 6-1〉과 같이 관리과정 전반에 걸쳐 중요한 역할을 수행하게 된다.

2. 목표의 특성과 평가기준

조직의 목표는 기본적으로 측정가능성(measurability), 계층성(hierarchy), 네트워크(network) 특성 등을 갖는다.

측정가능성

조직목표는 계량적으로 표시되어야 한다. 이처럼 달성해야 할 목표에 어떤 수치를 부여하는 것은 조직구성원들에게 노력하고자 하는 명확한 목표(목표의식)를 제공해줄 수 있을 뿐만 아니라, 조직구성원들의 목표달성을 향한 진보의 정도를 평가하기가 매우 간편해지기 때문이다. 그러나 조직목표의 계량화를 지나치게 강조한 나머지 계량화할 수 없는 것들을 소홀히 취급해 버리는 우를 범해서는 안 된다. 이때는 간접적으로 측정할 수 있는 목표를 대신 제공함으로써 이러한 문제를 해결할 수 있다. 예를 들어 조직구성원의 사기(morale)와 같이 계량적으로 표시하기 어려운 목표들은 이직률(turnover), 결근율(absenteeism) 등을 통해 간접적으로라도 조직목표를 계량적으로 표시해주면 된다.

계층성

조직 각 계층의 목표들은 계층별로 구조화되어 있기 때문에 수단-목표 사슬(means-ends chain)이라고도 한다. 이는 한 계층의 목표가 다음 계층의 목표달성을 위한 수단이 된다는 의미이다. 예를 들어, 〈그림 6-2〉에서 볼 수 있듯이 운영계획은 전술적 계획과 수단-목표관계를 이루며, 전술적 계획은 전략적 계획과 수단-목표관계를 형성한다. 즉 전술적 계획은 운영계획에 대해서는 목표가 되지만 전략적 계획에 대해서는 수단이 되는 것이다.

이와 같은 목표의 계층성은 질서정연하게 상호보완적 관계를 유지해야만 한다. 그렇지 못할 경우 목표의 계층성은 조직 전체의 목표달성에 장애요인으로 작용할 수도 있기 때문이다. 예를 들어 한 계층의 목표달성이 이루어지지 못

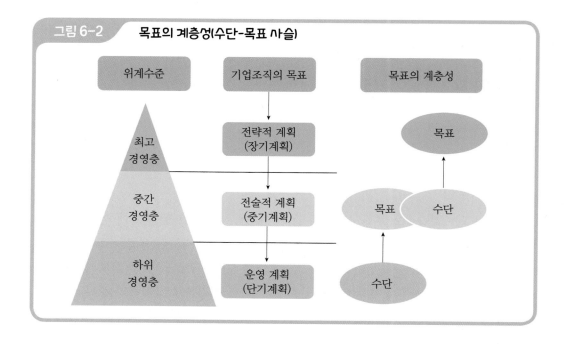

그림 6-2　**목표의 계층성(수단-목표 사슬)**

해 다음 계층의 목표달성에 차질이 빚어질 수도 있고, 다음 계층의 목표달성을 위해 하위 계층의 목표를 무리하게 추진하다가 실수나 오류를 범할 수도 있다. 이처럼 어떤 한 계층의 최선의 목표가 반드시 조직 전체를 위한 최선의 목표가 될 수는 없기 때문에 조직 전체의 목표달성을 위해서는 각 계층의 목표가 서로 양립될 수 있도록 각 계층 간에는 전사적인 조정이 필요하다.

네트워크 특성

목표 간의 수직적 관계가 목표의 계층성이라고 한다면 목표 간의 수평적 관계는 목표의 네트워크 특성이라고 말할 수 있다. 즉 조직의 목표는 수평적으로도 서로 연결되어 있어야 한다는 것이다. 이는 목표의 계층성과 마찬가지로 조직의 목표들이 수평적으로 상호 연결되어 있지 않거나 상호 지원적인 관계를 유지하지 못하면 각 부서의 관리자들이 자기 부서의 목표달성만을 추구한 나머지 조직 전체의 목표달성에 유해한 결과를 초래할 수도 있기 때문이다.

조직목표는 위와 같은 기본적인 특성뿐만 아니라 다음과 같은 세 가지 조건을 충족할 때 좋은 목표설정이라 할 수 있다.

첫째, 조직의 목표는 분명(clarity)해야 하고, 구체성(specificity)을 가져야 한다. 그렇지 않으면 조직 구성원들에게 혼동과 갈등을 초래할 수 있다.

둘째, 모든 조직목표는 목표가 달성되어야 할 시기(timing)를 포함하고 있어야 한다.

셋째, 조직의 목표들은 구성원들의 적극적인 노력을 자극할 수 있도록 상당한 정도의 어려움(difficulty)을 포함하고 있어야 한다. 그러나 한 가지 주의해야 할 점은 조직의 목표가 아무리 어렵다고 하더라도 조직구성원들의 능력으로 달성 가능한 것(achievability)이어야 한다.

3. 목표에 의한 관리(MBO)

앞서 언급한 바와 같이 조직의 목표는 계획, 조직화, 지휘, 동기유발, 통제 등의 기반을 제공함으로써 관리과정 전반에 걸쳐 중요한 역할을 수행하기 때문에 측정가능성, 계층성, 네트워크 특성 등을 고려하여 신중하게 설정되어야 한

다. 또한 이렇게 설정된 목표는 분명하고 구체적이어야 하며, 목표달성의 예상
시기, 조직구성원의 목표달성의 곤란성 및 달성가능성이 포함되어 있어야 좋은
목표라고 평가할 수 있다.

이와 같은 목표의 특성 및 역할을 잘 반영하고 있는 관리기법 중의 하나가
목표에 의한 관리(Management By Objectives: MBO)이다. 즉 목표에 의한 관리는
조직구성원들이 자신의 목표를 설정하는 데 직접 참여하도록 하고, 목표에 대
한 평가방법을 미리 알도록 하며, 합의에 의해 설정된 목표의 달성 정도를 상급
자와 함께 평가하도록 함으로써 구성원들의 동기부여와 업무성과를 향상시키
기 위한 경영기법이다. 따라서 기업은 목표에 의한 관리기법을 통해 '목표의 설
정'과 '성과의 평가', 즉 관리과정의 양대 축인 계획(기능)과 통제(기능)를 합리
적으로 수행할 수 있다. 결과적으로 목표에 의한 관리기법은 부하직원과 상급
자 간의 의사소통을 증진시킴으로써 구성원들의 사기를 높여주고, 개개인의 성
과와 조직목표를 연결시켜 주는 역할을 한다. 그리고 그 평가결과는 임금인상
과 승진의 근거자료로 사용된다. 목표에 의한 관리과정은 〈그림 6-3〉과 같이
정리할 수 있다.

〈그림 6-3〉에서 보는 바와 같이 MBO는 계획수립단계에서부터 공식적으
로 상사와 부하직원이 함께 달성해야 할 목표와 업무수행일정, 그리고 업무수

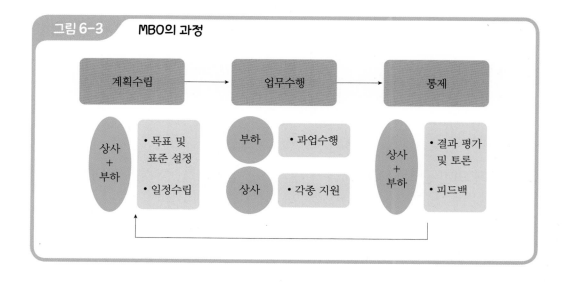

행결과를 비교 평가할 기준 또는 표준을 설정한다. 따라서 목표에 의한 관리는 전 관리과정을 통해 진행되며, 조직 내의 특정 계층에 한정되지 않고 모든 계층에 적용될 수 있다.

계획화 과정

계획(화 과정)은 목표를 달성하기 위한 방법을 모색 또는 설정하는 과정으로 개인이나 집단, 조직의 모든 활동에 중요한 영향을 미친다.

1. 계획의 의의와 중요성

조직에서의 계획은 일반적으로 '조직목표를 달성하기 위해 관리자들에 의해 사용되는 일련의 정책이나 절차, 방법 등을 설정하는 것'으로 정의된다. 따라서 계획이란 기업을 둘러싸고 있는 내·외부환경을 분석하는 일부터 시작하여 목표를 설정하고 목표를 달성하기 위한 전략을 수립하며, 전략실천을 위한 세부계획을 작성하는 데까지 이르는 하나의 과정이다.

이와 같은 계획은 조직화, 지휘, 조정, 통제의 관리과정에 선행하는 관리활동의 출발점이자 가장 근본적인 활동으로서 계획을 수립하게 되면 다음과 같은 이점을 갖는다.

첫째, 계획수립은 조직과 조직구성원의 집중도(focus)와 유연성(flexibility)을 높여준다. 즉 계획수립이 잘되면 미래에 해야 할 일이 분명해지기 때문에 조직 및 조직구성원의 역량을 분산시키지 않고 집중(focus)시킬 수 있다. 뿐만 아니라 잘된 계획에는 미래의 가능한 환경변화에 대비한 내용도 포함하기 때문에 조직과 조직구성원은 환경변화에 대한 적절한 대응과 그 자신을 변화시킬 수 있는 능력을 갖출 수 있게 된다.

둘째, 계획수립은 조직구성원들이 조직목표를 달성하는 방향으로 행동할 수 있도록 하나의 지침을 제공한다. 즉 계획수립은 달성해야 할 성과를 사전에 제시함으로써 조직구성원들을 결과지향적으로 행동하게 만든다. 따라서 조직구성원들은 모든 자원이 회사의 이익(advantage)을 극대화하는 방향으로 사용되도록 하는 이익 지향적 행동, 우선순위에 기초한 행동(적절한 시간배분 및 관리), 미래의 기회와 문제점을 예측하고 이에 효과적으로 대응할 수 있는 행동 등을 하게 된다.

셋째, 계획수립은 한 조직 내에서 조직 전체의 목표와 하부의 각 세부 조직(또는 개인이나 집단)의 목표가 일관성을 갖도록 해준다. 이는 조직 내의 많은 개인이나 집단, 하부조직들이 자신의 목적을 추구하더라도 그 결과는 최종적으로 조직 전체의 목표를 달성하는 데 기여하도록 계획수립이 이루어지기 때문이다. 이를 위해 조직의 목표는 최상위 단계의 목표가 먼저 정해고 다음 하위단계에서는 최상위 단계의 목표에 근거하여 목표를 수립이 이루어지며, 이어지는 그 다음 하위 단계에서도 이러한 일은 반복되게 된다. 또한 계획은 각 세부 조직 간의 목표에도 조화가 이루어지도록 수립함으로써 하부 조직 간에 갈등이 발생할 때는 전체 목표에 근거하여 조정이 이루어지도록 할 수 있다. 결국 계획수립은 조직의 상하 간 또는 하부 조직 간의 조정을 사전에 하고 있는 셈이며 사후적인 갈등이 발생할 때도 그 해결의 근거가 된다.

넷째, 조직의 통제활동은 사전에 수립된 계획에 근거하여 이루어지기 때문에 계획수립이 잘되면 성과의 측정 및 평가활동, 그리고 이에 대한 보상/처벌 활동이 합리적으로 이루어질 수 있다. 성과가 계획에 미치지 못하면 통제과정에서는 목표를 달성할 수 있도록 행동을 수정하거나 계획수립 시 세웠던 목표를 수정한다. 물론 두 가지를 병행할 수도 있다. 이러한 측면에서 계획수립과 통제는 매우 밀접한 관계를 갖는다.

2. 계획의 전제조건

앞서 설명한 계획수립의 이점을 최대한 활용하기 위해서는 다음과 같은 전제조건이 필요하다.

첫째, 계획은 의사결정의 기준으로서 수립되어야 한다. 경영자는 조직의 목표를 달성하기 위해 조직구조의 개편, 가용자원의 활용 및 배분, 직무의 할당 및 성과의 점검 등 여러 가지 의사결정에 직면하게 된다. 이 때 경영자의 의사결정은 계획수립의 근거가 되었던 목표나 기대성과를 충족하도록 이루어져야 한다. 이는 계획이 경영자의 의사결정의 기준으로서 작용될 수 있도록 수립되어야 함을 의미한다.

둘째, 계획은 유연성을 갖추어야 한다. 기업을 둘러싸고 있는 내외부의 환경은 항상 변화하기 때문에 완벽한 계획수립보다는 경영환경변화에 대한 지속적인 모니터링과 수정을 통해 외부환경의 변화 또는 기업 내부 여건의 변경에 따라 발생할 수 있는 뜻하지 않은 상황에 대해서도 적절히 대응할 수 있도록 유동적인 계획을 수립하여야 한다.

셋째, 계획은 통제를 전제로 하여 수립되어야 한다. 조직의 통제기능은 조직의 목표와 계획에 대한 추진상황을 검토하고 평가함으로써 이루어지기 때문이다. 조직은 계획을 조직구성원들에게 공개하여 공감대를 형성하고 계획수립 과정에 조직구성원들을 직접 참여시킴으로써 계획과 통제를 원활히 연결시킬 수 있다. 앞서 살펴본 '목표에 의한 관리(MBO)'처럼 계획수립과정에 조직구성원을 참여시키는 것은 조직구성원에게 동기부여의 수단이 될 뿐만 아니라 계획 추진과정에서 발생할 수 있는 여러 가지 오류들을 줄여 주는 역할을 한다.

3. 계획의 분류

모든 관리자들이 계획기능을 담당하고 있지만 조직의 계획은 여러 가지 차원에 따라 다양하게 분류될 수 있다. 다음에 살펴볼 여러 가지 계획들은 〈그림 6-4〉와 계층구조로 정리해 볼 수 있다.

유형에 의한 구분

모든 조직에는 전사적 계획(corporate plan), 사업부 및 사업별 계획(divisional or business plan), 단위 또는 기능별 계획(unit or functional plan)이라는 세 유형의 계획이 있다.

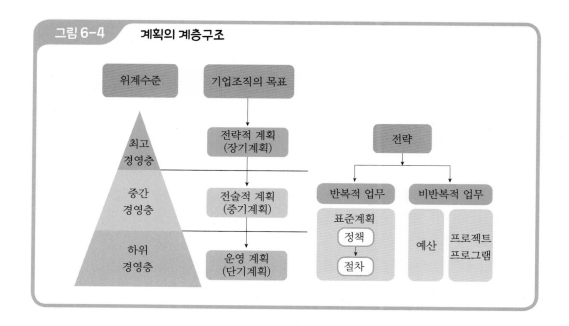

그림 6-4　계획의 계층구조

▌전사적 계획

전사적 계획은 전략(적) 계획(strategic plan)이라고도 하며, 현재의 위치를 파악하고 장기적인 관점에서 조직이 나아갈 방향을 설정하며, 이를 달성하기 위한 구체적인 행동 대안(자원의 조달과 배분, 그리고 그 수행방안 등)을 수립하는 것을 말한다. 전략적 계획은 포괄적인 계획으로서 모든 하위계획, 정책 및 절차의 모체가 된다. 전략적 계획에 관하여는 장을 달리하여 설명하기로 한다.

▌사업부 및 사업별 계획

사업부 및 사업별 계획은 전략적 계획에 근거하여 작성하는 중기적 계획으로 전술적 계획(tactical plan)이라고도 한다. 이는 전략적 계획이 조직 전체의 목적을 달성하기 위한 보다 폭넓은 계획으로서 최고경영자에 의해 행해지는 다소 추상적이고 장기적이며 외부 환경의 중요성이 강조되는 의사결정이라고 한다면, 전술적 계획은 사업부 차원에 분할 적용하는 세부적 계획으로서 중간관리자에 의해 행해지는 보다 구체적이며 중기적이고 내부 환경에 의존적인 의사결정이라고 할 수 있기 때문이다. 전술적 계획(tactical plan)은 구체적으로 그 사업부의 활동범위를 결정하고, 책임영역 내에서의 하위목표를 설정하며, 그와 같은 목표를 달성하기 위한 정책을 수립하고 예산을 편성하는 것을 말한다.

▌단위 또는 기능별 계획

단위 또는 기능별 계획은 가장 낮은 계층의 계획으로서 사업별 계획을 실천하기 위한 각 단위부서의 실행계획을 말한다. 즉 전술적 계획을 실천하기 위한 구체적인 활동이 담긴 계획으로서 운영계획(operational plan)이라고도 불리며, 주로 단기간에 이루어지는 계획으로서 각 부서의 일선 감독자들이 세우는 매일 매일의 일정계획 및 월간계획 등도 이와 같은 계획의 범주에 속한다. 단위 또는 기능별 계획의 예로는 생산 계획(제품의 생산량과 생산시기, 재고수준 등), 재무 계획(회사채 발행에 의한 자본조달 등), 마케팅 계획(제품과 서비스의 판매, 물류 등), 인적자원 계획(채용, 선발, 배치 등) 등을 들 수 있다.

시간에 의한 구분

조직은 계획을 수립하는 데 다양한 시계상(time horizon)의 준비가 필요하다. 일반적으로 시계상의 계획은 장기계획, 중기계획, 단기계획으로 나누어 볼 수 있다.

장기계획은 주로 전사적 계획, 전략적 계획과 관련되는 계획으로 조직의 기술이나 경쟁, 자원의 배분 등에 관련되어 있다. 장기계획은 조직이나 조직이 속한 산업에 따라 그 기간이 다양(5년, 10년, 15년)하지만 공통적으로 조직의 목표 또는 전략과 일치되어야 하고, 계획기간의 중간 중간에 재검토가 필요할 수 있는 기회가 제공되어야 하며, 계획기간이 길면 길수록 계획의 구체성이 없어지므로 목표의 수용범위(acceptable range of goal)가 반드시 표시되어야 한다. 뿐만 아니라 동태적 환경하에서의 장기계획은 불확실성을 수반하게 되므로 계획에 융통성을 부여하여야 한다. 그리고 중기계획은 보통 1~2년간의 계획으로서 주로 전술적 계획에 해당되고 단기계획은 1년 이내의 계획으로서 운영계획에 해당한다.

최고경영층은 주로 장기계획의 수립에 관여하며 하위 단계로 내려갈수록 중기, 단기계획을 수립한다. 각 계층에 맞는 계획을 수립할 때는 장기계획과 일관성 있는 계획의 수립이 무엇보다도 중요하다. 따라서 각 시계상의 계획을 수립할 때는 조직의 모든 계층에서 전략계획에 해당하는 장기계획을 제대로 이해하고 있어야 한다.

내용에 의한 구분

조직의 계획은 여러 가지 다양한 요소(내용)로 구성되어 있으며 일반적으로 전략, 정책, 절차, 규칙 등이 거론된다.

▌ 전 략

전략은 앞에서 살펴본 바와 같이 목적을 달성하기 위해 조직의 활동영역을 선택하는 것과 관련되어 있으며 영향의 범위가 가장 광범위한 계획이다.

▌ 표준계획

대부분의 조직에서는 표준화된 어떤 계획을 미리 설정해 놓고 반복해서 업무를 수행할 때는 이를 기초로 하는 경우가 많다. 이러한 계획을 표준계획(standard plan) 또는 상용계획이라고 하며 이에는 정책과 절차, 그리고 규칙이 있다. 표준계획은 언제 어떤 상황이 발생하더라도 조직구성원들로 하여금 거기에 일관성 있게 따르도록 하는 하나의 방향타와 같은 역할을 수행한다.

먼저 정책(policy)은 전략보다는 영향의 범위가 넓지 못하지만 특정한 상황에서의 의사결정과 행동의 광범위한 가이드라인, 즉 상용적인 지침(standing guideline)이 된다. 이러한 정책은 조직의 전략에서 도출되며, 의사결정의 준용기준으로 작용하기 때문에 조직구성원의 행동범위를 제약하기도 한다. 조직의 정책에는 제품정책, 마케팅정책, 재무정책, 인사정책, 구매정책 등이 있다.

다음으로 절차(procedure)는 정책과는 달리 정확하게 무엇을 어떻게 해야 한다는 것을 명시하는 단계적인 지시(step-by-step instruction)이다. 따라서 절차는 정책보다 범위가 더 좁고 구체적인 행동지침이라고 할 수 있으며 개인이 문제해결에서 사용할 수 있는 개별적인 판단의 범위를 축소시킨다.

마지막으로 규칙(rule)은 조직구성원들에게 용인될 수 있는 행동의 범주, 즉 해야 할 것과 해서는 안 될 것에 대한 정확하고도 구체적인 지시사항을 말한다. 따라서 이 규칙을 무시하는 경우에는 처벌이 뒤따르게 된다.

반복성에 의한 구분

계획은 그 사용빈도에 따라 표준계획 또는 상용계획과 단일계획(single-use plan)으로 나누어 볼 수 있다. 상용계획에는 정책과 절차, 그리고 규칙 등이 있으며, 단일계획에는 예산안(budget)과 프로젝트 및 프로그램(projects and programs) 등이 있다.

상용계획에 관하여는 앞에서 이미 설명하였기 때문에 단일계획에 관해서만 설명하기로 한다. 단일계획은 비교적 짧은 기간 내에 어떤 구체적인 목적을 달성하기 위하여 수립되는 계획으로 예산안, 프로그램 및 프로젝트 등이 있다.

▌예산안

예산이란 미래의 계획을 화폐단위로 표현해 놓은 것으로 일정기간 동안(보통 1년) 경영상의 활동지침이 된다. 일반적으로 상황이 매년 변화하기 때문에 해마다 현재의 요구 및 필요를 반영하는 새로운 예산이 만들어진다. 가장 빈번하게 사용되는 (재무)예산으로는 판매예산(제품별, 부서별, 개인별 판매예상액), 제조예산(판매예산을 기초로 작성되며 재료비, 노무비 및 기타 간접비 등), 현금흐름예산(미래현금의 유출입), 자본예산(미래의 설비나 건물 등의 구입) 등이 있다.

이 밖에도 예산에는 각 부서에서 소요되는 노동시간, 기계작동시간 등도 나타낼 수 있는데 이와 같은 예산상의 숫자는 하위경영층(일선감독자들)으로 하여금 보다 효과적인 계획을 수립할 수 있게 해준다.

그리고 이와 같은 모든 예산들은 조직의 목표달성을 위해 통합 및 조정되어야 하고 이를 위해 각 예산은 조직목표 달성에 적합한 것이어야 한다.

▌프로젝트 및 프로그램

프로젝트 및 프로그램은 정해진 날짜까지 단 한 번밖에 하지 않는 활동을 완성하는 데 필요한 일회성 계획이다. 이러한 프로젝트계획은 수행해야 할 일이 조직 내의 일상의 활동과 크게 다르고, 복잡하며, 높은 비용이 소요되고 완성시기가 중요할 때 수립된다. 따라서 한 프로젝트가 완성되고 나면 그 프로젝트에서 종사했던 사람들은 당연히 다른 일에 재배치된다. 이와 같은 프로젝트계획은 항공 산업분야에서 흔히 활용되며, 새로운 공장의 건설이나 신제품의 개발, 정보시스템의 설계 등에도 활용된다. 프로젝트조직에 관하여는 장을 달리하여 뒤에서 구체적으로 살펴보기로 한다.

초점에 의한 구분

〈그림 6-5〉에 나타나 있는 바와 같이 계획의 초점은 그 계획에 의해 영향을 받게 되는 조직의 기능에 있으며, 이와 같은 기능에는 생산, 마케팅, 인사, 재무와 같은 기능부서뿐만 아니라 사업부, 조직 전체 등이 있다. 이는 계층에 따른 조직전략의 유형과 같다.

지금까지 살펴보았던 조직계획을 차원 별로 구분정리해 보면 〈표 6-1〉과 같이 요약해 볼 수 있다.

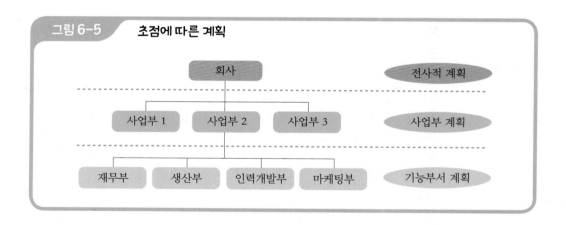

그림 6-5　　**초점에 따른 계획**

표 6-1　**조직계획의 차원별 구분**

기준 조직계층	유형	시간	초점	요소	반복성
최고경영층	전사적 계획 (전략적 계획)	장기계획 (3년 이상)	조직 전체	전사적 차원의 전략, 정책	전사적 차원의 상용계획, 단일계획
중간경영층	사업부 및 사업별 계획 (전술적 계획)	중기계획 (1~2년)	사업부	사업부 차원의 전략, 정책 및 절차	사업부 차원의 상용계획, 단일계획
하위경영층	단위 및 기능별 계획 (운영 계획)	단기계획 (1년 이내)	단위, 기능부서	부서 차원의 정책, 절차 및 규칙	부서 차원의 상용계획, 단일계획

계획수립기법

계획수립은 경영의 관리과정에서 성공의 핵심적인 요소이다. 따라서 조직의 목표를 달성하기 위해서는 조직구성원들이 계획을 쉽게 이해할 수 있도록 하고 계획에 대한 타당한 근거를 제시해야만 한다. 이러한 계획수립에 이용되는 기법(technique, tool)으로는 미래에 대한 예측을 기반으로 하는 예측기법(상황대응 계획법, 시나리오 계획법)과 외부조직을 기반으로 하는 벤치마킹, 그리고 조직 내부의 구성원을 기반으로 하는 계획수립기법(목표에 의한 관리; MBO)이 있다.

1. 예측기법

예측(forecasting)은 미래에 어떤 일이 발생할 것인지에 관한 가정을 만드는 과정이라고 할 수 있다. 모든 계획에는 명시적 또는 암묵적으로 예측이 포함되어 있다. 계획을 수립할 때의 예측은 자신의 예측내용을 담아야 한다. 외부의 예측은 전문가의 의견이나 정교한 계량모형에 근거하여 이루어진다고 하더라도 당연히 오류가 포함될 수밖에 없기 때문에 하나의 참고자료로만 활용해야 한다. 그리고 계획을 수립할 때는 미래가 예측된 대로 전개되었을 경우에 조직에서는 어떻게 대응할 것인지에 관한 내용도 포함되어 있어야 한다.

먼저 상황대응 계획법(contingency planning)은 환경변화로 인하여 당초 계획이 부적절하다고 판단되는 경우 새로운 환경에 적절히 대응할 수 있도록 그때그때 대안을 찾아 행동을 수정하는 과정이다. 따라서 환경변화의 식별시점은 빠를수록 좋으며 이를 위해 조직을 둘러싸고 있는 환경의 변화 여부를 수시로 확인해야 한다.

다음으로 시나리오 계획법(scenario planning)은 상황대응 계획법에 비하여 상대적으로 장기적인 예측기법으로서 미래에 전개될 여러 시나리오를 예측하고 각 시나리오에 대응되는 계획을 수립함으로써 미래의 환경변화에 유연하게 대응할 수 있는 기법을 말한다. 물론 시나리오 계획법이 미래의 모든 발생 가능한 상황에 대한 대비책을 준비할 수 있도록 해주는 것은 아니지만 조직구성원, 특히 계획수립담당자들에게 미래를 한 번 더 생각하게 해주고 미래에 충격적인 변화가 발생하더라도 의연하게 대처할 수 있게 해주는 장점이 있다.

사례 6-1 "트럼프 당선되면 어쩌나"…전기차 업계 떨고 있는 까닭

제너럴모터스(GM), 닛산 등 전기차 시장에 진출한 완성차 제조업체들이 도널드 트럼프 전 미국 대통령이 재선에 성공해 인플레이션감축법(IRA)을 폐기할 경우 미국 내 전기차 시장에 타격을 줄 것이라고 우려하고 나섰다.

폴 제이콥슨 GM 최고재무책임자(CFO)는 3일(현지시간) 파이낸셜타임스(FT)에 "IRA는 전기차 판매를 촉진해 관련 시장이 성장하는 데 매우 긍정적으로 작용했다"며 "전기차 산업이 IRA를 만나 순풍을 타다가, IRA가 갑자기 사라지고 (전기차 제조업체들이) 돈을 벌지 못하게 되는 상황은 모두가 원치 않을 것"이라고 말했다.

미 테네시주에서 2개의 조립 공장을 운영하고 있는 일본 닛산의 우치다 마코토 최고경영자(CEO)도 IRA가 "중장기적으로 미국 내 전기차 판매를 늘리는 데 도움이 됐다"며 "(IRA와 관련된) 정치적 문제를 언급하고 싶진 않지만, IRA와 같은 조치가 유지되는 상황에서 미국 시장으로의 침투가 한층 용이해진다는 건 분명하다"고 했다.

오는 11월 대선에서 조 바이든 대통령과의 '리턴 매치'가 유력한 트럼프 전 대통령이 IRA 폐기 방침을 밝힌 데 따른 자동차 업계의 우려

다. 트럼프 전 대통령은 미국의 세금이 IRA를 통해 중국 배터리 회사들로 흘러 들어가고 있다고 주장하고 있다. 청정에너지 관련 투자를 줄이고 화석 연료 생산을 극대화하겠다는 게 트럼프 전 대통령의 핵심 에너지 정책 기조이기도 하다.

글로벌 전기차 산업은 이미 미국, 유럽 등 선진국에서 성장 속도가 둔화하고 있다. 전 세계적 에너지 전환 흐름을 타고 신규 투자가 집중됐지만, 내연차 대비 비싼 가격과 충전 관련 번거로움 등 단점이 해소되지 않으면서 대중화에 발목이 잡혔다는 분석이다. 테슬라 주가가 주춤했고, GM, 포드 등 완성차 업체들이 줄줄이 신규 투자 계획을 연기하거나 축소했다.

업계에선 IRA와 같은 인센티브 정책이나 파격적인 가격 할인 없는 기업들의 존속이 어려울 거란 두려움이 번지고 있다. FT는 "전 세계적으로 전기차 판매량이 늘고는 있지만, 대부분이 넉넉한 인센티브를 뿌리는 지역에 집중되고 있다"고 짚었다.

IRA 혜택을 얻기 위해 대미(對美) 투자를 공격적으로 늘린 외국 기업들에도 '트럼프 리스크'가 드리우게 됐다. 대표적으로 거론되는 게

한국이다. LG에너지솔루션, SK온, 삼성SDI 등 한국 배터리 업체들은 IRA 도입 이후 모두 미국 현지 업체들과 합작 법인을 세우는 작업에 돌입했다. 현대차그룹이 55억 달러(약 7조 2,000억원)를 들여 미 조지아주에 짓고 있는 전기차 전용 공장은 미 역사상 최대 규모의 개발 프로젝트로 꼽힌다.

트로이 스탠가론 한미경제연구소(KEI) 선임국장은 "한국 기업들은 IRA가 미 의회를 통과하기 전부터 미국의 에너지 전환 정책에 장기적·전략적으로 베팅했고, 수십억 달러를 쏟았다"며 "지난 1년 동안 한국 기업들은 전기차 전환이 시장 예상보다 빨리 이뤄질 거란 기대에 힘입어 추가 투자 계획을 구상했지만, 전기차 판매가 위축되면서 이를 다시 축소하고 있는 상황"이라고 설명했다.

다만 한국 기업들이 IRA가 언제든 철회될 수 있는 가능성을 예견하고 대비해 왔다는 분석도 있다.

"트럼프 당선되면 어쩌나"…전기차 업계 떨고 있는 까닭

글로벌 투자은행(IB) UBS의 팀 부시 애널리스트는 "(IRA에 따른) 보조금과 세제 혜택이 (애초 약속된 대로) 2032년까지 유지될 거란 전망은 한국 기업들이 상정한 기본 시나리오가 아니다"라며 "IRA는 미래(에 집권할지도 모를) 공화당 정권이 가장 먼저 표적으로 삼을 법안이기 때문"이라고 짚었다.

'IRA 뒤집기'를 실현하는 과정에선 트럼프 전 대통령 역시 자신의 정치적 생명력을 걸어야 한다는 지적이 나온다. IRA로 창출된 신규 투자 대부분이 공화당이 우세한 '레드스테이트'(red state)에 집중돼 있기 때문이다. 스탠가론 국장은 "트럼프 (2기) 행정부는 '정말로 미국 자동차 산업의 몰락을 초래하는 장본인이 되고 싶은가'라는 질문에 직면하게 될 것"이라고 말했다.

블룸버그 산하 에너지조사업체 블룸버그NEF에 따르면 미국 내에서 판매된 신차 중 전기차의 비중은 지난해(1~9월 기준) 9%였다. 전기차 비중은 2015년까지만 해도 2%에 못 미쳤지만, 바이든 대통령 취임 이후 급격히 상승했다. 2030년까지 이 수치를 50%로 늘리겠다는 것이 바이든 행정부의 목표다.

출처: 한국경제 2024.01.04.

2. 벤치마킹

벤치마크(benchmark)의 사전적 의미는 측량이나 계측 시 참고 점으로 사용하기 위해 미리 고정시켜 놓은 표지나 수준점을 뜻한다. 곧 어떠한 일의 평가가 측정 또는 판단을 하는 데 있어서 필요한 비교기준이라고 할 수 있다. 벤치마킹은 어느 특정 분야에서 우수한 상대를 표적 삼아 자기기업과의 성과차이를 비교하고 이를 극복하기 위해 그들의 뛰어난 운영 프로세스를 배우면서 부단히 자기혁신을 추구하는 경영기법인 것이다. McNair는 벤치마킹이란 "지속적인 개선을 달성하기 위해 기업 내부의 활동과 기능, 그리고 관리능력을 외부기업과의 비교를 통해 평가하고 판단하는 것"이라고 정의하였으며, Camp는 "최고의 성과를 얻기 위하여 최고의 실제 사례를 찾는 과정"으로 정의하였다. 이들의 정의에서 발견할 수 있는 중요한 시사점은 '찾는 과정'이다. 즉 벤치마킹을 실행하는 과정에서 가장 중요한 점은 지속적인 학습과 개선을 유지해 나가는 것이다. 뛰어난 상대에게서 배울 것을 찾아 배우는 것이다.

사례 6-2 샘 알트만 챗GPT 사업 애플 앱스토어 벤치마킹, 인공지능 규제 우회전략

챗GPT 개발사 오픈AI가 외부 개발사의 생성형 인공지능(AI) 서비스를 판매하는 앱스토어 형태의 플랫폼 출시를 준비하고 있다.

샘 알트만 오픈AI CEO가 챗GPT의 수익화 모델을 본격적으로 구축하는 동시에 유럽 등에서 확산되는 규제 리스크에 대응하기 위한 전략을 짜고 있다는 분석이 나온다.

25일 주요 외신을 종합하면 오픈AI는 인공지능 마켓플레이스를 출범한 뒤 이를 애플의 '앱스토어'와 같은 플랫폼으로 확장하려는 계획을 세우고 있다.

로이터에 따르면 샘 알트만은 5월 영국 런던에서 열린 개발자 회의에 참석해 챗GPT에 기반한 인공지능 서비스를 한데 모아서 일반 사용자들에게 제공하는 방안을 추진하고 있다고 말했다.

오픈AI의 마켓플레이스가 챗GPT 기반 기술을 활용하는 인공지능 서비스 개발사와 사용자를 연결하는 중심 플랫폼으로 자리잡도록 하겠다는 것이다.

로이터는 "다수의 기업들이 인공지능 소프트웨어를 고객에게 제공하기 위해 경쟁하고 있다"며 "업무용 소프트웨어와 클라우드 등 다양한 기업이 적극 참여할 것으로 예상된다"고 바라봤다.

샘 알트만은 지난해 말 오픈AI가 상용화한 챗GPT로 전 세계 IT업계에 큰 반향을 일으켰다. 사용자의 질문과 대화의 맥락을 이해하고 데이터베이스에 기반해 대답하는 생성형 인공지능의 기술력이 돋보였기 때문이다.

구글과 아마존 등 대형 IT기업이 잇따라 챗GPT와 경쟁할 자체 기술 개발에 돌입하고 인공지능 서버 투자를 늘리는 등 생성형 인공지능 기술은 '대세'로 떠오르고 있다.

오픈AI가 이러한 기술로 어떤 수익모델을 확보할 지 불확실하다는 단점이 제기됐으나 샘 알트만은 해법으로 인공지능 서비스 플랫폼 출시 계획을 제시했다.

소프트웨어 플랫폼은 이미 애플 앱스토어와 같은 선례를 통해 검증된 사업 모델이다.

오픈AI가 기업과 사용자 양쪽에서 모두 수수료 수익을 거두면서 챗GPT가 생성형 인공지능 시장을 선점한 효과를 극대화할 것이라는 긍정적 전망이 나온다.

오픈AI의 새 사업모델은 유럽연합을 중심으로 확산되는 인공지능 기술 규제에 대응할 효과적 방법으로도 꼽힌다.

유럽연합 의회는 최근 인공지능 규제안에 챗GPT와 같은 생성형 인공지능 모델이 만든 콘텐츠가 사람이 작성한 것이 아님을 명시해야 한다는 내용을 담았다.

챗GPT가 사실이 아닌 내용을 전하는 사례가 확인되면서 인공지능 기반 콘텐츠를 사람이 직접 작성한 것과 구분할 필요성이 커졌기 때문이다.

인공지능 기업이 규제기관에 협조하지 않을 경우 최대 3,300만 달러(약 427억원) 또는 기업의 연간 글로벌 매출 가운데 6%에 해당하는 벌금을 내게 만든다는 조항도 들어간 것으로 전해졌다.

타임(TIME) 보도에 따르면 유럽의 규제 원안에는 인공지능 기술 자체를 고위험 기술로 규제해야 한다는 내용이 담겨 있었다. 그러나 수정안에는 이러한 내용이 빠졌다.

대신 인공지능 기술을 통해 직접적으로 위험한 결과를 불러온 기업을 규제해야 한다는 원칙이 포함됐다.

타임에 따르면 샘 알트만은 유럽연합의 인공지능 규제 논의 과정에 적극적으로 로비활동을 벌인 것으로 파악됐다.

유럽연합 규제가 오픈AI와 같이 기술이나 플랫폼을 제공하는 기업 대신 관련 서비스를 직접 운영하는 기업을 겨냥하게 된 점이 샘 알트만의 로비활동에 따른 결과라는 분석이 나온다.

이는 샘 알트만이 내세운 인공지능 플랫폼 전략과 같은 선상에 있다.

오픈AI가 기술과 플랫폼만 제공할 뿐 실제 인공지능 서비스 출시와 운영을 외부 개발사에 맡기고 수수료만 거두는 사업 모델을 구축하면 현재 논의되는 규제 방안에서는 대부분 자유로워지기 때문이다.

디지털 권리를 감시하는 비정부기구 '유러피안 디지털 권리(EDRi)'의 법안 전문가 사라 챈더는 타임을 통해 "오픈AI는 공공의 이익을 앞세워 인공지능 규제에 의견을 냈지만 진짜 목적은 금전적 이익에 있었다"고 말했다.

인공지능 규제 안건은 유럽연합 집행위원회 협상 등 절차를 거쳐 이르면 2024년 1월에 법제화 절차를 통과할 것으로 전망된다.

샘 알트만이 목표한 대로 오픈AI가 수수료 중심의 사업모델을 구축하고 인공지능 규제 준수 책임을 외부 개발사에 떠넘긴다면 전 세계적으로 강화되는 인공지능 기술 규제 강화 추세에 대응할 효과적 방법이 될 수 있다.

미국 의회도 최근 챗GPT를 비롯한 생성형 인공지능에 규제 필요성을 주장하며 척 슈머 상원 원내대표를 중심으로 법제화 논의에 들어갔다.

워싱턴포스트에 따르면 샘 알트만은 최근 척 슈머 원내대표와 회동을 진행하며 이러한 내용을 논의했다. 미국의 규제 방안에도 오픈AI의 입장을 적극 반영하기 위한 목적으로 분석된다.

출처: 비즈니스포스트 2023.06.25.

이런 의미에서 벤치마킹은 [적을 알고 나를 알면 항상 이길 수 있다]는 손자병법의 말이나 [제자가 스승보다 낫다]라는 고사성어 청출어람(靑出於藍)과도 비유되기도 한다. 벤치마킹 기법을 활용한 경영혁신의 추진은 일반적으로 벤치마킹 적용 분야의 선정, 벤치마킹 상대의 결정, 정보수집, 성과차이의 확인 및 분석, 벤치마킹 결과의 전파 및 공감대 형성, 혁신계획의 수립, 실행 및 평가의 순으로 진행된다.

벤치마킹은 미국 복사기 제조업체인 제록스사에서 꽃을 피웠으며 지난 1989년 Camp의「벤치마킹」이란 저서 출간을 통해 본격적인 확산기를 맞았다.

이러한 기본 개념을 기업경영에 적용한 것이 최근 미국 기업을 포함한 외국의 상당수 선진기업들이 활용하고 있는 벤치마킹(benchmarking) 기법이다. 곧 벤치마킹이란 자사가 속한 업종의 최우수 기업이나 세계적 우량기업의 수준과 같이 현실감 있는 목표를 설정한 다음, 이를 달성하기 위하여 따르는 과정이라고 할 수 있다.

그러나 벤치마킹은 단순히 경쟁기업이나 목표기업을 모방하는 데 그치는 것은 아니다. 벤치마킹은 기본적으로 목표기업이 시장에서 경쟁우위를 가지는 근본 이유가 무엇인지를 파악하여 이를 자기 것으로 만듦으로써 자사의 혁신과 시장에서의 경쟁력을 추구하는 과정인 것이다.

따라서 벤치마킹을 함에 있어서 중요한 첫째 사항은 목표기업이 이룩한 가시적인 성과값, 예를 들면 생산성 지표, 자산활용도 등과 같은 정량적 지표에만 집착하기보다는 이러한 가시적인 성과가 나올 수 있게 된 보다 근본적인 이해와 분석이 필요하다. 곧 목표기업에 대한 정성적인 분석이 선행되어야 한다. 일반적으로 이러한 정성적인 분석은 운영기법이나 업무의 처리방법, 업무 프로세스 등에 대한 분석을 말한다.

두 번째 사항은 벤치마킹은 반드시 경쟁사를 대상으로 할 필요는 없다는 점이다. 벤치마킹의 근간을 이루는 기본 사상 중의 하나는 최고 중의 최고(The best of best)를 추구한다는 점이다. 이에 따라 벤치마킹의 목표는 비단 경쟁사뿐 아니라, 특정 분야에 있어서 최고의 운영기법을 가진 모든 기업이 망라될 수 있다. 앞서 언급한 바와 같이 벤치마킹은 제품뿐 아니라 제품을 만들어 내는 운영기법이나 업무 프로세스에 주안점을 둔다. 따라서 추구하는 운영기법이나 프로

표 6-2	고층조직구조와 평면조직구조		
형태	대상	방법	비고
내부 벤치마킹 (internal)	자사 내 타부서	• 자사 내의 비슷한 기능을 수행하는 부서를 비교 기준으로 삼아 벤치마킹	• 관련 자료 수집이 용이 • 다국적 기업
경쟁사 벤치마킹 (competitive)	경쟁사	• 유사한 업무를 기준으로 경쟁사와의 비교를 통한 벤치마킹	• 경쟁사 정보 수집의 어려움 • 경쟁사와의 정보 공유에 대한 이해 필요
기능 벤치마킹 (functional)	타업종의 기업	• 업종에 관계 없이 문제가 되는 부문의 최우수기업을 대상으로 벤치마킹	• 타업종 운영방식의 자사 적용 가능성에 대한 조사 필요
일반적 벤치마킹 (generic)	위에서 언급한 모든 대상이 가능	• 크게 보아 기능 벤치마킹의 일종 • 수주, 발주, 고객 서비스 업무 등 기본적인 운영 설치에 대한 벤치마킹	• 가장 근본적인 벤치마킹의 형태 • '최고 중의 최고'의 방법 발견이 가장 용이

세스가 최고 수준이기만 하면 그것이 어느 산업에 속하든 간에 이를 채택하여 활용할 수 있는 것이다.

일반적으로 어디를 목표대상으로 삼을 것인가에 따라 벤치마킹을 〈표 6-2〉와 같이 네 가지로 분류할 수 있다.

네 가지 형태의 벤치마킹은 크게 보아 경쟁사 대상 벤치마킹과 비경쟁사 대상 벤치마킹으로 구분된다. 최고 중의 최고를 추구한다는 벤치마킹의 기본 사상에 비추어 볼 때, 경쟁사 대상 벤치마킹보다는 비경쟁사 대상 벤치마킹이 보다 효과적이고 현실적인 접근에 용이하다.

참고로 미국 기업들 중 최초로 벤치마킹 기법을 활용하여 성공을 거둔 제록스사에 따르면 그들이 행한 수많은 벤치마킹 중에서 아메리칸 익스프레스(American Express)사나 빈(L. L. Bean)사와 같이 비경쟁사를 대상으로 행한 벤치마킹이 가장 효과적이면서도 창의적인 아이디어를 많이 제공함으로써 경영개선에 큰 밑거름이 되었다는 경험은 한번 음미해 볼 만하다.

3. 참여적 계획수립기법

참여적 계획수립기법(participatory planning)이란 수립된 계획에 의해서 영향을 받거나 이를 수행해야 하는 조직구성원들이 계획수립과정에 참여하는 것을 말한다. 이러한 계획수립기법은 계획을 수립할 때 다양한 계층의 조직구성원들이 다수 참여함으로써 활용 가능한 정보의 양이 많아지고 창의적인 아이디어를 많이 수집할 수 있다. 뿐만 아니라 조직구성원들의 최종적으로 확정된 계획에 대한 이해도나 몰입도 면에서도 매우 긍정적인 효과를 가져오며, 책임감을 부여하고 성과평가에 대한 기준을 미리 알도록 함으로써 조직구성원들의 동기부여와 업무성과를 향상시킬 수 있다. 이는 최고경영층에서 이루어지는 전략적 계획수립에 있어서도 예외는 아니다. 전략계획수립에 보다 많은 계층의 사람들이 참여할수록 그리고 참여의 정도가 강할수록 조직의 목표를 달성하기 위한 조직구성원의 몰입 정도가 커질 수 있기 때문이다.

그러나 이 방법은 계획을 수립할 때 너무 많은 시간이 소요된다는 단점이 있다. 그럼에도 불구하고 이 방법이 효율적으로 사용되기만 한다면 시간의 지연으로 발생하는 비용(cost)의 크기보다 참여적인 계획수립기법 자체가 제공하는 효익(benefit)이 일반적으로 더 크기 때문에 많은 조직들에서 활용되고 있다.

대표적인 참여적 계획수립기법으로는 앞서 살펴본 목표에 의한 관리(MBO)를 들 수 있다.

계획수립의 단계

〈그림 6-6〉은 조직의 전체적인 계획과정의 틀을 보여 주고 있다. 이 그림이 보이고 있는 바와 같이 계획과정은 크게 7단계로 이루어진다.

제1단계는 계획과정의 전제가 되는 단계로서 앞서 살펴본 조직의 내외부적 환경을 분석하여 조직목표를 설정하는 단계이다. 계획수립은 조직이 어떻게

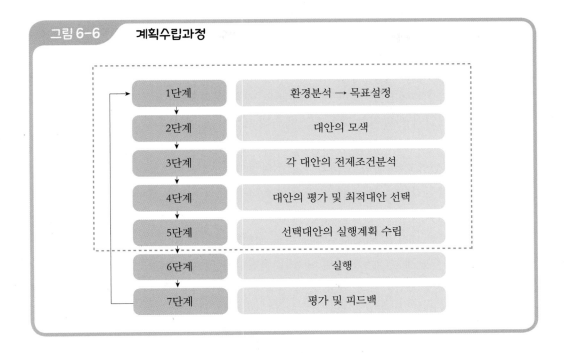

그림 6-6 **계획수립과정**

1단계	환경분석 → 목표설정
2단계	대안의 모색
3단계	각 대안의 전제조건분석
4단계	대안의 평가 및 최적대안 선택
5단계	선택대안의 실행계획 수립
6단계	실행
7단계	평가 및 피드백

하면 조직의 목표를 달성할 수 있을 것인지에 초점이 맞춰져 있기 때문에 계획 수립활동이 시작되기 전에 조직의 목표가 분명하게 정리되어 있어야 한다. 일반적으로 조직의 목표는 조직이 만들어질 때 이미 정해진다. 따라서 1단계에서는 새로운 계획을 수립함에 있어 조직의 목표를 다시 확인하는 것으로 보면 된다. 그러나 조직에 명시적인 목표가 없거나 애매한 경우에는 이 단계에서 조직의 목표를 명확하게 정리할 필요가 있다.

제 2 단계는 대안의 모색과정이다. 제 1 단계에서 조직의 목표가 명확하게 기술되면 그 목표를 달성하는 데 기여할 수 있는 가능한 많은 대안들을 찾아 나열한다.

제 3 단계는 각 대안에 대한 전제조건을 분석하고 검토하는 단계이다. 어떤 대안이 선택되어 조직의 목표달성에 기여할 성공가능성은 그 대안이 가지고 있는 전제조건이나 가정에 좌우된다. 아무리 좋은 대안이라 하더라도 전제조건이나 가정이 까다로우면 대안으로서의 효용가치가 떨어지기 때문이다.

제 4 단계는 대안의 평가 및 최적 대안의 선택과정이다. 제 2 단계에서 여러 대안이 물색되고, 제3단계에서 각 대안의 전제조건이 분석되면 대안들을 평가하고 최적 대안의 선정을 위한 의사결정을 해야 한다. 대안의 평가는 조직의 목표와 각 대안의 전제조건을 고려하여 실현가능하고 효율적인 대안이 선택될 수 있도록 이루어진다. 평가 후 대부분의 경우 하나의 최적대안을 선택하지만 복수의 대안이 바람직한 경우에는 복수의 대안을 선택할 수도 있다.

제5단계는 선택된 대안을 실행할 계획을 수립하는 단계이다. 최적대안이 선택되었다고 하더라도 계획수립이 완결되는 경우는 드물며 이를 보다 철저하게 실행하기 위해서는 여러 가지 후속적인 계획수립이 요구된다. 즉 최적대안이 선택되게 되면 이를 실행할 장단기의 전략적, 전술적 계획을 수립하게 되는데 이러한 내용은 뒤에서 구체적으로 설명한다.

제6단계는 제5단계의 내용을 실천하는 단계이며, 이 단계에서는 조직의 설계 및 통제시스템의 설정 등이 필요하다. 계획이 아무리 잘 수립되었다고 하더라도 이를 실제로 실행하지 않으면 무의미하기 때문이다. 그러나 이 단계는 계획수립의 후속단계로서 엄격히 본다면 계획수립의 한 활동이라고 볼 수는 없다. 따라서 실질적인 계획수립과정은 〈그림 6-6〉에서 점선으로 표시된 5단계까지라고 볼 수 있다.

제7단계는 계획의 실천을 검토·평가하여 피드백(feedback)하는 단계이다. 그러나 이 단계는 지속적인 기업을 가정했을 때 제1단계의 목표설정단계에 포함시킬 수도 있다.

요약

조직 관리의 관점에서 관리과정의 맨 처음단계인 경영계획(기능)은 조직이 달성해야 할 목표를 설정하고 이를 달성하기 위한 방법을 결정하는 것이다. 계획은 시간에 따라 장기계획, 중기계획, 단기계획 등으로 나누고 범위에 따라 전략적 계획, 전술적 계획, 운영 계획으로 나눈다. 운영 계획은 다시 처리되는 업무가 반복적인 업무이면 정책 및 절차로 이어지고, 비반복적인 업무이면 예산 또는 프로젝트로 이어진다. 이러한 계획수립에 이용되는 기법으로는 미래에 대한 예측을 기반으로 하는 예측기법(상황대응 계획법, 시나리오 계획법)과 외부조직을 기반으로 하는 벤치마킹, 그리고 조직 내부의 구성원을 기반으로 하는 계획수립기법(목표에 의한 관리; MBO)이 있다. 특히 MBO는 상급자와 하급자가 함께 목표를 설정하고 실행한 후 이를 평가하는 과정으로 계획수립에서 출발하여 실행, 통제과정이 모두 포함되는 특성이 있다. 계획수립은 여러 단계를 과정을 거쳐 이루어지게 되는데, 기업조직의 목표설정, 대안의 모색, 각 대안에 대한 분석 및 검토, 대안의 평가 및 최적 대안의 선택, 선택된 대안의 실행계획수립, 계획의 실천, 피드백의 순서로 행해진다.

참고문헌

- Dessler, G., *Management: Leading People and Organizations in the 21st Century*, Upper Saddle River, Prentice Hall, 2002.
- Robbins, S. P. and M. Coulter, *Management*, Upper Saddle River, Prentice Hall, 2002.
- 김남현 외, 「경영학의 이해」, 경문사, 2004.
- 김영규, 「경영학원론」, 박영사, 2009.
- 장영광 외, 「생활속의 경영학」, 신영사, 2011.

토의문제

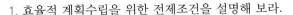

1. 효율적 계획수립을 위한 전제조건을 설명해 보라.
2. 목표에 의한 관리(MBO)의 최근 사례를 제시하고 그 사례에서 나타나는 문제점 및 해결책에 대하여 토론해 보라.
3. 계획을 여러 가지 기준에 따라 분류하고 이들 간의 상호 관계를 연결하여 설명해 보라.
4. 경영계획의 수립기법을 나열하고 각각에 대한 사례와 장단점을 제시해 보라.

Chapter 7

미래의 계획: 전략경영

 "내년 경영계획 초안도 못 짜" … 경기침체에 기업들 '초비상'

2024년이 2주 안팎으로 다가온 가운데 국내 기업 10곳 중 3곳은 내년 경영계획의 초안도 수립하지 못한 것으로 나타났다. 내년에도 불확실한 경기 상황이 전망됨에 따라 '긴축 경영'과 '현상 유지'를 내년 경영 기조의 키워드로 꼽은 기업들도 크게 늘었다.

내년 경영계획 '현상 유지' '긴축 경영' 목표

한국경영자총협회(경총)는 31일 전국 30인 이상 기업 204곳의 최고경영자(CEO)를 포함한 임원을 대상으로 집계한 '2024년 기업 경영 전망 조사'를 발표했다. 이번 조사는 지난달 23일부터 이달 11일까지 진행됐다.

경총이 기업들을 대상으로 2024년 경영계획 수립 여부에 대해 조사한 결과 응답 기업의 30.9%가 "초안도 수립하지 못했다"고 답했다. '초안을 수립했다'는 응답은 56.4%였고, '최종안을 확정했다'는 12.7%로 집계됐다.

내년 경영계획을 짠 기업들은 '현상 유지'와 '긴축 경영'을 주된 기조로 설정했다고 설명했다. 긴

축 경영 응답은 38.3%, 현상 유지는 44%에 달했다. 반면 '확대 경영' 응답은 17.7%에 그쳤다. 특히 300인 이상 기업의 경우 긴축 경영 응답 비율은 52.3%로 작년 조사(12.8%)보다 크게 늘었다.

내년 경영계획 기조를 긴축 경영이라고 응답한 기업들의 구체적 시행계획은 '전사적 원가절감(50%)'과 '인력 운용 합리화(24.1%)' 등 순으로 집계됐다. 확대 경영을 추진하는 기업들은 '신사업 진출(36%)', '투자 확대(28%)' 등을 추진하겠다고 답했다.

기업들은 내년 투자와 채용도 줄이며 허리띠를 졸라맬 방침이다. 내년 경영계획을 수립한 기업들을 대상으로 투자 계획을 집계한 결과 '올해 수준을 유지하겠다'는 응답은 48.9%였고, '투자 축소'라고 답한 기업은 29%였다. '투자 확대' 응답은 21.9%에 그쳤다.

채용의 경우 '올해 수준을 유지하겠다'는 답변 비중은 54.6%로 가장 높게 나타났다. 그 뒤를 '채용 축소(30.5%)', '채용 확대(14.9%)' 순으로 집계됐다.

"내년 실적 올해와 유사할 것"

기업들은 내년 실적에 대해서도 회의적인 시각을 드러냈다. 경총이 내년 영업이익 전망을 집계한 결과 기업의 48.5%는 '올해와 유사할 것'이라고 답했다. '올해보다 감소할 것'이란 응답은 27%, '올해보다 증가할 것'이란 답변은 24.5%로 집계됐다.

대부분의 기업은 2025년 이후부터 국내 경기 회복세가 본격화될 것이라고 봤다. 국내 경기 회복 시점 전망에 대해 기업들의 56.4%는 '2025년 이후'라고 응답했다. 이어 '2024년 하반기'는 36.3%, '2024년 상반기'는 5.4% 등으로 조사됐다.

경총이 내년 우리나라 경제성장률(실질 GDP) 전망치를 물은 결과 응답 기업의 48%는 '2.0% 초과~2.5% 이하'라고 답했다. 그 뒤를 이어 '1.5% 초과~2.0% 이하'(34.8%), '1.5% 이하'(12.3%), '2.5% 초과'(4.9%) 순으로 나타났다.

출처: 한국경제 2023.12.17.

전략적 계획과 전략경영

전략적 계획의 수립(strategic planning)이란 앞서 살펴본 것처럼 기업조직 전체를 대상으로 장기적인 계획을 수립하는 것이며, 전략(strategy)은 장기적인 목표를 달성하기 위한 광범위하고 일반적인 계획이라고 할 수 있다. 따라서 전략은 전략적 계획수립의 결과물이라고 할 수 있다. 이와 같은 관계를 바탕으로 전략적 경영(strategic management) 또는 전략경영(strategy management)을 정의해 보면 전략적 계획과정을 통해 수립된 전략에 근거하여 전개되는 경영활동이라고 할 수 있다. 즉 전략경영은 경쟁적 환경 속에서 조직의 목표달성을 위해 수행해야 할 조직의 활동 영역 및 내용, 그리고 방향을 결정짓는 선택에 지침이 되는 포괄적이고 통합적인 틀로 정의할 수 있다. 환경 분석으로부터 전략이 도출되는 과정은 앞서 〈그림 5-3〉에서 살펴본 바와 같다. 따라서 전략경영은 〈그림 7-1〉과 같이 5단계로 설명해 볼 수 있다.

먼저 경영환경에 대해서는 앞서 살펴보았기 때문에 이 장에서는 생략하기로 한다. 다음으로 전략경영의 두 번째 단계는 환경 분석의 결과에 근거하여 조

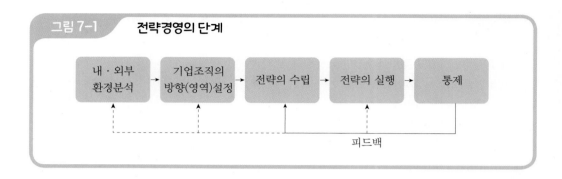

그림 7-1 　**전략경영의 단계**

직이 나아가야 할 방향을 설정하는 것인데, 이 개념은 크게 조직의 사명과 조직의 목표로 나누어 볼 수 있다. 조직의 사명(mission)이란 특정 조직이 존재하는 목적(purpose)이나 이유를 말한다. 일반적으로 조직의 사명에는 생산할 제품이나 창출할 서비스의 유형과 같은 사업영역(business domain)의 규정, 고객에 대한 태도, 그리고 어떻게 하는 것이 가치 있는 것인지 등과 같은 시장지향성, 그리고 실현 가능성 및 동기부여의 내용들이 포함되며 사명기술서(mission statement)에 잘 나타나 있다. 반면에 조직의 목표(objective)는 조직의 사명을 실천하기 위한 구체적인 개념으로 비전(vision)이라고도 한다. 즉 비전인 조직의 목표는 사명을 구체적으로 전환하여 목표에 의한 경영이 수행되도록 하는 것이다. 세 번째와 네 번째 단계는 전략을 수립하고 실행하는 단계로 전략의 유형과 함께 전략의 선택 및 실행으로 나누어 살펴볼 것이다. 그리고 통제단계는 장(chapter)을 달리하여 과거의 평가(제10장)에서 살펴보기로 한다. 마지막으로 통제결과의 피드백은 실제적으로 〈그림 7-1〉의 실선부분에서 주로 나타나지만 경우에 따라서는 점선부분에서도 나타난다.

전략의 유형

　전략의 선택 및 실행 이전에 살펴보고자 하는 전략의 유형은 〈그림 7-2〉
와 같이 요약해 볼 수 있다.

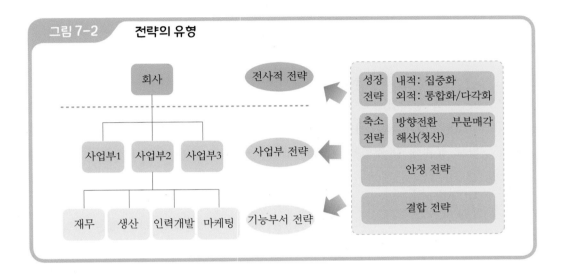

그림 7-2　**전략의 유형**

1. 전략의 수준

　전략적 계획 또는 전략경영은 일반적으로 전사적 수준에서 최고경영층
에 의해서 이루어지지만 그 개념은 조직의 여러 계층에 적용될 수 있다. 즉 전
략의 종류는 전략의 수준에 따라 전사적 전략(corporate strategy), 사업부 전략
(business strategy), 기능부서의 전략(functional strategy)으로 나누어 볼 수 있으
며 앞서 살펴본 계획부분과 유사하다.

전사적 전략

　전사적 전략(corporate strategy)이란 '어떤 종류의 시장 또는 어떤 산업군에 속하여 경쟁할 것인가?'와 같은 조직 전체의 장기적인 방향을 설정하고 이를 위한 (기업 전체)자원배분의 지침과 방향을 결정하는 것이다. 따라서 M&A(인수·합병), 새로운 사업영역의 개발, 사업부의 분할매도, 기타 사업영역을 넘나드는 기업 활동에 대한 자원의 배분이 이 전략의 중요한 내용이 된다. 특히 최근에는 기업 활동이 국제화되면서 외국기업과의 전략적 제휴와 같은 국제적 사업운용전략이 전사적 전략의 주요 관심사가 되고 있다. 결국 전사적 수준의 전략이란 일반적으로 기업이 경쟁력을 확보하여 진출하고자 하는 사업영역을 결정하는 것을 말한다.

사업부 전략

사업부 전략(business strategy)이란 전략적 사업단위(Strategic Business Unit: SBU), 즉 상대적으로 자율적인 운영권을 가진 단일사업부의 전략을 의미한다. 따라서 사업부 전략에는 '특정한 사업영역에서 우리 사업부가 어떻게 경쟁력을 확보·유지해 갈 것인가?'와 같이 특정 산업이나 특정 시장 내에서 경쟁하기 위한 전략적 의도가 담긴다. 사업부 전략에서는 주로 제품이나 서비스의 믹스결정, 시설의 입지선정, 신기술 도입 등과 같은 의사결정이 이루어진다.

참고로 전략적 사업단위(SBU)란 복합적 사업단위를 갖고 있는 기업의 어느 한 분야를 지칭하지만 단일사업단위만을 가지고 있는 기업을 지칭하기도 한다. 따라서 전자의 경우에는 여러 가지의 다양한 사업부 전략이 있을 수 있지만 후자의 경우에는 사업부 전략이 곧 전사적 전략이 된다.

기능부서의 전략

기능부서의 전략 또는 기능적 전략(functional strategy)은 '어떻게 하면 사업의 원활한 수행을 위해서 기능상의 전문성을 가장 효과적으로 적용할 수 있을까?'와 같이 사업부 전략의 원활한 수행을 위하여 조직의 자원을 어떻게 사용할 것인지에 대한 가이드라인을 제공한다. 즉 기능부서의 전략이란 사업운영상의 구체적인 기능영역 내에서 모든 활동의 방향을 유도하기 위한 전략을 말한다. 따라서 이 전략의 핵심은 제한된 자원을 어떻게 하면 효용이 극대화되도록 배분할 것인가에 달려 있다. 경쟁력을 갖춘 인재를 어떻게 선발, 육성할 것인가?(인적자원관리), 최신 기술을 어떻게 도입할 것인가?(생산·운영관리), 새로운 광고를 어떻게 제작할 것인가?(마케팅관리), 추가로 필요한 자금을 어떻게 마련할 것인가?(재무관리) 등이 기능부서의 전략이라고 할 수 있다.

2. 전략의 유형

앞에서 제시한 각 전략수준에서 조직이 선택할 수 있는 전략유형은 크게 성장전략(growth strategy), 축소전략(retrenchment strategy), 안정전략(stability strategy), 그리고 결합전략(combination strategy)의 네 가지 유형으로 구분해 볼 수 있다.

성장전략

성장전략은 현재의 운영규모를 확장하는 전략이다. 성장은 기업의 장기적인 존속을 위해 필요한 전략으로 조직의 특성을 변경하지 않고 성장을 추구하는 전략(내적 성장전략: 집약적 성장전략)과 타기업의 취득 또는 새로운 사업단위의 신설 등을 통해 조직의 특성을 변경시키면서 성장을 추구하는 전략(외적 성장전략: 통합적 성장전략과 다각화 성장전략)이 있다.

▌ 내적 성장전략: 집약적 성장전략

집약적 또는 집중적 성장(intensive or concentrative growth) 전략은 특정의 단일 제품이나 서비스, 기술 및 시장에 초점을 맞추고 동일한 사업영역 내에서 경영노력을 집중하는 전략이다. 집약적 성장전략은 제품 및 시장과 관련된 기회를 충분히 활용하고 있지 못하는 경우에 유용한 전략으로 기업은 이러한 전략을 통해 전문성을 확보하고 견고한 명성을 통해 지속적인 성장을 도모할 수 있다. 〈그림 7-3〉은 Ansoff가 주장한 제품-시장 확장 그리드(product-market expansion grid)이다. 그림에서 다각화 전략을 제외한 나머지 세 부분이 집약적 성장전략에 해당된다.

〈그림 7-3〉에서 알 수 있듯이 시장침투(market penetration)전략은 기존의 제품이나 서비스를 가지고 기존의 시장에 접근하는 전략이며, 시장개척(market development)전략은 기존의 제품이나 서비스의 결점만을 보완하면서 기존제품이나 서비스에 대한 마케팅 강화 등을 통해 새로운 시장에서의 판매를 추구하

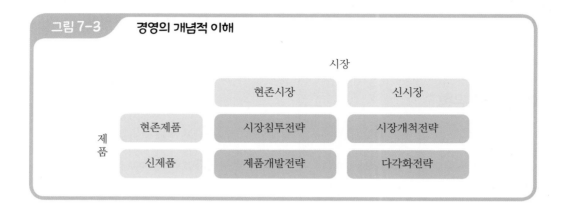

는 전략이다. 세 번째, 제품개발(product development)전략은 연구개발(R&D) 등
을 통해 기존제품이나 서비스를 변형하거나 새로 개발하고 기존의 사업영역(시
장) 내에서 기존고객에 대한 판매를 늘리거나 새로운 고객을 끌어들이는 전략
을 말한다. 이들 전략들은 기업조직의 강점을 그대로 유지하면서 성장해 갈 수
있는 기회를 제공하며 기존의 경쟁우위를 보다 더 새롭고 생산적인 방법으로
활용한다. 따라서 이 세 가지 전략은 어떤 새로운 방향으로의 전환을 피하고 위
험을 부담하지 않으려는 전략이라고 볼 수 있다.

▌ 외적 성장전략: 통합적 성장전략과 다각화 성장전략

외적 성장전략은 다른 기업의 취득 또는 새로운 사업단위의 신설 등을 통해
조직의 복잡성을 추가함으로써 조직의 특성을 변화시켜 성장을 추구하는 전략이
다. 외적 성장전략은 통합적 성장전략과 다각화 성장전략으로 나누어 볼 수 있다.

■ 통합적 성장전략

수평적 통합(horizontal integration)전략은 경쟁업체와 같은 동일산업 내의 동
일수준에 있는 다른 기업조직을 흡수함으로써 기업을 확장하려는 전략이다. 반
면에 수직적 통합(vertical integration)전략은 그 기업조직(예를 들면 제조업체)에
자원을 공급하고 있는 공급업체를 취득(후방통합)하거나 자사제품을 공급하고
있는 유통업체를 취득(전방통합)함으로써 기업경영활동의 불확실성을 극복하려
는 전략이다. 〈그림 7-4〉는 이러한 통합전략들을 구분해 주고 있다.

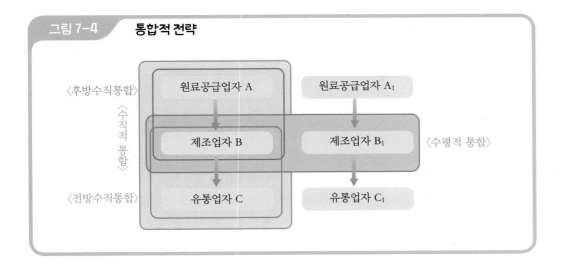

그림 7-4 　**통합적 전략**

〈후방수직통합〉

〈수직적 통합〉

〈전방수직통합〉

원료공급업자 A → 제조업자 B → 유통업자 C

원료공급업자 A₁ → 제조업자 B₁ → 유통업자 C₁

〈수평적 통합〉

■ 다각화 성장전략

　다각화 성장전략은 새로운 제품을 가지고 새로운 시장에 진출하는 전략으로, 자사제품과의 관련성 여부에 따라 집중적 다각화(concentric diversification)전략과 콩글로머리트 다각화(conglomerate diversification)전략으로 나누어 볼 수 있다. 집중적 다각화 전략은 자사제품과 관련성이 있는 제품이나 서비스를 취급하는 기존의 사업체를 취득하거나 생산·판매할 수 있는 새로운 사업체를 창설하여 영업활동을 확장하려는 전략이다. 예를 들어 맥주회사가 소주회사를 취득하거나 소주사업부를 새로 신설하여 기업성장을 도모하려는 경우이다. 반면에 콩글로머리트 다각화전략은 자사제품과 전혀 관련성이 없는 제품이나 서비스를 생산·판매하는 사업체를 취득하거나 생산·판매할 수 있는 새로운 사업체를 창설하여 경영활동을 확장하려는 전략이다. 예를 들어 건설회사가 항공사를 취득하거나 새로 설립하는 경우를 들 수 있다.

사례
7-1

"쿠팡, 흑자도 나고 OTT도 잘되고 명품도 한다는디…주가는 왜 그러는겨~"

최근 쿠팡이 실적이 빠르게 증가하고 명품 사업에도 진출하는 등 재무구조 개선과 사업 다각화가 한창이지만 주가는 좀처럼 힘을 받지 못하고 있다. 이런 가운데 자사의 온라인 동영상 서비스(OTT) 업체인 쿠팡플레이의 '소년시대' 등 시리즈 콘텐츠가 큰 인기를 모으고 있다.

뉴욕증시에 상장돼 있는 쿠팡의 주가는 10달러대에서 지지부진한 모습이 이어지고 있다. 쿠팡 주가는 재작년 상장 당시만 해도 50달러를 육박했지만 하락세가 지속되더니 작년에는 11달러대까지 떨어졌다 현재 소폭 회복된 상태다.

쿠팡의 모회사 쿠팡Inc는 세계 최대 규모 명품 패션 플랫폼 파페치(Farfetch)를 인수하기로 했다고 지난 18일(현지시간) 발표했다. 쿠팡Inc는 샤넬·에르메스 등 1,400개 명품 브랜드를 190개국 이상 소비자에게 판매하는 최고의 온라인 럭셔리 기업 파페치 홀딩스 인수를 통해 4,000억 달러(520조원) 규모의 글로벌 개인 명품 시장에서 리더로 자리매김하게 됐다고 의미를 부여했다.

쿠팡Inc는 "쿠팡의 탁월한 운영 시스템과 물류 혁신을 럭셔리 생태계를 이끈 파페치의 선도적인 역할과 결합해 전 세계 고객과 부티크, 브랜드에 최고의 경험을 선사할 것"이라고 밝혔다. 이어 "이번 인수계약으로 파페치가 독점 브랜드와 부티크에 맞춤형 첨단 기술을 제공하고, 세계 유수 디자이너들이 전 세계 소비자에게 다가서도록 5억 달러(6,500억원) 규모의 자금을 투입한다"고 설명했다.

쿠팡은 1인당 개인 명품 지출이 전 세계 최고 수준으로 뽑히는 한국은 파페치의 엄청난 가치를 실현할 수 있는 독보적인 위치에 있다고 분석했다. 김범석 쿠팡Inc 창업자 겸 CEO는 "파페치는 명품 분야의 랜드마크 기업으로 온라인 럭셔리가 명품 리테일의 미래임을 보여주는 변혁의 주체"라고 말했다.

이어 "앞으로 파페치는 비상장사로 안정적이고 신중한 성장을 추구함과 동시에 세계에서 가장 독보적인 브랜드에 대한 고품격 경험을 제공하는데 다시 한번 주력할 것"이라고 강조했다. 그는 또 "명품을 구매하는 고객의 경험을 새롭게 정의하는 일에 엄청난 기회를 맞이했다고 생각한다"고 덧붙였다.

파페치는 포르투갈의 사업가 주제 네베스(49)가 지난 2007년 영국에서 창업했다. 명품 업체들과 소비자를 연결해주는 플랫폼으로 급속하게 성장했고, 지난 2018년 뉴욕증시에 상장됐다. 하지만 이번 쿠팡의 인수로 비상장 회사로 전환된다.

네베스 파페치 창업자 겸 CEO는 "커머스를 혁명적으로 변화시켜온 쿠팡의 검증된 실적과 깊이 있는 경험을 바탕으로 전 세계 수백만 고객뿐 아니라 브랜드, 부티크 파트너들에게 최상의 서비스를 제공할 수 있게 됐다"고 말했다. 이어 "파페치와 함께 전방위적인 고객 경험 혁신에 확고한 투자 의지를 보여준 쿠팡과 파트너가 돼 매우 기쁘다"고 덧붙였다.

파페치는 샤넬·루이비통·입생로랑 등 글로벌 명품을 파는 부티크와 백화점 매장 등이 입점해 있으며 50개국에서 만든 글로벌 최고 명품 브랜드 1,400개로 미국, 영국을 비롯해 전 세계 190개국 소비자들을 연결했다. 스트리트 럭셔리 브랜드 오프화이트(Off-white)를 비롯해 팜 엔젤스(Palm Angels) 등 다수의 '뉴가즈 그룹' 럭셔리 브랜드를 보유하고 있다.

영국 명품 부티크 브라운스(Browns)와 미국 스타디움 굿즈(Stadium goods)도 보유해 최첨단 기술과 럭셔리, 이커머스를 결합한 다양한 솔루션을 가진 기업이다. 쿠팡은 파페치 인수를 통해 190개국에 진출한 이커머스 네트워크는 물론, 인기 럭셔리 브랜드를 보유한 글로벌 유통기업으로 도약하겠다는 계획이다.

한국투자증권(김명주 연구원)은 지난 20일 쿠팡의 파페치 인수에 대해 "파페치는 향후 비상장회사로 전환될 예정이다. 2023년 3분기 쿠팡은 현금 약 48만 6,000만 달러를 보유하고 있기 때문에 비용 부담은 없다"면서도 "더딘 경기 회복에 따른 글로벌 소비자의 소비여력 둔화를 고려했을 때, 파페치 사업이 빠른 시간 내에 유의미한 성과를 내거나 쿠팡의 기존 사업과 시너지를 내기는 어렵다. 단기적으로 파페치 인수는 쿠팡한테 부정적"이라고 말했다. 그러면서 쿠팡의 온라인 명품 시장 진출은 국내 백화점의 명품 매출에도 부정적이라고 밝혔다.

한편, 쿠팡은 고물가·고금리에 따른 소비 침체 속에서도 지난 3분기 사상 최대 매출을 기록했다. 또 올해 들어 3개 분기 연속 영업흑자를 이어가며 2010년 창업 이래 첫 연간 흑자 달성에 바짝 다가섰다.

쿠팡은 올해 3분기 영업이익이 8,748만 달러(약 1,146억원·분기 환율 1,310원 기준)로 지난해 같은 기간 대비 13% 증가했다. 쿠팡의 분기 영업손익은 지난해 3분기 이래 5개 분기 연속 흑자. 올해 들어서도 3개 분기 내리 흑자 기조를 이어간 것이다. 1~3분기 흑자 규모는 3억 4,190만 달러(약 4,448억원)로 첫 연간 흑자 달성이 유력시된다.

3분기 매출은 21% 증가한 61억 8,355만 달러(약 8조 1,028억원)로 집계됐다. 분기 매출이 8조원을 넘어선 것은 사상 처음이다. 순이익은 9,130만 달러(약 1,196억원)로 1% 늘었다. 사업 부문별로 보면 핵심 사업인 프로덕트 커머스(로켓배송·로켓프레시·마켓플레이스·로켓그로스) 매출이 59억 6,602만 달러(약 7조 8,178억원)로 21% 증가했다. 쿠팡이츠·쿠팡페이·해외사업(대만) 등 성장사업(developing offerings) 매출은 2억 1,752만 달러(약 2,850억원)로 41% 늘었다.

출처: 헤럴드경제 2023.12.23.

축소전략

축소전략은 경영상에 심각한 문제가 발생하거나 환경이 갑작스럽게 변화하는 등 정상적인 경영이 어려운 경우에 운영상의 능률을 통한 업적의 개선을 위하여 조업을 단축하거나 생산을 축소하는 경영전략을 말한다. 이와 같은 축소전략은 방향전환(turnaround), 부분매각(divestiture), 해산 또는 청산(liquidation)전략으로 나누어 볼 수 있다.

▌방향전환전략

방향전환(turnaround)전략은 경영상의 문제점을 해결하고 운영상의 능률을 제고하기 위해 인건비와 그 밖의 경비를 절감하거나 조직을 재편성(restructuring)하는 것을 말한다. 리스트럭처링은 주로 조직의 규모나 사업구조, 운용내용 등을 바꿈으로써 조직의 효율성을 높이거나 조직성과를 개선하기 위하여 사용된다. 방향전환전략 중에서 특히 비용절감과 영업효율성 제고를 기대하고 조직규모를 줄이는 리스트럭처링을 다운사이징(downsizing)이라고 한다.

다운사이징은 넓은 의미에서 조직의 효율성, 생산성 그리고 경쟁력을 개선하기 위해서 조직 인력의 규모, 비용구조, 업무흐름(work process) 등에 변화를 가져오는 일련의 의도적인 조치들을 의미한다. 즉 이것은 기구 축소, 감원 등의 말을 모두 포함하는 개념이라 할 수 있다. 이러한 다운사이징이 등장하게 된 배경을 살펴보면, 2차 대전 이후 두 차례의 석유 위기와 1980년 초반의 스태그플레이션, 그리고 일본을 비롯해 가격 경쟁력을 갖춘 후발 개발도상국들이 미국 시장을 잠식함에 따라 미국을 비롯한 유럽 기업들의 경쟁력은 급속도로 약화되

표 7-1	다운사이징의 세 가지 유형		
	제1유형: 인원감축	**제2유형: 업무재설계**	**제3유형: 체계적 접근**
초점	사람수 감축	직무, 계층, 조직단위	조직문화
제거대상	사람(people)	업무(work)	현상유지적인 사고
실행기간	단기	중기	장기
기대효과	단기 효과	중기 효과	장기 효과
구체적인 기법들	자연감소, 즉 소모(attrition)		
해고, 조기(명예)퇴직 등	기능의 통폐합, 조직단위 통합, 직무재설계, 계층 축소 및 제거	총체적인 조직문화 및 경영혁신 운동	

출처: Cameron, K. S., "Strategies for Successful Organizational Downsizing," *Human Resource Management*, 33(2), 1994, pp.189~211 재인용.

었다. 이러한 위협에 직면한 미국 기업들은 경제환경의 변화 속에서 살아남기 위해 비대한 관리층과 비효율적인 조직을 바꿔야만 했다. 이에 따라 분권화, 슬림화, 프로세스를 통합화하는 다운사이징이 등장했다.

이러한 정의에 근거할 때, 실제 조직에서 다운사이징은 〈표 7-1〉에서 제시된 세 가지 형태 중의 하나를 취하면서 나타날 수 있다(박상언, 1999).

■ 전형적인 인원감축을 통한 다운사이징

일반적으로 가장 널리 활용되는 방법이며, 보통 조기(혹은 명예)퇴직, 정리해고, 재취직 알선(outplacement), 그리고 빈자리를 메꾸지 않는 자연감소, 즉 소모를 통한 감원(attrition) 등을 통해 이루어진다. 단기적이고 가시적인 효과 때문에 가장 많이 활용되고 있지만, 또한 부작용도 가장 큰 유형으로 알려져 있다. 이 첫 번째 유형의 장점은 즉각적인 인원감축 효과와 함께, 조직이 심각한 경영 위기에 처해 있다는 사실을 조직 구성원들에게 명확하게 전달할 수 있는 효과를 들 수가 있다. 하지만 이 유형이 내재한 근본적인 문제점은 정확하게 누가 제거되고 누가 남게 될지 예측하기 어렵다는 것과, 구성원이 조직을 떠나면서 해당 조직의 핵심적인 업무 지식이나 기술의 손실도 함께 발생할 수 있다는 것이다.

■ 업무재설계(work redesign)

인원을 줄이는 것이 아니라 업무의 수를 줄이는 것으로, 인원감축을 대신하거나 혹은 이와 병행해서 이루어질 수 있는 방법이다. 이 방법은 조직 내 불필요한 기능이나 계층, 부서, 작업집단 등의 제거와 제품의 제거 등을 통해 이루어질 수 있고, 또한 작업흐름의 재설계, 조직단위의 통합, 작업시간의 감축 등을 통해서도 이루어질 수 있다. 단순한 인원감축방법과는 달리, 이 접근방법은 기존 업무구조의 단순화로 인하여 잔여 조직 구성원들에게 과중한 업무를 부과하는 부작용을 피할 수 있는 방법이라 할 수 있다.

■ 체계적인 접근

조직 내 인원이나 업무만을 변화시키는 것이 아니라, 조직의 문화나 조직

구성원들의 태도, 가치 등을 변화시키는 데 초점을 맞추는 접근방법인 것이다. 이 접근방법은 일과성의 프로그램이나 목표로서 다운사이징을 실시하는 것이 아니라, 지속적인 개선을 추구하는 개념으로 다운사이징을 실시하는 것을 의미한다.

물론 실제적으로 이러한 세 가지 유형의 다운사이징은 개별적으로 혹은 통합적으로 사용될 수 있다. 이와 같이 다운사이징은 상당히 폭넓은 개념으로 정의될 수 있으나, 현실적으로 가장 많이 활용되고 있는 방법은 앞서 지적한 바와 같이 첫번째 유형의 인원감축을 통한 방법이다(박상언, 1999).

▌ 부분매각전략

부분매각(divestiture)전략은 비용을 절감하고 운영상의 능률을 개선하며 핵심사업에 노력을 집중할 목적으로 내부조직을 일부 떼어내어 분리설립(spin-off)하거나 독립적인 영업부분을 매각(sell-off)하는 전략을 말한다.

최근 한국의 기업들은 앞다투어 구조조정안을 내놓고 있고, 이러한 현상들이 전체 산업계로 급속하게 파급되고 있다. 기업들이 구조조정의 소용돌이 속으로 빠져들 수밖에 없는 이유로는 대내외적 환경이 지금 상태로는 도저히 생존할 수 없다는 사실을 끊임없이 일깨우고 있기 때문이다. 구조조정(restructuring)이란 한 기업이 여러 사업부를 가지고 있을 때, 또는 한 기업이 여러 기업을 보유하고 있을 때 미래의 변화를 바탕으로 어떤 사업을 주력사업으로 할 것인지, 또 다른 사업은 줄이거나 철수하며 어떤 사업에는 새로이 진출하고, 또 중복되는 사업은 통합하는 등의 전면적인 사업구조를 재편하는 것이다.

지난 30년간 국내 기업의 생존율을 살펴보면 흥미로운 사실을 하나 알 수 있다. 100대 기업 중 전 세계의 38%, 미국과 일본은 각각 21%, 22%의 기업만이 살아 남았으며, 한국은 16%에 지나지 않는다는 것이다. 또 국내 제조업 분야에서 1965년부터 10년 단위로 상위 10개 기업을 살펴보면 20년 이상 순위를 유지하는 기업이 거의 없으며, 10년 주기로 거의 대부분의 기업들이 자리바꿈을 한다는 사실에서 우리는 기업에 있어서 '생존(survival)'은 가장 중요한 목표이나 매우 어려운 문제라는 사실을 알 수 있다. 이 같은 기업 수명, 즉 장기적 성장을 결정짓는 요인은 두 가지로 나눠볼 수 있는데, 하나는 외부적 요인으로 산업구조의 변화로 인한 수요의 변화이며 또 다른 하나는 내부적 요인으로 환경변화에 대한 조직 적응력이라 할 수 있다.

기업들은 이 같은 생존을 위한 방편으로 구조조정을 선택한다. 구조조정은 단순히 한계사업을 정리하는 것을 의미하지 않는다. 사업구성을 재구축해 살아남을 수 있으려면 핵심역량을 집중화하는 과정이 동시에 이루어져야 하는 것이다. 제너럴 일렉트릭(GE)은 1950년대에서부터 1970년대까지 어떤 분야에 진출하든 다 성공할 수 있다는 인식을 갖고 있었지만, 1980년대 들어서는 1등 내지 2등을 할 수 있는 분야에만 집중하기 시작함으로써 경쟁력을 확보하기 시작하였다. 또한, 리엔지니어링과 리스트럭처링은 분명히 구분해 인식해야 한다. 리스트럭처링은 고정비 삭감, 사업 축소나 제품 삭감, 조직 통폐합, 생산의 해외 이전 등의 형태로 추진되며, 경영환경이 좋지 못할 때 제일 먼저 거론되는 사업재조정에 관련된 작업이다. 이에 반해 효과가 중장기적으로 나타나는 기업을 부가가치 높은 체질로 변화시키는 비즈니스 프로세스 리스트럭처링이 경영혁신, 바로 리엔지니어링을 의미하게 된다.

일반적으로 구조조정의 목적은 다음 다섯 가지로 구분할 수 있다.

❶ 경쟁력 있는 사업구조를 새로이 형성하고, 이에 따라 자원의 올바른 배분을 통하여 기업 전체의 경쟁력을 제고
❷ 구조조정을 통해 기업을 혁신하고 더 나아가 기업체질의 변화를 도모
❸ 시대조류에 대응한 신규사업의 진입을 계획적으로 추진
❹ 현재수익과 미래수익의 균형
❺ 전 사원에게 건전한 위기의식을 제고시키고, 이에 따라 기업의 경영체질을 강화

▎해산(청산)전략

해산(청산)(liquidation)은 기업조직의 자산을 완전매각하거나 파산선언을 통하여 경영활동 자체를 중단하는 전략이다.

안정전략

안정(stability)전략은 현재의 경영활동을 그대로 유지하려는 전략으로 현상유지전략이라고도 한다. 이 전략은 기업조직이 현재의 경영환경 속에서 이미 성과를 올리고 있거나 새로운 사업진출로 인한 위험부담의 회피, 또는 축소전략으로 인한 내부반발을 야기하지 않기 위하여 활용되는 전략이다. 따라서 안정전략은 성장전략이나 축소전략 등 새로운 전략의 시행 이전에 적응을 위한 시간이 필요할 때 활용할 수 있는 비교적 단기성 전략이라고 할 수 있다.

결합전략

결합(combination)전략은 하나 이상의 다른 전략을 동시에 채용하는 전략이다. 일반적으로 결합전략은 기업조직 내의 각 사업부가 각기 다른 전략을 채용하고 있는 경우를 일컫는다. 예를 들어 어떤 사업부는 성장전략을, 다른 사업부는 안정전략을, 또 다른 사업부는 축소전략을 채용하고 있는 경우를 말한다. 오늘날과 같이 기업경영환경이 급변하고 전세계시장을 대상으로 하는 글로벌 경영환경하에서는 자주 볼 수 있는 전략이라고 할 수 있다.

전략의 선택과 실천

전략의 수립 및 실행은 앞서 살펴본 여러 가지 전략 중에서 적절한 것들을 선택하여 그 조직의 실제적인 환경에 적합시켜 나가는 과정이다. 전략의 선택(개발)은 원가, 품질, 혁신능력과 신속성, 진입장벽, 그리고 자본 등 여러 변수들이 복합적으로 고려된다. 이처럼 경영전략수립과정에서 여러 변수들을 복합적으로 고려한 경영전략모형은 매우 다양하지만 전사적 전략으로서의 포트폴리오분석모형(portfolio model)과 전사적 차원과 사업부차원 모두에서 활용 가능한 SWOT분석모형, 그리고 사업부 수준의 전략으로서 Porter의 경쟁모형(competitive model)에 대하여 살펴보기로 한다.

1. 전사적 수준의 경영전략

포트폴리오분석모형

제품포트폴리오관리(Product Portfolio Management: PPM)기법은 1970년대 미국의 보스턴컨설팅그룹(Boston Consulting Group: BCG)에 의해 개발된 것으로 BCG매트릭스(BCG matrix)라고도 한다. 이 기법은 특정 사업 분야의 매출액(상대적 시장점유율), 그 사업이 속한 시장의 성장률, 그리고 그 사업의 추진으로 인한 현금의 유입과 유출, 이 세 가지 요인에 의해 사업이나 제품의 다각화 순서와 정도를 결정하고, 때에 따라서는 자금을 필요로 하거나 자금창출능력이 있는 상이한 사업부서 간의 균형을 유지할 목적으로 사용되기도 한다. 따라서 이 기법은 사업 활동이 다각화되어 있거나 제품계열이 다각화되어 있는 경우에 유용한 경영전략모형이다.

〈그림 7-5〉는 상대적 시장점유율(relative market share)과 시장성장률(market growth rate)이라는 두 변수를 사용하여 특정사업 또는 제품의 위치를 지정한 PPM기법이다.

〈그림 7-5〉에서 알 수 있듯이 상대적 시장점유율의 높고 낮음과 시장성장

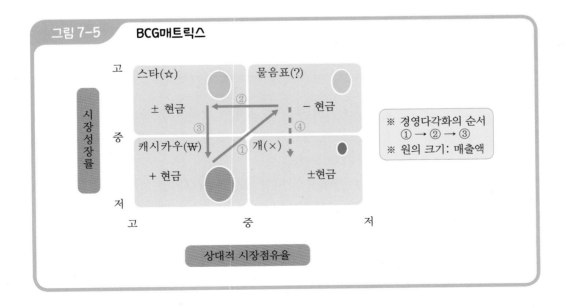

그림 7-5 BCG매트릭스

표 7-2		BCG매트릭스의 특징과 전략
스타	상황	• 높은 시장성장률, 높은 상대적 시장점유율 • '물음표'부분의 지속적인 투자가 성공을 거두어 상당한 시장지배력이 확보된 결과
	특징	• 시장의 지배적인 기반 형성으로 상당한 수익(현금유입), 반면에 시장 자체의 팽창으로 시장점유율 유지를 위한 상당한 투자소요(현금유출): 현금유입≒현금유출 • 제품수명주기의 '성장기'
	전략	• 육성/성장(build) 전략 • 유지(hold)전략
물음표 또는 문제아	상황	• 높은 시장성장률, 낮은 상대적 시장점유율 • 미래의 성장가능성이 높은 사업에 후발업체로 참여하는 경우
	특징	• 시장 자체의 지속적인 성장으로 상당한 투자의 매력, 후발업체의 취약성을 극복하기 위해서는 막대한 투자소요: 현금유입〈현금유출 • 제품수명주기의 '도입기'
	전략	• 육성/성장(build) 전략 • 수확(harvest) 또는 철수(divest) 전략
캐시 카우	상황	• 낮은 시장성장률, 높은 상대적 시장점유율 • 지속적인 투자결과로 관련시장에서 시장지배적인 위치를 구축하고 있으나 시장 전체의 성장률 또는 성장가능성이 낮은 경우
	특징	• 상대적 시장점유율은 여전히 높아 상당한 규모의 수익, 반면에 시장성장률 둔화 및 저하로 새로운 투자를 위한 자금유출은 크게 필요하지 않음: 현금유입〉현금유출
	전략	• 유지(hold)전략 • 수확(harvest) 전략 • 여기에서 나오는 자금으로 별이나 물음표에 투자
개	상황	• 낮은 시장성장률, 낮은 상대적 시장점유율
	특징	• 시장의 성장가능성이 극히 낮고 시장점유율도 낮아 적은 금액의 현금유입이나 유출: 현금유입≒현금유출
	전략	• 수확(harvest) 또는 철수(divest) 전략

률의 높고 낮음을 대응시키면 네 가지 유형의 상황(스타, 물음표 또는 문제아, 캐시카우, 개)으로 분류된다. 각 상황의 명칭과 특징, 그리고 기업이 취해야 할 전략을 정리하면 〈표 7-2〉와 같다.

　기업의 입장에서는 물음표인 사업 또는 제품단위를 지속적으로 개발하고 물음표인 사업 또는 제품단위를 스타, 캐시카우의 단계로 이어지도록 관리하는 것이 가장 바람직한 전략이다. 그리고 기업 내의 현금흐름은 현금유입이 많은 캐시카우 부분에서 현금유출이 많은 물음표 부분으로 이루어지는 것이 또한 바람직하다.

산업구조분석

Porter에 의해 개발된 경쟁전략모형으로는 전사적 수준의 경쟁구조분석(산업연관 또는 구조분석, 5-force)모형과 사업부 수준의 본원적 경쟁우위전략이 있다. 본원적 경쟁우위전략은 사업부 수준의 전략에서 살펴보기로 한다.

산업구조분석(경쟁구조분석)모형은 외부환경 중 특히 현재 또는 미래의 잠재적인 경쟁업체에 초점을 맞추고 기업조직의 수익성 또는 기업조직이 속한 산업의 매력도를 결정짓는 다섯 가지 요인을 제시하였다. 즉 기업조직의 경쟁력 결정요소로 〈그림 7-6〉과 같이 산업내 기존경쟁업체 간의 경쟁, 잠재적 경쟁자의 진입가능성, 대체재의 위협, 구매자의 교섭력, 그리고 공급자의 교섭력의 5가지 요소를 들고 있다.

산업구조분석모형이 주는 의미는 특정 산업에서의 경쟁은 기존기업 간의 경쟁자는 물론이고 그 산업의 잠재이익을 결정하는 여러 집단구성원들과의 경쟁 상태에 의존한다는 것이다. 따라서 기업조직이 경쟁력강화를 위한 전략계획을 수립하기 위해서는 우선 산업 내의 다양한 구성 집단들의 상호 관계를 분석하고 그들의 경쟁강도를 파악해야만 한다. 각 경쟁요인별 산업구조의 구성요인들은 〈표 7-3〉과 같이 정리해 볼 수 있다.

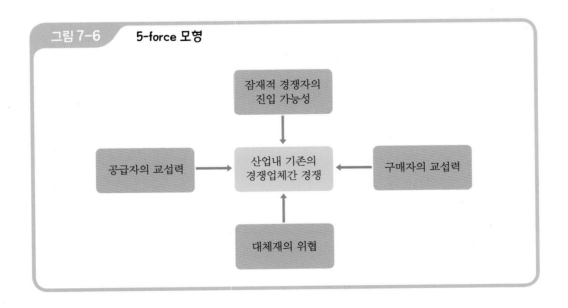

그림 7-6　**5-force 모형**

표 7-3	각 경쟁요인별 산업구조의 구성요인
기존경쟁업체 간의 경쟁 (철수장벽)	산업성장률, 고정비용, 초과설비, 제품차별화, 브랜드 인지도, 교체비용, 다른 사업부와의 관련성 등
잠재경쟁자의 진입가능성 (진입장벽)	절대적 원가우위, 제품차별화, 브랜드 인지도, 교체비용, 소요자본량, 경로에의 접근성, 기존기업의 보복, 정부정책 등
대체재의 위협	대체품의 상대적 가격, 교체비용, 대체품에 대한 구매자 성향 등
공급자의 교섭력	공급량(비중), 차별화 정도, 교체비용, 대체재 존재 여부, 전방통합 가능성 등
구매자의 교섭력	구매량(비중), 차별화 정도, 교체비용, 대체재 존재 여부, 구매자 정보력, 후방통합 가능성 등

Porter는 이러한 요인들이 산업경쟁의 상태를 좌우하기 때문에 효과적인 전략형성을 위해서는 이러한 요소들이 적절하게 고려되어야 한다고 주장하였다.

2. 전사적, 사업부 수준의 경영전략: SWOT분석

SWOT분석법은 조직 내부의 강점(Strength: S)과 약점(Weakness: W)을 조직 외부의 기회(Opportunity: O)요인과 위협(Threats: T)요인에 대응시켜 조직의 미래 발전방향을 모색하는 전략개발기법이다. 네 가지 요인의 머리글자를 따서 SWOT분석이라고 부른다. 이 전략수립방법은 전사적 차원과 사업부차원 모두에서 적용할 수 있다.

SWOT분석에서 중요한 것은 외부환경의 기회와 위협요인의 파악, 그리고 기업 내부환경의 강점과 약점을 정확하게 파악하는 일이다. 예를 들어 외부환경요인의 경우, 경제의 호황, 새로운 기술의 등장, 시장의 지속적 성장, 경쟁자의 도태, 그리고 새로운 시장의 발견 등은 기회요인이라고 판단할 수 있으며,

표 7-4	SWOT분석과 대응전략	
내부요인 외부요인	S	W
O	SO전략(Maxi-Maxi): 성장전략	WO전략(Mini-Maxi): 우회전략
T	ST전략(Maxi-Mini): 안정전략	WT전략(Mini-Mini): 해산(청산)전략

자원의 고갈, 정부나 공공기관의 새로운 규제, 소비자 기호의 변화, 우수한 대체재의 등장, 그리고 강력한 경쟁자의 등장 등은 위협요인이라고 볼 수 있다. 또한 내부 환경요인의 경우에는 우수한 제조기술, 높은 생산효율성, 숙련된 노동자, 높은 시장점유율과 우수한 마케팅 조직, 자금조달의 원활 및 금융기관과의 원만한 관계유지 등은 경쟁사에 비하여 내부적으로 강점이 있다고 할 수 있는 반면, 무능한 경영자 및 관리자, 경쟁력 없는 기획팀, 뒤떨어진 기술, 낮은 연구개발비용 투자, 낙후된 시설, 그리고 높은 이직률 등은 경쟁사에 비하여 내부적으로 약점이 있다고 판단할 수 있다. 이러한 외부환경과 내부 환경에 대한 분석을 토대로 〈표 7-4〉와 같은 매트릭스를 만들 수 있으며 각 셀에는 대안적 전략들이 제시되어 있다.

사례 7-2 인터넷은행 산업 내 경쟁력 SWOT 분석

2017년 최초의 인터넷은행 케이뱅크가 설립한 지 6년이 지났다. 그동안 인터넷은행은 편의성과 기술력을 앞세워 질적, 양적으로 가파른 성장을 거듭해왔다. 그러나 최근 들어 성장의 한계에 부딪혔다. 비대면의 한계상 '큰손'인 기업 고객을 유치하지 못해 확장성이 떨어졌다. 중·저신용자 대출 비중이 증가하며 대출 연체율은 올라갔다. 핀테크 서비스를 강화한 기존 은행 반격도 매섭다. 산업 전반적으로 경쟁력을 점검하고, 재도약을 준비해야 할 시기라는 분석이 나오는 이유다.

(S) 강점
IT 기술력과 플랫폼 경쟁력
은행 산업 내에서 인터넷은행의 최고 강점은 IT 기술력과 플랫폼이다. 온라인 앱상에서 소비자를 모으려면 성능을 극대화해야 한다. 사용자가 모바일 앱을 사용할 때 편리함을 느끼도록 만드는 UI(User Interface) 디자인, 앱 실행 시 오류를 줄이고 처리 속도를 올려주는 '최적화' 기술 등을 필수로 갖춰야 한다.

앱 성능은 우수한 소프트웨어 개발자를 얼마나 많이 보유하고 있느냐에 따라 갈린다. 인터넷은행은 개발 역량이 기존 은행에 비해 월등히 뛰어나다. 회사에서 개발 조직이 차지하는 비중이 크다. 케이뱅크, 카카오뱅크, 토스뱅크 3사 모두 회사 내에서 IT 인력 비율이 50%에 육박한다. 세 회사 모기업이 모두 IT 기업 기반인 덕분에 모바일 서비스와 관련해 상당한 역량을 갖추고 있다. 반면 시중은행은 IT 인력 비중이 전체의 6.5%에 불과하다. 은행권 관계자는 "시중은행은 영업을 중요시하다 보니, IT 인력을 뽑아놓고도 영업을 시키는 경우가 허다하다. 개발자들이 이점을 느끼기 힘든 구조"라고 설명했다.

거대 플랫폼과 연계성이 뛰어난 것도 강점으로 꼽힌다. 카카오뱅크는 '카카오톡', 토스뱅크는 '토스'에 앱이 연동돼 있다. 케이뱅크는 가상자산 1등 거래소인 업비트와 손을 잡았다. 국민 절반 가까이가 사용하는 플랫폼으로 소비자가 빠르게 유입됐다. 덕분에 기존 은행보다 빠른 속도로 고객을 모았다. 올해 2분기 기준 카카오뱅크는 가입자 수가 2,174만 명을 넘어섰고 케이뱅크와 토스뱅크는 각각 900만 명, 700만 명을 돌파했다. 미래 주요 고객인 1,020세대 사이에서는 시중은행보다 높은 경쟁력을 자랑한다. 하나은행이 올해 6월 잘파세대(10대 중반~20대 초반)를 대상으로 설문조사한 결과 대학생 10명 중 8~9명은 시중은행을 통해 처음 금융 거래를 시작했으나 중고등학생은 10명 중 5명 정도만 시중은행에서 처음 거래를 시작했다. 10대 중 절반은 인터넷은행이나 카카오뱅크미니 같은 유스 앱(청소년용 금융 서비스 앱)을 이용했다.

(W) 약점
낮은 법인 고객 비중, 건전성 부담

강점만큼 약점도 명확하다. 개인 고객 대비 기업 금융 비중이 현저히 낮아 매출 확장성이 떨어진다. 중·저신용자 대출 비중 규제로 건전성이 위협받는 점도 문제다.

편의성과 플랫폼 경쟁력을 앞세운 덕분에 개인 고객 비중은 높지만 법인 고객 거래는 공백에 가깝다. 은행 자산 규모가 커지려면 거래 단위가 큰 기업 금융 서비스가 활성화돼야 한다. 문제는 인터넷은행이 기업 금융 서비스를 제공하는 게 사실상 불가능하다는 점이다. 인터넷전문은행법 2조는 업무를 주로 전자금융거래 방법으로만 가능하도록 명시했다. 규모가 크고 복잡한 금융 거래는 직접 만나 진행되는 게 다반사다. 설계 자체가 기업 금융을 못하도록 막혀 있는 셈이다. 금융감독원에 따르면 올해 3월 기준 인터넷은행 3사의 보유 대출 잔액 50조 5,491억원 중 기업대출 비중은 4.6%에 불과하다. 나머지 95%는 가계대출이다. 하나은행(55.7%), 국민은행(50.7%) 등 시중은행과 비교하면 기업대출 비중이 현저히 떨어진다. 인터넷은행 3사는 필요 업무에 한해 대면 영업을 할 수 있도록 금융당국에 규제 완화를 요구하고 있지만, 현실은 녹록지 않다.

중·저신용자 대출 규모가 크다는 것도 부담스럽다. 인터넷은행의 설립 취지 가운데 하나가 중·저신용자를 위한 중금리 대출 확대다. 금융당국은 인터넷은행에 중·저신용자 대출 비중 목표치를 매년 받고 있다. 중·저신용자 대출 확대는 취약계층에 대한 금융 접근성 개선이라는 긍정적 측면이 있으나, 대출 건전성에는 부정적 요인이 될 수 있다. 최근 중·저신용자에 대한 신용대출 비중이 상승하고 있는 가운데, 지난해 하반기 이후 중·저신용자 대출 연체율이 상승세를 이어가고 있다. 2022년 1% 아래로 내려갔던 연체율은 올해 1분기 2.2%로 치솟았다.

(O) 기회
해외 진출 시작, 색다른 서비스로 차별

불리한 여건에도, 인터넷은행의 발전 가능성은 크다는 게 업계 관계자들의 한결같은 판단이다. 우선 해외 시장으로 눈을 돌리면 다양한 기회가 열려 있다. 인터넷은행 3사는 해외 진출을 위한 방안을 모색하는 중이다. 선두 주자는 카카오뱅크다. 인구수가 많은 동남아 시장 공략에 나섰다.

카카오뱅크는 올해 6월 태국의 주요 금융지주사 SCBX와 '태국 가상은행 인가 획득'을 위한 업무협약(MOU)을 체결했다. 협약을 통해 카카오뱅크와 SCBX는 컨소시엄을 구성, 태국 내 가상은행 인가 획득을 목표로 협력할 예정이다. 카카오뱅크는 추후 설립되는 가상은행 컨소시엄의 20% 이상의 지분을 취득해 2대 주주의 지위를 확보할 수 있을 것으로 전망된다. 토스뱅크는 토스와 함께 베트남 시장 공략을 준비하는 것으로 알려졌다. 홍민택 토스뱅크 대표는 지난해 9월 부이 반 하이 베트남 은행감독원 금융기관안전감독국 부국장 등과 만남을 진행한 바 있다.

플랫폼을 활용한 다채로운 서비스도 눈길을 끈다. 기존 은행권이 따라 하기 힘든 독특한 상품으로 고객을 끌어모은다. 케이뱅크는 KT와 연계해 법인 고객을 유치 중이다. 가게 매출 관리(스마트로), 상권 분석 서비스(KT잘나가게), 세금 환급액 조회(비즈넵) 서비스를 제공, 개인사업자 대출 수요를 늘렸다. 케이뱅크 개인사업자 대출 잔액은 950억원(2022년 말) → 3,400억원(2023년 1분기) → 5,300억원(2023년 2분기)으로 계속 증가 중이다.

(T) 위협
규제 강화 움직임, 경쟁 격화도 위협

인터넷은행업계의 재도약을 위해선 위협 요인을 제거해야 한다. 최근 인터넷은행 성장을 주도한 주택담보대출(주담대)을 향한 당국 기류가 심상찮다. 카카오뱅크 주담대 잔액은 2022년 말 13조 2,960억원에서 올해 6월 말 17조 3,220억원으로 4조 260억원(30.3%), 케이뱅크는 같은 기간 2조 2,930억원에서 3조 7,000억원으로 1조 4,070억원(61.4%) 각각 늘어났다. 비대면 주담대 상품을 공격적으로 영업, 판매했다.

금융당국은 가계대출 급증의 주범 중 하나로 인터넷은행의 비대면 주담대 상품을 꼽았다. 김주현 금융위원장이 "은행권은 상식에서 벗어난 DSR 우회, 과잉 대출을 살펴봐야 한다"고 지적했다. 실적 증가를 견인했던 주담대 상품이 규제로 판매가 까다로워지면 부담이 크다.

인터넷은행업 자체의 경쟁이 심화되고 있다는 점도 부담스럽다. 특화은행(챌린저뱅크), 제4 인터넷은행 등장설이 파다하다. 특화은행은 특정 고객층을 전문으로 하는 은행이다. 한국신용데이터가 소상공인 전문 특화은행을 만들겠다고 나선 바 있다.

출처: 매경이코노미 2023.08.23-2023.08.29.

3. 사업부 수준의 경영전략: 본원적 경쟁우위전략

Porter에 의해 개발된 또 하나의 경쟁전략모형으로는 사업부 수준의 본원적 경쟁우위전략이 있다. Porter는 SWOT분석이 조직의 내부 환경의 분석부터 시작되어야 한다고 주장한다. 즉 기업조직의 전략은 먼저 조직 내부의 경쟁요인분석을 통해 조직의 강점과 약점을 파악한 후에 어떤 전략이 경쟁업체에 비해 상대적으로 경쟁적 우위를 제공하는가에 따라 선택되어야 한다는 것이다. Porter는 기업조직이 경쟁적 우위를 확보하기 위해서는 다른 기업이 가지지 못한 희소한 경영자원을 확보하거나 산업에 적합한 핵심역량을 가지고 있어야 한다고 주장하면서 다른 경쟁기업에 비해 높은 경쟁력을 얻기 위해 택할 수 있는 세 가지의 전략 유형을 시장의 범위와 경쟁우위의 원천이라는 두 가지 요소를 대응시켜 제시하였다. 〈그림 7-7〉은 이러한 본원적 경쟁우위전략을 도식화한 것이다.

차별화 전략

차별화(differentiation)우위는 기업조직의 제품이나 서비스가 경쟁업체의 그것들과 확연히 구분될 수 있도록 고객이 독특하다고 지각할 수 있는 요인을 제공함으로써 그 조직 제품의 '독특성'을 만들어가자는 전략이다. 이 전략은 그

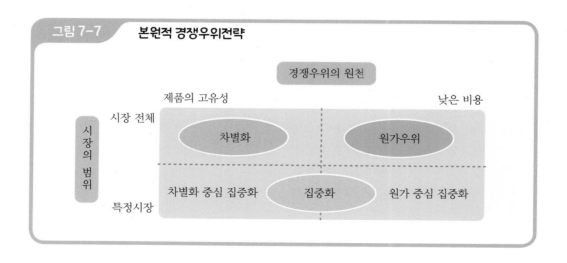

그림 7-7 본원적 경쟁우위전략

조직의 제품에 충성도가 강한 소비자집단을 개발하는 데 목적이 있으며, 이를 통해 기업조직은 가격프리미엄을 얻을 수 있고 잠재적 경쟁자들에게는 진입장벽으로 활용할 수 있다. 차별화전략은 제품의 독창성을 무기로 시장 전체를 대상으로 한다. 따라서 차별화 전략을 사용하는 기업조직은 전체 시장을 다시 작은 시장으로 세분화하여 각 시장에 적합한 제품을 공급(다품종소량생산)해야 하기 때문에 일반적으로 원가가 높고, 그 결과 원가우위기업에 비해 가격경쟁력이 떨어진다. 그러나 최근에는 유연제조시스템(Flexible Manufacturing System: FMS) 등과 같은 새로운 생산기법의 출현으로 이러한 한계점들이 차츰 극복되어 가고 있다.

사례 7-3 상장 시동 건 토스, 카카오뱅크 IPO 전략과 차별화할까

비바리퍼블리카(토스)가 올해 말 또는 내년을 목표로 기업공개(IPO)를 추진하고 있다. 토스 기업가치 측정의 기준이 될 카카오뱅크 주가가 하락·횡보하고 있는 가운데 카카오뱅크가 상장할 때처럼 높은 기업가치를 평가받기 위해서는 오히려 카카오뱅크과의 차별화가 필요하다는 시각이 대두하고 있다.

카카오뱅크가 은행 본업외 금융사 상품 중개판매 관련 수수료 수익 성장 가능성을 뽑내며 상장했다면, 토스는 은행·증권 등 핵심 금융업 포트폴리오를 갖춘 종합금융사 성격을 드러내야 한다는 지적이다.

5일 금융권에 따르면 토스는 지난달 중순께 상장 주관사 선정을 위한 IPO 입찰제안요청서(RFP)를 발송했다. REP 송부 단계는 상장을 위한 첫걸음이다. 토스는 올해 말, 혹은 내년까지 상장을 진행할 것으로 알려진다.

토스 상장 추진은 증권시장 회복 조짐에 맞춘 행보로 평가된다. 지난해 신규상장(재상장·스팩 제외) 기업 수는 유가증권시장 10개사, 코스닥시장 95개사로 각각 전년 대비 각각 1개사, 11개사 늘었다. 고금리가 장기화되고 있지만 증권시장이 다시 회복조짐을 보이고 있는 셈이다.

올해도 지난해에 이어 상장 열기를 이어갈 전망이다. 기업가치가 조(兆)단위인 에이피알, HD현대마린솔루션이 상반기 상장해 시장 분위기를 띄울 예정이며, 토스는 대어 상장과 청약 열풍을 타고 성공적인 상장을 이뤄내겠다는 분위기다.

토스 여전히 적자…비교대상 카뱅 주가도 저조

토스의 몸값은 적게는 6조원 많게는 10조원으로 평가되고 있다. 토스는 지난 2022년 상장

전 투자 유치(프리IPO)를 통해 9조원 수준의 기업가치를 인정받았다. 해당 투자 유치 전 기업가치 15조원, 신규투자액 1조원이라는 목표를 세웠으나 금리 상승에 따른 갑작스러운 시장 급랭으로 목표를 이루지 못했다.

토스 기업가치 상하범위가 넓은 것은 토스를 바라보는 시각이 제각각 다른 데 있다. 가치를 낮게 보는 시각은 토스가 아직 적자 신세를 면치 못했다는 점에 주목한다.

토스는 지난해 9월까지 1,848억원의 영업손실, 1,468억원의 당기순손실을 기록했다. 토스 앱 이용자 확보와 유지를 위해 들이는 송금·리워드 등 서비스와 관련된 지급수수료 규모가 크기 때문이다.

지난해 9월까지 토스가 부담한 지급수수료는 비금융업(송금·중개·광고·결제·PG 등) 지급수수료만 7,359억원으로 같은 기간 영업수익(1조 491억원)의 70.1%를 차지한다. 1년 사이 영업수익이 21.8% 늘었지만 적자 상태를 극복하지 못한 이유다.

상장 시 비교할 만한 기업의 주가 흐름이 좋지 못한 이유도 토스의 고민거리다. 카카오뱅크는 2021년 기업공개 당시 은행보다 높은 기업가치를 인정받을 수 있는 기술 기반 금융플랫폼 성격을 내세워 주당 3만 9,000원(시가총액 18조원)에 성공적으로 상장했다. 저금리에 따른 풍부한 유동성 호재 덕분에 한때 시가총액 45조원으로 KB금융지주를 누르고 금융 대장주 자리를 꿰차기도 했다.

이날 카카오뱅크의 종가는 2만 5,900원(시총 12조 3,510억원)으로 상장 당시보다 33.6%, 사상 최고가(9만 4,400원)보다 72.6% 떨어진

상태다. 올해 증권시장이 회복되더라도 2021년 초저금리 시장 환경에 근접하기 어렵고 금융플랫폼들의 상품중개에 따른 수수료 이익 창출 능력이 기대에 미치지 못하면서 토스가 카카오뱅크처럼 높은 평가를 받기는 어려워 보인다는 분석이 나온다.

은행·증권 흑자 전환, 종합금융사 입지 다져

주요 자회사의 흑자 전환 소식은 토스 기업가치를 높게 보게 하는 배경이다. 토스증권은 2021년 3월 MTS(모바일거래시스템) 서비스 출시 이후 여섯 분기 만인 2022년 3분기 당기순이익 21억원으로 첫 분기 흑자를 달성했다.

토스뱅크는 지난해 3분기 86억원의 당기순이익을 시현하며 첫 분기 흑자를 기록했다. 현재 현금흐름과 은행업 특성을 볼 때 토스뱅크의 흑자 기조는 앞으로 이어나갈 뿐만 아니라 규모도 늘어날 전망이다.

금융플랫폼 경쟁력의 척도가 되는 월간순이용자수(MAU)도 국내 최상위권이다. 토스 앱은 1,500만 명에 육박하며 토스 앱에서 앱인앱 형식으로 서비스 되고 있는 토스뱅크의 MAU는 360만 명을 돌파하며 온라인증권사 1위 키움증권을 위협하고 있다.

금융권 전략적 파트너를 확보한 점도 높은 평가의 기준이 될 수 있다. 토스는 2022년 프리IPO에서 한국투자증권을 투자자로 확보해 토스뱅크를 통한 발행어음 판매 제휴를 맺고 있으며, 한국투자캐피탈이 토스뱅크 유상증자에 참여해 토스뱅크 지분 4%를 확보했다.

하나금융그룹과의 관계도 끈끈하다. 하나은행은 토스뱅크 컨소시엄 단계부터 주주로 참

여해 지분 8.3%를 들고 있으며 이후 계열사 하나카드가 토스뱅크, 하나캐피탈이 토스의 전자지급결제대행(PG) 자회사인 토스페이먼츠와 사업 제휴를 이어가고 있다.

금융권 관계자는 "토스의 성공적인 상장은 오히려 카카오뱅크 IPO 전략과 차별화하는 데 있다고 본다"며 "기본적으로 금융플랫폼 역량을 드러내야겠지만, 은행뿐만 아니라 증권, 지불결제 사업 등 다양한 금융 포트폴리오를 가지고 있다는 점이 높은 평가를 이끌어낼 수 있을 것"이라고 말했다.

출처: 인사이트코리아 2024.01.05.

원가우위 전략

원가우위(cost leadership) 전략은 생산, 유통 및 그 밖의 조직시스템상의 능률향상을 통해 경쟁업체들보다 제품의 가격을 저렴하게 함으로써 경쟁력을 확보하려는 전략이다. 이 전략의 목적은 규모의 경제, 학습효과, 투입요소 비용의 통제, 단순한 제품설계, 전문화된 생산 공정 등을 통해 원가상의 우위를 확보하고 산업평균 이상의 이익을 올릴 수 있는 기반을 확보하자는 데 있다. 물론 이 과정에서 품질이나 고객만족을 유지하기 위하여 심혈을 기울이지 않으면 안 된다. 이러한 노력들이 지속적인 원가우위로 이어지고 잠재적인 경쟁기업들에 대한 진입장벽으로 나타날 수 있기 때문이다.

집중화 전략

집중화(focus) 전략은 자원이 제한된 기업조직이 한정된 특수시장(소비자집단, 지역시장, 제품계열 등)에 집중하여 원가우위전략(원가중심 집중화 전략)이나 차별화 전략(차별화중심 집중화 전략)을 집중적으로 전개하는 것을 의미한다. 이 전략의 목적은 조직의 자원과 전문성의 집중적인 투입을 통해 표적시장에 더 나은 서비스를 제공하자는 데 있다. 즉 시장규모는 크지만 실체파악이 어려운 전체시장을 대상으로 하는 것보다 시장규모는 작지만 대상이 분명한 특정시장만을 대상으로 전략을 수립하고 시행하는 것이 경쟁력이 있다는 기본인식이 깔려 있는 전략이다.

요약

전략적 경영 또는 전략경영이란 전략적 계획과정을 통해 수립된 전략에 근거하여 전개되는 경영활동이라고 할 수 있다. 즉 전략경영은 경쟁적 환경 속에서 조직의 목표달성을 위해 수행해야 할 조직의 활동의 영역 및 내용, 그리고 방향을 결정짓는 선택에 지침이 되는 포괄적이고 통합적인 틀로 정의할 수 있다. 조직이 취할 수 있는 전략의 유형으로 전략수준에 따라 전사적 전략, 사업부 전략, 기능적 전략으로 나누어 볼 수 있으며, 각 전략수준에서 조직이 선택할 수 있는 전략유형은 크게 성장전략, 축소전략, 안정전략, 그리고 결합전략의 네 가지 유형으로 구분해 볼 수 있다. 경영전략수립과정에서 여러 변수들을 복합적으로 고려한 경영전략모형은 매우 다양하지만 이들 중 전사적 전략으로서의 포트폴리오분석모형과 전사적 차원과 사업부차원 모두에서 활용 가능한 SWOT분석모형, 그리고 사업부 수준의 전략으로서 Porter의 경쟁모형(competitive model)에 대하여 살펴보았다.

참고문헌

- Dessler, G., *Management: Leading People and Organizations in the 21st Century*, Upper Saddle River, Prentice Hall, 2002.
- Robbins, S. P. and M. Coulter, *Management*, Upper Saddle River, Prentice Hall, 2002.
- 김남현 외, 「경영학의 이해」, 경문사, 2004.
- 김영규, 「경영학원론」, 박영사, 2009.
- 김진학, 「21세기 경영학」, 한티미디어, 2007.
- 박상언, "다운사이징과 인적자원관리: 비판적 재고찰,"「인적자원개발연구」, 제1권 제1호, 1999. 2.
- 장영광 외, 「생활속의 경영학」, 신영사, 2011.

토의문제

1. 통합은 수직적 통합과 수평적 통합으로 분류해 볼 수 있다. 이들 통합의 사례를 유통시스템과 관련하여 기업집중의 측면에서 최근 사례를 들어 설명해 보라.

2. 전사적 수준의 포트폴리오분석기법 중의 하나인 BCG매트릭스 기법을 이를 활용하고 있는 최근 사례를 들어 설명해 보라.

3. 전사적 수준의 경쟁구조분석(산업연관 또는 구조분석, 5-force) 모형을 최근 사례를 들어 설명해 보라.

4. SWOT분석에 대하여 설명하고 이를 나의 미래계획(취업 등)과 관련하여 구체적인 사례를 만들어 보라.

Chapter 8

현재의 실행: 누가 실행할 것인가

"구글에는 MZ세대가 없다"

구글코리아는 최근 사무실 한 개 층을 외부에 공개했다. 서울 역삼동 강남파이낸스타워 다섯 개 층을 쓰는데, 이 중 한 층을 장애를 가진 사람도 어려움을 겪지 않고 쓸 수 있도록 고쳤다. 모두에게 열려 있다는 뜻에서 '유니버설 디자인'이라고 부른다. 휠체어를 타고서도 무엇이든 손에 닿도록 콘센트, 조명 스위치, 문고리의 높이를 낮췄다. 통로 중앙에는 보도블럭을 깔았고, 소리에 민감한 구성원을 위해 천장에는 흡음재를 붙였다.

오피스 공개를 겸한 좌담회에서는 구글코리아 커뮤니케이션팀의 이은아 매니저가 마이크를 잡았다. 이 매니저는 사내 소모임인 'GATE(Google Accessibility To Everyone, 모두를 위한 접근성)'에서 리드를 맡고 있기도 하다. GATE는 오피스의 접근성은 물론, 구글의 제품과 서비스에도 아이디어를 내놓고 피드백을 제공한다. 유니버설 디자인을 적용한 오피스도 GATE의 아이디어에서 시작한 프로젝트였다. 민혜경 인사총괄은 "4년 전 이 매니저와 나눴던 대화가 씨앗이 됐다"고 했다.

GATE는 구글 임직원이 자발적으로 만드는 소모임인 ERG(Employee Resource Group) 중 하나다. 구글의 16개 ERG는 소수 그룹에 속한 직원이 소외감을 느끼지 않도록 하려는 목적에서 만들어졌다. 각 ERG의 오피스별 지부 격인 '챕터'는 전세계에 약 250개가 있다. GATE는 장애 포용성을 위해 만들어진 ERG 'Disability Alliance'의 한국 챕터다. 전 세계 약 3만 5,000명의 임직원, 전체의 20%에 달하는 수가 ERG 활동에 참여하고 있다. 상당한 수의 직원이 열린 직장을 위해 팔 걷고 나서는 것이다.

회사에서 직원이 자발적으로 나서는 경우는 드물다. 업무 외적인 일이라면 더욱 그렇다. 여러 글로벌 기업에서 조직문화 업무를 맡았던 전나래 매니저는 "보통은 직원 소모임도 '이런 회사 비전을 반영해야 하지 않겠느냐'며 위에서 틀을 만들어주는 식"이라며 "그러면 다들 리더로 나서길 꺼려 한다"고 말했다. 결국 하향식의 태스크포스(TF)처럼 된다는 것이다. 구글러(Googler)들은 왜 자발적으로, 본업도 아닌 일에 나설까. 구글코리아 오피스에서 한국 ERG 리드들과 만나 이야기 나눴다.

Q ERG는 직장 내 소모임과 다른가요?

민혜경 다양성과 포용성 이야기를 먼저 드리고 싶습니다. 예를 들어 회의실에 들어갔는데, 배석자들은 서로 아는 사이인 것 같고, 나만 아무도 모르는 상태에서 발표한다면 어떤 기분일까요?

Q 지금 그런 기분이 조금 듭니다.

민혜경 (웃음) 최고의 퍼포먼스를 내기는 어려울 겁니다. 이 사람들이 나를 어떻게 판단할지 모르니까요. 최고로 하기보다는 실수만 하지 말자고 판단하게 됩니다. 결과적으로 중간만 하게 될 가능성이 크죠. 회사 입장에서는 좋은 문화가 아닙니다. 구성원이 아이디어를 마음껏 내 놓고, 판단을 받지 않을 거라는 편안한 마음이 있어야 직원들이 100% 이상의 결과를 낼 수 있습니다. 이런 환경을 만들자고 하는 것이 구글이 말하는 DEI(다양성, 형평성, 포용성)입니다. ERG는 회사 내에서 소수 그룹에 속한 직원들이 자신의 배경이나 특성에 상관없이 소속감을 느끼게 하는 제도로 이해하시면 됩니다.

Q 공식 조직에서 맡는 일 아닌가요?

민혜경 문제를 발견했을 때 누군가 말해주기를 기다리다 늦어지는 경우가 생깁니다. ERG는 직원이 스스로 나서서 해결해보는 방식인 거죠. 직원이 나서면 회사는 지원합니다.

Q 어떤 지원을 해주나요?

민혜경 셋업 단계에서부터 도와주죠. 어떻게 고민을 공유하고 사람을 모을지. 회사가 인프라와 예산을 제공하고, 각 ERG마다 회사의 시니어 리더가 후원자로 함께 하면서, ERG 활동의 영향력이 더 크게 될 수 있도록 전폭적으로 지원하는 역할을 합니다. 또 다른 국가의 구글 오피스에서는 비슷한 활동, 비슷한 환경이 있는지 찾아보고 연결을 해주면 스스로 운영됩니다. 국내외의 리더십 팀이 배석한 자리에 초대해 발표를 하고 서로 공유하면서 ERG를 가시화하고, 임팩트를 키울 수 있습니다.

이은아 4년 전에 'GATE'라는 장애 포용성 그룹을 한국에서 만들어야겠다 생각해서 혜경님을 찾아갔던 날이 생각납니다. 가이드를 주실 것이라는 믿음을 갖고 제안을 드렸습니다. 저와 다른 시각에서 문제를 바라보고 'GATE'의 윤곽을 만들게 됐습니다.

민혜경 채용 자체보다 채용한 이후에 이곳에서 성공하는 게 더 중요하니까요. 문화적 토대를 먼저 갖추자고 말씀드렸어요. 사실 은아님과 대화한 뒤에 채용 과정에서 우리가 좀 더 잘할 수 있는 게 없는가에 대해서 많이 고민했습니다. 유니버설 디자인도 그 대화에서 씨앗이 뿌려진 것이지요. 저희는 DEI를 마라톤이라고 얘기합니다. 몇 년 동안 씨를 뿌리고 실험하면서 장기 계획을 갖추는 거죠.

Q 한국에선 책임자를 찾아야 문제를 해결할 수 있다는 정서가 깔려 있습니다. 구글의 ERG 문화의 철학은 이와 다른 것 같다는 생각이 듭니다.

전나래 책임자를 찾고 그 사람에게 오너십을 주는 프로세스가 꼭 필요할까요? 문제가 있다면 우리는 어떻게 해결책을 찾을 수 있을까 고민해보면 어떨까요. 저흰 신규 입사자를 '누글러(New+Googler)'라고 부르는데요. 코로나 때문에 적응이 쉽지 않았죠. 그렇다면 컬처클럽에서는 무엇을 할 수 있을까 고민해보는 겁니다. 인사팀, 총무팀과 대화하며 어떤 프로그램이 있는지 확인해보고 부족한 부분이 있다면 우리가 그걸 해보면 되겠다고 생각합니다.

민혜경 저희는 공감대가 있어요. '문제가 있으면 문제의 일부가 되지 말고 솔루션의 일부가 되자.'

누글러를 예로 들면 인사팀에서 담당할 것이 있고, 직원들이 자발적으로 도울 수 있는 부분이 있는데 두 가지가 공명하면서 잘 작동하는 것 같습니다. 인사 제도가 실패하는 이유는 이 부분이 미비하기 때문일 겁니다. 인사팀이 드라이브를 걸어도 직원들이 수용하지 않으면 성공하기 어렵죠.

이은아 인사팀과의 적절한 거리감이 중요한 포인트라고 생각해요. 적당한 거리감을 통해서 만들어지는 객관성이 효율적인 구글 문화의 일부라는 생각이 듭니다.

Q 누글러 분들에게는 어떤 솔루션을 드렸나요?
전나래 '운동회를 해보자. 그런데 신체적인 제약이나 운동 신경이 전혀 없어도 할 수 있는 것들로 한번 꾸며서 해보자'라는 의견을 주셔서 저희가 40명 정도 되는 누글러 분들을 모으고 행사를 진행했어요. 반응이 좋아서 다른 팀에서도 미니 운동회를 열고 싶다고 요청이 들어오고 있어요(웃음).

Q 한국에선 여성 엔지니어가 참 드문 것 같습니다. GWE는 어떤 일을 하나요?
고은이 네트워킹을 가장 중요하게 생각해요. 어려움이 발생하면 저 같은 경우도 혜경님에게 이메일도 보내고 대화도 신청해서 고민을 공유하고 하고 싶은 일들을 말씀드리곤 해요.

Q 가장 뿌듯한 프로그램이 있다면.
고은이 '마인드 더 갭(Mind the Gap, 거리를 좁히다)'이라는 프로그램이에요. 학생을 대상으로 현업 여성 엔지니어와 대화하면서 진로를 소개해주는데요. 여학생을 대상으로 하다가 올해는 홈 스쿨링 학생을 대상으로 한 프로젝트도 진행했어요. 앞으로 다른 소수자 그룹으로 확장해보자는 고민도 하고 있고요. 보통 3~4개월 동안 2주에 한 번씩 그룹원들과 만나서 프로그램을 기획합니다.

Q 요즘 MZ세대 문화에 대한 고민도 많습니다.
민혜경 사실 구글 안에서 MZ세대가 화두는 아닙니다. 별로 필요하지 않은 라벨을 붙이는 거라고 생각이 듭니다. 세대 간의 차이라는 건, 세대간 경험이 다르기 때문에 항상 있어왔던 것입니다. 모두를 존중하는 문화, 그리고 경험의 다름을 활용하는 것에 더 초점을 맞추고 있어요.

전나래 MZ세대라는 구분에서부터 편견이 들어간다고 봐요. 주니어 직원이 다른 생각을 말씀해주시면 이분이 그러한 생각을 가지고 계신 거지, MZ세대라서 그렇게 생각한다고 여기진 않아요.

이은아 내가 아니면 다 다른 것일 수 있습니다. 여성이라고 다 같은 게 아니죠. 다양성이란 것은 말 그대로 다양한 것입니다. 나랑 똑같은 사람이 이 세상 어디에도 있을 수가 없습니다.

전나래 MBTI 이야기도 많이 하시는데요. 많은 회사가 I(내향형)를 어떻게 E(외향형)로 바꿀 수 있을까 같은 논의를 많이 했었습니다. 구글은 달라요. 내향적인 직원이 발언하는 걸 어려워하면 '문서로써서 생각을 공유할까, 아니면 생각할 시간을 더 줄까' 이런 고민들을 합니다.

민혜경 개인의 관점에서, 개인이 생각하는 프로세스가 다를 수 있게끔 하자는 것이죠.

Q 본업이나 본인의 진로를 설계하는 데 있어서 ERG 활동이 도움을 줍니까?
고은이 제 가장 큰 고민이 멘토를 만나기가 쉽지 않다는 점이었습니다. 저보다 시니어 개발자인 여성 엔지니어 분들을 만나서 얘기를 많이 듣고 싶었죠. 그런데 이 ERG 활동을 하면서 이러한 부분에 대해 고민을 했더니 '한국 말고 미국이나 유럽의 여성 개발자들과 한번 얘기를 해보면 어떻겠냐'라는 조언들을 많이 해 주셔서 그래서 그런 커뮤니티를 실제로 만들게 됐습니다.

전나래 리더십을 연습해보는 기회들이 만들어지는 것 같아요. 아무래도 본업에서는 성과를 내야 된다는 압박감이 있다 보니 자유롭게 뭘 하기가 어려운데요. 컬처클럽에서는 '어떻게 하면 계속 끝까지 동기부여를 할 수 있을까' 그런 고민을 많이 하게 됩니다.

세 사람은 코로나가 잦아들고 오피스가 열리면서 새로운 프로젝트를 준비하고 있다.

전나래 리드는 5명 정도였던 그룹원을 늘릴 작정이다. 구글코리아가 커지고, 만남도 잦아진 만큼 '지금까지 하던 걸 어떻게 스케일업 해볼 수 있을까' 고민하고 있다. 고은이 리드는 매년 한번 열던 마인드 더 갭 행사는 연 3회로 늘리고, 외부 강사도 섭외하느라 분주하다. 이은아 리드는 한국 사례를 일본, 대만, 호주 같은 아시아·태평양 그룹과 공유하면서 임팩트를 키워볼 작정이다.

'본업도 바쁜데 버겁지는 않겠느냐'는 물음에 이들 세 사람은 "본업이 힘들면 ERG 일을 해야 스트레스가 풀린다. 믿기 어렵겠지만 진심"이라며 오피스를 가득 채울 만큼 크게 웃었다.

출처: 포춘코리아 2023.01.04.

조직화 과정

1. 조직화란

기업조직에서 수행하여야 할 일을 누가 실행할 것인가를 결정하는 과정이 조직화 과정이다. 조직화는 계획과정에서 설정된 기업의 목표를 효율적이고 효과적으로 달성할 수 있도록 과업을 관리가능단위로 세분화하고, 그 세분화된 과업활동들을 조정하는 '시스템'을 만드는 작업이다. 즉 목표달성을 위해 수행해야 할 업무(직무)의 내용을 편성하고, 직무수행에 관한 권한과 책임을 명확하게 하며, 수평적, 수직적으로 권한관계를 조정함으로써 상호관계를 설정하는 과정이라고 할 수 있다. 따라서 조직화 과정은 〈그림 8-1〉과 같이 요약해볼 수 있다.

〈그림 8-1〉에서 알 수 있듯이 기업목표달성을 위한 조직화는 다양한 구성요소들을 일정한 기준에 따라 전문화시키는 분화(differentiation)의 문제와 분화된 작업노력을 공동목표를 지향하도록 조정하는 통합(integration)의 문제에 부

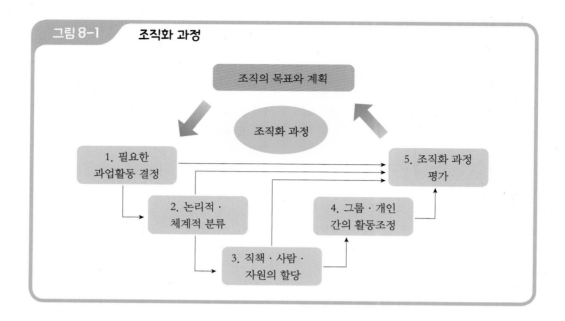

딮치게 된다. 이때 한 과업의 분화는 공동의 목표를 달성하기 위해 통합을 전제로 이루어지지만 분화의 정도가 너무 높아지면 통합이 어려워지기 때문에 분화와 통합의 정도를 어떻게 유지할 것이냐가 조직화 과정에서 가장 중요한 의사결정문제로 대두된다.

2. 분업(전문화)

분업 또는 전문화(specialization)란 조직의 다양한 과업들이 분업화되는 과정을 의미하며 직무설계(job design)를 통해 이루어진다. 직무설계에 의한 전문화는 ① 조직의 과업을 세분화하여, ② 세분화된 과업의 특성(내용, 요구되는 능력)을 파악하고, ③ 그 과업특성과 적합한 개인이나 집단에 그 과업을 배정(할당)하는 것을 말한다.

직무설계

직무설계란 직무만족(개인목표)과 생산성향상(조직목표)을 위하여 직무의 내용과 기능, 그리고 직무 간의 관계를 규정하는 것이다. 이러한 직무설계는 분업의 원칙에 따라 직무가 배분되고 설계되며, 분업의 정도에 따라 과업구조 (task structure)가 결정된다.

직무설계의 발전과정

전통적인 직무설계의 방향은 '직무'를 중심으로 '사람'을 어떻게 적응시키느냐에 있었다. 따라서 직무분석(job analysis)이나 직무평가(job evaluation)가 주요 연구대상이었다. 그러나 현대적 직무설계는 '사람'을 중심으로 '직무'를 어떻게 설계하느냐에 초점을 맞추고 있다.

▌직무전문화

직무의 전문화란 과업을 가능한 한 세분화하여 종업원들이 한정된 범위의 일을 계속적으로 수행하게 함으로써 종업원의 숙련도를 증대시키고 조직의 능률향상을 목표로 하는 개념이다. 따라서 직무전문화는 단순직무의 반복을 통한 능률향상 및 생산성증대, 그리고 미숙련공의 고용을 통한 훈련비와 노무비의 감소 등을

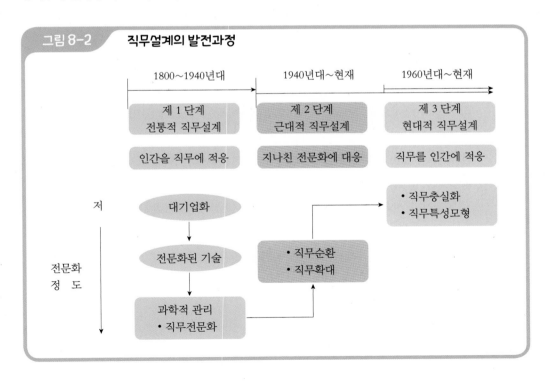

그림 8-2 **직무설계의 발전과정**

통해 조직성과를 실현하고자 하는 과학적 관리법의 기본수단이라고 할 수 있다.

그러나 직무전문화는 과학적 관리법에서 살펴봤듯이 종업원의 권태와 불만 증대, 결근율과 이직률의 증가, 그리고 직무의 비인간화 등의 문제를 야기할 수 있다. 이를 해결하기 위한 직무설계의 방법으로 직무순환이나 직무확대와 같은 방법들이 개발되었다.

▌ 직무순환

직무순환(job rotation)이란 직무 자체의 내용은 그대로 둔 상태에서 조직구성원들에게 여러 직무를 돌아가면서 번갈아 수행하도록 하는 직무설계방법이다. 이는 구성원들에게 다른 기술을 개발할 수 있는 기회를 제공하고 작업흐름을 전체적인 관점에서 이해하도록 해주기 때문에 직무전문화에서와 같은 지루함이나 업무의 단조로움을 극복할 수 있다.

그러나 이 방법은 넓은 의미의 직무확대에 포함된다고 할 수 있으며, 직무의 순환과정에서 동기유발이 적은 직무에 대해서는 실효성이 많이 떨어지는 등의 단점이 있다.

▌ 직무확대

직무확대(job enlargement)는 한 직무에서 수행되는 과업의 수를 증가시켜 직무를 수평적으로 확대하는 방법이다. 즉 직무가 보다 흥미롭고 다양해지도록 직무에 포함되어 있는 기존의 과업들에다 또 다른 과업들을 추가시키는 것이다. 이는 Smith가 주장했던 분업화 또는 전문화에는 역행되지만 직무를 반복 수행함으로써 나타나는 불만족을 어느 정도 감소시킬 수는 있다.

그러나 직무확대 또한 직무의 본질적인 내용을 변화시키지 않기 때문에 근본적인 해결책은 될 수 없으며, 경우에 따라서는 종업원들의 작업량을 증대시켜 종업원 수를 감축하려 한다는 비난을 받을 수도 있다.

▌ 직무충실화

직무충실화(job enrichment)는 앞서 살펴본 직무설계방법과는 달리 직무성과가 직무수행에 따른 경제적 보상보다는 내재적 보상, 즉 개인의 심리적 만족에 달려있다는 전제하에서 출발한다. 따라서 직무충실화는 Herzberg의 2요인이론 중 동기요인(만족요인)을 바탕으로 하고 있으며, 단순히 직무를 확대(직무내용의 다양화)하는 것뿐만 아니라 종업원의 직무수행에 더 많은 자율성과 책임을 부여하고 개인적인 성장과 의미 있는 작업경험에 대한 기회제공 등을 포함한다.

흔히 수평적인 직무확대와 비교하여 직무충실화를 수직적 직무확대라고도 하지만 대개의 경우 직무충실화는 수평적 직무확대와 수직적 직무확대를 동시에 포함하고 있다.

▌직무특성모형

대부분의 연구결과는 직무확대와 직무충실화가 직무만족을 증가시키고 결근율과 이직률을 감소시키며 생산성을 개선할 것이라고 주장하지만 상반된 연

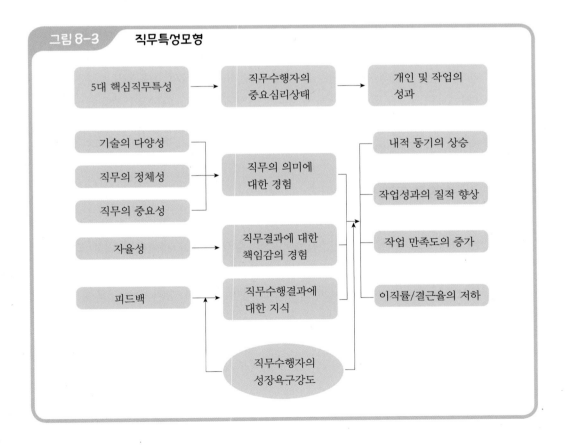

그림 8-3   직무특성모형

구결과들, 예를 들면 생산성을 증가시키지 않거나 오히려 부정적인 결과를 유발한다는 연구들도 제시되고 있다. 따라서 최근에는 조직구성원의 개인 차이와 직무특성 등을 고려하는 상황적합적인 직무설계방법의 도입이 요구되고 있다.

Hackman & Oldham의 직무특성모형(job characteristics model)은 Herzberg의 2요인이론에서 무시하고 있는 개인 차이를 인정하고 조절변수로서 종업원의 성장욕구강도를 도입한 직무설계방법이다.

〈그림 8-3〉은 직무특성의 정도가 높다 하더라도 종업원의 성장욕구가 크지 않으면 좋은 결과를 낳을 수 없다는 것을 보여주고 있다.

3. 통합과 조정

일단 분업 또는 전문화에 의해 세분화된 직무는 유사한 것끼리 묶어 작업단위 또는 작업 군(群)을 형성(통합)하고 그것을 일정한 관리자의 관리 및 통제하에 두는 부문화가 필요하다. 이와 같은 통합을 위해서는 전문화되어 분화된 개인 또는 집단의 작업 활동을 상호 연결시켜 조직의 공동목표를 지향하도록 하는 노력, 즉 조정이 필요하게 된다. 조정에는 동일계층상의 활동을 조정하는 수평적 조정(horizontal coordination)과 계층 상하의 활동을 조정하는 수직적 조정(vertical coordination)이 있다.

수평적 조정(부문화)

수평적 조정(horizontal coordination)은 조직의 제 활동이 횡적으로 통합되는 과정으로 성원 및 하위단위부서 간의 횡적 조정을 개선하기 위해 조직을 어떻게 구조화할 것인가의 문제이다. 이는 수평적 분화(horizontal differentiation) 또는 부문화(departmentalization)라고도 하며 조직의 성격이나 규모에 따라 상이하지만 일반적으로 기능별 조직구조, 사업부별 조직구조, 그리고 결합 형태인 매트릭스 형태 등의 조직구조로 나타난다. 이에 대한 구체적인 내용은 절을 달리하여 조직의 형태(조직구조)에서 살펴보기로 한다.

수직적 조정

　수직적 조정이란 권한(authority)의 계층을 활용하여 분화되고 전문화된 조직의 제 요소를 통합하는 과정이다. 수직적 조정에는 ① 명령의 연쇄(chain of command), ② 관리의 범위(span of control), ③ 권한위양(delegation), ④ 집권화－분권화(centralization-decentralization)와 같은 네 가지의 기본적 요소가 있다 (〈그림 8－4〉 참조).

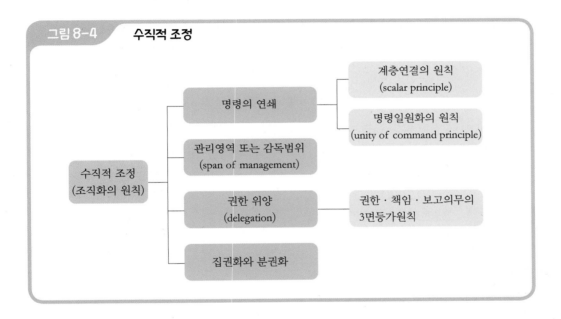

그림 8-4　**수직적 조정**

▌명령의 연쇄

　명령의 연쇄란 각 계층을 수직적으로 연결하는 공식적인 권한의 연결(권한과 책임 및 외부적 책임(accountability)에 의한 연결)을 의미한다. 이와 같은 명령의 연쇄와 관련된 고전적 관리원칙으로는 계층연결의 원칙(scalar principle)과 명령일원화의 원칙(unity of command principle) 등이 있다. 먼저 계층연결의 원칙은 모든 계층의 사람을 연결하는 단절 없는 명백한 명령의 연결이 있어야 한다는 원칙이고 명령일원화의 원칙은 조직의 각 구성원은 단지 한 사람의 상위자에게 만 보고할 의무를 가져야 한다는 원칙이다. 명령의 연쇄가 수직적 조정에서 중요한 이유는 과다한 관리계층으로 명령의 연쇄가 길어지면 비능률과 생산성의 저하가 초래될 수 있고 지시나 명령을 하달할 때 공식적인 명령의 연쇄를 따르지 않으면 하위자들을 혼란과 갈등에 빠뜨릴 뿐만 아니라 직속상사의 권한은 손상을 입을 수 있기 때문이다

▌ 관리의 범위

관리의 범위(span of management)는 한 사람의 관리자가 가장 효과적으로 관리할 수 있는 종업원의 수를 의미한다. 따라서 관리범위가 좁아지면 고층조직구조(tall organization)를 형성하게 되고 관리범위가 넓어지면 평면조직구조(flat organization)를 형성하게 된다. 〈표 8-1〉은 관리범위에 따른 두 조직구조의 특징을 설명하고 있다.

일반적으로 종업원들이 수행하는 과업이 유사할수록, 일상적이고 단순할수록, 종업들이 고도로 훈련되어 강한 기술능력을 소유하고 있을수록, 종업원들의 업무수행과정에서 서로 간에 의존할 필요 없이 독립적일수록 보다 넓은 감독범위가 가능하다.

표 8-1 **고층조직구조와 평면조직구조**

	평면(flat)조직구조	고층(tall)조직구조
관리영역	넓음	좁음
경영의 계층 수	적음	많음
조직구조모형		

▌ 권한위양(위임)

권한위양이란 과업을 다른 사람(부하직원)들에게 할당하고 위임(entrusting)하는 과정을 말한다. 권한위양의 과정에는 ① 무슨 일을 수행해야 하는지에 대한 수행책임을 분명히 부여하고(책임, responsibility), ② 할당받은 과업을 수행

할 수 있도록 필요한 조치를 취할 수 있는 권한(예를 들어, 작업수행에 필요한 자금사용, 원자재의 활용, 외부에 대한 조직 대표 권한 등)이 부여되어야 한다(권한, authority). 뿐만 아니라 ③ 모든 조직구성원은 자신에 대한 개인적인 책임감뿐만 아니라 상위자에 대해서도 그 업무수행결과에 대한 책임을 지도록 하여야 한다(보고의무, accountability). 따라서 책임, 권한, 보고의무는 권한위양을 통한 수직적 조정의 기반이 되며, 기업조직이 내부적으로 안정된 균형 상태를 유지하기 위해서는 위의 세 가지가 모든 직위에서 서로 동일하게 균형이 이루어져야 한다(삼면등가의 원칙).

▌집권화와 분권화

　집권화와 분권화 문제는 의사결정을 위한 모든 권한을 조직의 최고경영층에 집중시킬 것인가, 아니면 광범위한 권한위양을 통해 관리자의 의사결정권을 조직의 모든 계층에 분산시킬 것인가에 대한 문제이다. 즉 기업전체조직의 형태를 결정함에 있어서 권한을 어느 계층에 집중시킬 것이냐에 관한 것으로 권한집중 형태에 따라 집권적 관리조직과 분권적 관리조직으로 나누어 볼 수 있다. 집권적 관리조직이란 의사결정권과 통제권이 상위의 특정계층에 집중되어 있는 조직을 말하며, 분권적 관리조직이란 권한위임의 원칙에 따라 상대적으로 하위계층이 권한을 행사하는 조직을 말한다. 의사결정의 중요성이 낮을수록, 반복적이고 정형적인 의사결정일수록, 업무의 특성이 동적이고 유동성의 정도가 높을수록 분권화되는 경향이 강하다. 이외에도 조직의 정책이나 방침의 일관성(통일성)이 요구되지 않을수록, 성장하는 기업일수록, 경영자의 관리능력이 우수할수록, 소유와 경영이 분리된 기업일수록 분권화 정도는 높아진다. 일반적으로 집권적 관리조직은 통일된 정책과 방침을 유지하므로 표준화의 이익을 기대할 수 있으며 경영자의 지식과 경험 및 기술을 최대한 이용할 수 있는 반면, 의사결정이 지연되고 하위계층의 사기 저하 및 창의력 개발의 부진, 유능한 경영자의 개발이 어려운 점 등의 단점을 가지고 있다.

조직의 형태

1. 조직구조의 의의 및 영향요인

조직구조의 의의

조직구조는 조직이 택하게 되는 구성원의 직능체계로서 분화된 조직의 직능이 보다 유효하게 수행될 수 있도록 직능을 하나의 분업과 협업의 프레임워크(framework)로서 형성시켜 놓은 조직의 형태이다. 즉 조직구조는 분화(differentiation)와 통합(integration)을 위한 공식적인 조정시스템으로 기업의 과업 및 자원과 적합하게 이루어질 때 생산성은 높아진다. 따라서 기업은 생산성 향상을 위해 경영환경의 변화에 맞춰 계속적으로 조직구조를 개선(restructuring)하도록 노력해야 한다. 다음에 설명하는 조직구조는 절대적이거나 상호배타적인 것은 아니며, 설명을 위해 단순화시켜 놓은 것이라고 생각하면 된다. 실제 기업에서 나타나는 조직구조는 다음에서 설명할 여러 조직구조들의 특성이 혼재되어 있어 어떤 조직의 조직도를 보면 그 형태가 어떤 조직형태에 속하는지 판단하기 어려운 경우도 많다.

조직구조에 영향을 미치는 요인

현대관리론에서는 조직구조를 상황적합관점(contingency perspective)에서 접근하고 있다. 상황적합관점에 의하면, 조직구조에 영향을 미치는 최소한의 요인으로서 환경(environment), 전략(strategy), 기술(technology), 조직구성원(people), 기업규모(size)의 다섯 가지를 들고 있다. 첫째, 조직구조는 외부환경에 적합해야 한다. 조직의 외부환경은 그 구성요소의 복잡성, 변화 정도, 그리고 불확실성의 정도에 따라 조직에 각기 다른 도전을 제공하기 때문에 어떤 유형의 환경에는 적합한 조직구조라 하더라도 다른 유형의 환경에는 적합하지 않을 수 있기 때문이다. 둘째, 조직구조는 경영전략에 후속되어야 한다. 기업조직 전체의 목표와 그것을 달성하기 위한 전략과 일치되어야 하고 조직구조는 이들을 지원해야 하기 때문이다. 셋째, 조직구조는 기업조직의 기본적 기술에 적합해야 한다. 기업조직이 요구하는 기술이 다르면 다른 별개의 구조적 지원(structural support)을 필요로 하기 때문이다. 넷째, 조직구조는 조직구성원들의 특성에 적합해야 한다. 조직구성원의 기술수준, 흥미와 관심, 욕구, 성격 등이 다양하기 때문에 구성원들의 작업노력을 위한 지원을 극대화하기 위해서는 이와 같은 개인적 차이를 조직구조에 반영해야 하기 때문이다. 다섯째, 조직구조는 기업조직의 규모에 적합해야 한다. 기업조직은 그 규모가 성장해 감에 따라 그 구성원, 기술, 기능 및 환경이 달라지고 더욱더 복잡해지는 경향이 있으며 이러한 규모의 압력에 따른 복잡성은 또 다른 구조적 조정의 필요성을 제기하기 때문이다.

2. 조직구조(조직의 형태)

공식적 조직구조와 비공식적 조직구조

기업의 공식적인 조직구조(formal structure)는 조직도(organization chart)를 통해서 파악할 수 있다. 조직도는 기업조직의 다양한 구성요소, 기본적인 분업, 공식적인 권한과 의사소통경로를 나타내고 있기 때문이다. 그러나 조직도는 정태적인 모형(static model)에 불과하기 때문에 고도로 복잡하고 동태적인 상호작용이 이루어지는 개방체계(open system)로서의 기업조직 전체를 완전하게 묘사할 수는 없다. 반면에 비공식적인 조직구조(informal structure)는 공식적인 조직도상에 나타나지는 않지만 공식적 조직구조 내의 작업 상황에서 조직구성원들의 상호 대면접촉을 통해 자생적으로 형성된 집단이다. 비공식적 조직구조는 조직구성원의 지각과 행동에 영향을 미칠 뿐만 아니라 조직목표의 달성에도 중대한 영향을 미치기 때문에 관리자나 경영자는 이를 간과해서는 안 된다.

비공식조직이 공식조직의 활동에 미치는 영향은 다음과 같은 세 가지 측면에서 살펴볼 수 있다. 첫째, 생산과 관련된 성과에 대한 영향이다. 만약 조직구성원들이 담합하여 생산을 제한하기로 결정하게 되면 그 부서의 생산목표달성은 어려움을 겪을 수밖에 없으며, 관리자에 의해 설정된 작업 목표를 지지하기로 합의한다면 조직목표를 달성해 가는 데 있어서 강력한 추진력이 될 수도 있다. 둘째, 조직구성원의 사기(morale)에 대한 영향이다. 만약 비공식조직이 그 기업조직이나 관리자를 신뢰하지 못하게 되면 그 조직구성원들의 사기는 낮아질 수밖에 없다. 게다가 사기와 생산성은 상관성이 있는 경우가 많고 사기는 기업조직이나 직무에 대한 비공식조직의 태도와 관련성을 가지고 있기 때문에 관리자는 이를 신중하게 다루어야 한다. 셋째, 변화에 대한 저항이다. 만약 비공식조직이 기업조직 또는 작업변화로 인하여 어떤 위협을 느끼게 되면 그 변화에 대하여 저항하는 경우가 발생한다. 특히 관리자가 작업설계를 변경한다거나 작업의 흐름을 변경하는 경우에는 비공식조직의 사회적 패턴(social pattern)을 흐뜨리고 이에 대한 저항을 초래할 수 있다. 따라서 관리자는 직무의 구조를 변경한다든지 조직구성원의 전근 및 배치를 위한 의사결정을 하게 될 때는 그 과정에서 이와 같은 비공식조직의 영향력을 고려해야만 한다.

라인 조직

라인(line) 조직은 직계·직선·군대식 조직구조라고도 하는데, 각 조직구성원이 한 사람의 직속 상위자의 지휘·명령에 따라 활동하고 동시에 그 상위자에 대해서만 책임을 지는 가장 오래된 조직형태이다. 이 조직은 지휘·명령계통이 단순하고 명확하므로 명령일원화의 원칙(principle of unit of command)이 잘 지켜진다. 따라서 책임과 권한소재가 명백하고 의사결정이 신속하며 주어진 권한 범위 내에서 임기응변적 조치를 취하기 쉽다는 장점이 있다. 반면 각 부문의 독립성이 강하기 때문에 부문 간의 유기적 조정이 어렵고 직장은 만능이어야 하기 때문에 직장의 양성이 어려운 단점이 있다. 이러한 조직구조는 경영자나 관리자가 작업내용에 대해서 포괄적인 지식과 경험을 가지고 있고 인간관계면에서도 상위자가 하위자를 완전히 장악할 수 있는 조직에 적합하다. 따라서 산업화 초기 단계에 많이 볼 수 있었던 조직형태로 오늘날에는 창업단계에 있는 중·소규모의 기업에서 찾아 볼 수 있다.

조직구조는 전략을 따른다!

조선 시대의 야담(野談)이다. 세도가 윤원형이 이조판서일 때 그의 집은 뇌물을 바치고 벼슬을 청탁하는 사람들로 늘 문전성시였다. 어떤 사람이 누에고치 오백 근을 지고 와서 참봉자리를 청탁하였다. 참봉(參奉)은 종 9품으로 최말단 벼슬이다. 윤원형은 대수롭지 않은 청탁이라 건성으로 듣고 말았다. 며칠 후 그 사람이 다시 와서 재차 간청했다. 마침 술에 취해 청탁자의 이름을 기억 못한 윤원형은 담당관을 불러 지시했다. "거~거~, 고치 있잖아! 거기 참봉자리 하나 줘". 담당관은 '고치'가 사람 이름인 줄 알고 전국의 양반 명부를 뒤져 시골 어디에서 농사짓던 '고치(高致)'라는 이름의 사람에게 참봉 벼슬을 내렸다. 그렇게 할 일 없는 한 사람의 '어공'(어쩌다 공무원)이 생겼다. 그 어공의 별명은 '고치참봉'이었다.

인도에서의 경험이다. 등기 우편을 보내려고 우체국에 가면 짜증날 정도로 많은 단계를 밟아야 했다. 무슨 내용이냐 물어보는 직원, 무게 재고 우표 금액을 알려주는 직원, 우표 파는 직원, 우표 붙이고 소인 찍는 직원, 장부에 적는 직원, 마지막으로 접수증을 주는 직원까지 모두 6단계를 거친다. 과도한 조직 팽창과 분업으로 오히려 비효율적이며 고객에게는 불편만 주는 관료조직의 극단적 예이다.

조직은 통제하지 않으면 시간이 흐를수록 비대해지고 복잡해진다. 영국 해군에서 근무했던 경제학자 파킨슨(Northcote Parkinson)이 군조직의 비대화에 대해 연구한 결과를 1955년에 발표했다. 그의 연구는 1차 세계대전이 끝난 후

전투인원과 군함이 감소했는데도 불구하고 행정요원은 오히려 2,000명에서 3,560으로 80% 가량 증가했고, 마찬가지로 2차 세계대전 후에도 행정 관리자의 숫자는 계속적으로 증가하는 추세임을 밝혀냈다. 그의 분석은 이렇다. "관료는 승진을 위해 부하 직원의 수를 늘리려 한다. 부하가 늘어나면 추가된 직원들의 관리, 감독, 지시 업무가 증가하니 중간 관리자를 증원하여 조직이 또 팽창한다." 이를 '파킨슨의 법칙'이라고 하며, 전 세계가 무릎을 치며 공감했다.

조직 구성원은 조직 생활을 통해 필요한 것을 얻는다. 경제적 안정, 인간관계 형성, 자기계발과 성장, 명예와 성취감 그리고 행복 등이다. 조직은 그 목적과 목표를 효율적으로 달성해야만 치열한 생존 경쟁에서 살아 남을 수 있다. 따라서 효율성 제고, 합리적이고 신속한 의사결정 그리고 조직원들의 자발적 창의력 발휘에 주안점을 둔 조직구조를 짜는 것이 현대적 조직설계의 지향점이다.

지금까지 나온 조직이론은 다양하고, 대부분은 맞으나 일부는 불편하다. 그래서 현대의 VUCA(Volatility, Uncertainty, Complexity & Ambiguity) 경영 환경에서는 기존 조직이론을 최대한 수용하려는 방향으로 조직설계를 하는 경향이 있다. 즉, 전통적 조직이론의 주된 가치인 개인의 생산성 향상, 인간관계론의 중점 가치인 사람 중심의 경영, 시스템 이론이나 상황적응 이론(Contingency Theory) 등이 추구하는 생존 적합성 등 모든 가치를 수용하려는 고심의 흔적이 현대 기업의 조직설계에 나타난다.

경영환경의 '복잡성(Complexity)'에 대응해서는, 지나친 '획일화'로 규제하려고 고집하지 말아야 한다. 편향과 획일화 그리고 모든 환경에 언제나 적용될 것 같은 법칙의 함정을 피하려면 다음과 같은 대립적 요소를 적절히 융합하여 조직문화와 핵심가치에 기반한 조직설계를 하여야 한다. 그러나 선택 가능한 다양성 속에서도 조직의 목적과 문화에 맞는 일관성은 어느 정도 유지해야 한다. 조직설계에서 고려해야 할 대립적 중요 요소로는 다음과 같은 것들이 있다.

첫 번째가 분화와 통합이다. 업무나 노동을 어느 정도는 분화(分化)하고 특화(特化)하는 것이 효율성 제고에 좋다. 업무를 기준별로 묶어 부서나 부문으로 나누는 수평적 분화가 있다. 그 기준은 기능, 제품, 고객 그리고 지역에 따른 분화가 흔히 사용되고 있다. 영업부와 재경부의 구분은 기능, 가전과 반도체 사업부는 제품, 개인고객, 기업고객, 경기사업부와 영남사업부의 분류는 고객과 지역에 따른 분류의 예이다. 그렇게 수평적으로 분화된 여러 부서나 부문을 그룹으로 묶어 관리, 감독 그리고 책임 소재를 확실히 하고자 계층(Layer)을 형성하는 것이 조직의 수직적 분화이다. 전체 조직의 목적 달성과 시너지를 위해 분화된 조직을 코디하면서 조정하는 역할이 통합이다. '기획조정'은 통합의 한 예이다.

두 번째 고려 요소는 지휘계통과 통제 범위(Span of Control)이다. 누가 누구에게 보고할 것인지, 한 명이 직접 관리하는 조직원의 수를 얼마로 볼 것이냐가 조직의 구조를 다르게 하는 설계 요소이다. 관료적 조직이 많이 적용되었던 1990년 이전의 한국 대기업에서 평균 7~9단계의 결재 라인 즉, 긴 지휘계통이 보편적이었다. 또 과장급 한 명이 관리하는 사무직 직원의 수도 16명 내외로 통제범위가 매우 큰 부서별 조직이었다. 이것은 지금도 확신이 안 서는 조직설계의 이슈이다.

세 번째 요소는 의사 결정권의 집중화와 분권화이다. 지휘계통의 최고층에 의사결정권이 집중된 것을 집중화(Centralization)라 하고, 하위계층에 위임된 경우를 분권화(Decentralization)라 한다. 현대의 사람 중심 경영에서는 업무 수행 과정의 통제나 감독은 최소화하고, 결과에 대해서만 평가, 통제하는 것이 효과적이다. 그런 경우 권한이 주어진 만큼 동등한 책임을 진다는 '권한-책임 등가의 원칙'을 확실히 하는 것이 조직 설계에서의 필수 사항이다.

위와 같이 조직 설계에서의 6가지 요소를 충분히 고려하여 현재 중견기업 이상에서 구현된 조직의 형태는 크게 3가지로 분류된다. 첫째는 '기능별 조직(Functional Organization)'이다. 가장 간단한 조직을 예로 든다면 CEO 밑에 생산, 영업, 연구개발 그리고 관리부문으로 수평 분화된 조직이다. 아담 스미스의 분업과 막스 베버의 관료제 조직이 가장 충실하게 구현된 조직 형태이다. 분업으로 인해 각 부분의 전문성이 강화된 장점이 있으나, 부문간의 소통단절과 부서 이기주의, 즉 사일로 효과(Silo Effect)가 나타난다는 단점이 있다. 정유산업 등 장치산업이 이런 형태를 주로 취하는데, 놀랍게도 현재 세계 최고의 기업가치를 자랑하는 애플도 기능별 조직이다. 그 이유는 각 기능 부서의 책임자가 곧 전문가라는 인식 아래 그에게 재량권을 상당히 부여하고 지휘 라인을 짧게 하여 변화하는 환경에 민첩하게 대응한다는 것이다.

두번째 조직 형태는 사업부제 조직(Divisional Organization)이다. 이는 수평적 분화에서 제품, 고객 또는 지역을 기준으로 하여 분화 시킨 조직으로서, 각 사업부가 독립채산제를 채택한다. 한 회사가 3개 이상의 이질적인 사업을 영위하는 경우, 이런 조직 형태를 취한다. 예를 들어 건설업, 제조업 그리고 유통업까지 사업 영역을 다각화 한 기업이 이런 조직 형태를 취한다. 성과와 책임을 명확히 하는 장점이 있는 반면, 각 사업부에서 '규모의 경제(Economies of Scale)'를 상실한다는 단점이 있다. 캐딜락, 쉐보레, 올즈모빌 등 여러 사업부로 나누어진 과거 GM과 같이 1960년 미국의 대표적 기업들이 이 조직 형태를 취했다.

마지막은 혼합형 조직(Hybrid Organization)이다. 이는 기능별 조직과 사업부제 조직의 혼합인데, 그 조직 형태가 노리는 효과는 영업에서의 시너지 효과와 구매 등에서의 '규모의 경제'이다. 대형 건설회사, 지역별 판매망을 가진 자동차 회사가 대개 이런 조직 구조를 취한다.

지금까지 누적된 조직이론 및 조직설계에서 경영자가 고려하고 취해야 할 가치와 효과는 너무나도 많고 복잡하게 얽혀 있다. 이런 상황에서 경영자를 위해 조직 설계에서 있어 핵심적 고려 사항만 요약한다면 다음과 같다.

첫째, 조직은 그냥 놔두면 자연적으로 팽창하고 복잡해진다. 더 복잡해질수록 그 기업은 더 일찍 노후화한다는 것도 파킨스의 법칙이다. 조직의 규모가 커질 때 그 구성원의 자율성이나 창의성은 더 떨어진다. 조직은 Slim하게 유지해야 한다.

둘째, 조직의 경직성을 완화하여 자율적이고 창의적인 활동을 자극하는 자율경영 체계를 갖추어야 한다. 이를 위해서는 수직적 구조의 의사결정 단계를 줄이고, 분권화 된 수평적 조직을 확대해야 한다. 어떤 집단의 상위 20%가 전체 성과의 80%를 차지한다는 2대 8의 법칙인 파레토의 법칙(Pareto Principle)이 있다. 이 법칙이 기업에서는 나타나지 않도록 전 조직원의 창의와 자율적 성과를 유도해야 한다.

마지막으로 모든 기업은 자신의 경영전략에 맞추어 유기적으로 조직을 바꿔야 한다. "조직구조는 전략을 따른다(Structure follows strategy)"는 경영전략과 조직설계의 정곡을 동시에 찌르는 챈들러(Alfred Chandler) 교수의 유명한 말이다.

출처: 매일경제 2023.08.16.

직능식 조직

Taylor가 라인조직의 결점인 전문화의 원리를 활용하기 위해 수평적 분화에 중점을 두고 고안한 형태로 흔히 기능조직 또는 직능직장제도라고 한다. 따라서 이러한 조직구조는 부문별로 전문 관리자를 두고 여러 명의 전문 관리자가 하위자를 지휘·감독하게 된다. 직능식 조직의 가장 큰 특징은 분야별로 전

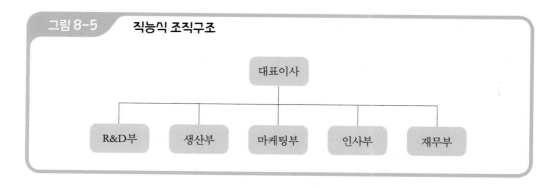

그림 8-5 **직능식 조직구조**

문적인 기능을 가진 상위자의 명령을 받기 때문에 전문화의 원리가 잘 적용되고 예외사항의 처리를 원활히 할 수 있다는 장점이 있다. 또한 각각의 기능이 전문화되기 때문에 해당 분야의 전문가 양성이 비교적 수월할 수 있다. 그러나 한 사람의 작업자에게 복수의 명령이 내려짐으로써 명령일원화의 원칙(principle of unit of command)이 파괴될 수 있어 조직 전체적인 통제가 어렵고 전반관리자의 양성이 어려우며, 기술혁신의 촉진이 이루어지지 않는다는 단점이 있다. 따라서 이 조직형태도 대규모 조직에는 적용하기 어렵다. 〈그림 8-5〉는 직능식 조직구조의 예시이다.

라인-스태프 조직

Emerson이 창안한 라인-스태프(line-staff) 조직은 라인조직에 스태프를 보강함으로써 직계조직이 갖는 명령·지휘계통의 일원성을 유지하고 동시에 직능식 조직의 전문화 이점을 살리려는 조직형태이다. 직계참모식 조직이라고 하는 이 조직구조는 오늘날 가장 일반적인 조직구조로서 거의 모든 기업이 이 형태를 따르고 있다. 스태프 전문가들이 라인의 관리자에게 전문적인 지식과 기술을 제공함으로써 라인의 업무 부담이 줄어들고 업무수행에 관계없는 문제에 소요되는 시간낭비를 방지할 수 있는 장점이 있다. 그러나 라인부서의 의사결정과 집행이 지체될 수 있고, 스태프는 조언 및 권고는 할 수 있지만 명령권한이 없기 때문에 스태프와 라인 간의 갈등이 야기될 수도 있다. 〈그림 8-6〉은 라인-스태프 조직구조의 예시이다.

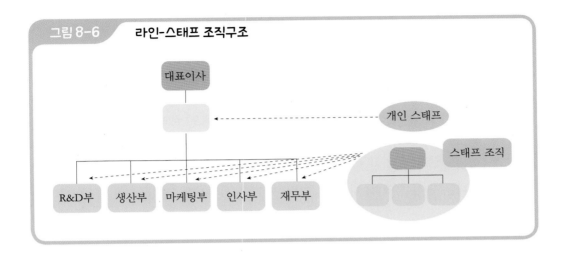

그림 8-6 **라인-스태프 조직구조**

사업부제 조직

오늘날 기업규모가 증대되고 제품과 시장이 다양하게 확장되면서 제품이나 시장, 지역 또는 고객별 등으로 사업부가 부문화되어 만들어진 조직구조를 사업부제 조직(divisional organization)이라고 한다. 오늘날 다국적기업들이 가장 보편적으로 채택하고 있는 조직구조 형태이기도 하다. 이 조직구조는 각 사업부문의 책임자들에게 특정 사업부문에 관련된 경영활동에 대해서 대부분의 권한을 부여하고 독립성을 인정해주면서 책임의식 또한 강하게 부여하는 조직구

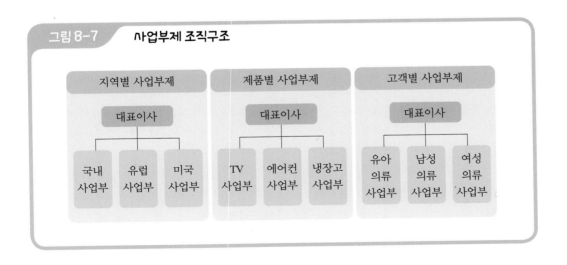

그림 8-7 **사업부제 조직구조**

조 형태이다. 따라서 각 사업부는 독립적인 수익단위 및 비용단위로 운영되고, 경우에 따라서는 하나의 독립적인 기업처럼 운영된다.

사업부제 조직은 사업부문별로 권한과 책임을 부여함으로써 시장변화 또는 소비자욕구변화에 비교적 빠르게 대처할 수 있으며 성과에 대한 책임소재를 분명히 할 수 있다. 따라서 전반경영자의 육성에도 효과적이다. 그러나 사업부문 간에 중복된 부서가 존재하여 자원의 낭비를 초래하거나 지나친 경쟁을 유발하여 사업부문 상호간의 조정이나 기업 전체적인 목표달성을 어렵게 할 수도 있다는 단점이 있다. 다음의 〈그림 8-7〉은 사업부제 조직구조의 예시이다.

사례 8-2

파나소닉, '혁신' 위해 12년 만에 사업부제 부활

일본 전자업체 파나소닉이 12년 만에 사업부제(事業部制)를 부활시킨다고 니혼게이자이신문이 19일 보도했다.

이는 개발, 제조, 판매의 일체감을 강화해 보다 혁신적인 제품을 만들기 위한 조치로 풀이된다.

사업부제는 기업 조직을 제품별, 지역별, 시장별로 구분해 개별 경영 단위로 기획·개발에서 생산, 영업까지 일괄 관리하도록 자유재량을 주는 분권 관리 방식이다. 수익 책임을 명확히 할 수 있다는 장점이 있어 대다수 글로벌 기업들이 이를 기본적으로 적용하고 있다.

이에 따라 파나소닉은 주로 기획과 개발을 담당하던 90여 개 비즈니스유닛(BU)을 약 50개로 통합하고 생산과 영업기능을 흡수시킨 뒤 명칭을 '사업부'로 바꿀 예정이다. 이와 함께 사업부별 매출 대비 영업이익률 목표를 5%로 설정했다.

파나소닉의 사업부제 부활은 고객 목소리를 신속하게 반영하기 위한 것이라고 신문은 풀이했다. 디지털화가 가속화되면서 기술과 상품 트렌드가 빠른 속도로 변하는 가운데 개발과 생산, 영업이 분리된 시스템에서는 시장 요구에 부합하는 제품 출시가 늦어질 수 있다는 설명이다.

특히 향후 주력하는 기업간 거래(B to B) 분야에서 고객 관점에 입각한 사업 운영이 강하게 요구되면서 조직 재검토가 급물살을 탄 것으로 알려졌다.

파나소닉 창업자인 고(故) 마쓰시타 고노스케(松下幸之助)가 지난 1993년 일본에서 처음으로 도입한 사업부제는 제품별 '책임경영'을 내세웠던 파나소닉의 상징이다.

그러나 자회사가 증가하면서 같은 종류의 제품을 여러 사업부가 개발·판매하는 부작용이 드러났다.

이에 따라 나카무라 구니오(中村邦夫) 전(前) 사장은 정보기술(IT) 거품 붕괴로 경영부진에 빠져 있던 2000년대 초에 사업부제를 해체하고 조직을 개발, 생산, 영업 등 기능별로 개편한 바 있다.

신문은 "파나소닉은 사업부제를 포기한 이후 삼성전자(005930)와 애플에 뒤처지게 됐다"며 "지난해 6월 취임한 쓰가 가즈히로(津賀一宏) 사장은 파나소닉의 저수익 구조를 근본적으로 뜯어고쳐 경영 재건에 연결하기 위해 안간힘을 쓰고 있다"고 전했다.

다음달에 새로운 기업경영 계획을 수립하는 파나소닉은 사업부제 부활과 함께 본사 슬림화를 조직 활성화의 두 축으로 삼고 수익 회복에 나설 계획이다. 파나소닉은 2011회계연도에 이어 2년 연속 7,000억엔(약 8조 760억원) 이상의 순손실을 기록할 것으로 보인다.

출처: 이데일리 2013.02.19.

위원회 조직

위원회 조직(committee organization)은 부문 간의 협조와 조정을 확보하고 전사적인 관점에서의 의사결정을 위하여 기존의 조직구조 위에 설치되는 또 하나의 조직기구이다. 따라서 위원회는 어떤 특정한 문제의 해결을 위해 조언, 조정 및 의사결정을 하는 계획적인 집단이라고 말할 수 있다. 위원회조직은 집단토의(group discussion) 방법을 도입함으로써 조직의 제 활동에 유익한 창의적인 아이디어를 창출해 낼 수 있으며, 보다 건전한 결론에 도달할 수도 있다. 또한 여러 부문에 공통적으로 해당되거나 한 사람의 권한과 권력으로 해결할 수 없는 문제들을 보다 현실적으로 해결할 수도 있다. 그러나 위원회조직은 여러 사람으로 구성되기 때문에 회의과정에서의 시간낭비 및 기동성의 결여, 타협의 위험, 책임의 분산 및 책임부재의 결정 등 집단사고(group thinking)에서 나타나는 단점들이 나타날 수도 있기 때문에 이를 활용하는 데 있어서는 운영의 묘를 기해야 한다.

프로젝트 조직

프로젝트 조직(project organization)이란 특정 과제나 목표를 달성하기 위해 구성되는 임시적이고 동태적인 조직구조로서 태스크포스 팀(task force team)이라고도 한다. 팀은 기존 조직에서 프로젝트 수행에 적합하다고 판단되는 사람

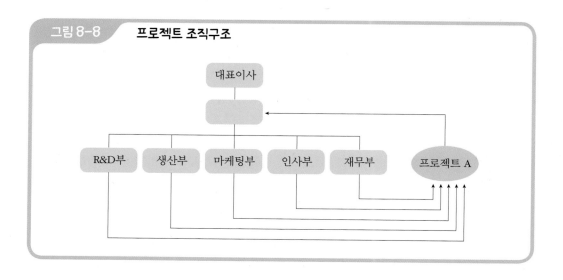

그림 8-8 프로젝트 조직구조

을 차출하여 구성한다. 이 조직은 정태적인 기능별 조직 또는 부문별 조직이 환경변화에 능동적으로 대처하지 못하는 문제점을 극복하기 위하여 등장한 보완적 성격의 조직으로서, 특정 경영상황에서 활동하는 한시적, 동태적 성격의 조직이다. 프로젝트팀의 구성원은 프로젝트의 소기의 목적을 달성하면 원래의 소속된 부서로 돌아가거나 새로운 프로젝트팀에 배치된다. 따라서 프로젝트 조직은 프로젝트 수행을 위해 새로운 조직을 만들지 않아도 되기 때문에 기업조직의 인력운영에 유연성을 확보할 수 있다. 반면에 프로젝트팀은 일시적인 조직이기 때문에 원래 소속되어 있던 부서와의 관계설정이 모호할 수 있고, 여러 부서에서 차출된 사람들로 구성되기 때문에 팀 내의 조화 및 유효성 유지가 어려운 단점이 있다. 따라서 팀장의 능력과 역할이 프로젝트 성과에 결정적이라고 할 수 있다. 〈그림 8-8〉은 프로젝트 조직구조의 예시이다.

매트릭스 조직

사업부제 조직은 다양한 환경변화에 적절하게 대응할 수 있는 장점을 가지고 있는데도 불구하고 기능의 중복 등으로 비효율성을 초래할 수도 있기 때문에, 기업조직의 경영자나 관리자는 새로운 환경변화에 적극적으로 대처하지 않는 경우가 발생한다. 매트릭스 조직(matrix organization)은 이러한 문제점을 해결하고자 직능식 조직의 장점과 프로젝트 조직의 장점만을 결합시켜 만들어진 조직구조라고 할 수 있다. 즉 한쪽에는 생산, 마케팅, 재무, 인사 등과 같은 기능부문이 존재하고 다른 한쪽에는 프로젝트 부문이 존재하여 프로젝트의 목적이 효율적으로 달성될 수 있도록 기능부문으로부터 파견된 종업원들로 구성된 일시적 형태의 조직구조이다. 따라서 매트릭스 조직의 구성원은 2개 이상의 조직부서에 속함으로써 수직적 명령체계(기능부문 상급자와의 관계)와 수평적 명령체계(프로젝트 책임자와의 관계)가 동시에 존재하는 복합명령체계에 속하게 된다. 이러한 조직구조는 건설 회사나 광고 대행사, 경영컨설팅 회사 등에서 자주 나타난다.

매트릭스 조직구조는 인적자원을 효율적으로 사용할 수 있고 새로운 환경변화에 융통성 있게 대처할 수 있는 구조로서 동시에 여러 가지의 프로젝트를 실행할 수 있는 등의 장점이 있다. 그러나 매트릭스 조직구조는 조직구성원들이 프로젝트 업무가 진행되는 동안만 운영되는 임시조직이라는 것을 알기 때문에 임기응변적인 자세로 근무하기 쉽고, 두 명 이상의 상급자를 갖게 되기 때문에 이들로부터 서로 다른 명령이나 지시를 받을 경우에 혼선이나 갈등이 유발될 수 있는 등의 단점이 있다. 〈그림 8-9〉는 매트릭스 조직구조의 예시이다.

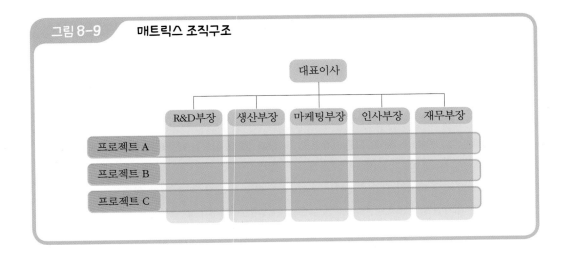

그림 8-9   **매트릭스 조직구조**

사례 8-3 ESG 경영을 잘하기 위한 바람직한 조직의 모습은?

지금은 ESG 기획팀, ESG 전략팀 등의 명칭으로 ESG 전담조직이 있는 것이 너무나 당연하지만, 필자가 ESG업무를 처음 시작하던 10여 년 전만 하더라도 ESG 전담조직이 있는 경우가 드물었다. 동일한 업무를 해왔음에도 조직이 안정화되지 않아 마치 시골 장터가 열릴 때마다 이동하는 보따리장수처럼 계속 사회공헌, 환경/보건/안전, IR, CR, PR 등 여러 곳의 조직을 이동해 왔다.

실제 ESG 담당조직 변화와 관련된 국내 연구에 따르면, ESG 담당 조직이 기업 스스로의 필요성에 의해서 자발적으로 신설되는 '기술 경제적 시각'보다는 이해관계자의 요구 때문에 비자발적으로 신설되는 '정치적 시각'의 특성이 높은 편이라고 한다.

즉, 기업의 ESG 담당 조직은 기업 경영에 있어 필수적인 기획, 재무, 마케팅, 인사 등 효율성의 관점에서 구성되는 조직과는 달리 사회적 정당성 및 필요성 등의 제도화된 환경에 의해 조직이 신설되며 이해관계자의 요구 정도가 낮아지면 조직의 형태가 장기간 유지되지 않는 경향이 있다고 한다.

일반적인 기업들의 지원부서와 특성이 다른 ESG 조직

앞에서 언급한 내용을 이해하기 위해서는 ESG 조직의 특성을 이해할 필요가 있다.

일반적인 대기업들의 조직구조를 보면 대부분은 관료제를 채택하고 있다. 관료제는 전문화, 공식화된 규칙과 규정, 기능적 부서로 묶인 업무, 집중된 권한, 지휘체계에 따른 의사결정

을 특징으로 갖고 있는 제도이며 기능별 조직구조와 부문별 조직구조 등으로 분류된다.

일반적으로 대기업들은 기능별 조직구조 (Functional Structure)로 구성되어 있으며 이 기능별 조직구조는 임직원의 전문성, 역할, 업무에 따라 묶는 조직 형태로서 생산부서, 마케팅부서, 인사관리 부서 등으로 구성되어 있는 것이다. 일반적으로 우리가 기업에서 흔히 보는 이런 기능별 조직구조는 기계적 모델(Mechanistic model)로도 얘기할 수 있다.

예를 들어, 인사나 재무 부서를 예로 들면 각 직급별로 업무 범위가 명확합니다. 보통 저연차에는 급여 지급이나 총무, 채용 등의 업무를 수행하고, 고연차로 갈수록 인사제도 기획이나 보상수준 결정 등의 업무를 하게 된다. 결국 업무가 명확히 정의되어 있고 분리가 가능하기 때문에 세분화가 가능한 것이다.

하지만 ESG 조직은 이런 관료제 조직구조 형태에 맞지 않은 조직이다. ESG부서는 실제 본인들이 수행하는 고유의 업무의 비중보다는 회사 전반적인 부분을 컨트롤하고 움직이게 하는 협업의 비중이 절대적으로 높기 때문이다.

ESG 경영을 잘하기 위한 ESG 조직 구조는 매트릭스 형태

일부 ESG를 주요 경영 원칙으로 내세우는 기업들을 제외하고 대부분의 ESG 조직은 기업 내에서 다른 조직에 비해 명확하지 않고 권한도 적은 경우가 대부분이다. 그렇기 때문에 대부분의 기업에서 ESG 조직은 규모가 크지 않고

기껏해야 몇 명 안 되는 구조인 상황이다. 하지만, 일부 ESG를 잘 이해하고 있지 못하는 임직원들은 대내외 이해관계자들의 쏟아지는 ESG 관련된 모든 요구사항은 ESG 조직에서 알아서 잘 해결하겠지라고 생각하면서 관심을 가지지 않거나 협업 요청에 적극적으로 대응하지 않는 경우가 많다.

그렇기 때문에 ESG조직은 매트릭스 구조로 가져가야 한다. 매트릭스 구조는 기능별 조직과 제품별 조직을 합쳐놓은 조직형태로서 프로젝트 조직과 기능식 조직을 절충한 조직 형태를 말한다. 즉 구성원 개인을 원래의 종적인 계열과 함께 횡적인 팀의 일원으로서 임무를 수행하게 하는 조직 형태이다.

ESG 담당자는 ESG와 관련된 고유의 담당하는 업무(예를 들어 지속가능경영보고서 발간, KPI 관리, 투자자 미팅 등)을 각각 부담되지 않는 선에서 맡되 환경, 사회, 지배구조 영역에서 본인이 전문성을 기르고 싶은 영역을 정해 놓고 이에 대한 전문성도 같이 키울 수 있는 구조로 가야 한다고 본다.

예를 들어 어떤 한 직원의 전문영역을 환경영역으로 정한다면 이 환경 분야의 최신 동향 등은 항상 학습하면서 환경부서와 소통할 수 있을 정도로 전문성을 높일 수 있도록 지원한다. 이와 병행하면서 지속가능경영보고서의 환경 파트 작성을 맡고 ESG 평가에서도 환경분야를 맡는 식으로 가는 것이다. 물론 모든 업무를 이런 형태로만 수행하게 되면 모든 업무가 파편화가 되어 전체적인 큰 그림을 보지 못하게 되기 때문에 지속가능경영보고서 총괄 담당자를 따로 두되 각 컨텐츠에 대한 부분은 영역별 담당자에게 일임하는 식으로 운영을 해야 한다.

예전에 인권경영이나 공급망 ESG 관리는 당연히 ESG 조직에서 하는 것으로 생각했었다. 하지만 최근에는 HR부서에서 인권경영을 언급하고 있고 공급망 ESG 관리는 구매부서에서 수행하는 경우가 늘어나고 있다.

ESG 조직을 단순한 오퍼레이션(Operation) 기능의 조직으로 이끌고 간다면 무한정 업무가 늘어나고 결국 조직원들은 과다한 업무량으로 힘들어할 수밖에 없다. 그렇기 때문에 오퍼레이션 업무는 최대한 현업부서로 배분해야 더욱 효율적이다. 예를 들어, ESG 부서에서 장애인 고용률을 높이기 위해 장애인들을 직접 채용에 관여할 수는 없기 때문이다.

결론적으로 ESG 조직의 운영은 매트릭스 구조 형태로 하되 Operation 업무는 최대한 해당하는 현업부서에서 실행하고 ESG 조직은 좀 더 전사적 관점에서 기획하고 컨트롤하는 형태로 가야 효율적인 운영이 될 수 있다고 생각한다.

출처: 임팩트온 2023.08.22.

네트워크 조직과 가상 조직, 무경계 조직

네트워크 조직구조(network organization)는 탄력적인 조직운영을 위하여 조직 내에는 꼭 필요한 최소한의 부서만 운영하고 그 외의 기능들은 상황에 따라 유리한 조건을 얻을 수 있는 다른 조직들을 활용함으로써 조직의 유연성을 확보하고자 하는 조직형태이다. 일반적으로 조직 내에는 계획 및 조직, 통제기능을 담당하는 부서만 남겨두고 생산, 판매 등의 기능은 다른 조직을 활용(outsourcing)한다. 네트워크 조직구조는 상표의 인지도가 높거나 신용이 좋은 기업, 장난감, 의류, 신발 등과 같은 유행성 제품을 취급하는 기업들이 선호하는 조직구조이다. 특히 최근에는 각각의 독립적인 기업들이 전략적 제휴나 합작관계를 통하여 기업 네트워크를 형성하고 핵심기술의 공유 및 비용절감 등의 시너지효과를 추구하고 있다. 네트워크 조직은 환경변화에 신속하게 대처할 수 있다는 장점이 있으나 외부조직에 의뢰한 기능들은 직접적인 통제를 할 수 없기 때문에 생산과 판매 사이의 종합적인 통제가 어렵고 책임소재의 불명확하다는 단점이 있다.

가상 조직(virtual organization)은 네트워크 조직과 운영 면에서는 거의 유사하지만 정보네트워크를 활용한다는 점에서만 차이가 있다. 최근에 IT관련 기술들이 급격하게 발달하면서 가상조직은 조직의 규모에 관계없이 공통적으로 나타나고 있다.

네트워크 조직구조나 가상 조직구조는 전통적인 의미에서의 조직의 경계와 구조가 허물어져 도입된 개념이다. 최근에는 엄청난 속도로 발전하고 있는 네트워크와 IT기술 때문에 모든 형태의 경계가 허물어지는 무경계 조직도 등장하고 있다.

요약

기업조직에서 수행하여야 할 일을 누가 실행할 것인가를 결정하는 과정이 조직화 과정이다. 조직화는 계획과정에서 설정된 기업의 목표를 효율적이고 효과적으로 달성할 수 있도록 과업을 관리가능단위로 세분화하고, 그 세분화된 과업활동들을 조정하는 '시스템'을 만드는 작업이다. 즉 목표달성을 위해 수행해야 할 업무의 내용을 편성하고, 직무수행에 관한 권한과 책임을 명확하게 하며, 수평적, 수직적으로 권한관계를 조정함으로써 상호관계를 설정하는 과정이라고 할 수 있다.

오늘날 기업의 조직구조는 상황적합관점에서 접근하고 있다. 상황적합관점에 의하면, 조직구조는 외부환경에 적합해야 하며, 경영전략에 후속되어야 하고, 기본적 기술에 적합해야 한다. 뿐만 아니라 조직구성원들의 특성에 적합해야 하며, 기업조직의 규모에 적합해야 한다. 기업은 이와 같은 요인들을 고려하여 여러 가지 조직구조형태 중에서 하나를 선택하거나 둘 이상의 조직구조를 결합하여 사용하고, 때로는 새로운 형태의 조직구조를 형성하기도 한다. 특히 최근에는 조직화의 새로운 경향으로 명령단계의 축소, 명령일원화 원칙의 퇴조, 통제범위의 확대, 스태프부문의 축소, 분산화와 집중화의 동시진행, 조직간 경쟁과 협력의 동시 추구 등이 나타나고 있으며 가상조직, 무경계조직 등과 같이 새로운 환경에 적응하기 위한 다양한 유형의 조직구조들이 나타나고 있다.

참고문헌

- Dessler, G., *Management: Leading People and Organizations in the 21st Century*, Upper Saddle River, Prentice Hall, 2002.
- Robbins, S. P. and M. Coulter, *Management*, Upper Saddle River, Prentice Hall, 2002.
- 김남현 외, 「경영학의 이해」, 경문사, 2004.
- 김영규, 「경영학원론」, 박영사, 2009.
- 김진학, 「21세기 경영학」, 한티미디어, 2007.
- 장영광 외, 「생활속의 경영학」, 신영사, 2011.

토의문제

1. 조직의 수평적 분화의 종류와 그 기준을 설명하고 그 예를 들어 보라.
2. 조직의 권한은 어떤 경우에 집중 또는 분산하는 것이 바람직한지를 사례를 들어 설명해 보라.
3. 사업부조직은 어떤 특성을 가지고 있는지를 알아보고 최고경영층 및 본부스 태프와 사업부책임자가 각각 담당해야 할 역할을 구분하여 토론해 보라.
4. 기업을 둘러싸고 있는 환경은 각 기업마다 매우 다른 특성을 나타낸다. 이와 같은 환경에 적응하고 있는 기업조직구조(프로젝트조직, 매트릭스조직, 네트워크조직, 무경계조직)를 최근의 사례를 들어 설명해 보라.

Chapter 9

현재의 실행: 어떻게 실행할 것인가

 리더는 병목이 아니라 병뚜껑에 가깝다

핵심 포스트에 적합한 사람을 발탁하는 것은 첫 단추를 잘 끼우는 것과 같다. 리더가 잘 서야 조직과 구성원들도 제대로 세워지기 때문이다. 용장 밑에 약졸 없다. 리더가 병목일 수 있다고 하는데, 그렇지 않다. 리더는 병목이 아니라 병뚜껑에 가깝다.

최적임자를 앉혀라

리더는 병목이 아니라 병뚜껑에 가깝다 인재 배치에서 가장 중요한 것은 최상층부 인재들을 최적임자로 구성하는 것이다. 만약 그렇지 않다면 이것이야말로 경영자가 1순위로 해결할 일이다. 그런데 이것이 쉽지만은 않다. 일반적으로 리더들은 포스트가 비어 있는 것을 못 참는다. 부족해도 일단 자리를 채운다. 문제는 그 후 적임자를 찾는 노력을 하지 않게 되며, 설령 찾았더라도 조직을 다시 되돌리기 어렵다는 점이다.

그러면 대안은 무엇인가? 처음부터 제대로 하는 것이다. IBM의 루 거스너는 최고경영자(CEO)가 된 후 가장 시급한 일은 전략이나 비전이 아니라 핵심 인재를 찾는 것이라고 판단했고, 첫 2개월을 그 일에 사용했다. 그는 실제로 두 달 만에 대부분의 리더를 교체했고 성공적인 회사로 이끌었다. 이처럼 최적임자를 찾는 것은 CEO의 일이다. 인사책임자(CHO) 혼자 할 수 있는 일이 아니며 해서도 안 된다.

당신은 해결사를 찾기 위해 시간을 온전히 투자해본 적이 있는가? 2개월이 아니라 1개월, 그중 70%의 시간만 집중하면 놀라운 결과를 얻을지도 모른다. 그러면 일은 누가 할까? 어차피 내가 없어도 사업부는 관성과 시스템으로 돌아간다. 높은 직책에 있을수록 부하들이 할 수 없는 일을 해야 한다. 그것이 최고 임금을 받는 이유다. 당신이 최고위직에 있다면 각 리더들에게 한 달간 출근하지 말고 해결사만 찾아오라고 요구해보라. 찾아오든지, 아니면 적어도 인재를 보는 시각을 바꿀 것이다(실제로 여럿에게 적용했고 성과를 거뒀다).

최선이 아니면 내려야 한다

현 직책자가 최선이 아니면 어떻게 할까? 우선

은 그 자리에서 내려야 한다. 그러면 그 빈 포스트는 어떻게 채울 것인가? 최선의 방법은 조직 내에서 발탁하는 것이다. 이 일이 쉽지 않지만, 미리 준비하거나 해결 의지가 분명하면 가능하다. 웬만한 규모의 조직에는 후보가 있는 편이다.

그러면 그 자리에서 내린 사람은 어떻게 할 것인가? 그에게 맞는 다른 자리, 가령 이전에 가장 잘했던 일을 다시 하게 하면 된다. 지금 보직에 맞지 않을 뿐이며 기여할 일은 있다. 다시 준비되면 이전보다 조금 작은 조직의 리더로 발탁해 기회를 줄 수도 있다. 이런 일을 할 때 중요한 것은 타이밍이다. 인재 교체 판단이 서면 즉시 실행해야 한다. 업무 연속성을 이유로 질질 끄는 것은 기업과 당사자 모두에게 좋지 않다. 특히 장래성 있고 젊은 최우수 인재들이 희망을 잃고 탈출하는 치명상을 입을 수도 있다.

외부 영입 시 주의할 점

통계적으로 인재 발탁이 성공할 확률은 30%를 넘지 않는다. 성공 30%, 그저 그런 성과 40%, 전임자보다 처절히 실패할 확률이 30%다. 더구나 외부 영입은 문화 적응 등 넘어야 할 산이 또 하나

있다. 그러므로 다음 세 가지에 해당되지 않으면 외부 영입 결정은 신중해야 한다.

첫째, 인수합병(M&A) 사업부는 새로운 사업과 조직이기에 그 일에 경험 있는 적임자가 유리하다. 둘째, 구조조정 등 강력한 수단이 필요한 경우에는 내부 직원보다는 외부인이 실행하기 용이하다. 셋째, 기술·재무·법무 등 전문 특성이 강한 분야는 외부 영입이 더 좋은 선택일 수 있다.

세 가지 경우에 해당되지 않는데도 외부 영입으로 경영자를 세우고자 할 때는 최고운영책임자(COO)나 3인자 위치에서 1~2년 정도 일과 문화를 익히게 하는 등 스스로 증명할 기회를 줘야 한다. 반대로 외부에서 온 경영자는 기존 조직에 허점이 많아 보이고, 뭔가 단기간에 확 바꿔야겠다는 생각이 강하게 일어날 수 있다. 하지만 어떤 조직이든 성과를 내고 있는 곳이라면 눈에 보이는 것만으로는 설명할 수 없는 무언가가 있다. 그렇지 않으면 고객들이 인정하고 상품이나 서비스를 이용할 리가 없다. 만약 영입한 인재가 조직에 대해 존경심을 갖고 있지 않다면 어떤 경우에든 그 사람을 리더로 세워서는 안 된다.

출처: 한국경제 2023.12.10.

미래의 계획을 어떻게 실행할 것인가의 문제는 경영관리의 순환과정, 즉 관리기능 중 지휘과정과 관련되어 있다. 즉 기업조직이 목표를 수립하고 이를 달성하기 위하여 계획을 수립(planning)하고, 이를 실행할 조직을 구성(organizing)한 후에는 리더와 조직구성원 간의 지휘관계(directing)가 확립되어야 한다. 지휘관계에서는 〈그림 9-1〉과 같이 경영자의 리더십 발휘, 구성원에 대한 동기부여, 그리고 조직 구성원들 간의 커뮤니케이션을 다룬다.

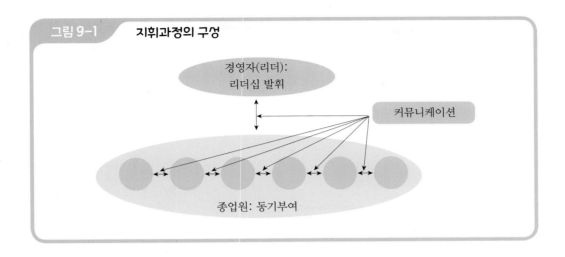

그림 9-1 지휘과정의 구성

경영자(리더): 리더십 발휘

커뮤니케이션

종업원: 동기부여

경영자의 리더십 발휘

1. 리더십이란

　기업의 성공에 영향을 미치는 요인으로서 리더십(leadership)만큼 중요한 것도 없을 것이다. 지휘과정에서 경영자에게 요구되는 리더십은 일반적으로 '일정한 상황하에서 목표달성을 위해 개인이나 집단의 행위에 영향력을 행사하는 과정'으로 정의된다. 즉 리더십은 특정상황하에서 사람들 사이에서 일어나는 현상이고 거기에는 영향력이 작용하며, 그와 같은 영향력은 목표달성을 위해 행사된다. 따라서 리더십 개념은 기업이 처한 상황의 변화에 따라 지속적으로 변화·발전되어 왔으며, 사람(people), 영향력(influence), 그리고 집단이나 조직의 목표(goal)와 같은 세 가지 측면이 강조되고 있음을 알 수 있다.

　이러한 리더십을 가장 잘 이해할 수 있는 방법은 리더십과 관련된 변수들, 예를 들면 종속변수라 할 수 있는 리더십의 효과성(조직의 성과와 구성원의 만족

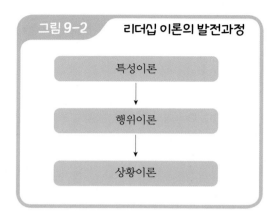

그림 9-2 리더십 이론의 발전과정

특성이론 → 행위이론 → 상황이론

도), 그리고 독립 또는 조절변수라 할 수 있는 리더의 특성과 스타일, 부하의 특성, 리더의 행동, 그리고 리더십의 상황(여건) 등을 살펴보는 것이다. 따라서 리더십 연구들은 고려된 변수들에 따라 분류될 수 있으며, 〈그림 9-2〉와 같이 특성이론, 행위이론, 그리고 상황이론으로 변화 및 발전해오고 있다.

사례 9-1 일론 머스크의 하드코어 리더십, 약일까 독일까

지금 신경영으로 전세계 기업계를 이끌고 있는 인물은 일론 머스크다. 그는 어떻게 단기간에 돈과 첨단기술을 모두 거머쥔 수퍼맨이 되었을까?

단기간에 초성과를 내는 초경영(超經營)을 하고 있기 때문이다. 인류가 오랫동안 유지해오던 더하기(+) 경영을 곱하기(×) 경영으로 확 바꾼 것이다. 더하기 경영이 단순 시너지를 창출했다면 곱하기는 거대한 시너지를 단기간에 창출해 낸다. 9+9=18이지만 9×9=81이다. 100+100=200이지만 100×100=10,000이다.

곱하기 경영은 어떻게 가능해졌을까? 인공지능을 포함한 첨단기술, 서로 다른 강점을 연결하는 협업, 글로벌을 넘어 가상세계와 우주로까지 확장되는 비지니스 영역 그리고 담대한 기업가정신 때문에 가능한 일이다. 필자는 이를 'X경영'(X Management)이라고 명명하였다.

'X'는 곱하기 부호이며 협업의 부호이고 미래 프로젝트에 붙이기도 한다. 정보화사회 이후에 탄생한 글로벌 빅테크 기업들이 싹을 키우더니 드디어 일론 머스크가 'X경영 황제'로 떠올랐다. 그는 트위터를 아예 'X'로 개명하였고 스페이스X, 뉴럴링크X등 모든 사업체를 X로 바꿔놓았다. 지금 세계 일등부자가 일론 머스크다. 과감한 X경영 덕분이다.

X경영의 특징은 단기간에 초성과를 내는 것이지만 동시에 초리스크가 발생하기 쉽다는 것이다. 곱하기 영(Zero)을 하면 순식간에 그동안 쌓아올린 모든 성과가 영이 된다. 심지어 곱하기 마이너스(-)를 하면 회복불가능한 초대형 손실로 이어진다. 따라서 X경영을 잘하려면 초성과 창출뿐만 아니라 초리스크를 관리할 수 있어야 한다.

이제 주목할 점은 일론 머스크의 리더십 스타일이다. 요즘 보기 드문 '하드코어(hard core) 리더십'을 발휘하고 있다. 인정사정 보지 않는 극강(極强)리더십이다. 선(善)한 리더십이 아니라 독(毒)한 리더십이다.

그는 무자비하게 직원들을 해고하였다. 트위터를 인수한 후 세차례에 걸쳐 직원 75%를 해고하였다. 겨우 두 달 만에 8,000명의 직원이 2,000여 명으로 줄어 들었다. 그는 단지 비용절감 때문에 감원을 하는 게 아니다. 직원들이 심리적으로 안정되고 만족하는 걸 참지 못하는 성격 때문이다. 그는 일부러 혹독한 근무환경을 조성한다. 그의 무자비한 감원 철학은 <일론 머스크 평전> 88장(章)에 자세히 나와 있다.

이런 리더십 스타일은 경영학이론에서 권하는 인본주의적 리더십과는 정반대의 모습이다. 그가 이런 독한 리더십을 갖게 된 것은 성장과정에 기인한다. 그는 어려서 학폭을 당했고 집에서는 아버지로부터 정신적 고문에 가까운 정서적 학대를 당했다. 이렇게 성장한 그는 결국 아버지를 빼닮은 괴팍한 성인이 되었다.

"인생은 고통이다. 역경을 이겨내야 성취할 수 있다. 고통의 한계점을 계속 높일수록 더 크게 성장할 수 있다"

이게 그가 직원들을 계속 몰아붙이는 이유다. 그는 이미 '리스크 중독자'다. 실패할수록 희열을 느끼는 인물이다. 한계치를 뛰어넘는 목표를 정하고 직원들을 몰아붙이다가 실패하면 더 몰아붙여서 다음에 성공하면 반드시 대박이 난다고 믿는 사람이다.

일론 머스크의 '초성과'는 그의 하드코어 리더십 덕분이었을까? 하드코어 리더십은 계속 성공할 수 있을까? 그는 왜 하드코어 리더십에 빠져 있을까? 이를 알기위해서는 그의 하드코어 리더십은 어디에서 형성된 것인지 알아야 한다. 심리학적으로 그의 정체성 내면부터 살펴보면 여러가지 단서가 나온다.

그는 리스크 중독자이며 선지자 선각자이고 수퍼맨이다. 동시에 불가능에 도전하는 드리머(Dreamer)다. 그의 아버지 별명도 '몽상가'였다. 내가 수퍼맨이 되는 꿈 지구를 구하는 꿈 악당을 응징하는 정의롭고 담대한 꿈을 꾸지만 종종 악몽을 꾸고 있다. 그의 마음 속에는 여전히 어릴적 '학대받던 어린이'가 내재되어 있는 것이다. 분노와 공포의 응어리가 도사리고 있다. 이런 인물이 과연 초리스크를 제대로 관리할 수 있을까? 한순간에 곱하기 마이너스가 나오지는 않을까?

일론 머스크의 과감한 도전, 첨단기술의 비지니스화, 새로운 비즈니스 영역의 창조, 실패의 재활용등은 긍정적 요소이지만 하드코어 리더십이 X경영에 필수적인지 아닌지는 아직 알 수가 없다. 그동안 인권 복지 소통 공감 인격적 동기부여가 진정한 리더십이라고 주장해온 경영학자들이나 경영자들에게는 충격적 현실이며 새로운 숙제를 던지고 있다.

과연 기존의 소프트한 인간존중의 선한 리더십으로 인류 최초나 꿈을 현실로 바꾸는 극강 비즈니스를 이끌수 있을까? 하드코어 리더십은 필수조건일까 일론 머스크에게만 나타나는 특별한 리더십일까?

X경영시대 하드코어 리더십은 약(藥)일지 독(毒)일지 아직 알 수가 없다. 급변하는 신경영시대 극강의 하드코어 리더십이 새로운 경영과제로 떠올랐다. X경영에 최적인 리더십은 과연 무엇일까?

출처: 중소기업신문 2024.01.03.

2. 리더십 특성이론(trait theory)

리더십 특성에 관한 연구들은 유능한 리더의 특성을 추출하고, 그러한 특성과 리더십 효과성 간의 관계를 분석해 왔다. 이러한 연구들은 리더십의 성공 여부가 리더 개인의 뛰어난 특성(자질)에서 연유된 것이라고 가정한다. 특성이론은 1904년부터 1948년까지 약 100여 건의 연구가 이루어졌으며 대표적인 연구자로는 Tead, Stogdill 등이 있다. 그러나 이들 연구의 결과들을 종합해보면 ① 리더의 특성과 리더십 효과성 간의 상관관계가 약하고 일관성이 없는 것으로 나타났으며, ② 상황변수들의 존재 여부에 따라 상관관계가 달라지는 것으로 나타났다. 이는 곧 어떤 특성을 가진 리더가 어떤 상황에서 높은 리더십 효과성을 나타냈다고 해서 반드시 다른 상황에서도 똑같은 효과성을 나타낸다고는 볼 수 없다는 것을 의미한다.

3. 리더십 행위이론(behavioral theory)

리더십 행위이론은 리더십의 효과성을 결정하는 것이 리더의 특성이 아니라 리더의 행위스타일이라는 시각이다. 즉 리더십 행위이론은 리더의 실제행위에 초점을 맞춰 리더가 나타내는 반복적인 행위패턴(리더십 유형)을 찾아내고, 어떤 유형이 효과적인지를 규명하는 것이다.

리더십 행위이론에서 나타나는 행위는 기본적으로 두 가지 유형으로 나누어 볼 수 있다. 첫 번째는 집단이나 조직의 성과에 더 많은 관심을 두는 것이고 (예를 들면, 과업 지향적, 구조 주도적, 직무 중심적 리더십), 두 번째는 집단이나 조직에서 일하는 종업원(worker)에 더 많은 관심을 두는 것이다(예를 들면, 종업원 지향적, 고려 지향적, 관계 지향적 리더십). 이에 관한 연구들은 미국의 오하이오(Ohio)주립대학교, 미시간(Michigan)대학교, 그리고 텍사스(Texas)대학교를 중심으로 진행되었다.

오하이오 주립대의 연구

오하이오 주립대학교의 리더십 연구진은 1,800여 개에 달하는 리더십 행위의 실례를 수집하고, 문헌이나 실무에 비추어 중요하다고 합의된 150문항의 답변을 이용하여 실증분석을 시행하였다. 실증분석결과 구조주도(initiation structure)와 고려(consideration) 두 개의 독립된 행위차원이 발견되었다. 구조주도는 종업원들을 지시하는 행동, 종업원들의 작업상의 역할을 명백히 하는 행동 등 집단이나 조직의 목표달성을 위해서 자원(인적, 물적)의 효과적인 활용에 도움이 되는 과업 지향적인 행

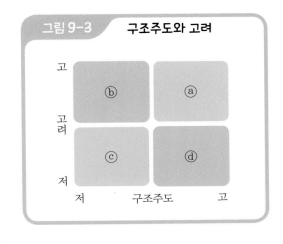

동들이다. 그리고 고려는 종업원들에 대한 리더의 지원적인 행동, 종업원들과의 상담 등 종업원들과의 좋은 관계를 형성·유지하는 데 유용한 관계 지향적인 행동들이다.

연구결과 가장 효과적인 리더는 높은 구조주도행위와 높은 고려행위를 동시에 보이는 리더로 나타났다(〈그림 9–3〉의 ⓐ). 그러나 나머지 행위들에 대해서는 후속적인 연구결과 일관적인 결과를 보여주지 못했다.

미시간대학의 연구

오하이오 주립대의 리더십 연구와 거의 비슷한 시기에 연구되었던 미시간대의 리더십 연구는 리더의 행동과 집단과정(group processes) 및 집단성과 간의 관계파악에 중점을 둔 연구로서 직무중심 리더십 스타일(task-oriented behavior)과 종업원중심 리더십 스타일(relation-oriented behavior), 두 개의 리더십 유형을 동일차원에서 확인하였다. 이는 리더가 직무중심 스타일과 종업원중심 스타일을 동시에 보여줄 수 없다는 것으로 오하이오 주립대의 리더십 연구와는 다른 차이점이다. 각 리더십 스타일은 〈그림 9–4〉에서 알 수 있듯이 오하이오 주립대의 리더십 연구에서 나타난 구조주도와 고려의 리더 행동차원과 유사한 내용임을 알 수 있다.

Likert를 위시한 연구자들의 결론은 종업원 중심적 스타일의 리더십이 직무중심적 스타일의 리더십보다 효과적이라는 데 의견을 같이하고 있다.

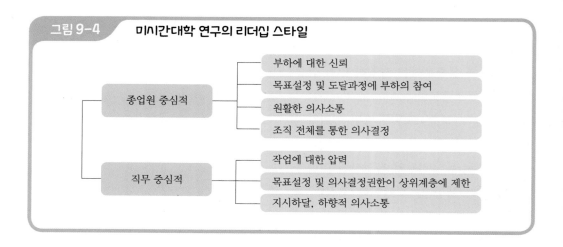

그림 9-4 | 미시간대학 연구의 리더십 스타일

리더십 격자이론

미국 텍사스대학교의 Blake & Mouton은 리더십 격자(leadership grid)라고 하는 2차원적인 리더십이론을 제시하였다. 이 모형은 생산에 대한 관심과 인간

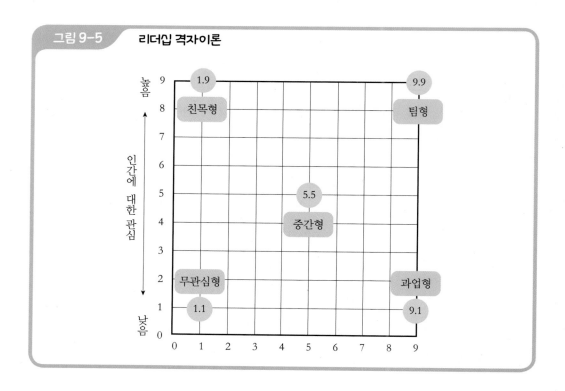

그림 9-5 | 리더십 격자이론

에 대한 관심이라는 두 차원을 각각 9등급(1은 각 차원에 대한 낮은 관심, 9는 높은 관심을 의미)으로 세분화하여 전체 81개의 리더십 스타일로 나누고 있다. 〈그림 9-5〉에는 두 차원과 다섯 가지의 주된 리더십 스타일이 표시되어 있다.

연구결과 9.9형(팀형) 리더십 스타일이 가장 바람직한 리더십 스타일로 나타났다. 이 모형은 현재 리더의 리더십 스타일을 확인하고 개선방향(9.9형)을 알려주기 때문에 기업의 실제 리더개발에도 많이 활용되고 있다.

4. 리더십 상황이론

리더십 상황이론은 앞서 살펴본 리더십 행위이론이 상황에 따라 효과적일 수도 있고 비효과적일 수도 있다는 것을 전제로 리더십 스타일과 리더십 상황 간의 관계를 설명하려고 개발된 이론들이다. 이와 같은 이론들에는 Fidler의 상황적합이론, Hersey & Blanchard의 리더십 상황이론, Evans & House의 경로-목표이론 등이 있다.

Fidler의 상황적합이론

이 이론에 의하면 리더십의 효과성은 리더십 스타일과 리더십 상황 간의 적합성에 의해서 이루어진다는 것이다. 즉 Fidler는 리더십이 이루어지는 상황이 리더에게 얼마나 호의적인가에 따라 효과적인 리더십이 다르다고 주장한다. 다음에서는 리더십 스타일과 그 측정, 리더십 상황요인, 그리고 리더십 스타일과 리더십 상황 간의 적합관계에 대해서 살펴본다.

▌리더십 스타일

Fidler의 리더십 상황적합이론은 리더십 스타일을 관계 지향적 스타일과 과업 지향적 스타일로 구분하고 그것을 측정하기 위하여 LPC(least preferred coworker: 함께 일하기가 가장 싫은 동료작업자)척도를 사용하였다. LPC척도의 점수가 낮은 리더는 과업 지향적 스타일의 리더로서 그의 1차적 동인은 과업목표의 달성이고 2차적 동인은 하위자들과의 좋은 관계유지인데, 2차적 동인은 집단이 자기통제하에서 과업을 잘 수행하고 있고 과업목표달성에 문제가 없는 경우에 유발된다.

┃ 리더십 상황요인

이 이론에서는 리더십 상황요인을 ① 리더-구성원 관계, ② 과업구조, ③ 리더의 직위권한의 세 가지로 제시하고 있다.

■ 리더-구성원 관계

구성원들이 리더를 신뢰하고 존경할 때 리더-구성원 관계는 매우 좋고(호의적 상황), 구성원들의 리더에 대한 신임의 정도가 낮을 때 리더-구성원 관계는 나쁜 것(비호의적 상황)으로 판단한다.

■ 과업구조

일상적이고 구체화된 과업은 구조화의 정도가 높은 것으로(호의적 상황), 창의적인 노력을 필요로 하는 과업은 구조화의 정도가 낮은 것으로(비호의적 상황) 판단한다.

■ 리더의 직위권한

리더의 구성원에 대한 공식적인 권한의 정도로서 리더의 직위가 집단구성

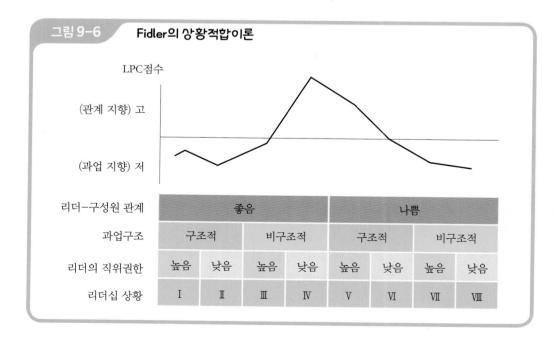

그림 9-6 **Fidler의 상황적합이론**

리더-구성원 관계	좋음				나쁨			
과업구조	구조적		비구조적		구조적		비구조적	
리더의 직위권한	높음	낮음	높음	낮음	높음	낮음	높음	낮음
리더십 상황	I	II	III	IV	V	VI	VII	VIII

원들로 하여금 명령을 수용하게 만들 수 있는 정도를 의미한다. 리더의 직위권한이 높을 때를 호의적인 리더십 상황, 낮을 때를 비호의적인 상황으로 본다.

〈그림 9-6〉에서 알 수 있듯이 리더십 상황은 세 가지 요소들의 조합에 의해서 가장 호의적인 상황에서부터 가장 비호의적인 상황에 이르기까지 8가지 상황이 발생한다. 이러한 8가지 상황에서 리더에게 가장 호의적인 상황은 리더와 구성원 간의 양호한 관계, 높은 과업구조, 그리고 강력한 직위권한을 갖는 상황이다(〈그림 9-6〉에서 상황 Ⅰ).

▌리더십 스타일과 리더십 상황 간의 적합관계

Fidler는 상황의 호의성이 아주 높거나 낮은 극단적인 경우에는 과업 지향적 리더십 스타일이 바람직하고, 중간 정도인 경우에는 관계 지향적인 리더십 스타일이 바람직하다고 주장하였다. 〈그림 9-6〉은 상황의 호의성과 이에 적합한 리더십 스타일의 관계를 보여주고 있다.

Hersey & Blanchard의 리더십 상황이론

Hersey & Blanchard의 리더십 상황이론의 특징은 종업원들의 성숙도(maturity level)에 따라 리더십 스타일을 달리해야 한다는 것이다. 그들은 먼저 관계지향행위와 과업 지향행위의 두 차원을 축으로 하여(오하이오 주립대의 고려와 구조주의 모형 활용) 네 가지 리더십 스타일을 제시하였다. 그리고 이와 같은 리더십 스타일은 각각 종업원(follower)의 성숙도와 결합된다. 〈그림 9-7〉은 Hersey & Blanchard의 리더십 상황이론을 도식화한 것이다.

▌리더십 스타일

■ 지시적 스타일(telling, S_1)

지시적 리더십 스타일은 부하에게 구체적인 작업지시를 하고 과업수행을 엄밀하게 감독하는 리더십 유형이다.

■ 설득적(지원적) 스타일(selling, S_2)

설득적(지원적) 리더십 스타일은 리더의 결정내용을 부하에게 설명해 주

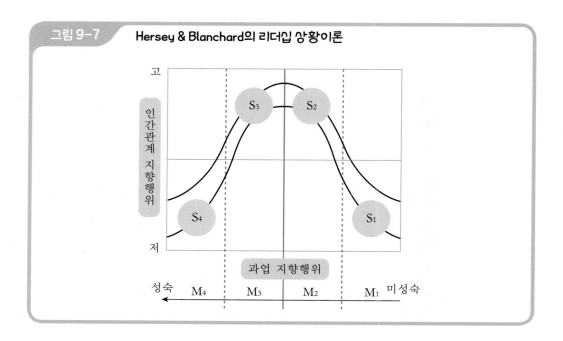

그림 9-7 **Hersey & Blanchard의 리더십 상황이론**

고, 부하가 이해하지 못하는 부분은 명확히 알 수 있도록 기회를 부여하고 지원하는 리더십 유형이다.

■ 참여적 스타일(participating, S_3)

참여적 리더십 스타일은 의사결정과정에 부하를 참여시켜 의견을 교환하고, 의견의 제출을 권장하는 리더십 유형이다. 이 경우 리더의 주된 역할은 업무를 촉진하고 의사소통하는 일이다.

■ 위임적 스타일(delegating, S_4)

위임적 리더십 스타일은 의사결정 및 그 실행책임을 부하에게 넘기는 리더십유형이다.

리더십 상황요인: 종업원의 성숙도

Hersey & Blanchard는 상황변수로서 종업원의 성숙도를 강조하였다. 이때 종업원의 성숙도는 업무수행능력(task ability)과 업무수행의 자발성 또는 의

지(willingness to take the responsibility for the work)를 가지고 측정한다. 즉 업무수행능력도 없고 자발성도 없는 (미성숙)종업원은 성숙수준을 M_1으로 나타내고, 업무수행능력도 있고 자발성도 있는 (성숙)종업원은 성숙수준을 M_4로 나타냈다. 그리고 업무수행능력이나 자발성 중 어느 하나가 결여된(중간 정도의 성숙) 종업원은 M_2와 M_3로 표시하였다.

▌리더십 스타일과 리더십 상황 간의 적합관계

Hersey & Blanchard는 가장 이상적이고 최선의 리더십 스타일은 없으며, 종업원의 성숙도가 높아져감에 따라 리더는 직무상의 지시나 명령 등과 같은 과업 지향적인 행동을 감소시키고 관계 지향적인 행동을 증대시켜야 한다고 주장했다. 따라서 종업원의 성숙도가 M_1이라면 리더는 S_1의 리더십 스타일을 선택하여 종업원에게 직무를 구체적이고 정확하게 지시하고 그 직무가 지시대로 수행되고 있는가를 근거리에서 감독해야 할 것이다. 반면에 종업원의 성숙도가 M_4인 경우에 리더는 일반적인 목표만 제시하고 과업수행에 대한 의사결정과 실행책임을 종업원에게 위양해야 할 것이다.

5. 현대적 리더십

앞서 살펴본 바와 같이 리더십은 특성이론, 행동이론 그리고 상황이론으로 구분되어 연구되어 왔으나, 최근에는 급변하는 기업경영환경에 적극 대응하고 리더십을 통한 조직성과를 높이기 위하여 이와는 다른 관점에서 연구되고 있다. 특히, 카리스마적 리더십(charismatic leadership), 슈퍼 리더십(super leadership), 서번트 리더십(servant leadership) 등이 여기에 속한다. 다음에서는 이들 이론에 대해 간략한 설명을 해보기로 한다.

카리스마적 리더십과 변혁적 리더십

카리스마적 리더십(charismatic leadership) 개념의 개척자는 Weber이다. 그는 리더가 다른 사람들이 갖고 있지 못한 천부적인 특성을 갖고 있다고 부하직원들이 느끼게 될 때 발휘되는 리더십을 카리스마적 리더십이라고 하였다.

카리스마적 리더십은 리더의 카리스마적 특성에서 나오는 힘과 부하직원들의 리더와 동일시하고자 하는 과정을 통해 부하직원들이 기대한 것 이상의 높은 성과를 가져오게 한다. 1970년대 중반 이후에 본격적으로 이루어진 카리스마적 리더십에 관한 연구들에서 일반적으로 제시되고 있는 카리스마적 리더의 특성으로는 확고한 신념, 기존질서의 재편, 변화지향적인 비전의 제시, 개인권력의 활용 선호, 자신감 있는 커뮤니케이션, 위험부담, 부하의 권한확대(empowerment)를 통한 동기부여 등이 있다.

Bass에 의해 제시된 변혁적 리더십(transformational leadership)은 리더의 카리스마적 특성으로 인하여 부하직원들을 리더에게 이끌리게 함으로써 그들의 이해관계를 초월하게 하고, 부하직원들에게 비전을 제시하여 그 비전달성을 위해 함께 협력할 것을 호소한다. 또한 비전달성을 위해서는 점진적인 변화가 아니라 혁신적인 변화가 필요하기 때문에 부하직원들의 가치관과 태도를 변화시키는 것이 무엇보다 중요하다고 주장한다. 그러나 변혁적 리더십은 소외감을 느끼는 부하직원들에게는 개별적인 관심과 보살핌을 통하여 부하직원들의 개인적 성장을 지원하기도 한다. 따라서 카리스마적 리더십과 변혁적 리더십을 개념적으로 구별하기는 쉽지 않지만 카리스마가 변혁적 리더십의 한 요소인 것만은 분명한 것 같다.

사례 9-2 영화로 본 이순신 리더십 '전장의 북소리'

전 세계적으로 가장 존경받는 해전의 영웅으로 영국의 허레이쇼 넬슨 제독과 이순신 장군이 손꼽힌다. 이순신 장군은 7년의 임진왜란 해전에서 왜군을 물리치고 조선을 승리로 이끈 전쟁 영웅이다. 김한민 감독의 이순신 3부작 마지막 작품인 '노량:죽음의 바다'가 지난 연말 개봉돼 관객들의 주목을 받으며 순항 중이다. 그동안 이순신의 리더십은 '난중일기'를 중심으로

많이 다뤄졌는데, 영화를 통해 보다 실감 나게 장군의 모습을 느낄 수 있다. 김 감독의 이순신 3부작 중 '명량'은 2014년 개봉돼 관객 1,761만 명, '한산:용의 출현'은 2022년에 개봉돼 728만 관객을 동원했다.

이순신 3부작은 영화마다 다른 배우가 주인공을 맡아 조금씩 다른 이순신의 리더십과 면모를 보여준다. '손자병법'을 쓴 중국의 손무

(孫武)는 장수를 '용장(勇將) 지장(智將) 덕장(德將)'의 세 부류로 나눈다. '용장'은 능력이 출중하고 두둑한 뱃심을 가진 용맹함과 강한 리더십으로 군사들을 선두에서 이끌어 가는 카리스마를 가진 지도력을 지닌 장수다. '지장'은 싸움에서 대처할 상황을 파악하고 분석해 전략을 세우는 전략가다. '덕장'은 많은 사람을 따르게 하는 따뜻하고 부드러운 이미지의 소유자로 그 덕성에 감동돼 존경받는 지도력을 가진 이에 해당한다고 한다.

영화 '명량'에서 최민식 배우가 연기하는 이순신은, 백성들과 함께하는 용장으로서 칠천량 전투에서 원균이 수군통제사가 되어 거북선·판옥선 수십 척과 병사들을 거의 잃어버려 전투를 하기 힘든 상황에서도 "신에게는 아직 열두 척의 배가 남아 있습니다. 신이 살아 있는 한 적들은 감히 우리를 업신여기지 못할 것입니다"라며 열 배가 넘는 왜선에 대해서도 죽을 힘을 다해 싸우면 물리칠 수 있다고 선조에게 편지를 보낸다. 그가 명량해전을 앞두고 걱정한 것은, 이미 사람들에게 독버섯처럼 퍼진 두려움이었다. 이 두려움을 용기로 바꿀 방법을 고민하던 이순신은 병사들의 숙소를 모두 불태우며 호령한다. "이제 우리에게는 돌아올 곳이 없다. 죽고자 하는 자 살 것이고, 살고자 하는 자 죽을 것이다!" 그의 용장으로서의 리더십은 죽기를 각오하고 싸운 데 있다. 우리 앞에 아무리 험준한 산이 있다 해도 죽기를 각오한다면 넘지 못할 산은 없을 것이다.

'한산:용의 출현'에서의 박해일 배우가 연기하는 이순신은 한산도 앞바다에서 왜군을 섬멸할 당시에 학이 날개를 펼친 듯한 형태의 '학익진(鶴翼陣)'이란 전략을 구사했다. 이순신은 적은 수의 전투선을 가로로 넓게 펼쳐 줄지어 쳐들어오는 수많은 왜군 함선을 격파했다. 학익진을 비롯한 이순신 장군의 전술은 현대전에서도 교범으로 평가받는데, 전략가로서 지장의 리더십을 보여준다. 아무리 용기가 있어도 지략이 뛰어나지 않다면 승전하기 어려울 것이다. 그래서 선조가 부산포로 왜군이 쳐들어온다는 정보가 있으니 가서 싸우라고 해도, 차라리 어명을 어겨 감옥에 갈지언정 전술에 맞지 않아 많은 희생을 치러야 하는 넓은 부산포에서의 해전을 거부했던 것이다. 원균이 이끌게 된 조선 수군은 이순신의 염려대로 칠천량 해전에서 처참한 결과를 얻을 수밖에 없었다. 리더의 지략과 판단력 차이가 엄청난 결과의 차이를 보여준다는 사실이 증명된 것이다.

'노량:죽음의 바다'에서 김윤석 배우가 맡은 이순신은 엄격한 원칙을 가진 덕장으로서의 특성을 보여준다. 1598년 당시 전황은, 도요토미 히데요시(豊臣秀吉)가 사망하자 왜군은 퇴각을 서둘렀다. 조선 수군은 순천 왜성 앞바다를 포위해 고니시 유키나가(小西行長)라는 왜군 행장을 묶어뒀고, 조선 조정에서도 대부분 전쟁이 쉽게 끝날 것으로 생각하고 있었다. 그러나 이순신 장군은 달랐다. "적들을 남김없이 무찌르도록 해주소서"라고 간절히 빌며 홀로 근심한다. 왜군의 특성상 완벽하게 섬멸해야 전쟁을 완전히 끝내는 것이라고 생각한 이순신은 명나라와의 조명연합함대로 왜군의 퇴각로를 막고 적들을 섬멸하기로 결심한다.

그러나 고니시에게서 뇌물을 받은 명나라 수군장 도독 진린(陳璘·정재영 분)은 그들을 퇴각하게 놔두자고 한다. 진린이, 구원병을 요청하는 고니시의 연락선을 빠져나가게 했다는 사실을 알게 된 이순신은 분기탱천했지만 꾹 참고 조선 수군 단독으로라도 싸우겠다고 한다. 그동안 이순신의 지략과 덕성에 탄복하며 이순신을 '노야'라는 극존칭으로 부르던 진린도 마음을 바꿔 이순신을 따라 노량해전에 출정한다. 부도독 등자룡(鄧子龍·허준호 분)은 이순신에 대한 존경심에서 조선 수군의 판옥선에 올라 함께 싸우던 중 전사했고, 이순신은 위기에 빠진 진린을 부하들을 보내 구해주었다. 남의 나라 전투 보듯 하던 명나라 군사들이 힘을 합쳐 싸우게 된 것도, 이순신이 노량해전 중 전사했다는 사실을 알고 진린이 온몸으로 바닥을 구르며 슬퍼했다는 것도 이순신의 덕장으로서의 훌륭한 면모를 말해준다.

이 영화에서 힘겹게 싸우는 조선 수군을 독려하느라 이순신이 직접 북을 치는 장면과 북소리는 특히 인상 깊다. 둥~둥~ 울리는 북소리는 아직도 귓전에 맴돈다. '임진왜란'은 바로 용장·지장·덕장의 면모를 모두 갖춘 이순신 장군의 탁월하고 진정성 있는 리더십에 달려 있었다는 사실이 북소리처럼 가슴에 남는다.

출처: 문화일보 2024.01.05.

슈퍼 리더십과 서번트 리더십

슈퍼 리더십(super leadership)이론은 부하직원들이 자기 자신을 스스로 관리하고 통제할 수 있는 힘과 기술을 갖도록 하는 데 초점을 두고 있다. 즉 슈퍼 리더십은 부하직원들을 스스로 판단하고 행동하며, 그 결과에 책임질 수 있는 자율적 리더(self-leader)로 키우는 것을 말한다. 이러한 역할을 담당하는 리더를 슈퍼 리더라고 한다. 따라서 슈퍼 리더는 부하직원들에게 본보기가 되는 모델이 되어야 하며, 부하직원들이 스스로 자신들의 목표를 설정하고 이를 추진하도록 유도함으로써 자율적 리더십(self-leadership)의 개발이 촉진되도록 해야 한다. 슈퍼 리더십은 부하직원 자신이 자신에 대한 최대의 비판자이면서 보상의 주체가 되도록 하는 데 그 목적이 있다. 따라서 부하직원들이 높은 성장욕구를 갖고 있지 않으면 이 이론을 적용하기가 어렵다.

서번트 리더십(servant leadership)은 일반적인 리더와는 달리 섬기는 자세를 가진 봉사자로서의 역할을 먼저 생각하는 리더십이다. 서번트 리더는 부하직원들의 욕구를 파악하고, 부하직원들이 그 욕구를 충족시키기 위해 무엇을 해야 하고 어떻게 해야 하는지를 친절하게 알려주고 협조하는 역할을 수행한다. 그 결과 서번트 리더는 부하직원들의 목표와 욕구를 충족시키고 그것을 바탕으로 더 큰 목적이나 사명을 실현시킬 수 있다. 이처럼 서번트 리더십은 조직의 사명이나 목표를 위해 부하직원들이 헌신하도록 하고, 과업달성을 통해 부하직원들의 욕구를 충족하게 하는 데 그 궁극적인 목적이 있기 때문에 부하직원들의 창조성을 최대한 개발하고 완전한 헌신과 학습을 자연적으로 유도하는 학습조직에 유용한 리더십이라고 할 수 있다.

결국 기업조직의 성공적인 현대적 리더십은 상위계층 리더에게는 서번트 리더십을 갖도록 하고, 하위계층 부하직원들에게는 슈퍼 리더십을 통해 자율적 리더십(self-leadership)을 갖도록 하는 것이라고 할 수 있다.

구성원의 동기 유발

1. 동기부여란

동기부여(motivation)의 개념은 넓은 의미에서 '조직 구성원의 바람직한 행동을 유발하고 그것을 유지하며 일정한 방향으로 유도해가는 과정'을 의미한다. 인간의 행동은 목표를 달성하고자 하는 욕구에 의해서 유발된다. 따라서 욕구와 동기 간의 관계측면에서 동기부여의 과정을 살펴보면 〈그림 9-8〉과 같다.

〈그림 9-8〉에서 알 수 있듯이 인간행동의 동인(drive)이 인간의 욕구라는 가정하에서 1950년대 이후 많은 동기부여이론이 나타났다. 이와 같은 동기부여이론은 내용이론(content theory)과 과정이론(process theory)으로 나누어볼 수 있다.

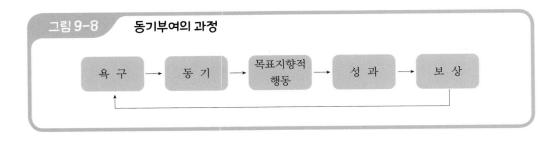

그림 9-8 **동기부여의 과정**

욕 구 → 동 기 → 목표지향적 행동 → 성 과 → 보 상

2. 동기부여의 내용이론

동기부여의 내용이론은 인간의 행동을 유발하는 동기요인으로서의 욕구를 이해하고 그 중요성을 강조하는 이론이다. 이러한 내용이론에는 욕구단계이론, ERG이론, 2요인이론, 그리고 성취동기 이론 등이 있다.

욕구단계이론

Maslow는 인간에게 동기를 부여할 수 있는 욕구가 계층을 형성하고 있으며 상위단계의 욕구는 하위단계의 욕구가 충족되어야만 동기부여가 된다고 주장하였다. 〈그림 9-9〉는 계층을 형성하고 있는 인간욕구의 욕구들을 보여주고 있다.

〈그림 9-9〉에서 알 수 있듯이 그는 인간의 욕구를 다음과 같이 다섯 단계로 설명하고 있다.

▍생리적 욕구

생리적 욕구란 의·식·주 등의 기본적인 생활과 관계된 욕구로서 누구에게나 존재하며, 기본적으로 이 욕구가 충족되어야 다른 상위의 욕구를 느끼게 된다.

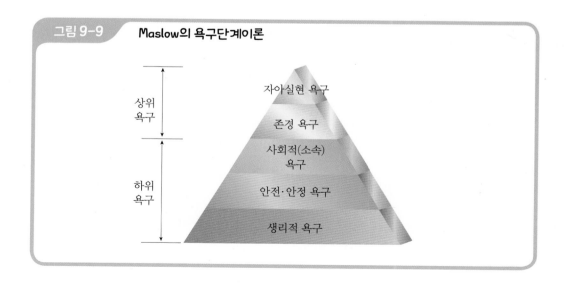

그림 9-9 **Maslow의 욕구단계이론**

상위
욕구

자아실현 욕구

존경 욕구

사회적(소속)
욕구

하위
욕구

안전·안정 욕구

생리적 욕구

▌안전 · 안정 욕구

두 번째 단계인 안전·안정 욕구는 신체적·심리적 위험으로부터 보호되고 안전이나 안정을 찾으려는 욕구이다. 이와 같은 욕구에는 고통의 부재, 병이나 위협, 그리고 해고 등으로부터 회피 등이 포함되며 욕구충족을 위한 대안들로는 안정적인 연봉제, 생명보험, 안전한 승용차의 구입, 작업안전수칙의 준수, 사내 헬스센터의 운영 등을 들 수 있다.

▌사회적(소속) 욕구

이는 소속 및 애정에 관한 욕구로서 집단을 만들고 싶다거나 동료들로부터 받아들여지기를 원하는 욕구이다. 예를 들어 회사에 근무하는 개인은 직장 내의 비공식 조직을 포함한 여러 그룹에 참여하고자 하는 동기를 가진다.

▌존경 욕구

인간은 소속 욕구가 어느 정도 충족되고 나면 그 집단에서 구성원 이상의 것이 되고자 한다. 즉 내적으로 자존을 성취하려하거나(내적 존경 욕구) 타인으로부터 인정을 받고 지위를 확보하려는 욕구(외적 존경 욕구)가 나타난다. 조직에서는 우수업적 표창, 책임부여, 목표 설정 및 의사결정에의 참여 등을 통해 이와 같은 욕구를 충족시킬 수 있다.

▌자아실현 욕구

최상위에 해당하는 욕구로 자기가 지니고 있는 잠재적인 능력을 최대한 발휘하여 성취감을 충족시키고자 하는 것이다. 이 욕구는 결코 충분히 충족될 수 없는 연속적인 것으로 성취, 잠재력 실현, 재능과 능력의 발휘 욕구 등이 포함된다.

Maslow의 욕구단계이론은 인간욕구에 대한 체계적인 인식을 최초로 갖게 해준 이론이다. 이 이론에 의하면 일단 만족된 욕구는 더 이상 동기부여요인이 될 수 없으며 하위욕구가 충족이 되어야 상위욕구에 대한 동기부여가 이루어진다. 따라서 경영자는 종업원들의 욕구수준을 파악하고 상위욕구를 충족시켜 줄 수 있는 조직분위기를 조성함으로써 동기부여효과가 지속적으로 나타날 수 있도록 노력해야 한다.

2요인이론

Herzberg는 1950년대 말 심층면접(약 200여 명의 기사와 회계사 대상)을 통하여 전혀 다른 2가지 범주의 요인들, 즉 일에 대한 만족감을 느껴 동기부여(motivation) 정도를 높이는 요인과 일에 대해 불만족을 느껴 동기부여(motivation) 정도를 낮추는 요인들이 있음을 주장하였다. 그는 첫 번째 범주의 요인들을 일 또는 직무 자체에 관한 것으로 보고 보다 우수한 업무수행을 하도록 동기부여하는 데 효과적이라고 생각하여 동기부여요인(motivation factors), 만족요인 또는 내적 요인(intrinsic factors)이라 불렀다. 이 요인들에는 성취감, 성취에 대한 타인의 인정, 도전적이고 보람 있는 일, 책임감, 성장과 발전(승진), 자아실현 등이 포함되며, 사람들에게 내적 보상(intrinsically rewarding)을 제공한다. 그리고 두 번째 범주의 요인들을 작업조건이나 환경에 관한 것으로 보고 직무상의 불만족을 예방하는 기능을 담당하고 있기 때문에 위생요인(hygiene factors), 불만족요인 또는 외적요인(extrinsic factors)이라고 명했으며, 이에는 회사의 정책 및 관리방법, 감독자와의 관계, 작업조건, 대인관계, 급여, 직장의 안정성 등이 포함된다.

Herzberg의 연구결과는 이러한 만족과 불만족요인들이 종래의 1차원적인 연속선상의 대응개념이라는 점을 부인하고 있다. 즉 그에 의하면 직무에서 불만족요인들을 제거한다고 해서 그 직무가 반드시 만족스러운 것이 되는 것은 아니라는 의미에서 만족과 불만족이 별개의 독립된 연속선상의 개념(dual continuum)이라는 것을 보여준다. 따라서 2요인 이론은 경영자나 관리자들이 직무불만족요인들을 제거한다고 하더라도 작업장의 평화를 가져올 수 있지만 반드시 동기부여 시키는 것은 아니라는 것을 의미해 주고 있다.

2요인이론은 직무의 내재적 특성과 관련된 동기 유발요인에 대한 강조를 통해 직무확대·직무충실화·직무재설계 등에 대한 관심을 고조시켰다는 데 큰 의의가 있다. 그러나 개인차(individual difference)를 고려하지 않고 모든 종업원들의 작업 상황에 대해 유사하게 반응할 것이라고 가정하고 있다는 데 비판을 받고 있다. 즉 기사와 회계사를 대상으로 한 연구결과가 일반 노동자에게도 적용될 수 있는지, 만족−불만족 요인이 모든 사람에게 별개의 독립적인 차원인지(특히 급여의 경우), 높은 직무만족이 높은 성과로 이어지는지(높은 성과와 그에 대한 보상이 직무만족으로 이어지지는 않는지)에 대한 의문들이 제기되고 있다.

사례 9-3 동기부여, 사람을 움직이는 것

경영자로서 가장 큰 고민이 있다면 '어떻게 직원들을 움직이게 할 것인가'다. 처음 사업을 시작하면 '사장'이 모든 것을 하지만, 사업 규모가 커지면 결코 혼자 할 수 없는 시기가 찾아온다. 그때부터 진정한 '경영자'로서의 고민이 시작된다.

갤럽의 연구 결과에 따르면 한국 직장인들은 평균 11% 정도만 몰입한 상태라고 한다. 이는 미국(30%)이나 글로벌 기업(63%)보다 현저히 낮을 뿐만 아니라 세계 평균인 13%보다 못 미치는 결과다. 그리고 더 최악인 상황은 26%가 적극적 비몰입 상태라는 것이다.

갤럽은 195개국 2,500만 명 임직원의 사례와 고성과 팀을 연구하며 직원의 몰입도가 조직의 생산성, 수익성과 밀접한 관계가 있다는 것을 발견했다. 통계를 내보니 실제 직원 몰입도가 높은 조직은 생산성과 수익성이 약 22% 높고, 몰입한 직원은 재직 기간도 길며 동료에게 입사를 추천하는 등 회사의 채용에까지 영향을 미친다고 한다.

직원들을 움직이게 하고 몰입하게 만드는 데는 다양한 방법이 있을 것이다. 흔히들 '높은 급여'가 가장 우선순위라고 하는데, 물론 틀린 말은 아니지만 모두에게 해당하는 것은 아니다. 누군가는 '인정'이라고 얘기하기도 하고, 누군가는 '더 높은 책임과 직책을 맡는 것'이라고 말한다. 특히 몰입도가 높은 직원들은 '돈'이 아니라 '권한과 책임', '성공 경험'으로 동기부여가

된다는 얘기를 들었다.

기억나는 사례로는 일본항공을 파산 위기에서 2년 만에 살려낸 이나모리 가즈오의 '아메바 경영'이 있다. 아메바 경영은 전 직원이 경영에 참여하고 있다는 의식을 갖게 해 경영자의 시각으로 업무를 바라볼 수 있도록 하는 것이다. 직원들이 업무에서 주요 임원이 되고, 자주적으로 경영에 참여하는 등 '전원 참가 경영'을 실현하는 것이다.

필자는 이를 배우고 적용하기 위해 정기적으로 진행하는 전 매장의 'BP(Best Practice) 경진대회'를 도입했다. 직원들은 본인의 매장에서 실행해 효과를 본 것을 발표하고, 결과가 좋은 부분을 다른 직원들에게 자랑하는 대회다. 좋은 사례는 전 매장에 적용하고 동시에 확산한다. 이런 과정들은 브랜드 전체를 한 단계 향상시켜 준다.

BP 경진대회는 단순히 경영자가 혼자서 조직을 이끌어 나가는 것이 아니라, 직원들의 적극적 참여를 끌어내고 아이디어를 확산하도록 한 작은 사례다. 한 사람의 천재가 사업을 시작할 수는 있으나 결국 사업을 키우는 것은 '사람을 어떻게 움직이는지'에 달려 있다고 배웠다. 매일매일 직원들을 어떻게 움직일 수 있을지, 무엇을 해줄 수 있을지 끊임없이 고민하고 실행하는 것, 이것이 경영자의 역할이다.

출처: 한국경제 2023.12.28.

3. 동기부여의 과정이론

인간은 자기목표를 달성하기 위하여 특정 행동방향 및 행동방식을 선택한다. 예를 들어 자신의 성과에 충분한 보상이 기대되지 않거나 동일한 성과에 대해 다른 사람보다 불리한 처우를 받는다고 생각되면 더 이상의 노력을 기울이지 않을 것이다. 반대의 경우에는 더 열심히 하려는 동기가 발생할 것이다. 이처럼 어떤 과정을 거치면서 동기부여 되는가를 연구하는 이론들이 동기부여의 과정이론이다. 과정이론으로는 기대이론, 공정성이론 등이 있다.

기대이론

가치이론이라고도 하는 기대이론은 동기요인들이 상호작용하는 과정에 관심을 둔다. 기대이론은 Vroom에 의해서 완성되었으며, Porter & Lawler에 의해 수정·발전되었다.

▌Vroom의 기대이론

Vroom의 기대이론(expectancy theory)에 의하면 행위의 방향을 결정하는 힘, 즉 동기는 기대(노력하면 성과를 얻을 수 있다는 믿음), 수단성(성과와 보상의 연결정도), 그리고 유의성(보상에 대한 매력정도)의 3요소에 의해서 영향을 받는다. 〈그림 9-10〉은 Vroom의 기대이론을 도식화한 것이다.

〈그림 9-10〉은 여러 가지 가능한 행동 대안들을 인지적으로 평가하여 가장 유리한 결과를 가져오리라고 믿어지는 대안을 선택하여 행동하게 된다는 Vroom의 기대이론을 설명해 주고 있다. Vroom의 기대이론에서는 종업원의 동기부여를 $M = E \times I \times V$(M: 동기부여(motivation), E: 기대(expectancy), I: 수단성(instrumentality), V: 보상의 가치(valence))와 같은 등식으로 표시하고 있다. 이 등식은 경영자나 관리자에게 종업원을 동기부여하기 위해서는 세 가지 요인 모두를 극대화시키는 조치를 취해야 한다는 것을 명백하게 제시하고 있다.

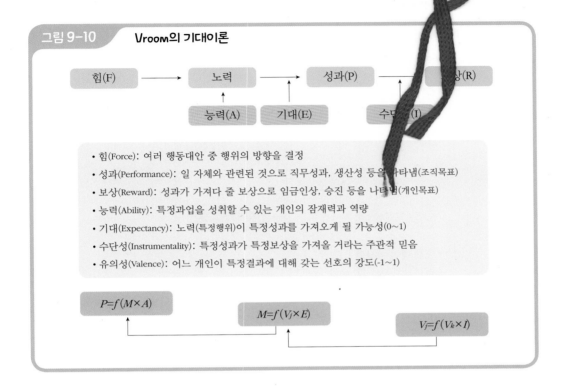

그림 9-10   **Vroom의 기대이론**

힘(F) → 노력 → 성과(P) → 상(R)

능력(A)   기대(E)   수단성(I)

- 힘(Force): 여러 행동대안 중 행위의 방향을 결정
- 성과(Performance): 일 자체와 관련된 것으로 직무성과, 생산성 등을 나타냄(조직목표)
- 보상(Reward): 성과가 가져다 줄 보상으로 임금인상, 승진 등을 나타냄(개인목표)
- 능력(Ability): 특정과업을 성취할 수 있는 개인의 잠재력과 역량
- 기대(Expectancy): 노력(특정행위)이 특정성과를 가져오게 될 가능성(0~1)
- 수단성(Instrumentality): 특정성과가 특정보상을 가져올 거라는 주관적 믿음
- 유의성(Valence): 어느 개인이 특정결과에 대해 갖는 선호의 강도(-1~1)

$$P = f(M \times A)$$

$$M = f(V_j \times E)$$

$$V_j = f(V_k \times I)$$

▌Porter & Lawler의 기대이론

Vroom의 기대이론을 기초로 한 Porter & Lawler의 기대이론은 노력, 즉 동기부여의 정도가 보상의 가치와 노력에 대해 기대되는 보상의 주관적 확률에 의해서 결정된다는 가정에서 출발하였다. 〈그림 9-11〉는 Porter & Lawler의 기대이론을 도식화한 것이다.

〈그림 9-11〉에서 알 수 있듯이 Porter & Lawler의 기대이론은 Vroom의 기대이론과 비교하여 크게 세 가지 점에서 차이를 보인다. 첫째, 노력과 성과의 관계는 종업원의 능력과 특성, 그리고 역할 지각에 따라 달라지기 때문에 완전한 비례관계를 갖지 못한다. 둘째, 보상은 내재적 보상과 외재적 보상으로 구분될 수 있으며 내재적 보상이 성과와 더 직접적으로 연결되어 있다고 주장하였다. 뿐만 아니라 성과는 보상이 매개되어야만 만족으로 연결될 수 있다. 셋째, 보상과 만족의 관계는 공정한 보상에의 지각에 따라 달라질 수 있다.

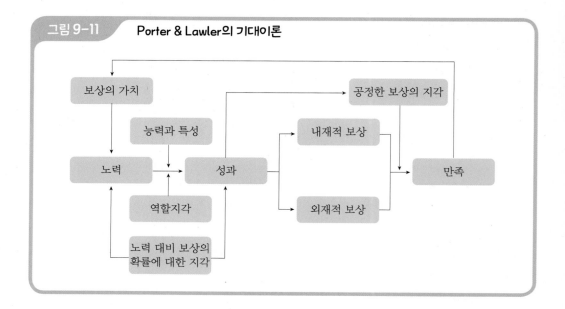

그림 9-11　**Porter & Lawler의 기대이론**

공정성이론

Adams의 공정성이론(equity theory)에 의하면 개인은 자신의 투입(공헌)과 그에 대한 대가(보상)의 비율이 타인의 그것과 비교하여 균형을 유지하도록 강하게 동기 부여된다. 즉 개인의 공정성이나 불공정성 지각은 자신이 일에 대해 투입한 것(노력, 기술, 교육 등 직무수행에 들어간 모든 것)에 대한 대가(급여, 승진, 칭찬 등 모든 물질적·정신적 대가)가 적절한가라는 절대적 기준뿐만 아니라 타인과 비교한 상대적 기준도 중요하게 감안하여 이루어진다. 따라서 공정성이론에 의하면 절대적 기준하에서는 적절히 대우받고 있다고 생각하더라도 상대적으로 대우받지 못하고 있다고 판단되면 불공정성이 지각되고 이를 해소(감소 또는 제거)하고자 동기부여된다는 것이다.

상대적 기준에 의한 불공정성의 지각은 자신의 비율이 타인의 비율보다 낮은 경우뿐만 아니라 높은 경우에도 발생한다. 먼저 자신의 비율이 타인의 비율보다 낮다고 지각하면 다음과 같은 방법으로 반응한다. 첫째, 자신의 투입을 줄이거나, 둘째, 타인의 대가를 줄이거나 투입을 늘리도록 한다. 셋째, 내가 상대적으로 적게 받는 것을 당연하다는 식으로 정당화하거나, 넷째, 기준인물을 바꾼다. 반면에 자신의 비율이 타인의 비율보다 높은 경우에는 위에 언급한 것과 반대되는 반응을 보이지만 타인의 투입을 줄이도록 하는 반응은 거의 보이지 않는다. 따라서 공정성이론은 결근율과 생산성에 영향을 미치는 동기부여의 과정을 가장 잘 설명해주는 이론이라 할 수 있겠다.

커뮤니케이션

1. 커뮤니케이션의 의의와 필요성

커뮤니케이션은 사용상의 관점에 따라 여러 가지로 정의될 수 있지만 일반적으로 '대인 간에 정보와 메시지를 전달하고 수신해서 공통된 의미를 성립하며 서로의 행동에 변화를 유발시키는 대인 간의 모든 과정'이라고 정의될 수 있다. 따라서 기업조직 내에서의 커뮤니케이션은 경영관리과정(계획, 조직, 지휘, 통제)을 구성하는 모든 경영활동에 개입되며, 앞서 살펴본 경영자의 모든 역할(대인적, 정보적, 의사결정적 역할)을 실천하는 데 필수적이다. 특히 구성원들에게 동기를 부여하고 영향력을 행사하는 지휘과정은 커뮤니케이션을 통해서만 가능하다.

2. 커뮤니케이션 과정

커뮤니케이션의 과정을 도식화하면 〈그림 9-12〉와 같다. 〈그림 9-12〉에서 보는 바와 같이 발신자(sender)는 전달하려고 의도한 의미(meaning)를 메시지(message)로 부호화(encoding)하고 발신하면, 그 메시지는 커뮤니케이션경로(channel)를 통해 수신자(receiver)에게로 전달된다. 수신자는 그 메시지를 해독(decoding)하고 의미를 지각(perceived meanings)하게 된다. 그리고 피드백(feedback)과정을 통해 발신자의 의도가 수신자에게 정확하게 전달되었는지를 확인한다.

커뮤니케이션은 발신자가 전달하려고 의도한 의미와 수신자가 지각한 의

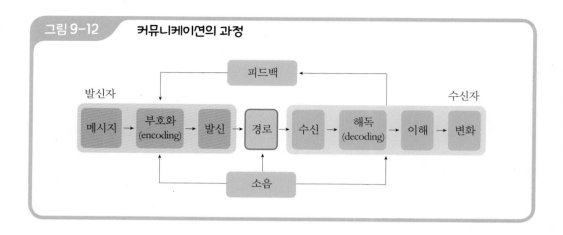

그림 9-12 커뮤니케이션의 과정

미가 일치하는 효과적인 의사소통(effective communication)이 바람직하지만 효과적인 의사소통이 언제나 이루어지는 것은 아니다. 왜냐하면 이러한 커뮤니케이션을 방해하는 여러 요인들(noise)이 커뮤니케이션과정에 개입되기 때문이다. 소음(noise)의 주요 원천으로는 정보원이나 매체 등의 커뮤니케이션 네트워크 자체의 문제도 있지만 대부분의 원인은 발신자나 수신자, 그리고 커뮤니케이션 과정에서의 상황과 관련된 요인들이다. 첫째, 발신자에 의한 소음에는 발신자의 목적의식 결여, 커뮤니케이션기술의 부족, 감정이입의 부족, 준거기준의 차이, 그리고 정보의 여과(filtering) 등이 있다. 둘째, 수신자와 관련된 장애요인으로는 메시지의 전반적인 가치에 대한 사전적인 평가경향, 선입관, 선택적 지각, 반응적 피드백의 부족, 그리고 발신자에 대한 신뢰도의 부족 등이 있다. 마지막으로 상황과 관련된 장애요인으로는 어의상의 문제, 정보의 과중, 시간의 압박, 커뮤니케이션 분위기, 그리고 언어적 메시지와 비언어적 메시지 간의 불일치 등을 들 수 있다.

3. 조직 커뮤니케이션

조직 커뮤니케이션(organizational communication)은 조직 내에서 사람들 상호간에 정보가 교환되는 과정을 말한다. 조직 커뮤니케이션은 조직 내의 과업의 유형에 따라 정보처리의 요구가 상이하다.

조직 커뮤니케이션의 패턴

〈표 9-1〉은 조직 내 커뮤니케이션의 유형과 그 특징을 요약해 놓은 것이다.

〈표 9-1〉의 조직 내 커뮤니케이션의 유형은 크게 조직도표상에 조직의 계층을 연결하는 공식적인 커뮤니케이션경로(formal communication channel)와 그 배후에 있는 비공식적인 커뮤니케이션(informal communication channel)으로 나누어 볼 수 있다. 공식적인 커뮤니케이션경로는 조직구조상의 권한계층에 의해 확정된 명령의 연쇄(chain of command)를 따라 정보가 유통되는 것을 의미한다. 반면에 비공식적인 커뮤니케이션은 〈표 9-1〉에서 볼 수 있는 것처럼 직선 모양으로 형성되어 있지 않고 마치 포도송이의 연쇄와 같은 모양으로 형성되어 있으며 정보원(information sources) 역할을 하는 여러 사람들로 하나의 연결망을 형성하고 있다. 따라서 비공식적인 커뮤니케이션 네트워크에서의 경영자 또는 관리자는 누가 적극적으로 그리고 활발하게 활동하고 있는지를 확인하는 것이 중요하다. 물론 때와 장소, 그리고 정보의 내용에 따라 다르기는 하지만 일반적으로 어떤 사람들은 다른 사람들보다 더 적극적이고 활발하게 정보를 얻어내고 퍼뜨리는 성향을 가지고 있기 때문이다. 비공식커뮤니케이션 경로인 완전연결형(grapevine)은 공식적인 경로보다 신속하고 능률적인 정보전달이 가능하고 네트워크 내 구성원들의 욕구(안전욕구, 자전욕구)를 충족시켜줄 수 있으며, 정보를

표 9-1 조직 내 커뮤니케이션의 유형과 특징

유형	특징
연쇄형	• 대부분의 의사소통이 공식적인 명령계통에 따라 위·아래로만 흐름 • 명령체계, 라인(line)
바퀴형, 성좌형	• 종업원들이 한 사람의 감독자에게만 보고 및 의사소통하는 패턴 • 공식적 작업진단
Y형	• 한 사람의 리더가 커뮤니케이션 중심역할(조정역)을 맡고 이를 중심으로 상위집단과 하위집단이 연결된 형태 • 라인과 스태프의 혼합조직
원형	• 공식적 리더는 있지만 의사소통이 집중되지 않고 분산 • 테스크 포스(task force), 위원회, 프로젝트 팀(project team)
완전연결형	• 리더가 없고 구성원 누구나 다른 사람과의 의사소통을 자유롭게 하는 형태 • 비공식 의사소통(grapevine)

주고받는 과정에서 대인 간의 접촉을 통해 사회적 만족을 제공할 수 있는 등의 장점을 가지고 있다. 그러나 부정확한 정보의 유통가능성, 비적시적인 정보(시기상조의 정보 등)의 유통, 지나친 활성화로 인한 공식적 경로의 혼란야기 등과 같은 문제점도 지적되고 있다.

조직 커뮤니케이션의 방향

조직의 공식적인 커뮤니케이션의 방향은 하향적(downward) 커뮤니케이션, 상향적(upward) 커뮤니케이션, 횡적(lateral) 커뮤니케이션, 그리고 대각적(diagonal) 커뮤니케이션이 있다. 이러한 커뮤니케이션의 방향 및 특징은 〈표 9-2〉에 잘 나타나 있다.

표 9-2 커뮤니케이션의 방향 및 특징

유형		특징
수직적 커뮤니케이션	상향적 커뮤니케이션 	• 메시지나 정보가 부하로부터 상사에게 전달되는 커뮤니케이션 • 하급자 주도형 • 성과보고, 제안제도 등
	하향적 커뮤니케이션 	• 조직의 위계 또는 명령계통에 따라서 상사가 부하에 전달하는 커뮤니케이션 • 지시적 의사소통 • 방침, 명령, 지시, 성과표준 등
수평적 커뮤니케이션	횡적 커뮤니케이션 	• 조직에서 위계수준이 같은 구성원이나 부서 간의 커뮤니케이션 • 화의, 위원회제도 등
대각적 커뮤니케이션		• 조직구조상 동일한 계층에 속하지 않으며, 또한 동일한 명령계층에도 속하지 않는 하부단위 간의 커뮤니케이션 • 라인(line) 부문과 스태프(staff) 부문간, 동태적 조직의 커뮤니케이션

4. 효과적인 커뮤니케이션

효과적인 커뮤니케이션을 위해서는 커뮤니케이션 과정상의 소음인 장애요인(noise)을 찾아내어 그것을 극복하는 일이다. 따라서 적극적인 경청(active listening)을 통해서 정확하고 충분한 정보가 자신에게 유입되도록 촉진해야 하며, 건설적인 피드백 내지는 비판을 제공해야 한다. 그리고 무엇보다도 경영자나 관리자는 대인적 기술(interpersonal skills)을 통해 조직 커뮤니케이션의 네트워크 속에 포함된 자신의 책임을 효과적으로 완수할 수 있어야 한다. 구체적인 장애요인의 극복을 위한 개선방안은 〈표 9-3〉과 같이 요약해 볼 수 있다.

표 9-3   커뮤니케이션의 개선방안

전달자의 개선노력	• 감정이입적 커뮤니케이션 → 준거 체계의 차이 문제해결 • 적절한 언어의 사용 • 사후검토와 피드백 • 중복전달: 병행경로(parallel channels)와 반복(repetition) • 효과적 시기 설정
분위기 개선	• 신뢰적 분위기 조성 • 정보흐름의 규제: 예외에 의한 관리 → 정보과중의 문제 해결
상향적 커뮤니케이션 개선(제도의 보완)	• 고정(苦情)처리 절차(grievance procedure) • 문호개방정책(open-door policy) • 상담(counseling) • 태도조사질문서(attitude questionnaires) • 퇴직자면접(exit interviews) • 민원조사원(ombudsmen) • 참여기법(participative techniques)

사례 9-4   "당신의 커뮤니케이션은 안녕하십니까?"

상대방과 말이 잘 안 통한다고 생각하는 경우가 있다. 상대방이 말귀를 못 알아듣는다고 생각하는 것도 마찬가지다. 이런 생각을 하는 주체는 주로 말하는 사람이다. 듣는 사람의 입장에서는 다르게 생각할 수도 있다. 한마디로 상대방이 제대로 말하지 않았다고 생각하는 것이다. 이를 커뮤니케이션 연구의 관점에서 보면 고맥락 커뮤니케이션과 저맥락 커뮤니케이션 사이에서 발생하는 문제의 일환이기도 하다. 커뮤니케이션을 함에 있어 이처럼 말하는 사람과 듣는 사람 사이에 간격이 발생하는 이유 중 하나는 말하는 사람이 자신의 기준으로 접근하기 때문이라고 할 수 있다. 일례로 상대방에게 "가급적 빨리 부탁한다"고 말한 상황을 떠올려 보자. '가급적 빨리'라는 기준은 전적으로 말하는 사람의 기준이다. 만일 말하는 사람이 '가급적 빨리'라는 기준을 '오늘까지'라고 생각했는데 듣는 사람은 '내일까지'라고 생각했다면 둘 사이에 갈등이 발생하리라는 것은 불 보듯 뻔하다. 이와 함께 자신의 기준으로 접근하는 것을 넘어 그 기준이 일반적이라고 생각하는 것도 커뮤니케이션을 함에 있어 문제다. 개인별로 커뮤니케이션의 스타일은 다르다. 이는 그동안 자신이 속해 왔던 문화나 오랜 시간을 함께 했던 사람들과의 대화 방식 등에 영향을 받기 때문이다. 즉 사람마다 익숙하고 편안하며 자연스러운 커뮤니케이션 스타일이 존재한다. 그러니 자신의 기준은 그야말로 자신의 기준에 지나지 않는다. 그리고 그 기준을 일반적인 기준이라고 생각하는 것은 착각일 수 있다. 그래서 이렇게 생각하고 접근하는 것은 불통(不通)으로 가는 지름길이기도 하다.

커뮤니케이션에 있어 또 하나의 걸림돌은 말하는 입장에서 자신의 기준을 상대방도 알 것이라고 생각하는 것이다. 그러나 말하는 사람이 구체적으로 또는 정확하게 말하지 않는 이상 말하는 사람의 기준을 아는 것은 쉬운 일이 아니다. '말하지 않아도 알아요'라는 것은 CF나 드라마 속에서는 가능할지언정 현실에서는 조금 다르다.

그렇다면 커뮤니케이션에 있어 서로 간 오해를 방지하고 갈등을 야기하지 않을 수 있는 방법은 무엇일까? 구체적으로 말하는 것은 효과적이다. 앞서 언급한 '가급적 빨리'라는 표현 대신 '오늘 오후 3시까지' 혹은 '내일 오전 10시까지' 등과 같이 표현하는 것이다. 구체적이라는 것은 수치화하거나 계량화하는 것을 포함한다. 이렇게 하는 것만으로도 효과가 있다. 다음으로는 대명사의 사용 빈도를 줄이는 것이다. 예를 들어 "그때 거기에 있었던 것은 저기에 있어"라는 말을 들었을 때 오랜 시간을 함께 한 경우라면 큰 문제가 없을 수 있다. 이른바 척하면 착이 될 수 있는 것이다. 그런데 그렇지 않다면 알아듣기 어렵다. 이에 더해 말끝을 흐리는 것도 줄여야 한다. 말끝을 흐리게 되면 상대방은 그때부터 추측과 추정을 해야 한다. 맞추면 다행이지만 그렇지 않다면 피곤해진다. 이와 관련해서 본다면 커뮤니케이션의 상대와 질적으로나 양적으로 많은 시간을 보내야 하는 것은 미룰 일이 아니다.

한편 보다 근본적으로 상대방과 효과적인 커뮤니케이션을 원한다면 자신을 조금 더 많이 드러내 볼 필요가 있다. 조하리의 창(Johari's window)을 빌려 설명하면 자신의 공개영역(open area)을 확장해보는 것이다. 공개영역이란 자신에 대해 자신이 알고 있는 내용과 상대방이 알고 있는 내용을 의미한다. 이 영역이 확장되면 될수록 자신이 숨기고 있는 영역(hidden area)과 스스로도 모르는 영역(blind area)이 줄어들게 된다. 이렇게 되면 일상에서 서로서로 상대방의 기준을 이해하는 폭이 넓어지게 된다. 오해나 갈등의 소지가 줄어들게 되는 것은 당연하다. 다만 자신의 공개영역을 열 것인지 닫을 것인지 혹은 어느 정도 열고 닫을 것인지는 스스로의 몫이다. 잘 알고 있는 바와 같이 말은 커뮤니케이션을 위한 여러 가지 수단 중 하나다. 그리고 말을 통해 커뮤니케이션이 이루어지는 경우라면 말하는 사람이 듣는 사람의 입장에서 접근해야 한다. 그래야 제대로 전달된다. 이에 대해 혹 확인이 필요하다고 생각한다면 자신과 커뮤니케이션이 잘 되고 있다고 생각하는 사람들을 떠올려보면 된다.

출처: 경인일보 2023.07.12.

요약

미래의 계획을 어떻게 실행할 것인가의 문제는 경영관리의 순환과정, 즉 관리기능 중 지휘과정과 관련되어 있다. 즉 기업조직이 목표를 수립하고 이를 달성하기 위하여 계획을 수립하고, 이를 실행할 조직을 구성한 후에는 리더와 조직구성원 간의 지휘관계가 확립되어야 한다. 지휘관계에서는 경영자의 리더십 발휘, 구성원에 대한 동기부여, 그리고 조직 구성원들 간의 커뮤니케이션을 다루어 보았다. 지휘과정에서 경영자에게 요구되는 리더십은 일반적으로 '일정한 상황하에서 목표달성을 위해 개인이나 집단의 행위에 영향력을 행사하는 과정'으로 정의된다. 즉 리더십은 특정상황하에서 사람들 사이에서 일어나는 현상이고 거기에는 영향력이 작용하며, 그와 같은 영향력은 목표달성을 위해 행사된다. 따라서 리더십 개념은 기업이 처한 상황의 변화에 따라 특성이론, 행위이론, 그리고 상황이론으로 지속적으로 변화·발전되어 왔다. 최근에는 급변하는 기업경영환경에 적극 대응하고 리더십을 통한 조직성과를 높이기 위하여 다른 관점에서 연구되고 있다. 특히, 카리스마적 리더십, 슈퍼 리더십, 서번트 리더십 등이 여기에 속한다.

동기부여의 개념은 넓은 의미에서 '조직 구성원의 바람직한 행동을 유발하고 그것을 유지하며 일정한 방향으로 유도해가는 과정'을 의미한다. 이와 같은 동기부여이론은 내용이론(content theory)과 과정이론(process theory)으로 나누어 볼 수 있다.

커뮤니케이션은 사용상의 관점에 따라 여러 가지로 정의될 수 있지만 일반적으로 '대인 간에 정보와 메시지를 전달하고 수신해서 공통된 의미를 성립하며 서로의 행동에 변화를 유발시키는 대인 간의 모든 과정'이라고 정의될 수 있다. 따라서 기업조직 내에서의 커뮤니케이션은 경영관리과정(계획, 조직, 지휘, 통제)을 구성하는 모든 경영활동에 개입되며, 앞서 살펴본 경영자의 모든 역할(대인적, 정보적, 의사결정적 역할)을 실천하는 데 필수적이다. 특히 구성원들에게 동기를 부여하고 영향력을 행사하는 지휘과정은 커뮤니케이션을 통해서만 가능하다.

참고문헌

- Dessler, G., *Management: Leading People and Organizations in the 21st Century*, Upper Saddle River, Prentice Hall, 2002.
- Robbins, S. P. and M. Coulter, *Management*, Upper Saddle River, Prentice Hall, 2002.
- 김남현 외, 「경영학의 이해」, 경문사, 2004.
- 김영규, 「경영학원론」, 박영사, 2009.
- 김진학, 「21세기 경영학」, 한티미디어, 2007.
- 장영광 외, 「생활속의 경영학」, 신영사, 2011.

토의문제

1. 지휘를 구성하고 있는 각 세부 활동에는 어떤 것들이 있으며, 이들의 관계는 어떤지를 설명해 보라.
2. 최근 급변하는 기업경영환경에 적극 대응하고 리더십을 통한 조직성과를 높이기 위하여 연구되고 있는 카리스마적 리더십, 슈퍼 리더십, 서번트 리더십에 대하여 최근 사례를 들어 설명해 보라.
3. 자신의 요구와 동기를 가장 잘 설명해주는 이론을 찾아보고, 어떠한 면에서 그와 같은 이론이 타당하지 또는 타당하지 않은지를 토론해 보라.
4. 조직커뮤니케이션에서 나타나는 장애요인과 그 해결방안들에 대해서 토론해 보라.

Chapter 10

과거의 평가

 올해도 리스크 폭탄 우려 … 내부통제 강화에 만전

금융투자업계에서는 지난 2년간 예상치 못했던 리스크가 불거지면서 이에 따른 내부 통제와 관리에 어려움을 겪었다. 2021년 전무후무한 코로나 19 호황을 누린 뒤 2022년 유례없는 급격한 금리 인상을 겪는 가운데서 레고랜드발 부동산 프로젝트파이낸싱(PF) 사태가 터졌다.

이어 지난해에는 차액결제거래(CFD) 사태와 영풍제지 사태 등 주가조작 의혹 사건들이 연이어 터졌고 사모 전환사채(CB) 및 랩·신탁 관련 불건전 영업 관행과 홍콩 H지수 주가연계증권(ESL) 대규모 손실 가능성 등 다양한 리스크가 불거지기도 했다. 또 연말에는 태영건설의 워크아웃(기업개선작업) 신청으로 부동산PF 부실 우려가 다시 재점화됐다.

이 때문에 증권사들은 새해 벽두부터 리스크 관리를 최우선 과제로 삼아 연초부터 내부통제 강화 및 철저한 관리를 천명하고 나섰다. 주요 증권사들의 최고경영자(CEO)들이 신년사를 통해 시장 리스크 최소화, 고객보호, 사회적 책임 등을 주요

키워드로 강조한 것도 이와 맥을 같이 한다.

이러한 움직임은 말에 그치지 않고 인사와 조직 개편을 통해 행동으로 보여주고 있다. 증권사들은 연말 임원 인사와 조직개편에서 철저한 리스크 관리와 내부 통제 강화에 방점을 찍었다.

메리츠증권은 과거 메리츠화재 최고위험관리책임자(CRO)를 지낸 장원재 사장을 신임 대표이사로 발탁했고 미래에셋증권은 리스크관리 부문을 경영혁신실에서 독립시켜 이두복 부사장을 CRO 자리에 앉혔다. 신한투자증권도 기존 박진석 경영지원본부장이 올해부터 CRO를 담당하게 했고 대신증권에선 길기모 리스크관리부문 전무가 부사장으로 승진했다.

리스크 관련 조직도 한층 강화했다. 신한투자증권은 리스크관리본부를 그룹으로 승격하고 전사 차원 컨트롤타워 역할을 맡겼다. 고객리스크관리부도 신설하고 준법감시본부 내에 있던 내부통제운영부를 준법경영부로 확대 개편했다. NH투자증권도 기존 준법감시본부를 준법지원본부로

변경하고 본부 직속으로 준법기획팀을 신설했다. KB증권 역시 시장리스크부 내에 고객자산리스크 전담 조직을 만들어 흐름에 발맞췄다.

하나증권은 내부통제 기능 강화를 위해 소비자 보호 관련 조직을 재정비하고 통합 운영하기로 했다. 키움증권도 최고재무책임자(CFO)로 활동한 엄주성 사장을 새 대표로 내정한 가운데 향후 조직개편을 통해 각 사업 본부에서 리스크를 확인하도록 팀을 꾸리고 '사업본부·리스크팀·감사팀'의 3중 체제를 구축할 계획이다.

이같은 움직임은 금융당국이 리스크 관리 부실 시 금융사 최고경영자(CEO) 책임을 강하게 묻겠다는 의지를 드러내면서 더욱 강화될 수밖에 없는 실정이다. 금융사가 내부통제 미흡으로 인한 사고가 일어났을 때 최종 책임자로 CEO를 명시하는 '책무구조도' 도입을 골자로 한 금융회사의 지배구조법 개정안이 올해 하반기부터 시행될 예정이다.

업계 한 관계자는 "금융당국이 금융사들에게 철저한 리스크 관리를 요구하고 있는 상황이어서 내부통제 강화는 선택이 아닌 필수"라며 "자본시장을 둘러싼 불확실성이 그 어느 때보다 큰 터라 리스크 관리에 더욱 만전을 기할 수 밖에 없는 상황"이라고 말했다.

철저한 관리 다짐하고 있지만 … 여전히 가시지 않는 우려

증권사들의 이러한 노력에도 불구하고 올해 리스크 관리가 철저히 이뤄질 수 있을지는 미지수다. 여전히 각종 리스크가 시장 내에 지뢰밭처럼 깔려 있고 지난해부터 지속돼 온 리스크들도 완전히 해소되지 않았기 때문이다.

당장 증권사의 채권형 랩어카운트·특정금전신탁 '돌려막기' 관련 제재 절차가 연초부터 시작될 수 있는 상황이다. 금감원은 9개 증권사의 랩·신탁 업무실태를 집중 검사한 결과, 증권사 운용역들이 만기도래 계좌의 목표수익률을 달성하기 위해 불법 자전거래를 통해 고객 계좌 간 손익을 이전해온 것으로 드러났다.

손실 전가 금액은 증권사별로 수백억~수천억 원 규모로 합산하면 조단위 규모로 채권형 랩·신탁 돌려막기로 운용역 30여 명이 수사당국에 넘겨진 상태다. 업계에서는 암묵적인 관행이었다는 입장이지만 금융당국이 불법 자전거래에 제재가 필요한 시점이라고 판단했다.

금융당국은 이번 사안과 관련해 CEO 제재까지 검토하고 있는 것으로 알려졌다. 채권·랩 운용 의사결정에 대표이사가 적극 관여했거나 지시했다면 '행위자'또는 '감독자'로서 충분히 자본시장법 위반의 책임을 물을 수 있다는 판단이다.

라임·옵티머스 불완전 판매 사태로 촉발됐던 증권사의 CEO 제재 리스크가 언제라도 다시 불거질 수 있는 상황인 것이다. 사모펀드 불완전 판매 이슈는 3년 넘게 끌어 오다 지난해 11월 금융위원회가 박정림 KB증권 대표에 대해 '직무정지 3개월'을, 정영채 NH투자증권 대표에게 '문책경고' 중징계를 결정한 바 있다. 양홍석 대신증권 부회장에게는 '주의적 경고' 조치가 내려졌다.

금융사 임원에 대한 제재 수위는 해임권고·직무정지·문책경고·주의적경고·주의 등 5단계로 나뉜다. 문책경고부터는 금융사 임원 취업이 제한돼 중징계로 분류되는데 새해부터 증권사 CEO들이 줄줄이 징계를 받는 일이 벌어질 수 있는 상황인 것이다.

업계 한 관계자는 "지난해 연말 태영건설의 워

크아웃 신청으로 부동산PF 부실화 우려가 재점화
된 것처럼 불완전 판매와 불건전 영업 이슈들도 어
떤 계기로 예상하지 못한 시점에 다시 불거질 수

있다"며 "올해도 각 증권사들이 리스크 관리에 만
만치 않은 한 해가 될 것"이라고 내다봤다.

출처: 데일리안 2024.01.05.

경영통제의 의의 및 유형

1. 경영통제의 의의

　　경영통제(기능)는 경영관리(순환)과정의 마지막 부분으로 ① 기업 경영활
동의 실제 성과(performance)와 계획(plan)을 비교하고, ② 그 차이와 중요성에
따라 수정행동을 취하는 관리과정이다. 즉 경영통제란 기업의 목표달성을 위한
제반 활동들이 계획대로 진행되고 있는지를 수시로 확인하고, 기업의 모든 자
원들이 목표달성에 가장 효율적이고 효과적으로 사용될 수 있도록 수정행동을
취하는 과정이다. 따라서 경영통제의 효과적인 수행을 위해서는 계획을 선행조
건으로 하며, 계획과정에서 반드시 기업목표에 따른 여러 활동들의 바람직한
업무수행기준(성과표준)을 설정해놓지 않으면 안 된다. 이와 같은 경영통제(기

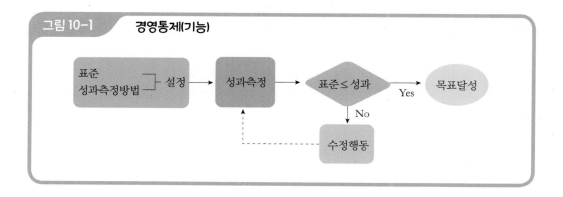

그림 10-1 **경영통제(기능)**

능)는 일반적으로 목표 및 표준의 설정, 실제성과의 측정, 실제성과와 표준과의 비교, 그리고 필요한 수정조치(피드백)의 4단계를 거쳐 이루어진다. 이를 그림으로 나타내면 〈그림 10-1〉과 같이 나타낼 수 있다.

이러한 경영통제기능은 다음과 같은 측면에서 그 중요성이 더욱 강조되고 있다. 첫째, 경영통제(기능)는 경영계획(기능)과 더불어 경영관리과정의 기본과정으로서 일련의 경영순환과정(business cycle)을 마무리함과 동시에 다음 계획수립 단계에 피드백하는 매우 중요한 활동이다. 둘째, 성과 표준의 근거가 되는 경영계획이나 기업의 목적은 미래지향적이며, 미래는 항상 불확실성(uncertainty)을 내포하고 있다. 따라서 시간의 경과에 따른 통제 포인트(control points)가 필요하고, 제반 경영활동뿐만 아니라 경영계획 및 기업의 목표까지도 건설적인 조정이 필요하다. 셋째, 기업의 규모가 커지고 활동범위가 다양해짐에 따라 기업업무환경의 복잡성(complexity)이 증가하고 있다. 따라서 체계적이고 합리적인 통제를 통해 여러 활동들의 조정과 통합이 필요하다. 넷째, 제한된 합리성을 갖고 있는 인간은 누구나 업무수행과정에서 실수나 오류를 범할수 있다. 더군다나 예상치 못한 환경변화는 대응방안에 대한 판단의 오류를 야기한다. 경영통제기능은 종업원들의 이러한 실수나 오류를 정정하는 데 도움이 될 뿐만 아니라 환경변화에 대한 적절한 대응방안을 제시해 준다. 다섯째, 효율적인 기업조직에서는 권한의 위양(delegation)과 분권화(decentralization)가 활발하게 이루어지며 그 결과 하위경영층의 의사결정권한이 증대된다. 이러한 권한위양과 분권화는 동시에 그 결과에 대한 책임을 묻기 위한 통제메커니즘도 필요로 하게 된다. 즉 경영통제는 결과에 대한 책임을 확실히 함과 동시에 권한위양과 분권화를 가능하게 하는 요건이 된다.

이를 종합해 볼 때 통제활동을 실행하기 위한 하나의 지침 또는 기준을 제공하는 계획기능과 계획과 성과 간의 편차에 대한 책임을 명확히 해주는 조직구조는 경영통제(기능)의 전제조건이라고 할 수 있다.

사례 10-1   내부감사는 하루에 한 번 꼴…적발까진 710일 걸린 종투사들

국내 A증권사 직원 B씨는 2018년 횡령으로 금융감독원에 고발됐다. 그가 2009년 횡령을 저지른지 이후 9년 만의 조치였다. 당시 그가 속했던 C증권사는 B씨가 퇴사했다는 이유로 10년 가까이 그 사실을 알아채지 못했다.

실제 일어난 전형적인 내부통제 실패 사례다. 횡령·배임 등은 조기 발견이 관건이지만, 이처럼 사건 발생 수년이 지나서야, '우연한' 계기로 발견되는 경우가 적지 않다. 실제 최근 5년여 동안 국내 9대 종합금융투자사(종투사) 금융사고 시작부터 발견까지 평균 710일이 걸린 것으로 확인됐다.

심지어 내부감사가 하루에 한 번 꼴로 이뤄진 가운데 나온 결과여서 시스템 자체가 잘못 설계돼 있는 게 아니냐는 지적이 나온다.

C증권사 관계자는 "9년 동안 횡령이 이어진 것은 아니다"라며 "해당 직원이 퇴사하고, 고객들 항의도 없어 인지하지 못했다. 타 증권사에서 해당 직원이 금융 사고를 내면서 뒤늦게 알게 됐다"고 설명했다.

사고 발생해도 알기까지 '2년'

7일 파이낸셜뉴스가 김성주 더불어민주당 의원실에 의뢰해 금융감독원으로부터 받은 '지난 6년간(2019년~2023년 6월) 증권사 내부직원 금융사고 현황'에 따르면 9대 종합금융투자사의 금융사고 적발 건수는 모두 20건으로, 사고 시작일부터 발견까진 평균 710일이 걸렸다.

사고 발생부터 이를 발견하기까지 약 2년이 걸렸단 의미다. 이는 전체 증권사 평균(33

건·592일)과 비교해도 4개월(120일)이 길다.

C증권사 사건 외에도 전체 금융사고(20건) 중 30%(6건)는 3년 동안 잡아내지 못했다. 적발 기간별로 구분해보면 3년 이상 걸린 사례가 6건으로 가장 많았다. 이어 1개월 이하(5건), 2~6개월(3건), 6~1년 미만(3건), 1~2년 미만(3건) 순으로 나타났다.

증권사별로 살펴보면 NH투자증권 사고 적발일이 가장 길었다. 이 기간 NH투자증권의 금융사고는 총 2건(횡령·유용 2건)으로 증권사 평균(2.5건) 대비 건수가 적었지만 적발일은 평균 2,236일이 걸렸다. 무려 6년 동안 사고를 발견하지 못했단 뜻이다. 다만, 마지막 금융사고 적발이 2018년이고, 그 이후로는 없었다.

이어 한국투자증권이 3건으로(횡령·유용 2건·사기 1건) 1,630일을 기록했다. 하나증권은 업무상 배임 2건, 기타 1건으로 총 3건이 발생하면서 평균 938일이 걸렸다.

문제는 해당 기간 동안 하루에 한 번꼴로 내부감사가 진행되고 있었다는 점이다. 9대 종투사는 지난 2019년 475건, 2020년 379건, 2021년 370건, 2022년 403건으로 연평균 367건의 내부감사를 벌였다. 주말을 제외하면 하루에 한 번 이상이다. 지난해의 경우 9월까지 253차례 내부감사가 진행됐다.

허술한 감사체계, 부족한 인프라

전문가들은 증권사 내부감사 체계가 아직 허술한 결과라고 지적한다. 특히 지급과 결제가 한 직원 업무에서 함께 이뤄지거나 특정 직원이 한 부서에 장기간 있는 경우 금융사고가 발생할 가능성이 높다는 분석도 나온다.

세종대 김대종 경영학과 교수는 "내부감사는 금융사고 적발시 각 증권사의 점수에 영향을 미치기 때문에 철저하게 이뤄지지 않기도 한다"며 "과거 전문성을 키우기 위해 한 부서에 약 10년 간 장기 근무를 하도록 하는 과정에서 금융사고가 다수 발생했다"고 전했다.

김 교수는 이어 "지급과 결제를 관리하는 담당자가 분리되지 않고, 직원 한 명이 이를 모두 관리하는 증권사들이 많아 횡령·배임이 발생해도 적발하지 못하는 것"이라고 덧붙였다.

상명대 서지용 경영학과 교수는 "증권사 금융사고는 초기 적발이 안 되면 손해액이 커질 수밖에 없다"며 "내부감사가 진행되고 있음에도 내부통제가 이뤄지지 않고 있다는 사실은 시스템 자체에 구멍이 있을 수 있다는 뜻"이라고 지적했다.

부족한 내부감사 인력과 전문성도 문제로 꼽힌다. 실제 종투사 내부감사 관련 직원은 전체 직원의 1~2%에 불과하다.

특히 전문 자격증을 보유한 내부감사 전문인력은 평균 2.3명에 그친다. 신한투자증권과 하나증권이 5명으로 가장 많았고, 키움증권은 단 한 명도 없었다.

김 교수는 "금융사고를 막기 위해서는 2중, 3중의 안전장치가 필요하다"며 "2년마다 직원들을 순환 보직시키고, 지급과 결제를 분리해 관리토록 하는 등 체계화가 필요하다"고 강조했다.

출처: 파이낸셜뉴스 2024.01.07.

2. 경영통제의 유형

경영통제는 일반적으로 경영활동상의 시간흐름에 따라 사전통제(투입통제), 과정통제, 사후통제(산출통제)의 세 가지 유형으로 분류한다. 이는 〈그림 10-2〉와 같이 도식화할 수 있다.

사전통제

사전통제(pre-action control)는 변환과정이 시작되기 전에 투입단계에서 이루어지는 투입통제활동(input control)으로서, 기업조직 또는 과업의 목표가 적절하게 설정되었는지, 목표달성을 위해 자원의 활용은 가능한지 등을 확인하는 사전준비에 대한 통제를 의미한다. 즉 사전통제는 실제로 경영활동이 이루어지기 전에 투입요소와 산출결과를 사전에 구체적으로 검토하는 통제라고 할 수

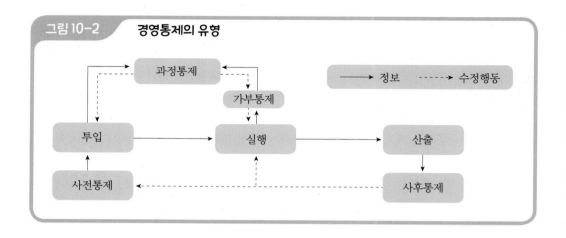

있다. 따라서 여기에는 목표의 재점검, 가용 물적·인적자원의 확인 및 적정성 판단, 교육 및 훈련 등이 포함된다.

과정통제

과정통제(process control)는 투입물의 변환과정에서 이루어지는 통제활동으로 일련의 행동들이 완료되기 전에 표준 또는 목표로부터의 편차를 발견하고 수정행동을 취하도록 하는 통제를 말한다. 특히 변환과정이 여러 단계를 통해 이루어질 경우에는 각 단계의 완성시점에서 작업결과를 점검하고 전체적인 작업의 성공에 이상이 없도록 하는 것이 중요한데, 이를 가부통제(yes/no control or screening control)라고 한다. 이는 과정통제에 대한 이중점검(double-check)장치로서 매우 유용한 통제활동이다. 가부통제를 포함한 과정통제는 사후통제(산출통제)에 영향을 미치기 때문에 진행(진척) 정도에 대한 시기적절하고 정확한 정보의 획득이 요구된다.

사후통제

사후통제(post-action control)는 변환과정이 완료된 후 이루어지는 산출물에 대한 통제활동(output control)으로 목표달성을 위한 모든 활동이 종결된 후에 실시된다. 사후통제는 자원투입이나 작업과정에서 어떤 부분이 변화되어야 산출물(최종제품이나 서비스)의 개선이 이루어질 수 있는지에 대한 정보를 제공하

기 때문에 사전의 투입통제와 과정통제에 영향(feedback control)을 미친다. 또
한 사후통제는 개개인의 업적평가를 위한 자료를 제공하고 유사한 성질의 미래
활동을 계획하는 데 유용한 정보를 제공하기도 한다.

과거의 평가

경영통제의 사후통제는 거의 모든 기업조직에서 행해지는 일반적인 통제
유형이다. 따라서 다음에서는 사후통제에 초점을 맞추어 여러 가지 경영활동
중 4가지 평가대상(제품/서비스, 자금, 사람, 정보)에 대한 평가방법을 살펴보고
자 한다(〈그림 10-3〉 참조).

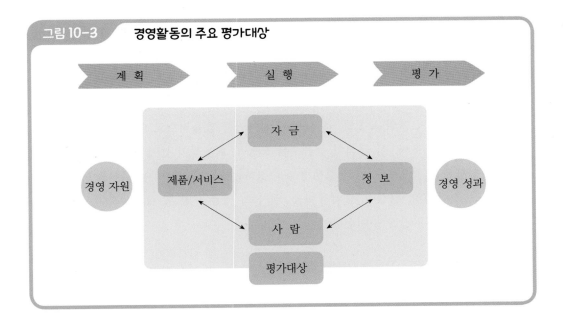

그림 10-3 **경영활동의 주요 평가대상**

1. 제품/서비스(생산 및 서비스활동)

위에서 논의된 많은 기업의 경영활동 중에서 전통적으로 가장 주된 활동인 제품생산과 서비스의 제공에 대한 부분 평가에 대하여 알아보자. 넓은 범위에서는 생산활동 전반을 종합적으로 평가하는 것이고, 품질관리, 원가관리, 공정관리 등과 같은 제품 관리를 포괄하기도 한다.

좁은 범위에서는 공정관리를 가리키는 것이나, 일상적인 영업활동에 직결된 생산활동의 평가를 의미한다. 그 중에서도 기업의 영업활동의 근간이 되는 제품의 생산에 대한 과거의 평가가 이루어지는 방법들에 대해서 알아보자.

생산성

먼저 생산성의 개념은 생산을 위하여 사용한 생산요소의 양과 그 결과 생산된 생산물 양의 비율을 생산성이라 한다. 또한 생산성비율(ratio of productivity)이란 재화생산의 투입량과 산출량의 비율을 말한다. 생산성 비율은 다양한 형태로 정의되기도 하는데 노동생산성, 총자본투자효율, 설비투자효율, 부가가치율, 자본집약도, 노동소득분배율로 요약할 수 있다.

▌종업원 1인당 부가가치생산액(노동생산성)

노동의 단위당 성과, 즉 노동이 얼마만큼 효율적으로 이용되었는가를 측정하는 지표로써, 이 금액이 높을수록 노동의 효율성이 높아 많은 부가가치를 생산했다는 것으로 기업의 경쟁력을 측정하는 지표로 많이 이용된다. 노동생산성은 경상이익, 인건비, 순금융비용, 임차료, 세금과 공과, 감가상각비, 종업원 수 등으로 평가가 이루어진다.

▌총자본투자효율(자본생산성)

기업에 투자된 자본 1단위의 일정기간 동안 창출한 부가가치의 정도를 측정하는 지표로서 총자본의 효율적 정도를 분석할 수 있다. 이 비율이 높을수록 노동생산성 또한 높아지게 되므로, 노동생산성과 함께 대표적인 기업의 생산성 측정지표이다. 총자본투자효율은 경상이익, 인건비, 순금융비용, 임차료, 세금과 공과, 감가상각비, 총자본 등으로 구해진다.

▎설비투자효율

기업의 설비자산이 일정기간 동안 창출한 부가가치의 정도를 나타내는 비율로서 자본생산성의 보조지표로 이용된다. 또한 설비자산은 노동의 효율에 직접 영향을 미치므로 노동생산성 분석의 한 요소이다. 설비투자효율성은 경상이익, 인건비, 순금융비용, 임차료, 세금과 공과, 감가상각비, 유형자산, 건설중인자산 등으로 구해진다.

▎부가가치율

매출액 중 새로 창출한 가치가 생산요소의 제공자에게 귀속되는 비율을 의미하며 소득률이라고도 한다. 한 기업의 부가가치율 계산은 경상이익, 인건비, 순금융비용, 임차료, 세금과 공과, 감가상각비, 매출액 등이 사용된다.

▎자본집약도

노동력 1단위가 소요하는 자본금액을 나타내는 지표로써 총자본, 종업원수, 노동소득분배율 등으로 구해진다.

▎노동소득분배율

부가가치 중 얼마만큼이 인건비에 분배되었는가를 나타내며 성과배분의 합리성을 분석하는 데 쓰이며, 경상이익, 인건비, 순금융비용, 임차료, 세금과공과, 감가상각비 등으로 구해진다.

1인당 GDP 7만 달러 시대…맥킨지가 그린 2040년 대한민국

글로벌 컨설팅기업 맥킨지앤드컴퍼니(맥킨지)가 2040년 대한민국이 1인당 국내총생산(GDP) 7만 달러 수준의 '세계 7대 경제 대국'이 될 수 있다고 진단했다.

맥킨지는 최근 '한국의 다음 S곡선'(Korea's Next S-Curve)이라는 제목의 경제 진단 보고서를 통해 이같이 밝혔다.

맥킨지는 2040년 한국의 GDP 규모를 3조 2,000억~3조 4,000억 달러 수준으로 추정했다. 이는 지난 8월 글로벌 신용평가사 S&P(2조 4,000만 달러)와 영국의 경제분석기관인 EIU(2조 2,000억 달러)가 내놓은 전망보다 1조 달러를 초과하는 규모다.

이를 달성하기 위해선 한국이 연평균 4%대 성장을 이뤄야 한다고 분석됐다. 맥킨지는 "경제 발전을 이룩한 국가가 성장이 정체된 상황에서 4%대로 도약하는 것은 쉽지 않다"면서도 "새로운 국가 경제 성장 공식을 도입하는 혁신이 뒷받침된다면 충분히 가능하다"고 강조했다. 맥킨지는 1990년대 중후반 미국, 2000년대 중후반 독일의 4%대 경제 재도약 사례를 제시했다.

맥킨지는 4%대 성장을 달성하기 위해선 매출 1,000억 달러, 100억 달러, 10억 달러 이상의 신규 기업을 각각 5개, 20개, 100개 창출해야 한다고 분석했다. 특히 신재생 에너지와 바이오, 인공지능(AI), 모빌리티, 반도체 등 산업군에서 이들 기업이 나와야 한다고 강조했다. 작년 기준 우리나라의 매출 1,000억 달러 기업은 삼성전자(005930)와 현대차(005380), SK(034730) 세 곳이다.

중소기업 생산성도 2배 향상돼야 한다고 제시됐다. 한국의 중소기업 생산성은 대기업의 약 30%로 경제협력개발기구(OECD) 국가 중 네 번째로 대기업과 중소기업 사이 생산성 격차가 컸다. 한국 기업 수의 99%, 종사자의 80%가 중소기업인 것을 고려하면 중소기업의 생산성 향상이 한국 경제에 미치는 파급 효과는 매우 크다는 판단이다.

GDP 내 서비스업 비중이 70% 이상이 돼야 한다는 지적도 따랐다. 한국 서비스업의 GDP 비중은 2021년 기준 60%로 미국(78%)과 일본(70%) 등 주요 선진국보다 낮다. 서비스업 고용 비중이 70% 수준인 것을 고려하면 서비스업 생산성이 열악한 수준임을 알 수 있다. 맥킨지는 IT플랫폼, 소프트웨어, 콘텐츠 등 고부가가치 서비스를 중심으로 영역을 확대해야 한다고 했다.

맥킨지는 세계를 선도하는 수준의 산업 클러스터를 창출해야 한다고도 제언했다. 특정 산업 생태계를 이루는 기업들이 밀집된 산업 클러스터가 형성되면 스타트업과 대기업 간 협력이 활성화되고, 전문 인력과 각종 생산 요소의 집적으로 개별 기업의 비용이 감소해 GDP에 직접 기여할 수 있다는 분석이다. 대표격인 미국 보스턴 바이오 클러스터는 1000개 이상의 제약·바이오테크 기업과 하버드대 등 주요 연구기관이 협력해 2021년 기준 약 140억 달러의 벤처캐피탈 자금을 유치했다. 맥킨지는 한국이 3개 이상의 집중화된 메가 클러스터를 조성해야 한다고 했다. 바이오, IT산업, 반도체 산업 등에서 각각 글로벌 선도 수준에 준하는 클러스터를 육성해야 한다는 것이다.

그외 맥킨지는 △GDP 대비 자본 증대량 2배 성장 △글로벌 선도 초격차 산업 2개 이상 신규 배출 △고급 AI 전문가 5만 명 양성이라는 목표도 제시했다.

맥킨지는 현재 한국 경제가 갈림길에 서 있다고 전했다. 앞서 맥킨지는 10년 전 한국 경제가 성장 한계에 다다랐다는 취지의 보고서를 발간하면서 한국 경제를 '서서히 가열되는 냄비 속 개구리'에 비유했다. 맥킨지는 이번 보고서에선 "개구리를 냄비 밖으로 꺼내야 한다"고 주장했다. 한국 경제는 과감한 시도와 변화가 필요하다는 것이다.

출처: 이데일리 2023.12.12.

사례 10-3 중소기업 기피 이유 '낮은 연봉'인데…대기업과 2배 격차 지속

청년 구직자들 사이에서 낮은 임금을 이유로 중소기업 취업을 꺼리는 분위기가 여전한 가운데 대기업과 중소기업 근로자 간 임금이 두 배 이상 차이가 나는 현상은 수년째 지속되고 있다.

14일 중소기업중앙회에 따르면 지난 10월 20일~11월 1일 청년 구직자 1천명을 상대로 실시한 설문조사 결과 청년 구직자가 희망하는 월 급여는 평균 323만 8천원이었다.

300만원 이상~400만원 미만이 40.7%로 가장 많고 300만원 미만은 38.4%, 400만원 이상은 20.9%로 각각 나타났다.

최종 학력이 대졸 이상인 경우 400만원 이상 응답이 39.1%로 더 높고 희망하는 월 급여는 평균 366만 2천원이었다.

직업 선택 시 가장 고려하는 요소(복수 응답)가 급여 수준(47.4%)이었고 중소기업 취업을 고려하지 않는 응답자(356명)에게 그 이유를 물은 결과(복수 응답) 낮은 연봉 수준(55.3%)이 압도적인 1위였다.

실제로 중소기업과 대기업 근로자 간 2배 이상의 임금 격차는 수년째 이어지고 있다.

통계청 '임금근로일자리 소득' 수치를 보면 지난 2021년 기준 영리기업 중 중소기업 근로자의 평균 소득은 월 266만원(세전 기준)으로 대기업(563만원)의 47.2%에 그쳤다.

중기중앙회 설문조사에서 청년 구직자들이 희망한 323만 8천보다도 58만원(17.9%) 정도 적었다.

중소기업 근로자의 평균 소득은 관련 통계 작성이 시작된 2016년에는 대기업의 44.7%였고 이어 2017년 45.7%, 2018년 46.1%, 2019년 47.6%, 2020년 49.0%, 2021년 47.2% 등으로 50%를 계속 밑돌았다.

연령이 높아질수록 격차는 더 커졌다.

중소기업의 경우 20~24세 근로자의 평균 소득은 월 157만원으로 대기업 동일 연령 근로자의 73.0%로 나타났으나 50~54세 구간에서는 이 비율이 39.3%까지 떨어졌다.

노민선 중소벤처기업연구원 연구위원은 "청년들은 장기근속보다 임금 수준, 근로 조건 등을 더 따진다"며 "중소기업 사업주는 적정 수준 임금과 작업 환경 개선을 위해 지속적으로 노력해야 하고 정부는 세제, 자금 지원 등으로 이를 뒷받침해 주는 것이 중요하다"고 말했다.

그러면서 "중소기업 현장에서 청년뿐만 아니라 여성, 고령, 외국인 근로자 등에 대한 수요가 적지 않다"며 "이런 인력을 효율적으로 잘 활용하면 조금이나마 숨통을 트일 수 있을 것"이라고 덧붙였다.

출처: 연합뉴스 2023.12.14.

2. 자금(재무활동)

재무활동이라 함은 현금의 차입 및 상환활동, 신주발행이나 배당금의 지급활동 등과 같이 부채 및 자본계정에 영향을 미치는 거래를 말한다. 기업의 의사결정은 대부분이 자본(capital), 자금(funds), 자산(assets), 신용(credits) 등 재무활동과 관련된 것들이다. 즉, 자본의 조달, 자본시장, 현금의 흐름, 운전자본의 관리, 배당결정, 재무분석 등에 대하여 계획하고 통제하는 것이다. 현대기업에 있어서 재무관리자의 역할은 무한히 변천을 거듭하고 있으며, 오늘날에 있어서 재무관리자의 역할은 제한된 영역에서 벗어나 확대되고 있는 추세이다. 주요 기능은 ① 자본과 타 자산에의 자금투자, ② 재원조달의 최적화 등으로 요약할 수 있다. 경영분야에서는 자금이라는 용어를 주로 사용하는데, 돈의 흐름과 이와 관련된 모든 활동을 효과적으로 관리하는 것이 재무활동의 큰 줄기이다.

본 절에서는 그 중에서도 경영자가 수행하는 여러 가지 의사결정 중에서 투자안에 대한 선택에 관한 문제에 대하여 생각해 보기로 한다. 투자가치의 평가는 투자안으로부터 기대되는 미래 현금흐름이 기업가치에 얼마나 기여를 할 수 있는지에 대한 투자안의 경제성에 대한 분석을 의미한다. 이는 기업가치의 극대화에 초점을 맞추고 있으며, 평가에 있어서는 기업가치 극대화(주주의 부 극대화)를 위한 기본 속성들을 그 기준으로 삼고 있다. 따라서, 모든 현금흐름을 고려하고, 현금흐름을 기회자본비용으로 할인하고 화폐의 시간적 가치를 반영하며, 상호 배타적 투자안 집합 중에서 주주의 부를 극대화하는 투자안 선택을(기업가치 극대화) 그 기본으로 하고 있다. 투자행위의 궁극적 목적이 기업의 효용 극대화에 있으며 이는 완전자본시장에서의 기업 부의 극대화와 동일하기 때문에, 순 현재가치를 극대화하는 투자안의 선택은 기업의 효용을 극대화하는 투자결정을 하는 것과 동일하다고 할 수 있다.

일반적으로 투자안의 경제성을 평가하는 기법으로는 여러 가지가 있으나, 다음에 제시한 5가지 방법이 전통적으로 널리 사용되고 있다.

❶ 회수기간법(payback period method)
❷ 평균회계이익률법(average return on book value method)
❸ 순현가법(net present value method: NPV)
❹ 수익성지수법(profitability index method: PI)
❺ 내부수익률법(internal rate of return method: IRR)

사례 10-4   주차난 인천공항, 인상카드만 '만지작'…신규투자는 '조작의혹'

인천국제공항공사(인천공항)가 주차난을 이유로 주차장 이용 요금 인상을 검토한 것을 놓고 '자기 배불리기식 요금 인상'이라는 비판이 나옵니다. 또 오성공원사업·복합리조트 등 인천공항이 대규모 신규투자 사업을 추진하면서 경제성분석, 재무성분석, 순현재가치 등을 조작했다는 의혹도 제기됐습니다.

25일 국회 국토교통위원회 소속 조오섭 민주당 의원이 인천공항공사로부터 제출받은 국정감사 자료에 따르면 인천공항은 현재 하루 기준 단기 2만 4,000원, 장기 9,000원인 주차장 이용요금을 장기에 한해 단계적으로 1만 5,000원 인상하는 안을 검토 중입니다.

인천공항은 승용차를 이용한 공항 접근 비용이 공항버스, 공항철도, 택시보다 저렴하기 때문에 주차난이 발생한다며 주차요금을 올려 공항 이용객의 대중교통 이용을 유도하겠다는 방침입니다.

또 성수기 기준 T1주차장 이용률이 단기 122%, 장기 118%를 보이는 데다 T2주차장은 단기 85%, 장기 132%에 달해 주차난이 가중되고 있다는 입장입니다.

이에 대해 조오섭 의원은 "인천공항은 국제노선이 많고 김포공항은 국내노선이 중심인 공항 특성상 단기·장기 주차 이용객의 차이가 발생할 수밖에 없는 구조이기에 단순비교는 불가능하다"고 꼬집었습니다.

또 평시(4월) 기준 T1주차장 이용률은 단기 61~84%, 장기 78~93%, T2주차장은 단기 37~43%, 장기 58~67%로 최대 피크 시간대가 아니면 아직은 양호한 수준을 보이고 있다고 주장했습니다.

특히 1년 중 성수기는 최대 4개월에 불과한데도 연간 최대 성수기인 9월 중 이용객이 가장 많은 날을 1시간 단위로 쪼갠 최대치를 기준 삼아 일반화하는 것은 주차요금 인상을 위한 억지 주장이라고 지적했습니다. 작년 한 해 인천국제공항이 거둬들인 주차수익은 354억원에 달합니다.

더욱이 공항버스의 경우 지난 8월 기준 이용객이 890만 명을 넘어서면서 운행편수 대비 이용률도 146%(1966편)에 달하고 있습니다. 이는 코로나 이전인 2019년 112%(2,687편)를 넘어 회복되고 있는 상황입니다.

또 대규모 신규 투자사업에 대한 경제성·재무성 등의 조작 의혹도 제기했습니다.

인천공항이 지난 2016년 이후 추진한 1,000억원 이상 대규모 신규투자 사업은 총 5건으로 오성공원사업, 인천국제공항건설 4단계, IBC-Ⅱ 복합리조트 기반시설 조성, 제1여객터미널 주차타워 및 업무시설 신축, 화물기 개조시설 개발 등입니다.

이 중 화물기 개조시설 개발사업은 자체 예비타당성 조사를 실시했고 나머지 4건의 신규투자사업은 한국개발연구원(KDI)에 의뢰한 바 있습니다. 이 과정에서 5건 모두 토지보상비,

예비비 등을 누락해 총사업비를 낮추는 방식으로 경제성, 재무성 분석 수치를 왜곡했다는 지적입니다.

이 때문에 신규 투자사업들은 KDI 경제성분석(BC)상 총사업비가 547억~7,366억원 차이났고 재무성분석(PI)상 총사업비도 220억~4,755억원이 차이가 발생한 것으로 보고 있습니다.

기재부 훈령인 '공기업·준정부기관 사업 예타 운용지침' 제4조에 따르면 총사업비는 사업 추진에 소요되는 모든 경비를 합한 금액, 공공기관이 기보유한 토지 등 자원 가액을 포함하도록 하고 있습니다.

조오섭 의원은 "인천공항은 기재부 훈령을 어기면서 공사비 다음으로 가장 많은 예산을 차지하고 있는 기보유 토지 가액을 총사업비에서 누락시켜 사업의 타당성을 확보하는 건 의도적인 조작"이라고 비판했습니다.

화물기 개조시설 개발사업의 경우 인천공항이 KDI에 처음 예타를 의뢰할 당시 토지가액, 예비비 등을 포함한 총사업비를 제출했지만 중간보고에서 경제성(BC) 0.28, 재무성(PI) 0.25를 통보받아 사실상 사업추진이 무산될 처지였습니다.

그러자 인천공항은 KDI예타 최종결과발표를 앞두고 갑자기 의뢰를 철회한 뒤 토지가액 500억원, 예비비 199억원을 배제하고 자체 예타를 시행해 개조업체와 실시협약을 체결하는 등 사업을 진행했습니다.

자체 예타 결과 재무성(PI) 1.051, 순현재가치(NPV) 76억원으로 수익성이 확보된 것으로 봤기 때문입니다.

하지만 최근 감사원이 자체예타에 토지가액과 예비비를 포함시켜 재검토한 결과 PI(0.759), NPV(-501억원) 모두 타당성 획득은커녕 손해를 볼 것으로 예측됐습니다.

PI는 재무성 대비 편익을 따지는 수치로 1 이상일 때 수익이 발생하는 것으로 판단됩니다. NPV는 미래 발생되는 특정시점의 현금흐름을 이자율로 할인해 현재시점 금액으로 환산한 금액으로 투자효율성 지표로 사용되며 0보다 크면 투자가치가 있고 0보다 작으면 투자가치가 없는 것으로 봅니다.

조오섭 의원은 "KDI예타를 무력화시키며 무리하게 추진한 사업이 감사원의 재검토 결과처럼 손해가 발생하면 '혈세낭비'로 이어질 우려가 있다"며 "수천억원이 투입되는 투자사업의 경제성, 재무성 분석 수치 왜곡은 의도성에 대한 의혹을 낳는 만큼 철저히 재검토해야 한다"고 지적했습니다.

출처: 뉴스토마토 2023.10.25.

3. 사람(인적자원관리 활동)

인적자원관리의 개념

인적자원관리란 기업의 능동적 구성요소인 인적자원으로서의 종업원의 잠재능력을 최대한으로 발휘하게 하여 그들 스스로가 최대한의 성과를 달성하도록 하며, 그들이 인간으로서의 만족을 얻게 하려는 일련의 체계적인 관리활동을 의미하는 것이다.

경영환경의 변화와 더불어 실제로 기업의 인적자원관리에도 많은 변화가 일어나고 있다. 과거에 강조되었던 단기적 목표, 개인목표보다는 장기적 경쟁력, 조직목표로 개념이 바뀌어야 한다는 공감대가 널리 형성되고 있다. 현대 인사관리에서는 장기적 안목에서 개인목표와 조직목표의 통합을 중시하고, 구성원 개인의 직무보다는 경력개발을 중시하고 있는데, 이러한 현대적 개념의 인사관리를 인적자원관리라고 하며, 이러한 인적자원관리의 구성은 〈그림 10-4〉와 같다.

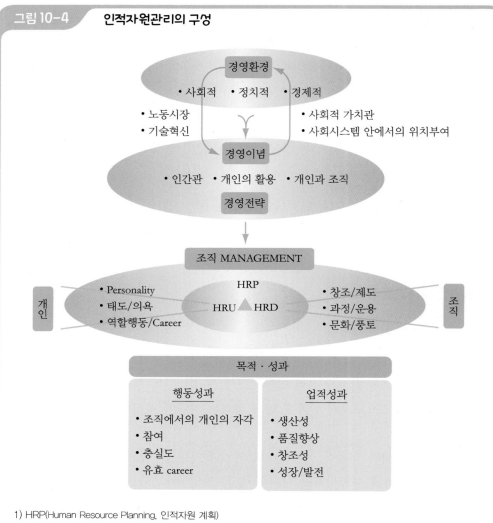

그림 10-4 **인적자원관리의 구성**

1) HRP(Human Resource Planning, 인적자원 계획)

경영비전과 경영전략에 결부된 인재의 장기계획으로, 구체적으로는 인재의 채용, 선발, 조직과 직무의 설계, 조직계발과 career 개발 등 주로 인재전략, 인사기획에 관련된 면

2) HRU(Human Resource Utilization, 인적자원 활용)

인재의 현재능력, 가능성의 파악과 효율적 활용으로, 구체적으로는, 업적관리와 처우의 시스템, 배치와 Location, 인사고과 등 주로 인사제도와 운영에 관련된 면

3) HRD(Human Resource Development, 인적자원 개발)

인재의 현재의 능력과 조직의 need의 통합과 가능성의 개발에 관련된 것으로, 구체적으로는 직무훈련과 교육연수, 능력개발, 자기개발 지원 등 주로 인재의 육성, 개발에 관한 면

사람(인적자원)

지금 한국기업에게는 세계 최고수준의 기술력을 갖춘 기술경쟁력이 요구되고 있다. 글로벌화의 진전과 더불어 여러 나라, 여러 업종에 걸쳐서 경쟁하지 않으면 안 되고, 그 경쟁상대는 그야말로 세계 초일류급의 기업들이 된 것이다. 세계 수준의 경쟁력을 갖추기 위한 키 포인트는 무엇보다도 인적자원의 강화이다. 그 까닭은 바야흐로 가장 고도의 설비나 기술, 혹은 자본이라는 경영자원은 누구든지 용이하게 접근할 수 있도록 되어 있기 때문이다. 일례로, PC의 심장부에 해당하는 CPU의 경우, 그것이 아무리 우수한 것이라 할지라도 누구나 손쉽게 입수할 수 있기 때문에 지구상에서 가장 최신형의 PC를 제조할 수 있는 것이다. 지금은 간단히 손에 넣을 수 있는 설비나 기술로서는 기업 간의 격차가 생기기 어렵게 되었다. 그 결과, 경쟁은 날로 격화되고 있는 것이다. 그러므로 경쟁력을 향상시키기 위해서는 무엇보다 인적자원의 질을 높일 필요가 있는 것이다. 뛰어난 전략을 갖고 있는 기업은 많지만, 전략을 실현할 수 있는 조직과 인재를 갖고 있는 기업은 그리 많지 않다. 그러므로 인적자원이 경쟁력의 원천이 되는 것이다. 이러한 기업의 경쟁력의 근간이 되는 인적자원, 즉 사람에 대한 평가에 대하여 알아보자.

인적자원(사람)의 평가

▌평가방식

인간에 대한 평가는 능력개발에 사용하고, 대우에 사용하고, 평가의 방법은 일정한 룰에 의해서 하지 않으면 공정한 것이 되지 않는다.

평가방식은 일반적으로

❶ 서열법
❷ 대인비교법
❸ 분류등급법
❹ 도식척도법
❺ 체크리스트법(행동기준척도법)
❻ 자유기술법 등으로 나누어 볼 수 있다.

이러한 평가방식의 선택에 있어서 문제가 되는 것은 어떤 평가척도가 타당성이 우수하고 평정오차의 영향을 덜 받는가 하는 것이다. 결국 평가를 수행하는 데 있어서의 여러 가지 방법은 평가를 통해 직원들이 조직의 목표달성을 하도록 지원하는 데 있는 만큼 직원들의 행동과 사고를 원하는 방향으로 몰고 갈수 있어야 하고, 그러한 측면에서 볼 때 기업에 적합한 방법은 구체적인 행동을 나열하고 이를 체크하는 방법이 효과적이라 할 수 있다.

▌평가요소의 선정

평가방식과 더불어 기업은 인적자원에 대한 객관적인 평가요소를 선정하고, 이를 통하여 평가가 이루어져야 한다. 이러한 평가요소는

① 직무수행에 관련된 것으로 한정되어야 한다.
② 평가되어야 할 직무특성은 담당하고 있는 직무에 따라 달리해야 한다.
③ 평가요소는 단순하면서도 명확한 것이어야 한다.
④ 중복되는 평가요소는 피하고 피 평가자 간에 차이가 없는 요소는 제외해야 한다.
⑤ 평가요소의 특성과 평가결과 간에 일치도가 높아야 한다.

이러한 평가요소들은 그 선정과 더불어 핵심가치를 고려한 몇 가지 요소로 그룹핑한 후, 이를 직원들이 충분히 인지할 수 있도록 하는 것이 매우 중요하다.

사례 10-5

삼성 반도체, 사상 첫 성과급 0원 쇼크…슬픈 농담까지 돈다

반도체 실적 부진으로 삼성전자 반도체 부문 직원들의 올해 보너스는 '빈 봉투'가 될 가능성이 커졌다. 내부에선 수원에 사업장이 있는 모바일·가전 부문 등과 비교해 "수원은 갈빗집, 화성(반도체)은 빵(0%)집"이란 우스갯소리가 오갔다.

28일 오후 삼성전자는 사내 인트라넷에 주요 사업부별 초과이익성과급(OPI·옛 PS) 예상 지급률을 공지했다. OPI는 소속 사업부의 실적이 연초에 수립했던 목표를 넘었을 때, 초과 이

익의 20% 한도 내에서 개인 연봉의 최대 50%까지 연 1회 지급하는 성과급이다. 정확한 OPI 지급 규모는 산정 중이며, 내년 1월 지급 시점에 최종 공지될 예정이다.

반도체 사업을 담당하는 DS(디바이스솔루션)부문의 OPI 예상 지급률은 0%다. 지난해 성과에 따라 올해 초 지급된 OPI는 연봉의 50%였지만, 역대급 반도체 한파에 OPI를 지급하지 못하게 된 것이다. 2000년에 이 제도(당시 PS)를 도입한 뒤 0% 성과급은 이번이 처음이다. 올해 경영 계획상 DS부문의 OPI 최대치(연봉의 50%) 목표는 영업이익 29조원 달성이었고, OPI 하한선(0~3%)은 영업이익 11조 5,000억원이었다. 하지만 증권업계는 올해 DS부문에서 -13조 9,700억원(BNK투자증권), -13조 4,660억원(키움증권), -13조 6,050억원(현대차증권) 등 10조 이상의 적자를 예상한다.

삼성전자의 성과급은 상·하반기 나눠 지급하는 목표달성장려금(TAI)과, 전년 실적에 따라 연초에 지급하는 OPI, 개인별 업무성과급, 특별상여금 등이 있다. DS부문은 지난 20일 발표된 하반기 TAI 공지에서도 암울한 소식을 들어야 했다.

DS부문의 지난해 하반기 TAI는 월 기본급의 50%였지만, 올 상반기 25%로 낮아졌고 이번에 더 쪼그라 들었다. 반도체연구소·SAIT(옛 삼성종합기술원)의 하반기 TAI가 각 25%, 메모리사업부엔 12.5%가 책정됐다. 반도체 위탁생산을 담당하는 파운드리사업부와 시스템반도체를 담당하는 시스템LSI사업부는 0%로, 성과급이 없다.

DX(디바이스경험)부문에서는 스마트폰 등을 담당하는 MX(모바일경험)사업부가 46~50%, VD(영상디스플레이)사업부가 각각 39~43% 수준의 OPI를 받는 것으로 알려졌다. 갤럭시 S23·Z5 시리즈 등 플래그십 모델과 TV 판매 성과 덕분이다. 두 사업부는 올 하반기 TAI도 월 기본급의 75%를 받는다.

실적 부진을 겪고 있는 생활가전·네트워크사업부의 OPI 역시 연봉의 10~12% 수준에 그쳤다고 한다. 두 사업부의 TAI는 각각 25%가 책정됐다. 이 밖에 호실적을 낸 삼성디스플레이의 OPI 예상 지급률은 46~49% 수준이 될 전망이다.

출처: 중앙일보 2023.12.28.

4. 정보(경영정보관리 활동)

현재 모든 사회적 변혁은 어쩌면 지식사회로 가는 노정에서 발생하는 필연적인 것인지도 모른다. 일반적으로 얘기하는 지식정보화 사회는 정보자원에 IT(information technology)를 사용해서 지식을 매개로 전환해 서비스나 지식을 산출하는 사회다. 즉 농업사회에서는 농장이, 공업사회에서는 공장이 가치생산의 공간이었다면 지식사회에서는 조직(혹은 시스템)이 가치생산의 공간이 된다.

우리가 새롭게 생존해야 할 21세기 지식정보화시대의 경제환경은 산업화시대의 '집적의 경제'가 아닌 '연결의 경제(economy of connectivity)'가 주가 될 것이고 이렇게 정보 인프라 간 연계성이 확보된 새로운 국가지식 정보 인프라를 통하여 궁극적으로는 모든 국가연구개발 프로세스상에서 일어나는 활동을 정보흐름으로 정확하게 반영해서 완벽한 정보공유 환경을 확립해야 할 것이다.

이러한 정보공유 환경이 확대되고 기술적인 차원에서 공유 가능한 데이터베이스를 통해 정보 인프라 간의 연계성이 정착하게 되면 국가 차원의 정보통합환경(Integrated Data Environment: IDE)이 구축될 것이다. 이미 많은 선진 기업들이 이상과 같은 문제를 인식하고, 제품 개발에 참여하는 여러 엔지니어가 협력하면서, 제품 개발에 들어가는 시간과 비용을 줄이는 방향을 생각하게 되었다. 근간에 유행하는 벤치마킹(benchmarking), BPR(business process reengineering) 등이 이를 반영하는 흐름이라고 할 것이다.

업무 프로세스(business process)는 '측정 가능한 투입물(input)을 측정 가능한 산출물(output)로 전환하는 부가가치 있는 일련의 활동의 집합체'를 의미한다. 업무프로세스가 잘 정의되고, 프로세스 내의 각종 업무가 최종 고객이 원하는 대로 효율적으로 지원이 된다면, 성공적으로 기업전략을 실행할 수 있는 것이다. 이러한 업무 프로세스에 대한 재설계인 BPR은 1990년대 초부터 경영혁신의 도구로 많이 활용되었다.

BPR은 보는 관점에 따라 다르게 정의될 수 있지만, BPR을 최초로 개념화한 Hammer는 BPR(business process reengineering)을, "비용, 품질, 서비스, 속도와 같은 핵심적 성과에서 극적인(dynamic) 향상을 이루기 위하여 기업 업무 프로세스(process)를 근본적으로(fundamental) 다시 생각하고 혁신적으로(radical) 재설계하는 것"이라 정의했다. 다시 말하면 BPR은 기존의 업무방식을 근본적으로 재고려하여 혁신적으로 비즈니스 시스템 전체를 재구축하는 것으로서 프로세스를 기본 단위로 하여 업무, 조직, 기업문화까지의 전 부문에 대하여 성취도를 증가시키는 것이라고 할 수 있다(안중호·박찬구, 1993). 이러한 정의에는 다음과 같은 개념들이 포함되어 있다.

첫째, 극적(dramatic)인 향상을 이룬다는 개념은 BPR이 점진적인 변화를 추구하는 것이 아니라, 업무성과의 극적인 향상을 추구한다는 것이다. 또한 점진적인 개선에서처럼 미세한 변화를 이루는 것이 아니라, 낡은 것을 버리고 새로운 것으로 과감하게 대체해야 한다는 것이다.

둘째, 근본적(fundamental)이라는 개념은 BPR을 실행함에 있어서 우리가 현재 하고 있는 일을 왜 해야 하는지, 혹은 왜 지금과 같은 방법으로 실행해야 하는 지와 같은 가장 근본적인 질문을 해야 한다는 의미이다. 예를 들어, 품질에 문제가 있다면 기존의 방식에서처럼 단지 이를 검사하여 불량품을 제거하는 것이 아니라 근본적으로 생산방식 자체를 수정하여 문제를 해결한다는 것이다.

셋째, 완전히 새롭게(radical) 설계한다는 개념은 현존하는 모든 구조와 절차를 버리고 완전히 새로운 업무처리방법을 만들어 내는 것을 의미한다. 즉 업무를 개선시키거나, 향상 혹은 변경시키는 것이 아니라 새롭게 만들어 내는 것이다.

넷째, 분석의 대상은 바로 업무 프로세스(process)이다. 프로세스란 하나 이상의 입력을 받아들여 고객에게 가치 있는 결과를 산출하는 행동들의 집합을 의미한다. 그러므로 이러한 프로세스에서 불필요하거나 중복되거나 낭비적인 요소를 제거하지 않고서는 경영혁신이 이루어질 수 없다는 것이다.

이러한 개념들을 통해 볼 때, BPR이란 업무 프로세스의 정확한 파악으로부터 출발하여 기업의 조직·문화에 이르는 기업의 경영시스템 전체를 재구축함으로써, 성취도를 대폭적으로 증가시키려는 새로운 경영혁신기법이라고 정의할 수 있다.

종전에 기업들이 해 오던 이른바 경영개선과 BPR을 비교해 보면 우리는 이것의 본질을 더 잘 이해할 수 있을 것이다. 〈표 10-1〉은 이러한 차이점을 보여 주고 있다.

〈그림 10-5〉는 일반 기업들의 정보에 대한 주요한 흐름을 보여 주고 있으나, 이것을 대량의 정보를 보관하고 조회 검색하는 문제냐, 아니면 그 정보가 조직 내에서 유통되고 변화하는 과정에 대한 추적이냐에 따라 정적(static)인 정보관리와 동적(dynamic)인 정보관리로 나누어 생각할 수 있다.

표 10-1	경영개선과 BPR의 차이	
	경영개선	BPR
변화의 정도	부가적	근본적
시작점	현재 프로세스	무(無)에서
변화의 횟수	계속적	한번에
소요시간	짧다	길다
참여도	상향식(bottom-up)	하향식(top-down)
적용범위	좁다	넓다
위험도	낮다	높다
기본도구	통계	정보기술
변화의 종류	문화적 변화	문화·구조적 변화

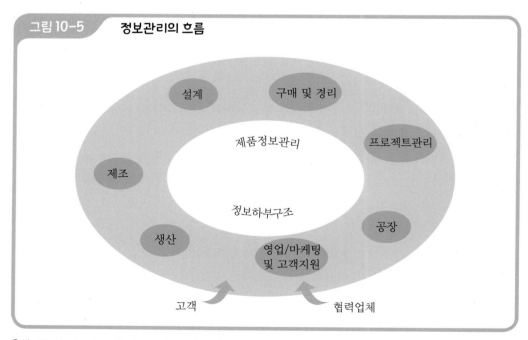

그림 10-5   정보관리의 흐름

출처: PDM Vision, PDM Conference '96 Tutorial Proceedings, CIMdata.

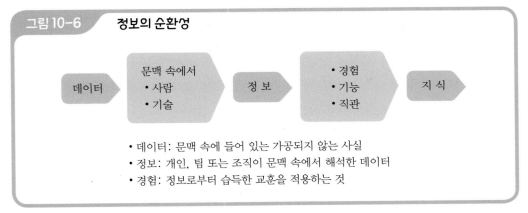

그림 10-6 정보의 순환성

- 데이터: 문맥 속에 들어 있는 가공되지 않는 사실
- 정보: 개인, 팀 또는 조직이 문맥 속에서 해석한 데이터
- 경험: 정보로부터 습득한 교훈을 적용하는 것

출처: David Colemn, *Collaborative Infrastrucure for Knowledge Management* (Part I).

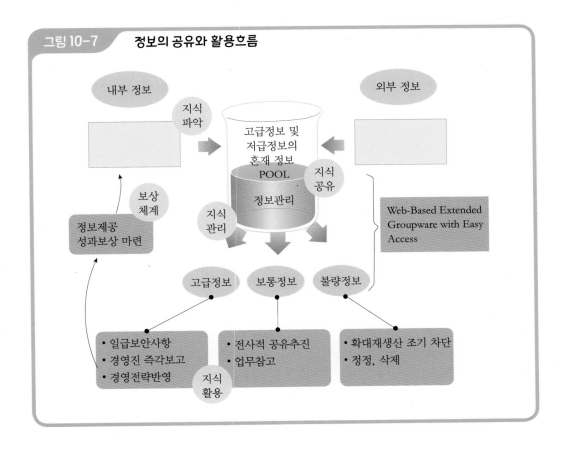

그림 10-7 정보의 공유와 활용흐름

예를 들어, 제품구성 관리기능, 저장소 및 문서관리 기능, 분류 및 코딩 시스템은 주로 대량의 정보를 저장하고 이 정보를 실제 설계과정 속에서 쉽고 빠르게 검색하여 설계에 이용할 수 있도록 지원하며, 모든 관련자들에게 항상 최신 버전의 문서 또는 정보에 접근할 수 있도록 보장해 주는 다소 정적인 정보관리 측면의 기능들이라고 하겠다.

반면에 작업 흐름과 프로세스 관리기능 및 제품개발 일정관리는 정보가 어떤 작업을 거쳐 누구에 의하여 만들어지고, 누가 언제 그 정보를 승인하였으며, 그 정보를 기초로 어떤 작업이 예정대로 진행되고 있는지 같은 동적인 정보관리 측면의 기능들이라고 말할 수 있을 것이다.

Coleman은 지식은 순환적 특성을 가지고 있다고 말했다. 데이터가 어떤 과정을 거쳐 우리의 머리 속에서 정보가 되고 정보가 지식이 되는지는 기업의 정보관리에 있어서 매우 중요한 문제이다. 인간은 어떤 객관적인 자료를 접하면 그것을 자신이 가지고 있는 자료에 대한 이해방식, 즉 문맥(context) 속에서 이 사실을 해석한다. 자신 또는 자신이 속해 있는 조직의 문맥 속에서 해석된 이 사실은 새로운 문맥 속에서 이해되어 정리된 형태의 새로운 정보로 형성되는 것이다.

사례 10-6

우리은행, 더 절실해진 IT인프라 혁신

우리금융그룹의 핵심인 우리은행은 올해 내외부적으로 많은 변화를 겪고 있다.

지난 3월 임종룡 우리금융그룹 회장, 7월에는 조병규 우리은행 행장이 취임하는 등 핵심 컨트롤타워의 교체와 함께 큰 폭의 조직 개편이 단행됐다.

그러나 최근 내외부적으로 어수선한 분위기가 이어지고 있다.

각종 내부 횡령 사건 등으로 추락한 대외 신뢰를 회복하기 위해 강력한 내부 혁신이 그룹 차원에서 진행되고 있는 가운데, 올해 2분기 실적에서 우리금융그룹이 4대 금융지주 중 '꼴찌'의 성적표를 받아들었다.

내부 혁신을 추진하되 실절 개선을 위한 비즈니스 포트폴리오를 적극적으로 넓히고, 이와 동시에 금융플랫폼 경쟁력도 기존보다 한 단계 이상 질적으로 끌어올려야 하는 숙제가 놓여져 있다.

우리금융그룹의 입장에선, 이같은 혁신의 성과를 도출하기 위해서는 IT기반의 혁신 성과가 어느 때보다 요구되는 상황이다.

이런 가운데 IT부문에선 지난 7월 11일 IT

운영체계의 대전환이 그룹 혁신 차원에서 발표 됐다.

우리금융그룹은 지난 20여 간 그룹 내 IT 아웃소싱 계열사인 우리에프아이에(FIS)를 통해 운영해왔던 IT아웃소싱서비스 전략을 폐기하고, 내년 1월부터 우리은행과 우리카드가 직접 IT를 운영하는 방식으로 전환하는 것이 주 내용이다.

우리금융은 "최근 경영환경이 디지털 중심으로 변화됨에 따라 시장의 요구에 능동적으로 대응하고, 속도감 있는 디지털 전환을 위해서" 라고 이유를 밝혔지만 스스로 IT 운영 전략의 오류를 인정한 것이다.

앞으로 기존 우리FIS에서 우리은행과 우리카드의 IT 개발 및 운영업무을 맡았던 인력들은 앞으로 우리은행과 우리카드 각각 소속이 전환될 예정이다. 기존 우리은행, 우리카드에는 IT기획을 위한 소수 인력만 존재하는 구조였다. 우리은행의 규모를 고려했을 때, 우리은행 소속으로 전환될 IT인력은 600명 수준으로 추산된다.

아울러 현재 우리은행 CIO(최고정보호담당임원)을 맡고 있는 고정현 부행장이 우리FIS의 대표를 겸직하고 있는데, 이러한 겸직 체제도 종료될 것으로 예상된다. 그동안 우리은행을 전담하는 IT 개발·운영인력이 우리FIS 소속이었기 때문에 IT거버넌스 차원에서 불가피하게 겸직이 필요했지만 백소싱이 결정된 이상 겸직의 실익은 없다는 분석이다.

올 하반기 IT인력 전직 전환과 관련해 어수선한 과정이 예고된 것과는 별개로, 우리은행은 올해 하나의 플랫폼에서 금융·비금융 서비스를 아우르는 '디지털 유니버셜 뱅킹' 구현에 나서고 있다. 아울러 초개인화 기술 융합을 통해

'나만의, 혁신적인 금융비서' 구현을 목표로 하고 있다.

이를 위해 우리금융그룹 대표 플랫폼인 '우리WON뱅킹' 재구축을 역점 사업으로 추진한다. 우리은행뿐만 아니라 그룹 차원의 모든 역량을 여기에 중하고 있다.

오는 2024년 하반기에 선보일, 새로운 '우리WON뱅킹'은 금융-비금융 서비스가 한데 어우러진 금융플랫폼으로서 '고객 맞춤형 금융서비스'는 물론 ▲생활에 꼭 필요한 비금융 서비스 ▲우리금융 그룹사 핵심 서비스를 '끊김없이'(Seamless) 제공하는 것을 목표로 하고 있다.

우리은행은 철저하게 고객 관점에서 '플랫폼'을 구축하고 교육, 모빌리티, 헬스케어 등 이종산업과의 적극적인 제휴를 통해 플랫폼 생태계를 확장하고 있다 있다는 설명이다.

아울러 데이터, AI, 블록체인 등 디지털 혁신 기술 선도를 통해 플랫폼 경쟁을 주도하고 특히 고객이 체감할 수 있는 혁신사업 추진, 맞춤형 서비스를 통해 차별된 고객경험을 제공하겠다는 전략이다.

우리은행, '디지털혁신' 서비스를 위한 IT투자 어디에?
"빅데이터 활용, 전채널 고객행동분석"
- '고객 데이터 플랫폼(CDP)' 구축

우리은행이 올해 역점을 두고 추진하고 있는 디지털혁신 과제는 '고객 데이터 플랫폼'(CDP·Customer Data Platform)' 구축이다. "금융플랫폼 경쟁이 치열해짐에 따라 차별된 고객경험 제공을 위한 고객행동분석이 무엇보다 중요해졌기 때문"이라고 사업 추진 이유를 설명하고 있다.

개발 기간은 1년으로, 작년말 사업에 착수했

으며 올해 11월 가동이 목표다. 'CDP'는 고객 접점 채널에서 발생하는 데이터를 실시간으로 수집·활용하기 위한 IT인프라로 정의된다.

CDP가 구축되면 우리은행은 비대면채널뿐만 아니라 영업점, 고객센터 등 우리은행 모든 채널에서 일어나는 고객행동 정보를 실시간으로 수집, 분석할 수 있는 능력을 갖추게 된다.

이를 통해 우리은행은 ▲'고객 맞춤형 서비스'의 적시 제공 ▲실시간 옴니채널 초개인화 마케팅 지원 체계 구현 ▲마케팅 분석 고도화가 한층 더 앞당겨진다.

또 금융상품 가입이나 업무처리 중 발생하는 고객의 불편함도 선제적으로 발굴함으로서 고객 만족도도 높아진다. 우리은행은 'CDP' 구축 사업과 관련 "그동안 쌓아온 고객 관련 모든 형태의 데이터 분석·활용 역량에 실시간 구현을 더한 '고객 인텔리전스 허브'를 완성하는 단계로, 최상의 고객 중심 서비스를 제공하는 기반이 될 것으로 기대한다"고 밝혔다.

초거대 AI 금융언어모델 기반 'AI 뱅커(Banker)' 구현… "최적의 자산관리서비스 계획"

'AI뱅커'는 2~3년전부터 우리은행이 매우 역점을 두고 추진해온 사업이다. 마치 사람과 대화하는 것처럼 고객에게 고품질의 AI서비스를 제시하겠다는 비전을 가지고 출발했다.

'초거대 AI'기반 AI뱅커서비스를 통해 VIP를 제외한 다수의 일반 고객들을 대상으로 고품질의 프라이빗(개인화)서비스를 제공하겠다는 전략이다.

앞서 우리은행은 지난해 10월, 고객 친화적인 '디지털 휴먼'을 구현해 대고객 AI뱅커 적용 기반을 마련한 바 있다. 우리은행은 현재 전문

AI연구소와 협업해 생성형 AI기반의 금융 특화 언어모델을 개발중이며 AI뱅커의 지식상담 기반 마련을 위해 '비정형 데이터 자산화' 사업도 추진하고 있다고 밝혔다. 다양한 비정형 데이터(규정, 매뉴얼, 공문 등)의 체계적인 관리를 위해 AI 기술을 접목해 데이터 수집 및 관리, 활용 프로세스를 구축할 계획이다.

전통적 AI를 활용한 업무혁신(업무 효율화, 마케팅 지원, 리스크 관리 등)을 넘어 올해 각광을 받고 있는 '생성형 AI'를 활용해 더 높은 수준의 부가가치를 창출할 수 있도록 전략을 강화할 방침이다.

24/365, 언제 어디서나 금융상담과 업무처리가 가능한 '금융비서' 구현 목표이며, 이와함께 마이데이터와 AI 알고리즘을 결합한 로보어드바이저 서비스 구축을 통해 '초개인화 자산관리서비스'를 강화할 계획이다.

"단순히 고객의 투자성향에 맞춘 수익률중심의 포트폴리오(자산배분전략)제공이 아닌, 고객의 특성 및 재무적 상황(자산·부채·소비 등)에 관한 360도 뷰를 바탕으로 생애주기 관점에서 최적의 자산관리 서비스 제공하게 될 것"이란 설명이다. 올해 말, 시범오픈을 통해 우리WON뱅킹 챗봇 서비스와 연계를 통해 선보일 예정이며 향후 뉴WON뱅킹 등 다양한 대고객 채널로 확대할 계획이다.

한편 '비정형 데이터 자산화'사업은 상품, 규정, 공문 게시 등 '비정형 데이터의 수집·관리 프로세스 구축' 및 사업 타당성을 검증하기 위한 것으로 이를 통해 직원 상담 업무 효율화 및 초거대 AI 사업추진 기반을 구축하겠다는 전략이다. 우리은행은 올해 2월에 사업에 착수했으며 올해 9월 완료한다.

블록체인·NFT 등 MZ 고객 친화형 혁신서비스 확대

유니버설뱅킹 전략 구현에 있어 MZ세대에 특화된 전략은 매우 중요하다. 우리은행은 외부 플랫폼과의 협업을 통해 메타버스, NFT 등 신기술 검증 노력을 강화하고 있다. 자산의 범위를 어디까지 잡고 대응하느냐에 따라 미래 금융시장에서의 경쟁력의 범위가 결정된다. 그런 점에서 산업 및 정책 변화에 선제 대응하고, 미래 성장동력을 발굴해 나가고 있다는 설명이다.

우리은행은 올해 4월, 메타버스 기술 표준화 전 서비스 검증을 위해 메타버스 시범 서비스 시행에 들어갔다. 외부 메타버스 플랫폼 내 우리은행 전용 공간을 오픈해 소상공인 상담센터, 이벤트(라이브커머스 등) 무대 등 고객 접점을 확대했다. 디지털 연수원 등 대직원 서비스를 통해 임직원들의 디지털 역량강화에 활용하고 있다.

우리은행은 블록체인 기업들과 제휴를 통해, NFT(대체불가토큰)등 혁신 금융서비스를 확대해 나가고 있다. 기술검증과 고객반응을 검증하기위해 외부 블록체인 전문기업들과 제휴를 통해 WON뱅킹 자체 앱에 NFT 지갑 서비스를 탑재하는 사업을 추진중이다. MZ세대를 공략하기 위해, 선수들을 향한 '팬덤' 문화가 잘 발달돼있는 스포츠와 관련된 콘텐츠를 활용하여 3D형태의 NFT를 발행할 예정이다.

'마이데이터 2.0' 맞춤형 금융솔루션 제공… '초개인화' 고도화

우리은행은 '마이데이터에 기반한 초개인화 서비스를 강화하고 있다. 투자 콘텐츠, 고객별 정기리포트 등 다양한 데이터 기반 서비스를 비롯해 신용점수 올리기 등 부가서비스 및 비금융 구독서비스(식음료, 헬스케어, 교육 등)를 제공하고 있다.

아울러 우리금융캐피탈, 우리종합금융 등 그룹 계열사 및 외부 금융사화의 협업을 통해, 여러 생활 및 금융플랫폼에서 우리은행 마이데이터 서비스를 이용할 수 있도록 화이트라벨링 서비스를 제공하고 있다. 우리금융캐피탈 '우리WON카', 우리종합금융, 유진투자증권 모바일 앱 등이 대표적이다.

우리은행은 "신탁, 퇴직연금, ISA 등 마이데이터 통합조회 정보범위가 확대된 만큼 고객이 더 쉽고 편리하게 서비스를 이용할 수 있도록 고객 관점에서 UX·UI를 개편할 예정"이라고 밝혔다. 우리은행은 앞서 올해 1월, 1단계 개발 완료한 데이터 분석모델(총 21개, 고객 세분화, 입출금 패턴분석, 상품추천 등)을 기반으로, 개인화 종합자산관리(PFM) 서비스를 더욱 강화한 '우리 마이데이터 2.0'을 오픈했다.

2단계 마이데이터 서비스는 올 3분기중 오픈할 계획이며 원포인트 데이터큐레이션(수입/지출 예측 알림, 자투리자금 모으기 등) 서비스와 같은 보다 차별화된 초개인화서비스를 제공해 나갈 계획이다.

'IT 인프라' 혁신… '우리금융그룹 공동 클라우드플랫폼' 구축 추진

우리은행은 올해 기존 IT인프라 부문의 혁신과 관련 ▲신기술 표준 프레임워크 구축 ▲그룹 공동 클라우드 플랫폼 구축 ▲전행 데이터 활용 문화 확산을 핵심 사업으로 진행중이다.

올 하반기 구축을 목표로 추진중인 '신기술 표준 프레임워크' 구축은 최신 IT트렌드에 대응할 수 있으며 핵심기술을 내재화 할 수 있는

IT거버넌스 체계를 강화위한 차원이다. 이를 통해 '뉴 원뱅킹(New WON)뱅킹' 구축 등 신규 시스템 구축에 적극 활용하고, 최신 IT트렌드를 반영한 업무개발로 현업의 요구사항을 적시에 반영 가능할 수 있을 것으로 기대하고 있다.

'그룹 공동 클라우드 플랫폼' 구축은 금융산업의 패러다임이 급변하고, 비즈니스의 신속성과 유연성이 중요해지고 있는 데 따른 우리금융그룹 차원의 IT인프라 대응 전략의 일환이다. 앞서 우리은행은 현재 1단계 클라우드 기반 구축 사업을 지난 2021년 상반기에 완료된 바 있다. 현재는 '2단계 클라우스 확산 및 고도화' 사업을 진행중이며, 올 하반기에 완료될 예정이다.

우리은행은 "2단계 사업을 통해, 기존 인프라 도입 기간 2~3개월에서 2일 내 환경 구축이 가능해지고 개발과 운영의 긴밀한 협업으로 요구사항을 반영하는 리드타임(Lead Time)단축이 가능할 것"으로 예상했다.

또한 IT인프라의 유휴 자원 낭비를 최소화해 IT 자원의 과다 증설을 사전 예방하겠다는 방침이다. 2단계 클라우드 사업에선 외부 퍼블릭 클라우드를 포함한 하이브리드 클라우드 형태로 확장할 계획이다.

한편 우리은행이 올해 역점사업으로 추진중인 '전행 데이터 활용문화 확산'은 데이터중심 비즈니스(Data-driven Biz) 및 디지털전환 추진에 따른 데이터 기반 신속한 의사결정 역량을 강화하기위한 차원이다. 데이터전문가 육성을 위해 우리은행은 본부부서 직원 대상 데이터전문가 연수를 필수로 이수하도록 하고 있으며 원할 경우 심화과정 및 파견과정(6개월간 부서 데이터추출 전담)을 마련하고 있다.

고강도 '프로세스 혁신' 지속… 우리은행, '초자동화'전략은?

1998년 IMF 외환위기 발생이후, 거듭된 고강도 구조조정을 거치면서 국내 은행권은 프로세스 혁신(PI)을 상시적으로 진행해왔다. 특히 누구보다 치열한 고강도 구조조정의 역사가 있는 우리은행은 프로세스 혁신을 항상 중요한 전략적 과제로 설정하고 있다.

올해 우리은행은 RPA(로봇프로세스자동화)와 후선업무집중화(BPR), 두 축을 중심으로 프로세스 혁신을 진행하고 있다.

RPA사업의 경우, 우리은행은 2019년부터 단순반복적인 업무를 자동화하기 위해 도입한 이후, 2023년4월말 현재 150대의 로봇을 활용해 총 68개의 과제를 운영중이며 '가계여신 자동연장 심사' 등의 업무를 자동화했다.

올해는 '부동산담보대출 자동연장 업무' 지원 등 21개 신규과제를 추가 개발 및 적용할 계획이다. 이를 통해 영업점 및 본부부서의 실질적인 업무효율화를 끌어올린다는 전략이다. 지난해 RPA 서버형(VDI) 운영시스템을 구축함으로써 지속적인 자동화 과제 개발 및 안정적인 운영을 위한 환경을 마련했다.

한편 '디지털 BPR' 사업은 여수신·외환업무 BPR센터에서 수행하는 기존 서류검토 업무의 획기적 개선을 위한 사업이다. 기존에 육안으로 체크하던 서류검토 업무를 AI-OCR, 자연어처리 기술 등 신기술을 활용한 시스템 체크로 전환, 효율성을 높이겠다는 방침이다.

'디지털 BPR'시스템 구축과 관련 작년 2월 '가계여신(신규) 서류 검토' 등 5개 과제에 대해 1차 오픈을 완료했으며 올해 7월 '기업여신(신규) 서류 검토' 등 26개 과제에 대해 2차 오픈할 예정이다.

오픈뱅킹 등 전자금융 비중 확대… FDS·클라우드 보안 강화

KISA의 정보보호 공시 포털에 따르면, 우리은행은 지난해 IT자본예산(3,941억원) 중 보안예산으로 412억원을 집행했는데 이는 IT예산대비 10.5%를 차지한다. 보안 IT투자 비중이 은행권 평균 이상을 차지하는 것으로 평가된다.

우리은행은 올해 핵심 IT보안 추진 사업으로 ▲전자금융 이상거래탐지시스템(FDS) 고도화 ▲퍼블릭 클라우드 보안 표준 수립을 꼽았다.

'FDS고도화'는 ▲오픈뱅킹 이용고객 보호 및 사고 예방 정책 수립 ▲오픈뱅킹 이용 및 개설 은행간 휴대폰정보 공유 및 이상거래탐지 정교화 ▲핀테크 기업 오픈뱅킹 이용고객에 대해 이상거래징후 발생시 SMS통지 ▲전기통신모니터링시스템(소비자지원부), FAS(금융결제원) 등 연계 ▲고객별 위험등급 분류해 고위험 고객에 대한 추가보호조치 실시 등이 실행과제다.

'퍼블릭 클라우드 보안 표준 수립'은 외부 IT 전문기업의 클라우드 인프라를 활용 비중이 높아짐에 따른 보안 대응이다. 우리은행은 '클라우드 컴퓨팅 서비스 이용 정보보안 가이드 정립'을 통해, 금융분야 클라우드 규제 개선을 위한 감독규정 주요 개정 내용 반영하고, CSP(클라우드서비스 사업)의 안전성 평가 제도, 중요도 평가, 금감원 보고 등을 반영한다는 방침이다.

'클라우드 컴퓨팅 서비스 이용 정보보안 아키텍처 수립'을 통해 전산센터와 클라우드 간의 통합 보안환경 구현한다. 이를 통해 계정관리시스템 및 접근통제, 24/365 보안 관제 등 보안 존을 구성할 계획이다.

글로벌 IT인프라 혁신 투자도 강화

우리은행은 올해 글로벌뱅킹 IT인프라 혁신 사업과 관련, '베트남법인 오픈 API' 구축과 '인도네시아 법인 태블릿 PC 활용한 아웃도어세일즈(ODS)' 확대를 꼽았다.

우리은행은 "베트남 현지의 플랫폼들과의 제휴 확대를 위해 법인 자체적으로 '오픈 API' 서비스를 준비하고 있다"고 밝혔다. 베트남에서 확산되고 있는 디지털금융 플랫폼을 강화하기 위한 차원으로 올 하반기 제휴를 통한 서비스 오픈을 목표로 하고 있다.

베트남은 1인당 GDP 대비 스마트폰 침투율이 높고 평균연령이 낮아 현지 맞춤형 디지털 비즈니스를 통한 리테일 고객 확보가 용이한 시장으로 꼽힌다. 베트남우리은행은 디지털 UI와 UX를 전면 개편하고 모기지론, 카론 등 대출신청 모바일웹을 구축하는 등 디지털 부문을 강화해 전년 대비 디지털 고객수는 150% 이상, 비대면 대출금액은 500% 이상 증가했다.

한편 인도네시아 현지법인인 우리소다라은행은 업무 효율성 및 영업 경쟁력을 높이기 위해 테블릿 PC를 활용한 외부영업 기반을 신규 구축했다. 우리은행은 "올해 2월부터 외부영업 직원들에게 적용했으며 신속한 고객 상담과 심사 결과 안내를 통해 직원과 고객 서로의 만족도를 높이는 효과를 보여주고 있다"고 설명했다.

출처: 디지털데일리 2023.08.02.

요약

경영통제(기능)는 경영관리(순환)과정의 마지막 부분으로 기업 경영활동의 실제 성과(performance)와 계획(plan)을 비교하고, 그 차이와 중요성에 따라 수정행동을 취하는 관리과정이다. 즉 경영통제란 기업의 목표달성을 위한 제반 활동들이 계획대로 진행되고 있는지를 수시로 확인하고, 기업의 모든 자원들이 목표 달성에 가장 효율적이고 효과적으로 사용될 수 있도록 수정행동을 취하는 과정이다. 따라서 경영통제는 일반적으로 경영활동상의 시간흐름에 따라 사전통제(투입통제), 과정통제, 사후통제(산출통제)의 세 가지 유형으로 분류한다. 특히 경영통제과정에서 사후통제는 거의 모든 기업조직에서 행해지는 일반적인 통제유형이다. 따라서 본 장에서는 사후통제에 초점을 맞추어 여러 가지 경영활동 중 4가지 평가대상(제품/서비스, 돈, 사람, 정보)에 대한 평가방법을 살펴보았다.

참고문헌

- David C., *Collaborative Infrastructure for Knowledge Management*(Part Ⅰ), 1996.
- 김남현 외, 「경영학의 이해」, 경문사, 2004.
- 김세현, 「재무관리」, 구름사랑, 2001.
- 김영규, 「경영학원론」, 박영사, 2009.
- 조동성, 「21세기를 위한 경영학」, 경제경영, 2000.
- 최종태, 「인사관리」, 박영사, 1998.
- 피터 드러커 외, 「지식경영(HBR)」, 21세기북스, 1999.

토의문제

1. 어떤 상황에서 사전통제, 진행통제, 사후통제가 이루어지는지를 최근의 사례를 들어 설명해 보라.
2. 생산성의 확보를 통하여 기업이 가질 수 있는 경쟁력을 설명해 보라.
3. 기업의 평가는 정량적 평가와 정성적 평가가 복합적으로 이루어져야 하는데, 각각의 평가 방법과 복합적인 평가가 이루어져야 하는 이유를 토론해 보라.
4. 21세기 국가경쟁력의 핵심이라고 판단되는 지식정보화수준을 측정하기 위한 기준들은 무엇인지에 대하여 토론해 보라.

경영학으로의 초대
Business Management

PART

3

기업의 가치는
어떻게 만들어지는가

Chapter 11

고객의 이해

 12년 '카스 천하' 오비맥주의 마케팅 DNA…비결은?

오비맥주 '카스'가 지난해 초대형 고객 참여 캠페인 '카스쿨'(CassCool)의 흥행과 함께 국내 가정용 맥주 시장에서 1위를 수성했다. 카스는 국내 시장에서 돋보이는 마케팅 아이디어를 앞세워 2012년부터 12년 연속 왕좌를 지키고 있다. 오비맥주는 매해 급변하는 소비 트렌드에 맞춰 최상의 소비자 경험을 우선시하는 마케팅 캠페인을 이 같은 성공의 비결로 꼽았다.

오비맥주는 지난해 엔데믹(감염병의 풍토병화) 전환 후 첫 여름을 맞아 약 두 달에 걸쳐 다양한 소비자 참여형 이벤트로 채운 카스쿨 캠페인을 선보였다. 홍대 일대에서 6월 말부터 두 달간 연 팝업 매장 카스쿨과 레몬 스퀴즈는 4만 명이 넘는 방문객이 찾아 MZ(밀레니얼+Z)세대의 핫플레이스에 이름을 올렸다. 또한 카스쿨 캠페인 포털 사이트는 캠페인 기간 총 47만 명이 방문하는 등 뜨거운 호응을 얻었다. 이와 함께 '환상거품'이라는 키워드를 내세운 '한맥', 호스트와 함께하는 프라이빗 미식 모임 등 파인 다이닝 문화로 화제를 낳은 '스텔라 아르투아' 등의 마케팅도 주목을 받았다.

이같은 마케팅 성공은 유수의 광고제 수상으로도 이어졌다. 오비맥주는 마케팅 크리에이티브뿐 아니라 사업 성과 측면까지 평가하는 세계적 권위의 마케팅 어워드인 '에피 어워드'에서 6관왕을 석권했다. 대표 브랜드 카스는 최다 수상의 영예를 안았다. 에피어워드 국내 10주년을 맞아 최근 10년 내 수상자 중 가장 높은 점수를 받은 기업과 브랜드에게 수여하는 '10주년 특별상' 부문 최고 브랜드상도 받았다. 이와 함께 ▷비즈니스 성과(골드) ▷지속가능성(실버) ▷커머스&소비자(실버) ▷마케팅 혁신(브론즈) 등을 수상했다.

오비맥주 글로벌 본사인 AB인베브(ABI)의 알렉산더 람브레트 동아시아 최고마케팅경영자(CMO)를 맡은 알렉산더 람브레트 오비맥주 부사장은 이같은 마케팅 성과에 대해 "AB인베브 마케팅의 핵심 가치인 '크리에이티브 효과성'(Creative Effectiveness)을 기반으로 한 체계적 시스템이 오비맥주의 모든 마케팅 캠페인에 적용되고 있는 것"이라고 말했다.

ABI의 마케팅 DNA가 오비맥주에도 녹아들어 해외에서도 인정받는 한 차원 높은 마케팅을 선보일 수 있었다는 설명이다. 오비맥주의 마케팅은 ABI가 추구하는 크리에이티브 효과성이란 핵심가치 아래 소비자가 가장 원하는 콘텐츠, 제품을 전달하기 위해 데이터와 기술을 기반으로 소비자를 이해하는 것에서 출발한다고 전했다.

오비맥주는 ABI의 검증된 4단계 크리에이티브 시스템을 통해 크리에이티브 효과성을 높이려는 노력을 이어가고 있다. 해당 시스템은 ▷성공적인 마케팅 사례를 공유하며 인사이트를 찾고 ▷캠페인 초기 다양한 분야의 전문가를 통해 발전 방향을 모색하며 ▷일년에 두 번 내외부 전문가와 함께 마케팅 캠페인을 평가하고 ▷한 해 동안 가장 우수한 캠페인을 자체 선정하는 내부 광고제 '크리에이티브X 어워즈'(Creative X Awards)를 거치도록 설계됐다.

최종 우승자로 선정된 캠페인은 한국 대표로 50여 개국에서 진행된 각국 대표 캠페인들과 최종 경쟁을 벌이게 된다. 이 같은 경쟁은 자연스럽게 글로벌 수준의 캠페인으로 완성도를 높이는 데 기여하게 된다는 설명이다. 글로벌 어워즈에서 최종 선정된 캠페인들은 '칸 라이언즈(The Cannes Lions Awards)' 등 세계적 권위의 마케팅 시상을 휩쓸고 있다고 오비맥주는 전했다.

그 결과, 올해 AB인베브는 칸 라이언즈 페스티벌 최초로 2년 연속 '올해의 크리에이티브 마케터'(Creative Marketer of the Year)에 이름을 올렸다.

또한 AB인베브는 글로벌 광고 부문 리서치업체인 'WARC'(World Advertising Research Center)가 마케팅 창의성과 마케팅 캠페인의 효율성을 각각 평가하는 '크리에이티브 100'(Creative 100) 부문과 '이펙티브 100'(Effective 100) 부문에서도 1위에 올랐다.

알렉산더 람브레트 부사장은 "ABI의 높은 사업 실적과 브랜드의 힘은 크리에이티브에서 나오고 있고, 실제로 최고의 성과를 보여주고 있다"며 "ABI는 세계 최고 수준의 크리에이티브 효과성을 자랑하는 기업이 되는 것이 목표"라고 강조했다.

아울러 오비맥주는 마케팅 조직 내 'C&C팀'(Culture and Capabilities) 팀을 2년 전 신설해 오비맥주 마케팅의 크리에이티브 시스템을 강화했다. C&C팀은 사업 전반에 걸쳐 창의성을 극대화할 수 있는 조직 문화를 조성하는 동시에 미래 인재에게 전하는 업무도 맡았다. 지난해 여름 예비 마케터의 큰 관심을 끈 '오비맥주 마케팅스쿨'이 대표적인 사례다. 오비맥주 마케팅스쿨은 입소문을 타고 마케터 등용문으로 입지를 굳혀 지난해 11월 한국PR협회에서 주관하는 한국PR대상에서 평판관리 부문 최우수상을 수상하기도 했다.

알렉산더 람브레트 부사장은 오비맥주 마케팅스쿨에 대해 "국내 마케팅 트렌드를 선도하는 오비맥주가 미래 인재인 예비 마케터를 육성하기 위한 인큐베이팅 프로그램"이라며 "오비맥주 마케팅 전략과 사고방식을 알려주고 창의성과 혁신이라는 DNA를 전달해 미래 인재들이 글로벌 마케터로 성장하는 데 도움이 되고자 한다"고 말했다.

출처: 한경닷컴 2024.01.04.

마케팅에 대한 개념 형성

1. 마케팅이란

경영학을 공부하다 보면 가장 많이 접하게 되는 분야 중 하나가 "마케팅 (marketing)"이다. 다른 경영학 분야(인사/조직, 전략, 재무, 생산운영, 경영정보, 회계 등)와 달리 마케팅은 순수한 우리말이나 한자적 표현으로 다시 번역하기가 용이하지 않아 영문의 한글발음을 그대로 사용하고 있고 지금은 어느 정도 익숙해진 단어라고 생각되지만 그래도 막상 마케팅이란 무엇인가라는 질문을 접하게 되면 한두 줄로 간단히 정의를 내리기가 쉽지 않은 분야이다.

마케팅이란 무엇일까? 가장 간단하게 마케팅을 정의하면 "이윤을 목적으로 고객에게 만족을 전달해 주는 기업의 경영철학이나 기업활동"을 말한다. 여기서 마케팅이란 용어는 기업이 행하는 구체적인 활동을 가리키는 의미로 쓰이기도 하지만, 어떤 때에는 그러한 기업을 경영하는 최고 경영자의 경영철학(또는 경영마인드)을 가리키는 의미로 쓰이기도 한다. 전자의 의미를 마케팅관리(marketing management), 그리고 후자의 의미를 마케팅컨셉트(marketing concept)라고 하여 고객중심적 마인드를 가지고 경영함을 말한다. 따라서 고객에 대한 이해는 현대경영학의 출발점이며 마케팅의 근본을 형성하고 있음을 알 수 있다.

마케팅을 보다 깊이 이해하기 위해 먼저 미국마케팅협회(American Marketing Association: AMA)에서 정의하는 마케팅의 기본개념을 살펴보자. AMA에 의한 마케팅에 관한 정의는 앞에서 설명한 마케팅 용어의 두 가지 의미를 포괄하면서도 오늘날 기업경영에서 그 중요성을 강조하고 있는 핵심 개념들을 담고 있어, 대부분의 마케팅 교과서에서 보편적으로 사용되고 있다. AMA는 마케팅을 다음과 같이 정의(Lamb, Hair & McDaniel, 2002 재인용)하고 있다.

"마케팅은 개별 소비자와 조직 소비자의 목적을 만족시키기 위한 교환을 창조하기 위해 아이디어와 제품/서비스의 개념, 가격, 촉진, 그리고 유통 등을 계획하고 집행하는 일련의 과정이다."

AMA의 정의에 나타나는 주요한 마케팅에 관한 구성요소는 다음의 5가지로 정리(Solomon & Stuart, 2001)될 수 있다.

마케팅은 욕구(want)나 니즈(needs)를 만족시킨다

마케팅은 개별 소비자나 기업/조직 소비자의 당면해 있는 문제해결 능력(예를 들면, 욕구나 니즈충족 등)을 가지고 있어야 한다. 따라서 마케팅은 기업-소비자뿐만 아니라, 기업-기업단위의 고객(기업소비자)과의 관계에서 파생되는 제반 마케팅문제를 다룬다.

마케팅은 가치의 교환활동이다

오늘날 마케팅의 가장 중심적인 핵을 이루는 부분은 기업과 고객 간의 가치 교환활동이다. 예를 들면 기업은 고객에게 고객이 필요로 하는 제품이나 서비스를 제공하고 그 대가로 고객은 일정 금액을 지불하게 된다. 고객과 기업이 서로 가치교환을 통해 장기적으로 건설적인 관계를 유지 발전시켜야 한다는 것이 현대 경영학, 좁게는 마케팅적 사고의 핵심을 이룬다.

마케팅의 대상은 포괄적이다

마케팅은 고객의 욕구를 만족시키기 위한 가치교환의 활동이라 했다. 그러면 가치란 무엇을 통해 실제로 고객에게 전달 소비되는가? 일반적으로 마케팅의 대상은 유/무형의 소비재와 서비스(음료수, 화장품, 정보서비스 등), 유/무형의 산업재(석유중간제품, 기업상대의 컨설팅 등), 유/무형의 공공재(조달청에서 구입하는 물품들, 정부에 제공되는 정보서비스 등), 아이디어(창업/제품/광고 아이디어 등), 사람(박찬호, 박세리 등의 스타마케팅전략), 시간(실시간 주가정보서비스나, 24시간 편의점 등), 장소(관광의 도시 제주도) 등으로 매우 다양하다.

마케팅은 수단이다

마케팅은 기업의 목적을 달성하기 위해 행하는 기업활동이다. 예를 들어 기업의 매출증대를 단기적 목적으로 정한 경우 마케팅의 역량은 매출증대에 공헌하기 위한 방향으로 모아져야 할 것이다. 마케팅 관리자가 이러한 목적을 달성하기 위해 사용 가능한 의사결정변수를 마케팅 믹스(marketing mix)라 하고 이에는 제품(product), 가격(pricing), 판매촉진(promotions), 유통(place) 등이 있다. 이들 마케팅 믹스는 모두 P로 시작하고 있어 McCarthy는 4P라고 이름 붙였다.

마케팅은 과정이다

마케팅은 계획하고 집행하는 과정이다라는 것은 마케팅활동이 일회성에 목적을 둔 것이 아니라, 지속적인 노력을 요구하는 것을 강조하는 의미이다. 이러한 맥락에서 현대 마케팅에서 중요시하는 개념이 "관계마케팅(relationship marketing)"이며 기본적인 핵심은 고객과의 가치교환을 통해 장기적인 우호관계 증대가 기업 성장의 지름길이 된다는 사고방식이다.

2. 마케팅관리 철학의 진화과정

기업 마케팅활동의 방향을 궁극적으로 결정짓는 기업 경영철학으로서의 마케팅컨셉트의 중심이 시대상황에 따라 생산/제품/판매/마케팅/사회적 마케팅 컨셉트로 각각 진화 발전되어 왔다(Kotler & Armstrong, 2001).

생산컨셉트(production concept)

생산컨셉트는 소비자들이 각 제품을 구매할 여력이 있고 해당 제품이 생산되기만 하면 항상 호의적인 태도를 가지고 있으며 구매할 것이라는 전제를

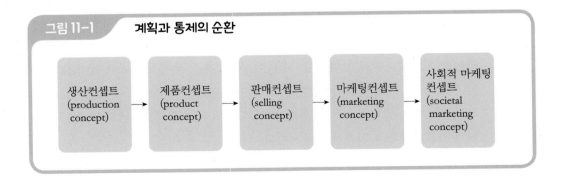

그림 11-1   계획과 통제의 순환

가진 경영철학이다. 따라서 이러한 경영철학 하에서는 어떻게 생산하며 생산된 제품을 어떻게 어떤 유통망을 통해 소비자에게 전달할 것인가에 마케팅활동의 중점이 두어지게 된다. 이러한 생산컨셉트가 시장에서 효과를 발휘하기 위한 선행조건으로는 먼저 수요가 공급을 초과하는 시장이어야 하고 다음으로 제품의 생산원가가 지나치게 높아 생산성의 향상이 기업의 성과에 지대한 영향을 미치는 경우이다.

제품컨셉트(product concept)

제품컨셉트란, 소비자들은 보다 나은 제품의 질, 보다 나은 제품의 성능, 그리고 보다 나은 제품의 역량을 통해 제품혁신 등을 제공하는 제품을 가장 선호할 것이라는 경영철학이다. 따라서 기업은 모든 마케팅의 개발 및 향상에 초점을 두어야 한다. 그러나 소비자들은 제품구매 시 제품컨셉트에서 중시하는 제품관련 속성 이외에도 가격, 그리고 심미적인 요소(디자인과 색상) 그리고 관련 품질보증서비스와 사후서비스에 관한 기대 등을 중심으로 의사결정을 하는 것이 현실이다. 따라서 제품컨셉트에 맹신할 경우 마케팅근시안(marketing myopia): 제품의 범위를 너무 협의로 정의하여 미래 경쟁자의 출현에 실기하는 오류(예: 코카콜라의 주 경쟁자를 펩시로 한정할 경우, 비콜라성 음료수에 의한 음료수 시장의 잠식현상에 대처를 적절하게 하지 못함)에 빠질 수 있다.

판매컨셉트(selling concept)

생산컨셉트와 달리 시장에서 제품이 수요를 초과할 경우에 강조되는 판매컨셉트는 소비자들은 제품 판매를 증대시키기 위한 판매지향적 대규모 촉진노력이 없으면 해당 제품을 구매하지 않을 것이라고 보는 경영철학이다. 따라서 기업이 과도한 재고를 가지고 있는 경우나 백과사전 전집 등 소비자들이 적극적으로 원하여 구매하고자 하는 제품이 아닌 경우 등에 효과적으로 적용될 수 있다. 그러나 판매컨셉트는 판매를 위한 거래창조를 지나치게 강조함으로써 고객중심의 장기적 관계설정을 통한 기업의 지속적인 성장도모라는 오늘날 마케팅의 기본목적과는 거리감이 존재한다.

마케팅컨셉트(marketing concept)

기업의 목적을 달성하기 위해선 경쟁자들보다 목표고객들의 욕구와 니즈를 보다 효율적으로 파악하고 보다 나은 만족을 고객에게 전달하는 것이 마케팅활동의 성과를 좌우한다는 경영철학이다. 마케팅컨셉트는 판매컨셉트와 혼동되기 쉬우나 〈표 11-1〉과 같이 5가지 기준(기업의 초점, 기업의 비즈니스 종류, 목표고객, 기업의 목적, 그리고 기업목적 달성을 위한 수단)에서 차이점이 존재한다.

표 11-1 **판매컨셉트와 마케팅컨셉트의 차이**

	기업의 초점	기업의 비즈니스 종류	목표고객	기업의 목적	기업목적 달성수단
판매 컨셉트	내부지향적, 기업의 필요성이 존재할 경우	제품과 서비스의 판매	불특정 다수	판매량 극대화를 통한 이윤추구	강력한 판매촉진 수단에 의존
마케팅 컨셉트	외부지향적, 고객들의 욕구와 선호도가 요구할 경우	고객의 욕구와 니즈를 만족시키고 보다 나은 가치를 전달	구체적인 목표고객	고객의 만족을 통한 이윤추구	통합적인 마케팅활동과 기업의 다른 분야와 공조체제구축

출처: Lamb, Hair, and McDaniel, *Marketing*, 6th.ed., South-Western Thomas Learning, 2002, p.10 재인용.

사회적 마케팅컨셉트(societal marketing concept)

사회적 마케팅컨셉트는 기업이 목표고객의 요구와 니즈를 파악하고 이를 만족시켜야 한다는 측면에서는 마케팅컨셉트와 동일하지만, 특정 고객뿐만 아니라 사회 전체의 복지를 증대시키는 방향으로 마케팅활동을 수행하여야 한다는 경영철학으로 마케팅활동의 사회성/윤리성 등을 강조하는 측면이 마케팅컨셉트와 다르다. 사회적 마케팅컨셉트가 강조되는 시장에서는 환경친화적인 제품과 기업들이 소비자들로부터 보다 나은 평가를 받게 된다.

3. 마케팅은 왜 중요한가

고객의 욕구를 파악하고 고객에게 만족을 주기 위해 가치를 창조하고 이를 목표고객에게 전달하는 일련의 과정을 통해 성장을 도모하는 것이 현대마케팅의 핵심임을 설명하였다. 이러한 마케팅이 왜 중요할까? 그 해답의 실마리는 먼저, 마케팅이 시장에서 개별 혹은 기업 소비자들에게 중요한 이유를 알아보고 그리고 일상생활에서 마케팅이 가지는 의미, 그리고 기업 조직 내에서의 마케팅의 역할, 나아가 사회에서의 마케팅의 역할 등에 관하여 간략하게 살펴봄으로써 짐작해 볼 수 있을 것이다(Solomon & Stuart, 2001).

소비자에 대한 마케팅의 의미: 마케팅은 효용(utility)을 창출한다

마케팅의 일차적인 기능은 원하는 고객이 원하는 제품형태(form utility)를 원하는 시간(time utility)에 원하는 장소(place utility)에서 소비하거나 소유(possession utility)할 수 있도록 도와 준다는 것이다.

❶ 형태적 효용의 창출: 원재료 등을 가공하여 고객들이 원하는 완성된 제품으로 가공/처리하는 것을 말하는 것으로 목화, 단추, 실 등을 조합하여 한 벌의 아름다운 의류를 만드는 과정도 마케팅의 기능이다.

❷ 시간적 효용의 창출: 고객들이 필요로 하는 시기까지 특정한 제품을 보관하는 기능을 말하는 것으로 풍년인 경우 곡식을 장기간 저장하여 곤궁기에 소비자들에게 제공함으로써 효용증대를 도모하는 마케팅기능을 말한다.

❸ 공간적 효용의 창출: 소비자들이 원하는 제품을 원하는 장소로 이동시켜 소비를 촉진시켜 효용을 증대시키는 기능으로 제주도에서는 흔한 밀감을 서울 등 도심지로 유통시켜 효용을 증가시키는 마케팅의 기능을 말한다.

❹ 소유 효용의 창출: 소비자들이 특정 제품을 소유하거나 사용, 향유할 수 있도록 마케팅이 도와 준다. 휴대가 간편하고 다양한 기능을 가진 핸드폰을 기획/디자인하고 지속적으로 개발시키는 것과 명품을 사용하는 고객들에게 심리적 만족감을 제공하는 것 등이 마케팅 역할의 예이다.

일상생활에서의 마케팅의 역할 : 마케팅은 일상생활의 일부를 형성하고 있다

우리의 일상생활은 경쟁자들보다 조금이라도 더 소비자의 관심과 주머니를 끌어당기기 위해 행하는 각종 마케팅활동의 구체적인 형태들(광고, 브랜드, 상점, 제품 등)에 의하여 포위되어 있다. 제품에 대한 지식은 주로 대중매체를 통한 광고를 통해 이루어지고 있으며, 각 소비자들의 몸에 두르고 있는 제품을 통해 그 사람의 사회적 지위를 추론하곤 한다. 우리 소비자들은 글로벌시장의 한 구성원으로서 일상생활 속에서 국내외 유명기업들과 밀접한 관계를 가지고 있다.

사례 11-1 "여기가 도쿄여? 런던이여?" 젊은 소비자들은 왜 외국어 간판에 매혹되나

요즘 한국 도시의 풍경을 완성하는 건 외국어다. 한글을 함께 적지 않고 외국어만 쓴 간판을 내건 카페와 식당이 늘고 있다. 코로나19 팬데믹 봉쇄 기간을 거치며 이국적 감성에 목말랐던 젊은 소비층을 겨냥한 것이다. 영어만 쓰는 게 아니다. 대다수 한국인이 읽지 못하는 일본어, 중국어, 베트남어로 외관을 꾸민 공간도 많다. 해외에선 반대다. 주요 도시 상권에선 현지어를 빼고 한글 간판만 단 상점이 인기다.

낯선 글자로 뒤덮인 간판으로 무엇을 말하려 하는 것일까.

'소비자를 끌어라'… 런던·도쿄가 된 카페와 식당

"'찐 베트남 맛집'으로 느껴졌어요." 서울 용산구의 베트남 음식점 효뜨에서 만난 대학생 윤지원(23)씨의 말이다. 이 식당은 사회관계망서비스(SNS)에서 베트남 현지 분위기를 잘 살린 곳으로 이름났다. 간판엔 '효자'를 의미하는 베트남어 '효뜨'와 베트남 전통 음식인 쌀국수를 뜻하는 '포'가 한글 병기 없이 적혀 있다. 윤씨는 "쌀국수 맛집을 찾다가 간판이나 인테리어가 현지 식당처럼 느껴져 와 보고 싶었다"고 말했다.

요즘 SNS 맛집 후기의 공통된 특징은 "OO에 온 듯 이국적"이라는 묘사다. 경험에 가치를 부여하고 이를 SNS에 공유하는 것을 선호하는 젊은 세대의 취향과 딱 맞아떨어져서다.

2021년 9월에 개업한 베이글 가게 '런던 베이글 뮤지엄'은 외국어 간판 열풍의 원조 격이다. 간판만 영어인 게 아니다. 가게 외관이 온통 영어이고, 소비자들은 여기에 열광한다. 얼마 전 오전 8시 30분쯤 도착한 런던 베이글 뮤지엄의 서울 안국점. 더 이상 '신상 맛집'이 아닌데도 여전히 약 80명이 가게 입장을 기다리며 줄을 서 있었다. 20번대 대기표를 받고 매장에 들어가기까지 걸린 시간은 1시간. 이날 매장에서

식사할 수 있는 대기표는 오전에 마감됐다. '런던 감성'을 앞세운 이 가게는 2년 만에 영업점을 서울, 제주 등에 4개로 늘렸다.

젊은 소비자들이 몰리는 이른바 '핫플레이스'의 자영업자들에게 외국어는 가성비 좋은 마케팅 수단이다. 외국어 광고 전단을 가게 벽에 붙여 두기도 한다. 이영애 인천대 소비자학과 교수는 "'OOO길'이라고 불리는 상권은 소비자를 모으는 경쟁이 매우 치열하다"며 "소비자의 선택을 돕는 가장 직관적인 정보는 간판이고 낯선 외국어는 호기심을 유발하는 효과가 있다"고 말했다. 그러면서 "이웃한 상점으로 외국어 쓰기가 퍼지는 것도 자연스러운 수순"이라고 덧붙였다.

한류 덕에 호감도 높아진 한글 간판

일본 도쿄에 사는 회사원 누노메 유카리(42)는 주말마다 신오쿠보 코리아타운에 간다. 한글 간판을 내건 음식점과 술집, 슈퍼마켓 등이 늘어선 지역이다. 지난해 서울을 두 번 방문했을 정도로 한국을 좋아하는 누노메는 "비행깃값이 올라 자주 한국에 못 가서 섭섭한데 신오쿠보에 가면 한국에 다녀온 기분이 들어서 좋다"고 말했다.

외국어 간판의 유행은 한국만의 이야기는 아니다. 특히 아시아에선 한글 간판의 호감도가 상승 중이다. 이국적인 데다 K팝, K드라마를 환기하는 역할을 하기 때문. 한때 우범 지역으로 불렸던 신오쿠보 코리아타운은 K팝 열기 덕에 6, 7년 전쯤부터 학생들이 즐겨 찾는 곳이 됐다.

동남아에서는 한국 식당이 아닌데도 한글 간판을 쓴다. 말레이시아에 거주 중인 김수진(가

명·44)씨는 "한글 간판이 반가워 들어갔다가 말레이시아인 운영자가 현지화된 한식을 팔고 있어 당황한 경우가 적지 않다"며 "한국인 입맛에는 맞지 않지만 한류를 좋아하는 현지인 사이에서는 인기가 많은 음식점들"이라고 전했다.

'노실버존' 상징 된 외국어 간판… 배제의 글자

언어는 그 언어를 모르는 사람들에겐 배제와 차별의 수단이 될 수 있다. 현재의 노년층은 영어를 누구나 어릴 때부터 배우고 자란 세대가 아니다. 이들에게 외국어 간판은 "오지 말라"는 표식으로 기능하기도 한다. 서울에서 영어 간판을 달고 빵집을 운영하는 A씨는 한글을 병기하지 않은 이유에 대해 노년층 손님을 배제할 의도가 있었음을 감추지 않았다. 그는 "까다로운 노년 고객을 접한 기억이 별로 좋지 않아서 젊은 손님들에게 좀 더 집중하고 싶은 마음이 있었다"고 말했다.

각 지방자치단체에는 외국어 간판 단속을 요구하는 민원이 많이 제기되고 있다. 그러나 지자체가 한글 간판을 강제할 명분은 없다. 옥외광고물법 시행령은 간판에 외국 문자를 표기할 때 한글을 병기하도록 규정하지만, 건물 높이가 4층이 넘지 않고 간판 면적이 5㎡ 이하면 허가·신고 대상이 아니다. 서울시 관계자는 "'손님을 끌기 위한 고유의 디자인이니 간섭하지 말라'며 단속에 반대하는 민원을 넣는 영세 사업자들도 있다"며 "외국어 간판을 둘러싼 민원이 잦아져 정확한 실태 조사를 할지에 대해 각 자치구와 논의 중"이라고 말했다.

전문가들은 거리의 공공재적 성격을 감안해야 한다고 강조했다. 이은희 인하대 소비자학

과 교수는 "(간판의 가독성을 위해) 지자체에서 좀 더 적극적으로 관리해야 한다"고 말했다. 이 영애 교수는 "외국어 간판이 격차와 배제를 발생시키는 면이 있다면 정부가 제도를 재검토할 필요가 있다"고 말했다.

소비자들의 생각은 다르다. "외국의 한글 간판은 자랑거리라면서 왜 한국에 있는 외국어 간판은 문제 삼는지 모르겠다"는 것이다. 40대 회사원 B씨는 "젊은 소비자들에게 '사대주의 프레임'을 씌우기보다는 이국적 감성의 상권을 특화하고 다른 지역은 지자체가 좀 더 적극적으로 관리하는 식의 타협점을 찾을 수 있으면 좋겠다"고 말했다.

출처: 한국일보 2024.01.05.

기업조직 내에서 마케팅의 역할: 마케팅은 시장의 기회와 위협을 파악하는 신경체계이다

마케팅은 기업의 부서 중 고객, 혹은 시장에 가장 가까이 다가가 있다. 오늘날 기업의 성장과 발전은 시장에서의 기회와 위협을 경쟁자보다 빠르고 정확하게 파악하여 기업의 핵심역량을 구축하고 활용함으로써 가능하며 시장에서의 기회와 위협은 고객에 관한 이해 없이는 불가능하다. 따라서 기업 내 마케팅의 일차적인 기능은 이러한 고객들의 욕구변화에 근거를 둔 시장에서의 위협과 기회를 파악하는 신경체계(intelligence system)로서의 역할을 수행한다. 마케팅은 생산과 연구개발부서에서 필요로 하는 입력정보(필요한 시장정보와 수요에 관한 변화와 예측치를 제공하여 어떤 제품이 얼마만큼 생산되어야 하는가, 즉 제품의 양과 제품디자인 등을 결정하는 데 필수적인 정보)를 제공한다. 영업부서와 관련해서도 마케팅은 간접적으로 영업을 지원함으로써 회사의 성공에 기여할 수 있다.

기업들의 대세 마케팅 '팝업 스토어' 어디까지 진화했나

"극장을 찾아 좋아하는 영화를 보는 것처럼 평소 제가 좋아하는 브랜드의 팝업을 인스타그램 스토리로 확인하고 있습니다 .방문 이후에 해당 브랜드를 응원하는 마음이 생겨 꾸준히 구매하고 있습니다"

전북 전주에서 서울까지 와 팝업스토어를 자주 방문한다는 A씨는 팝업스토어를 통해 브랜드에 대한 이해도도 높아졌다고 말한다.

팝업 스토어(Pop-up Store)는 불쑥 나타났다가 사라지는 인터넷 팝업 창처럼 짧은 기간 운영하다가 사라지는 오프라인 임시 매장을 뜻한다. 팝업 스토어의 '성지'라고 불리는 서울 성수동에는 매주 새로운 모습의 팝업 스토어가 수십 개씩 등장한다. 팝업스토어를 찾는 이유도 경험을 위해, '인스타그램' 피드를 위해, 정보를 얻기 위해, 평소 좋아하던 브랜드라서 등 다양하다. 요즘 기업 마케팅의 최첨단 수단인 팝업 스토어의 면면을 살펴봤다.

브랜드에 빠져들게 하는 팝업 스토어의 진화

KDI 경제정보센터가 최근 분석한 '팝업 스토어' 보고서에 따르면, 사회적 거리두기가 해제된 2022년 4월 이후로 팝업 스토어 검색량이 급격히 늘어났다. 온라인 공간에 한계를 느낀 소비자들이 오프라인에서의 경험을 원하던 차에 팝업 스토어가 사람들의 이런 마음을 충족시켜 줄 공간으로 떠오른 것으로 풀이했다.

팝업스토어는 소셜네트워크서비스(SNS)를 통한 '버즈 마케팅(꿀벌이 윙윙거리듯 소비자들이 상품에 대해 말하는 마케팅 기법)'을 활용한 것이

다. 기업 입장에서 일방적으로 브랜드를 광고하기보단 소비자들의 입에서 입으로 전달되는 효과를 노린 것으로 분석된다.

과거에는 주로 규모가 큰 패션·화장품 기업들이 새로운 브랜드를 홍보해 제품 판매를 늘리기 위한 유통 채널로 팝업 스토어를 활용하곤 했으나, 점차 고객과 브랜드 간 소통이 가능한 공간으로 변화하면서 사람들의 발길을 사로잡고 있다.

제품 판매를 위한 팝업 스토어도 여전히 존재하지만, 요즘의 팝업 스토어에는 제품뿐 아니라 인상적인 인테리어와 인증샷을 남길 수 있는 셀프 사진 기계, 룰렛 돌리기나 게임, SNS에 공유만 하면 기념품을 받을 수 있는 간단한 이벤트 등 소비자가 즐길 거리가 풍성하다.

요즘의 팝업 스토어는 체험형 팝업 스토어, 전시형 팝업 스토어 등 소비자가 자연스럽게 브랜드에 몰입할 수 있는 방식으로 진화하고 있다. 이러한 변화는 데이터로도 확인된다. 2011~2012년에는 팝업 스토어와 함께 주로 패션, 화장품, 제품, 구매 등이 언급됐다. 2021~2022년의 연관어 순위에서는 다른 단어가 눈에 들어온다. 사람들은 이제 팝업 스토어를 이야기할 때 사진, 공간, 경험, 전시, 포토존 등 오프라인 공간에서 할 수 있는 경험을 함께 이야기한다. 팝업 스토어를 여는 브랜드의 범위도 패션이나 화장품을 넘어 식품, 음악·영화·드라마·웹툰·캐릭터 등 문화 콘텐츠, 나아가 금융 분야까지 넓어지고 있다.

소비자가 팝업 스토어 찾아가는 이유

소비자에게 팝업 스토어는 하나의 놀이 공간으로 인식되고 있다. 브랜드마다 색다른 콘셉트로 잘 꾸며진 공간에서 각종 활동에 참여하며 선물을 받는 등 무료로 즐길거리가 많기 때문이다. 게다가 팝업 스토어에는 시간과 공간의 한정성이 있다. 짧은 기간 동안 운영되는 팝업 스토어는 지금 가지 않으면 사라지는 한정판 공간으로서 소비자에게 한정된 경험을 제공한다. 또한 공간의 크기가 제한돼 있어 들어가고 싶은 사람 모두 들어갈 수 없다. 이 때문에 팝업 스토어에 가기 위해 예약을 하거나, 현장에서 대기 명단을 작성하고 긴 시간을 기다리기도 한다. '곧 사라지는', '모두가 갈 수 없는' 팝업 스토어의 속성이 지금 방문해야 한다는 심리를 자극하는 것으로 풀이된다.

기업이 팝업 스토어 오픈하는 이유

기업은 재화나 서비스를 생산하고 판매해 이윤을 창출하는 경제 주체다. 이윤을 창출하기 위해 제품을 판매해야 하는 기업이 팝업 스토어를 기획해 소비자에게 여러 가지 경험을 무료로 제공하는 이유는 기존 고객은 물론 잠재고객을 확보할 수 있는 효과적인 마케팅 수단이 될 수 있기 때문으로 해석된다.

소비자가 어떤 기업이 만든 브랜드의 팝업 스토어에서 만족스러운 경험을 한다면 곧 브랜드에 대한 좋은 인식으로 연결되고, 제품 구매와 매출 증가로도 이어진다. 잠깐의 경험이지만 인상은 오래도록 남는다는 것.

리서치 플랫폼 캐릿에서 Z세대 283명을 대상으로 실시한 온라인 설문 조사에 따르면,

97.2%가 팝업 스토어에 방문한 경험이 있으며 방문한 이후 81.6%가 브랜드 이미지를 좋게 인식했고, 52.7%는 해당 상품을 구매하거나 서비스를 이용할 의향이 있는 것으로 나타났다. 또한 팝업 스토어를 방문하는 세대는 자신이 경험한 것을 온라인 공간에서 적극적으로 공유하려는 경향이 있다. 기업은 팝업 스토어 방문객이 사진이나 영상을 공유하는 과정에서 자연스레 팝업 스토어와 브랜드가 홍보되길 기대한다고 분석했다.

기업은 팝업 스토어를 실험실처럼 활용한다. 어떤 제품을 바로 시장에 내놓기 전에 팝업 스토어에서 소비자의 반응을 직접 확인하고 소통하며 개선할 점을 발견해 보완할 수 있다. 또 정식 매장을 운영하려면 임차료, 인건비, 운영비 등 많은 비용이 든다. 단기간 열었다 닫는 팝업 스토어는 그보다 훨씬 적은 비용으로 상황에 따라 유연하게 운영할 수 있기 때문에 효율적이다. 오프라인 매장을 운영하는 데 드는 비용이 부담스러운 소규모 브랜드도 고객과 직접 만나 소통하고 싶을 때 팝업 스토어를 열기도 한다.

팝업 스토어 유행에 따라오는 것들

팝업 스토어가 많아지면서 공간 임대, 인테리어, 홍보 등 관련 비즈니스에서 기회를 찾는 사람들도 있다. 기업은 팝업 스토어를 열기에 적합한 공간을 빠르고 쉽게 찾길 원한다. 한편 건물주는 비어 있는 공간을 단기로라도 임대하고 쉽게 계약을 관리하길 원한다. 바로 이 부분을 공략해 기업과 건물주를 연결해 주면서 계약 관리를 대행하는 팝업 스토어 전용 공간 중

개 플랫폼이 등장했다. 성공적인 팝업 스토어를 위해 기획, 인테리어, 홍보를 대행하는 기업도 등장했다. 기업이 원하는 메시지를 효과적으로 전달할 수 있는 콘텐츠를 고민해 공간을 꾸미고 홍보와 운영까지 대신해 주는 것이다. 팝업 스토어의 정보만 모아서 전문적으로 전달하며 광고로 수익을 창출하는 플랫폼도 있다.

짧은 기간의 운영을 마친 팝업 스토어의 인테리어 자재는 어떻게 될까. 팝업 스토어 한 곳을 철거할 때 평균 1톤의 쓰레기가 발생한다. 팝업 스토어 인테리어는 브랜드 특성이나 콘셉트에 따라 제작되기 때문에 한 번 사용한 자재를 다른 팝업 스토어에 재활용하기 어렵다. 그뿐만 아니라 기업은 소비자를 유인하기 위해서 배지, 펜, 다회용 가방, 스티커, 부채 등 여러 가지 기념품을 제작하지만 불필요한 쓰레기를 만들어 낸다는 지적도 있다. 이러한 문제를 해결하기 위해 기업은 팝업 스토어를 기획할 때부터 재활용한 가구와 소품을 이용하기도 한다. 팝업 스토어 종료 후에 재활용할 계획을 세워 자재를 사용하거나, 매장 내에서 일회용품을 사용하지 않는 등 친환경적으로 운영하기도 한다.

소비자 두근거리게 할 다음 마케팅은?

보고서는 "요즘 소비자의 특성 중 하나는 자신이 좋아하는 것을 파고들며 자신만의 뚜렷한 개성과 취향을 가지려 한다는 점"을 주목했다. 기업은 이러한 고객들과의 접점을 만들고 공감대를 형성하기 위해 팝업 스토어라는 공간을 기획한다. 자신들의 브랜드를 알리고 브랜드 가치를 제고하기 위해 색다른 콘텐츠를 제공하려고 노력하는 것. 그리고 소비자들은 새로운 경험과 재미, 취향을 찾아 팝업 스토어를 방문한다.

팝업스토어는 소비자들의 눈에 띄기 위해, 더 많은 후기로 입소문을 타기 위해 각 브랜드가 매력을 어필하는 장소로 자리매김하는 트렌드로 자리잡았다.

마케팅은 변화하는 소비자와 사회의 모습을 가장 빠르게 반영하는 기업 활동 중 하나다. 2024년에도 다양하고 화려한 파업스토어가 펼쳐질 것으로 예상된 가운데 어떤 차별화된 마케팅 수단이 소비자의 마음을 사로잡게 될지 주목된다.

출처: 뉴시안 2024.01.05.

사회에서 마케팅의 역할: 마케팅은 사회의 복지향상에 기여하고 있다

마케팅의 윤리성과 사회성에 관하여 많은 비난이 있어 온 것이 사실이다. 비난들 중 가장 대표적인 것은 마케팅 담당자들이 실제 소비자들의 욕구를 파악하고 충족시키는 기능을 넘어 소비자들의 가식적인 소비욕구(artificial needs)를 조장하는 데 앞장서고 있다는 것에 있다. 마케팅활동이 사람들을 평가할 경우, 있는 그대로의 모습이 아닌 그 사람이 소유하고 있는 물건 혹은 제품으로 사람의 가치를 평가하고 소비자들을 잘못된 방향으로 가게끔 부추기고 있다는 점도 비난의 대상이 되고 있다.

　그러나, 앞에서 설명한 사회적 마케팅컨셉트(societal marketing concept)하에서는 기업들이 장기적인 성장을 도모하기 위해선 사회에 긍정적인 공헌을 함으로써 혹은 윤리적 사회적 비난에 적극적으로 대처해야만 한다는 신념을 가지고 마케팅활동을 수행해야 한다.

사례 11-3. "지금 돈쭐내러 갑니다", '코즈Cause 마케팅'에 이은 '미닝아웃Meaning Out'

　자신이 지향하는 가치·신념·생각을, 소비와 같은 간접적인 행동을 통해 드러낸다는 '가치소비'는 몇 년 새 트렌드를 선두하는 키워드가 되었다. 이는 2010년 중후반 기업 중심적인 공익 마케팅 '코즈 마케팅' 개념에서 한발 더 나아가, 소비자의 신념을 표출하는 소비 '미닝아웃'(meaning out, 신념을 뜻하는 meaning과 커밍아웃coming out의 합성어) 트렌드로 확산되고 있다.

　21세기에 접어들면서 기존 시장에서는 기업의 제품 특성이나 품질, 서비스 등에서 차별화를 추구하기 어려워지고 있다. 혁신적인 제품이 아니고서야 고도화된 시장에서 소비자들은 조금만 품을 들이면 언제 어디서든 제품에 대한 정보를 찾고, 품질을 따져볼 수 있기 때문이다. 그렇다면 기업은 대체 무엇을 팔 것인가? 그리고 소비자들은 무엇을 살 것인가? 기업과 소비자들은 이제 '가치'에 주목하고 있다.

　가치소비의 의미를 살펴보자. 포털 사이트에선 '남을 의식하는 과시소비와는 다르게 실용적이고 자기만족적인 성격이 강하며, 무조건 아끼는 알뜰소비와 달리 무조건 저렴한 상품이 아닌 가격 대비 만족도가 높은 제품에 대해서는 과감한 투자를 행한다.'(참고 및 출처: 시사상식사전, pmg지식엔진연구소)고 설명한다. 소비자는 단순히 소비를 하는 대신 '나에게 가치 있는 소비에 지갑을 연다'는 것. 이러한 개념은 코로나19 사태를 거치며 더욱 커졌다. 제품을 면밀히 따지고, 이미지가 좋은 기업의 제품을 소비·구매함으로써 자신의 신념에 대해 드러내는 것이다.

코즈 마케팅에서 한 걸음 더 나아가다

　2010년대 중반까지만 하더라도, '가치소비'의 대표적인 사례로는 '코즈 마케팅'이 있었다. 코즈 마케팅은 '원인, 이유, 대의적'이란 의미의 'Cause'와 'Marketing'의 합성어로, 도서 『브랜딩의 제3물결 코즈 마케팅』에 따르면 '기업과 사회적 이슈가 상호이익을 위해 전략적으로 연계된 마케팅'을 의미한다. 코즈 마케팅은 기업의 사회적 책임(CSR, Cooperate Social Responsibility)이 중요해지기 시작하며 등장했다. 이는 기업의 사회적 공헌과는 차이가 있다. 사회적 공헌이 기업의 사회적 책임에 초점을 맞췄다면, 코즈 마케팅은 공익적 이슈를 기업의 '마케팅 전략'으로 연계시킨 것, 즉 마케팅 측면이 강하다. '대의 마케팅', '공익 마케팅', '착한 소비' 등으로 불리는 마케팅이 대표적이다.

최초의 코즈 마케팅 프로젝트 사례로는 아메리칸 익스프레스의 이야기를 빼놓을 수 없다. 1983년, 아메리칸 익스프레스 카드는 '미국의 자유의 여신상 보수사업 프로젝트'(National Arts Marketing Project)를 진행했다. 고객이 아멕스 카드를 사용하거나, 신규 카드를 발급할 때 일정 금액을 기금으로 적립하는 방식으로, 해당 프로젝트 기간 동안 카드 사용률은 27% 증가했다고 전해진다. 당시 무역, 경기 등이 침체되어 있던 미국 사회에서 자유의 여신상을 보수한다는 것은 미국인들의 자존심을 회복하는 계기가 되었다. 미국인의 이런 가치관에 근거한 메시지를 통해 구매를 이끌어냈다.(-참고도서: 『브랜딩의 제3물결 코즈 마케팅』)

최근엔 가치소비가 기업뿐만 아니라 소비자에게 초점이 맞춰지고 있는 추세다. 소비자 중심의 소비가 높아진 것이 배경이 됐다. 유통 플랫폼의 확대로 인해 생산자와 소비자가 대등한 위치에 서게 됐고, 소비자가 필요로 하는 재화와 서비스 등에 기업이 귀를 기울인 것이다. 요즘의 2030세대는 재화의 제조 과정부터 가격, 심지어 이를 유통하는 과정까지 적극적으로 자신이 소비하는 것에 대한 정보를 얻는다. 그 이후 기업과 제품의 메시지가 나와 맞고, 소비 과정에서 심리적인 만족감(가심비)을 얻는다면, 구매로까지 이어지게 된다.

유통 서비스 업계 기업인 A사와 B사가 있다고 가정해보자. A사보다 B사가 사회적 활동이 많거나 친환경 이슈들이 높은 경우엔 어떨까. 소비자들은 B사의 기업 이미지에 호감을 갖게 되고, 이는 B사의 매출 확대로 이어진다. A사보다 높은 시장점유율을 확보하고, 소비자들은 공통의 관심사를 가진 이들에게 온·오프라인을 통해 B사의 정보를 공유, 제품 구매를 촉구하는 등 집단 행동을 통해 공감대를 형성한다. 특히 '친환경, 갑질 사태, 성 평등' 등 환경·윤리적 이슈에 민감하게 반응하는 젊은 소비자들이 기업의 사회적 책임을 요구하는 목소리를 높이며, 반면에 사회적 물의를 일으킨 회사에 대해선 불매운동을 벌이기도 한다.

가치소비 중에서도 최근 확산되는 '미닝아웃' 트렌드는, 이처럼 자신의 신념과 생각을 이야기하고, 소비와 같은 간접적인 행위로 '드러내는 것'을 중시한다. 물론 사회적 가치가 대두되더라도 각자의 기준과 생각, 신념 등은 주관적일 수 있다.

때문에 '현대의 가치소비'는 '미코노미'(Meconomy, '나me'와 '경제economy'의 합성어, 자신을 위한 소비에 돈을 아끼지 않는 트렌드) 트렌드와도 맞물려 성장한 트렌드로 볼 수 있다.

미닝아웃, 환경적 이슈와 만나다

코즈 마케팅이나, 가치소비 모두 매슬로우의 '5단계 욕구설'을 통해서 설명이 가능하다. 매슬로우는 인간에게 가장 기본적인 욕구들(생리적 욕구, 안전의 욕구), 생명을 유지하려는 욕구로 의복, 음식, 가택, 성욕 등이 충족되고 나면, 점진적으로 인간 관계의 역할과 공동체 입지에서 자신의 영향력을 행사하고 싶은 욕구로 이동하게 된다고 보았다. 소속감을 느끼고자 하고, '정서적 만족감'을 느끼기 위한 사회적 가치를 실천해 인정받고자 한다는 것이다.

미닝아웃 트렌드를 대표하는 소비 종류는 다양하지만, 최근 주목받고 가장 많이 실천하는 이슈는 바로 친환경이다. 친환경을 넘어 '필(必)환경'이 일종의 소비 트렌드가 되면서, 기업과 개인 모두에게 지속 가능한 미래가 핵심 키워드로 자리했다. 이들은 미래 세대의 자원의 낭비를 줄이기 위한 '약간의 수고스러움'도 기꺼이 '힙'하다고 느낀다. 도서 『트렌드코리아 2023』에 따르면 '아주 복고적인 느낌, 의도적으로 연출한 촌스러운 스타일, 어려운 이웃을 돕는 착한 가게 등 그때그때 힙하다고 여겨지는 콘셉트가 수시로 바뀐다. 요즘 가장 주목받는 이슈는 '환경'이다. 지난 2년간 ESG가 화두로 떠오른 가운데, 그중에서도 특히 'E', 즉 환경이 그야말로 핫한 콘셉트로 떠오르고 있다. 이에 많은 기업들이 저마다 진정성 있는 스토리텔링을 시도하며 작업을 하고 있다.'고 해당 트렌드에 대해 설명한다.

개인의 친환경 미닝아웃 행동 중에 '용기내 캠페인'이 있다. 다회용기의 '용기'와 겁내지 않는다는 의미의 '용기'를 중의적으로 포함한 이 캠페인은, 장을 볼 때나 음식을 포장할 때 챙겨온 다회용기에 담아 달라고 요청함으로써 일회용 포장재 사용을 줄이고 나아가 환경보호의 취지를 담고 있다. 이 밖에도 불필요한 이메일은 삭제하고, 동영상 시청 시 화질을 줄이며, 스마트폰의 밝기를 낮추거나, 웹사이트의 다크모드를 이용하는 것 역시 개개인의 습관을 통해 탄소배출량을 줄일 수 있는, '소소하지만 확실한 미닝아웃' 방법으로 꼽힌다.(-참고: 현대오일뱅크 콘텐츠 '간단한 실천으로 지구를 구하는 방법') 지난해 롯데멤버스가 전국 20~60대 남녀 1,500명을 대상으로 설문조사를 한 결과, 가치소비를 해봤다고 답한 사람이 83.5%에 달했다. 또 리사이클링 제품 구매 등 적극적인 소비를 하는 비율은 80.2%에 달했다고 전해진다.

기업 역시 이 같은 소비자들의 행보에 응답하고 있다. 친환경 가치소비가 장기화되며 유통업계들 역시 변화를 추구하고 있는 것. 제주삼다수를 생산·판매하는 제주개발공사는 2021년 5월, 무라벨 제품인 '제주삼다수 그린' 출시를 시작으로 페트병 경량화를 통한 플라스틱 감축, 리사이클 페트 및 바이오 페트 등 순환자원을 활용한 용기 개발에 연달아 성공하며 친환경 제품 라인업을 구축하고 있다. 제주삼다수는 2021년 12월 기준 온, 오프라인 판매량 전체의 30%를 무라벨 생수가 차지했다. 동원 F&B의 경우 지난해부터 요구르트 제품 소와나무 비피더스 명장 3종에 무라벨을 적용해, 연간 약 60t의 플라스틱(2021년 비피더스 명장 판매수량 기준)을 절감할 수 있을 것으로 추산하고 있다. 이는 30년령 소나무 약 1만 5,000그루를 심는 환경보호 효과를 낼 수 있는 정도라고.

그런가 하면 최근 주요 라이프스타일로 자리잡으며 개인과 기업 모두 경쟁력이 커진 친환경 분야가 있다. 바로 '비건 라이프'다. 비건 라이프의 확대는 코로나19로 인한 사회환경적 변화와, 주요 소비층으로 떠오른 MZ세대의 미닝아웃 소비 성향, ESG 경영에 관한 관심 증가 등이 배경이 됐다. 식음료 업계에서는 대체육 식품 출시를 확대하고 있으며, 뷰티 업계는 비건 뷰티를 지향하는 신규 브랜드를 론칭하거나 동물 실험을 진행하지 않는 등 다양한 방식으로 비건 트렌드를 반영하고 있다. 자동차 업계 역시 비건 자동차로 불리는 친환경 자동차를 출시하고 있다. 일반 자동차가 내장재를 강철과 탄소섬유, 플라스틱을 사용하는 대신 비건 자동차는 인공 가죽이나 식물유래 원료로 대체하고, 자동차 생산 과정과 주행에 이르는 전 과정에서 환경을 고려한다. KPR 디지털커뮤니케이션연구소 김은용 소장은 "비건 라이프스타일이 육류, 달걀, 생선 등 특정 영역에서 나아가 패션, 뷰티, 인테리어 등 다양한 산업에서 유연하게 적용되고 있다"며 "지속해서 성장 중인 비건 시장에서 소비자를 사로잡기 위해서는 다양한 요인에 대한 고려가 필요할 것"이라고 언급했다.

착한 기업에 "돈쭐내러 갑니다"

미닝아웃 소비 중에서도 환경보호뿐만 아니라 사회적 책임을 실천하는 기업에 대한 소비자의 선호가 뚜렷해지고 있다. 특히 전쟁과 재난 현장이 발생했을 때 사회와 기업의 행동에 따라 이미지 브랜딩에도 영향을 미친다. 아웃도어 패션 브랜드 아이더는 지난해 '아이더+하기 캠페인'을 통해 우크라이나 어린이와 여성에게 아이더 패딩을 선물하는 'Heat Ukraine with Eider'(아이더와 함께 우크라이나에 온기를 더하다)를 진행한 바 있다. '아이더+하기 캠페인'은 국내외 사회적 관심과 공감대 형성이 필요한 이슈를 유명인과의 협업을 통해 '널리 알리고 함께 나누는' 캠페인으로, 아이더는 이를 통해 지난 10월 국제구호개발 NGO 월드비전과 협력해 다운 자켓 4,000벌을 우크라이나에 전달했다.

4월 초, 충남 홍성에서 산불로 인한 피해 소식이 전해졌다. 잠정 피해액 규모는 약 287억 원으로, 축구장 3,200개 규모에 달하는 면적을 태웠다고 전해진다. 산불 피해 지역의 복구를 위한 기업과 시민들의 성금과 응원이 이어진 가운데, 마음 따뜻해지는 이슈도 들려왔다. 한 카페에서 산불 진화에 힘쓴 공무원들에게 커피를 무료로 증정한 것. 해당 카페는 간판 위에 '커피 무료, 산불진화 소방대원·경찰·공무원 분들 부담 없이 들어오세요, 감사합니다!'라고 쓰여진 A4 용지를 붙여, 가게 이름 대신 '음료 무료 봉사'를 한눈에 볼 수 있도록 했다. 이 같은 소식이 전해진 이후 지역 커뮤니티에서는 "돈쭐 나야 한다. 마음이 따뜻해진다"는 반응이 줄을 이었다. '돈쭐내기'는 '돈'과 '혼쭐내다'가 합쳐진 유행어로, 어려운 이웃을 후원하는 등 남몰래 선행을 베푼 가게의 상품을 구매해 매상을 올려주는 행동을 말하는 용어다.

강릉 역시 마찬가지. 지난 4월 11일에 발생한 강원도 강릉 산불로 인해 직접적인 피해 외에도 피해지역 인근 숙박시설의 예약취소가 발생하는 등 관광객 감소로 이어지며, 이들을 돕기 위한 관광 활성화 캠페인이 추진되고 있다. 강원도는 온·오프라인 매체를 통해 '가자! 동해안으로!' 캠페인을 홍보하고, 강릉시는 '산불 피해지역 강릉, 관광이 최고의 자원봉사입니다'란 캠페인 문구를 SNS 등에 게시하는 등 관광 수요 회복에 대한 관람객들의 관심을 촉구했다. 강원관광재단은 산불 피해지역 관광시장을 조기 회복하고자 4월부터 6월까지 '아리바우길 연계 걷기 챌린지' 개최 소식을 알렸다. 백창석 강원도 문화관광국장은 "동해안으로 관광을 와 주시는 것이 피해지역의 아픔을 위로하고 큰 힘이 되어 주는 것"이라고 당부하기도 했다.

사람들의 공감을 자극하는, 기부 미닝아웃

지하철 입구에 나란히 놓여진 에스컬레이터와 계단이 있다면, 대부분의 사람들은 에스컬레이터를 이용할 것이다. 하지만 계단을 밟는 순간 '음(音)'이 들린다면 어떨까. 우리가 자주 찾아볼 수 있는 지하철 피아노 음악계단은 계단을 피아노 건반처럼 만들고 밟을 때마다 소리가 나도록 한 것이다. 이용자 수만큼 일정 금액을 적립할 수 있도록 한 설치물이다.

이처럼 최근에는 개인의 가치를 실현하면서도, 지속가능한 일상을 할 수 있는 서비스들이 늘고 있다. 대표적인 것이 걷기 기부 앱이다. 걸을 때 앱을 켜두기만 하면 GPS로 걸음을 측정해 적립된 걸음수만큼 기부할 수 있는 걸음 기부 모바일 애플리케이션 '빅워크'는 대표적 ESG플랫폼이다. 빅워크는 개인 사용자들은 물론, 기업과도 함께 걸음 기부 캠페인을 진행함으로써 탄소 중립을 실현하고, 걸음수 기부로 어려운 이웃도 돕고 있다. 또, 반려동물을 키우는 반려인이 많아지며, 동물친화·동물보호에 초점을 맞춘 가치소비 역시 다양해지고 있다. 반려동물 서비스와 결합된 걸음 기부 애플리케이션 '피리부는 강아지'는 산책 시 거리에 따라 앱 내 발자국 모양의 아이콘이 찍히고, 그 아이콘은 사료알로 환산돼 매월 유기동물을 위한 기부로 이어진다. 반려견과 산책을 하며 건강을 챙기는 동시에, 유기견에게 사료알을 기부할 수 있는 것. 기부 내역은 앱과 인스타그램을 통해 공개된다. 이 같은 기부 애플리케이션은 따로 시간을 내거나, 고액을 기부를 하지 않아도 충분하다. 이용자 스스로 일상에서 선한 영향력을 행사할 수 있도록 돕고, 작은 변화도 다수가 모이면 그 영향력은 커지게 마련이다.

앞서 소개한 사례 외에도 매년 매출의 1%를 환경 보존과 복구를 위한 지구세(Earth Tax)로 사용하는 '파타고니아', 방수천으로 가방을 만드는 업사이클링 브랜드 '프라이탁', 제품 하나를 사면 그대로 하나가 기부되는(1 for 1) '비타민엔젤스'의 착한 소비 등은 대중들에게 잘 알려진 가치소비의 대표 브랜드이다.

이들 회사에는 공통점이 있다. ESG나 코즈 마케팅이 한 차례의 이벤트 형식이 아닌 지속가능한 비즈니스를 통해 장기적으로 사회적 가치를 추구함으로써, 소비자의 마음을 움직인다는 것이다. 이들은 사회적 가치의 중요성이 커지고 있는 가운데 코로나19와 맞물린 소비자들의 미닝아웃 소비 패턴에서도 유연하게 적응하며, 요즘 세대가 사랑하는 브랜드로 불리고 있다. 기업의 브랜드 가치를 넘어서, 가치 브랜딩의 중요성은 앞으로 더욱 커질 전망이다.

Interview "강아지도 보호자도 모두가 행복할 수 있도록…" 애플리케이션 '피리부는 강아지' 팀

Q '피리부는 강아지' 앱을 개발하게 된 계기가 궁금합니다.

A 시작은 '반려동물이 행복하려면?'이란 질문에서 비롯되었습니다. 반려동물 시장이 빠르게 커지면서, 관련 서비스도 많아졌지만 '행복'을 위한 서비스는 적었습니다. 물론 반려동물이 좋

아하는 간식, 옷, 리드 줄 등도 행복을 위한 필요 아이템이긴 하지만, 정말 반려동물이 행복하려면 어떤 서비스가 좋을지에 대해 고민하는 시간을 꽤 길게 가졌어요. '차라리 우리가 직접 이러한 고민을 해결해보는 건 어떨까?' 생각하게 됐고, 반려견과 보호자 모두가 행복할 수 있는 서비스, 그래서 반려견이 유일하게 밖을 나가서 신나게 뛰어 놀 수 있는 '산책 앱'을 만들게 되었습니다.

Q 산책형 앱과, 유기견 사료알 기부라는 취지를 합치게 된 이유가 무엇인가요.

A '피리부는 강아지' 기획 시 우리가 직접 해결할 수 있는 '반려견' 관련 문제가 무엇인지에 대해 논의했습니다. 첫째는 '산책', 두 번째는 '유기견'이었습니다. 어떻게 하면 두 가지 문제를 해결할 수 있을지에 대해 고심하며, 구체적인 기획 단계로 진입하게 되었습니다. 우선 반려인에게 '산책'은 반드시 해야 할 의무이지만, 때로는 일처럼 느껴지기도, 피로로 인해 귀찮음으로 느껴질 수도 있습니다. 하지만 반려견은 주인이 산책을 시켜주지 않으면, 외부 활동을 할 수 없습니다. 그래서 '어떻게 하면 산책을 즐겁게 할 수 있을지'에 대해 고민했습니다. 그러던 중, 반려인들이 유기견 문제에 관심이 많지만, 실제로 어떻게 도울 수 있는지 정확한 방법을 알지 못해 안타까워하는 경우도 많다는 걸 알게 되었습니다. 그래서 반려인도 반려견도 함께 즐거운 시간을 보낼 수 있으면서, 이를 통해 유기견을 도울 수 있도록, '산책'과 '유기견 돕기'를 한번에 묶어 보면 어떨까 하는 아이디어를 얻어 지금의 구조를 기획하게 되었습니다. 산책이 곧 유기견 기부로 이어지고, 다른 반려인들,

반려견들이 남긴 발자국을 주우며 게임처럼 즐기도록 말이죠. 행복, 보람, 재미를 한 번에 할 수 있는 앱을 만들려고 지금도 노력 중입니다.

Q 지난해 기부 현황이 궁금합니다.

A 지난해엔 총 3억 6,000만 알의 사료알이 '동물구조119', '다시사랑받개', '행강보호소'에 기부되었습니다. 실제로 사료가 기부되기도 하고, 협약된 유기동물센터에서 필요로 하는 물품으로 대체되어 전달할 때도 있습니다. '사료알 기부'가 반드시 사료를 뜻하는 것이 아닌 유기동물을 위한 일종의 '사랑과 관심'이라고도 할 수 있기 때문입니다. 고양이 구조가 많을 경우 모래, 영양제, 장난감, 간식 등 고양이를 위한 용품으로 기부하기도 하고, 유기견을 위한 약품, 간식 등으로 기부하기도 합니다.

Q '피리부는 강아지'의 경우, 앱 사용자들이 홍보에 열을 올리고 있다고 들었습니다.

A 저희가 가장 보람을 느끼는 경우이기도 한데요. 반려동물 동반 카페에 비치된 팸플릿을 보고 반가워하며 인증샷을 찍어주기도 하시고, 재직 중인 회사에서 이벤트를 진행할 때 저희와 콜라보를 제안해주셔서 유저 분들께 선물을 드린 경우도 많습니다. 아무래도 산책을 하며 발자국을 남기고, 남겨진 발자국을 다른 유저가 줍는 것이 앱의 핵심 기능이라고도 할 수 있는데, 이 발자국은 같은 동네에 이용자가 많을수록 더 재미있게 느껴져 사용자 분들께서 직접 홍보를 해주고 계시는 것 같습니다. 특히 산책 시 앱을 사용하기만 해도 유기동물을 위한 기부로 이어진다는 것이 주변 그리고 지인 분들께 직접 홍보를 해주는 가장 큰 이유인 것 같습니다.

ⓠ 수익형 구조의 서비스가 아닌 걸로 알고 있는데, 앱 운영에 별도의 어려움은 없었나요.

ⓐ 물론 수익구조에 대해 고민을 아예 하지 않을 순 없습니다. 저희 팀원들의 수익(연봉)부터 서비스 운영비 등 꾸준한 비용이 필요하기 때문인데요. 하지만 지금은 회사에서 서비스 비전과 필요성에 대해 공감하며, 다양한 지원을 해주고 있기에 수익구조 체계화보단 좋은 서비스 제공과 운영에 더 집중하고 있습니다. 유저들이 늘어나고, 수익구조 역시 탄탄해진다면 더 많은 유기동물을 위한 지원은 물론 반려인, 반려동물 모두를 위한 더 좋은 서비스를 제공할 수 있기에 다양한 아이디어들을 테스트 중입니다. 수익을 잘 내면서 모두가 행복할 수 있는, 어찌 보면 굉장히 어려운 고민을 팀원들과 함께

하고 있다고도 할 수 있습니다.

ⓠ 향후 '피리부는 강아지'가 나아가고자 하는 방향성은 무엇인가요.

ⓐ 반려인, 반려동물 관련 시장도 점점 더 커지고, 발전해 나가고 있지만, 좋은 면 너머 좋지 못한 다양한 문제들도 함께 늘어나고 있습니다. 즉, 풀어야 할 문제들도 많아지고 있다는 건데요. 그 문제들을 하나하나 고민하고, 해결책을 찾아가는 일이 저희들의 궁극적인 목적이자 목표입니다. 반려견에 관한 모든 것을 알 수 있고, 행복, 재미, 보람을 모두 느낄 수 있는 서비스를 제공하고 싶습니다. 이를 통해 언젠간 '반려인 모두에게 사랑받는 앱이 되지 않을까' 하고 기대 중입니다.

출처: MBN 2023.05.02.

시장의 기회와 위협을 파악하기 위한 마케팅적 사고의 개발

21세기의 문턱을 갓 지나온 오늘, 지난 몇 년간을 돌이켜볼 때 가장 주목할 만한 기업의 환경변화는 IT(information technology) 혁명으로 불리는 온라인의 등장으로 시장상황이 급변하고 있다는 점이다. 이러한 기업환경하에서 어떤 기회와 위협이 파생되고 있는지를 이해하고, 파악된 새로운 기회와 위협에 어떻게 대응을 해 나가야 하는가 하는 근본적인 물음에 답을 구하기 위해 많은 경영자들이 노력을 쏟고 있다.

효과적인 마케팅전략을 개발하는 방법을 살펴보기 이전에, 우선 시장에서 일어나고 있는 기회와 위협을 정확하게 파악하기 위해선, 두 가지 핵심질문("무

엇을 감지해야 하는가?" "어떻게 감지된 변화에 대응해야 하는가?")에 관한 답을 나름대로 제시할 수 있는 방식을 가지고 있어야 하는데 이러한 체계화된 분석사고를 시장구조 분석을 위한 마케팅적 사고 혹은 마케팅적 시각이라 한다.

마케팅적 사고에는 전통적인 방법인 STP(segmentation-targeting-positioning)방식과 이러한 방식을 속도와 변화가 심한 기업환경하에서 효과성이 있게끔 제안된 감지와 반응(sense & respond)방식에 관하여 각각 소개한다.

1. STP방법

마케팅전략을 이야기할 경우 가장 많이 언급되는 것이 시장세분화(segmentation) – 목표시장의 선택(targeting) – 경쟁적 위치설정(positioning)을 강조하는 STP방식이다. 마케팅전략이라고 하면 STP전략을 연상할 정도로 일반화되어 있다. STP에 바탕을 둔 마케팅 사고 하에서는 기업의 마케팅활동을 STP와 4P(마케팅믹스)로서 설명하기를 선호한다.

시장세분화(market segmentation)

마케팅의 출발점은 고객에 대한 철저한 이해에서 출발한다. 일반적으로 고객들의 욕구는 점점 더 다양해지고 있는 추세이다. 따라서 어떤 한 제품을 통해 모든 고객을 동시에 만족시키는 것은 불가능할 뿐만 아니라 비효율적일 수 있다. 또한 기업들은 한정된 자원을 효율적으로 배분함으로써 기업의 성장을 지속적으로 도모해야 함을 고려하면, 전체 고객을 대상으로 하여 어느 누구에게도 충분한 만족을 주지 못하는 것보다는 특정한 고객집단만을 대상으로 그들을 우선적으로 충족시킬 경우 보다 효율성을 높일 수 있다.

이러한 생각에서 고객들을 비슷한 욕구를 가진 집단으로 구분하고 하나의 집단으로 묶을 수 있는데 이렇게 묶은 동질의 집단을 세분시장이라고 하고 세분시장을 발견하는 작업을 시장세분화라고 한다. 세분시장마케팅(segment marketing)이란 각 세분시장의 욕구에 맞는 제품을 마케팅 하는 것으로 불특정 다수를 상대하는 매스마케팅(mass marketing)과는 다르다.

세분시장마케팅을 하는 기업은 다음과 같은 효과를 거둘 수 있다.

❶ 매스마케팅을 하는 경쟁기업에 비하여 경쟁우위를 누릴 수 있다(만도공조는 에어컨을 생산하는 중견기업으로 다른 대기업들과 비교하여 인지도 측면에서 상대적 열세에 있었다. 그러나 축적된 기술력과 시장에서의 특화를 통해 세분시장인 김치냉장고("딤채")를 개발하여 공략함으로써 중소기업이라는 약점에도 불구하고 김치냉장고 시장에서 가장 선호되는 경쟁력을 유지하고 있음).

❷ 평균적인 고객에서는 발견되지 않는 새로운 기회를 발견할 수 있다("에이스침대는 가구가 아니라 과학입니다"로 침대 구매 시 다른 가구와의 조화 여부를 침대구매의 가장 중요한 요소로 간주하는 시장에서, 좋은 침대 편안한 침대와 같이 침대 본래의 효익에 가중치를 두는 고객의 욕구를 시장의 기회로 파악하여 성공한 사례임).

❸ 경쟁제품과의 차별화를 통하여 소모적인 가격경쟁을 줄일 수 있다("좋은 술로 시작합시다"라는 슬로건으로 백세주는 여타 다른 소주나 맥주와의 1차 술시장에서의 소모전을 회피할 수 있었음).

시장세분화는 어떻게 하는 것인가? 시장을 세분화하기 위해선 다음의 절차를 따른다. 먼저 데이터를 수집하고, 세분시장을 확인한 다음 세분시장의 전반적인 특성을 파악하는 단계를 거친다. 시장세분화의 절차와 각 단계에서 마케팅 담당자가 고려해야 할 사항을 정리하면 〈그림 11-2〉와 같다.

시장을 세분화할 경우 항상 마케팅전략을 수립하는 데 유용한 정보를 얻는

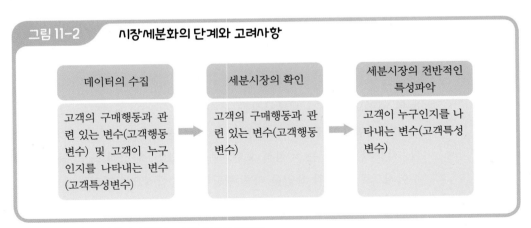

그림 11-2 시장세분화의 단계와 고려사항

데이터의 수집	세분시장의 확인	세분시장의 전반적인 특성파악
고객의 구매행동과 관련 있는 변수(고객행동변수) 및 고객이 누구인지를 나타내는 변수(고객특성변수)	고객의 구매행동과 관련 있는 변수(고객행동변수)	고객이 누구인지를 나타내는 변수(고객특성변수)

출처: 박찬수, 「마케팅원리」, 법문사, p.203 수정 후 재인용.

것은 아니다. 그러면 효과적인 시장세분화가 되기 위한 조건은 무엇인가? 먼저 시장세분화가 유용하려면, 시장세분화에 사용된 기준변수를 올바르게 사용하여야 한다. 올바른 세분화 변수의 선택은 얼마나 해당 시장에 관한 지식과 경험이 있는지에 달려있다. 추가적으로 다음의 4가지 조건을 만족시킬 때 세분시장은 쓸모가 있을 것이다. 세분시장의 측정가능성(크기, 구매력, 기타 특성 등이 측정 가능할 것), 세분시장의 규모(적정한 규모가 될 것), 세분시장에의 접근가능성(해당 시장에 소속된 고객들에게 기업의 마케팅활동이 접근 가능할 것), 세분시장 내 동질성과 세분시장 간의 이질성 등이 높아야 한다.

시장세분화로 기업은 일반적으로 긍정적인 효과를 가지는 경우가 대부분이나 다음의 경우에는 시장의 세분화가 바람직하지 않을 수 있다.

❶ 혁신적인 신제품의 경우에는 시장세분화가 시기상조일 수 있다.

❷ 지나친 세분시장 마케팅은 수익성을 악화시킬 수 있다.

❸ 시장선도기업에 대하여 후발 참여기업이 도전하고자 하는 경우는 역 세분화(세분화된 시장을 통합하여 여러 세분시장을 동시에 공략하는 제품을 출시하는 것, 비듬과 샴푸겸용 제품 출시의 예)를 하는 것이 바람직할 수 있다.

목표시장의 선택(targeting)

여러 가지 선택 가능한 세분시장 중에서 어느 세분시장에 기업의 마케팅역량을 집중해야 할 것인가? 여러 개의 세분시장들 중에서 목표시장(target market: 기업이 마케팅 노력을 집중하는 시장)을 선택하는 기준은 기업이 진입할 시장을 선택하는 기준과 비슷하다. 따라서 다음의 3가지 기준에 의해 목표시장을 선정하면 된다.

❶ 높은 매력도를 가진 세분시장을 선택한다. 시장의 매력도는 그 시장에 진입한 기업들이 잠재적으로 얻을 수 있는 평균적인 이익의 크기를 말한다. 시장의 매력도는 외형적 요인, 구조적 요인, 환경적 요인 등으로 나누어지므로 이들 각 요인을 가중 평균하여 종합적으로 판단하게 된다.

❷ 높은 경쟁우위를 가질 수 있는 세분시장을 선택한다. 기업이 특정 세분시장의 고객들에게 현재 또는 잠재적인 경쟁자들보다 더 높은 가치를

제공할 수 있는가? 라는 질문에 관련된 선택기준이다. 이 질문에 답하기
위해선 세분시장수준에서의 주요 경쟁사들과 우리 자신의 기업에 관한
경쟁력 분석이 이루어져야 한다.

경쟁자를 파악하는 방법에는 크게 기업중심적인 방법과 고객중심적인
방법의 두 가지가 있다. 기업중심적인 방법에는 제품/시장 매트릭스를
이용하는 방법, 기술적 대체가능성을 판단하는 방법, 표준산업분류를 이
용하는 방법 등 세 가지가 있다. 고객중심적인 방법에는 다시 고객지각
에 기초한 방법(제품지각도, 제품제거, 사용상황별 대체)과 고객의 행동에
기초한 방법(제품전환 매트릭스, 수요의 교차탄력성)으로 나누어진다. 지금

표 11-2		**경쟁자 파악 방법의 분류**
기업 중심적 방법	제품/시장 매트릭스 방법	• 기존시장–기존제품: LG 생활건강의 페리오치약과 태평양의 2080치약
		• 기존시장–신제품: 치약 제품과 치아건강과 관련된 자일리톨 껌
		• 신시장–기존제품: 노인들을 목표로 한 시린메드 치약
		• 신시장–신제품: 다른 제품을 다른 시장에 출시하고 있으므로 직접적인 경쟁관계는 없음
고객 중심적 방법	고객지각에 기초한 방법	• 제품지각도(product perceptual map): 고객의 마음속에 여러 제품들이 차지하고 있는 위치를 2차원이나 3차원 공간에 나타낸 그림으로 가까이에 위치한 제품들은 유사성이 높음(경쟁관계가 많음)을 나타내고 멀리 위치한 제품들은 유사성이 낮음(경쟁관계가 적음)을 나타낸다.
		• 제품제거(product deletion): 여러 개의 제품들 중에서 응답자가 가장 선호하는 제품을 제거한 다음, 나머지 중에서 무엇을 살 것인가를 질문하여 경쟁관계를 파악하는 방법
		• 사용상황별 대체(substitution in–use): 어떤 제품의 사용상황 별로 대안이 될 수 있는 제품들이 무엇인가를 파악하여 경쟁관계를 추론하는 방법(생일선물용품으로 지갑, 옷, 책, 선물권 등...)
	고객의 행동에 기초한 방법	• 상표전환 매트릭스방법(brand switching matrix analysis): 구매자들이 한 상표에서 다른 상표로 전환하는 비율을 계산해 놓은 표를 통해 유사제품의 대체관계를 분석하여 경쟁관계를 파악하는 방법
		• 수요의 교차탄력성 분석법(cross–elasticity of demand): 한 제품의 가격이 1% 변했을 때, 다른 제품의 판매량이 변화한 비율을 분석하여 경쟁관계를 파악하는 방법

까지 설명한 경쟁자 파악방법 중 특히 많이 사용되는 것들을 정리하면, 〈표 11-2〉와 같다.

❸ 기존 기업의 마케팅활동과 기업의 문화와의 높은 적합성을 가지는 세분시장을 선택한다. 적합성 분석이란 특정한 세분시장에 진입하는 것이 자사와 어울리는가? 라는 질문에 답하는 것이다. 따라서 적합성을 고려할 경우에는 기업의 문화와 이미 진출해 있는 시장과 제품의 특성, 그리고 지금까지 행하고 있는 마케팅활동과의 적합성을 평가해야 한다.

경쟁적 위치의 설정(positioning)

포지셔닝(positioning)이란 어떤 제품이 목표시장에 존재하는 고객의 마음 속에서 유리하고 독특한 위치를 차지하도록, 그 제품의 어떤 특징을 적극적으로 전달하는 마케팅활동을 총칭한다. 기업에서 자주 사용되는 포지셔닝의 기준과 각 기준을 사용하고 있는 간단한 예를 살펴보면 다음과 같다.

❶ 제품의 속성(attribute): Rockport 신발은 편안한 신발로 자리 매김
❷ 가격이나 제품의 질(price and quality): Neiman Marcus는 고가정책을 그리고 E-마트 등 할인점은 저가격정책으로 경쟁함
❸ 제품사용과 응용을 강조(use and applications): 다시다 요리교실은 제품 사용과 응용을 강조함으로써 경쟁함
❹ 제품사용자(product user): 삼성 Honor 클럽이라는 금융제품은 자수 성가한 사람들의 재테크업무관련 서비스를 제공함에 초점을 두고 있음
❺ 제품군(product class): 7-UP이 비콜라 제품으로 소구할 경우 콜라제품군이 포지셔닝의 기준이 됨
❻ 경쟁자(competitor): 경쟁제품과의 비교를 통해 자사 제품의 강점을 부각시키는 경우

때때로 제품이나 기업이 소비자들에게 잘못 인식되고 있는 경우, 기업은 다시 고객들의 마음 속에 자신들이 원하는 모습을 심어 주고자 한다. 이러한 경우에 사용되는 것이 재포지셔닝(repositioning)이며 이는 경쟁제품과 관련하여 자사 제품에 관련된 고객들의 인지에 변화를 의도하기 위해 행하는 일련의 마케팅

활동을 말한다. 예를 들면, 삼성은 오랫동안 저가 위주의 가전제품을 미국시장
에 판매해 왔기 때문에 미국 소비자들에게 삼성은 어느 정도 저가제품만을 생산
하는 기업의 이미지가 강했는데, 최근에 이러한 이미지를 탈피하여 종합첨단 디
지털 제품을 생산하는 이미지로의 대전환을 통하여 고가-고마진 위주의 제품을
통해 미국 시장을 공략하기 위한 장기적인 마케팅 전략에 착수했다고 한다.

2. 감지와 반응(sense & respond)에 바탕을 둔 마케팅적 사고

전통적인 마케팅교과서에서 널리 사용하고 있는 'STP(segmenting-
targeting-positioning) 접근방법'은 주어진 시장(미리 잘 정의된 변화가 적은 산업영
역을 기본 전제함)에서의 변화를 분석하고 그 결과에 대응하기 위한 방법을 설명
하는 데는 매우 유용하다. 그러나 온라인 세계의 가장 뚜렷한 특징 중의 하나

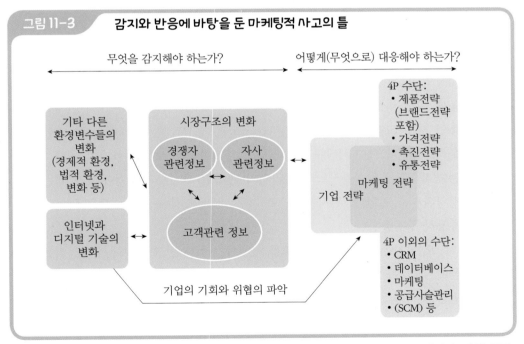

그림 11-3 감지와 반응에 바탕을 둔 마케팅적 사고의 틀

출처: 이석규, "온라인과 오프라인의 통합 마케팅전략에 관한 문헌고찰," 「2001년 한국마케팅학회 춘계발표대회논문집」,
p.14 보완 후 재인용.

인 '변화의 속도', 즉 디지털 기술의 발전으로 가속화되고 있는 시장의 역동성 (dynamics: 산업 자체가 정의되기 어려운 시장)을 설명하기에는 많은 한계를 노출하게 된다.

특히 IT기술의 급격한 발전으로 형성되고 있는 시장에서의 빠른 변화와 기회를 보다 빨리 정확하게 포착하는 것이 오늘날 기업의 성패를 가름하는 첫 출발점이다. 따라서 시장변화를 보다 빠르게 반영할 수 있고, 보다 잘 파악할 수 있는 기업의 감지역할의 중요성을 강조하며, 감지된 변화에 가장 효율적으로 대응(respond)하는 기업의 제반 마케팅활동을 이해하기 위한 분석시각이 필요하게 된다. 이러한 욕구에 부응하기 위해 제시되는 시각이 감지와 반응이라는 관점에 바탕을 둔 마케팅적 사고이다. 이를 요약하면 〈그림 11-3〉과 같으며 감지와 반응의 관점에서 본 마케팅은 다음의 두 가지 본원적인 질문에 답하는 식으로 구성되어 있다. 먼저 '무엇을 감지하여야 하는가' 하는 문제와 감지된 기회와 위협에 '어떻게 반응해야 하는가'에 관한 것으로 구성되어 있다.

무엇을 감지하여야 하는가

최근의 마케팅관련 연구는 크게 온라인을 가능하게 하는 기술적인 변화가 시장의 환경에 미치는 영향에 대한 감지가 필요하며, 다음은 이들 온라인기술들에 의해 형성된 전자시장구조(e-Market structure)를 구성하는 세 가지 구성요소인 3C—고객(consumer), 기업(company), 경쟁관계(competition)에 관한 분석을 해야 한다. 전자시장구조란 기업이 주요활동을 수행해 나가기 위해 의존하는(전적으로 혹은 부분적으로) 온라인과 관련된 자신들의 활동무대가 되는 제반 경영환경을 말한다. 전자시장구조 혹은 온라인 시장구조는 같은 의미로 서로 통용하여 사용한다.

오늘날 온라인 시장의 구조를 이해하기 위해선 그 시장에서 활동하는 주체들에 대한 특징과 활동을 파악할 필요가 있는데, 온라인 시장환경하에서도 기업들은 자신들의 영업성과를 극대화하려고 할 것이며 성공적인 기업은 자신들이 목표로 하는 소비자들의 가치(value)를 동시에 극대화시킴으로써 자신들의 목적을 달성하고자 할 것이다. 따라서 온라인 시장환경하에서도 '기업'과 '소비자'가 그 주체가 된 것이다. 본서에서는 경제학에서 시장의 구조를 논의할 경우

표 11-3	고객행동 분석에서 파악해야 할 것
Who are they?	구매결정자, 구매자, 사용자에 관한 구분과 이해
What do they buy?	구매한 제품 또는 브랜드
Where do they buy it?	구매장소
When do they buy it?	구매시점
How do they buy?	구매의사결정과정 및 여기에 영향을 미치는 변수들
Why do they select a particular product?	선호 이유

출처: 박찬수, 「마케팅원리」, 법문사, p.155 수정 후 재인용.

핵심요소로 지적되고 있는 경쟁관계를 포함시켜 함께 설명한다.

고객과 관련해서 마케팅 담당자는 먼저 소비자가 구매에 이르는 과정, 즉 문제인식단계 – 정보탐색단계 – 대안평가단계 – 구매단계 – 구매 후 행동단계의 5단계에 관한 이해가 있어야 한다. 그리고 고객행동 분석을 해야 하는데 여기서 강조되어야 할 내용은 〈표 11-3〉에 잘 요약되어 있다.

온라인 시장환경하에서의 경쟁관계는 주로 다음의 3가지 측면에서 연구되어 오고 있다. 가격경쟁, 비가격경쟁, 그리고 네트워크관련 경쟁 등이다.

▎ **가격경쟁**(price competition)

소비자들은 보다 저렴해진 비용으로 정보탐색이 가능해짐으로써 자신들이 사고자 하는 제품이나 서비스를 쉽게 비교할 수 있게 되어, 그 결과 기업들이 자신들의 제품에 대한 가격하락에 대한 압박을 많이 느끼고 있으며 이는 궁극적 기업의 이윤 폭의 감소로 연결될 가능성이 높아지고 있다.

경쟁관계를 가격의 관점에서 분석하고 있는 연구들의 결과를 바탕으로 감지된 특징을 정리해 보면 다음과 같다.

- 온라인의 도입으로 소비자들의 정보탐색활동에 일대변화가 생겼으며 저렴해진 정보탐색 비용은 온라인시장에서의 가격 정도를 낮추는 방향으로 영향을 미치고 있다.
- 온라인 소비자들이 오프라인 소비자들에 비하여 대체로 가격에 더욱 민

감하다.
- 온라인에서의 가격차이의 정도가 오프라인보다 더 심하다.
- 온라인에서 가격변화의 빈도가 더 많이 일어난다.
- 온라인에서의 가격에 대한 민감성은 브랜드제품일수록 적어진다.
- 온라인에서 제품에 관한 적합한 정보를 많이 주면 줄수록 가격에 대한 민감도가 적어진다.

▌비가격경쟁(non-price competition)

소모적인 가격경쟁은 참여 기업들에 매우 고통스러운 결과를 초래하는 경우가 많다. 따라서 이를 회피하기 위해 기업들은 비 가격경쟁에 마케팅의 초점을 두게 된다. 온라인 환경하에서 자주 사용되는 비 가격경쟁의 예로는 versioning(전문가용 S/W와 학생용 S/W 등으로 이원화된 제품을 출시하는 경우), 각종 loyalty 프로그램(구매금액과 구매빈도에 따른 각종 보상 프로그램), 그리고 각종 온라인 촉진방안(가격할인 쿠폰, 선물권 등) 등이 있으며 이외에도 제품에 무형의 브랜드가치를 구축하거나 또는 차별화된 서비스를 제공함으로써 경쟁사보다 나은 평가를 고객들로부터 받아내고 그 대가로 높은 가격 프리미엄을 향유하고자 마케팅활동을 경주하고 있다.

▌네트워크의 연결을 위한 경쟁(competition for connectivity)

소비자들에게 보다 나은 가치를 전달하기 위해선 먼저 올바른 네트워크에 가입해야 함을 강조한다. 올바른 네트워크에 가입하기 위한 경쟁관계의 중요성은 맥킨토시계열의 PC군과 MS윈도우 운영체계에 바탕을 둔 PC군의 예에서 볼 수 있는데, 맥킨토시 PC가 아무리 개별 제품의 수준에서는 기술이 앞선다 하더라도 그 제품의 사용과 관련된 해당 네트워크의 흥망성쇠에 따라 많은 영향을 받음을 잘 보여 주고 있다.

전자적 시장구조를 논할 때 마지막 요소로는 기업자신에 관한 분석이다. 주로 어떤 방식으로 돈을 벌 것인가 하는 기업의 수익모델과 관련된 것이 많다. e-Biz모델로 대변되는 온라인에서의 수익모델에 관한 것은 마케팅뿐만 아니라

MIS(management information system) 분야에서도 관심이 높은 영역이다. 기업 자신과 관련된 분석을 할 경우엔 '무엇을, 특히 어떤 가치를 소비자에게 제공해야 하는가'에 초점을 두고 자기자신에 관한 분석을 해야 한다. 오늘날 특히 중요시되고 있는 온라인에 적합한 제품이나 서비스군을 '디지털제품(제품의 본질적인 효익이 전자매체로 전달 가능한 제품을 말하며 예로는 음악, 영화, 게임 등이 대표적이다)'으로 명칭하고 그 범주로 정보와 오락제품이 디지털화된 경우, 상징적 개념적 제품 군, 그리고 과정과 서비스에 관련된 것 등으로 구분하여 설명해야 한다.

감지된 시장의 기회와 위협에 어떻게 대응을 해야 하는가

무엇으로, 어떻게 급변하는 시장의 변화에 적응하고 대응해 나가야 하는가에 대한 답은 결론적으로 기업의 통합마케팅전략을 수행하기 위해 동원 가능한 모든 수단을 통해 해야 할 것이다. 기업이 활동 가능한 마케팅수단을 구분해 보면, 기존의 마케팅교과서에서 강조하고 있는 4P적 요소와, 이러한 4P로서는 잘 설명이 되지 않는 온라인상에서 새롭게 가능해진 방법으로 대별할 수 있다.

▌4P의 요소로 시장의 기회에 대응

4P(product, pricing, place, promotions), 즉 전통적인 마케팅믹스 변수(마케팅 담당자들이 마케팅 목적을 달성하기 위해 취사선택을 할 수 있는 의사결정변수를 말함)들이 어떻게 활용되어야 하는가에 관한 이해가 필요하다.

▌4P 외의 다른 수단으로 시장의 기회에 대응

온라인 환경하에서는 기존의 오프라인에서는 볼 수가 없었던 전혀 새로운 대응수단이 기업들에게 가능해졌다. 이들 수단은 크게 고객관계관리(Customer Relationship Management: CRM), 온라인 옥션(e-Auction) 수단, 공급사슬관리(Supply Chain Management: SCM), 그리고 온라인 공동체(online community) 등으로 나누어 볼 수 있다.

전략적 마케팅관리의 이론과 응용

'시장의 변화에서 파악된 기업의 위협과 기회에 마케팅목적을 달성하기 위해 어떻게 대응하여야 하는가' 하는 문제를 다루고 있는 것이 전략적 마케팅관리의 근간을 형성한다. 기업은 마케팅 믹스, 즉 마케팅 의사결정 변수로 대표되는 4P를 중심으로 대응하거나, 혹은 4P 이외에 온라인의 도입으로 새롭게 등장한 다른 마케팅수단으로 대응할 수 있다. 여기서는 대부분의 교과서에서 다루고 있는 마케팅 믹스(4P)를 중심으로 살펴보기로 한다. 먼저, 4P(product, pricing, promotions, place)는 마케팅 믹스(marketing mix)라고도 하며, 가장 대표적인 마케팅 의사결정변수들이다. 예를 들어 친구들과 재미로 포커게임을 하는 경우, 우리 손안(통제)에 들어 있는 카드는 언제든지 취사선택을 할 수 있는, 즉, 우리의 통제하에 있으므로 그 카드는 의사결정변수가 된다. 따라서 마케팅 담당자는 4P를 적절하게 구사함으로써 마케팅목적을 달성하게 된다.

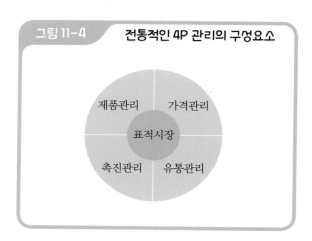

그림 11-4 **전통적인 4P 관리의 구성요소**

제품관리　　가격관리
표적시장
촉진관리　　유통관리

1. 제품(product)관리

마케팅계획은 제품에서 출발하는 경우가 많다. 일반적으로 제품이란 고객의 욕구에 부응하기 위해 기업이 제공하는 것을 말하는 것으로, 눈에 보이거나 만질 수 있는 '유형의 제품(tangible product)'과 '무형의 서비스(intangible service)'를 포괄하는 개념이다. 기업의 관점에선 제품이 마케팅 믹스이지만 고객의 관점에선 고객들이 향유할 수 있는 편익의 묶음이 된다. 따라서 오늘날의 소비자

| 표 11-4 | LG생활건강의 제품믹스 예 |

| 제품믹스의 폭 |

샴푸/린스	치　약	주방/주거세제	세탁/섬유유연제	화장비누
엘라스틴	클링스	자연퐁	한스푼	세이
더블리치	죽염	자연퐁 싹	한스푼 Tech	죽염
더블리치 겸용 노비드	죽염 우루텍스	세이프	수퍼타이	알로에
드봉	페리오 A+토탈효과	퐁퐁	울센스	드봉
랑데뷰 비듬용 랑데뷰	페리오 쿨	야채랑 과일이랑에디	샤프란	우유
랑데뷰 손상모발용	클라이덴	락스와 세제를 한번에	에센트리트먼트	살구 마사지
	덴타큐	홈스타 주방용		알뜨랑
	럭키 후레쉬	홈스타 욕실용		센스
	뽀뽀뽀	홈스타 크린샷		
	덴타가글 양치액	홈스타 유리용		
		홈스타 실리콘		
		곰팡이 제거제		
		럭키락스		
		향락스		

제품라인의 길이

출처: 박찬수, 「마케팅원리」, 법문사, p.225 재인용.

들은 제품이 주는 기능적 편익(치약의 충치예방기능)뿐만 아니라 제품을 구입, 소유, 사용함에 따른 심리적인 만족감인 심리적 기능(세계 최고의 제품 사용시 느끼는 심적인 만족)과 특정제품의 사용을 통해 다른 사람들에게 자신의 개성을 표현하면서 얻는 사회적 편익도 중요시한다.

제품관리를 이해할 때 제품이라는 것은 홀로 존재하지 않는다라는 사실이다. 즉 제품은 제품믹스의 일부분을 형성하고 있다는 것이다. 제품믹스(product mix)란 어떤 회사가 판매하는 모든 제품들의 집합을 말한다. 〈표 11-4〉는 LG생활건강의 제품믹스를 나타내고 있는 예이다. LG생활건강의 예에서 샴푸/린스, 치약, 주방/주거세제, 세탁/섬유유연제, 화장비누 등을 각각 제품 군(product category)이라고 하며 이들 제품군 내의 개별 브랜드들은 제품아이템(product item)이 된다. 서로 연관성이 높은 제품들의 집합을 제품라인(product line)이라 한다. 제품믹스의 폭(length of product mix)은 제품믹스 안에 들어 있는 제품라인의 개수로 LG 생활건강의 경우 5가지 제품라인이 있는 것(열의 수와 동일)이다. 제품라인의 길이(length of product line)는 제품라인 안에 들어 있는 브랜드의 개수(치약의 경우 11개)이며, 제품라인의 깊이(depth of product line)는 어떤 브랜드가 얼마나 많은 품목을 거느리고 있는가를 의미하는 것으로 랑데부 샴푸는 세 가지 종류로 나오고 있다.

2. 브랜드관리

브랜드(brand)란 제품의 얼굴로서 판매자의 제품이나 서비스를 경쟁사의 것과 차별화시키기 위해 사용하는 이름과 상징물(로고, 패키지 디자인, 트레이드마크 등)의 결합체를 말한다. 간단히 말해 차별화된 제품을 브랜드라고 한다. 브랜드관리는 4P적 관점에서 보면 광의로 제품관리 영역에 속하지만, 오늘날 대부분의 마케팅활동은 기업들이 보유하고 있거나 향후 개발하고자 하는 개별 브랜드를 중심으로 행하여지고 있다. 따라서 제품관리와 구분하여 브랜드관리 내용을 간단하게 살펴보기로 한다.

기업의 제품이 소비자들의 마음 속에 우호적이고 독특하면서 강력한 연상을 만들어 낼 수 있다면 그 제품은 다른 경쟁제품에 비하여 상대적으로 소비자들에게 더 많은 사랑을 받을 것이고 그 결과 그 기업은 보다 높은 가격프리미엄을 누릴 수 있다. 이렇게 브랜드가 창출하는 부가가치를 브랜드 자산(brand equity)이라고 부른다.

브랜드 자산은 어떻게 형성되는 것인가? 소비자의 관점에서 볼 때 강력한 브랜드 자산은 높은 브랜드 인지도(brand awareness)와 호의적인 브랜드 태도/이미지(연상)(brand attitude/association)에 의해 형성된다. 브랜드 인지도를 높인다는 것은 브랜드 재인(brand recognition)의 수준을 높이거나 브랜드 회상(brand recall)을 높임으로써 가능하다. 브랜드 재인은 소비자들이 쉽게 해당 브랜드의 특징을 알아볼 수 있는 정도를 의미하며, 브랜드 회상은 소비자들이 특정 제품군을 구매대안으로 고려할 경우 소비자들의 기억에 떠오르는 정도를 말한다. 특히 브랜드인지도는 어떤 제품을 구매할까 하는 단계에 직접적인 영향을 미치게 된다. 왜냐하면 이 단계에서 생각이 나지 않으면 구매대안으로 고려될 수가 없고 그 결과 최종적으로 선택된다는 것은 불가능하기 때문이다.

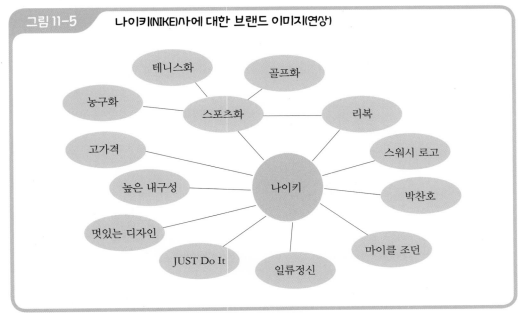

그림 11-5 나이키(NIKE)사에 대한 브랜드 이미지(연상)

출처: 안광호 · 한상만 · 전성률, 「전략적 브랜드관리―이론과 응용」, 학현사, p.234 재인용.

브랜드 이미지는 소비자가 그 브랜드에 대해 갖는 전체적인 인상을 말하는데, 이러한 브랜드 이미지는 브랜드와 관련된 여러 연상들이 결합되어 형성된다. 소비자들이 나이키 사에 관해 가지는 연상의 예를 살펴보면 〈그림 11-5〉와 같다.

　브랜드 자산의 관리는 예쁜 과일바구니를 만드는 과정에 비유될 수 있다. 먼저 과일이 많이 들어 갈 수 있는 바구니를 만들어야 하고 그 후 바구니 속에 담을 예쁜 과일들을 선택해야 한다. 과일바구니를 크게 만드는 과정은 브랜드 인지도를 높이는 과정에 해당되며, 과일 바구니 속에 담을 예쁜 과일을 선택하는 것은 브랜드와 관련하여 호의적인 이미지를 소비자들의 마음 속에 심어 주는 과정에 해당된다. 어떤 과일을 바구니에 담아야 하는가? 즉 바람직한 브랜드 이미지란 소비자의 마음 속에 "호의적"이고 "강력"하면서 "독특한" 연상들을 가지고 있을 때 형성됨을 잊지 말자.

사례 11-4　글로벌 100대 브랜드 오른 에어비앤비·포르쉐·현대차…5가지 성장 비결

세계에서 가장 가치 있는 브랜드 순위를 매기는 '인터브랜드 베스트 글로벌 브랜드 2023'이 발표됐다.

올해도 애플이 5,027억 달러로 1위 자리를 지켰으며, 뒤이어 마이크로소프트, 아마존, 구글, 삼성이 톱5 브랜드로 선정됐다. 오랜 기간 톱10의 자리를 지켜온 디즈니가 올해 10위권 밖으로 밀려났으며, 그 자리를 BMW가 차지했다.

베스트 글로벌 브랜드 2023 100대 브랜드 가치의 총합은 3조 3,000억 달러로 전년 대비 약 6% 성장했다. 2022년 성장률이 16%였던 점을 생각하면 올해 브랜드들은 전반적으로 낮은 성장세를 보였다. 대부분의 브랜드가 성장을 위한 움직임보다 실패를 방지하기 위해 더 많은 노력을 기울인 점이 주요 원인으로 분석된다.

많은 브랜드가 둔화된 성장세를 보인 상황 속에서도 10% 이상 큰 폭으로 성장한 브랜드들이 있다. 20% 이상의 브랜드 가치 성장률을 보인 에어비앤비와 포르쉐, 18%의 성장률을 보인 현대자동차를 포함한 15개의 브랜드가 바로 그 주인공이다.

이들은 사회 통념으로 굳어진 카테고리별 경계를 과감하게 허물고 다양한 아레나(Arena)로 확장하며 브랜드 가치를 크게 성장시켰다.

아레나로 확장한 브랜드들을 살펴보면 아이덴티피케이션(Identification), 애셋(Asset), 익스피리언스(Experience), 에코시스템(Ecosystem), 리더십(Leadership) 등 5가지 브랜드 필수 요소를 지속적으로 강화하며 아레나 확장 기회를 모색했다는 공통점이 있다.

그렇다면 브랜드가 아레나를 확장할 수 있도록 가능성을 더해주는 5가지 브랜드 필수 요소들의 의미와 역할은 무엇일까. 무엇이 브랜드를 성장시켰을까.

1. Identification

브랜드 심벌, 워드마크, 컬러는 단지 브랜드를 구성하는 작은 요소일 뿐으로 생각하기 쉽다. 그러나 아레나를 확장함에 있어 이러한 아이덴티피케이션 요소들의 역할은 생각보다 중요하다.

요즘같이 시시각각 빠르게 변화하고, 정보가 넘쳐 흐르며, 경쟁이 치열한 상황 속에서 로고 및 컬러와 같은 식별 요소는 브랜드를 소비자에게 빠르게 각인시킬 수 있는 강력한 무기다.

티파니(Tiffany&Co.)는 브랜드를 대표하는 티파니 블루라는 강력한 아이덴티피케이션 요소를 활용해 다양한 아레나로 확장하고 있으며, 소비자들은 새로운 영역에서 티파니를 한눈에 알아보고 많은 관심을 보인다.

이렇듯 기억되기 쉽고 어떤 환경에도 쉽게 적용될 수 있는 아이덴티피케이션 요소는 그 무엇보다 아레나를 넘나들기 용이하게 한다. 또한 확장된 새로운 아레나에서 소비자의 관심과 흥미를 이끌어 낸다.

2. Asset

과거 브랜드는 비즈니스의 성장에 도움을 주는 수많은 요소 중 하나였다면, 앞으로는 브랜드가 비즈니스를 이끌어가는 핵심이 돼야 한다.

브랜드가 비즈니스를 따라가는 것이 아닌, 비즈니스가 브랜드를 따라가도록 만드는 것이 중요하다.

에르메스는 브랜드를 주축으로 사업 전 영역을 철저히 관리한다. 공급망부터 브랜드 커뮤니케이션, 매장 등 모든 영역에서 에르메스는 '장인정신에 기반한 프리미엄니스'라는 브랜드 가치를 전달하는 데 집중한다.

브랜드가 소구하는 가치가 비즈니스 전 영역에서 구현될 때 소비자들은 브랜드에 대한 신뢰를 형성하고, 이는 브랜드가 새로운 아레나로 확장할 수 있는 추진력을 더해준다.

3. Experience

최근 소비자들의 기대치는 그 어느 때보다 빠르게 변화하고 있다. 좋은 브랜드들은 소비자들의 기대치를 충족시키는 반면, 위대하고 아이코닉한 브랜드는 소비자들의 기대치를 완전히 변화시키고 경험의 뉴노멀을 만들어낸다.

넷플릭스는 모든 에피소드를 한번에 공개해 다음 화를 보기 위해 일주일을 기다려야 했던 기존 방식을 완전히 바꾸는 새로운 경험을 제공했으며, 이는 '빈지 워칭'이라는 미디어 소비의 새로운 패러다임을 구축했다.

레드불 역시 기존에 음료 브랜드에서 기대하지 못했던 과감하고 새로운 브랜드 경험들을 선보이며 소비자들을 열광시키고 있다. 이러한 기대치를 뛰어넘는 경험을 통해 경쟁 브랜드와는 비교될 수 없는 차별적인 관계를 소비자와 구축할 수 있으며, 이러한 관계는 아레나를 확장할 수 있는 원동력이 된다.

4. Ecosystem

애플은 혁신적인 제품에 더해 자체 운영체제(OS)를 기반으로 강력한 생태계를 구축하고, 이를 근간으로 연결성(Connect), 즐거움(Play), 소비(Fund)와 같은 다양한 아레나로 확장하고 있다.

이러한 에코시스템은 앞으로 생성형 AI, 거대언어모델(LLM)과 같은 새로운 기술과 만나 단순히 소비자를 브랜드에 락인(Lock-In)시키는 것을 넘어 개개인에 한 걸음 더 다가가고 더 깊은 관계 형성을 가능하게 해줄 것이다.

생성형 AI 및 LLM은 개인화를 넘어 초개인화 시대를 열어가고 있다. 브랜드들은 이러한 기술의 도움을 받아 소비자 개개인이 무엇을 원하는지 심도 있게 이해할 수 있으며, 이를 바탕으로 에코시스템 내에서 보다 최적화되고, 매끄러운 경험을 제공할 수 있다.

브랜드가 제공하는 경험이 고도화될수록 소비자들은 해당 브랜드가 더 많은 영역에서 유사한 경험을 제공해 주길 희망하게 되며, 자연스럽게 브랜드가 새로운 아레나로 확장할 수 있는 길이 열리게 된다.

5. Leadership

현대 사회에서 브랜드의 역할은 그 어느 때보다 강력해지고 있다. 정부 기관이나 미디어, 각종 시민 단체들에 대한 신뢰가 감소하면서 사람들은 기업 그리고 브랜드가 사회문제 해결을 위해 앞장서는 진정한 리더십을 보여주기를 희망하고 있다.

마이크로소프트는 브랜드 리더십이 얼마나

중요한지를 잘 보여주고 있다. 마이크로소프트는 지구상에 있는 모든 사람과 조직이 더 많은 것을 이룰 수 있도록 돕겠다는 지향점을 수립한 이후 기업들이 더 많은 것을 이룰 수 있도록 도와주는 AI, 클라우드, 비즈 솔루션 플랫폼을 강화하고, 사회적 불평등 및 환경 문제를 해결하기 위한 다양한 활동을 전개하고 있다.

더 나은 세상을 위한 리더십을 보이고 있는 마이크로소프트의 브랜드 가치 및 기업가치는 2014년 이후 폭발적으로 성장하고 있다. 2022년 아마존을 제치고 베스트 글로벌 브랜드 2위에 올랐으며, 올해도 14% 성장하며 2위 자리를 굳건히 했다.

이렇듯 브랜드가 진정한 리더십을 보이면 소비자들은 자연스럽게 브랜드를 따르게 되고, 이는 새로운 영역으로 확장할 수 있는 큰 힘이 된다.

위에서 살펴본 5가지 브랜드 필수 요소는 브랜드를 인지시키고, 신뢰를 구축하고, 차별적인 관계를 형성하고, 더 많은 것을 원하게 하고, 따라오게 만들며 다양한 아레나로의 확장을 가능하게 한다.

2024년에도 어려운 비즈니스 환경이 이어질 것으로 전망되는 가운데 5가지 브랜드 필수 요소를 중심으로 아레나를 확장하고, 소비자들의 삶 속에 한 걸음 더 다가갈 수 있는 브랜드 전략이 필요한 때이다.

출처: 매거진한경 2023.12.17.

3. 가격관리

가격이란 소비자들이 기업으로부터 제공받는 제품이나 서비스를 획득하기 위해 소비자 자신들이 포기하는 금전적인 부분을 말한다. 가격은 마케팅 담당자에게 왜 중요한가? 가격은 기업의 수익에 직접적인 영향을 미치기 때문이다. 대부분의 기업 이윤은 총 수익에서 수익발생과 관련된 총비용을 차감함으로써 계산된다. 가격을 어느 수준으로 결정하느냐에 따라 기업의 판매는 크게 좌우되며 이는 다시 기업의 수익에 영향을 미치므로 올바른 가격을 설정하는 것은 마케팅 담당자의 핵심과제 중 하나가 된다.

그러면 가격은 어떻게 결정되어야 할까? 어느 정도 그 제품이 보편화됨에 따라 가격을 낮추어 나가는 것(skimming pricing)이 바람직할 수 있다. 가격설정의 원리는 상황에 많이 의존하고 있지만, 일반적으로 마케팅교과서에서 권장하는 개별가격의 목표는 원가를 회수하는 것이 아니라, 고객이 지각한 가치만큼을 받아 내는 것이다.

개별 제품의 가격을 결정할 경우 일반적으로 고려해야 할 요인으로는 고객의 심리와 행동, 자사의 마케팅 목표/포지셔닝과 원가, 그리고 경쟁자의 원가와 가격수준 등 세 가지가 있다. 많은 기업들이 아직도 원가 위주의 가격결정을 하고 있지만, 가급적 빠른 시일 내에 여기에서 벗어나서 고객이 지각한 가치를 추가로 고려한 가격을 결정하는 방법으로 전환되어야 할 것이다.

우리는 제품관리에서 제품은 혼자 존재하는 것이 아니라 하나의 제품 군을 형성하고 있어 제품 군 내에서 상호 관계를 고려하여 제품관련 전략을 수립해야 한다는 것을 알게 되었다. 따라서 개별제품의 가격결정도 중요하지만, 다양한 제품 군을 가지고 있는 기업에선 개별제품에 대한 독립적인 가격결정보다 제품 군의 포괄적인 가격구조를 결정하는 것이 더 중요한 의미가 있음을 알 수 있다. 개별제품의 가격을 결정하는 것이 '나무'를 보는 것이라면 가격구조를 결정하는 것은 '숲'을 보는 것이라고 할 수 있다. 이러한 가격구조의 결정기준으로는 〈그림 11-6〉과 같이 고객, 시간, 제품을 각각 축으로 나누어 볼 수 있다.

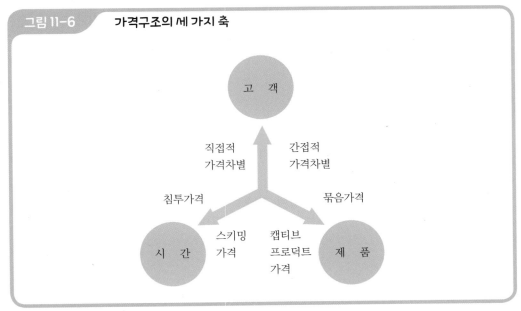

그림 11-6 **가격구조의 세 가지 축**

출처: 박찬수, 「마케팅원리」, 법문사, p.286 재인용.

▎고객을 축으로 한 가격결정 방법

가격차별(price discrimination)은 모든 고객에게 동일한 가격을 부여하는 것이 아니라, 고객이 해당 제품에 보다 많은 가치를 부여하고 있으면 높은 가격을, 상대적으로 가치를 낮게 평가하고 있으면 낮은 가격을 책정하는 방법이다. 가격차별의 원인은 더 높은 이익을 향유할 수 있기 때문이다. 가격차별은 각 소비자들의 가격에 대한 민감도의 차이에 따라 다른 가격을 책정할 수도 있다. 같은 제품에 대해 가격을 차별하는 것을 '직접적 가격차별' 그리고 제품을 조금 다르게 한 다음 가격을 차별하는 것을 '간접적 가격차별'이라고 부른다.

▎제품을 축으로 한 가격결정 방법

제품라인의 가격결정은 제품들이 상호 관계, 대체재(서로 같이 사용되지 않는 경우, 라이터와 성냥)인가 보완재(서로 같이 사용되는 경우, 담배와 라이터)인가에 따라 가격설정이 달라진다. 캡티브 제품가격결정법(captive product pricing)은 어떤 제품(프린터)을 싸게 판매한 다음에, 그 제품에 필요한 소모품이나 부품(잉크 카트리지) 등을 비싼 가격에 판매하는 가격설정방법을 말하며, 묶음가격(bundling)이란 여러 개의 제품을 묶어서 판매하는 가격결정방법을 말한다. 대표적인 예로는 패스트푸드체인 음식점에서의 묶음제품(맥도날드의 빅맥 세트 메뉴) 등이 있다.

▎시간을 축으로 한 가격결정방법

가장 대표적인 예가 침투 가격결정방법(penetration pricing)과 스키밍 가격결정방법(skimming pricing)이 있다. 전자는 시장 진입 시 저가에서 시작하여 고가로, 후자는 고가에서 출발하여 저가로 가격을 시간의 흐름에 따라 다르게 설정하는 방법이다.

4. 촉진관리

촉진관리는 해당 제품의 가치에 대해서 경쟁사보다 더 가치가 있다는 것을 실제 고객이나 잠재고객을 대상으로 효과적으로 정보를 제공하거나 설득하는

활동을 말한다. 촉진관리에 활용될 수 있는 수단에는 크게 4가지가 있다. 광고,
PR(홍보), 판매촉진, 그리고 인적 판매이다. 각각에 대한 설명은 다음과 같다.

▌광고(advertising)

광고란 신원을 밝힌 스폰서(주로 기업이며 광고주라고 함)가 돈을 내고 제품,
서비스, 아이디어 등을 사람이 아닌 다른 매체를 통해 널리 알리고 촉진하는 모
든 형태의 커뮤니케이션 수단을 말한다. 오늘날 기업의 가장 대표적인 커뮤니
케이션 활동이다.

▌홍보 또는 PR(public relations)

사람 이외의 매체로 하여금 제품, 서비스, 기업 등을 뉴스나 논설의 형태로
다루게 함으로써 이것들에 대한 수요를 자극하는 것을 말한다. 광고와는 달리
PR시 비용은 해당 기업이 부담하지 않는다.

▌판매촉진(sales promotions)

기업이 제품이나 서비스의 판매를 늘리기 위해서 짧은 기간 동안 중간상인
이나 최종소비자들을 상대로 벌이는 광고, 인적판매, 홍보 이외의 여러 가지 마
케팅활동을 말한다. 판매촉진은 크게 소비자 판매촉진, 중간상 판매촉진, 소매
점 판매촉진의 3가지로 구분할 수 있으며, 소비자 판매촉진에는 쿠폰, 견본, 환
불, 할인포장과 보너스 포장, 시용품, 경연과 추첨, 사은품 등이 있다.

▌인적판매(personal selling)

판매사원이 예상고객과 직접 접촉하여 서로 대화를 나누면서 고객들의 욕
구와 필요를 환기시켜 구매행동을 일으키도록 하는 커뮤니케이션의 활동을 말
한다. 인적판매방식은 고객과 직접 대면한 상태에서 이루어지므로 가장 효과
적인 커뮤니케이션의 활동인 반면에 회사로서는 상당한 비용을 감수해야 한
다. 따라서 효율적인 판매사원의 관리가 인적판매의 성공을 결정하는 요인이
된다.

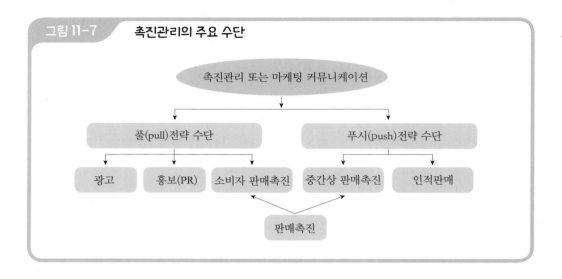

그림 11-7   촉진관리의 주요 수단

촉진관리(promotion) 또는 마케팅 커뮤니케이션의 수단은 광고와 PR 그리고 소비자 위주의 판매촉진으로 대표되는 풀(pull)전략 수단과 인적 판매, 각종 중간상 위주의 판매촉진 수단으로 구성된 푸시(push)전략 수단으로 크게 나누어진다(〈그림 11-7〉 참조).

풀(pull) 정책이란 제조업자가 최종구매자들을 대상으로 하여 주로 광고와 PR 혹은 소비자를 대상으로 한 판매촉진 수단을 동원하여 촉진활동을 하는 것을 말한다. 풀 정책의 주 목표는 최종 구매자들로 하여금 자사의 제품을 찾게 만듦으로써 결국 유통업자들이 그 제품을 취급하게 만드는 데에 있다. 이러한 정책은 최종 구매자들의 브랜드 애호도가 높고, 브랜드 선택이 점포에 오기 전에 이미 이루어지며, 관여도가 높은 제품의 경우(예를 들면, 고가의 가전제품)에 적합하다.

반면에 푸시(push)정책이란 제조업자가 유통업자들을 대상으로 하여 주로 판매촉진과 인적 판매 수단들을 동원하여 촉진활동을 하는 것을 말한다. 푸시정책의 목표는 유통업자들로 하여금 자사제품을 많이 취급하도록 하고, 최종구매자들에게 적극 권하도록 만드는 데에 있다. 일반적으로 푸시정책은 최종구매자들의 브랜드 애호도가 낮고, 브랜드 선택이 점포 안에서 이루어지며, 충동구매가 잦은 제품의 경우(예를 들면, 저가의 일상생활용품)에 적합하다.

5. 유통관리

　대부분의 제품들은 도매상(재판매를 목적으로 하는 소매상들에게 제품을 제공하는 유통업태), 소매상(최종소비를 목적으로 하는 고객을 대상으로 영업을 하는 유통업태)과 같은 중간상들의 손을 거쳐서 최종 구매자에게 판매된다. 4P의 마지막에 해당하는 유통경로(distribution channel) 관리란 어떤 제품을 최종구매자가 쉽게 구입할 수 있도록 만들어 주는 과정에 참여하는 모든 조직체나 개인들을 가리키는 말이다. 유통경로가 존재하는 근본적인 이유는 생산자와 소비자 사이에 시간, 장소, 형태상의 불일치가 있기 때문이다(〈표 11-5〉에서 자세히 설명하고 있다).

　설사 큰 제조업체가 앞에서 설명한 불일치를 어느 정도 자체적으로 해결할 수 있는 경우에도 중간상이 존재하게 되는데, 왜 생산자는 중간상을 통해 소비자들에게 판매를 하는 것이 효율적인가? 중간상이 존재할 경우 거래비용, 즉 생산자-중간상-소비자 간의 유통거래로 생기는 비용이 줄어들기 때문이다. 〈그림 11-8〉에서 중간상이 개입하면 필요한 거래횟수가 줄어드는 것을 볼 수 있다(9개에서 6개로 줄어듦). 이외에도 중간상을 완전히 경제시스템 내에서 없앨 수는 없지만 온라인의 도입 등으로 많은 불필요한 중간상들이 없어지고 있는 실정이다. 생산자와 구매자에게 새로운 가치를 제공하지 못하는 중간상의 미래는 없을 것이다.

표 11-5	생산자와 소비자 사이의 불일치 유형과 예
시간상의 불일치	생산시점과 소비시점의 불일치를 말함. 예 한국에서 쌀은 가을에 주로 생산되지만 소비는 1년 내내 계속해서 발생한다.
장소상의 불일치	생산장소와 소비장소의 불일치를 말함. 예 쌀의 경우 생산은 주로 농촌지역에서 이루어지고 소비는 전국적으로 일어난다.
형태상의 불일치	생산되는 형태와 소비되는 형태의 불일치를 말함. 예 생산자는 쌀을 대량생산하지만, 개별 소비자는 10kg, 20kg 등과 같이 소량으로 구매한다.

출처: 박찬수, 「마케팅원리」, 법문사, p.395 발췌.

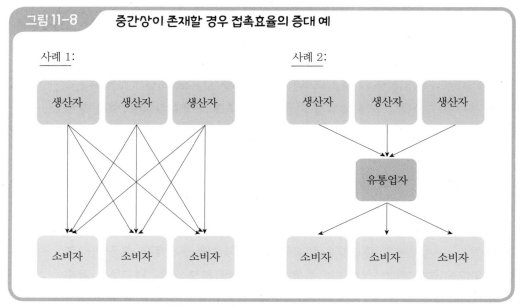

그림 11-8 　중간상이 존재할 경우 접촉효율의 증대 예

출처: 유필화 · 김용준 · 한상만, 「현대마케팅론」, 박영사, p.284 재인용.

마케팅의 새로운 물결

1. 오프라인기업의 인터넷 마케팅(internet marketing) 활용 증대

인터넷 마케팅(internet marketing)이란 온라인상에 웹사이트를 이용하여 제품을 판매하는 비즈니스의 방식을 말하는 것으로 온라인 마케팅(online marketing), 사이버 마케팅(cyber-marketing)과 동일한 의미로 사용된다. 여기에는 소비자들을 대상으로 하는 B2C(Business-to-Consumer)사이트와 기업들을 대상으로 하는 B2B(Business-to-Business) 마켓플레이스의 두 가지가 있다. 전자는 개별 소비자와 그리고 후자는 조직/기업구매자의 행동과 유사하다. 〈표 11-6〉은 각 오프라인 제조업체들이 어떻게 온라인에 진출하고 있는지를 잘 보여 주고 있다.

표 11-6	제조업체의 온라인 진출유형
타입 I (모 아니면 도 형)	온라인과 오프라인 중 하나를 완전히 포기함으로써, 온라인과 오프라인 간의 갈등을 원천적으로 피하는 방식이다. 예 리바이스(Levis) – 온라인 판매를 완전히 포기함. 에그헤드(Egghead) – 컴퓨터관련 S/W를 판매하는 체인점으로 오프라인에서 완전히 철수하고 온라인에서만 영업을 함.
타입 II (발만 걸쳐놓기 형)	온라인에서 판매를 하되 아주 소극적으로 임하는 것이다. 예 화장품 브랜드인 클리니크(Clinique): 웹사이트에서 자사제품을 정가로만 판매하고 오프라인 유통망을 보완하는 의미로 온라인을 사용함.
타입 III (옷갈아입기 형)	제조업자의 웹사이트에서 판매하는 브랜드를 오프라인에서 판매하는 브랜드와 다르게 하는 것이다. 예 LG IBM: 인터넷 쇼핑몰 전용 브랜드로 넷티바(Netiva)를 시판하고 있음.
타입 IV (누이 좋고 매부 좋은 형)	온라인의 장점과 오프라인의 장점을 고루 살리기 위하여 고안된 방식이다. 예 소니(Sony): 웹사이트에서는 제품정보를 제공하고, 구매를 희망하는 고객에게는 가장 가까운 대리점을 안내해 줌으로써, 실제 판매는 대리점에서 맡도록 하였음. 가구 메이커인 이썬 엘렌(Ethan Allen): 대리점이 제품을 배달해 주거나 판매한 후 서비스를 수행해 주면 웹사이트에서 올린 매출액 중의 25%를 떼어 주는 정책을 실시하고 있음.

출처: 박찬수, 「마케팅원리」, 법문사, p.435 사례 수정 후 재인용.

2. 데이터베이스 마케팅(database marketing) 통한 고객의 이해 증대

데이터베이스 마케팅이란 "고객과 관련된 다양한 데이터를 수집 – 분석하여 마케팅의 효율성을 극대화하는 것"을 말한다. 즉 고객정보, 경쟁사정보, 산업정보 등의 시장관련 변화에 관한 데이터를 직접 수집 – 분석하고 그것을 기준으로 하여 마케팅 전략을 수립하는 하나의 전략기법을 말한다. 데이터베이스 마케팅을 위해서는 고객 데이터베이스의 구축이 필수적이다. 데이터베이스는 일종의 데이터 창고라고 말할 수 있다.

'FC서울 40만 관중' 뒤에는 데이터마케팅 있다

'쪼개고 나누고 추적하라, 끝까지….'

2023 프로축구 K리그에서 사상 첫 40만 관중을 유치한 FC서울의 시즌을 정리하면 이렇게 요약할 수도 있겠다. FC서울은 시즌 38경기 가운데 19번을 홈구장인 서울월드컵경기장에서 치렀고, 경기당 평균 2만 2,633명씩 총 43만 29명의 입장객을 맞았다. FC서울이 1983년 프로축구 출범 이후 두 부문에서 새 기록을 썼다.

프로축구의 총관중은 프로야구보다 훨씬 적다. 팀당 경기 수가 네 배 가까이 차이 나기 때문이다. '문만 열면 관중이 들어오는' 프로야구는 국내 프로스포츠 시장에서 누구도 넘보기 어려운 총관중 점유율을 보인다. 하지만 FC서울이 프로야구 롯데가 보유한 경기당 평균 관중 기록마저 깨면서, 만원 관중이 일상화된 유럽의 축구장 풍경이 한국에서도 가능할지 모른다는 전망을 안겼다.

갈 길은 멀지만, FC서울을 보면 희망이 보인다. 2004년 안양 연고에서 서울로 복귀한 FC서울은 팀 명칭(안양 엘지)에서 기업명을 빼는 혁신적인 결단을 했다. 프로야구나 프로농구에서도 찾아볼 수 없는 일로, 서울 지역 브랜드만으로 대표구단이 되겠다는 의지를 드러냈다.

당시 프로축구의 조건은 열악했다. 1만 6천 명이 정원인 경기장에 듬성듬성 관중이 앉았지만, 기록지에 9,800명이 입장했다고 적어낸 구단이 있던 때였다. 한국프로축구연맹 사무국이 근본적 차원의 쇄신으로 유료관중 집계, 1~2부 제도 개선, 전 경기 방송 제작, 부분적 경영공시 등 내실을 강화하면서 산업으로 성장하기 위한 토대를 완성한 것은 최근의 일이다. 그리고 FC서울이 '40만 관중' 시대를 열면서 신기원을 열었다.

여성 팬 신규 유입과 가족 팬 증가

현장을 지켜본 성민 FC서울 홍보총괄은 "40만 관중 돌파의 동력은 '여성 팬의 신규 유입'과 '가족 단위 팬의 증가'였다. 마케팅 부문 등 조직의 모든 구성원이 고생한 덕분이다"라고 밝혔는데, 그 바탕엔 고객 데이터 기반부터 만들지 않고서는 성과를 낼 수 없다는 FC서울의 철학이 있다.

FC서울은 고객이 남기고 간 흔적이나 단서를 철저히 챙겼다. 누리집이나 애플리케이션(앱)의 실시간 상담 챗봇을 통해 제기된 한 명 한 명의 질문은 그 자체가 데이터다. 경기장 관중을 대상으로 한 설문조사는 팬들의 '니즈'를 알 수 있는 가장 좋은 방법이다. 또한 관중 동반 형태를 분석하고 몇 명인지, 어떤 모임인지, 연령까지 파고든다. 누가 티켓을 구매했는지, 거주지는 어디인지 등의 정보로 데이터베이스를 구축한다.

FC서울이 첫 방문자에게 반드시 재방문 권유 메시지를 보내고, 어린이 회원을 늘리기 위해 경기장 근처의 아파트 엘리베이터에 입장권 할인 정보무늬(QR코드)를 배치하고, 여성 팬을 위해 경기장 안에 스티커 사진 촬영 부스를 설치한 것 등은 데이터에서 힌트를 얻었다. 경기장 매점을 이용하는 팬들의 불편을 덜고자 사전에 앱으로 구매한 뒤 경기 중 찾아가도록 하고, 스타디움 밖 푸드트럭까지 이런 서비스를 개방해 팬 만족도를 높인 것도 마찬가지다. FC 서울의 2023년 여성 관중(47.4%)이 전체 관중의 절반에 육박하며, 어린이 팬 비중(16.2%)이 늘어나고, 가족 단위 입장객(49.0%)이 친구(29.2%), 연인(16.6%)보다 많아진 이유가 여기에 있다.

고객이 서비스와 상품에 노출된 뒤 경험하고, 재구매를 넘어 추천에 이르는 과정을 지표화한 '획득(Acquisition)-활성화(Activation)-재방문(Retention)-추천(Referral)-이익(Revenue)'을 점검하는 것은 기본이다. 서울의 어느 구에서 관중이 많이 오는지, 경기도 주변 도시의 팬들은 어떻게 분포하는지 알면 마케팅 포인트도 달라질 수 있다.

FC서울이 데이터를 축적하고 마케팅을 강조하는 이유는 코로나19 대유행 때 겪은 충격 때문이다. 성민 총괄은 "텅 빈 경기장에서 오직 선수들의 목소리만 들릴 때 직원들은 팬의 소중함을 절감했다"고 설명했다.

물론 데이터만이 전부는 아니다. 2023년 4월 8일 대구FC와 벌인 홈경기에서 트로트 가수 임영웅이 하프타임 공연을 한 것은 FC서울에 행운의 사건이었다. 관중 4만 5천여 명 입장은 팬데믹 이후 프로스포츠 최다 기록이었고, 임영웅을 보러 왔던 여성 팬 가운데는 축구를 보기 위해 나중에 서울월드컵경기장을 찾는 이도 많았다. 데이터가 이를 보여준다.

스포츠 행사에서 대중문화 스타가 시타자나 시구자로 참여한다. 그런데 실제 공연과 결합

할 때 시너지효과는 극적이었다. FC서울은 11월 25일 수원 삼성과의 홈경기에서 'YG 글로벌 보이그룹' 트레저 최현석-요시-하루토의 하프타임 공연도 진행했다.

대중문화 스타 공연도 '대성공'

두 출연진이 순수한 축구팬의 입장에서 도왔다면, FC서울은 최고의 경기장 환경 속에서 이들에게 새로운 무대의 가능성을 선물했다. 이런 원원 관계는 비용이 들지 않는 방식으로 축구장의 잠재력을 문화 요소와 결합했다고 볼 수 있다.

20년 전만 해도 프로축구 K리그에서는 마케팅 개념이 거의 없었다. 모기업의 든든한 지원 아래 승리지상주의가 팽배했다. 이기면 모든 것이 해소됐다. 하지만 우승은 간밤에 내린 눈과 같다는 말처럼, 하루만 지나도 과거의 일이 된다. 반면 마케팅 활동은 팀의 장기 지속을 다지는 작업이다.

2023년 K리그는 울산 현대의 리그 2연패와 수원 삼성의 2부 추락으로 기록될 것이다. 누가 알뜰한 경영으로 가성비 높은 구단 운영을 했는가를 따지는 일은 부차적으로 보인다. 하지만 앞으론 성적과 마케팅은 별도로 움직일 것 같지 않다. 경영효율의 압박을 받는 기업이 프로축구단 투자를 줄이는 것은 예상된 일이다. 중계권료 수익의 구단 배분도 미미하고 광고 유치에 한계가 있다면, 구단은 본원상품인 홈경기를 죽기 살기로 팔아야 한다. 관중 수입 증대는 앞으로 재원 확보 차원에서 구단이 집중해야 할 부분이다.

팬을 사로잡기 위해 아이디어를 내고, 소통

창구를 만들고, 저변을 다지는 것은 프로구단의 선택이 아니고 필수다. 자생력을 확보하는 노력 없이는 모기업 투자의 정당성도 얻기 힘들다. FC서울은 먼저 나섰다. 그렇다면 2023년 프로축구의 승자는 달리 볼 수도 있다.

출처: 한겨레 2024.01.05.

3. 공동마케팅의 확산

둘 이상의 회사가 각자의 경영자원을 공동으로 활용하여 마케팅을 함으로써, 즉 공동마케팅을 통해 여러 가지 효과를 올리려고 하는 사례가 최근 급속히 늘어나고 있다. [사례 11-6]은 이러한 공동마케팅의 예 중 오늘날 특히 업계의 관심을 얻고 있는 타업종 간에 있어 연계된 공동마케팅 활동을 잘 보여 주고 있다.

사례 11-6

"MZ 사로잡자" 제주삼다수, 협업 활동 통한 이색 마케팅 '눈길'

25살 제주삼다수가 MZ세대와 공감대를 형성하고 소비자에게 더 친근하게 다가가기 위해 전방위적 마케팅 활동을 펼치고 있다.

인기 캐릭터 잔망루피와 협업…ESG 메시지 전달하며 MZ세대 마음 사로잡기 나서

제주삼다수는 지난 13일 2030세대가 사랑하는 캐릭터 '잔망루피'와 손잡고 컬래버레이션 화보와 굿즈를 공개했다.

이번 화보에는 제주로 여행 온 잔망루피가 환경보호를 위해 제주 해안가에서 플로깅 활동을 펼치고, 플라스틱병을 분리수거하는 모습이 담겼다.

제주의 아름다운 자연을 배경으로 잔망루피는 제주삼다수와 함께 사랑스러운 포즈를 취하며 청정 제주를 위한 작은 실천이 필요하다는 메시지를 전달했다.

제주삼다수는 '제주삼다수-잔망루피 콜라보레이션 화보'를 통해 ESG 메시지를 재치있게 풀어내고, 2030 고객들과 지속가능한 환경에 대한 공감대를 형성하고자 이번 프로젝트를 마련했다고 밝혔다.

환경을 사랑하는 2030 고객들을 위한 특별한 굿즈도 출시했다. 제주삼다수-잔망루피 콜라보 굿즈는 미니 에코백, 스테인리스 텀블러, 업사이클 키링 총 3종으로, 소비자들의 일상 속 친환경 실천을 돕는 제품으로 마련됐다.

해당 굿즈는 삼다수 공식 SNS 채널 및 제주

삼다수 가정배송 앱에서 진행하는 굿즈 증정 이벤트를 통해 만나볼 수 있다.

제주삼다수 플래그십 스토어 '카페 삼다코지'…'도심 속 제주' 콘셉트로 인증샷 핫플 등극

제주삼다수는 플래그십 스토어 '카페 삼다코지'를 통한 다양한 활동도 전개하고 있다. '카페 삼다코지'는 삼다수의 유통사 광동제약이 제주삼다수 브랜드 체험을 위해 론칭한 플래그십 스토어로 MZ세대와 소통하고자 탄생한 공간이다.

오픈 1년 만에 누적 방문객 수 6만 명을 돌파하는 등 꾸준한 사랑을 받고 있다. 특히 2030세대를 중심으로 입소문을 타면서 인증샷 핫플레이스로 각광받고 있다.

이는 삼다코지가 방문객에게 마치 제주에 온 듯한 특별한 경험을 선사하고, 차별화된 브랜드 정체성을 전달하고자 노력해온 성과다.

삼다코지의 모든 메뉴는 제주 정취, 맛과 품질, 인스타그래머블한 비주얼 3박자를 고려해 선보이고 있다. 커피와 음료는 물론 얼음과 탄산수까지 삼다수를 사용하며 제주삼다수가 차와 커피를 우려도 가장 맛있는 물임을 소개하고 있다.

제주삼다수는 통상 맛있는 물의 지표라고 알려진 '오 인덱스(O-Index)' 지표 값이 8.2로 물맛이 좋다고 인정받는 '2'를 훌쩍 뛰어넘는다. 또 화산암반층에서 녹아 나온 각종 미네랄이 밸런스 있게 잡혀 있어 목 넘김이 부드럽다.

최근에는 겨울을 맞아 크리스마스 시즌 인테리어도 선보였다. '크리스마스 저니 투 더 삼다코지'를 콘셉트로 매장 내 특별 조형물과 대형 트리, 포토존을 마련해 동화 속 크리스마스 마을에 여행을 온 듯한 새로운 경험을 선사한다.

잔망루피 팝업 등 이색 프로모션 선보여

삼다코지에서 진행된 이색적인 프로모션도 돋보인다. 지난 23일부터 24일까지는 제주삼다수 X 잔망루피 프로모션 팝업 '잔망루피 스노우 빌리지 in 에코제주'를 진행했다.

이번 팝업은 제주삼다수-잔망루피 콜라보레이션 화보에 이어 제주 자연의 맑고 친환경적인 이미지를 전달하고자 마련됐다. 특히 크리스마스 주간에 진행된 만큼 겨울과 크리스마스 분위기가 물씬 나는 제주의 정취를 에코제주를 콘셉트로 표현했다.

잔망루피 스노우 빌리지 in 에코제주에서는 지속가능한 환경 생태계 조성을 위한 친환경 전시 부스와 포토존 등 풍성한 볼거리를 마련해 마치 크리스마스를 맞은 제주에 온 듯한 분위기를 구현했다.

현장 이벤트를 통해 잔망루피 포토카드부터 미니 에코백 등 잔망루피 협업 굿즈뿐 아니라 다양한 제주삼다수 굿즈도 증정했다. 제주삼다수 친환경 굿즈는 내년 1월 10일까지 전시된다.

백경훈 제주개발공사 사장은 "마케팅 활동에 ESG와 제주 등의 요소를 접목해 제주삼다수다운 메시지를 전달하고자 노력하고 있다"며 "앞으로도 브랜드 경험 제공을 위해 이색적인 콜라보 마케팅과 친환경 활동 등 다양한 시도를 멈추지 않을 것"이라고 말했다.

출처: 뉴시스 2023.12.27.

4. 고객관계관리(Customer Relationship Management : CRM)의 확산

CRM은 고객에 대한 정확한 이해를 바탕으로 고객이 원하는 제품과 서비스를 지속적으로 제공함으로써 고객을 오래 유지시키고 결과적으로 고객의 평생가치(life-time value)를 극대화하여 수익성을 높일 수 있는 통합적 고객관계 관리시스템이다. 따라서 CRM은 앞에서 설명한 데이터베이스 마케팅과 크게 다르지 않지만, 고객관계관리를 효율적으로 수행하기 위해선 고객에 대한 이해가 필수적인데 효과적인 데이터베이스 마케팅체계를 기업이 가지고 있을 경우 보다 나은 CRM을 수행할 가능성이 높아지게 된다. 그러나 CRM을 위해 항상 정교한 수준의 데이터베이스 마케팅이 선행되어야 하는 것은 아니다.

5. 스포츠 마케팅(sports marketing)의 열풍

스포츠 마케팅이란 기업이 스포츠에 대한 여러 가지 지원을 통해 마케팅의 목적을 달성하려는 각종 활동을 말한다. 스포츠 마케팅의 가장 유명한 사례는 타이거 우즈를 활용한 나이키의 마케팅 활동일 것이다. 미국의 나이키는 골프 계의 신동 타이거 우즈와 손잡은 이후 침체의 늪에 빠져 있던 자사의 골프용품사업이 극적으로 되살아나는 기쁨을 누리고 있다. 즉 우즈의 덕분에 나이키는 미국 골프의류시장에서 시장점유율 1위, 골프신발 분야에서는 2위를 차지하게 되었다.

국내기업들도 이러한 사례를 접하면서 보다 적극적으로 스포츠 마케팅을 전개하고 있다.

사례 11-7 강백호도 서태웅도, 아디다스 농구화 안 신었다, 왜?

"나이키, 아식스, 컨버스까지 다 신었는데… 북산고엔 어째서 아디다스를 신은 선수가 없을까?"

슬램덩크 극장판 열풍에 이끌려 천왕들의 농구화 모델명을 찾아보다 불쑥 떠오른 의문이다. 1980년대 미국 NBA 시장을 제패하며 글로벌 정상을 차지한 나이키의 전설 같은 역사에 그 답이 있다.

'디펜딩 챔피언' 독일 아디다스는 어쩌다 혜성처럼 등장한 미국 나이키에 왕좌를 내주게 됐을까. 슬램덩크 속 북산과 산왕처럼 스포츠웨어 업계의 숙명의 라이벌로 자리잡은 나이키와 아디다스 이야기를 따라가보자.

히틀러의 '베를린 올림픽' 등에 업은 아디다스…'유럽 패권' 핵부상

어머니의 좁은 세탁실에서 아디다스를 탄생시킨 아돌프 다슬러와 루돌프 다슬러 형제. 이들은 1924년 스포츠 전문 신발 회사 '게브뤼더 다슬러 슈파브리크'를 설립하지만 2차 대전 후 각자의 길을 선언하며 동생 아돌프 다슬러는 '아디다스(Adidas)'를, 형 루돌프 다슬러는 '푸마(Puma)'를 세운다.

브랜드 런칭 초기부터 탄탄대로를 걸은 건 아디다스였다. 아디다스는 1920년 나치 치하의 독일에서 아돌프 다슬러와 루돌프 다슬러 형제가 20㎡ 안팎의 좁디좁은 어머니 세탁실에 차린 수제 공장에서 탄생했다.

이들 형제가 잡은 일생일대의 기회는 다름 아닌, 1936년 베를린 올림픽. 국민들에게 스포츠를 장려하는 히틀러 정권 분위기 속에 성장을 거듭해 온 아디다스는 올림픽을 발판 삼아 전 세계 소비자의 눈길을 사로잡는다.

나이키의 '스타 마케팅' 역시 아디다스가 먼저였다. 아디다스는 베를린 올림픽 당시 남녀 100m 메달리스트가 된 독일의 아더 요나트, 미국의 빌 헬미나를 후원해 세계인에 눈도장을 찍었다. 제2차 세계대전이 이후 런던 올림픽이 열린 1948년엔 아디다스의 상징인 '삼선'(三線) 디자인과 브랜드 상표 등록까지 마치며 승승장구했다. 아디다스의 전성 시대를 위협하는 나이키가 등장하기 전까지는 말이다.

나이키 만든 건 8할이 농구왕?…1980년대 중반 '조던 시리즈' 완판 행진

아디다스가 점령한 1970년대 미국 스포츠 시장. 나이키의 초창기 존재감은 미미했다. 1964년 출범한 나이키는 초기엔 일본 신발 오니츠카 타이거 러닝화를 수입해 판매하며 스포츠 용품 시장에 입문했다. 그러다 1972년이 돼서야 신발 생산자로 거듭난다.

후발주자 나이키의 운명을 바꾼 건 NBA 농구스타 마이클 조던과의 만남이었다. 마이클 조던은 1984년 노스캐롤라이나 대학 농구 스타에서 프로로 전향하며 아디다스와 후원 계약을 맺길 바랐지만, 독일 경영진의 생각은 달랐다. 198cm의 마이클 조던보다 20cm가 크고 센터 포지션을 맡은 카림 압둘 자바를 후원하기로 한 것.

마이클 조던을 후원하지 않기로 한 결정은

훗날 아디다스 역사에 두고두고 뼈아픈 후회로 남는다. 1970~80년대 미국 스포츠 시장 주름잡던 아디다스의 위상은 '조던 시리즈' 출시 이후 급격히 추락한다.

1990년대 사로잡은 슬램덩크…나이키 전성기를 만나다

나이키가 마이클 조던의 이름을 따 1985년 첫 선을 보인 '조던 시리즈'는 초대박이 난다. 마이클 조던은 1990년대 두 차례 리그 3연패 달성하며 커리어 하이를 기록한다.

1990년 주간 소년 점프 42호로 연재를 시작한 이노우에 다케히코의 농구 만화 '슬램덩크' 속 북산고등학교 농구팀 역시 '나이키' 에어 조던을 가장 많이 신었다. 일명 북산의 색인 빨강색과 검정색이 활용된 모델들이 주를 이룬다.

당장 원작 주인공인 '농구 천재' 강백호가 에어 조던 6 '인프라레드', 에어 조던 1 하이 '블랙/레드'를 신었다. 여주인공 채소연을 사이에 두고 경쟁 구도를 형성한 농구 엘리트 서태웅의 농구화는 에어 조던 5 '파이어 레드'다.

나이키 외엔 그보다 앞서 농구화 시장을 주름 잡았던 컨버스가 눈에 띈다. 극장판 '더 퍼스트 슬램덩크' 서사의 주인공인 송태섭은 컨버스 엑셀레이터 미드, 북산고 농구팀 주장 채치수는 컨버스 프로 컨퀘스트 하이를 신었다.

아쉽게도 아디다스를 신은 북산 캐릭터는 코트 위엔 없다. '흰머리 호랑이'으로 불리는 안한수 농구부 감독만 아디다스 프로 모델을 신었다. 1970년대까지는 NBA 선수 중 상당수가 아디다스 농구화를 신었던 점을 고려하면, 나이 지긋한 안 감독이 아직까지 아디다스를 애용하는 이유도 어림짐작 할만하다.

한편 나이키의 성공을 목도한 아디다스도 가만히 있진 않았다. 몇 해 전 헬기 추락사고로 비운의 죽음을 맞이한 NBA 스타 코비 브라이언트와 계약도 해봤고, NBA 유니폼 후원 공세를 벌이기도 했다.

하지만 미국 농구화 소매시장 90%를 장악한 나이키는 이미 범접할 수 없는 고지를 점한 뒤였다. 사실상 슬램덩크가 1996년 27호로 연재를 마칠 때까지 농구화 시장은 나이키와 리복의 양강 구도가 뚜렷했다.

세계 패권국으로 거듭난 미국 시장을 제패한 로컬 브랜드 나이키의 전성시대는 예정된 수순이었다. 2000년대 들어 벌어진 격차로 인해 나이키의 2021년 매출은 55조 5,767억원으로, 아디다스(28조 6,902억원)의 두 배 수준까지 올라섰다.

NBA '농구화 강자' 넘겨준 아디다스…스포츠웨어 패권도 유럽서 미국으로

무너진 아디다스의 자존심은 '아디다스의 심장'으로 불리는 축구 종목이 지키고 있다. 아디다스는 레알 마드리드를 비롯한 '엘리트 클럽' 유니폼 시장을 장악하며 존재감을 과시했다.

바이에른 뮌헨, 유벤투스, 맨체스터 유나이티드, 아스날 등이 아디다스를 입고 뛴다. 아디다스의 전 세계 매출 1위 매장도 레알 마드리드 홈 구장에 세운 전용 스토어일 정도로 축구팀 마케팅은 톡톡한 효과를 봤다.

다만 축구 시장에서도 나이키의 아성은 아디다스를 맹렬히 추격 중이다. 지난해 카타르 월드컵 본선 진출 32개국 중 13개국 대표팀이 나이키 유니폼을 입었다. 아디다스 유니폼을 입고 뛴 국가는 7개뿐이다. 월드컵 공식후원사로 나선 아디다스에겐 쓸쓸할 수밖에 없었던 상황. 아디다스의 쓰린 속을 달래 준 건 리오넬 메시(파리 생제르맹)가 속한 아르헨티나 대표팀이다. 아디다스를 입은 아르헨티나는 나이키 유니폼을 입은 프랑스를 꺾고 우승컵을 거머쥐었다.

나이키 vs 아디다스, 명동서 붙었다…승리는 어디?

글로벌 1위를 나이키에 내준 아디다스지만, 패션에 민감한 국내 소비자들의 아디다스 사랑은 유별나다. 글로벌 시장에서 매출로는 두 배 가까운 체급 차이가 나지만, 국내 시장점유율은 단 1.2%포인트 차이다. 심지어 아디다스가 앞선다. 아디다스는 10년 전인 2012년에는 나이키를 제치고 국내 스포츠 시장점유율 1위로 올라선 이후 최근까지 왕좌를 지키고 있다.

아디다스의 국내 선전에는 '패션'에 민감한 국내 소비자의 취향이 반영돼 있다는 분석이 나온다. 블랙핑크 멤버 제니가 착용해 품귀현상을 빚었던 삼바부터 포럼 로우, 가젤, 슈퍼스타 등은 스포츠웨어가 아닌 일상복에 쉽게 어우러져 사랑을 받았다.

숙명의 라이벌 나이키와 아디다스는 올봄 서울 한복판 명동에서 격돌한다. 아디다스가 지난달 18일 '나이키 서울'에서 불과 도보 5분 거리인 엠플라자에 지상 2층 전체 면적 2,501㎡(약 757평) 크기의 '아디다스 BFS'(브랜드 플래그십 서울)을 오픈했기 때문이다. 이는 2021년 8월 먼저 문을 연 2,300㎡(약 700평) 크기의 '나이키 서울'을 압도하는 규모다.

아시아 패션 트렌드를 선도하는 한국, 아시아 관광객의 발길을 사로잡은 명동에서 승기를 잡게 될 브랜드는 어느 쪽이 될까. 두 브랜드의 자존심 걸린 대결이 한국 소비자의 손에 달렸다.

출처: 헤럴드경제 2023.02.05.

요약

제1절에서는 마케팅이 무엇인지에 관하여 살펴보았고, 제2절에서는 시장에서 기업의 기회와 위협을 파악하기 위한 마케팅적 시각을 형성하기 위한 접근법을 중심으로, 마케팅전략의 핵심요소인 시장세분화, 목표시장의 선택, 그리고 선택한 표적시장 내에서 경쟁적 우위를 달성하기 위한 포지셔닝 등의 개념에 관하여 설명하고 시장의 변화에서 무엇을 감지해야 하는가를 3C(고객, 기업, 경쟁관계)를 중심으로 설명했다.

제3절에서는 이러한 기본적인 지식을 바탕으로 시장의 변화에서 파악된 기업의 위협과 기회에 실제 마케팅 담당자들은 마케팅 목적을 달성하기 위해 어떻게 고객들에게 다가가야 하는가를 설명했다. 기업은 마케팅믹스, 즉 마케팅 의사결정변수로 대표되는 4P를 중심으로 대응하거나, 혹은 4P 이외에 온라인의 도입으로 새롭게 등장한 다른 마케팅수단으로 대응할 수 있다. 각 마케팅 의사결정변수들을 활용할 경우 중요시되는 기본개념과 이론, 그리고 응용 예를 살펴보았다.

제4절에서는 오늘날 새롭게 부각되고 있는 마케팅의 새 물결 중 가장 대표적인 현상인, 오프라인 제조업체들의 온라인/인터넷 마케팅 활용 확산, 고객만족을 위한 데이터베이스 마케팅, 공동마케팅 활동, CRM 마케팅 활동, 그리고 오늘날 업계에서 큰 관심을 보이고 있는 스포츠 마케팅 등에 관하여 각각 간략하게 살펴보았다.

참고문헌

- Kotler, P. and G. Armstrong, *Principles of Marketing*, 9th ed.(International ed.), Prentice Hall, 2001.
- Lamb, C. W., J. F. Hair, and C. McDaniel, *Marketing*, 6th ed., South Western-Thomson Learning, 2002.
- Solomon, M. R. and E. W. Stuart, *Marketing-Real People, Real Choices*, 2nd, ed., Prentice Hall, 2001.
- Yeh, C., "마케팅 담당자와 세일즈맨은 사이좋게 지낼 수 없나?," 코리아인터넷닷컴, korea.interent.com, 2001.
- 박찬수, 「마케팅원리」, 2판, 법문사, 2002.
- 안광호·한상만·전성률, 「전략적 브랜드 관리—이론과 응용」, 2판, 학현사, 2001.

- 유필화·김용준·한상만, 「현대마케팅론」, 4판, 박영사, 1999.
- 이석규, "온라인과 오프라인의 통합 마케팅전략에 관한 문헌적 고찰," 「한국 마케팅학회 논문발표집」, 2001.

토의문제

1. 시장에서 지배적인 위치에 있는 대기업과 시장에서 상대적인 열세에 있는 중소기업 등의 후발업체간 경쟁이 심화될 경우, 중소기업 입장에서 어떤 식으로 마케팅전략을 구사해야 할까? 여러분 각자가 중소 가구업체의 CEO라고 가정하고 시장상황변화에 어떤 식으로 마케팅전략을 수립하고 진행시킬 것인가에 관하여 함께 토론해 보자.

2. 주로 저가격에 경쟁적 우위를 가진 오프라인의 유통업(할인점)과 온라인 유통업(온라인쇼핑몰)은 어느 정도 영역을 분할하여, 서로 직접적으로 경쟁하는 예는 적었다. 그러나 할인점들의 온라인 사업에로의 사업영역 확대 움직임으로 양 업태 간의 심각한 경쟁이 예상된다. 기존의 인터넷(온라인) 쇼핑몰 혹은 온라인 슈퍼마켓업체의 마케팅 책임자에게 어떠한 조언을 줄 수 있는지 함께 토의해 보자.

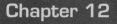

Chapter 12

제품/서비스의 흐름

이커머스 1위 사업자인 쿠팡이 유통 1위 사업자로 날아오르고 있다. 지난해 3개 분기 연속 이마트 매출을 넘어섰고 지난해 3분기부터 5개 분기 연속 흑자를 기록했다.

신종 코로나바이러스 감염증(코로나19) 확산은 결과적으로 쿠팡에게 득이 됐다. 팬데믹(세계적 감염병 대유행) 초기인 2019년 국내 이커머스 점유율(이하 교보증권 추정치)을 살펴보면 ▲네이버 16.7% ▲이베이코리아(현 G마켓) 13.5% ▲쿠팡 9.5% ▲11번가 7.8% 등으로 거대 포털 네이버와 전통 강자 이베이코리아가 선전하고 있었다.

엔데믹(감염병 주기적 유행)을 앞둔 2022년, 이커머스 시장은 쿠팡과 네이버의 2강 체제로 바뀌었다. 2022년 국내 이커머스 점유율은 ▲쿠팡 24.5% ▲네이버 23.3% ▲신세계(SSG닷컴+G마켓) 11.5% ▲11번가 7.0% 등이다. 쿠팡의 점유율이 2.5배가량 늘어나면서 시장 3위에서 1위로 뛰어올랐다.

쿠팡은 팬데믹 반사이익을 크게 누린 것으로 분석된다. 비대면 소비가 대중화된 팬데믹 기간 쿠팡은 사업 확장과 함께 신규 이용자를 크게 늘렸다. 쿠팡의 활성고객(제품을 분기에 한 번이라도 산 고객) 수는 2019년 하반기 1,179만 명에서 2023년 말 2,042만 명으로 크게 늘었다. 쿠팡을 경험한 사람뿐만 아니라 충성고객도 증가했다. 2019년 론칭한 쿠팡의 유료멤버십인 '와우'는 현재 1,100만 명 이상의 회원을 보유하고 있다.

와우 회원인 40대 여성 이씨는 "코로나19 유행으로 오프라인 쇼핑에 부담이 있을 때 처음 쿠팡을 이용했는데 앱(애플리케이션) 사용이 어렵지 않고 상품도 많고 배송도 매우 빨라 지금도 계속 이용하고 있다"며 "특히 생필품 쇼핑은 대부분 쿠팡에서 한다"고 말했다.

쿠팡은 직매입 기반 사업을 운영하며 빠른배송을 실현한다. 인공지능(AI)이 상품의 주문량을 예측해 미리 물류센터에 직매입해 입고해둔다. 이후 쿠팡의 전국 배송 인프라망을 활용해 신속하게 배송한다. 쿠팡은 로켓배송을 론칭하면서 큰돈을 투자해 전국에 물류망을 구축했다. 현재 로켓배송이 가능한 일명 '쿠세권'은 전국 182개 지역까지 늘어났다. 이 지역 거주자들은 약 4,800만 명으로 국내 인구 기준 90% 이상이 로켓배송을 이용할 수 있다.

그 결과, 쿠팡은 분기 매출 8조원까지 덩치를 키웠다. 지난해 쿠팡의 분기별 매출은 ▲1분기 7조 3,990억원 ▲2분기 7조 6,749억원 ▲3분기 8조 1,028억원이다. 규모의 경제 실현으로 수익성도 함께 챙기고 있다. 지난해 3분기 쿠팡의 누적 영업이익은 약 4,448억원으로 첫 연간 흑자를 앞두고 있다.

시장 흔드는 '쿠팡 DNA'

비대면 소비가 늘어나는 동안 쿠팡은 본업인 온라인 쇼핑과 함께 음식배달 서비스(쿠팡이츠), 온라인동영상서비스(쿠팡플레이) 등의 서비스를 내놨다. 두 서비스는 쿠팡이 그랬던 것처럼 빠른 성장으로 시장을 긴장시키고 있다.

배달앱 후발주자인 쿠팡이츠는 업계 2위 자리까지 바라본다. 모바일인덱스에 따르면 쿠팡이츠의 월간활성이용자수(MAU)는 지난해 10월 433만 496명으로 역대 최고 기록을 달성했다. 지난해 1월 350만 2,699명에서 비수기인 3월 297만 7,237명으로 줄었다가 4월부터 한 달에 약 20만 명씩 늘었다. 지난해 10월 기준 업계 2위인 요기요의 MAU는 573만 2,281명이다. 한때 월 최대 400만 명 가까이 벌어졌던 요기요와 쿠팡이츠의 MAU 차이는 100만 명대까지 좁혀졌다.

온라인동영상서비스(OTT) 쿠팡플레이는 자체 콘텐츠와 스포츠 콘텐츠가 흥행하며 몸집을 키웠다. 방송통신위원회가 공개한 '2023 방송매체 이용행태 조사'에 따르면 지난해 OTT 이용률은 ▲넷플릭스 35.7% ▲티빙 9.1% ▲쿠팡플레이 6.3% ▲웨이브 5.9% 등이다.

쿠팡이츠와 쿠팡플레이의 고속성장은 과감한 투자와 고객 중심 운영이라는 쿠팡 성공 방식을 담고 있다. 쿠팡이츠는 '한집배달'로 빠른 배달을 내세웠다. 이어 유료멤버십 와우 회원에게 5~10% 할인 혜택을 제공하기 시작했다. 비용 부담을 감수하고 점유율을 끌어올리겠다는 쿠팡의 승부수다. 쿠팡플레이는 1,100만 명 이상이 가입한 와우 회원이 무료로 이용할 수 있는 서비스다. 해외축구 등 스포츠 중계에 투자하면서 스포츠팬을 끌어모았다.

쿠팡의 다음 공략 시장은 패션이다. 지난 12월 18일(현지시각) 글로벌 1위 명품 이커머스 '파페치'를 인수한다고 밝혔다. 파페치는 샤넬, 에르메스 등 1,400여 개 럭셔리 브랜드를 190여 개국 소비자에게 판매하는 세계 최대 규모 명품 이커머스다.

쿠팡의 모회사인 쿠팡Inc 측은 "이번 인수계약으로 파페치가 독점 브랜드와 부티크에 맞춤형 첨단 기술을 제공할 수 있도록 5억 달러를 투입한다"며 "이번 인수로 4,000억 달러(약 520조원) 규모의 글로벌 개인 명품 시장에서 선두업체로 자리매김할 것"이라고 말했다.

출처: 머니S 2024.01.08.

생산운영관리의 개요

1. 생산운영관리란

생산운영관리란 조직에 속한 모든 물적·인적자원을 최대로 활용함으로써 장기적 이익을 최대화하려는 인간의 활동을 뜻한다. 또한, 생산관리는 경영에 속한 활동 중 특히 제품과 서비스의 생산과 관련된 관리활동에 국한된다.

근래에는 생산관리라는 용어 대신에 생산운영관리(production and operations management)라는 용어가 자주 사용되는데, 이는 종래의 생산관리는 제조업의 생산만을 대상으로 하였으나, 이제는 생산관리가 제조업의 제품생산 뿐 아니라 서비스생산도 대상에 포함시킴으로써 생산운영관리라는 용어를 채택하게 된 것이다.

이러한 취지에서 본서에서는 생산관리라는 용어 대신 생산운영관리, 생산관리자 대신에 생산운영관리자라는 용어를 사용하기로 한다. 경제가 발달함에 따라 서비스산업이 차지하는 비중이 커지며, 특히 금융, 유통 및 수송, 병원 등의 분야가 발전하고 이들에 대한 경영이 중요하게 된다. 앞으로는 제조업에 활용하던 운영관리기법을 서비스업에도 적용하여 사회적·경제적 기여도가 더하여진 생산운영관리로 발전되어 나아가야 한다.

2. 생산운영관리자의 활동

경영자 또는 관리자는 많은 활동을 수행해야만 한다. 예를 들어, 생산담당이사는 생산부, 품질관리부, 자재부 등을 통괄해야 할 뿐 아니라 생산의 애로 부분 파악, 원가 절감, 가동률 제고 등의 세심한 부분까지 관심을 두어 문제를 해결해야 한다. 또 큰 병원의 원장은 수술실, 방사선실, 응급실, 병실에 관한 문제부터 인력관리와 신속한 서비스제공 등의 문제를 해결해야 한다. 이러한 예에서 보면 경영자나 관리자는 계획수립(planning), 조직화(organizing), 지휘(directioning), 통제(controlling) 등을 통해 조직의 목표를 달성하고자 노력한다.

계획수립은 선정된 목표를 달성하기 위해 취할 일련의 활동과 활동에 대한 지침 및 실시 시기 등을 수립함으로써 미래 경영활동에 대한 기반을 제공하는 과정이다.

조직화는 계획수립과정에서 계획된 활동을 수행하는 데 필요한 인적·물적 자원을 조달하는 과정이다.

지휘는 각 종업원에게 임무와 책임을 할당하고 동기를 부여하며 이들의 활동을 조정함으로써 계획의 실행을 꾀한다.

마지막으로 이러한 계획수립, 조직화, 지휘를 효과적으로 수행하기 위하여 통제가 필요한데, 통제는 성과의 평가와 필요한 수정작업 등으로 이루어진다.

3. 조직계층상의 생산운영관리

일반적으로 조직은 책임과 권한의 정도에 따라 최고 경영층, 중간 관리층, 감독층으로 나누어져 있다. 다음은 계획, 조직화, 지휘, 통제의 활동이 조직의 어떤 계층에서 주로 수행되는가를 논의하자.

최고 경영층의 활동

최고 경영층은 이익률, 성장률, 경쟁력, 기업이미지 제고 등의 조직목표를 수립하는 것을 주요 임무로 하며, 특히 조직의 장기적인 미래에 관한 의사결정으로써 신제품의 개발, 제조설비의 확충, 자동화를 통한 설비개선 등과 같은 것이 이에 속한다.

이러한 유형의 의사결정은 특히 실행시기에 따라 성공 여부가 결정되므로 적절한 계획수립이 매우 중요하게 된다. 최고 경영층에서는 일반적으로 세부적인 조직화와 지휘는 거의 담당하지 않는다.

중간 경영층의 활동

최고 경영층에 의해 정해진 목표를 수행하기 위해 중간 관리층은 다시 세부적 목표와 계획을 수립한다. 예를 들어, 생산담당 과장은 최고 경영층에서 결정한 신제품을 차질 없이 생산하기 위해 적절한 자재와 기기를 구입해야 한다.

중간 관리층에서 수립하는 계획은 최고 경영층의 계획보다 훨씬 구체적이어야 한다. 중간 관리층은 많은 시간을 인력을 지휘하는 데 할애해야 하는데 이는 최고 경영층보다 중간 관리층이 더 많은 인원을 통제해야 하기 때문이다.

감독층의 활동

감독 층 혹은 일선 관리자는 주로 조직의 단기목표 달성에 노력을 기울인다. 이들은 대부분의 시간을 생산작업자나 사무원을 지휘하는 데 사용한다. 예를 들어, 창고담당 감독자는 고객의 주문에 관한 서류처리, 주문 물품포장, 발송 등의 구체적 작업을 감독해야 한다.

감독층은 작업이나 운영의 통제에 노력이 집중되어 있으며 계획과 조직화에 관여하지 않는다.

통제의 중요성

통제는 조직에 있어 전술한 3계층을 연결하고 피드백(feedback)을 제공하는 중요한 역할을 하는 것이다. 계획된 목표를 달성하기 위하여는 성과를 측정해야 하고 이를 설정된 기준과 비교해야 한다. 예를 들어, 최고 경영층은 목표로 정한 시장점유율을 어느 정도 달성하는가를 일정기간마다 점검하여 미달성 시 적절한 조치를 취해야 하며, 중간 관리층은 신제품에 대한 재고방침이 제대로 실현되고 있는가를 파악하여 제고정책의 개정 여부를 결정하며, 감독층은 일정계획에 따라 생산이 진행되는가를 통제해야 한다.

이렇게 각 계층이 주어진 목표를 달성하기 위해 지속적으로 통제를 할 경우에만 일관성과 연계성 있는 조직이 되는 것이다. 위에서 설명한 각 계층별 활동의 중요도를 요약하면 〈표 12-1〉과 같다.

표 12-1 **각 계층에서의 활동의 중요도**

경영관리층 \ 활동	계획	조직화	지휘	통제
최고 경영층	고	저	저	중
중간 관리층	중	고	중	중
감독층	저	저	고	고

4. 조직계층과 생산운영관리활동의 분류

위에서 설명한 생산운영관리에 관한 계획수립과 의사결정 등의 제반활동을 계층별로 분류해 보기로 하자. 모든 계획과 의사결정은 전략적(strategic), 전술적(tactical), 운영적(operational) 구분 중의 하나에 속한다.

전략적 계획과 의사결정(strategic plans and decisions)은 광범위하며 제품라인, 마케팅 채널, 새로운 공장과 유통센터의 건설 등의 선택이 이에 속한다.

전술적 계획과 의사결정(tactical plans and decisions)은 전략의 경우 보다 범위가 좁으며 재무자원의 배분, 설비의 이용, 생산 및 인력계획 등에 관한 것이다.

마지막으로 운영계획과 의사결정(operational planning and decision making)의 생산률의 결정, 기계고장과 재고품질에 대한 조처, 품질관리 등과 같은 반복적인 업무가 이에 속한다.

이렇게 구분된 생산운영관리활동은 각 조직계층에 분담된다. 즉, 전략적 계획과 의사결정은 최고 경영층에서 결정되어 중간 관리층으로 전달되며, 이는 곧 중간관리층이 전술적 계획과 의사결정을 하는 데 기본이 된다. 또한 전술적 계획과 의사결정은 곧 감독층으로 하달되어 감독층의 운영계획과 의사결정의 범위를 정해 준다.

이렇게 계획과 의사결정은 각 층별로 분담되고 연계되며 이에 대한 피드백은 같은 방식으로 밑에서 위로 전달하게 된다.

계층적으로 계획과 의사결정이 분담되고 구분된 조직의 장점은 첫째, 위에서 설명한 시스템의 각 구성요인이 융합되어 통합성을 유지할 수 있으며, 둘째, 각 부서와 관리자는 서로를 지원할 수 있는 기회가 주어져 목표와 정책, 운영상의 제약조건 등을 모두가 이해할 수 있게 된다.

본장의 생산운영관리 내용은 이렇게 경영조직 계층별로 어떤 유형의 활동이 이루어지는가를 염두에 두어 구성되었다.

생산운영관리시스템

제 1 절에서 이미 정의한 바와 같이 생산운영관리는 제품과 서비스의 생산과 관련된 활동의 관리라고 할 수 있다. 이 때 생산이라는 개념은 조직에 존재하는 자원을 변환과정(conversion)을 통해 재화로 만드는 것을 뜻한다. 재화는 가시적·물리적으로 존재하는 제품을 뜻할 수도 있고 형태가 없는 서비스일 수도 있다. 대부분의 조직은 제품과 서비스 모두를 생산해야 하는 경우가 많다. 예를 들어, 음식점에서 고객에게 음식이라는 제품을 제공하는 동시에 신속함과 청결함이라는 서비스를 제공해야 한다. 우리나라의 국민소득이 증대함에 따라 생산은 단지 제품의 생산보다 추가적 서비스의 제공이 더욱 중요하게 된다. 여하튼 제품과 서비스의 생산과 관련된 생산요소의 체계적 집합체를 생산시스템이라고 한다.

생산시스템은 5개의 기본적 과정 혹은 요소가 있는데 이는 투입(inputs), 변환과정, 산출(outputs), 피드백(feedback), 경영관리자(managers)이다.

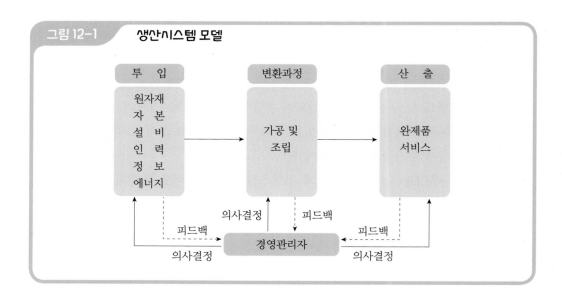

그림 12-1 생산시스템 모델

1. 투입과 산출

　　생산시스템에 있어 필요한 투입 자원은 대체로 2가지로 분류된다. 하나는 제품생산에 직접 투여되는 자원과 다른 하나는 투여된 자원의 변환과정에 필요한 자원이다. 제조업에 있어서는 원자재가 첫째 부류에 속하는데 예를 들어, 휘발유를 생산하기 위한 원유, 비행기 날개를 제조하기 위한 티타늄, 장난감을 만들기 위한 플라스틱 부품 등이 그것이다. 이러한 제품을 생산하기 위해서는 변환과정을 거쳐야 하는데 이를 수행하려면 기계설비, 기술자, 에너지, 경영전반에 관한 정보가 투입되어야 한다. 예를 들어, 서비스업에서는 소화장비, 소방수가 필요하며 음식점에서는 음식재료, 주방장, 웨이터, 웨이트리스 등이 투입된다. 이러한 투입물은 변환과정을 통해 제품과 서비스 같은 산출물이 된다.

2. 변환과 창조과정

　　제조업에 있어 변환과정은 원자재의 형태가 변하는 것이다. 예를 들어 드릴링(drilling)이나 연마작업(grinding)은 금속의 형태를 변환시킨다. 이러한 드릴링과 연마와 같은 가공 이외에도 조립과 같은 작업이 변환과정에 포함된다. 자동차의 생산에는 약 2만 개의 부품이 필요한데, 부품의 반 이상은 하청업체에서 가공되어 납품되며 자동차회사가 이들을 조립하게 된다.

　　특히 일본의 도요타와 같은 회사는 부품의 70% 이상을 하청업체로부터 납품을 받아 생산하므로 변환과정의 대부분은 조립이다.

　　서비스업에서는 변환과정이 존재한다기보다 창조과정이 존재한다고 하는 편이 옳을 것이다. 왜냐하면 서비스업은 소비자의 만족을 위해 서비스를 창조하기 때문이다. 지하철역 내에서는 자동 표 판매기가 있는데 이는 고객의 편의를 위해 서비스가 창조된 예라고 할 수 있다.

SCM전략 어디로…애플 팀쿡과는 '다른 길'

"작년 4분기 (중국) 공급망 타격으로 생산에 차질이 생기지 않았다면 아이폰14프로, 아이폰 프로맥스14 판매는 성장 기조를 이어갔을 것이다."

애플이 4년 만에 역성장했다. 지난 2일 열린 애플의 컨퍼런스콜에서 팀 쿡(Tim Cook) 대표(CEO)는 매출하락 결과를 담담히 인정하면서, 그 배경과 관련해선 공급망 이슈를 콕 집었다.

팀 쿡의 발언에 이목이 집중되는 건 그가 업계에서 내로라 하는 '공급망 관리(SCM, Supply Chain Management)' 대가여서다. 그도 예상을 못했을 정도로 스마트폰 시장의 공급망 이슈가 복잡하고 변화무쌍하다는 점을 시사한다. 스마트폰 시장의 출하량 감소 추세를 논할 때 각 사의 공급망 전략을 비교해 보지 않을 수 없다.

삼성전자 스마트폰 사업을 담당하는 MX사업부 역시 SCM 전략에 심혈을 기울이고 있다. 올초에는 전담 조직까지 신설해 대외적 변수 모니터링에 주력하고 있다. 거시경제 불확실성으로 인한 소비위축 기조를 손 놓고 두고만 볼 순 없었기 때문이다. 공급망에 급격한 변화를 두기 보단 국가별로 시장 상황에 맞게 부품 구매 전략을 짰다.

아이폰14프로 판매 부진은 중국 쇼크 때문?

SCM이란 원료 구매부터, 제품 생산, 고객 전달까지의 모든 과정을 관리하는 것을 말한다. 단순히 기업의 매출을 극대화하는 효과를 넘어서 기업의 생사를 가를 수도 있는 중요한 경영전략 중 하나다.

단적인 예시가 애플이다. 무려 25년 전 애플이 파산 위기에 놓였을 때다. 스티브잡스 당시 애플 대표는 위기를 타개하기 위해 SCM부터 고쳐잡기로 했다. 세계 1위 PC회사였던 컴팩에서 '자재' 관리를 담당하고 있던 팀 쿡에게 러브콜을 보냈다. 이전에도 IBM, 인텔리전트 일렉트로닉스 등을 거치며 제조와 유통 프로세스 중간에서 운영 책임 업무 노하우를 쌓았던 점을 높게 평가했다.

팀 쿡이 이적할 당시 당시 애플 실적 악화의 주범은 악성 재고였다. 애플의 재고는 무려 70일분이 넘도록 창고에 방치돼 있었다. 재고는 기업 활동에서 판매를 통해 현금화할 수 있는 자산이지만, 제때 팔리지 않을 경우 가치는 나날이 줄어 결국 손실로 돌아온다. 재고자산 관리 효율성은 기업의 주요 활동성 지표로 여겨지는 이유다.

이를 본 팀 쿡은 효율적으로 공급망을 조절하기 시작했다. 100개였던 부품 공급회사는 20개로 축소했다. 가동률이 들쭉날쭉했던 자체 공정 리스크를 낮추기 위해 생산은 폭스콘 등 외부 업체에 위탁체제로 돌렸다. 그로부터 2년 뒤, 재고회수일자는 평균 10일로 대폭 개선됐다. 애플의 전직 임원은 "잡스가 혁신 제품 개발을 이끌었다면, 쿡은 회사를 현금 더미로 만든 사람"이라고 비유하기도 했다.

팀 쿡의 SCM이 빛을 발한 건 공급망의 '선택과 집중' 덕이다. 다수의 메모리 업체 보다는 한 메모리 업체와 선급 지급 방식의 거래를 해, 대량의 메모리를 저렴하게 공급받는 식이다.

애플은 지금까지도 이러한 방식으로 이윤을 내고 있는 것을 알려진다. 애플이 스마트폰 시장에서 엄청난 현금을 보유한 회사로 거듭난 비결이기도 하다.

하지만 올들어선 재고관리를 잘하는 팀 쿡 대표도 예견하지 못했던 '공급망 리스크'가 발생했다. 바로 중국 락다운 조치다. 중국정부는 코로나19 확산을 막기 위해 작년 11월 현지 전역을 봉쇄했는데 이로 인해 아이폰14 고가 모델을 생산하는 정저우 공장도 문을 닫았다. 엎친데 덮친 격으로 중국 정부의 코로나 정책과 폭스콘의 처우에 불만을 품은 근로자들이 유혈시위를 벌이면서 생산에 차질을 빚었다.

중국 공장이 정상적으로 가동됐다면 오히려 매출이 증가했을 것이라는 전망이 나오는 이유다. 실제로 아이폰14 프로 등은 공급제약에도 불구하고 캐나다와 이탈리아, 스페인, 인도와 베트남 등에서 매출 신기록을 세웠다.

삼성 구매전략그룹 역할은? '대외변수 대응 조력자'

삼성전자 MX사업부 대외적 변수에 대비하기 위해 일찍이 관리 프로세스를 가동했다. 작년 초부터 사업부 내 '구매전략그룹'을 신설했다. 그룹장은 공식적으로 알려져 있지 않지만 MX사업부 구매팀은 이우섭 부사장이 진두지휘하고 있어 관련 업무도 관여할 것으로 관측된다.

해당 조직은 매주 '국가별'로 정책변화를 파악해 보고서를 작성하는 역할을 담당한다. 반도체와 원자재 공급망에 변화 사항도 모니터링한다. 변화가 있을 때마다 여러 연관부서에 전달해 시장에 유연하게 대응할 수 있도록 하는 조력자 역할을 수행한다.

노태문 삼성전자 MX사업부 사장은 지난 2일(현지시간) 미국 샌프란시스코에서 열린 기자간담회에서 "지역별 등 시장 상황을 감안해서 부품을 구입하고 있다"며 "예컨대 미국에선 달러 베이스로 구입하기 때문에 환율 영향에서 상대적으로 자유롭지만 그외 유럽 등 다른 통화 지역에선 또 다른 부품 공급망 전략을 취하고 있다"고 말했다.

삼성 MX사업부가 구매전략그룹을 꾸리며 대응에 나선건 재고 물량이 평소보다 더 불어났기 때문이다. 삼성전자 DX부문의 작년 3분기 재고자산은 22조 3,784억원에서 27조 974억원으로 21% 늘었으며 특히 수익과 직결되는 완제품(제품 및 상품) 비중이 컸다. 삼성전자는 스마트폰 생산라인 가동률을 작년 1분기 81.0%에서 2분기 70.2%로 각각 낮췄다.

최근 스마트폰 교체주기가 점점 길어지고 있다는 점도 주목했다. 작년 글로벌 스마트폰 세트업계에서 총 12억 1,000만 대의 스마트폰이 출하됐다. 이는 2013년 이후 가장 낮은 숫자다. 가뜩이나 원자재 가격 인상과 물류난까지 겹친 탓에 실적방어를 위해서 더 기민한 대응이 필요하다고 판단했다.

애플과의 스마트폰 시장점유율 경쟁에서 밀리지 않으려면 손해를 감수하고서라도 재고를 털어내는데 주력해야 했다. 삼성전자의 작년 4분기 모바일과 가전을 합친 DX 부문만 놓고 보면 42조 7,100억원이다. 해당기간 애플이 아이폰으로만 657억 8,000만 달러(약 81조원) 매출을 올린 것과 비교해 40조원 가량 차이가 난다.

삼성 MX사업부는 향후 '플래그십' 위주로 출하량을 늘리겠다는 방향성을 정했다. 지난 4

분기 부진한 실적 성적표의 주 원인은 '중저가' 라인 스마트폰 판매량 감소였다. 갤럭시S, Z 시리즈, 그 중에서도 프리미엄 울트라 제품들은 어려운 시장 상황 속에서도 선전했다. 시장조 사업체 카운터포인트리서치에 따르면 2021년 전체 스마트폰 중 프리미엄 제품 비율은 27%로 2020년(23%)에 비해 4%포인트 올랐다.

출처: 더벨 2023.03.02.

3. 경영관리자

경영관리자는 생산시스템에 있어 가장 중요한 역할을 하는 요소이다. 생산시스템이 효과적으로 운영되기 위해서는 숙련된 관리자가 계획을 수립하고, 이의 실행을 위한 의사결정을 하는 것이 필요하다. 관리자는 필요한 투입물을 조달해야 하며, 변환과정을 통제해야 하고, 수요충족을 위해 적시적소에 산출물을 공급해야 한다. 또한 관리자는 주문의 우선순위 결정, 작업수행을 위한 인원배정, 종업원의 동기부여, 원가통제, 품질관리 등의 문제를 해결해야 하며 이를 위해서는 직무에 대한 경험 및 지식 그리고 인간관계 수립능력이 필요하다.

4. 피드백

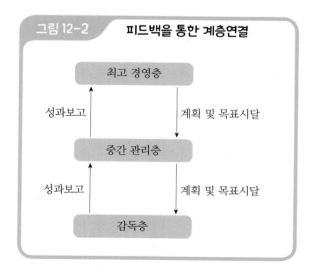

그림 12-2 **피드백을 통한 계층연결**

최고 경영층

성과보고 ↑   ↓ 계획 및 목표시달

중간 관리층

성과보고 ↑   ↓ 계획 및 목표시달

감독층

피드백이란 생산시스템의 생산과정을 모니터(monitor)하며, 모니터하는 과정에서 수집된 정보를 이용하여 다시 생산과정을 통제하는 일련의 활동을 의미한다. 피드백 또한 정해진 성과측정방법에 따라 성과를 측정하고, 측정된 성과를 성과기준과 비교하여 이에 대한 대비책을 마련함으로써 조직이 꾸준히 서비스와 제품을 향상할 수 있도록 한다. 제조업체의 경우 최종제품에 결함이 있는지를 면밀히 검토하고 이 결함이 원자재에 기인한 것인지, 작업자의 문제인지 등을 파악하여 개선하는 것이 피드백의 한 예이다.

서비스업체의 경우도 피드백은 매우 중요한 문제이다. 예를 들어, 단체여행을 주선하는 여행사는 여행자의 만족도에 세심한 주의를 기울여야 한다. 단체여행 후 여행자가 여행에 대해 불만이 생기면 다른 고객에게 여행사를 추천하지 않을 것이고, 이에 따라 여행사의 이미지는 크게 손상될 것이다. 이를 예방하기 위해서 여행사는 여행자로부터 의견을 청취하고 불만의 원인을 발견하여 해소하는 피드백과정이 필요하다. 피드백은 계층적으로 구분된 조직을 연결하는 중요한 도구이다. 최고 경영층은 피드백을 통해 중간 관리층과 하부 관리층이 주어진 목표를 어느 정도 달성했는가를 파악하여, 지속적으로 수정된 계획과 목표를 하달하고 하부에 있는 관리층은 성과보고서를 정기적으로 시달함으로써 각 계층의 연결이 가능한 것이다.

5. 생산시스템과 환경

생산시스템은 조직을 구성하는 여러 하위시스템(subsystem) 중의 하나이다. 생산시스템은 다른 서브시스템(마케팅, 재무 등)에서 발생하는 의사결정에 영향을 주며 영향을 받기도 한다. 또한 다수의 외적 요인이 기업의 목표와 정책에 영향을 미치며 이는 곧 생산시스템에 반영한다. 생산시스템은 또 조직의 외적 요인에 의해 영향을 받으며 조직 내의 다른 서브시스템과 끊임없는 상호 작용을 한다.

조직외적 요인

조직외적 요인으로는 경제여건, 정부규제, 경쟁상태, 기술변화 등이 있다. 경제여건은 이자율, 통화량, 일반경제상태, 세금 등이다. 1980년대 중반에 3저(低) 현상으로 기업이 호황을 누린 것은 경제여건에 의해 조직의 성과가 결정된 좋은 예라 할 수 있다.

정부규제는 환경오염, 가격담합, 불공정거래, 소비자 피해 등을 방지하기 위해 정부가 기업 활동을 통제하는 것이다. 앞으로 환경오염 방지, 불공정거래

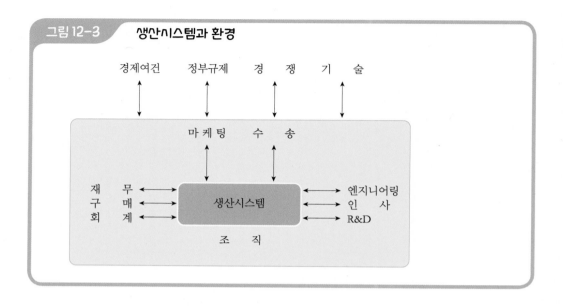

그림 12-3 **생산시스템과 환경**

에 의한 소비자 피해보상, 품질 및 사후 서비스 불량으로부터의 소비자 보호 등 일반 소비자 대중을 기업으로부터 보호하는 차원에서의 규제가 증가할 것이며 기업에서는 이에 대응하기 위해 종전보다 더 많은 법적 전문가와 홍보전문가를 필요로 하게 될 것이다.

경쟁은 조직의 목표와 전략수립에 결정적 영향을 미친다. 1970년대까지 조미료 미풍은 미원보다 높은 시장점유율을 차지하기 위해 당시로서는 엄청난 광고비를 투입한 사례가 있다. 이러한 미풍의 전략이 미원의 전략수립에 영향을 주었을 것은 당연하다. 이 외에도 미국의 코카콜라와 펩시콜라, 맥도날드 햄버거와 버거킹의 선두다툼은 유명한 기업 간의 경쟁사례이다.

기술의 발전은 조직에서의 의사결정방식, 작업방식, 생산방식 등을 근본적으로 변화시킨다. 특히, 생산운영관리 분야에서는 생산공정, 원자재 혹은 소비재기기 등에 있어 전자기술이 급속도로 도입되고 있으며 이는 곧 제품 및 서비스의 설계와 생산방식의 근본적 변화를 의미하는 것이다.

사례 12-2 "친환경차 생산 확 늘려라"…현대차 공장의 이유있는 변신

현대자동차가 새해부터 국내 주요 생산 거점에서 일제히 공사에 들어간다. 생산 라인을 바꿔 하이브리드카와 전기차 생산을 늘리기 위해서다. 올해 한국과 미국에서 새 전기차 전용 공장 가동을 시작하는 현대차그룹은 수십 년간 내연기관차를 만들어온 기존 공장들도 점차 '친환경차 생산 기지'로 개편하고 있다.

내연차 대신 전기차 라인 설치

5일 업계에 따르면 현대차 버스 전용 생산 공장인 전주공장은 지난달 30일부터 생산 설비 개편 공사를 시작했다. 경유·CNG(압축천연가스) 버스를 만들던 기존 생산라인을 축소하고 전기·수소버스 생산을 늘리기 위해서다. 공사 기간은 다음달 16일까지 7주간이다.

이번 공사는 내연기관 버스 단종 결정에 따른 것이다. 현대차는 친환경차 전환 흐름에 맞춰 경유와 CNG를 연료로 하는 일반 고상버스 생산을 올해부터 중단하기로 했다. 그 대신에 지난해부터 전기·수소버스 생산을 대폭 늘리고 있다. 현대차는 상용차 부문에서도 '친환경차 풀라인업'을 구축하기로 하고 중형급 전기버스 일렉시티 타운과 대형급 일렉시티, 유니버스 수소전기버스 등을 출시해왔다. 자동차 제조업계 관계자는 "공사가 끝나면 상용차 단일 생산 설비 기준 세계 최대 규모인 현대차 전주공장이 친환경 버스 생산 기지가 될 것"이라고 말했다.

아산공장도 지난달 30일부터 다음달 4일까지 아이오닉 7 생산을 위한 설비 공사를 시작했다. 아이오닉 7은 현대차의 세 번째 전용 전기차 모델이다. 올해 말 출시를 앞두고 있다.

아반떼, i30를 주로 생산하던 현대차 울산 3공장은 하이브리드 주력 생산 거점으로 바뀐다. 다음달 4일부터 2주간 공사를 거쳐 3월부터 코나와 투싼의 하이브리드 모델을 생산한다. 이제까지 두 차종은 각각 울산1·5공장에서만 생산했다.

스마트 생산 역량·원천기술 확보

2030년 전기차 판매 360만 대(현대차 200만 대, 기아 160만 대) 목표를 세운 현대차그룹은 생산 역량 확충에 팔을 걷고 있다. 내연기관차를 생산하던 기존 공장의 변신 속도가 빨라진 것도 이런 흐름에서다. 신규 전기차 생산 거점도 줄줄이 대기 중이다. 국내에선 현대차와 기아가 울산과 광명·화성에 각각 전기차 전용 공장을 짓고 있다. 미국 조지아주에 짓고 있는 연산 30만 대 규모 전기차 공장도 올 10월 가동을 시작한다.

제조 방식 혁신에도 적극적이다. 현대차그룹은 최근 싱가포르에 글로벌혁신센터(HMGICS)를 열고 컨베이어벨트가 없는 완성차 제조 테스트 베드를 구축했다. 연 3만 대 이상의 전기차를 생산할 수 있는 이곳의 핵심은 유연 생산 방식인 '셀' 시스템이다. 소규모 작업장인 셀에서 근로자와 로봇이 함께 맞춤형 차량을 생산하는 방식으로 서로 다른 모빌리티를 동시에 만들 수 있다. 현대차그룹은 이곳에서 셀 시스템을 실증해 다른 공장에도 도입한다는 계획이다.

테슬라의 자동차 생산 방식을 본뜬 '하이퍼 캐스팅'도 2026년 생산에 적용한다. 한 번에 수천t의 힘을 가해 특수 알루미늄 소재의 차체를 통째로 찍어내는 방식이다. 생산 단가를 대폭 절감할 수 있다.

현대차그룹은 수소차의 심장인 수소연료전지 기술 확보에도 나섰다. 현대차와 기아는 이날 미국 화학소재업체 W L 고어앤드어소시에이츠와 수소연료전지 전해질막을 개발하기로 했다고 발표했다. 고어텍스를 제조하는 회사로 유명한 고어는 원천 기술로 만든 수소연료전지 전해질막을 2013년부터 현대차에 공급해오고 있다. 현대차는 고어와 전해질막을 공동 개발해 차세대 상용 수소전기차에 장착할 계획이다. 김창환 수소연료전지개발센터장(전무)은 "연료전지 분야 최신 기술을 선점하고 더 경쟁력 있는 수소전기차를 세상에 내놓겠다"고 했다.

출처: 한국경제 2024.01.05.

조직 내의 서브시스템

생산시스템은 조직 외적 요인에 의해서 영향을 받을 뿐 아니라 조직 내의 다른 서브시스템과 지속적인 상호 작용을 통해 영향을 받는다.

재무시스템은 자금도입, 자금사용, 투자기회 분석, 손익분석 등의 기능을 수행한다. 따라서 재무시스템에서 결정된 사항은 제조설비의 선택, 초과시간 사용 및 수당지급, 원가통제방침 등에 영향을 미친다.

회계시스템은 재무, 구매, 임금, 생산과 관련된 비용과 가격의 기록, 보고, 통제의 기능을 수행하며 이에 필요한 대부분의 데이터는 생산시스템으로부터 얻는다.

마케팅시스템은 회사제품에 대한 수요창출 및 고객의 만족도 증진에 책임이 있으며, 이러한 기능수행을 위해 수요 예측, 인력수급 예측, 생산능력 예측, 제품수송 등에 있어 생산시스템과 긴밀한 협조가 필요하다.

엔지니어링은 제품품질, 생산방식, 공정 등의 기술적 사항에 대한 지침을 생산시스템에 제공한다.

인사관리시스템은 인력수급, 훈련, 사기진작, 임금관리, 노사관리 등에 관한 업무를 수행한다. 생산시스템에 있어 가장 중요한 구성요소는 역시 사람이며 이를 관리하는 인사관리 분야의 적절한 임무수행은 생산시스템의 성과에 결정적 영향을 미친다.

연구개발시스템은 소재, 가공, 설계에 관해 새로운 기술을 개발하여 기업의 경쟁력을 유지 또는 제고하는 것이 임무이다. 우리나라의 경우, 임금이 지속적으로 상승하고 이에 따라 기업이 고부가가치 제품을 개발해야 하는데, 이러한 제품을 설계하고 생산할 수 있는 기술은 절대적으로 부족하다. 따라서 연구개발에 의한 기술향상 여부가 기업과 우리나라 경제의 장래를 결정할 것은 틀림없는 사실이다.

생산시스템은 조직 내에 독립적으로 존재하는 단일시스템이 아니며 전술한 여러 서브시스템과 공존하고 있다. 생산운영관리는 단지 생산시스템만을 독립적으로 운영하기 위한 개념이 아니라, 생산시스템과 여러 서브시스템과의 상호 연결성을 인식하고 이들의 조화를 추구해야 하는 것이다. 결국 조직의 목표는 조직 내의 여러 서브시스템이 서로 협조 보완적으로 움직일 때 달성될 수 있는 것이며 생산운영관리는 이의 한 기능을 담당하는 것이다.

사례 12-3 팬데믹 · 긴축 후 美경제 과제는 '성장'…석학들 "AI發 생산성 혁신하라"

"AI 수용에 적극적인 정책을 펼치는 국가가 앞으로 경제에서 유리한 위치에 오를 것이다." (글렌 허버드 컬럼비아대 교수)

"팬데믹 이후 공급망 회복은 정상으로 가는 과정일 뿐 성장을 이끌 수 없다. 생산성을 높여야 한다."(재니스 에벌리 노스웨스턴대 교수)

미국의 경제 석학들이 코로나19 팬데믹과 긴축 이후 각국의 지속 가능한 경제성장은 생산성 확보에 달렸다고 강조했다. 지정학적 긴장과 재정적자 문제로 다시 인플레이션이 발생하는 리스크를 피할 수 있는 열쇠가 생산성이라는 지적이다. 석학들은 이를 위해 인공지능(AI)과 디지털 혁신, 지적재산 등 무형자산에 대한 투자를 제안했다.

미 백악관 경제자문위원장을 지낸 글렌 허버드 컬럼비아대 교수는 6일(현지 시간) 미국 텍사스주 샌안토니오에서 열린 2024 전미경제학회(AEA) 연례 총회에서 "1970년대 이후 미국의 생산성은 계속해서 하락하는 추세에 있다"며 "이런 와중에 생성형AI는 가장 최신의 생산성 혁신"이라고 AI를 성장을 위한 기회로 제안했다. 다만 그는 AI 도입 과정에서 19세기 초반 러다이트(Luddite·기계 파괴 운동)와 같은 사회적 반대에 부딪힐수 있다고 우려했다. 허바드

교수는 "혁신의 도래 과정에선 제도와 조직 적응도 중요하다"며 "AI 혁신에 대한 우려는 경제나 과학이 아니라 정책"이라고 강조했다.

지난해 미 연방준비제도(Fed·연준) 부의장 후보로 거론됐던 재니스 에벌리 노스웨스턴대 교수는 "고령 근로자의 퇴직이 늘고 두 개의 전쟁이 벌어지는 심각한 위험이 펼쳐지고 있다"며 "지적재산권·AI 등 무형자산에 대한 투자로 생산성을 확보해야 한다"고 밝혔다.

미국의 경제 석학들이 생산성에 주목하는 이유는 정부부채가 급등하고 고령화가 시작돼 노동력이 부족해 지는 등 미국이 처한 구조적 환경이 성장 동력을 떨어뜨릴 수 있다는 우려 때문이다. 이같은 구조적 문제를 해결하기 위한 구조개혁을 진행하는 동시에 성장을 이어가기 위해 생산성 향상 방안을 고민해야 한다는 것이다.

美 연방 적자 눈덩이 효과 "이대로는 재정 위기"

석학들은 금융위기, 팬데믹을 겪으며 급증한 정부 부채(고부채)와 인구구조 변화에 따른 노동력 부족(고령화) 등을 미국 경제의 주요 구조적 과제로 지목했다. 특히 미국 정부 부채가 지속 불가능한 수준에 이르렀다는 데 학계의 의견이 모였다. 2011년 노벨경제학상 수상자인 크리스토퍼 심스 프린스턴대 교수는 "미국 정부가 재정적자로 인해 이자비용이 급격하고 늘고 있는데도 재정 감축에 관심을 두지 않는다면 인플레이션이 재발할 것"이라고 전망했다.

미국 재무부에 따르면 현재 미국 정부 부채는 34조 62억 달러(약 4경 4,744조 원). 2008년 초 10조 달러 수준이었던 정부 부채는 금융위기

와 팬데믹을 거치며 15년 만에 3배로 급증했다. 모건스탠리의 수석 미국 이코노미스트인 엘런 젠트너는 "금리가 금융위기 이전 평균 수준인 3.2%를 유지한다면 미국 국내총생산(GDP) 대비 부채 비율은 지난해 122.1% 수준에서 2040년 145.6%까지 올라갈 것"이라고 전망했다.

부채는 국채 시장에도 영향을 미치게 된다. 데이나 피터슨 수석이코노미스트는 "늘어나는 국채 발행을 과연 시장에서 소화할 수 있을 것인지 유념해야 한다"며 "중국·일본은 이미 미국 국채 외에도 투자 포트폴리오를 다양화하고 있다. 부채가 늘수록 신용등급은 떨어져 조달 비용이 더 늘게 된다"고 말했다. 그는 "고통스럽지만 헬스케어 개편과 세제 개혁, 초당적 부채위원회 설립, 은퇴 연령 상향 등 가능한 조치를 취해야 한다"고 촉구했다.

노동인구 감소도 미국 경제의 당면 과제다. 피터슨 수석이코노미스트는 "65세 이상 인구 대비 25~64세 인구 비율은 1980년 4.2명에서 2020년 3.0을 넘었으며 2040년 2.2명, 2060년에는 2명 이하로 떨어진다"며 "노동인구 감소로 세입은 줄고 복지 지출은 늘어나게 된다"고 말했다. 고령화 문제가 재정 적자와도 얽혀 있다는 설명이다.

이에 이민을 늘려야 한다는 조언도 잇따랐다. 젠트너 이코노미스트는 "Z세대는 처음으로 비백인이 다수인 세대가 됐고 이들의 경제적 영향은 더 커질 것"이라며 "이민은 지속 가능성에 크게 기여한다"고 주장했다. 하인스 교수는 "이민을 제한하면 부족한 숙련공을 자본으로 대체해야 해 비용이 늘어난다"며 "이는 인플레이션의 또 다른 요인"이라고 말했다.

AI·자율주행차·바이오 등 美 혁신 진행 중…親 디지털 정책으로 생산성 높여야

석학들이 생산성 향상을 조언한 것도 이 때문이다. 노동인구가 줄어들고 투자 위축 등이 발생하는 데 대응해 생산성을 더욱 높여야 성장할 수 있다는 논리다. 제임스 하인스 교수는 "1990년대 미국 정부가 흑자를 기록할 수 있었던 것은 당시 생산성이 폭발하면서 세금이 늘고 세금법을 개정했기 때문"이라며 "지금 가능한 일이 무엇인지를 보면 미국 경제에서 계속되는 혁신을 이용하는 것"이라고 지적했다. 그는 "자율주행 자동차, 비만 치료제 '오젬픽'과 같은 제약 분야에서 혁신이 일어날 잠재력이 있다"고 덧붙였다.

인공지능(AI)에 주목하는 목소리도 어느 때보다 컸다. 타냐 바비냐 컬럼비아대 교수는 모건스탠리나 스타벅스가 AI를 맞춤형 자산관리 서비스나 공급망 관리에 적용한 사례를 소개하며 "AI를 통해 생산성을 높인 증거는 계속 나오고 있다"며 "미국 상장 기업의 50% 이상이 어떤 형태로든 AI에 투자하고 있다"고 강조했다.

이번 2024 AEA에서는 글로벌 경제성장을 견인해온 무역의 힘이 약해질 것이라는 우려도 제기됐다. 도미닉 살바토레 포덤대 교수는 "무역이 성장을 견인하지 못하는 시대를 보게 될 것"이라며 "미국이 이를 바로잡지 못한다면 중장기적으로 달러의 위상 약화로 이어질 수 있다"고 지적했다.

출처: 서울경제 2024.01.08.

서비스운영관리의 개요

생산운영관리의 대상은 주로 제품의 제조에 한정되지만 최근 들어 서비스 산업의 분야까지 그 영역이 점차 확대되고 있다. 서비스 산업은 선진국 경제의 GDP에서 압도적으로 높은 비율을 차지하며 그 규모는 계속 증가 추세에 있다. 서비스업은 기존의 생산운영관리방법이 적용되어 왔던 제조업과는 매우 다른 특성을 지니고 있으므로 전문적이면서 제조업과 차별화되는 서비스운영관리방법이 사용되어야 한다. 본 절에서는 서비스운영관리에 대한 기본 개념을 앞 절의 생산운영관리에 추가하여 다룬다.

1. 서비스의 개념 및 속성

서비스라는 단어의 기원은 14세기 말 라틴어인 'Servitium'과 'Slave'를 나타내는 프랑스어인 'Servus', 다시 말해서 노예를 지칭하는 단어로부터 파생되었다는 것이 학자들의 견해이다. 현대적 의미에서의 서비스란 상대방에게 소유권의 변동 없이 제공해 줄 수 있는 무형의 효용(utility)이나 활동(activity)을 통해서 만족을 주는 행위라 할 수 있으며, 최근에 들어서는 이와 같은 서비스가 제품과 결합하여 상품화되는 경향을 보인다. 서비스의 고유한 특징들은 서비스업의 운영 및 관리 활동이 제조업에서의 전통적인 방식과 차이가 존재함을 의미한다. 즉 서비스기업에서는 제조기업과는 차별화된 운영 및 관리 기능을 필요로 한다. 서비스의 특징을 몇 가지 살펴보기로 한다.*

노동집약성(labor intensity)

서비스는 고객접점에서 서비스 제공자의 관여가 높고 기계화 및 자동화 수준이 낮은 편이다. 기술의 발전과 서비스 제공의 효율성을 높이기 위해 기계화, 자동화 수준을 높이려는 노력이 지속적으로 진행 중이며 ATM, 전자발권기 등에 의해 노동력이 대체되고 있는 것이 그 예가 될 것이다. 서비스는 노동집약성이라는 관점에서 양질의 인적자원의 확보 및 관리가 중요하다.

무형성(intangibility)

서비스는 고객에게 제공되는 무형의 재화이다. 영화, 스포츠 관람 등의 서비스는 본질적으로 서비스를 제공 받은 고객이 경험을 통해 얻을 수 있는 효용가치라고 할 수 있다. 따라서 서비스 제공자는 기능적 효용가치를 높이기 위한 노력이 필요하다. 그러나, 이러한 무형성을 지닌 서비스도 고객에게 전달되는 과정에 물리적인 유형적(tangibility) 요소가 부가될 수 있다. 예를 들어 항공서비스의 경우 서비스가 제공되는 과정에 고객이 이용하는 항공기 좌석 등 부대시설이나 기내에서 제공되는 식음료는 서비스에 부수되는 자재로서 유형적인 실체를 갖는다.

---

* 유시정, 서비스경영, 법문사 참조.

생산과 소비의 동시성(simultaneity)

서비스는 서비스 제공자에 의해 생산되는 동시에 이를 제공받는 고객에 의해 소멸된다. 예를 들어 영화, 항공서비스 등은 서비스 제공시점에 고객은 서비스를 받게 되며 이와 동시에 서비스는 소멸된다. 즉 서비스는 서비스 제공자와 고객의 상호 작용에 의해 이루어지므로 생산과 소비가 시간 및 장소 차원에서 동시적이라고 할 수 있다. 따라서 서비스는 보관, 저장이 불가능하므로 미래 서비스 수요예측의 정확성, 적절한 서비스 공급 시점 및 서비스 품질에 대한 관리가 중요하다.

소멸성(perishability)

서비스는 생산과 동시에 소비가 동시적으로 발생하므로 공급이 수요를 초과하는 경우 이를 재고(inventory)로 유지할 수 없다. 이러한 경우 일반적인 제품은 재고를 유지하여 추후 수요에 대응할 수 있으나 서비스의 경우 고객의 요구에 즉시 대응하지 않으면 서비스 제공의 기회를 상실하게 된다. 따라서 서비스는 고객에게 제공된 후 소멸되므로 수요의 시한성을 갖는데 이를 극복하기 위해 수요 예측이나 고객의 서비스 대기시간에 대한 관리가 필요하다.

이질성(variability)

서비스는 일반적으로 제조기업에서 생산되는 제품과 달리 표준화가 어렵다. 이는 서비스를 고객에게 제공하는 과정에 인적 요인의 관여도가 높아 서비스 프로세스, 서비스 제공시간, 서비스 품질 등이 표준화 되지 못하고 이질성이 높게 나타나는 것이다. 따라서 다양한 고객의 요구에 대응하기 위해 고객화(customization) 수준을 높이는 경우 서비스 표준의 설정은 더욱 어렵고 서비스 운영의 효율성은 낮아진다. 서비스 제공자는 효율성을 위한 서비스 표준화와 고객화에 대한 서비스의 유연성 사이의 적절한 균형을 맞출 수 있는 효율적인 서비스운영관리가 필요하다.

2. 서비스운영관리 체계

서비스운영관리는 서비스기업의 운영관리자의 활동, 의사결정, 책임과 관련되어 있다. 서비스운영관리는 서비스의 가치 창출을 통해 서비스 이용자에게 진정한 만족을 주는 서비스 경험과 기대하는 서비스 결과를 확신시키기 위한 관리활동이다. 이를 위해서 서비스 제공자는 고객 요구에 대한 이해와 서비스 프로세스에 대한 관리, 조직의 목표와의 일관성을 위한 지속적인 서비스 개선노력이 필요하다.

서비스운영관리의 필요성에 대해 Johnson, Clark & Shulver(2012)은 고객, 종업원, 조직, 경제적 기여의 관점에서 설명하고 있다.

첫째, 서비스운영관리 측면에서 고객에 대한 기여는 올바른 서비스를 통해 고객의 요구를 충족시키고 좋은 경험을 제공함으로써 고객에 대한 전달가치를 높이고 고객만족의 목표를 달성하기 위해 필요하다.

둘째, 종업원에 대한 기여는 서비스운영관리를 통해 고객을 만족시키는 것은 종업원 만족으로부터 시작해야 한다. 서비스 운영에 있어서 종업원들의 노력을 고양하고 적절한 권한을 부여함으로써 이들의 요구가 충족되면 고객만족을 얻을 수 있다.

셋째, 서비스기업의 조직에 대한 기여는 좋은 서비스운영관리를 통해 고객만족을 얻게 되면 구전효과, 명성, 브랜드 가치가 상승함을 의미한다. 따라서 효율적인 서비스운영관리는 조직의 목표달성은 물론 서비스성과를 높여줌으로써 조직의 발전에 도움이 된다.

넷째, 재무적 성과에 대한 기여는 서비스운영의 문제해결을 통해 매출, 영업이익률 등 최소한의 재무적 성과의 개선조건을 충족시켜 기업의 경제적 성장을 위한 조건과 능력을 상승시킨다.

서비스를 생산하여 고객에게 전달하는 과정에 직간접적으로 서비스운영관리의 이슈들이 발생한다. Beckman & Rosenfield(2008)는 서비스운영관리에서 나타나는 이슈들을 여섯 가지 특징으로 나누어 설명하고 있다. 여기서 제시된 이슈들은 서비스운영의 효율적 관리를 통해 해결해야만 하는 서비스기업의 과제이기도 하다.

❶ 서비스 특징: 서비스의 내용과 특성, 서비스믹스, 기본적인 산업 내 경쟁 상황, 새로운 서비스의 도입과 성과

❷ 고객지향적 특징: 서비스 마케팅 전개를 위한 물리적 환경조성, 고객관계 유지를 위한 서비스 프로세스, 서비스 제공의 고객화 수준, 성수기/비수기의 수요관리의 용이성, 서비스 품질 경영

❸ 서비스프로세스 특징: 자본집약도, 프로세스 유형과 설비 배치, 프로세스의 유연성과 과업흐름의 균형화, 일정계획의 용이성, 규모의 경제, 설비 배치와 과업수행과정의 병목현상, 프로세스 변환의 특징, 서비스 자재의 흐름

❹ 수요 및 공급능력 특징: 수요, 공급능력의 특성과 관련성, 공급능력 결정요인, 공급능력의 확대

❺ 인적자원관련 특징: 인적자원의 충원, 임금, 숙련도, 직무통제, 동기부여, 능력개발, 교육훈련

❻ 관리적 특징: 인적자원의 수요, 적절한 인적자원 관리의 내용 및 의미에 대한 정의

서비스기업이 지향하는 서비스운영관리의 체계는 어때야 하는가? 서비스운영관리의 체계는 서비스를 제공받는 고객과 서비스를 제공하는 종업원 측면 모두에서 고려되어야 한다. 서비스기업에 가장 바람직한 서비스운영관리의 체계는 〈그림 12-4〉와 같이 구성할 수 있다.

〈그림 12-4〉에서는 서비스운영관리의 계획, 서비스운영관리의 기능, 서비스운영시스템의 지원기능으로 체계화 된다. 고객에게 제공되는 서비스가 구체적으로 정의되고 서비스운영조직이 구성되면 이 조직을 이끌어나가기 위한 최고경영층의 리더십이 필요하다. 모든 서비스운영관리 활동은 계획과정으로부터 출발하는데 서비스의 수요 및 공급은 계획과정에서의 활동으로 볼 수 있다.

서비스운영은 서비스 프로세스 설계의 표준화, 물리적인 서비스 시설의 입지와 배치, 서비스 생산능력의 결정, 서비스 품질의 측정과 개선, 서비스 자재의 조달과 재고통제 등 핵심적인 관리활동으로 구성된다. 서비스운영을 지원하는 기능으로는 서비스 인적자원관리, 고객정보시스템(customer information

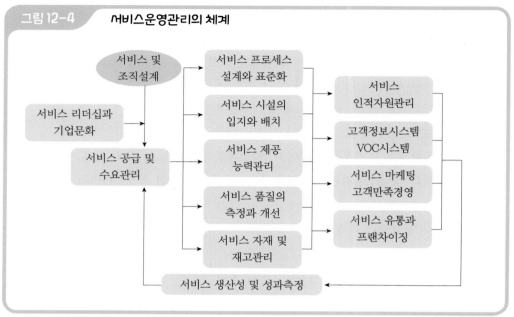

그림 12-4 **서비스운영관리의 체계**

출처: 유시정, 「서비스경영」, 법문사.

system)의 운영, 서비스 마케팅 및 고객만족경영, 서비스 유통과 프랜차이징 등이 있다. 또한 서비스운영관리를 시스템적 시각에서 볼 때 운영결과에 대한 검토를 위해 서비스 생산성 및 운영 성과의 측정, 측정결과의 활용을 위한 피드백 기능이 필요하다.

오늘날 고객의 요구는 매우 다양하고 불규칙하며 변화무쌍하다는 특징을 가지고 있다. 아울러 서비스운영시스템의 기술적인 발달, 경쟁환경의 심화 등 서비스 기업환경이 급속히 변화하고 있다. 즉 서비스 가치 이동이 산업 전반에서 일어나고 있다.

3. 서비스운영전략

서비스운영전략은 서비스기업의 경영목표를 달성하기 위한 포괄적 수단으로서 시장에서의 경쟁우위를 갖기 위해 자원을 배분하고 실행하는 전반적인 계획이라고 정의할 수 있다. 즉 서비스운영전략은 기업내외의 환경변화에 대처하고 서비스운영활동을 동태적으로 적응시키는 계획 방법이다.

　　서비스기업이 새로운 서비스 상품이나 새로운 서비스 방법을 계획하는 경우 서비스 상품의 개발 전략, 마케팅 수행 전략, 필요 자원의 동원 전략이 필요하다. 또한 서비스 상품 개발의 기간, 자원조달의 규모, 필요기술 등 광범위한 의사결정이 요구된다. 이러한 계획과 의사결정을 서비스운영전략이라 하는데 고객의 선택을 유도하기 위한 전략의 수립이며 서비스기업의 특성, 산업 내 경쟁상황, 고객의 요구, 기술수준, 서비스 가격 등에 따라 영향을 받는다.

　　Beckman & Rosenfield(2008)의 정의에 의하면 서비스운영전략은 치열한 경쟁환경에서 적절한 대응과 서비스기업의 산업 내 명확한 위치선점(positioning)에 초점을 둔다. 서비스운영전략은 기업이 보유하고 있는 자원을 효율적으로 활용할 수 있는 능력으로 산업 내 경쟁적 우위를 점할 수 있는 전략을 결정하는 수단과 과정이라고 할 수 있다.

사례 12-4   "지금 오시면 수속시간 가장 짧아요"…김포공항 '예측서비스' 만든다

　　지난해 10월 국제항공운송협회(IATA)는 '2023 글로벌 여객 조사(GPS)' 결과를 발표했다.

　　IATA는 세계 항공 여행객들의 선호와 행동에 대한 객관적이고 심층적인 통찰력을 제공하기 위해 2012년부터 매년 GPS 결과를 공개하고 있다.

　　여행객들이 항공여행에서 가장 우선하는 것이 무엇인지를 살펴본 2023년 조사에서 응답자들은 '편의성(Convenience)'과 '속도(Speed)'를 꼽았다. 수속 절차가 간소화 돼 대기 시간이 최소화되길 원했다. 응답자의 74%는 휴대용 가방 만 들고 탑승 게이트까지 30분 이내에 이동할 것을 기대했다. 이는 2022년 조사된 54%보다 20%포인트가 많은 것이다. 수속 편의를 위해 생체 인식 등 자신의 정보를 기꺼이 공유하겠다는 여객도 늘어나고 있다.

　　이번 GPS 결과는 공항이 쇼핑·문화·예술·식도락 등 다목적 복합 공간으로 변하고 있지만 여전히 여객들은 공항 고유의 기능이 개선되기를 원하고 있음을 보여준다. 되도록 한 곳에서 모든 여행 정보를 받기를 원하고, 출·입국 심사에 너무 많은 시간이 빼앗기는 것을 원하지 않는다.

　　세계 유수 공항들이 인공지능 등 첨단 기술을 활용해 여객 편의를 높이고 끊김 없는 서비스 제공하는 이른바 '스마트 공항' 구축에 나서는 것도 이와 무관치 않다.

국내 지방공항 허브이자 동북아 비즈 포트(Biz Port) 중심인 김포국제공항도 예외는 아니다.

김포공항 등 14개 지방공항을 운영하는 한국공항공사는 초개인화 시대에 무단절 공항 서비스를 제공하기 위해 '스마트공항 추진 로드맵'을 마련해 추진하고 있다.

이르면 올해 상반기께 '스마트 공항'의 구체적인 서비스가 김포공항을 통해 데뷔한다. 이 서비스는 국내 '스마트 공항'의 수준을 가늠할 바로미터란 점에서 관심이 크다.

이러한 새로운 서비스와 동북아 셔틀노선 확대 등을 통해 김포공항은 올해 국제선 여객 400만 명, 국내선 여객 2,140만 명을 유치한다는 계획이다.

이는 한국공항공사가 전국 14개 공항을 통해 9,000만 명의 여객(국내선 7,000만 명·국제선 2,000만 명)을 유치하겠다고 한 올해 목표의 24%에 해당한다.

윤형중 한국공항공사 사장은 "김포공항을 메가시티 서울의 신성장 거점으로 육성하는 밑그림을 구체화했다"면서 "상반기 중에 공항 멤버십과 연계한 비즈니스 패스트 트랙, 공유 오피스, 프리미엄 라운지 등과 관련한 가시적인 성과가 나올 수 있도록 속도감 있게 추진하겠다"고 말했다.

#1 여권·카드 없이 '손바닥 정맥'만으로 면세품 구입

출국 수속을 마친 여객은 공항 면세점 쇼핑에 마음이 설렌다.

지금까지 공항 면세점 이용 절차는 다소 복잡한 편이다. 여객이 면세점에서 사고 싶은 물건을 골라 직원에게 주면 직원은 탑승권과 신분증(여권)을 요구한다. 직원이 여객과 상품 정보를 입력한 뒤에야 상품 결제가 가능하다. 탑승권과 신분증, 신용카드를 일일이 제시하는 것 자체가 번거롭다.

이르면 상반기 중 이러한 절차 없이 바이오 정보(손바닥 정맥)만으로 원스톱 면세품 구매가 가능해 진다. 국민은행 등 제1금융권에 손바닥 정맥을 등록한 여객이라면 면세 매장에 설치된 손바닥 정맥 인식 기계에 손바닥을 대는 것만으로 면세품 구입이 가능하다. 은행에 등록한 신체 정보에는 신용카드 등 여객의 결제 정보가 담겨있기 때문이다.

다만 주의할 점이 있다. 김포공항 등 지방공항에는 신분증 없이 탑승이 가능한 손바닥 정맥 등록 시스템이 있다. 이 시스템은 출국·출발 편의를 높이기 위한 것으로 면세품 결제 시스템과 연동되어 있지 않다. 손바닥 정맥으로 면세품 결제를 하고 싶으면 반드시 1 금융권에 신체 정보를 등록해야 한다.

#2 줄서지 않고 더 빠르게...패스트 트랙 시범 도입

패스트 트랙(Fast track)은 공항을 이용하는 여객이 신분 확인 또는 보안검색 시 일반 대기줄이 아닌 별도의 통로나 대기줄을 통해 빠르게 보호구역으로 들어가는 서비스다.

패스트 트랙은 대체로 두 종류로 운영된다. 보안검색 절차를 일정 부분 면제받고 통과하는 방법과 일반승객과 겹치지 않는 상태에서 보안검색을 받고 통과하는 방법이 대표적이다.

보안검색 절차를 일정 부분 면제받고 통과하는 방법은 1,500만 명이 등록해 사용하고 있는 미국 교통안전청(TSA)의 사전검색(Pre-Check) 시스템이 대표적이다. 국내선의 경우 78달러(5년), 국제선을 포함할 경우 100달러(5년)의 등록비를 내면 신발을 벗거나 노트북, 액체, 벨트 등 보안검색 이전에 분리해야하는 부분을 면제받을 수 있다. 미국 TSA는 사전검색 여객의 약 99%는 대기시간이 10분 미만이라고 홍보하고 있다.

미국을 제외한 모든 공항은 일반승객과 겹치지 않고 보안검색을 받고 통과하는 방법을 채택하고 있다. 일정 금액을 지불하거나, 높은 등급의 항공사 좌석을 구매했을 때 일반여객과 따로 보안검색을 받는 시스템이다. 보안검색 면제나 축소는 없다. 김포공항도 국제선에 이 모델을 시범 운영할 예정이다.

#3 공항 이용 빈도 높으면 혜택 '쑥' … '공항 멤버십'

공항을 자주 이용하는 여객에게 공항 이용 횟수에 따라 차별화된 혜택을 제공하는 '앱 기반 공항 멤버십' 시범 서비스도 주목된다. 공항 멤버십 시범 사업은 김포공항과 김해공항에 우선 도입할 예정이다.

이용 방법은 간단하다. 공항 내 설치된 리워드 적립 키오스크를 이용해 회원가입을 한 뒤 공항 이용 횟수에 따라 포인트를 지급받으면 된다. 적립 포인트는 쿠폰으로 바꿔 멤버십 계약이 체결된 공항시설 등에 이용할 수 있다.

쿠폰 사용 분야는 미정이나 주차장, 공항내 식음료시설, 공항 면세점, 패스트 트랙 이용 등에 사용이 가능한 방안을 검토하고 있다. 공항 멤버십은 싱가포르 창이공항, 튀르키예 이스탄불공항 등 해외공항에서 이미 활용하고 있다.

지난해 11월 서울 김포공항 롯데시티호텔에서 열린 '김포공항 개항 65주년 미래 발전전략 세미나'에서 김형이 티웨이 경영본부장(전무)은 "히드로공항, 창이공항, 오클랜드공항처럼 멤버십 제도를 도입해 패스트 트랙, 구내식당 우대 할인 등 김포공항이 가진 인프라와 연결하면 승객을 끌어들이는 유인이 될 수 있다"고 조언한바 있다.

#4 집에서 앱으로 실시간 공항 혼잡도 보고 출발 시각 정해

지금도 김포·김해·제주·대구·청주공항 홈페이지와 스마트공항 가이드 앱에서 해당 공항의 '탑승수속 소요시간'을 볼 수 있다.

탑승수속 소요시간 안내 서비스는 키오스크 체크인 후 신분검색, 보안검색, 항공기 탑승에 이르는 전 구간별 평균 공항 체류시간을 보여준다.

현재 앱 등을 통해 제공되는 체류 시간은 실시간·정교성이 떨어진다. 여객이 공항 수속을 밟으면서 항공권을 곳곳에서 태그하면 그 시간을 평균내 체류시간을 추정하기 때문이다.

앞으로는 김포공항에 라이다 센서를 달아 혼잡도를 실시간으로 측정한다. 레이저를 이용해 주변 사물을 3차원으로 스캔할 수 있는 라이다센서는 신분확인 혼잡도, 보안검색 혼잡도 등을 실시간으로 정밀분석하는 데 도움이 된다. 이렇게 파악한 실시간 혼잡도를 바탕으로 수속 단계별 소요 시간을 예측해 제공한다.

이렇게 되면 여객은 집에서 언제 공항으로 출발하는 것이 적당한지를 사전에 정확히 알수 있어 촘촘한 시간 계획이 가능하다.

입국하는 가족이나 지인을 픽업하기 위해 공항에 온 마중객에게도 좋은 서비스가 생긴다. 항공기 편명, 노선, 위치, 속도, 방향, 고도 등의 운항 정보를 최적화된 지도 화면에 띄워 실시간으로 항공기 위치를 제공하는 서비스를 김포공항 홈페이지, 스마트공항 가이드 앱에서 확인할 수 있다. 이 서비스는 미국 샌프란시스코공항, JFK공항 등 해외 일부 공항에서 제공하지만 국내 공항에서는 처음이다.

이와함께 김포공항에는 탑승 대기중 휴식·업무·회의·의전이 가능한 라운지, 팬미팅 등이 가능한 다목적 공유 오피스가 새롭게 들어선다.

출처: 매일경제 2024.01.07.

Haksever(1990)는 서비스기업의 운영전략의 특징을 계획, 결합, 유형, 위치, 전망 등으로 정의하였다. 서비스운영전략은 목표달성을 위한 전략적 계획과 과업수행을 위한 구체적인 노력과 같은 전술적 실행, 정책 등의 하위의 행동방안들을 포함한다.

❶ 계획(plan): 전략은 조직이 지향하는 목표달성을 위해 과업수행 이전에 설계, 개발되는 계획의 하나이다.

❷ 결합(poly): 전략은 산업 내 경쟁자의 의표를 찌르는 특정한 전술들의 결합이다.

❸ 유형(pattern): 전략은 일관된 행위와 주제를 실현하기 위한 일련의 행동양식이다.

❹ 위치(position): 전략은 조직환경에 적절히 대응하여 어떻게 경쟁력을 확보할 것인가의 위치선점(positioning)의 지표이다.

❺ 전망(perspective): 전략은 조직의 상황에 따른 진행 방향을 정의한다.

Hayse & Wheelwright(1984)는 서비스운영전략의 특징을 계획기간, 영향, 노력의 집중, 의사결정 패턴, 광범성 등으로 설명하고 있다.

❶ 계획기간(time horizon): 전략의 수립과 실행은 장기(long-term)에 걸쳐 이루어지며 장기간의 계획과 활동을 통해 영향관계를 파악해야 한다.

❷ 영향(influence): 전략수립 및 실행과정, 전략수행 결과와의 상호 영향관계를 파악해야 한다.

❸ 노력의 집중(concentration of effort): 전략의 목표달성과 효율적인 전략수행을 위해서는 노력 및 자원 배분을 집중해야 한다. 선택적인 노력의 집중은 상대적으로 다른 활동의 낭비적 요인을 줄일 수 있다.

❹ 의사결정 패턴(pattern of decision): 전략 개발 과정을 위해서는 일련의 의사결정이 필요하며 특정한 목적에 따라 수행되는 의사결정 패턴을 유지하는 것이 바람직하다.

❺ 광범성(pervasiveness): 전략의 개발과 운영은 세부적인 사항보다는 전체적이고 넓은 시야에서 여러 가지 기능이 복합적으로 광범위하게 전개됨을 의미한다.

서비스기업이 새로운 서비스 상품을 계획하는 경우 어떠한 전략을 구사해야 될 것인가를 Hayse & Wheelwright(1984)의 서비스운영전략의 특징과 관련

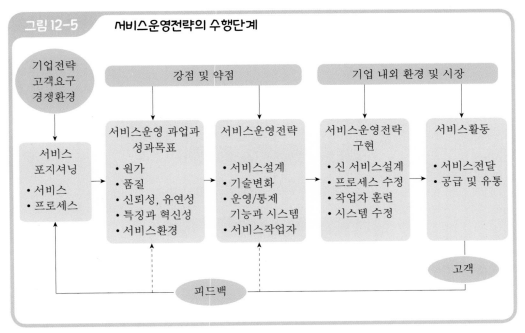

그림 12-5　서비스운영전략의 수행단계

출처: 유시정, 「서비스경영」, 법문사.

하여 살펴보면 새로운 서비스 상품개발은 단기적으로 이루어지는 것이 아니라 기업의 특성, 경쟁상황, 고객의 요구, 기술수준, 가격 등의 여러 요인을 복합적으로 고려하여 장기간에 걸쳐 이루어지는 것이다. 서비스운영전략은 서비스 생산과 운영에 필요한 자원의 확보, 기술의 조달, 공급능력, 판매를 위한 유통망의 구성 등 사내 외의 여러 기능적 요소에 의해 영향을 받는다. 또한 서비스운영전략은 서비스운영관리에서의 효율성 확보를 위한 노력이 기업 전체적인 관점에서 포괄적으로 지지되고 운영되는 것이 바람직하다.

서비스운영전략의 수립단계에서는 서비스 설계, 기술적 문제와 적용, 운영 및 통제시스템의 기능과 활동, 자원의 조달 등 구조적인 면에서의 전략실행과 지원 측면에서의 운영전략을 수립한다. 서비스운영전략의 구현은 서비스운영을 통해 고객에게 서비스를 전달하는 서비스활동을 포함한다. 〈그림 12-5〉에 서비스운영전략의 수행단계를 체계화하였다.

〈그림 12-6〉에서는 서비스운영전략의 수립절차를 나타내고 있다. 서비스

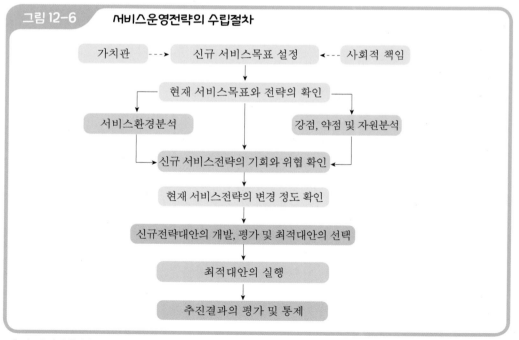

그림 12-6   서비스운영전략의 수립절차

가치관 ---> 신규 서비스목표 설정 <--- 사회적 책임

현재 서비스목표와 전략의 확인

서비스환경분석   강점, 약점 및 자원분석

신규 서비스전략의 기회와 위협 확인

현재 서비스전략의 변경 정도 확인

신규전략대안의 개발, 평가 및 최적대안의 선택

최적대안의 실행

추진결과의 평가 및 통제

출처: 유시정, 「서비스경영」, 법문사.

운영전략을 개발하기 위해서는 새로운 서비스의 목표를 설정해야 한다. 새로운 서비스의 목표는 기업의 경제적 목표를 포함한 가치관, 서비스활동을 통한 기업의 사회적 책임을 함께 고려하여 결정한다. 현재 서비스의 목표에 따라 전략적 위치와 신규 서비스 전략의 기회 및 위협요인을 확인한다. 이 과정에서 기업의 서비스 환경을 분석하고 기업이 보유한 능력의 강점 및 약점, 자원의 활용수준을 파악하고 현재 서비스 전략의 변경가능성과 변경 정도를 파악한다. 다음으로 신규 전략대안을 개발 및 평가하고 이를 통해 전략수행을 위한 최적대안을 선택하여 구체적으로 실행한다. 마지막으로 최적대안의 추진결과를 검토하고 본래 목표치에 접근하도록 수정과 통제활동을 지속한다.

생산/서비스운영관리의 응용

1. 재고관리

재고는 좁은 의미로 조직에서 사용하는 물품이나 자원의 창고 보관물량을 의미하는 것으로 미래의 판매나 사용을 목적으로 저장되는 유형자원, 즉 원자재, 재공품, 완제품 등이 그 전형적인 예라 할 수 있다. 그러나 넓은 의미에서 재고는 이들 외에도 인적자원, 즉 노동력, 자본, 에너지, 장비 및 원자재 등의 투입요소까지도 포함하며 재고의 정의는 조직에 따라 다양하다. 예를 들어 제조기업에서는 원자재와 완제품뿐 아니라 종업원, 기계 및 운전자본까지도 재고로 취급할 수 있으며 항공회사는 비행기 좌석을, 기술용역회사는 전문기술을 재고로 생각할 수 있다.

재고관리의 기본목적은 첫째, 적시적량의 재고를 통해 고객만족을 최대로 하며 둘째, 이에 부수되는 재고 유지/관리 비용을 최소화 하는 것이라 할 수 있다. 하지만 이러한 두 가지 목적은 서로 상충된다. 적시적량의 재고를 위해서는 일정 수량의 재고를 창고에 유지해야 하고 이는 창고 보관 비용을 발생시킬 수밖에 없다. 결국 생산/서비스 비용과 생산/서비스 질적 수준 사이에 적절한 균형을 찾아야 한다. 즉 재고의 과다 보유 및 품절 및 매진을 피하는 적정수준의 재고를 유지해야 한다. 재고관리의 기본목적은 재고주문의 시기와 수량에 대한 최적의 결정을 통해 보유해야 할 적정수준의 재고를 관리하는 것이다.

❶ 재고보충 시 적절한 1회 주문량은?
❷ 재고보충을 위한 적절한 주문시점은?

전자는 경제적 1회 주문량(economic order quantity)에 관한 결정이고 후자는 주문시기, 즉 재 주문점(reorder point)에 관한 결정이다.

재고관리 모형은 '얼마?', 즉 주문량과 '언제?', 즉 주문시점을 결정하기 위한 기준변수로서의 총비용(total inventory cost)과 결정변수로서의 주문량, 주문 횟수 혹은 안전재고수준과의 관계를 나타내는 모형이다. 주어진 상황에 따라 다를 수 있으나 기본적으로 모형은 비용의 최소화 또는 이익의 최대화를 목적으로 한다.

재고모형은 제품 및 서비스에 대한 수요(demand)와 조달기간(lead time)에 대한 가정에 따라 확정적 모형(deterministic model)과 확률적 모형(stochastic model)으로 구분한다. 재고는 미래 수요를 만족시키기 위하여 유지되므로 미래 수요에 대한 예측이 선행되어야 한다. 만일 제품/서비스에 대한 연간 수요량이 일정하다면 이는 확정적 수요(deterministic demand)라 할 수 있다. 그러나 수요량이 일정하지 않고 각 수요량의 발생 확률이 시간에 따라 변한다면 이는 확률적 수요(stochastic demand)라 한다. 조달기간(lead time)이란 제품 및 서비스를 공급자에게 주문하는 시점부터 실제로 제공 받는 시점까지의 기간을 말한다. 제조업의 경우 조달기간이란 제품의 생산지시부터 완료까지의 기간을 의미하고 서비스업의 경우 서비스의 고객요청 시점부터 서비스 제공 완료까지의 기간을 의미한다. 조달기간이 분명하면 확정적 조달기간이라 하고 확률분포로써 나타내면 확률적 조달기간이라 한다.

결론적으로 미래 수요와 조달기간이 시간의 경과에도 일정하며 사전에 분명히 알려져 있다고 가정하면 이때의 재고모형은 확정적 모형이 되고 이 가운데 하나 또는 모두가 확률분포로 나타나면 확률적 모형이라 한다.

2. PERT/CPM

프로젝트의 일정계획 및 통제, 수송시스템 및 통신시스템의 설계 등의 문제는 네트워크 모형(network model)을 이용하여 해결할 수 있다. PERT (program evaluation and review technique)와 CPM(critical path method)은 연구/개발사업, 영화제작, 신제품 개발, 광고캠페인의 설계, 경영정보시스템의 도입, 빌딩, 공항, 고속도로 등과 같은 대규모 건설공사 등의 일회성 프로젝트의 계획, 일정계획의 수립 및 통제를 위하여 널리 이용되는 네트워크 분석기법이다.

프로젝트 관리는 비반복적 성격에 의하여 일상적인 생산/서비스운영관리 기법과는 차별화된 분석 기법이 필요하다. PERT와 CPM은 비반복적, 즉 일회성 프로젝트(one-time project)를 분석 대상으로 한다. 프로젝트의 제조공정은 거의 고정되어 있으므로 여러 자원, 즉 자재와 인력이 프로젝트를 중심으로 이동하게 된다. 프로젝트 관리(project management)란 프로젝트의 시간, 비용, 기술적 제약 조건을 충족시키도록 인력, 장비, 자재 등 여러 가지 자원을 계획, 지휘 및 통제하는 모든 관리활동을 말한다.

프로젝트 관리는 다음과 같은 특성을 지니고 있다.

❶ 프로젝트를 완료하는 데에는 수주일, 수개월, 심지어는 수년이 걸리기 때문에 이 기간 동안 예측할 수 없는 여러 변화의 발행가능성이 존재하며 이러한 변화는 프로젝트 비용, 기술 및 자원에 큰 영향을 미친다.
❷ 프로젝트는 여러 관련활동으로 구성되어 복잡성을 띈다.
❸ 프로젝트 완료의 지연은 큰 비용 및 손해를 초래한다.
❹ 프로젝트는 작업순서를 준수해야 하므로 특정활동은 다른 사전활동의 종료 후에 시작할 수 있다.

모든 프로젝트를 수행하는데 필요한 관리의 일반적 순서는 프로젝트 계획(project planning), 프로젝트 일정관리(project scheduling), 프로젝트 통제(project controlling)이다. 프로젝트 계획이란 프로젝트를 시작하기에 앞서 필요한 결정들을 말하는데 프로젝트의 일반적 성격과 방향을 설정하게 된다. 여기서는 프로젝트의 목표, 필요 자원, 조직의 형태, 프로젝트를 관리할 책임자로서 프로젝트 관리자(project manager)와 프로젝트 팀(project team)의 인력 구성에 관한 결정을 포함한다. 대규모 프로젝트는 수많은 활동을 수반하기 때문에 프로젝트 팀은 프로젝트를 완료하는데 소요되는 시간, 비용을 예측하기 위하여 작업분해 구조도를 작성하게 된다. 작업분해 구조도(Work Breakdown Structure: WBS)란 프로젝트를 구성하고 있는 수 많은 활동들을 계층적으로 나열한 것, 즉 이들을 규명하는 논리적 틀을 말한다.

〈그림 12-7〉은 작업분해 구조도의 예를 나타내고 있다. 단계 1은 프로젝트를 의미하고 단계 2는 프로젝트의 중요한 요소들을 나타내고 단계 3은 중요한 요소들을 지원하는 중요한 활동들을 나타내며 단계 4는 각 지원활동을 완료하는데 필요한 활동들을 나타낸다. 작업분해 구조도는 프로젝트 완료시간과 비용을 추산하기 위한 기초 자료가 된다. 작업분해 구조도가 작성되면 프로젝트 일정관리가 가능하고 각 활동의 일정이 설정되면 기간별 예산을 책정할 수 있고 각 활동에 적절한 팀원을 할당할 수 있다.

프로젝트의 통제는 프로젝트 진행 과정 상의 각 활동을 감시하는 팀에 의

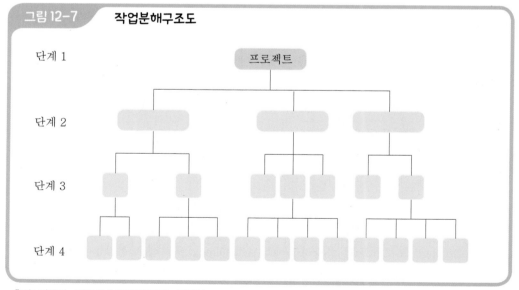

그림 12-7 **작업분해구조도**

단계 1 　프로젝트

단계 2

단계 3

단계 4

출처: 강금식 · 정우석, 「생산운영관리」, 박영사.

해 수행된다. 각 활동의 시간, 비용, 성과에 있어서 원래의 계획과의 일치 여부
를 검토해야 한다. 만일 실제 결과와 계획 사이에 큰 차이가 존재하면 시정조치
가 강구되어야 한다. 시정조치 속에는 계획의 수정, 자금의 재 배분, 인원교체,
자원의 변경 등이 포함된다.

　　프로젝트의 일정계획을 위해서는 제 2 장에서 언급된 간트 차트(Gantt
chart)와 PERT/CPM과 같은 네트워크 방법이 사용된다. 프로젝트 일정계획 수
립을 위해 PERT/CPM의 필요한 분석단계는 다음과 같다.

❶ 1단계: 프로젝트를 분석하여 이를 구성하는 모든 활동과 단계를 결정한다.
❷ 2단계: 각 활동들의 상호의존성과 작업순서를 결정한다.
❸ 3단계: 각 활동 간의 선행관계를 네트워크로 표시한다.

　　〈그림 12-8〉은 제품개발 프로젝트를 예로 들어 각 활동들을 네트워크로
표시하였다.

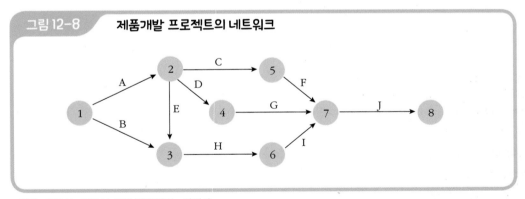

그림 12-8　　제품개발 프로젝트의 네트워크

출처: 강금식 · 정우석, 「생산운영관리」, 박영사.

3. 공급사슬관리(supply chain management)

공급사슬(supply chain)이란 공급업체로부터 자재를 구입하여 이를 중간재와 최종재로 변형시키고 이들 제품을 최종소비자에게 공급하는 데 관련된 모든 활동의 통합이라고 정의한다. 즉 공급사슬이란 공급업체, 제조업체, 유통업체, 고객 사이의 모든 상호작용을 의미한다. 공급사슬은 제품/서비스가 공급사슬을 통해 진행할 때 가치가 부가된다는 가치사슬(value chain)과도 동의어로 사용된다.

공급사슬관리는 모든 공급사슬 내의 여러 활동들의 조정/통제를 의미한다. 즉 공급사슬 내부의 자재, 제품, 서비스, 정보의 흐름을 총비용은 낮추면서 고객의 요구를 만족시키도록 관리하고 조정하는 것이다. 전통적으로는 공급사슬의 각 부분이 재고관리 등으로 개별적인 목적 달성을 위하여 관리되었지만 최근에는 글로벌 시장의 경쟁력 강화를 위해 공급사슬을 구성하는 모든 개별 부분이 공동으로 관리된다.

생산자, 공급업자, 유통업자와 고객들은 서로 협력하면서 정보를 공유하고 의사소통을 원활히 해야 한다. 오늘날 공급사슬관리의 특징은 공급업자, 생산자, 유통업자, 고객 사이에 신속한 정보의 흐름이다. 또한 생산자, 공급업자, 유통업자, 고객들은 동일한 목표를 공유해야 한다. 고객은 공급업자가 제공하는 제품과 서비스의 품질을 신뢰하여야 하고 공급업자와 고객은 공급사슬의 설계에 동참함으로써 목적을 공유하고 의사소통과 정보의 흐름을 증진하도록 해야 한다.

공급사슬에 속한 모든 관련 회사들의 적절히 조정/통제 및 이들 사이에 효율적인 의사소통을 통해 품질 좋은 제품을 저가로 적시에 공급할 수 있다. 한 기업의 공급사슬은 기업의 모든 기능과 시설물을 포함하기 때문에 공급사슬의 설계는 회사 전체의 전략계획 수립의 부분이라 할 수 있다. 따라서 전략계획의 목적도 공급사슬관리와 동일하게 품질 좋은 제품 및 서비스를 최소의 비용으로 공급하는 것이다. 이러한 목적을 달성하기 위해서는 공급사슬의 모든 기능들을 조절 가능하도록 설계되어야 한다. 또한 기업의 성과 측정 및 목표 설정 시 공급사슬 전체의 측면을 고려해야 한다. 공급업체와 고객이 다 함께 재고를 줄이고 높은 품질을 달성할 목적을 공유하도록 공급사슬을 설계해야 한다. 이러한

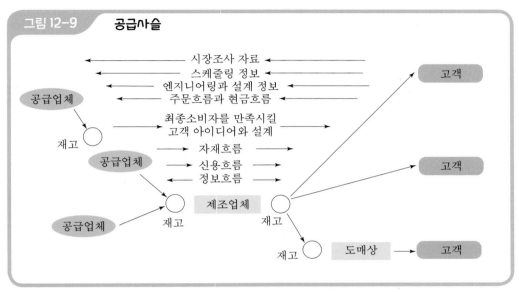

그림 12-9   공급사슬

출처: 강금식 · 정우석, 「생산운영관리」, 박영사.

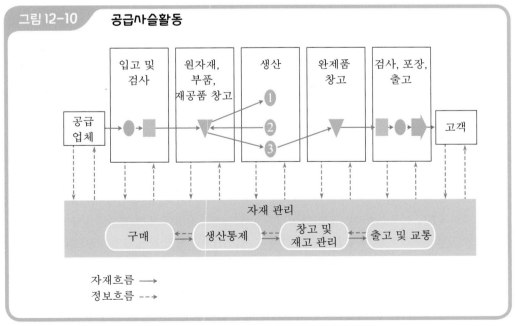

그림 12-10   공급사슬활동

출처: 강금식 · 정우석, 「생산운영관리」, 박영사.

상호의존성의 정도와 목적공유는 소싱(sourcing)이라는 공급업체의 선정과 구매과정을 중요한 전략적 의사결정으로 만든다.

〈그림 12-9〉에서는 제조업체의 공급사슬의 예를 보여주고 있고 〈그림 12-10〉은 제조업에서 흔히 볼 수 있는 공급사슬관리와 관련된 활동들을 보여주고 있다.

사례 12-5 공급망 안정화를 위한 과제

COVID-19 팬데믹에 이은 국제사회의 패권 경쟁과 러시아-우크라이나 전쟁, 그리고 각국의 친환경 탄소중립 정책 등으로 제품 생산을 위한 글로벌 공급망이 위기를 맞고 있다. 갑진년 새해에도 국제사회의 자국 우선주의와 원료의 무기화가 얽힌 경제의 불확실성으로 공급망의 위기는 더 가중될 것으로 보인다.

어느 원료와 제품 공급에 차질이 생기면 그것을 활용하는 산업의 생산활동에 지장을, 주고 종국적으로 제품을 이용하는 사람들의 생활에 큰 불편을 준다. 따라서 주요 품목에 대해 공급망 정보를 치밀하게 분석하고, 수입선을 다변화해 안정적인 생산 기반을 구축해야 한다. 주요 국가들은 공급망 위기를 극복하기 위해 핵심 산업의 공급망을 자신들의 통제 아래 내재화하거나 블록화하려고 끊임없이 노력한다. 미국의 인플레이션감축법과 유럽의 원자재법 이 대표적이다.

반도체와 배터리 등 주력산업의 핵심 원자재 대부분을 수입에 의존하는 우리나라도 기업과 정부차원에서 공급망 위기를 극복하기 위해 다양한 노력을 기울이고 있다. 지난 2009년 희소금속 소재산업 발전 종합대책에 이어 2011년 희소금속 산업 생태계 조성 계획을 수립하며 공급망 안정을 위한 민간투자 활성화, 핵심 기술의 개발 및 체계적인 산업육성 기반을 구축했다.

지난해에는 기존 '소재와 부품 전문기업 등의 육성을 위한 특별조치법'의 명칭을 '소재·부품·장비산업 경쟁력 강화 및 공급망 안정화를 위한 특별조치법'으로 바꾸며 공급망 위기에 대한 대응력을 높였다. 이 법은 소재·부품·장비 분야와 관련된 산업의 공급망 안정화를 위한 별도의 근거를 신설했고, 관련 기업의 공급망 안정을 위한 활동을 지원하는 법적 장치도 마련했다. 구체적으로 공급망 위기에 영향받기 쉬운 관련 산업에 대한 정부의 공급망 기본계획, 긴급수급 방안 등 공급망 안정화를 위한 포괄적인 근거를 확보한 것이다. 더 나아가 특정 산업의 공급망을 안정적으로 관리하기 위한 공급망 안정품목을 정하고, 공급망센터를 설치해 공급망 관련 국내외 정보를 관리하고자 했다.

특히 눈에 띄는 것은 희소금속 전문기업의 경쟁력 강화를 위한 국가희소금속센터에 대한 법적 근거를 명시한 점이다.

기존의 '국가첨단전략산업 경쟁력 강화 및 보호에 관한 특별조치법'도 경제 안보와 공급망 안정화에 초점을 맞춰 개정했다. 여기서는 국가첨단전략기술을 "공급망 안정화 등 국가·경제 안보에 미치는 영향 및 수출·고용 등 국민경제적 효과가 크고 연관 산업에 미치는 파급효과가 현저한 기술"로 새롭게 정의했다. 국가첨단전략산업도 경제 안보와 공급망 안정화를 위한 정부의 조치에 대상에 포함시킨 것이다.

그럼에도 기존 제도의 개정만으로는 급변하는 환경변화와 국가 경제 및 산업전체를 아우르는 종합적인 대응에 한계가 있다는 지적에 따라 이른바 '공급망 기본법'인 '경제안보를 위한 공급망 안정화 지원 기본법'을 제정하기에 이르렀다. 이 법은 공급망 위기 대응과 안정화 정책을 심의·조정하는 컨트롤타워인 '공급망위원회'를 설치하고, 국가차원의 기본계획 및 시행계획을 수립하는 근거를 담았다. 공급망위원회가 국가와 국민경제의 안정에 필수적인 품목을 지정하고 관리하도록 하는 한편, 정부가 공급망 안정화 선도사업자를 선정하고 시설투자 등을 지원하기 위한 기금 설치 근거도 마련했다. 공급망 위험을 파악하고 대응하기 위한 매뉴얼이 도입되고, 유관부처와 기관간 협력도 확대될 전망이다. 정부는 이 법을 근거로 국민경제에 큰 영향이 있는 185개 품목을 공급망 안정 대상 품목으로 정하고 70% 수준인 특정

국에 대한 수입의존도를 2030년까지 50% 아래로 낮추는 내용의 '산업 공급망 3050 전략'을 마련했다.

산업 공급망 3050 전략이 정부의 계획대로 성공적으로 실현되면 첨단 분야의 기술개발이나 품목 관리를 중심으로 하는 공급망 관리 체계를 넘어 서비스와 물류까지 아우르는 넓은 범위의 공급망 관리가 가능한 환경이 조성될 것이다. 그러나 이러한 법제적 노력에 대해서는 아직 우려의 목소리도 있다. 예를 들어, 이미 개정된 기존의 규범들이 대부분 산업통상자원부의 소관이지만, 새롭게 제정된 공급망기본법은 기획재정부에 엄청난 예산과 권한을 부여할 여지가 있고 부처 사이의 균형이 깨질 수 있다는 우려가 제기된다. 이런 정부 차원의 관리와 지원이 자칫 WTO 규범이나 FTA 등 국제사회의 기준에서 금지하는 보조금 지원 등으로 취급돼 외국과의 통상 분쟁이 발생할 여지도 있다.

한국은 국내 소비시장이 작고 무역의존도가 높아 글로벌 공급망의 안정화는 경제 안보 측면에서 그 어느 나라보다 중요하고 절실한 문제다. 이러한 경제 안보와 공급망 안정화라는 '두토끼'를 잡기 위해서는 보다 치밀하고 명확한 법적 근거를 확보해야 한다. 법제 수립과정에서 기업과 사회적 갈등의 소지가 있는지, 국제사회에서의 통상 등 무역 분쟁 소지가 있는지를 보다 명확히 따져 안정적인 시행 기반을 갖춰야 한다. 공급망기본법은 말 그대로 기본에 충실해야 한다.

출처: 에너지경제 2024.01.08.

4. 아웃소싱(outsourcing)

아웃소싱의 개념

아웃소싱이란 "기업이 생산·유통·포장·용역 등 업무의 일부분을 기업 외부에서 조달하는 것"을 말한다. 아웃소싱은 미국기업이 제조업 분야에서 활용하기 시작해 경리·인사·신제품 개발·영업 등의 분야로 확대되고 있다.

결국 아웃소싱이란 "조직의 비 핵심 업무를 외부 전문기관에 위탁/수행하게 하고 자사의 자원은 전략적으로 중요하면서도 가장 경쟁력 있는 핵심역량(core competency)에 집중시킴으로써 최고의 경쟁력을 가진 기업을 구축하기 위한 신 경영전략"이라 할 수 있다.

특히, 아웃소싱은 기업을 혁신하고, 경쟁력을 갖출 수 있게 하는 여러 방법 중에서 단기간에 가장 많은 효과를 이룰 수 있는 경영기법으로 인식되고 있다. 〈그림 12-11〉은 아웃소싱의 의미를 보여 준다.

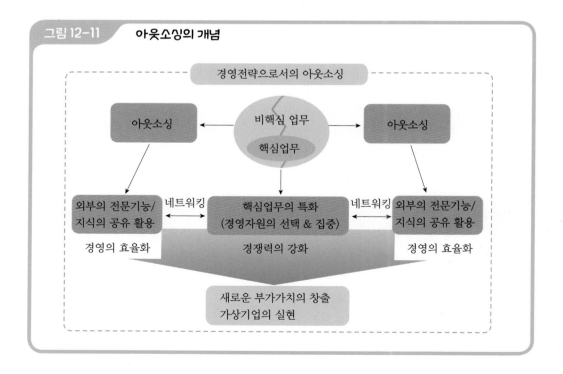

그림 12-11 아웃소싱의 개념

아웃소싱은 회사 업무의 일부를 축소하는 '초 다이어트'를 통해 인원절감과 생산성 향상이라는 이중효과를 목적으로 하고 있다. 전문가들은 아웃소싱 전략이 기업조직을 부품화해 재조립하는 디지털적 발상이라고 설명하고 기업의 구조와 존재형태가 크게 달라지게 될 것으로 내다보고 있다. 그러나 기업 간 경쟁이 더 이상의 비용절감이 어려워질 정도로 치열해지고 하청관리가 어려워짐에 따라 아웃소싱에 대한 회의론도 제기되고 있다.

하지만, 기업환경이 갈수록 빠른 속도로 변화하기 때문에 예측이 불가능하고, 기업조직의 전 부문에 투자를 하는 것보다 핵심적인 부분에만 투자를 하는 것이 예측할 수 없는 미래상황과 위험에 재빠르게 대처할 수 있기 때문에 아웃소싱은 기업의 생존전략이라고 할 수 있다.

아웃소싱의 유형

아웃소싱의 유형은 〈표 12-2〉와 같이 도입 목적에 따라 네 가지 형태로 구분할 수 있다. 결국 비용절감, 조직의 슬림화, 핵심역량의 강화라는 목적을 지니고 조직을 변화시키는 것으로 최근 기업의 개념이 수직적 통합체에서 수평적 연합체로 변화하고 있고, 자사 완결형 구조에서 전략적 제휴형으로 변화되는 점을 반영하는 것으로 볼 수 있다.

이에 따라 아웃소싱의 개념 역시 비용절감의 목적에서 효율성 추구를 통한 부가가치의 추구 목적으로 그리고, 단순외주 개념에서 전략적 제휴(co-sourcing)의 개념으로 변화되고 있다.

표 12-2 **아웃소싱의 유형**

유형	목적
비용절감형	비용절감을 위해 중요치 않은 업무를 아웃소싱(이익추구형)
분사형	자사보유의 일정기술, 역량들을 분사화하여 비즈니스화(스핀오프형)
네트워크형	핵심역량 이외의 모든 기능을 아웃소싱
핵심역량형	핵심역량 자체를 외부화시켜 경쟁에 노출시켜 핵심사업의 경쟁력을 높이려는 아웃소싱

또한 업무결합 형태에 따라 다음과 같이 세 가지 유형으로 구분 역시 가능하다.

❶ 위탁형(outbound형) 아웃소싱: 기존의 내부 업무/기능/활동들을 외부에 위탁하는 형태로 업무의 효율성, 채산성 및 조직의 유연성 제고를 목적으로 함

❷ 제휴형(inbound형) 아웃소싱: 기존의 내부에 없는 기능/활동들을 제휴를 통해 외부에서 도입하는 형태로 부가가치 창출, 전문성 확보, 협력증대 등을 목적으로 함

❸ 혼합형 아웃소싱: 위탁형 + 제휴형 아웃소싱

아웃소싱의 발전 단계

아웃소싱을 그 발전 단계에 따라 구분해 보면 〈그림 12-12〉와 같이 4단계로 구분할 수 있다. 기본적으로 단순 외주화에서 출발해서 국가 간, 기업 간 경계가 허물어진 인터넷 시대의 가장 이상적인 기업의 형태라 표현되는 가상기업(virtual company)의 형태로 변화되는 단계로 각 단계의 구체적 내용은 다음과 같다.

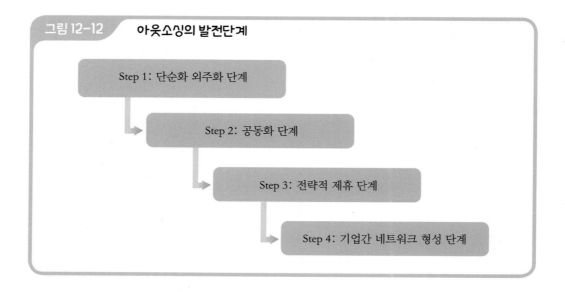

그림 12-12 **아웃소싱의 발전단계**

Step 1: 단순화 외주화 단계

Step 2: 공동화 단계

Step 3: 전략적 제휴 단계

Step 4: 기업간 네트워크 형성 단계

❶ Step 1: 단순화·외주화 단계: 자체 해결하던 단순/반복적 업무를 외부 기관에 맡기거나 그 부분을 떼어내어 독립된 자회사를 설립하는 전형적인 위탁형 아웃소싱의 단계

❷ Step 2: 공동화 단계: 대상업무를 공동 센터화, 네트워크 및 인프라의 공유화 단계로서 여러 아웃소싱의 주체들이 참여하여 공동으로 아웃소싱 업무를 맡기는 단계이며 1단계보다 더 많은 업무조정 및 통제능력이 요구됨

❸ Step 3: 전략적 제휴 단계: 1, 2단계를 포함하여, 스스로 할 수 없었던 업무의 수행을 위해 여타 기업과 전략적 제휴를 맺는 단계로 글로벌 네트워크 구축, 신상품 개발, 기업 간 합병 시의 시스템 정비 등 경쟁우위 확보를 위한 전략적 아웃소싱의 단계로 대표적 제휴형 아웃소싱의 단계

❹ Step 4: 기업 간 네트워크 형성 단계: 아웃소싱 제공기관과 기업이 네트워크라는 가상공간을 통해 결합되어 특정부문의 서비스를 네트워크 상에서 공유하는 단계로 가상기업의 등장 단계

사례 12-6 ▷ **혁신을 위한 전략적 IT 아웃소싱, 전통적 아웃소싱의 한계와 프리랜서 활용**

힘든 경제 상황 속에서 기업들은 비용 절감과 효율성 제고의 중요성을 더욱 실감하게 된다. 이런 가운데 IT 담당 임원들은 내부의 IT 혁신과 외부의 IT 아웃소싱 모두를 성공시켜 나가야 하는 역할을 맡게 되는데, 이는 매우 어려운 과제다.

특히 외부 IT 아웃소싱은 더욱 고려해야 할 점이 많다. 전통적인 IT 아웃소싱 방법의 한계를 극복하고 혁신을 창출하는 아웃소싱 전략이 필요하기 때문이다. 이를 위해 기업들은 소규모 기업들에게 아웃소싱을 주던 이전 방식과는 달리 직접 프리랜서를 활용하는 방식을 고려해야 한다.

먼저, 소규모 기업들에게 아웃소싱을 하던 전통적인 IT 아웃소싱의 한계를 살펴 보자. 첫째, 이러한 아웃소싱은 종종 기업의 미래 혁신을 제한할 수도 있다. 회사는 외부의 IT전문기업에 의존하여 기술 능력을 잃을 수 있으며, 이는 근본적인 경쟁력을 약화시킬 수 있다.

둘째, 외부기업 의존 아웃소싱은 종종 기업 내부의 정책을 경직시킨다. 계약이 일단 체결되면, 기업은 아웃소싱 파트너와의 관계를 변경하기가 어렵다. 때문에 빠른 전략변화가 어렵고 추가 비용이 발생하게 될 수 있다.

이러한 한계를 극복하고 혁신을 창출하기 위

한 IT 아웃소싱 전략은 어떤 것이어야 할까? 그 답은 '유연성'이다. 기업들은 변화하는 시장 조건과 기술 트렌드에 빠르게 대응할 수 있는 유연한 아웃소싱 모델을 구축해야 한다. 이를 위해 프리랜서의 활용이 훌륭한 대안이 될 수 있다.

프리랜서는 유연성과 다양성을 갖춘 노동력을 제공한다. 특정 프로젝트에 필요한 기술을 가진 프리랜서를 활용할 수 있으며, 프로젝트 종료와 함께 계약을 종료할 수 있다. 이는 비용을 절약할 수 있을 뿐만 아니라, 기업이 프로젝트 경험이 풍부한 프리랜서들을 통해 새로운 아이디어와 전략을 도입하는 데 도움이 될 수 있다.

나아가 기업은 글로벌 프리랜서 전문가 풀에서 인재를 채용할 수 있다. 이는 필요한 기술을 활용하는 것뿐만 아니라 다양한 경험과 문화적 해석을 통해 혁신을 불러일으킬 수 있다. 특히 IT 분야에서는 새로운 기술이 빠르게 발전하고 변화하므로 이러한 다양성이 더욱 중요하다.

또한, 프리랜서의 활용은 기업 내부의 IT 팀이 핵심 업무에 집중하면서도 필요할 때 전문가의 도움을 받을 수 있도록 한다. 이는 기업이 자체 IT 인프라를 유지하면서 동시에 혁신을 추구할 수 있게 해준다.

물론 아웃소싱 기업들을 사용하지 않고 직접 프리랜서를 활용하며 관리하고 협업하는 것도 쉬운 일은 아니다. 왜냐하면 프리랜서 관리를 위해서는 명확한 의사소통, 기대치 설정, 업무 계획 등이 필요하기 때문이다. 효율적으로 프리랜서를 활용하기 위해서는 프리랜서가 기업의 문화와 목표를 이해하고 팀과 잘 협업할 수 있도록 하는 것이 중요하다.

따라서 기업들이 프리랜서를 활용하는 것을 고려할 때, 그들은 프리랜서와의 협업 방법을 고려하고, 각 프로젝트에 가장 적합한 프리랜서를 선정하는 데 시간과 노력을 투자해야 한다. 공신력 있는 프리랜서 플랫폼을 이용하는 이유이기도 하다. 이를 통해 기업은 최적의 프리랜서들을 구할 수가 있고 검증된 프리랜서들을 언제든지 활용할 수 있게 됨으로써 기존 아웃소싱의 문제점인 경직성을 해결하고 혁신과 이익증대라는 두마리 토끼를 잡을 수 있게 된다.

결국, 플랫폼을 활용한 프리랜서의 활용은 IT 아웃소싱과 혁신 사이의 균형을 찾는 데 있어 효과적인 방법일 수 있다. 프리랜서는 유연성, 다양성, 전문성을 제공하며, 이는 기업이 경쟁력을 유지하고 미래를 준비하는 데 도움이 될 수 있다. 이러한 장점을 최대한 활용하기 위해서는 프리랜서와의 효과적인 관리와 협업이 필요하다는 것을 잊지 말아야 한다. 이렇게 하면, IT 임원들은 실제로 내부혁신과 유연성을 통한 이익증대라는 진정한 IT 아웃소싱 전략을 성공적으로 구축할 수 있을 것이다.

오늘의 티(Tea)는 위타드 오브 첼시의 드림타임이다. 드림타임(Dream Time)은 몽환시(夢幻時)라고도 하는데 오스트레일리아 토착신화의 기원을 보면, 정령들이 태어난 고대의 신성한 시대를 말한다. 이들은 모든 사람들이 꿈 속에서는 불사의 존재라고 믿는다. 그래서 드림타임을 마시는 것은 불사의 존재로 다시 돌아가는 것을 의미한다. 뜨거운 태양이 비치는 바다를 바라보며 아이스 드림타임을 마시고 싶어지는 날이다. 드림타임과 함께 한여름 밤의 꿈을 꾸며 불사의 존재로 다시 태어나는 것을 상상해본다. Would you like a cup of tea? 오늘 드림타임 한잔 어떠세요?

출처: 머니투데이 2023.07.31.

5. 생산/서비스운영관리의 사례

인터내셔널 페이퍼회사(International Paper Company: IPCo.)는 세계 최대규모의 펄프 및 종이 생산업체이며, 목재와 합판도 생산하고 있다. IPCo.는 8.4백만 에이커의 산림을 보유하고 있으며 또 11.6백만 에이커의 산림에 대하여도 채벌권을 갖고 있다. IPCo.는 24개의 제조공장을 포함하여 전부 100여 개의 공장이 전 세계에 있다. IPCo.의 대부분 제품은 상업용이므로 가격은 시장에 의해 결정된다. 따라서 IPCo.의 이익은 제조효율성의 함수라 할 수 있다. 제조과정에서 어느 정도 효율적으로 생산하느냐에 따라 이익이 좌우된다. IPCo.는 제지공장과 다른 공장들의 경쟁력을 제고하기 위해 제조/서비스 및 특정분야에의 에너지효율 제고 등을 강조하고 있다. IPCo.가 처해 있는 문제점은 다음과 같다.

❶ 최고 경영층은 회사제품의 수요변화에 대응하기 위해 장기적 계획을 수립하고자 한다. 계획의 내용은 신제품에 대한 생산능력(production capacity)의 결정에 관한 것인데, 이를 결정하기 이전에 새로운 제지공장의 건설이 필요한지 의문이고, 건설해야 한다면 어디에 어느 정도의 생산능력을 갖추어야 할지를 파악하고자 한다.

❷ 제품수요의 변화는 회사가 현재 보유하고 있는 산림에 대한 수용에 역시 변화를 가져올 것이다. 따라서 회사는 새로이 요구될 특정 수목을 조달하기 위해 외부에서 구입할 것인지, 아니면 새로운 요구될 특정 수목을 조달하기 위해 외부에서 구입할 것인지, 아니면 새로운 산림을 매입할 것인지를 결정해야 한다. 이 결정은 회사에 장기적인 영향을 줄 것이다. 왜냐하면 나무는 적어도 25년 이상 자라야 원자재로 사용 가능하기 때문이다.

❸ 예산회계부는 모든 공장에 대해 생산 종류를 설정하여야 하며 각 공장 간의 이전가격(transfer price)도 정해야 한다. 이러한 표준은 각 공장의 원가와 요구량을 고려하여 설정되어야 한다.

❹ 수 개의 공장이 소속된 사업부의 운영관리 부장은 주문을 각 공장과 기계설비에 할당하는 계획을 수립해야 한다. 이러한 계획수립에는 생산비

와 수송비가 최소화하도록 해야 하며 동시에 납기일을 준수할 수 있어야 한다. 특히 당 회사와 경쟁사의 주문처리시스템이 전산화됨에 고객들이 신속한 주문처리를 기대하고 있으며 이러한 고객의 기대에 부응해야 한다. 운영관리 부장은 각 공장과 제품 간의 생산효율성을 반드시 고려하여 계획을 수립해야 한다. 또 현재 가장 효율적인 공장은 이미 완전 가동상태이어서 더 이상 주문을 받을 수 없으며 창고 유지 비용과 에너지 비용은 급속도로 상승하고 있다는 사실을 염두에 두어야 한다.

이러한 문제를 효과적으로 처리하기 위하여 IPCo.는 자원관리시스템그룹을 조직하였다. 이 그룹의 주 임무는 효율적인 자원관리를 위해 계획수립과 의사결정방법을 발굴하는 것이다. 이 그룹은 문제의 해결방안으로 우선 회사의 문제를 전략적·전술적·운영적인 문제로 분류하였으며 이의 내용은 다음과 같다.

전략적 계획은 수요, 원가, 공급의 제약, 생산능력의 제약 등에 관한 것으로써 특히 회사의 전반적 목표와 연관된 장기예측에 관한 것이다. 전략적 계획은 구체적으로 마케팅전략, 생산전략, 재무전략으로 나누어지며 이들은 또 다시 토지, 설비, 기계장비, 원자재활용에 관한 세부계획으로 발전된다.

전술적 계획은 일년 혹은 수 개월의 계획기간을 갖고 있으며 각 제품에 대한 수요예측을 근거로 하여 각 조직단위에 목표이익을 부여한다. 이 계획은 또한 구매, 생산, 유지보수, 수송에 대한 구체적 계획까지도 포함하고 있다.

운영계획은 월별로 계획되며 새로운 주문과 아직 충족되지 않은 전월의 주문을 고려하여 각 공장에 주문을 할당한다. 운영계획을 적용한 결과로 각 조직단위의 이익률을 파악할 수 있으므로 이 정보는 기업의 의사결정에 매우 유용하게 사용될 수 있다. IPCo.의 계획의 흐름을 요약하면 〈그림 12-13〉과 같다.

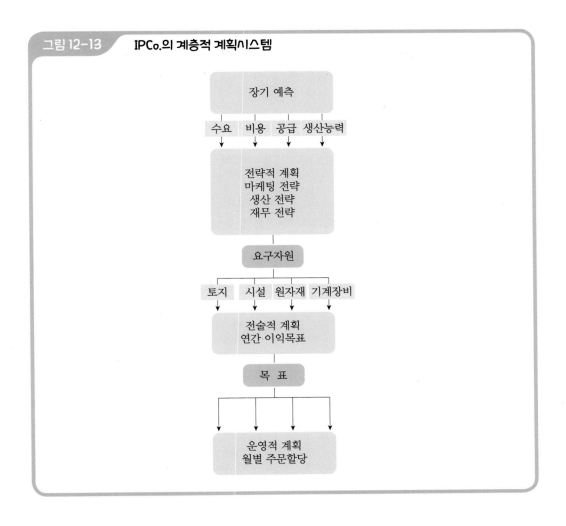

그림 12-13 IPCo.의 계층적 계획시스템

요약

생산/서비스 운영관리는 생산 및 서비스에 필요한 활동을 관리하는 기능을 뜻하며, 이는 단지 제조업에만 국한된 것이 아니라 서비스업에도 필요한 관리활동이다.

생산/서비스 운영관리는 독립적 관리분야가 아니며, 재무, 마케팅, 회계, 인사 등의 타 분야와 상호 연관되어 있으면서 조직의 목표달성을 위해 이들 분야와 어떻게 서로 보완하며 협조적 관계를 유지하느냐가 조직의 성공 여부를 결정한다.

대부분의 조직은 계층적으로 구분되어 있다. 따라서 의사결정이 장기적·중기적·단기적이냐에 따라, 또 전략적·전술적·운영적이냐에 따라 어떤 조직계층에서 의사결정을 담당할 것인가가 결정된다.

서비스운영관리는 서비스의 가치 창출을 통해 서비스 이용자에게 진정한 만족을 주는 서비스 경험과 기대하는 서비스 결과를 확신시키기 위한 관리활동이다. 이를 위해서 서비스 제공자는 고객 요구에 대한 이해와 서비스 프로세스에 대한 관리, 조직의 목표와의 일관성을 위한 지속적인 서비스 개선노력이 필요하다.

생산/서비스 운영관리의 응용분야로는 재고관리, PERT/CPM, 공급사슬관리 등이 있다.

참고문헌

- Bray, Robert L., Juan Camilo Serpa, and Ahmet Colak. 2019. "Supply Chain Proximity and Product Quality." *Management Science*. 65(9): 4079-4099.
- Lehmann, D. and R. S. Winer, *Product Management*, McGraw Hill, 2001.
- Morton, T. E., *Production and Operations Management*, ITP, 1998.
- Shukla, P. K., *Production and Operations Management*, McGraw Hill, 2001.
- 강금식·정우석, 「생산운영관리」, 박영사, 2010.
- 문근찬, 「현대 생산관리의 이해」, 대웅, 2001.
- 이명호·유지수, 「경쟁우위확보를 위한 생산관리」, 박영사, 1999.
- 이명호·유지수, 「생산·운영관리」, 무역경영사, 1996.
- 이상문, 「생산관리(글로벌시대의 초일류기업을 위한)」, 형설출판사, 1999.
- 이왕돈·윤영선, 「생산·운영관리」, 박영사, 2011.
- 유시정, 「서비스경영」, 법문사, 2014.

1. 생산관리와 운영관리의 개념을 각각 설명하고, 이들이 어떻게 변화하였는지를 기업환경의 변화에 비추어 설명해 보라.
2. 조직의 한 예를 구체적으로 제시하고 이 조직의 투입, 산출, 변환과정, 관리자, 피드백을 설명해 보라.
3. 생산시스템의 설계, 운영, 통제의 내용에 대하여 설명해 보라.
4. 생산공정을 선택하는 데 있어 어떠한 요인이 고려되어야 하는지 설명해 보라.
5. 서비스 운영관리의 수행 단계에 대하여 설명해 보라.

Chapter 13

사람의 이해

 학력 저하 · 대학경쟁력 급락, 인적 자원 혁신 어려워졌다

저출산 시대, 위기 빠진 국가 인재 관리

1990년대 60만 명이던 한국의 연간 출생아 수는 2000년대 40만 명으로 급감한 뒤 2017년 30만 명, 2025년 22만 명, 2072년 16만 명까지 감소할 전망이다. 올해부터 2000년생이 사회에 진출하면서 취업 인구가 대폭 줄어 산업인력의 양적 위기가 시작되고, 이는 향후 50년 이상 계속될 것이다. 4차 산업혁명 시대의 도래와 인공지능(AI)으로 인한 산업구조 변화에 대비하기 위해 세계 각국은 인적 자원의 질적 혁신을 추구하고 있는데, 한국은 저출산으로 인한 양적 위기까지 겹쳐 미래인재 관리의 이중고를 떠안고 있다.

경제협력개발기구(OECD)는 2023년 12월 5일 국제학업성취도평가(PISA) 2022 결과를 공식 발표했다. PISA는 만15세 학생(중3~고1)의 수학, 읽기, 과학 소양의 성취도와 변화 추이를 국제비교적인 관점에서 평가해, 각국 교육정책 수립의 기초자료를 제공한다. 교육기관이 아닌 경제기구가 학업성취도를 평가하는 것은 미래사회는 물적 자원이 아닌 인적 자원이 국가경쟁력과 직결된다는 전제 때문이다.

2028년 수능 '미적분 II'와 '기하' 제외

전 세계 81개국 69만 명이 참여한 PISA 2022의 핵심 평가 영역은 수학이다. 2000년부터 2022년까지 총 8회 시행된 PISA에서 수학이 핵심 평가영역인 경우는 PISA 2003, 2012, 2022다. 수학은 4차 산업혁명 시대에 국가의 미래가 걸린 과학기술과 국가경쟁력의 기초가 되는 영역이므로, 선진국은 수학 경쟁력을 키우기 위해 그 어느 때보다 수학교육 강화에 노력을 기울이는 추세다.

PISA 2022 수학 결과를 보면, 한국은 '평균점수' 기준 81개국 중 3~7위를 기록했다. PISA 2012 수학에서도 65개국 중 3~5위였다. 그러나 PISA 2012와 2022의 10년간 추이를 분석한 결과, 한국의 수학 최상위비율은 10년 동안 30.9%에서 22.9%로 급격히 감소(8.0%)했고, 이는 OECD 평균 감소 폭(3.1%)의 3배 가까이 된다. 같은 기간 동안 최하위비율도 9.1%에서 16.2%로 두 배 가까이 (7.1%) 증가했고, 이는 OECD 평균 증가 폭(5.8%)

보다 크다. 수학 상위권인 아시아 6개국(싱가포르·대만·홍콩·마카오·일본·한국)과 비교해도, 상위권이 가장 많이 감소하고 하위권이 가장 많이 증가한 국가는 한국이다. 지금까지 PISA에서 항상 상위권의 성취만을 보여주던 한국으로서는 전혀 예상하지 못한 다소 충격적인 결과라 할 수 있다.

한국의 역대 정부는 대한수학회와 수학교육학회, 이공계 교수 등 전문가의 한국 수학교육 약화에 대한 지속적인 우려에도 수학교육의 난이도를 하향 조절해 왔다. PISA 2012와 2022의 추이 분석 결과는 그동안 전문가들이 우려했던 수학교육 약화의 심각성을 실증적으로 보여준다. 정부가 수학난이도를 하향 조정한 것은 사교육비 증가와 수학 흥미도 저하, 이른바 '수포자(수학 포기자)' 증가 등의 압박 때문이다. 그러나 어려운 내용을 가르치지 않는다고 해서 사교육비가 줄어든 것도 아니고(초·중·고 사교육비 2012년 19조원, 2022년 26조원; 이중 수학 사교육비는 약 29%로 추정), '수포자'는 계속해서 더 늘어나고 있다. 이러한 결과는 수학 흥미도와 '수포자' 문제에 대한 깊은 고민 없이, 난이도 조절이라는 가장 쉬운 방법으로 대응해 온 부작용으로 보인다. 최근 국가교육위원회의 심의를 거친 '2028 수능개편안'은 수학에서 '미적분II'와 '기하'를 빼는 것으로 최종 확정됐다. 이 또한 4차 산업혁명 시대의 핵심기반인 수학교육을 강화하는 세계적 흐름에도 맞지 않고, 수학 상위권은 줄고 하위권은 늘어나는 PISA 결과를 앞으로 더 심화시킬 것으로 예상한다.

"수학은 혁신을 일으킬 강력한 도구"

세계 선진국은 AI와 빅데이터가 중심이 되는 4차 산업혁명 시대에 국가경쟁력의 기초를 수학교육 강화에서 찾고 있다. 영국도 4차 산업혁명의 핵심으로 수학을 꼽는다. 영국 총리 직속 '공학 및 자연과학 연구위원회'는 2018년 발표한 '수학의 시대'라는 보고서에서 "21세기 산업은 수학이 좌우할 것"이라고 강조했다. 일본 정부도 2019년 앞으로 국가산업경쟁력을 좌우하는 것이 수학이라고 공표했다. 일본 경제산업성과 문부과학성의 '수리(數理) 자본주의 시대'라는 보고서에는 "AI와 빅데이터, 사물인터넷(IoT) 등 4차 산업혁명을 주도하기 위해 필요한 것은, 첫째도 수학, 둘째도 수학, 셋째도 수학"이라며 "수학은 4차 산업혁명 시대에 혁신을 일으킬 강력한 도구"라고 강조한다. 이처럼 선진국은 미래사회 자국의 경쟁력을 높이기 위해 '수학의 강화'라는 같은 방향을 향해 박차를 가하고 있는데, 한국은 아직도 국내 이슈에 사로잡혀 세계적 흐름에서 이탈하고 있다.

영국의 세계대학평가기관인 QS의 수학과 랭킹을 보면 1위는 MIT, 2위는 케임브리지대, 3위는 스탠퍼드대다. 아시아에서 수학과가 세계 30위에 드는 대학은 싱가포르국립대(13위), 칭화대(26위), 베이징대(27위), 도쿄대(28위), 난양공대(32위)다. 한국은 세계 30위권에 드는 대학이 없고, 50위권에 카이스트(42위)와 서울대(46위)가 있다. 아시아에서는 싱가포르와 중국, 일본이 PISA 만15세 수학 영역 랭킹과 수학과 대학 순위에서 모두 우수한 결과를 보인다. 한국은 만15세 수학성취도에서도 수학 분야의 대학경쟁력에서도, 싱가포르와 중국, 일본 등 아시아국가에 뒤처지는 실정이다.

빈약한 재정…국내 대학 경쟁력 약화

스위스 국제경영개발대학원(IMD) 평가에 따르면, 한국의 국가경쟁력은 2021년 23위, 2022년 27위, 2023년 28위로 매년 낮아지고 있다. 한국의 대학경쟁력도 2022년 46위, 2023년 49위로 낮아지는 추세다. 대학경쟁력 49위는 조사 대상 64개국 중 하위권으로, 국가경쟁력 28위에 비해 대학경쟁력이 한참 뒤지는 것이다. 그 원인은 상대적으로 빈약한 대학 재정에서 찾을 수 있다. 한국 대학생 1인당 공교육비는 1만 2,225달러로 OECD 평균 1만 8,105달러의 67.5% 수준에 불과하다. OECD 평균의 3분의 2수준인 공교육비로 대학의 국제경쟁력을 기대할 수는 없다. 세계 10대 경제 대국이라는 국제적 위상에 어울리지 않게 한국은 대학에 대한 투자가 대단히 낮고, 이는 다시 대학의 경쟁력 하락으로 이어지고 있다. 공교육비는 정부재원과 민간재원을 합한 수치인데, 공교육비의 60~90% 이상을 차지하는 등록금이 15년간 동결된 데다, 학령인구 감소 등의 구조적 문제로 세계의 대학과 경쟁할 기초체력마저 고갈된 상태다. 중국은 20년 전부터 첨단기술 분야 위주로 '세계 일류대학'과 '세계 일류학과'를 육성한다는 일명 '쌍일류(雙一流) 정책'을 제정해 대학 투자를 늘려왔고, 그 결과가 최근 가시적으로 나오고 있다.

영국 더타임스가 발표한 '2024년도 세계대학 랭킹' 1위는 영국 옥스퍼드대다. 아시아권 대학으로는 칭화대와 베이징대, 싱가포르대가 20위에 포함됐다. 국내 대학은 상위 50위 내에 단 한 곳도 포함되지 못했다. 서울대는 62위로 작년보다 6단계 하락했다. 미국 US 뉴스 앤 월드 리포트가 전세계 2165개 대학을 평가해 발표한 2022-2023 세계대학랭킹 1위는 하버드대고, 1~100위에 포함된 아시아 대학은 중국 4개, 홍콩 4개, 싱가포르 2개, 일본 1개다. 국내 대학 중 200위 안에 든 곳은 서울대(129위)뿐이다. 평가기관마다 다소 차이는 있지만, 중국 대학의 빠른 성장과 한국 대학의 약세 트렌드를 공통으로 발견하게 된다.

의대 쏠림 속 이공계 공동화 현상 심화

윤석열 대통령은 취임 초기부터 과학기술 중심의 초강대국 성장을 목표로 첨단기술 인재 양성에 목숨을 걸라는 강한 의지를 보여 왔다. 그러나 절대 인구가 급격히 줄고 있는 상황에서 인재의 질을 두 배 이상 높이는 것은 매우 어려운 과제다. 지난 10여 년 간 4차 산업혁명의 핵심인 수학 학력을 비롯해 대학경쟁력 등 많은 교육지표가 하락 추세를 보이는 것이 현실이다. 최근 문제가 되는 우수 인재의 과도한 의대 선호현상은 개개인의 가치관이 결부된 사회적 현상으로 정부가 나서서 법과 제도로 규제하기 어려운 영역이다. 그러나 의대 쏠림 현상 때문에 도미노식으로 발생하는 이공계 자퇴생의 급증은 이공계 공동화 현상을 부채질하고 있어 의대 편중 현상의 부작용은 갈수록 심각해지고 있다.

우리나라는 인구 감소와 학력 저하, 대학경쟁력 하락, 이공계 공동화 현상 등 국가 인재관리에 있어서 사면초가에 처해있다. 이렇게 복잡한 난제가 얽힌 상황에서 과연 미래 국가경쟁력 확보를 위한 장기적이고 종합적인 인재관리가 가능할 것일까. 그 해결의 주체가 누구인지 잘 보이지 않는다. OECD가 주는 경고의 시그널은 제대로 듣고 있는 것인지. 정권이 바뀌면 매번 정책도 바뀌어버리는 상황을 고려하면, 한국의 인재관리는 매우 위태로운 길에 서 있는 것이 현실이다.

출처: 중앙일보 2024.01.08.

경쟁원천으로서의 인적자원

기업은 다양한 경쟁원천을 활용할 수 있다. 어떤 자원은 유형자산의 형태로 가시적인 반면, 또 어떤 자원은 그 효과가 단기적으로 가시화된다는 등 각 자원들이 지니는 특성은 매우 상이하다. 그러한 자원 중의 하나로서 인적자원은 그 효과를 계량화하기 어려우면서도 또한 비교적 장기적으로 효과가 발휘된다는 특성을 지닌다. 지금까지 기업의 경쟁전략의 원천으로서 인적자원이 지니는 중요성이 비교적 간과되어 왔다. 많은 경우에 기업은 구성원을 자원으로 인식한다기보다는 단순히 주어진 요소로 간주하고 또한 고정적으로 임금을 지급해야 하는 고정비용의 대상으로 인식하는 면이 강하였다.

그러나 기업의 모든 부가가치는 구성원들의 머리와 손을 통하지 않고는 실현될 수 없다. 따라서 구성원들에 대한 효과적인 관리는 그 나름대로의 독창적인 전략적 효과를 낼 수 있을 뿐 아니라, 다른 자원들이 그 가치를 발휘하는 정도를 증폭시켜 줄 수 있는 효과를 낼 수도 있는 것이다. 예를 들어, 기업이 우수한 기술적 잠재력 또는 재무적인 원천이 있다고 하여도 이를 체화할 수 있는 인적자원이 부족하다면, 전체적인 기업의 효과는 우수한 인적자원을 보유하고 있는 경우보다 훨씬 낮을 것이다.

지금까지는 대량생산 방식이 다분히 주도적이었고 사람관리도 기업 위주였다. 종업원들은 회사의 부분으로 또는 조직의 관리방식을 받아들이는 수동적인 개체로 전제되어 기업의 경쟁원천으로서의 인적자원의 중요성이 그다지 크게 부각되지 않았다. 그러나 인간의 지적 능력이 주요 생산원천으로 대두되는 지식 및 정보사회에서는 인적자원의 가치가 부각되며, 또 우수한 개인들이 자신이 원하는 조직을 선택하는 방향으로 회사와 종업원 간의 관계가 근본적으로 변화하고 있다. 기업의 성공을 결정짓는 경쟁원천으로서 인적자원이 지니는 효과는 더욱 중요하게 대두되고 기업은 자신의 생존을 위하여 우수 인력을 확보해야 하는 필요성이 절실해지는 것이다. 결국 기업이 생존하기 위하여서는 자신의 경쟁전략을 성취할 수 있는 방향으로 인적자원 관리전략을 구상하는 것이 주요한 요소가 되고 있다.

사례 13-1 '패키징 인재' 쟁탈전…삼성전자, 사업장까지 옮긴다

삼성전자에서 최첨단 패키징(advanced packaging)을 담당하는 AVP사업팀의 본거지는 충남 천안이다. 신입·경력사원 채용 때 '서울에서 KTX로 한 시간 거리'라고 강조하지만 반응은 뜨뜻미지근하다. 발등에 불이 떨어진 삼성전자는 AVP사업팀의 개발 조직을 경기 화성·용인으로 옮기는 방안을 추진 중이다. 산업계 관계자는 "수도권 출퇴근 마지노선으로 불리는 경기 중부로 조직을 옮겨 직원 이탈을 막고 외부 인재를 영입하기 위한 목적"이라고 설명했다.

디스플레이에서 AVP사업팀으로 이동

13일 반도체업계에 따르면 삼성전자와 SK하이닉스가 최첨단 패키징 인력 확보를 위해 총력전을 벌이고 있다. 최첨단 패키징은 이종(異種) 칩을 쌓거나 수평으로 배치해 하나의 반도체처럼 작동하게 하는 후(後)공정이다. 칩을 작게 만들어 성능을 높이는 '초미세공정'에 한계가 오면서 반도체 기업들은 최근 최첨단 패키징을 통한 성능 극대화에 주력하고 있다. 인공지능(AI) 반도체의 핵심으로 꼽히는 고대역폭메모리(HBM)가 최첨단 패키징을 활용한 제품이다.

삼성전자가 인력 확보전에서 가장 적극적이다. 지난해 12월 경계현 디바이스솔루션(DS)부문장(사장) 직속으로 최첨단 패키징 전담 조직인 AVP사업팀을 구성했다. 임직원은 수백명 규모로 알려졌다. 올 3월엔 TSMC에서 최첨단 패키징을 맡은 린준청 씨를 영입해 AVP사업팀 개발실 부사장으로 임명했다.

신입직원 채용에도 공을 들이고 있다. 9월엔 AVP사업팀이 독자적으로 주요 대학을 돌며 채용 설명회를 열었다. 팀 단위 조직이 직접 대학에서 채용 행사를 여는 건 이례적으로 평가된다. 최근에는 삼성디스플레이 같은 삼성 정보기술(IT) 계열사에서도 인력을 충원 중이다. 검증된 엔지니어를 발 빠르게 확보하기 위한 것이란 분석이다.

삼성 계열사 관계자는 "맏형 삼성전자가 전략적으로 육성하는 조직이어서 인력이 옮겨가도 어쩔 수 없는 상황"이라고 말했다.

패키징 임원 1년 새 25% 급증

SK하이닉스도 최첨단 패키징 조직에 힘을 싣고 있다. 9월 말 기준 SK하이닉스의 최첨단 패키징 조직인 'P&T(패키징앤드테스트)' 소속 임원은 15명이다. 1년 전(12명) 대비 25% 증가했다. 수시로 사내 공모를 통해 P&T로 직원들을 빨아들이고 있다. 8월엔 사내 커리어 성장 프로그램(CGP)을 통해 기술 인력을 패키징 쪽으로 재배치하기도 했다.

오는 20일까지 진행되는 경력직 채용의 주요 타깃도 최첨단 패키징 인력 확보다. SK하이닉스는 채용 대상 28개 직무 중 16개의 주요 수행 업무로 '패키징 개발'을 명시했다. 차세대 패키징 기술로 꼽히는 '팬아웃웨이퍼레벨패키징(FOWLP)', 엔비디아에 HBM 납품을 계기로 중요성이 커진 '2.5D 시스템인패키징(SiP)' 개발 인력 충원이 대표적이다.

패키징 전문업체 인력 이탈로 몸살

국내 간판 반도체 기업의 최첨단 패키징 인력 확보전은 상당 기간 이어질 것으로 전망된다. AI 반도체 시대를 맞아 여러 칩을 패키징해 데이터 학습·추론 능력을 극대화하는 기술에 대한 중요성이 계속 커지고 있어서다. 최첨단 패키징 산업도 급성장하고 있다. 시장조사업체 욜인텔리전스에 따르면 2022년 443억 달러 규모였던 최첨단 패키징 시장은 2028년 786억 달러로 성장할 것으로 전망된다.

삼성전자, SK하이닉스가 패키징 인력 블랙홀이 되면서 OSAT(외주반도체패키지테스트)로 불리는 앰코, 스태츠칩팩 등 외국계 패키징 전문 업체는 인력 이탈로 몸살을 앓고 있다. OSAT 기업 관계자는 "공들여 육성한 3~4년차 대졸 신입 엔지니어들이 삼성전자, SK하이닉스 등 한국 반도체 대기업으로 이탈하는 경우가 늘었다"며 "인력 관리에 비상이 걸렸다"고 전했다.

출처: 한국경제 2023.12.21.

인적자원관리 시각의 발달

사람관리의 문제는 그 이전부터도 존재하였지만 근대적인 의미에서 종업원 관리의 문제가 주요하게 대두된 것은 산업혁명 이후 20세기 초반 대량생산 체제가 본격화 되면서이다. 공장이라는 장소가 대량의 인력이 집결하는 집합적 노동 현장으로 대두되면서부터 대규모의 인력을 효율적으로 관리해야 하는 문제가 주요 이슈로 부각된다. 대규모의 인력을 관리하기 위한 최초의 노력은 업무의 분업과 경제적인 동기 부여에 입각하여 최선의 효율성을 꾀하기 위한 시도로 시작된다. 이러한 시각을 합리적 접근으로 정의하는데, 이러한 접근은 1900년부터 1930년대 중반까지 대표적인 관리 패러다임을 형성한다. 그러나 1927년에 시작되었던 대규모 프로젝트 호손공장 실험으로 인간관리에 대한 새로운 접근법이 대두하는데 이는 종업원들의 사회적인 욕구를 만족시키는 방향으로 관리가 되어야 한다는 점에서 인간관계적인 접근으로 일컬어진다. 인간관계적인 접근이 작업장 내에서 사람을 핵심으로 하였다는 점에서 합리적인 시각과 대비가 되기는 하지만 기본적으로 개인 단위의 종업원 및 업무에 초점을 맞춘다는 특성을 갖는다. 한편, 구성원들의 사회적인 측면도 만족시킴과 동시에 조직 전체의 업무기술의 탄력성 및 효율성도 꾀하려는 접근방식이 영국을 중심으로 발달된 사회-기술 시스템적인 시각(socio-technical approach)에서 나타나는데, 사회-기술 시스템적인 시각의 대표적인 관심사는 자율적 관리팀으로 보인다. 인적자원관리 시각의 역사적인 발달과정을 살펴보면 다음과 같다.

1. 합리적 접근

인간의 경제적인 동기측면을 중시하면서 조직의 효율성을 강조하는 합리적인 시각으로 Taylor의 과학적 관리법(scientific management), Weber의 관료제론(bureaucracy), 그리고 Fayol의 관리이론(administrative theory)을 들 수 있다. Taylor는 노동자들의 작업관리를, Weber는 조직구조를, 그리고 Fayol은 관리자들의 역할을 주로 연구하였다는 점에서 그 구체적인 관심대상은 차이가 있으나 이들은 모두 '최선의 방식(best way)'을 통하여 효율성의 극대화를 추구하였다는 점에서 합리적인 시각으로 풀이된다.

과학적 관리법

Taylor는 한 철강회사(Midvale and Bethlehem Steel Company)에 엔지니어로 근무하면서 부적절한 작업지침과 업무분담으로 인하여 생산성이 저하되고 노사 간에 갈등이 고조되는 문제들을 과학적 관리라는 방법을 통하여 해결하고자 하였다. 과학적 관리의 대표적인 방식인 '시간연구(time study)'는 개인 노동자들이 각 단위 업무를 수행하는 데에 요구되는 시간을 설정하여 이를 표준시간으로 적용함으로써 생산성의 극대화를 추구하는 것을 의미한다. 과학적 관리는, 이와 더불어 종업원들을 경제적인 실체로 간주하여 보상을 생산량에 직접 연계시킴으로써 작업 효율을 증가시키려는 시도도 포함하였다. 나아가서 주먹구구식의 선발과 관리를 넘어서서 엄격한 직무분석에 입각하여 직무가 요구하는 특성을 지닌 종업원들을 선발하고 훈련시킴으로써 종업원관리의 합리화를 꾀하였다.

이는 어수선한 작업장 관리를 과학적인 방식을 통하여 개선하고 노동자들에게 명확한 지침을 제공하려는 의도로 평가되기도 하며, 아직까지 산업공학 등의 계량적인 분야에서는 그 영향력을 행사하고 있다. 그러나 작업장 관리에 있어서 노동자들의 참여나 사회적 욕구 및 이해관계의 다양성 등을 전혀 고려하지 않고 노사 간의 엄격한 분업원리에 입각하여 노동자들에게서 "생각하는 기능"을 완전히 배제시켜 단순한 업무와 주어진 지시만을 수행하게 만드는 결과를 낳음으로써 노동자들을 비인간화시키고 그 역할을 조직의 나사못처럼 축소시켰다는 점에서 많은 비판을 받고 있다.

관료제론

독일의 유명한 사회학자인 Weber의 관료제론은 권위구조에 기반한 조직형태로 설명될 수 있다. 위계질서로 표현되는 이러한 구조에서는 규칙과 규정이 강조되는데 이러한 규칙은 모든 구성원들에게 획일적으로 적용되어 구성원들간에는 개인적인 이해관계나 선호도가 아닌 공식적으로 규정되는 관계가 훨씬 중요시된다. 또한 명령체계가 위에서 아래로 일관되게 존재하여 구성원들은 누구에게서 명령을 받고 누구에게 보고를 하여야 하는지 명확하게 인식하게 된다.

이러한 관료제형 조직은 로마의 군대나 중세의 가톨릭 교회에서 볼 수 있듯이 산업사회 이전에도 존재하였으나, Weber는 관료제형 조직이 당시의 혼란한 상황을 합리적으로 해결할 수 있는 "최선의 조직 형태(ideal type)"로 간주하였다는 데에서 주목할 만하다.

관리이론

프랑스 기업가 Fayol은 기업이 성공하는 데에 있어서 관리자들이 수행해야 하는 역할에 관심을 갖고 이들에게 지침이 될 수 있는 5개의 기능과 14개의 원칙을 제공하였다. 5개 기능은 계획(plan), 조직화(organize), 명령(command), 조정(coordinate), 그리고 통제(control)를 의미하며, 14개 원칙은 분업에 기반하여 업무를 할당하고, 관리자들은 명령을 할 수 있는 권위를 지녀야 하며, 구성원들은 한 명의 상사에게서만 명령을 받아야 한다는 점들을 포함한다.

이러한 기능과 원칙은 조직관리의 대부분의 교과서에 인용될 만큼 보편적인 시각으로 받아들여지지만, 한편으로 원칙만을 열거하는 데에 그치고 있어

실제 관리자들의 작업장에서의 행동에 도움이 되기 위한 구체성을 결여하고 있
다는 비판을 받기도 한다.

2. 인간관계적 접근

1924년 시카고 부근의 호손(Hawthorne)공장에서 약 10여 년간 시행된 이
실험은 관리에 대한 시각을 근본적으로 변화시키게 된다. 당시 팽배해 있던 합
리적 시각은 경제적인 동기와 효율성 극대화에 기반하였다고 한다면 이 실험
이후 등장하게 되는 일련의 연구들은 그와 정반대로 구성원들의 사회적인 욕구
및 비공식적인 관계의 중요성을 강조한다는 점에서 인간관계적인 접근으로 평
가되고 있다. 인간관계적 접근에는 다양한 이론 및 연구결과들이 포함되는데,
그 중에서 호손공장 실험과 X/Y이론을 살펴보겠다.

호손공장 실험

호손공장 실험은 작업장의 조명 정도의 최적점을 밝히려는 합리적인 접근
으로 시도되었다. 이러한 조명 정도를 밝힘으로써 기업은 효율 및 생산성을 극
대화할 수 있기 때문이다. 이를 위하여 종업원들을 실험집단과 통제집단의 두
그룹으로 나누고 실험집단에는 조명의 밝기를 변화시키고 통제집단에서는 일
정하게 유지함으로써 조명 정도가 생산성에 미치는 영향을 밝히려고 하였다.
그러나 실험결과는 놀랍게도 통제집단에서도 생산성이 향상하였으며, 또한 조
명의 밝기를 낮춘 후에도 실험집단의 생산성이 여전히 증가하는 놀라운 결과를
보여 주었다. 그리하여 연구자들은 조명 정도가 생산성에는 직접적인 영향이
없다고 결론을 짓고 생산성 향상에 영향을 미치는 요인을 다른 각도에서 관찰
하게 되었다.

1927년에 하버드 대학교의 Mayo 교수 등의 심리학자들이 참가하여 종업원
들을 인터뷰하고 서베이하는 등 다양한 방식으로 1932년까지 연구를 하게 되었
다. 그 결과, 지금까지 믿고 있던 바와는 달리 종업원들은 조명의 밝기와 같은
단순히 물리적인 요소나 경제적인 면으로만 동기 부여되는 것이 아니라, 다양
한 욕구나 개인적인 감성이 주요한 원인이며 동료간의 동조, 압력과 같은 사회

적인 요소에 의하여 더욱 영향을 받는다는 결론을 내리게 되었다. 따라서 회사가 공식적으로 규정하는 규칙이나 관계보다는 비공식적인 집단의 영향력이 주요하게 간주되고, 지금까지와 같이 권위를 갖고 명령만 하는 관리자보다는 종업원들을 배려하고 이해하려고 노력하는 관리자가 보다 효과적이라는 것을 발견하였다. 이러한 결과들을 대표하는 개념이 바로 "호손효과"인데 이는, 종업원들은 자신들이 선택되고 또 관찰되고 있다고 생각할 때 이러한 믿음이 그들의 행동에 변화를 야기한다는 것으로 정의될 수 있다.

이러한 호손공장 실험은 그 방법론이나 절차에 있어서 비판을 받고 있기는 하나, 그 연구 결과가 종업원 관리 패러다임에 있어서 근본적인 변화를 야기시켰고 이로 인하여 사회적인 존재로서의 종업원들 관리에 대한 연구 분야가 확립되었다는 점에서 의의를 갖는다고 하겠다.

X이론과 Y이론

종업원들을 어떻게 볼 것인가에 대한 대표적인 시각이 바로 McGregor의 X이론, Y이론이다. McGregor는 관리자들에 대한 서베이를 통하여 관리자들은 종업원들의 본성에 대하여 두 가지 시각을 갖고 있다고 결론을 내리고 있다. X이론은 종업원들은 근본적으로 게으르며, 명령을 받아야 일을 하고, 가능한 책임을 회피하려는 성향이 있기 때문에 엄밀하게 감독해야 한다는 시각을 의미하며, Y이론은 종업원들이 스스로 일을 알아서 처리할 수 있는 의지가 있으며 책임감 있게 업무를 수행하는 특성이 있으므로 권한을 위양하여 그들이 창의적으로 일을 할 수 있도록 관리하여야 한다는 믿음이다.

이러한 접근은 우리나라의 성선설(性善說), 성악설(性惡說)과도 유사한데, 과학적인 이론으로서의 체계가 부족하다는 등의 비판을 받고 있기는 하다. 그러나 Y이론의 사항들은 요즈음 많이 활용되고 있는 참여에 의한 경영이나 권한 위양과 같은 관리방식에 대한 기본 전제로 받아들여진다는 점에서 의의가 있다.

3. 사회–기술 시스템적 접근

사회–기술 시스템적 시각(socio-technical approach)은 조직의 기술 시스템

은 종업원들의 사회적인 시스템을 보완하고 활성화하는 방향으로, 그리고 사회
적 시스템은 기술적 시스템과 조화를 이루는 방향으로 설계 운영되어야 한다는
기본 전제에 입각하고 있다. 즉, 업무 기술의 효율성을 제고함과 동시에 종업
원들의 사회적인 욕구도 충족시키는 방식의 관리를 의미하는데, 실제 기업들에
있어서 기존 관리층의 권한을 대폭 축소하고 종업원들이 자율적으로 관리하게
하는 자율적 관리 팀의 형태로 운영된다.

일본식 경영의 사례로 묘사되는 품질관리 분임조(quality circle)에서도 종
업원들이 집단활동을 통하여 업무를 수행할 때 개인으로 작업을 하는 경우보다
여러 가지 성과가 향상되고 품질이 향상될 수 있다는 사례들이 인정되기는 하
다. 그러나 자율적 관리 팀의 경우는 품질관리 분임조에서와 같이 기존의 위계
질서를 유지하는 것이 아니라, 지금까지 관리자들이 수행하였던 제반 의사결정
업무(managerial prerogatives)를 종업원들 팀에게 위양되는 것을 의미한다. 자율
적 관리집단에서는 경쟁자 선정, 종업원 선발 및 평가, 해고 등의 의사결정들을
자율적인 토론을 통하여 수행하게 되는 것이다. 따라서 자율적 관리 팀을 시행
한다는 것은 조직 내의 위계질서를 변화시킨다는 점에서 합리적인 시각과 대비
될 뿐 아니라, 단순히 개인 단위에서의 참여나 의사결정 권한위양이 아니라 팀
수준에서 대대적인 권한 위양과 업무 재조정을 의미한다는 점에서 인간관계론
과 같은 방식보다 더욱 급진적이라고 할 수 있다.

4. 과학적 관리, 인간관계론, 자율적 관리팀의 비교

경영학에서의 인간관리에 관하여 이들 이론은 상이한 입장을 견지하면서
도 모두 상당한 영향력을 발휘하고 있다. 어느 특정 방식이 우수하다는 방식의
평가보다는, 기업은 업무 환경이나 자신의 경쟁전략 등을 고려하여 이들 관리
방식을 활용하여야 한다는 지적이 타당한 것으로 보인다. 그러나 전반적인 흐
름은 환경 불확실성이 심화되고 경쟁이 치열해지면서 이러한 변화에 보다 신축
적이고 효과적으로 대응할 수 있는 자율적인 관리 팀 체제로 가고 있다고 볼 수
있다. 합리적 시각의 대표적인 과학적 관리법과 인간관계적 접근, 그리고 자율
적 관리 팀에 대하여 비교 정리하면 〈표 13-1〉과 같다.

표 13-1 과학적 관리법, 인간관계론, 자율적 관리 팀의 비교

	과학적 관리법	인간관계론	자율적 관리 팀
개인과 조직	경제적 요인이 중시되는 경제적 실체	사회심리적 요인들이 중시되는 사회적 실체	기술 특성과 사회적인 요인들이 중시
의사소통/통제방식	하향식 의사소통/상급자에 의한 통제	다양한 방식의 의사소통/스스로에 의한 통제 가능	다각적인 방향의 의사소통/팀 스스로에 의한 통제
대표적인 관리방식	업무 세분화 및 전문화 시간관리, 직무분석, 성과급제	참여리더십, 조직개발, 직무 충실화	관리의사 결정의 대폭적인 위양
기업환경	변화가 적고 안정적인 환경에 적합	➡	불확실하고 변화가 심한 환경에 적합
경쟁전략	총괄적 비용우위 전략	➡	차별화 전략

사례 13-2

'블핑' 껍데기만 잡은 YG…직원 대우는 열정페이

와이지엔터테인먼트(122870), 한해 수천억 원대 매출을 올리는 글로벌 K팝 대표 아이콘입니다. 하지만 이 기업이 직원을 대하는 마음을 보면 '빈곤의 아이콘'인데요. 그래서일까요. 힘들게 양성해 화려하게 데뷔시킨 아이돌 그룹과의 재계약이 번번이 실패했습니다. 업계에서는 매니지먼트의 참패를 지적하는데요. 직원들 처우와 연관이 있다는 설명입니다. 하이브가 빗겨간 아이돌 재계약 '7년 저주' 직격탄을 맞은 곳이 YG입니다.

블랙핑크 없는 YG엔터, 주가 반토막

현재 YG엔터 최대 '상품'은 '블랙핑크'입니다. 2022년과 작년에 걸쳐 블랙핑크는 전 세계

에서 180만 명(단독 콘서트 기준)을 동원하며 K팝 걸그룹 사상 최대 규모 월드투어를 성공리에 마무리했습니다. 블랙핑크가 일군 성과는 금융감독원 전자공시시스템에 올라온 2023년 YG엔터 반기 보고서를 통해서도 확인할 수 있습니다.

보고서에 따르면 작년 상반기에만 블랙핑크를 포함한 콘서트 수익(해외)이 716억원에 달합니다. 해외 시장 기준 2022년엔 128억원, 2021년엔 8억원 수준이었던 것을 감안하면 그 사이 성장한 블랙핑크의 글로벌 시장 장악력을 가늠해 볼 수 있습니다. 그 덕일까요. YG엔터 작년 상반기 전체 매출액은 3,157억원에 달합니다. 2022년 한해 동안 매출 총액이던 3,911억원을

반년 만에 따라잡은 수준입니다. 블랙핑크란 메가 히트 IP를 보유한 YG엔터 브랜드 파워를 알 수 있는 대목이기도 하죠.

분위기가 좋았습니다. 작년 가을 YG엔터 주가는 최대 9만 7,000원까지 치솟았습니다. 하지만 10월 이후 블랙핑크 재계약 이슈가 터지면서 주가는 4만원대 중반까지 반토막납니다. 블랙핑크 멤버 전원이 YG엔터와 재계약을 하지 않고 팀 계약만 하는 상황이 벌어지면서 주가는 급락세를 탔습니다.

블랙핑크의 '껍데기'만 잡은 YG엔터는 투자자들의 불안을 키우면서 새해 첫 거래일부터 주가가 급락했는데요. 지난 3일 YG엔터는 6.58% 급락한 4만 7,550원에 거래를 마쳤습니다. 4일도 하락세를 면치 못했으며 5일 거래에서도 1.08% 내린 4만 5,800원에 마감했습니다. '블랙핑크' 팀 계약 소식 이후 상승한 부분을 모두 토해냈습니다.

4대 엔터주 가운데 하락세를 면치 못하는 건 YG엔터가 유일합니다. 작년 12월 29일 YG엔터가 '블랙핑크 개별 계약은 없다'고 선언한 이후 벌어진 상황입니다. 국내 증권가는 YG엔터에 대한 목표주가를 대폭 낮추며 사실상 매도 의견을 제시하고 있습니다.

양현석 1인 독재…'탈 YG' 행렬

블랙핑크 멤버들은 왜 YG엔터와 개별 계약서에 도장을 찍지 않았을까요. 다양한 이유가 있겠지만, 업계 일각에선 창립자 양현석 총괄 프로듀서 1인 지배체제 시스템과 폐쇄적 아티스트 육성 관리 시스템을 이유로 보는 시각이 있습니다.

YG엔터는 소속 아티스트 데뷔와 활동 및 종료 등 모든 것이 사실상 양 총괄 프로듀서에 의해 이뤄지는 것으로 알려져 있습니다. 과거 2NE1 멤버 씨엘이 팀 해체를 "기사를 통해 전해 들었다"는 일화는 유명합니다. 아직까지도 2NE1 멤버들은 언론과의 인터뷰에서 '결정권'과 '자유의지'를 자주 언급하며 '탈 YG'에 대한 만족감을 드러내고 있습니다.

블랙핑크 멤버 개별 계약 불발도 YG엔터의 고압적 분위기와 무관치 않다는 게 업계 전언인데요. 한 업계 관계자는 "유독 YG엔터 소속 아티스트의 끝이 새드 엔딩으로 마무리된 것만 봐도 짐작할 수 있을 것"이라며 "'블랙핑크' 멤버들도 자신들이 가진 팀으로서의 가치는 충분히 인식해 팀 계약을 했겠지만 개별 소속에선 꺼려졌을 것"이라고 했습니다.

불안한 '성장동력'…내부 흐름도 '불안'

소속 아티스트가 팀 해체 소식을 뉴스로 전해 듣는 분위기의 회사라면 그 안에서 근무하는 종사자에 대한 처우는 어떨까요. 짐작대로 아티스트 매니지먼트와 관리 체계를 유지하는 스태프에 대한 처우는 업계 '바닥'입니다. YG엔터 고질적 병폐가 스태프(직원) 처우와 연결되는 분위기입니다. 금융감독원 전자공시시스템에 올라온 작년 반기 보고서를 보면 YG엔터 직원의 1인당 평균 연봉액은 3,600만원입니다. 4대 엔터사 가운데 '꼴찌'입니다. 업계 1위 하이브(352820)(6,300만원)와 비교하면 절반 수준입니다.

한때 K팝 시장을 양분했던 에스엠(041510)(4,440만원)과 비교해도 840만원 차이가 납니다. 특히 여성 직원 처우는 처참합니다. 성비로 나눴을 때 YG엔터 여성 스태프 평균 연봉은 2,900만원에 불과합니다. 때문에 업계에선 YG엔터 처우를 '열정페이'라며 비꼽니다. 이직률도 높은 것으로 알려져 있습니다. 업계 관계자는 "정확한 수치까진 알 수 없지만 같은 업계로 이직하는 비율이 높은 회사로 입소문 나 있다"며 "낮은 급여는 직원들 사기에 큰 영향을 끼치는 게 당연하다"고 했습니다.

일부 업계 관계자들은 현재 황보경 YG엔터 대표가 경영지원 총괄이사였던 점을 감안해 비용 절감 차원에서 매출 이익에 대한 보상 체계에 인색한 것이란 시각도 전했습니다. 다만 등기이사 3인 평균 보수액은 2억원대를 넘는다는 점은 짚고 가야 할 듯 합니다. 이에 대해 YG엔터 측은 '노코멘트' 입장을 전했습니다.

반드시 직원(스태프)을 존중하는 회사(엔터사)여야 하는 일(아티스트 재계약)이 잘 된다는 법칙은 없습니다. 하지만 직원 처우가 바닥 수준인 YG엔터의 블랙핑크 개별 계약이 무산된 것과 직원 처우가 좋은 하이브의 BTS 2번 연속 재계약 성공은 상반된 소식이 전하는 차이 만큼이나 시사하는 바가 큰 것 같습니다.

출처: 뉴스토마토 2024.01.08.

인적자원관리의 변화 방향

1. 통제형 관리시스템에서 몰입형 관리시스템으로

합리적 접근으로 설명된 관리방식들은 종업원들에게 경제적이고 가시적인 규제를 통하여 일탈행위를 방지하고 조직관리의 효율성을 기하려는 시각을 의미하므로 통제형 관리방식(control-oriented management)으로 규정될 수 있다. 통제형 관리는 업무 분업 및 엄격한 표준화를 바탕으로 하여 가능한 한 단위시간당 생산성 극대화를 추구하는 시각으로, 여기서는 종업원들의 다양한 특성이나 창의력, 그리고 종업원들의 자발적인 참여와 같은 측면은 고려되지 않고 있다. 이러한 관리방식은 종업원들의 욕구가 차별화되지 않고 기업환경이 안정적인 경우에는 효과적으로 운영될 수 있다. 그러나 환경이 급변하는 경우에 조직은 어떠한 종류의 문제들이 발생할지 예측할 수 없고 따라서 사전에 규정된 규칙을 엄격하게 적용하려는 노력은 오히려 문제 대처능력을 저해할 뿐이다.

종업원들의 욕구가 다양해지고 기업경쟁이 가속화됨에 따라 조직은 이제 자신들이 보유한 인적자원들의 역량을 키운 후에 구체적인 문제 해결에 있어서는 그들의 순발력에 의존하는 방식으로 전환하여야 한다. 이들의 상위 욕구를 만족시키고 능력을 개발하여 자발적으로 회사에 몰입할 수 있는 방향으로 관리하는 이러한 접근은 몰입형 관리방식(commitment-oriented management)으로 일컬어진다. 예를 들어, 몰입형 관리방식에서는, 종업원들에게 고용안정을 보장함으로써 회사는 종업원의 경력에 대하여 몰입하는 정책을 구사하고 종업원들은 자신의 미래 경력구도에 대한 불확실성이 감소함에 따라 현 조직에 보다 몰입하게 되는 것이다. 또한 내부 승진 제도를 활용함으로써 회사와 종업원의 경력구도상의 상호 이해관계를 일치시키는 효과도 추구한다. 회사가 종업원에게 몰입하는 이러한 관리방식은 가시적인 성과 및 단기적인 계약에 입각하였던 전통적인 미국적 관리방식에서 크게 일탈한 것으로 평가될 수 있다. 이러한 몰입형 관리방식은 다음의 고성과 작업집단의 관리방식을 통하여 잘 설명되고 있다.

사례 13-3

업무만 가르치고 바꿔라? AI발 해고 '올 것이 왔다'

"메뉴 안내를 하는 단순 업무를 챗봇이나 인공지능(AI)이 가져갔지만, 상담사들은 업무가 늘어났다고 생각하지 줄어들었다고 생각하지 않아요. 외환이나 기업 뱅킹처럼 난이도가 굉장히 높은 업무가 많은데 그런 업무는 줄지 않고 오히려 비대면 거래가 많아지면서 늘고 있어요. 청년 적금처럼 정부 시책이 발표될 때마다 대출상품이 계속 늘어나면 저희 업무도 계속 늘어나거든요. 그렇게 업무의 양이 늘어난 건 보지 않고 콜 수가 줄어드니 사람을 줄여야 한다고 보는 건 굉장히 큰 문제라고 생각합니다. 이건 국민은행만의 문제가 아니라 콜센터 전반의 문제인 것 같아요. 사람은 줄어드는데 업무 난이도는 높으니 신입도 교육을 받다가 다 도망가죠."

KB국민은행 고객센터 상담사로 일하고 있는 김현주 민주노총 공공운수사회서비스노동조합 대전지역일반지부 지부장은 AI 도입의 영향을 묻자 이렇게 말했다. AI가 상담사의 업무 강도를 낮추는 방향으로 도입된다면 좋겠지만 현실은 일자리를 줄이는 방향으로 전개되고 있다.

국민은행은 지난해 1월부터 상담사 인력 감축을 유도 중이다. 정년을 맞거나 퇴사로 일하는 사람이 줄어도 더 이상 충원하지 않고 자연감소시키고 있다. 지난해 11월 콜센터 협력업체를 6곳에서 4곳으로 줄였다. 계약이 해지된 2곳의 상담사 240여 명이 해고위기에 몰렸다. 국민은행 측은 "인공지능 상담이 늘고, 코로나19가 지나간 이후 영업점에서 대면 영업을 잘 진행하면서 콜센터 콜 수가 줄었다"고 이유를 들었다.

노조 측은 실제 사용자인 국민은행이 상담사를 직접 고용하라면서 국민은행 본사 앞에서 노숙 농성을 벌였다. 여론 압박이 커지자 국민은행은 지난해 12월 14일 고용노동부에 고용승계 입장을 밝혔다. 하지만 반쪽짜리 해결이었다. 고용승계를 하기로 한 고려휴먼스는 지난해 12월 26일 고용승계 설명회에서 육아휴직자 및 육아기 근로시간 단축을 사용하는 상담사의 승계는 불가능하다고 공지했다. 급여는 이미 최저임금 수준인데 더 불리한 체계로 근로계약서 작성을 요구했다. 국민은행 측은 이에 대해 "용역업체와 민법상 도급계약에 따라 수탁업체 근로자에 대한 인사노무 관련 관리 권한이 없다"고 밝혔다.

AI 학습에 동원되는 콜센터 직원들

고객센터는 AI 시스템 도입으로 고용 불안정이 커지고, 임금 수준이 낮아질 수 있음을 보여주는 대표적인 사례라고 할 수 있다. 많은 사람이 경험하듯, 이제 고객센터에 전화를 걸어 인간 상담사의 목소리를 바로 들을 수 있는 경우는 드물다. AI의 안내 음성에 따라 여러 단계를 거쳐야 한다. 안내 음성만 반복해 듣다가 상담사 연결을 포기하는 사례도 많다. 불편함을 느낀 고객들은 어쩌다 연결된 상담사들에게 불만을 표하기도 한다.

"고객들이 AI를 선택하는 게 아니라 사용자들이 AI만 연결해줘 고객을 길들이고 있다고 생각해요. 고객 입장에선 선택권이 없는 거죠. 어르신들이 화를 많이 내세요. 왜 상담원 연결을 눌렀는데 챗봇이 받느냐는 거죠. 저희와 연결되면 '사람이 맞냐'는 말씀을 제일 많이 하세요. 콜 수가 준 건 고객들이 전화를 적게 해서라기보다는 상담원 연결 자체가 불편해지면서 중간에 포기하는 분이 많아진 이유도 있을 겁니다. 사용자들은 이런 건 드러내지 않고, 표면적으로 콜 수가 줄었으니 콜센터 인원을 줄이는 게 당연하다는 말만 되풀이하고 있습니다."

채권 추심 등을 위해 상담사가 고객에게 전화를 거는 '아웃바운드' 업무는 60% 정도가 인공지능 시스템으로 대체가 된 것으로 알려졌다. 대출 건수가 적고, 대출자의 연령이 젊으면 인공지능이 전화를 건다. 대출이 여러 건이고, 대출자가 노령이면 상담사가 전화를 한다. 최근 경기가 안 좋아지면서 채권추심을 AI가 할 경우 상환을 잘하지 않아 다시 상담사를 늘리는 경향이 나타나고 있다.

콜센터 직원들은 자신들의 일자리를 위협하는 AI를 학습시키는 역할도 한다. 최근 수년 사이 고객센터를 중심으로 STT·TA(Speech To Text·Text Analytics) 기술이 활용되고 있다. 국민은행도 지난해 3월부터 이 시스템을 도입했다. 고객센터 전화상담 내용을 텍스트로 변환하고, 상담 내용 분석과 유형을 자동으로 분류하는 시스템이다. 김 지부장은 "상담을 하면 제 말과 고객의 말을 텍스트화해서 기록하고, 이 데이터를 활용해 AI 시스템을 고도화한다.

STT·TA 저장 버튼을 누르지 않으면 콜 평가에서 감점을 하는데, 급여 감소로 이어져 사실상 강제적으로 할 수밖에 없다"고 말했다.

그는 "AI와 상담사가 공존할 수 있는 방법은 고민하지 않고 해고로 접근하는 것에 굉장히 분노할 수밖에 없다. 하루에 150~200콜을 받는 과중한 업무를 하고 있다. AI 도입으로 사람답게 전화를 받는 방향으로 바뀌어야 하는데 화장실도 못 갈 정도로 경쟁하면서 받는 걸 당연하게 여기고, 콜 수가 줄었으니 사람을 줄이겠다는 그 자체가 비인간적이라고 생각한다. (AI 도입이 예상되는 직무를) 빨리 끊어내고 싶어서 고용형태를 용역으로 전환하는 것도 납득이 되지 않는다"고 말했다.

생성형 AI로 일자리 대체 본격화

자신의 일자리를 위협하는 AI 기술을 개발하는 데 동원되는 건 구글 직원들도 마찬가지다. 구글은 2021년 AI 기반 광고 제작 도구인 '퍼포먼스 맥스(PMax)'를 출시했다. 지난해 5월 여기에 생성형 AI를 더해 광고 제작 자동화의 효율성을 높였다. 광고주가 목표로 하는 전환율(방문객 중 회원가입·구매처럼 원하는 목표에 도달하는 비율)과 고객층, 시기를 정해주면 광고 문구와 제목, 이미지와 영상을 자동으로 만들어주고, 성과 측정까지 자동으로 해준다. 텍스트 프롬프트를 사용해 원하는 내용을 찾을 때까지 텍스트와 이미지 생성을 반복할 수 있다.

생성형 AI가 광고 제작 자동화에 접목되면서 관련 업무에 이전만큼 인원이 필요하지 않게 됐다. 미국의 IT전문매체 '더 인포메이션'은 지난해 12월 19일(현지시간) 구글이 약 3만 명에

달하는 광고 판매 직원을 대상으로 구조조정에 나설 것이라고 보도했는데, 생성형 AI 도입에 따른 조직 개편으로 일부 부서 인력들이 해고될 수 있다는 관측을 내놨다. 자신 혹은 동료가 개발한 생성형 AI 기술에 자신 혹은 동료의 일자리가 위협받게 된 셈이다.

오픈AI에 뒤지지 않기 위해 회사의 역량을 생성형 AI에 집중하면서 기존 인력을 '최적화'하고 있다는 평가가 나왔다. 아르스테크니카는 "챗GPT 등장에 '코드 레드'를 발동한 구글이 AI 기능과 아이디어를 내놓기 위해 안간힘을 쓰고 있다. 이 작업이 완료되면 내부로 시선을 돌려 새 AI 기능으로 회사를 '최적화'하려고 시도할 것이다"라고 전했다. 이미 구글의 모회사 알파벳은 지난해 1월 자회사 전 부문에 걸쳐 전 직원의 약 6%인 1만 2,000명을 해고한 바 있다.

대규모 구조조정이 이뤄질 경우 국내 구글 직원들도 영향을 받을 수 있다. 구글코리아 노동조합의 김종섭 지부장은 "구글 광고 판매 조직 3만 명에 대한 조직개편이 예상되지만, 지난해와 같은 대규모 해고는 아직 구체적으로 알려진 바가 없다"면서 "AI로 인한 고용시장의 변동이 불가피한 상황에서 노동조합은 해고를 최소화하기 위해 사측과 적극적으로 고용안정에 대한 협의를 진행할 예정이다"라고 밝혔다.

생성형 AI의 등장은 로봇과 같은 제조 공장의 자동화나 낮은 수준의 인공지능 기술보다 노동시장에 더 큰 충격파를 줄 것으로 예상된다. 맥킨지는 지난해 6월 펴낸 '생성형 AI의 경제적 잠재력'이라는 제목의 보고서에서 "생성형 AI는 지식노동에 가장 큰 영향력을 줄 것"이라면서 "특히 기존에 자동화 잠재력이 가장 낮

았던 영역인 의사결정 및 협력과 같은 활동이 주요 대상이 될 것"이라고 전망했다. 생성형 AI가 다양한 업무 영역에서 자연어를 이해하고, 사용할 수 있기 때문이라고 했다.

한국은행이 지난해 11월 발표한 연구 결과에서는 대용량 데이터를 활용해 업무를 효율화하기에 적합한 일자리는 AI 노출지수가 높았고, 대면 접촉과 관계 형성이 중요한 일자리는 AI 노출지수가 낮았다. 특히 의사와 회계사, 자산운용가, 변호사와 같은 고학력·고소득 근로자일수록 AI에 더 많이 노출돼 있다고 나타났다. 한지우 한국은행 고용분석팀 조사역은 "고졸 이하 저학력 및 중간소득 근로자에게 큰 영향을 미쳤던 산업용 로봇이나 소프트웨어 기술과 가장 차별화되는 지점이다. AI가 비반복적·인지적(분석) 업무를 대체하는 데에 적합하기 때문에 고학력·고소득 일자리의 AI 대체 위험이 상대적으로 더 크게 나타나는 것으로 보인다"고 분석했다.

다만 고소득 전문직종의 일을 AI가 대체한다고 해도 그 영역은 전체 업무의 일부일 가능성이 크다. 김하나 변호사(민변 디지털정보위원회·법무법인 두율)는 AI가 변호사 업무를 대체하는 영역은 임대차 보증금 지급명령 신청서나 이혼 소장 작성과 같은 정형화된 일부 업무에 그칠 것이라고 내다봤다. "사람을 상대하는 일이고, 특히 권리 의무에 직접 영향을 미치는 영역은 새롭게 창조하거나 새로운 사례를 전문 지식으로 해결해야 하는 부분이 많다. 기존의 법률관계를 새로운 시각으로 해석해 새로운 판례를 만들어야 한다는 시각에서 빅데이터를 기준으로 결과를 내놓는 인공지능으로는 대응할 수 없다."

AI와 노동, 정해진 미래는 없어

생성 AI 기술이 기존 일자리를 대체할 수 있지만, 한편에선 생산성을 높이고, 새로운 일자리를 창출하는 긍정적인 측면도 있다. 생성형 AI는 개인의 능력을 '증강'시켜 작업 시간을 줄일 수 있다. 맥킨지는 앞서 언급한 보고서에서 "생성 AI를 비롯한 업무 자동화 기술이 직원의 업무 시간을 60~70%까지 줄여줄 수 있다. 기존 추정은 자동화가 노동시간을 절반 정도 줄일 잠재력이 있다고 봤다. 기술적 자동화의 잠재력에서 가속도가 붙은 건 생성형 AI가 자연어를 이해하는 능력이 높아진 덕이 크다"고 설명했다.

지난해 한 연구에 따르면 생성 AI 기반의 프로그래밍 보조 도구인 코파일럿(Copilot)을 활용하면 프로그래밍 작업을 56%쯤 더 빠르게 마칠 수 있다. 소프트웨어 개발과 문서 작성, 고객 지원 등 여러 작업에서 초보자와 숙련자의 품질 차이가 줄어들었다는 연구도 여럿 나와 있다. 실제 이미 많은 직장인이 AI 기술을 실시간 통·번역과 녹취록 작성에 활용하고, PPT 제작툴을 이용해 몇 분 만에 그럴듯한 발표 자료를 만들고 있다. 콘텐츠 창작자라면 생성 AI가 만든 초안을 토대로 작업을 시작할 수도 있다. 국내 IT 기업의 한 종사자는 "오늘도 30쪽짜리 영어 논문을 생성형 AI에 넣었더니 10초 만에 요약해 알려줬다. 어려운 기술 관련 문서를 저보다 빨리 이해하고 요약해주니 도움이 많이 된다. 직무가 인공지능에 대체될 수 있다는 위기감이 없지는 않지만, 기업과 노동자가 인공지능을 어떻게 이용하고 적응하냐에 따라 달라질 수 있다고 본다"고 말했다.

1870년대~1970년까지는 기계화, 자동화가

새로운 산업과 일자리를 만들면서 더 나은 급여를 받으면서도 덜 위험하고, 육체적으로 덜 피곤한 선한 조합을 보였다. 하지만 이후 그 긍정적 순환은 약해졌고 지난 40년간 제조로봇과 디지털 기술의 확산은 소득 양극화를 키웠다. 자동화와 노동력 대체에만 중점을 둔다면, 생성형 AI 역시 이런 불평등을 키울 수 있다. 특히 이전에 높은 임금을 받던 노동자들이 AI로 대체되고, 더 낮은 임금의 노동자들과 일자리를 두고 경쟁하면 임금 수준은 낮아질 수밖에 없다.

최순욱 너비의깊이 이사는 "(생성형 AI는) 인간의 노동력을 대체한다는 점에서 기존의 기계나 인공지능과 근본적인 면에선 같지만 콘텐츠나 말을 대체한다는 점, 그리고 그 발전 속도가 너무 빨라 대비가 어렵다는 점에서 차이가 있다. 완전히 기계로 대체할 수 없는 콘텐츠를 제공하지 못한다면 저가의 단순노동만 하게 되는 사람이 늘어날 수 있다는 점에서 이에 대비한 안전망 설계가 필요하다"고 말했다.

AI 도입의 역사가 짧고, 더군다나 생성형 AI는 도입된 지 1년 정도 지난 시점이라 아직 고용과 임금에 미친 영향을 수치화하기 어려운 상황이다. 장지연 한국노동연구원 선임연구위원은 "새로 생기는 일자리도 있고 AI의 영향을 덜 받는 분야에서 일자리가 늘어날 수도 있기 때문에 절대적인 수준에서의 일자리가 줄어들 것인지는 알 수 없다. 다만 기존에 있던 일자리 중

AI로 대체되는 업무가 상당하리라는 점만은 확실하다"면서 "기존의 사회보장제도를 좀더 적극적으로 사용하고, 실업의 개념을 확대해 콜센터 직원처럼 (AI에 대체될 미래를 예상하고 회사를 나오는) 자발적 이직자에 대해서도 도움을 줄 수 있도록 해야 한다"고 말했다. 장 연구위원은 고용 규모 전망 못지않게 고용형태와 임금수준, 불평등 관련 연구가 필요하고, AI를 인사관리와 노동 감시에 사용하는 상황에 대한 면밀한 검토와 대응도 필요하다고 강조했다.

장 위원의 말처럼 AI 도입으로 인한 일자리 감소가 정해진 미래는 아니다. 미국의 경제학자 대런 애쓰모글루는 지난해 9월 19일 경제정책연구센터(CEPR)에서 발표한 정책 메모에서 "생성형 AI가 어떤 영향을 미칠지는 이 기술이 어떻게 발전되고 적용되느냐에 따라 결정된다. 어떤 인공지능 기술의 경로도 불가피한 것은 없다"고 말했다. 생성형 AI가 노동자를 대체하고, 노동자의 협상력을 줄이는 부정적 경로로 발전하지 않고, '인간 보완적인 기술'로 발전할 수 있도록 정책적 노력을 해야 한다고 강조했다. 인간을 고용하는 기업이 자동화에 투자하는 기업보다 더 높은 세부담을 지는 구조를 바꾸고, AI 개발 방향에 영향을 받는 노동자들이 목소리를 낼 수 있는 제도적 틀을 만드는 일도 중요하다고 말했다.

출처: 경향신문 2024.01.07.

2. 고성과 작업집단의 몰입형 관리방식

최근 미국 고성과 기업들의 관리방식에 관한 연구들은 이들이 활용하고 있는 관리방식들이 기업성과 향상에 지대한 공헌을 하며 또한 보편적으로 활용될 수 있다는 점을 분석하고 있다. 또한 이러한 관리방식들은 아주 새로운 방식은 아닐지라도 경영자들이 관행에 얽매이거나 자칫 간과하게 되면 막대한 손실을 야기시킨다고 지적한다. 스탠포드 경영대학의 Pfeffer 교수는 고성과 작업집단들의 관리방식들을 다음과 같이 설명하고 있다.

고용보장

고성과 작업집단을 가진 기업들은 다운사이징을 기업의 비용을 줄이기 위한 시도로서 받아들이지 않는다. 작업장 혁신 등의 노력이 결국 다운사이징이라는 결과를 낳는다면 종업원들은 혁신의 노력을 하지 않을 것이다. 사우스웨스트 항공의 최고 경영자인 허부 Kelleher는, "우리 회사에서 사원들과의 파트너십을 형성하는 데에 있어서 가장 중요한 수단은 바로 고용보장 정책과 함께 항상 활기 넘치는 근무환경을 조성하는 것이다. 우리가 종업원들을 해고하여 단기 성과를 증가시킬 수 있는 시기가 있었지만. 사원들에게 고용을 보장하여 준 것이 결과적으로 더 신중한 고용정책을 갖게 하고 이로 인하여 더 적은 규모의 인력으로 경쟁자들보다 더 높은 생산성을 발휘해 나갈 수가 있었다"고 회상한다. 결국 종업원들에게 고용을 보장해 준다는 것은 개개인의 성과를 무시하고 개인을 계속 보호한다는 의미보다는 종업원들 스스로 통제할 수 없는 일로 인하여 사원들을 해고하지 않는다는 신념임과 동시에 신중한 선발, 광범위한 교육 훈련, 권한의 위임 등을 실행하기 위한 기본조건이 되는 것이다. 이와 마찬가지로 종업원들에게 부여되는 임금은 회사에 고정적인 비용이라는 시각에서 탈피하여 생산성이 고려되어야 한다. 즉 관리자들의 관리 여하에 따라 생산성이 배가된다면 종업원들에게 지불하는 임금은 비용이 아니라 합리적인 투자인 것이다.

신중한 선발관리

사람을 경쟁력의 원천으로 삼는다는 것은, 적절한 인재를 선발해야 함을 의미한다. 적절한 인재의 선발은 측정도구의 정교함과 더불어 광범위한 지원자 풀을 확보함과 동시에 다양한 측면의 기준을 활용하여 다단계로 선발하는 것을 의미한다. 또한 입사 후에 훈련이 가능한 구체적인 직무기술 외에도 문화적인 적합성과 적응성도 적극 고려할 필요가 있으며, 최고 경영층이 선발과정에도 참여함으로써 그 중요성을 강조해야 한다. 나아가서 선발자료와 회사에 근무한 후에 보여 주는 성과자료를 비교 분석하여 선발절차의 타당성과 신뢰성을 끊임없이 개선해 나가는 노력이 필요하다.

자율적 관리 팀과 의사결정의 분권화

팀제는 이제 다변화하는 조직에 있어서 신축적인 대응과 성과를 향상시키는 필수적인 요소로 받아들여지고 있다. 또한 제조업이나 서비스업 모두에서 팀제를 활용하여 생산성이 증가하고 서비스의 질을 향상시키는 결과들이 끊임없이 제시되고 있다. 예를 들어 Bell사의 전화 운영을 담당하는 한 지역 회사의 경우 팀제 실시 이후 고객 서비스 수준의 향상뿐 아니라 한 달에 평균 약 15% 정도 판매 수익이 더 증가하고 작업팀당 평균 5만 2천 달러 수준의 간접 인건비를 절약하였다는 결과가 있다.

팀제는 팀 성원들 간의 업무의 상호 의존성을 증가시켜 한 사람의 결근이 곧 바로 다른 작업동료들의 업무에 부과됨으로 인하여 팀원들 간에 무단결근을 하지 못하도록 하는 동료 압력도 존재할 뿐 아니라 사원들에게 회사 운영과 성공에 일정한 책임감을 부여한다. 나아가서, 날로 증가하는 정보화 수준과 환경은 덜 관료적이면서 활발한 의사소통과 참여적이면서 의사결정 권한이 위임된 조직 형태를 필요로 하는데, 팀제는 이러한 요구에 아주 적합한 구조로 인식된다.

조직성과에 연계된 높은 보상지급

성과와 연관된 보상체계는 종업원들에게 더욱 열심히 일을 하도록 하는 동기부여 효과를 갖고 있다. 미국에서 발달된 많은 동기부여 이론들이 안정적인 보상제도보다는 성과에 의거한 보상을 강조하고 있다. 예를 들어, 기대이론에 따르면, 종업원들이 선호하는 결과를 제공함으로써 그 결과에 대한 유의성을 높일 수 있고, 또한 이를 달성하고자 하는 기대감을 증가시킴으로써 과업에 임하는 긍정적이고 적극적인 태도를 유발하게 된다. 또한 목표이론에 따르면 계량적이고 가시적인 목표를 설정하는 것이 종업원들로 하여금 보다 열심히 작업하게 만드는 데 성과 위주의 보상은 이러한 계량적인 목표의 역할을 함으로써 동기부여 효과를 갖게 된다. 한편, 종업원들의 행동 유발을 통제의 시각에서 접근하고 있는 대리인 이론(agency theory)에서도 유사한 결론을 얻게 된다. 대리인 이론은 권한을 위임하고, 위임받는 본인(principal)과 대리인(agent) 간의 관계에서 본인에게 최적인 결과를 유도하기 위한 통제 기제로서 계약의 형성에 관심을 갖고 있다. 본인에게 주어진 정보가 제한적인 상황에서 위험 회피적인 대리인을 통제하기 위하여, 본인은 자신의 이해관계를 잘 반영하는 방식으로 대리인의 행동을 통제하게 된다. 이러한 설명은 회사가 종업원 개인의 성과에 따르는 보상을 강조함으로써 종업원들로부터 회사를 위하여 최상의 노력을 기울이게 만드는 효과를 얻는 데에도 적용된다.

고성과 작업집단의 경우는 이와 같은 성과에 따르는 보상효과 자체를 부인하지는 않으나 지나치게 개인의 성과를 강조하는 경우 나타나는 폐단을 심각하게 우려하고 있다. 따라서 개인 성과위주보다는 집단 성과급제, 이윤 분배제도, 종업원 지주제도 등 회사의 전체적인 성과와 연계시킬 것을 주장하고 있다. 개인 성과에 의한 보상의 경우는 종업원들 간의 경쟁을 치열하게 만들며, 특히 종업원들의 업무가 상호 유기적으로 연계되는 경우 측정하기 어려운 점도 있기 때문에 조직 전체 측면에서 보상제도가 갖는 동기부여 효과를 효과적으로 유지하기 위하여서는 조직의 성과를 그 잣대로 활용해야 하는 것이다. 이러한 조직성과에 의한 보상은 또한 종업원들의 노력으로 향상된 수익을 그 공헌자에게 돌린다는 형평의 측면에서도 바람직한 것으로 분석된다.

랩·신탁 한파…회장도 제친 과장급 CP 브로커

증권가에서 '샐러리맨' 신화를 쓴 과장급 직원이 등장했다. 그는 올해 상반기에만 34억원이 넘는 보수를 받으면서 증권가 모든 회장·대표이사(사장)를 제치고 '연봉킹'에 등극했다.

다올證 CP 브로커, 증권가 상반기 최고 급여

16일 금융감독원 전자공시시스템(DART)에 따르면 윤태호 다올투자증권 채권본부과장은 올해 상반기 34억 3,400만원의 보수를 수령했다.

퇴직금 효과가 더해진 김익래 키움증권 회장이 올해 상반기 28억 9,800만원의 보수를 받았는데, 그보다도 5억원 넘게 많은 수준이다.

윤 과장은 세부적으로 급여 3,200만원, 상여 34억 100만원, 복리후생 지원금 100만원을 받았다.

상여 대부분은 지난해 4분기와 올해 1분기 실적에 의한 산정된 금액이다. 일부는 지난해 1분기~3분기에 유보된 금액을 일괄 정산해 지급됐다.

올해 1분기 위축된 부동산 경기로 다올투자증권의 인수주선 부문 실적은 감소했고, 영업이익도 적자로 돌아섰다. 적자 규모는 115억원이었다.

그런 와중에서도 채권·기업어음(CP) 등 중개 영업을 통해서는 상당한 수익을 냈다.

그 결과 윤태호 과장을 비롯해 다올투자증권 보수 상위 5명 명단에는 최석종 전 부회장을 제외하고는 모두 채권·CP 등 중개 영업을 통해 발생한 수익에 기여한 성과를 인정받은 채권영업부 관련 임직원이 이름을 올렸다.

박신욱 다올투자증권 차장과 최정순 전 이사대우, 김요한 부장이 올해 상반기에만 각각 13억 8,500만원, 11억 2,500만원, 11억 1,020만원을 수령했다. 이병철 다올투자증권 대표이사(회장)보다도 많은 수준이다. 이 회장은 올해 상반기 보수액으로 9억원을 받았다.

증권사 임직원 전체 통틀어 연봉킹에 오른 윤 과장은 채권과 CP 등 장·단기를 아울러서 다루고 있지만, 업계에서는 CP 중개업자(브로커)로 주로 알려졌다. CP 브로커는 기업이 회사채 대신 만기 1년 미만으로 발행하는 CP를 기관이나 개인에 넘기는 역할을 맡는다.

윤 과장이 실적을 낸 지난해 4분기부터 올해 1분기까지 CP 등 채권을 편입하고 있는 랩어카운트·신탁은 힘든 시기를 보냈다. CP 금리가 급등하면서 랩·신탁에 편입해 둔 CP와 장기채 등 평가손실이 커지자 환매 요청이 빗발쳤다. 지금도 일부 증권사는 랩·신탁 내 1% 또는 그 이하 채권들로 인해 수익자들로부터 '원금만이라도 달라'는 요구에 시달리고 있는 것으로 전해진다.

그런 시기도 CP 브로커에게는 문제가 되지 않았다. 만기 도래하는 CP가 있다면 보통 롤오버(차환) 발행하게 되는데, 그 과정에서 채권 중개업자의 역할은 여전히 필요하기 때문이다.

한 업계 관계자는 "채권, 금리스와프(IRS), CP 등 브로커 중에서 CP는 가장 진입장벽이 높아 '그들만의 리그'로 불리기도 한다"며 "CP 시장이 어려울수록 롤오버할 때 물량을 소화해 줄 수요처를 찾을 능력이 있는 톱티어 브로커를 찾게 될 수밖에 없다"고 말했다.

증권사별 고수익 부서 갈렸다…고연봉자 들여다보니

올해 상반기 각 증권사 고연봉자의 특징은 소속 부서가 다양했다는 점이다.

채권운용부서가 강했던 증권사는 하이투자증권과 유진투자증권 등이었다. 하이투자증권은 전부 채권본부에서 올해 상반기 급여 1~5위가 나왔다.

채권I본부에 김우형 FI운용부장은 13억 1천만원을 받았고, 박춘식 채권II본부장과 남재용 채권I본부장이 각각 12억 3,500만원, 10억 900만원으로 뒤를 이었다. FI운용부는 프랍운용과 RP거래 등을 하는 부서다. 차익거래 트레이딩을 하는 채권운용부에서는 신동훈 차장과 송병수 부장이 올 상반기 각각 9억 800만원, 8억 4,600만원을 수령했다.

유진투자증권에서는 김병준 채권금융본부 채권영업팀 부부장이 17억 5,500만원을 받았고, 채권금융본부 김상균 FITS팀 부부장과 안정환 투자금융팀 부부장이 각각 8억원대 보수를 받았다.

메리츠증권도 S&T부문에서 장원재 사장과 정인용 영업이사가 각각 14억 9,900만원과 13억 5,500만원을 수령하며 보수 상위 5인 안에 이름을 올렸다.

파생 담당 임직원들도 고보수의 주인공이 됐다.

한국투자증권에서는 상장지수증권(ETN) 등 장외파생상품을 다루는 부서인 투자공학부 부서장인 한우준 차장이 12억 8,900만원을 수령했다.

이베스트투자증권에서는 박정민 시장구성팀장이 15억 7,300만원으로, 사장보다 높은 보수를 받았다. 파생과 주식 롱숏 트레이딩을 하는 세일즈앤트레이딩(S&T) 담당이다.

하나증권은 주식본부 내 파생상품실 부서장을 맡고 있는 이상호 상무가 9억 8,600만원을 수령하며 가장 많이 보수를 받았다. 부서원 권영제 상무대우도 8억 4,100억원을 수령했다. 채권본부 내 FICC세일즈 부서장인 김정훈 상무대우도 FICC 상품 발행시장 점유율 상위권을 지속한 공로를 인정받아 9억 800만원을 받았다.

신한투자증권에서는 곽일환 파생본부장과 안석철 GMS그룹장이 11억 1,900만원, 10억 700만원 순으로 높은 보수를 수령했다.

개인투자자들의 주식·채권 매매가 늘어나면서 리테일이 강한 증권사에서는 프라이빗뱅커(PB)들이 보수 상위 5인에 다시 등장하기도 했다.

신한투자증권은 이정민 강북금융센터장이 12억 4,200만원으로 보수를 가장 많이 받았다.

삼성증권에서는 강정구·신윤철 영업지점장이 18억 5,000만원과 5억 200만원, 메리츠증권에서는 문필복 광화문금융센터장(전무)이 14억 2,300만원, NH투자증권에서는 서재영 상무대우가 10억 8,800만원, 대신증권에서는 박정숙 상담실장이 7억 5,600만원, 한화투자증권에서는 이한솔 강남리더스지점 PB(과장)가 7억 4,900만원 등을 받았다.

채권발행시장(DCM) 주관에서 강했던 증권사는 한양증권과 교보증권이었다.

한양증권에서는 이준규 센터장이 17억 8,600만원을 수령하며, 한양증권 내 두 번째 연봉자보다도 두 배 넘게 벌었다. 교보증권에서는 이이남 DCM본부장이 10억 2,400만원을 받았다.

그 외에 이연 성과급 효과로 대부분 증권사에서 부동산금융 담당자들이 보수 상위 5위 안에 들었다.

출처: 연합인포맥스 2023.08.16.

교육훈련

교육훈련의 효과는 그 효과가 단기적으로 가시화되지 않는다는 점에서 그 중요성이 간과될 수 있으나 교육에 대한 투자는 고성과 작업집단들이 일관적으로 보여 온 전략이다. 교육훈련을 통하여 종업원들의 자질이 향상되는 경우에, 조직은 각 업무에 있어서의 엄격한 지침을 하달하지 않고도 훨씬 고품질의 생산과 서비스를 달성할 수 있는 것이다. 아울러 종업원의 교육에 대한 투자는 다른 측면의 관리기법과 연계가 되어야 하는데, 종업원 훈련에 많은 투자를 하고 경기가 좋지 않다고 하여 종업원을 단지 비용의 원천으로만 인식하여 쉽게 해고를 한다면 이는 그 동안의 투자액에 대한 손실뿐 아니라 종업원들 동기부여에 있어서도 엄청난 악영향을 끼치게 된다.

많은 기업들에게 있어서 종업원 교육훈련은 경쟁우위의 중요한 원천으로 활용될 수 있다. 그러한 예로 남성맞춤 정장과 액세서리를 판매하는 소매업체인 맨스웨어하우스(Man's Wearhouse)사의 경우를 들 수 있다. 일반적으로 소매업은 이직률이 높고 파트타임 근로자들을 많이 활용하는 경향이 있으며 따라서 사람에 대한 관리가 매우 미흡하다. 맨스웨어하우스사는 1991년 주식 공개 이후 1995년 보고서에 30% 이상의 놀라운 성장과 약 400%의 주가가치의 증가를 보이고 있다. 이 회사의 성공 비결은 사람을 관리하는 방식에 있다고 분석되는데, 특히 교육훈련을 크게 강조하고 있다. 약 3만 5천 평방피트 규모의 교육센터를 갖고 있으며 1994년에는 약 600명의 의상 컨설틴트가 자사의 남성정장 대학과정 프로그램을 이수하였고, 또한 신입사원의 경우 매년 개설되는 약 30개의 강좌 중 적어도 한 강좌에서 4일 이상의 교육을 받아야 하며 이러한 교육과정을 운영하는 데 약 1백만 달러 정도의 경비를 부담하고 있다고 한다. 이러한 교육에 대한 투자가 이 회사가 누리는 성장의 주요 비결이라고 평가되고 있다.

사례 13-5 "사라지거나, 증강되거나, 새로 생기거나" AI 시대 '일자리' 전망

챗GPT 같은 생성형 AI 도구가 빠르게 발전하고, 많은 기업에서 이 기술을 사용해 현재 사람이 하는 다양한 수작업을 자동화하면서 전 세계 채용 시장의 큰 변화가 예상된다.

골드만 삭스는 지난 3월 보고서를 통해 미국과 유럽에서 최대 3억 개의 일자리가 AI의 위협을 받을 수 있다고 밝혔다. 골드만 삭스에 따르면 미국 일자리의 3분의 2가 AI를 통해 부분적으로 자동화될 수 있고, 미국과 유럽에서는 업무 4개 중 최대 1개가 완전히 자동화될 수 있다. 특히 반복적인 데이터 입력, 법무 행정, 수학적 기술이 필요한 직업(심지어 의료직까지)이 모두 AI 도입에 따른 영향을 받게 될 전망이다.

아울러 골드만 삭스는 컴퓨터 관련 업무의 29%, 의료 부문 기술 업무의 28%가 AI로 자동화될 수 있다고 예측했다. AI 자동화에 가장 크게 노출되는 직업은 행정직(46%)과 법률직(44%)이다. 반면 건설(6%), 유지보수(4%)처럼 육체적 노동이 수반되는 직업은 AI의 영향을 받을 가능성이 대체로 낮게 나타났다.

AI 자동화의 결과로 IT를 포함한 여러 직업이 타격을 입을 것으로 전망되는 가운데, 받는 영향의 정도는 직업마다 다르다. 예를 들어 변호사보다는 법률 사무원의 일자리가 위험에 처할 가능성이 높다. 골드만 삭스에 의하면 법률

부문의 점수가 높게 나온 이유도 여기에 있다.

글로벌 채용 업체 맨파워그룹(Manpower-Group)의 북미 마케팅 책임자 레베카 크라우처는 이에 동의하면서, "정보 기반의 직업에 미치는 영향이 주로 관찰되고 있다. 즉, 수학, 법률, 의사의 일상적인 환자 진단 등이 영향을 받고 있다"라고 말했다.

크라우처에 따르면 데이터 처리 업무(예 : 은행에서의 데이터 입력 작업 등)도 사라지게 된다. 크라우처는 "더 이상 사람이 앉아서 송장이나 미수금을 입력할 필요가 없다. 이런 데이터 입력은 이제 자동화되고 있다"라고 전했다.

AI가 많은 분야에서 많은 일을 맡게 되면서, 기업은 기존 인력을 업스킬링하거나 리스킬링해야 하는 과제에 직면하게 될 전망이다. 맨파워그룹이 2023년 6월 발표한 보고서에 의하면 실제로 IT 기업의 절반은 인력 문제를 해결하기 위해 직원을 업스킬링하고 있다. 보고서는 AI, 가상현실 같은 새로운 기술이 신입직원을 채용하고 교육하는 데 도움이 될 수 있다고 주장했다.

크라우처는 AI가 일을 맡게 되면서 직원을 재교육해야 할 필요성이 "강하고 빠르게" 다가올 것이라면서, "커리큘럼은 있지만 아직 본격적으로 실전에 투입되지는 않은 것 같다. 미국에서는 사이버 보안 등에서 견습 프로그램에

관한 이야기가 점점 더 많이 들리고 있다. 앞으로 필요성이 생기면 큰 파도로 들이닥칠 것"이라고 설명했다.

지식 근로자 역시 AI의 위협을 받고 있다. HR 소프트웨어 및 서비스 업체 ADP의 최고 데이터 책임자 잭 버코위츠는 현재 기업에서 지식 근로자를 채용하는 데 더 오랜 시간이 걸리고 있다고 언급했다. 버코위츠는 ADP의 데이터를 보면 디지털 마케팅, 디지털 광고, 디지털 영업 3가지 분야에서 인력 이탈이 많이 나타나고 있다고 말했다. 버코위츠는 "이전 세대의 전자상거래 및 마케팅 기술에서는 검색 엔진 최적화를 관리하기 위해 사람이 직접 버튼을 클릭해야 했다. 하지만 이제는 도구가 이 작업을 자동화하고 있다"라고 덧붙였다.

"내가 한 자동화로 내 일이 없어진다"

버코위츠는 "현재 수동 데이터 분석 작업을 없애기 위한 AI 및 ML 도구 개발을 지원하고 있는데, 업무를 자동화해서 일자리를 없애는 데 스스로 기여하는 셈이라고 볼 수도 있다"라고 언급했다.

ADP는 2년 이상 GPT-4와 구글 바드를 포함한, 여러 대규모 언어 모델(LLM)을 사용해 ADP 스킬 그래프의 효율성을 개선해 왔다. 이 애플리케이션은 무엇보다 수요가 높은 스킬과 해당 스킬을 갖춘 사람의 적정 임금, 인력의 역량을 연계 분석한다. 버코위츠는 "누가 어떤 직업에서 어떤 일을 하는지에 관한 [ADP의] 데이터는 모두 2~3년 전에 개발한 ML과 AI에 의해 실행된다. ADP에서 제공하는 모든 데이터는 머신러닝을 기반으로 한다. 놀라운 기술이다"

라고 말했다.

버코위츠는 "대규모 언어 모델은 데이터 요약에 매우 효과적인 것으로 나타났다. 대시보드를 구축하는 데 100시간을 투자하는 것이 나을까 아니면 새로운 도구를 사용해 직접 그리고 거의 바로 대시보드를 구축하는 것이 나을까? 기존에는 연구 조수, 동료가 있었다면 그리고 기업의 비즈니스 규칙을 정하는 사람이 있었다면, 이제는 소프트웨어를 구성하거나 직원에게 프로세스를 교육해 기업 정책을 구성하고 실행에 옮길 것"이라고 설명했다.

버코위츠에 의하면 좋은 소식은, 역사적으로 봤을 때 자동화로 사라진 일자리가 새로운 일자리 창출로 상쇄됐다는 점이다. ADP는 사람 직원이 하던 디지털 업무를 자동화했지만, 그렇다고 직원 수를 줄이지는 않았다. 버코위츠는 데이터 애널리스트가 새로운 스킬을 개발하고 경력을 발전시키면서 오히려 ADP가 지불하는 임금이 높아졌다고 말했다.

"내부적으로 10~12명의 업무를 변경했다. 언젠가는 내 일자리가 없어질 수도 있다고 생각한다. 지금 하는 일을 잘 해낸다면 그렇게 될 것이다. 하지만 괜찮다. 내가 스스로의 일자리를 잃게 만든다 해도 그게 잘못된 일은 아니다. 의미 있는 일을 했고, 기여했다는 뜻이다. 회사에서도 다른 일을 찾아줄 것이라고 확신한다"라고 버코위츠는 전했다.

또 버코위츠는 AI가 완벽하지 않다고 지적했다. 적어도 당분간 AI는 조종사보다 부조종사의 역할을 하게 될 것이다. 즉, 생성형 AI 도구가 생성하는 작업이 정확한지 확인하기 위해서는 여전히 사람이 필요하다는 설명이다.

비약적인 생산성 증대의 임박?

상당한 인건비 절감, 새로운 일자리 창출, 해고되지 않은 인력의 생산성 향상이 결합돼 큰 경제 성장을 촉진할 비약적인 생산성 증대 가능성이 높아질 수 있다. 골드만 삭스는 "다만 그 시기를 예측하기는 어렵다"라고 말했다. 프리랜서 채용 플랫폼 업체 업워크(Upwork)가 발표한 보고서는 이 가능성을 강조하며, 기업이 생성형 AI의 부상에도 더 많은 인력을 채용할 계획임을 시사했다.

AI가 수많은 일자리를 대체할 것이라는 예상과 달리 다양한 산업의 미국 비즈니스 리더 1,400명을 대상으로 한 업워크의 설문조사 결과, 최고 경영진의 64%가 생성형 AI로 인해 모든 유형의 전문가 채용을 늘릴 계획인 것으로 나타났다. 또 전체 응답자의 49%는 프리랜서와 정규직 직원을 더 많이 채용할 계획이라고 밝혔다.

아울러 원격 우선 기업이 생성형 AI를 도입할 가능성이 더 높았다. 풀타임 원격으로 운영되는 기업의 68%는 생성형 AI를 적극 도입하고 있다고 답했지만, 풀타임 사무실 근무로 운영되는 기업은 53%가 그렇다고 말했다. 비즈니스 리더 10명 중 거의 6명(59%)은 개인적으로도 생성형 AI 도구를 사용하고 있다고 밝혔다.

해당 설문조사에서는 리더와 팀 간의 격차도 포착됐다. 최고 경영진의 73%는 회사가 챗GPT, 미드저니 같은 AI 도구를 적극적으로 사용 중이라고 생각하는 반면, 부사장, 이사, 고위 관리자의 경우 53%가 그렇다고 답했다. 업워크 리서치의 상무이사 켈리 모나한은 몇몇 팀에서는 AI 기술에 대한 이해 및 교육 부족으로 AI에 소극적이라고 언급했다.

모나한은 "이 격차를 해소하고자 하는 기업은 생성형 AI 도입과 관련해 직원에게 예상되는 결과를 설명하고, 명확한 정책을 포함한 변경 관리 전략을 마련해야 한다. 리더는 두려움과 불확실성을 해소하는 동시에 무엇보다 팀이 학습 지향성을 갖도록 장려해야 한다"라고 권고했다.

'AI 시대'의 도래

온라인 교육 업체 edX의 창업자 아난트 아가왈은 산업혁명이 산업 시대를 열었고, 컴퓨터 혁명이 정보화 시대를 열었듯, AI 혁명은 앞으로 AI 시대를 예고한다고 말했다. 아가왈은 AI 시대가 자동화를 통해 창출될 일자리에 맞춰 인력을 업스킬링할 수 있는 기회라고 봤다.

아가왈은 "앞으로 10년 이내에 전 세계적으로 10억 개의 일자리가 AI로 인해 극적인 변화를 겪으리라 예상되는 가운데, AI/ML, 클라우드 컴퓨팅, 사이버 보안, 제품 관리, 프로젝트 관리, 디지털 소셜 미디어 등 빠르게 성장하는 기술 수요가 급증하고 있다. 2022년에만 500만 개 이상의 일자리를 창출한 이런 기술은 채용 시장에 지각 변동이 일어나고 있음을 보여준다"라고 설명했다.

"AI는 직업과 관계없이 모두에게 필요한, '역량을 증강하는' 기술이 될 전망이다. 예를 들어 콜센터 전문가에서 챗GPT로 증강된 콜센터 전문가가 되는 것"이라고 아가왈은 전했다.

AI 자체는 특정 업무에 맞게 조정되고, 관리 및 모니터링돼야 한다. 예를 들어 LLM에서 원하는 결과를 얻을 수 있도록 텍스트 프롬프트를 생성하고 최적화하려면 프롬프트 엔지니어가 필요하다. AI용 반도체를 제작하는 실리콘 밸리 스타트업 삼바노바(SambaNova)의 제품 담당 부사장 마샬 초이는 "업무에 맞게 LLM을 사용자 정의하기 때문에 제품 프로토타이핑 및 탐색을 빠르게 반복하기 위한 LLM에 도움이 된다"라고 언급했다. 아울러 AI 시스템의 결과물이 정확하고 유용한지 확인하기 위한 지속적인 모니터링도 필요한데, 그 역할을 하는 것이 바로 AI 감사관이다.

이에 따라 코딩부터 시작해 AI와 함께 작업하고, 의미를 이해하며, 기존 구조에 통합하는 등 AI 역량에 관한 수요가 앞으로 증가하게 될 전망이다. 아가왈은 "미래는 AI의 물결을 받아들일 준비가 된 사람의 몫"이라며, "AI가 일자리를 빼앗는 것이 아니라, 일을 더 효과적으로 하도록 도와줄 수 있다는 점을 기억하라"라고 말했다.

출처: ITWorld 2023.06.30.

구성원들 간의 신분 격차 감소

고성과를 올리기 위한 관리방식은 기본적으로 모든 구성원이 하나의 팀을 이룬다는 데에서 시작된다. 따라서 지시 감독하는 자와 받는 자 간의 상징적이거나 실질적인(예를 들어 보수 격차와 같은) 격차는 그러한 팀워크에 저해가 될 것이다. 고성과 작업집단으로 회자되는 NUMMI사나 링컨 일렉트릭사 같은 경우에는 모든 사람들이 같은 색깔의 작업복을 입거나 같은 장소에 주차하고 식사를 함으로써 그러한 격차를 줄이려고 노력한다. 예를 들어, 비서라는 직함이 주는 비하된 느낌을 피하기 위하여 관리보조자와 같은 경력중심적인 용어를 사용함으로써 이러한 업무를 수행하는 종업원들의 근무태도가 달라졌다는 사례도 있다. 결국은 직무를 나타내는 이름들이 주는 격차감을 줄이는 것은 회사 구성원들의 자존감도 살리고 일체감을 이루는 데에 큰 도움이 되는 것이다. 실제 이러한 노력은 회사가 추가적인 비용을 들이지 않고도 이룰 수 있다는 점에서 큰 장점이 있을 것이다.

사례
13-6

대표 바꾸고 조직문화에 사명까지? 카카오, 정말 달라질까

카카오가 격변의 시기를 맞았다. 검찰 수사와 내부 비리 폭로 등 위기를 맞은 카카오는 '근본적 변화'를 예고했다. 카카오 창업자인 김범수 경영쇄신위원장은 최근 임직원을 만나 조직 변화를 주도하겠다고 밝혔다. 13일에는 홍은택 카카오 대표의 뒤를 이을 신임 대표도 발표했다. 어느 때보다 시린 겨울을 보내는 카카오가 대대적인 변화를 거쳐 혁신 기업으로 재탄생할지 주목된다.

"경영쇄신위원장으로서 의지를 가지고 새로운 카카오로 변화를 주도하고자 한다. 모든 것을 재검토하고 새롭게 설계해 나가겠다. 카카오라는 회사 이름까지도 바꿀 수 있다는 각오로 임하겠다."

카카오가 체질 변화를 통한 위기 극복에 나섰다. 김범수 위원장은 지난 11일 임직원 간담회 '브라이언톡'을 열고 △핵심 사업 집중 △그룹 거버넌스 개편 △조직 문화 재검토 등 기업 체계를 대대적으로 바꾸겠다고 선언했다. 더불어 "새로운 카카오를 이끌 리더십을 세워 2024년부터는 체감할 수 있는 변화를 만들겠다"라고 발표했다.

이틀 후인 13일 카카오는 이사후보추천위원회를 열고 홍은택 카카오 대표의 뒤를 이을 신임 단독 대표로 정신아 카카오벤처스 대표를 내정했다. 보스턴컨설팅그룹, 이베이, NHN(네이버)을 거쳐 2014년 카카오벤처스에 합류한 정 대표는 현재 카카오그룹의 컨트롤타워인 CA협의체의 사업총괄과 경영쇄신위원회 상임위원도 맡고 있다. 카카오 신임 대표로 내정된

후에는 쇄신 태스크포스(TF) 장을 맡아 그룹 개편을 이끌 전망이다.

카카오는 올해 창사 이래 최대 위기를 맞았다는 평을 받는다. SM엔터테인먼트 인수 과정에서 시세조종을 했다는 의혹에 이어, 지난 9월에는 법인카드를 유용한 임원이 배임·횡령 혐의로 고발당했다. 카카오와 김 위원장은 시세조종 의혹과 관련해 압수수색도 받았다.

위기가 이어지자 11월 카카오는 김소영 전대법관 등 위원 7인으로 구성한 외부 감시 기구 '준법과 신뢰 위원회(준신위)'를 세웠다. 그런데 11월 말 준신위 위원인 김정호 CA협의체 경영지원총괄이 소셜미디어에 고가의 법인 골프 회원권 등 카카오 내부 비리를 폭로하면서 또 한 번 파문이 일었다. 김 위원장이 창업자로서 직접 카카오 그룹 쇄신에 나설 수밖에 없었던 배경이다.

김 위원장은 계열사 운영을 각 CEO에 맡기는 경영 방식에 메스를 댈 계획도 밝혔다. 김 위원장은 "계열사마다 성장 속도가 다른 상황에 일괄적인 자율 경영 방식은 더 이상 작동하지 않는다"라며 "투자와 스톡옵션, 전적인 위임을 통해 계열사의 성장을 이끌어내던 방식에 이별을 고해야 한다"라고 지적했다.

카카오는 공동체라는 이름으로 수많은 관계사를 보유하고 있다. 카카오 후광을 단 계열사가 다방면으로 사업을 확장하면서 골목상권 침해 논란에 휩싸였다. 국정감사 단골 소재가 되는 등 정치권에서 계열사 축소를 요구하자 정리에 나섰지만, 2023년 상반기 기업집단설명서

기준 카카오 소속 국내 회사의 수는 126개(카카오 포함)에 달한다. 공정거래위원회의 기업집단별 소유지분도에서 네이버 소속회사가 5월 기준 59개인 것에 비해 2배가 넘는 숫자다.

신규 시장에 진출하는 과정에서 중소기업과의 분쟁도 잦았다. 카카오뱅크, 카카오헬스케어, 카카오모빌리티 등의 계열사가 중소기업의 기술을 탈취하거나 사업 아이디어를 표절을 했다는 의혹을 받았다. 최근에는 검찰 수사 대상에도 올랐다. 카카오엔터테인먼트(옛 카카오엠, 카카오페이지) 전 임원진이 2020년 드라마 제작사 '바람픽쳐스'를 기업 가치보다 고가에 인수해 회사에 손해를 끼쳤다는 의혹이 일어서다.

김 위원장이 발표한 쇄신안 중 조직 문화 재검토도 눈길을 끈다. 김 위원장은 간담회에서 카카오의 사명부터 영어 이름을 쓰는 수평적인 조직 문화까지 바꾸겠다고 밝혔다. 카카오 특유의 조직 문화는 참신한 기업이라는 이미지를 만드는 데 결정적인 역할을 했지만, 입지가 달라진 지금은 당연하게 여기던 것도 점검해야 한다는 의미다.

카카오 관계자는 "외부 의견과 직원 이야기도 들으면서 현재 카카오에 필요한 게 무엇인지 파악하고 있다. 사회적인 눈높이에 맞게 쇄신을 진행할 것"이라며 "우선 대표이사 교체라는 큰 사안을 결정했고, 내부적으로 변경하는 것도 있다"라고 전했다.

쇄신안 발표에 카카오 노동조합(전국화학섬유식품산업노동조합 카카오 지회)인 '크루 유니언'은 13일 입장문을 내고 카카오엔터테인먼트의 경영진 교체 및 사후 대처, 직원과의 소통강화를 요구했다. 노조 측은 "사퇴한 임원에게 특혜를 제공하면 쇄신과 신뢰 회복은 불가능하다. 후속 인사 조치에도 관심을 가져야 한다"라며 "쇄신 방향을 정할 때 크루 참여를 보장해야 한다. 여론조사와 같은 방식이 아니라 당사자 의견을 공식적으로 청취하고 반영할 것"이라고 주장했다. 12일에도 "구체적인 방안이 없어 실현 여부에 의문을 표하는 직원이 많다"라며 "실질적으로 영향을 받을 계열사 직원의 참여와 소통 방안이 필요하다"라고 밝혔다.

한편 내년부터 카카오 쇄신을 주도할 정신아 신임 대표의 이력이 눈길을 끈다. IT 투자 전문가로 꼽히는 정 신임대표는 카카오벤처스에 임원으로 오기 전 NHN비즈니스플랫폼에서 전략·사업 기획 등을 총괄하며 NHN 수석부장을 역임했다. 카카오는 그동안 주요 그룹 및 계열사의 C레벨(최고위 임원)을 김 위원장이 몸담았던 NHN 출신으로 꾸려왔다. 이 때문에 김 위원장의 지배력을 강화하는 인맥 경영이라는 비판도 받았다.

정 신임 대표는 이사진의 신임을 받아온 것으로 보인다. 올해 3월 카카오 제주 본사에서 열린 정기 주주총회에서 기타 비상무이사로 선임됐고, 지난 9월에는 CA협의체가 4인 총괄 체제(사업, 위기관리, 투자, 경영지원)로 개편하는 과정에서 사업 총괄로 합류했다.

출처: 2023.12.14.

전사적인 정보공유

　조직의 운영에 중요한 정보를 공유한다는 것은 조직과 구성원들 간에 신뢰가 존재한다는 점을 의미한다. 회사는 주요 정보를 종업원들과 공유함으로써 그러한 신뢰를 구축할 뿐 아니라 종업원들이 실제 작업을 성공적으로 수행하는 데에 도움이 되는 정보를 제공하게 되어 조직성과 향상에 도움을 얻을 수 있다. 많은 경우에 정보의 소유는 권력이나 영향력의 원천을 의미하고 있으므로 정보공유는 구조적인 권력위양이나 이와 관련된 변화와 더불어 활용될 때 더욱 효과적일 수 있다고 지적된다.

사례 13-7   KB금융, 계열사 고객 정보 공유해 고객 분석에 활용한다

　KB금융지주가 그룹 내 계열사 간 고객 정보를 공유해 고객 분석에 활용한다. 금융지주회사 입장에서는 은행과 비은행 계열사가 보유한 고객정보를 종합적으로 분석해 고객별로 더욱 정교한 '맞춤형 금융상품'을 제공할 수 있는 길이 열리는 셈이다.

　3일 금융권에 따르면 KB손해보험은 지난달 21일 금융당국에 데이터 판매 및 중개 업무의 부수 업무를 신청했다. 고객분석 및 맞춤형 상품 개발 관련이다.

　KB국민은행 주도로 진행 중이며 KB손보, KB증권, KB국민카드, KB캐피탈 등의 계열사가 함께 작업하고 있다. KB손보 외 계열사도 순차적으로 당국에 부수업무를 신청할 예정이다.

　현재 금융사들은 같은 그룹 내 계열사라고 하더라도 고객의 사전 동의 없이 계열사가 보유한 고객의 정보를 공유 받아 금융상품 판매 등 외부 영업에 이용할 수 없다. 고객의 동의를 받으면 일부 정보를 마케팅 및 영업에 활용할 수 있기는 하나 계열사마다 각각 고객의 사전 동의를 받아야 하기 때문에 과정이 까다롭다.

　이에 따라 대부분의 금융그룹들은 원칙적으로 계열사 간 고객정보를 공유하지 않는다. 하더라도 이름, 생년월일, 전화번호 등 기본적인 정보만 고객 동의하에 공유할 뿐 금융거래 정보 등은 활용하지 않고 있다.

　한 금융지주 관계자는 "현재는 상품기획 단계 정도에서 비실명 정보만을 공유할 수 있는 수준"이라며 "사실상 금융계열사 데이터를 공유하지 못하는 상황에서 고객 개인별로 정교하게 설계된 금융 상품과 서비스를 제공하기 어려운 것이 사실"이라고 말했다.

　금융지주사들은 지속적으로 금융당국에 관련 규제를 완화해줄 것을 요청해왔다. 플랫폼 업체와 비교할 때 역차별이며 데이터 시대에 역행하는 것 아니냐는 항변이다.

금융권 관계자는 "현재는 계열사 고객정보 활용은 지주사법이나 개인신용정보법에 따라 두 가지 적용을 받고 있다"면서 "지주사법은 경영 목적에서 활용 가능한 수준이며 신용정보법에서 데이터판매중개업을 신고를 받아주면 영업목적으로 활용이 가능해진다. 이를 부수업무 신청을 통해 하겠다는 얘기"라고 설명했다.

금융 계열사 정보공유 대상이 확대되면 고객들은 본인의 생활 패턴 및 사이클에 맞춰 더욱 정교하게 설계된 금융상품과 서비스를 제공받을 수 있다. 은행, 보험, 카드, 금융투자 등 금융업권별로 분산돼 있던 고객정보를 취합·분석해 고객별 맞춤형 금융 서비스 설계가 가능하기 때문이다. 예를 들어 은행에서 환전한 고객 정보를 카드사에 제공해 카드사에서 해당 고객에게 항공권·숙소 할인 혜택이 제공되는 카드를 안내하는 등의 협업을 하는 식이다.

다만 '영업 목적'의 고객정보 공유가 허용돼도 고객이 거부할 경우 고객정보를 공유할 수 없게 될 전망이다. 금융권 관계자는 "절차 모두 고객의 동의 하에 이뤄질 것"이라고 했다.

출처: 이투데이 2024.01.04.

요약

경쟁원천으로서의 인적자원은 다른 부분에 비하여 지금까지 다소 간과되어 온 느낌이다. 이는 우리나라 기업에 있어서 조직 구성원들은 상급자가 지시하는 바를 수행하면 된다는 생각, 또는 종업원들은 자신을 고용하고 월급을 지불하여 주는 조직에 대한 의무로 충성스럽게 일해야 한다는 통제적인 시각이 지배했기 때문이기도 하다. 향후 변화하는 인적자원 특성과 지식사회의 도래, 그리고 심화되는 경쟁환경을 고려해 볼 때, 기업의 경쟁원천으로서의 인적자원의 중요성은 더욱 부각될 것이다. 그동안의 재벌 위주의 구도에서 경쟁체제로의 관계 변화를 겪고 있는 우리나라 기업들도, 지금까지의 통제형 시스템에서 벗어나 인력관리에 있어서의 대대적인 전환점을 모색해야 할 때이다.

요즈음 벤처기업은 전략적 제휴 등으로 기업관리 형태 및 기업간 관계가 급변하고 있으며, 또한 전자상거래와 같은 새로운 거래방식이 급속도로 보편화에 되고 있다. 많은 조직들도 지금까지의 규모의 경제 또는 합리적 관리방식에서 벗어나 다양한 변화의 시도를 하고 있다. 그러나 전략적인 변화시도들은 인적자원에 대한 기본시각이나 관리방식의 변화 없이 구조적인 접근만 가지고는 성공하기 어렵다. 종업원들을 관리함에 있어서 기존의 조직 위주의 방식에서 벗어나서 종업원과 회사와의 관계를 재조명하고 종업원들의 경력구도에 관심을 갖고 유도하며 그들로부터 자발적인 몰입을 유도하는 몰입형 방식으로 변화해 나가야 할 것이다.

참고문헌

- Anthony, W. P., K. M. Kacmar, and L. P. Perrewe, *Human Resource Management*: A Strategic Approach, Cengage Learning, 2009.
- Dessler, G., *Human Resource Management*, Pearson Education, 2008.
- Kinicki, A. and R. Kreitner, *Organizational Behavior: Key Concepts*, Skills and Best Practices, McGraw-Hill, 2008.
- Phelps, E. S., *Rewarding Work: How to Restore Participation and Self-Support to Free Enterprise*, Harvard University Press, 2007.
- Robbins, T., *Organizational Behavior*, Pearson Custom Publishing, 2008.
- Scott, W. R., *Organizations and Organizing: Rational, Natural and Open Systems Perspectives*, Prentice-Hall, 2006.
- 신유근, 「한국형 사람중심경영」, 뉴패러다임센터, 2008.

토의문제

1. 향후 변화하는 환경 속에서 효과적인 사람 중심의 경영관리를 설명해 보라.
2. 효과적인 사람중심의 관리가 기업 성과에 미치는 영향을 설명해 보라.

Chapter 14

자금의 흐름

"CFO 전성시대"…경영자 관리·감독하는 '新 재무통'

CFO(최고재무책임자) 전성시대다. 기업마다 여유롭지 않은 자금 사정에 CEO(최고경영자)가 신규 사업 투자나 생산라인 증대 등의 판단이나 결정을 할 때 CFO의 역할이 예전보다 막대해졌다. 유보금 및 차입금 등이 투입되는 만큼 '재무통'인 CFO의 관리·감독을 통해 자금이 집행되서다.

삼성과 SK, 현대차, LG 등 주요 기업집단에서 CFO의 중요성은 시간이 갈수록 더욱 높아지는 중이다. CEO와 이사회 등이 결정한 사업계획을 진행하기 위해선 결국 자금을 조달해야만 한다. 막대한 금액이 투입될 경우에는 신용등급을 토대로 대출을 받아 활용하기도 한다. 자금과 신용등급의 기초인 재무 안정성을 관리하는 CFO의 역할이 커질 수밖에 없는 이유다.

한 재계 관계자는 "과거에는 CFO의 역할이 금고지기나 총수 일가의 재산 관리인 정도로 인식되기도 했다"며 "그러나 코로나19 팬데믹을 계기로 기업의 자금 사정이 어려워지면서 투자금 조달이나 집행 등에 관한 중요성이 높아지면서 CFO의 존재감이 어느 때보다 두드러지고 있다"고 귀띔했다.

SK를 제외한 4대 그룹에선 CFO를 이사회에 참여시키고 있다. 이를 통해 CEO 등과 함께 중장기 경영전략이나 사업계획 수립, 구조조정, 인수합병(M&A) 등의 판단을 함께 한다.

박학규 삼성전자 사장(CFO)이 대표적이다. 박 사장은 경영지원실장을 맡아 재무뿐만 아니라 기획과 인사, 경영혁신, 구매 등 경영진의 의사결정에 큰 영향을 미치는 위치다.

삼성전자뿐만 아니라 삼성SDI와 삼성SDS, 삼성중공업 등에서도 CFO가 경영지원실장 역할을 수행 중이다. CFO의 사내이사 참여도 많다. 지난해 임원인사 전까지 17개 상장사 중 교육 및 금융사를 제외한 11개 계열사 중 10곳에서 사내이사진에 CFO를 포함시켰다.

현대차와 LG 역시 CFO를 사내이사진에 포함시켜 권한을 강화하고 있다. 최근 인사에서 신규 CFO로 선임된 이승조 현대차 전무와 김창태 LG전자 부사장 등은 아직 사내이사는 아니지만, 전임자들이 이사회에 소속된 만큼 올해 주주총회에서 선임될 것으로 확실시된다.

이승조 전무의 전임자였던 서강현 사장은 현대제철 신임 대표로 이동했다. 현대차그룹은 전통적으로 CFO 출신을 CEO로 임명하는 경향이 있다. '현대차 CFO는 계열사 CEO의 등용문'이란 말도 나온다. 서 사장과 함께 지난 인사에서 신규 선임된 배형근 현대차증권 대표도 현대차 및 현대모비스에서 30년 이상 자금관리를 맡아온 그룹 내 대표적인 재무 전문가다.

SK 역시 다른 기업집단처럼 CFO의 역할 강화에 주력하는 모습이다. 최태원 SK 회장은 2022년 CEO 세미나에서 CFO의 역할을 강조하며 데이터 기반의 안정적인 자금운용으로 실적상승을 꾀하거나 방어해야 한다고 주문한 바 있다.

아울러 지난해 세미나에서도 비슷한 의견을 피력한 것으로 알려졌다. CEO 및 이사회 등의 결정으로 시설 및 인수합병 등의 대규모 투자가 실현됐지만 큰 성과가 나타나지 않았다며 CFO의 검토가 반드시 필요하다고 질책한 것이다.

이를 위해 SK 계열사 역시 CFO를 이사진에 합류시킬 것을 염두에 두고 있다. 지주사인 SK㈜는 지난해 3월 주주총회에서 이성형 사장(CFO)을 사내이사로 선임했다. SK 상장사 중 CFO의 첫 등기임원 등재다.

2022년부터 최태원 회장이 CFO의 중요성을 강조하면서 지주사이자 투자전문기업인 SK㈜부터 CFO를 이사진에 포함시킨 것이다. 올해 이사회 및 주주총회를 통해 다른 상장사 역시 CFO를 사내이사로 신규 선임할 가능성이 크다.

다른 재계 관계자는 "삼성과 현대차, LG 등의 CFO는 이미 재무 영역을 넘어 인사와 사업기획 등 전반적인 경영활동에 관여할 수 있는 수준의 영향력을 지녔다"면서 "SK 역시 지주사에서 CFO를 사내이사로 선임하며 1년간 실험 단계를 거친 만큼 다른 계열사에서도 비슷한 행보를 보일 것"이라고 내다봤다.

출처: 시사저널e 2024.01.03.

재무 분야에서 바라보는 기업의 목적은 기업가치 극대화이다. 기업가치 극대화를 위해서는 기업이 다음과 같은 세 가지 활동을 해야 한다. 자금을 모아서 (자본조달활동) 투자를 한 뒤(투자활동) 투자한 자산을 운용(영업활동)하는 영업행위를 하게 된다.

경영학은 기본적으로 이러한 세 가지 과정의 성과가 극대화되도록 지원해 주는 역할을 한다. 예를 들어 자산은 주로 인적 자산과 물적자산으로 구성되며 재화나 서비스를 생산하게 되어 있다. 여기서 인적 자산의 효율성을 확대시키는 분야가 바로 인사조직 관리이다. 또한 물적 자산의 효율성을 극대화시키는 분야가 생산·운영관리이다. 최근에 들어 자산의 전체적인 효율성을 극대화하는 것이 ERP를 중심으로 한 경영정보(MIS)분야이다. 또한 생산된 재화의 매출을 극대화하는 것이 마케팅이다.

　　그렇다면 재무관리와 회계학이 차지하는 부분은 어디일까? 일련의 경영과정은 현금의 흐름과 밀접하게 연동되어 작동된다. 결국은 현금의 흐름으로써 경영활동의 성과가 평가된다. 재무관리나 회계학은 궁극적으로 3가지 관점에서 중요한 역할을 하게 된다.

　　첫째, 자본조달활동에 관한 의사결정을 하고 이에 따른 정보를 생산한다. 기업이 시작하거나 혹은 사업을 확장하기 위해서는 자금이 필수적이다. 공공의 다수로부터 자금을 조달하기 위해서는 기업의 재무건전성에 관한 정보를 공개할 필요가 있으며 이를 토대로 공공의 다수는 그 기업에 투자하게 된다. 투자나 대여의 관점에서 위험을 절감시켜 주는 역할을 하는 정보를 제공하는 것이 재무관리나 회계학의 역할이다.

　　둘째, 투자활동에 관한 의사결정을 하고 이에 따른 정보를 생산한다. 기업은 자산을 구성하는 투자활동을 전개하는데 투자의 당위성을 확보해 주는 의사결정을 지원해 주는 것이 회계학이나 재무관리의 역할이다. 주로 재무관리, 관리회계와 투자론 분야에서 접근하며 이와 관련하여 NPV(net present value, 순현재가치), IRR(internal rate of return, 내부수익률) 등의 기법이 개발되었다.

　　셋째, 영업활동에 관한 의사결정을 하고 이에 따른 정보를 생산한다. 기업이 얼마나 효율적으로 운용되는지를 판단하기 위해서는 영업활동의 움직임을 면밀히 파악할 필요가 있다. 회계학이나 재무관리는 이러한 관점에서 계량적인 분석의 방법을 제공한다.

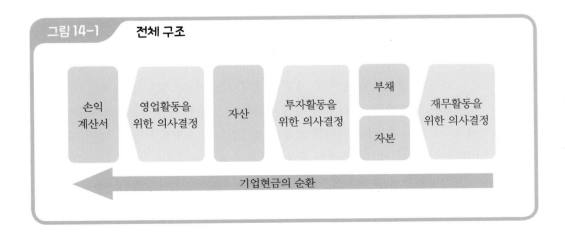

그림 14-1　**전체 구조**

이러한 논점을 정리하면 아래와 같다.

우선 자본조달활동, 투자활동, 영업활동의 성과 평가는 기본적으로 재무제표에서 시작된다. 그러므로 제 1 절에서 재무제표를 개략적으로 학습한다. 기업의 재무제표는 우리나라의 경우 금융감독원에 공시가 된다. 공시된 재무제표를 보고 채권자나 투자자는 기업에 자금을 투자하게 된다. 즉 자본조달활동이 진행되는 것이다. 제 2 절에서 주로 자본조달활동과 관련된 논의를 전개한다. 제 3 절에서는 자본조달활동을 통해 확보된 자금의 효율적 이용을 체계적으로 접근한 투자활동에 관한 학습을 한다. 제 4 절에서는 투자의 성과를 파악하는 재무비율을 학습함으로써 궁극적으로 영업활동 성과를 가늠할 수 있다. 즉 재무비율을 이용한 영업활동 성과평가 방법을 학습한다. 마지막으로 제 5 절에서는 이러한 일련의 활동이 유기적으로 연계된 기업가치평가 방법을 학습해 본다. 기업가치를 평가하는 방법을 제공해 주는 학문이 재무관리와 회계학이다. 재무관리와 회계학을 공부함으로써 기업을 평가하는 안목을 향상시킬 수 있다. 이것은 흡사 야구 선수의 기록을 보고 야구 선수의 몸값을 예상하는 것과 같은 작업이다. 과거의 기록을 통해 미래의 성과를 유추함으로써 야구 선수의 연봉을 예상하는 것처럼 기업의 과거 성과를 토대로 미래에 창출할 가치를 예상하고 기업가치를 산출하는 것이다.

재무제표

기업의 경영활동은 크게 자본을 조달하는 자본조달활동과 조달된 자본을 운용하는 투자활동, 그리고 투자된 자산으로 영위하는 영업활동으로 크게 나누어 볼 수 있다. 그런데 이러한 기업의 경영활동이 요약되어 있는 것이 재무제표이다. 대표적인 재무제표에는 재무상태표와 손익계산서가 있다.

2011년부터 국제회계기준(International Financial Reporting Standards: IFRS)이 채택되면서 재무제표의 평가기준이 시가평가로 가능하게 변경되었으며, 자회사의 재무성과를 포함하는 연결재무제표가 주 재무제표로 바뀌게 되었다.

1. 재무상태표

기업의 자본조달 및 자금운용에 관한 정보가 요약되어 있는 것이 〈그림 14-2〉에서 볼 수 있는 재무상태표(statement of financial position)이다. 이 재무상태표는 특정시점에서 한 기업의 재무상태를 보여 주고 있으며, 일정 기간의 기업성과를 보여 주는 손익계산서(income statement)와 더불어 가장 중요한 재무제표로 이용되고 있다.

재무상태표는 특정 시점인 결산일에 기업이 보유하고 있는 재산상태를 나타내 주는 표이다. 재무상태표의 왼쪽은 자산항목으로서 기업이 영업활동을 수행하기 위해 투자하거나 보유중인 재산을 화폐단위의 금액, 즉 우리나라의 경우 원화로 표시한 것이고 오른쪽은 부채와 자본 항목으로서 투자를 위해 소요자금이 어떻게 조달되었는지 보여 주고 있다.

자산은 1년 이내에 현금화가 기대되는 유동자산과 1년 이상 보유할 예정인 비 유동자산으로 나누어지며 비 유동자산은 다시 투자자산, 유형자산 및 무형

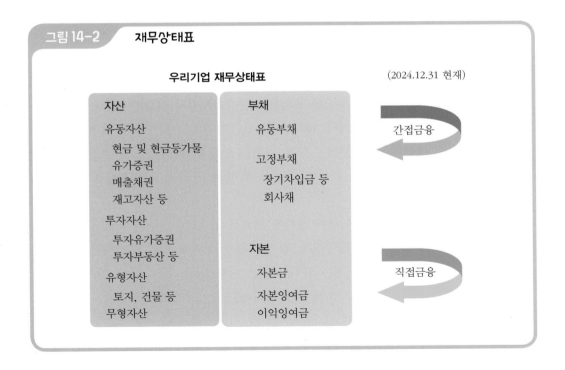

그림14-2   **재무상태표**

자산으로 구분이 되고 있다.

부채부분도 1년 이내에 상환할 것인가에 따라서 유동부채와 고정부채(1년 이상)로 구분된다.

재무상태표의 구체적인 항목은 다음과 같다.

❶ 유동자산: 유동자산은 1년 이내에 현금화가 예상되는 자산으로서 현금, 단기적인 자금운용 목적으로 갖고 있는 정기예금, 적금 등의 금융상품, 타 회사 발행의 주식이나 채권 등을 단기간 보유 목적으로 소유하는 유가증권, 상품, 제품, 원료 등의 재고자산이 있다. 이 중에서 유동성이 매우 높은 자산, 즉 언제든지 현금화가 비교적 용이한 현금, 단기 금융상품, 유가증권, 매출채권 등을 당좌자산이라고 부른다.

❷ 비유동자산: 비유동자산은 1년 이내에 현금화가 어려운 자산으로서 투자자산, 유형자산, 무형자산이 있다.

  • 투자자산: 투자자산이란 영업에 직접 사용되지 않는 1년 이상 보유 예정인 자산으로 투자유가증권 같이 다른 회사를 지배하거나 투자 부동산 같이 유휴자금을 활용하기 위하여 투자한 자산을 말한다.

  • 유형자산: 판매목적이 아닌 정상적인 영업활동에 사용하기 위하여 소유하고 있는 내구성 있는 유형의 자산으로 토지, 건물, 기계장치 등이 이에 속하며, 토지를 제외하고는 감가상각의 대상이 된다.

  • 무형자산: 물리적 형태는 없으나 기업의 수익창출에 기여할 것으로 예상되는 자산이다. 다른 기업을 인수할 때 웃돈으로 지불하는 영업권, 제품 생산을 위한 개발비, 특허권, 상표권, 산업재산권 등이 이에 속한다.

❸ 유동부채: 1년 이내에 상환될 것으로 기대되는 단기부채로 상품구입 후 지급하지 않은 매입채무, 단기로 은행 등에서 빌린 단기차입금, 비용이 발생하였으나 아직 지급하지 않은 미지급비용 등이 이에 속한다.

❹ 고정부채: 만기가 1년 후에 도래하는 장기부채로서 회사채, 장기차입금 등이 이에 속한다.

❺ 자본: 자본은 주식을 발행하여 조달한 자금과 기업의 이익이 배당되지

않고 사내에 유보되어 있는 부분을 말하며 자본금, 자본잉여금, 이익잉
여금, 기타포괄손익누계액, 자본조정으로 분류된다. 자본금은 액면가에
발행된 주식수가 곱하여진 금액이며, 만약 액면가보다 높은 가격으로
주식이 발행되었다면 이 초과된 부분은 자본잉여금으로 분류된다. 기업
에 이익이 발생하면 일부분은 배당으로 주주들에게 돌려 주고 남은 부
분은 이익잉여금으로 회사에 유보된다. 또한 주식은 의결권 여부에 따
라 보통주와 우선주로 구분된다. 보통주는 의결권이 있고 우선주는 의
결권이 없는 대신에 배당에 우선권이 부여된 주식이다.

2. 손익계산서

재무상태표가 일정 시점에서 투자 및 생산활동과 이에 소요되는 자금의 조
달에 관한 정보가 정리되었다면, 손익계산서는 제품 생산 후 일정기간 동안의
경영성과를 표시하며 수익을 달성하기 위해 소요된 비용을 밝히고 당기순이익
이 얼마인지를 나타낸 표이다.

손익계산서는 크게 매출액에서 매출원가(매출된 제품의 제조원가 또는 구매원
가)를 차감하여 매출총이익을 구하며 여기에서 급여, 광고비, 판매촉진비 같은
판매관리비를 제외하면 영업이익이 된다. 영업이익은 본업의 영업성과를 표시
하고 있으며 여기에서 금융비용인 이자비용 같은 영업외비용을 차감하고 타회
사에 투자한 주식에서 얻은 배당수익이나 이자수익 등 영업외수익을 가산하면
경상이익이 된다. 또한 경상이익에 재해손실 같은 특별한 경우에만 발생하는
특별손익을 가감하면 법인세 차감 전 이익이 되며 여기에서 법인세를 공제하면
당기순이익이 된다.

이러한 당기순이익이 기업이 일정기간 동안 벌어들인 경영성과를 표시한
것으로서 일부는 배당되고 일부는 재투자를 위해 회사 내에 유보시켜 이익잉여
금을 구성하게 된다.

또한 당기순이익을 시장에서 유통중인 보통주식수로 나눠 주면 주식 한 주
당 벌어들이는 이익을 나타내는 주당순이익(Earnings Per Share: EPS)이 되며 이
는 주식투자에 주요한 지표가 된다. 참고로 우리기업이란 가상기업의 손익계산

그림14-3 **손익계산서**

우리기업 손익계산서 (2024.01.01~2024.12.31)

(단위: 백 만원)

매출액		1,000
매출원가		700
기초재고자산	100	
당기매입액	800	
기말재고자산	(200)	
매출총이익		300
판매비와 관리비		(200)
영업이익		100
영업외수익		40
영업외비용		(60)
경상이익		80
특별이익		0
특별손실		(10)
법인세차감전이익		70
법인세비용		(20)
당기순이익		50

(주당순이익 5,000원)/발행주식수 10,000주

서를 보기로 하자.

매출액은 특정 기간 동안의 매출 성과를 보여 주며 매출원가인 7억원을 제외한 3억원이 매출총이익이 되며 판매관리비를 제외한 1억원이 영업이익이며 영업외수익과 비용을 감안한 이익이 경상이익이 되며 특별이익과 손실을 제외하면 세전이익이 되고 법인세(2,000만원)를 차감한 5,000만원이 당기순이익이 된다. 이를 발행주식수로 나눠 주면 주당순이익인 EPS가 된다.

자본조달결정

지금까지 제 1 절에서는 자본의 조달과 조달된 자본의 운용상태를 나타낸 재무제표에 대해 간략히 살펴보았다. 지금부터는 재무상태표의 오른쪽 항목인 자본조달 결정에 대하여 설명하도록 하겠다.

자본조달 방식에는 기업이 주식이나 채권을 발행하여 투자자로부터 직접 자본을 조달하는 직접금융 방식과 은행 등 금융기관을 통하여 자본을 조달하는 간접금융 방식이 있다.

1. 직접금융을 통한 자본조달

직접금융이란 자금의 수요자인 기업이 자금의 공급자인 투자자로부터 직접자금을 조달 받는 방식의 자본조달방법을 말하며 대표적인 방법으로는 주식발행과 회사채발행이 있다.

주식 발행

기업은 불특정다수의 투자자를 대상으로 주식을 발행하여 자본을 조달한다. 주식 발행은 사채처럼 고정적인 이자를 발생시키지 않으므로 재무의 건전성 측면에서는 다른 방법보다 유리하다. 이 경우 회사는 주주들에게 배당을 지급하여야 하고 기업의 의사결정에 주주가 참여할 수 있는 권리가 부여된다. 주식 발행을 통한 자금조달방법은 의사결정권의 유무에 따라 보통주와 우선주로 나누어진다.

보통주(common stock)는 주식의 매입과 동시에 이사회의 구성, 배당금의 결정 및 타기업의 인수·합병 등에 대한 의결권을 갖는 주식이며 우선주(preferred stock)는 의결권이 없으나 기업이 배당을 지급할 때 보통주에 우선해서 배당 받을 권리가 부여되며 기업이 파산할 경우에도 보통주보다 우선적으로 잔여재산에 대한 청구권을 갖는다. 그러므로 우선주는 보통주와 사채의 중간적인 성격을 갖고 배당률이 보통주보다 높기 때문에 투자의 안정성을 중시하는 보수적인 투자자들이 선호하는 주식이다. 또한 우선주는 보통주로 전환할 수 있는 권리가 부여되는 전환우선주(convertible preferred stock)의 형태로 발행되기도 한다.

이러한 주식발행의 경우 배당뿐만 아니라 주식의 가격 상승으로 자본이득을 얻을 수 있기 때문에 일반적으로 회사채보다 투자자의 기대수익률이 높게 결정된다. 반면에 회사가 이익이 발생해야 배당이 지급되고 주식가격의 변동폭이 상당히 크기 때문에 회사채보다 높은 위험을 보유하고 있다.

회사채 발행

주식 발행 외에 또 다른 직접금융방법은 회사채를 발행하여 투자자들에게서 자본을 조달하는 방법이다. 회사채는 기업이 대규모자금을 장기간 사용하기 위하여 발행하는 채권으로서 채권자들에게 지급될 확정이자와 만기일이 표시되어 있는 유가증권이다. 그러므로 회사는 채권자에게 이자를 지급하여야 하고 만기에 원리금을 상환해야 할 의무가 있다.

일반적으로 기업의 소유주는 주식 발행보다는 회사채 발행을 선호한다. 그 이유는 회사채는 재무상태표상의 부채로 기록되므로 주식 발행과는 달리 배당 압력과 경영의사결정에 참여할 권리가 주어지지 않으며 회사채에 대한 이자비용은 법인세를 줄이는 효과를 가지고 있기 때문이다. 그러나 회사의 무분별한 회사채 발행은 기업의 재무구조를 악화시킬 수 있고 수익성이 떨어지면 기업이 지급불능상태에 빠질 수 있으므로 채권자를 보호하기 위해 일정한 범위 이내로 회사채 발행을 규제하고 있다.

회사채에 대한 투자는 장기투자이므로 위험이 뒤따른다. 그러므로 사채 발행 시 신용평가기관이 평가한 신용등급에 따라 사채발행 가격이 달라지며, 발행 이후에도 기업의 신용상태에 따라 회사채의 가격이 변하게 된다.

회사채는 기업환경의 변화와 투자자의 요구가 다양해지면서 일반사채 외에 특수한 형태의 회사채가 발행되기도 한다. 이러한 특수한 형태의 회사채는 일반적인 사채의 기본권리를 지니면서 특수한 권리를 추가로 부여해 투자자를 유인하는 사채로서 대표적인 것이 전환사채(Convertible Bond: CB)와 신주인수권부 사채(Bond with Warrant: BW)이다.

전환사채란 일정한 조건에 의하여 회사채를 주식으로 전환할 수 있는 권리 (전환권)를 부여하여 발행한 사채를 말한다. 사채와 주식의 양면성을 지니고 있는 전환사채는 전환권 행사 이전에는 사채로 존재하며, 전환권 행사 시 사채는 소멸되고 보통주 또는 우선주로서 존재하게 된다.

신주인수권부 사채는 사전에 약정된 금액으로 신주(보통주 또는 우선주)를 인수할 수 있는 권리를 부여하여 발행한 사채를 말한다.

사례 14-1. IPO 초대박…재산 10배 늘린 회장님

올해 기업공개(IPO)를 통해 회사 2개를 상장시키며 '초대박'을 친 인도네시아 에너지 재벌 프라조고 팡에스투(79) 바리토 퍼시픽 그룹 회장이 현지 부호 순위 1위에 올랐다.

11일(현지시간) 포브스의 실시간 억만장자 순위에 따르면, 프라조고 회장의 재산은 538억 달러(약 71조원)로 인도네시아에서 1위, 전 세계 24위를 차지했다.

프라조고 회장의 재산은 지난해 53억 달러(약 7조원)였지만 1년 사이 10배로 늘어났다. 올해 그가 소유한 지열 에너지 기업 바리토 재생 에너지와 석탄 광산업체 페트린도 자야 크레아시가 상장되면서 기업 가치가 급등했기 때문이다.

특히 바리토 재생 에너지 투자와 상장이 결정적이었다.

프라조고 회장은 지난해 자신의 가족 회사를 통해 태국 에너지 회사 BCPG로부터 지열 발전 회사 스타 에너지의 지분 3분의 1을 4억 4천만 달러(약 5,800억원)에, 나머지 지분은 그가

대주주인 바리토 퍼시픽 그룹의 자회사 바리토 재생 에너지를 통해 인수했다.

스타 에너지는 인도네시아 서자바주에서 3개 지열 발전 프로젝트를 운영하고 있고, 북부 말루쿠주와 람풍주에서는 지열 발전 탐사권을 보유한 회사다.

이후 지난 10월 9일 스타 에너지를 보유한 바리토 재생 에너지를 상장시켰고, 바리토 재생 에너지의 주가는 이날까지 공모가 대비 10배 이상 뛰었다.

지난 8일에는 시가총액 1천 77조 루피아(약 91조 2,000억원)를 기록, 인도네시아 주식시장에서 전통의 시가총액 1위 종목인 BCA 은행을 넘어서기도 했다.

프라조고 회장은 1970년대 목재 사업으로 돈을 벌었고, 사업을 다각화하면서 2007년 석유화학 회사 찬드라 아스리를 인수했다. 2011년에는 인도네시아 최대 석유화학 생산업체인 트라이 폴리타 인도네시아를 인수 합병하면서 사업을 키웠다.

프라조고 회장의 재산이 급증하면서 지난 해 석탄 가격 급등으로 인도네시아 부호 1위에 올랐던 '석탄 왕' 로우 턱 쾽(75) 회장(269억 달러·약 35조 5,000억원)은 2위로 내려갔다.

출처: 한국경제TV 2023.12.11.

2. 간접금융을 통한 자본조달

기업이 주식이나 사채 등 직접금융방식을 통하여 필요한 자본을 조달하기도 하지만, 은행 등 금융기관을 통하여 자금을 조달하기도 하는데 이를 간접금융이라고 한다. 즉 투자자와 직접거래를 하는 것이 아니라 금융기관과 같은 중개업체를 통해 자본을 조달하는 형태를 의미하는 것으로 대표적인 방법으로는 은행차입, 매입채무, 기업어음의 발행 등이 있다.

은행차입

은행차입은 가장 보편적인 방법의 간접금융방식으로서 만기가 1년 이상인 장기차입금과 1년 미만인 일반대출, 당좌차월, 적금대출 등의 단기차입금으로 분류할 수 있다. 기업은 은행과 당좌예금거래를 개설하고 수표를 발행하는데 당좌차월(bank overdraft) 계약을 맺게 되면 당좌예금이 없더라도 당좌차월한도 내에서 수표를 발행할 수 있다. 일반적으로 은행은 신용대출요건과 담보대출요건을 설정해 놓고 대출을 하므로 수속절차가 번거롭고 요건에 충족하지 못한 기업은 은행차입 대신 기업어음을 발행하기도 한다.

매입채무

매입채무란 상품이나 원료를 구입한 뒤 대금을 즉시 지불 하지 않아서 발생되는 부채를 말하는 것으로 대표적인 매입채무에는 외상매입금과 지급어음이 있다. 외상매입금은 상품이나 원재료의 구입 후 회사의 신용을 바탕으로 대금의 지급을 연기 받는 형태를 말하며 지급어음은 매입대금을 지불할 기한과 금액을 명시한 증서인 어음을 발행하여 대금지급을 연기하는 것을 말한다. 특히 지급어음의 경우는 법적 구속력이 있기 때문에 약속된 날짜에 대금을 지급하지 않으면 부도처리가 된다. 이러한 매입채무는 거래상대방으로부터 운영자금을 조달하는 방법이며 기업 간의 신용제도가 확립될수록 증가하는 경향이 있다.

기업어음

기업어음(Commercial Paper: CP)은 기업이 담보제공 없이 수시로 자금을 조달하기 위하여 발행한 약속어음을 말하는 것으로 주로 투자금융회사나 종합 금융회사 및 시중은행을 통하여 판매를 한다. 기업어음은 중개기관의 보증 여부에 따라 보증어음과 무보증어음으로 구분된다. 흔히 기업어음은 1년 미만의 단기 자본조달에 사용되고 있는 방법이다.

3. 자본비용

기업은 직접금융을 통한 자본조달과 간접금융을 통한 자본조달 중 무엇을 선택해야 할까? 혹은 주식발행을 통한 자기자본조달과 회사채발행이나 은행대 출을 통한 타인자본조달 중 무엇을 선택해야 할까? 일반적으로 기업은 극단적 인 하나의 방법만을 사용하여 자본을 조달하지 않고 직접금융/간접금융 또는 자기자본/타인자본을 적절히 배분하여 자본을 조달하게 된다. 그렇다면 기업에 게 가장 유리한 최적의 자본조달 방법은 무엇일까?

자본을 조달하는 데에는 비용이 발생한다. 자본을 공급한 투자자들에게 자 본공여 대가로 수익을 지급해야 하기 때문이다. 이를 기업의 자본비용(cost of capital)이라고 한다. 자본조달이 자기자본이든 타인자본이든 자본사용에 대한 대가를 지불하여야 하는데, 이러한 자본사용에 대한 대가를 자본비용(cost of capital)이라 하며 이는 투자자들이 요구하는 요구수익률(required rate of return) 이 되며 기회비용(opportunity cost)에 해당된다.

기업의 주요 자본조달 원천에는 타인자본, 자기자본 등이 있고 이에 따라 자본비용은 각각 타인자본비용, 자기자본비용으로 나뉜다. 가중평균자본비용 (Weighted Average Cost of Capital: WACC)은 원천 별 자본비용을 각 원천 별 자본 이 차지하는 구성비율로 가중평균한 값을 말한다.

기업은 이 가중평균자본비용이 최소화 되도록 자본조달 방법을 결정하면 된다. 만일 총 필요한 자본 100억 원을 타인자본 70억 원, 자기자본 30억 원으로 마련한 경우에 최소자본비용을 부담하게 된다면 타인자본과 자기자본의 7 : 3 비율이 해당 기업의 최적 자본구조이자 최적 자본조달방법이 되는 것이다.

타인자본 비용

타인자본 비용은 기업이 새로운 부채를 조달하려 할 때 채권자가 요구하는 수익률이다. 타인자본 비용을 측정하는 대표적인 방법은 회사채의 현재가격으로부터 만기수익률을 유추하는 방법이 이용되고 있다. 그러나 사채가 발행되지 않은 경우에는 신용평가기관에서 동일한 신용등급(credit rating)으로 평가된 회사채의 가격으로 타인자본 비용을 추정할 수 있다.

예를 들면 2년 전에 5년 만기 채권을 표면금리 13%로 연 1회 이자를 지급하기로 하고 액면가 100,000원에 발행했다고 가정하자. 현재의 사채가 103,425원에 거래된다면 다음과 같이 타인자본 비용은 11%로 추정된다.

$$103,425 = 13,000/(1+k) + 13,000/(1+k)^2 + 100,000/(1+k)^2$$
$$k = 0.11$$

여기서 타인자본 비용은 11%로 계산되지만, 기업이 부담하는 법인세를 감안하면 타인자본 비용은 세율만큼 낮아진다. 왜냐하면 위의 예에서 매년 13,000원의 이자비용을 부담하지만, 이자비용은 법인세 절감효과가 있으므로 실제 타인자본비율은 법인세가 30%인 경우라면 11%×(1−0.3)=7.7%가 세후 타인자본 비용이 된다.

자기자본 비용

자본조달이 주주들로부터 이루어졌을 경우에도 자본비용이 내재되어 있다. 자기자본은 타인자본보다 기업의 부도 시 변제 순서도 늦고 위험도가 높기 때문에 자기자본 비용은 타인자본 비용보다 높은 편이다.

▌ **자본자산가격결정모형**(Capital Asset Pricing Model: CAPM)

자기자본비용을 계산하는 대표적인 모형은 자본자산가격결정모형(Capital Asset Pricing Model: CAPM)이다.

이 CAPM은 개별주식의 기대수익률을 산정하는 모형으로 다음과 같이 도출된다.

A주식의 기대수익률=무위험수익률+(시장기대수익률−무위험수익률)×β

위 식에서 무위험수익률은 일반적으로 정부의 국고채수익률을 의미하며 시장기대수익률은 주식시장 전체의 기대수익률을 의미한다. 여기서 체계적 위험이란 분산투자를 하여도 제거할 수 없는 위험을 의미한다. 또한 시장기대수익률과 무위험수익률의 차이가 주식시장에 참여하는 위험 프리미엄(premium)이다.

β계수는 개별회사 주식의 주식시장 전체의 변화에 대한 민감도를 나타내는 것으로서 체계적 위험을 나타내는 지수이다. 베타계수는 특정기업의 주식과 주식시장 전체와의 상관관계를 나타내며, 만약 베타가 2라면 주식시장 평균보다 두 배나 민감하게 주가가 움직이는 상태이며, 0.5이면 반 정도로 움직이며, 1이면 시장과 동일하게 움직이는 경우이다. 기준은 1이며 β계수가 1보다 큰 경우 주식시장 전체의 움직임보다 더 과도하게 변화하는 주식이며 이를 경기 민감주라고 하고 β계수가 1보다 작은 경우 주식시장 전체의 움직임보다 더 안정적으로 변화하는 주식이며 이를 경기 방어주라고 한다.

▌ **배당할인모형**(dividend discount model)

자기자본 비용을 계산하는 또 다른 방법으로 배당할인모형이 있다. 배당할인모형이란 미래배당이 주가를 결정하는 것으로 보고 투자자가 주식으로부터 기대하는 현금흐름을 적절한 할인율로 할인한 것이 현재의 주가이므로 기대현금흐름과 주가의 관계를 이용하여 할인율, 즉 자기자본 비용을 찾아낸다. CAPM 모형과 달리 여러 가정의 성립여부와 관계없이 자기자본 비용을 찾아낼 수 있다.

가중평균자본 비용

가중평균자본 비용은 기업자본을 형성하는 각 자본의 비용을 자본구성비율에 따라 가중 평균한 것이다. 앞에서 계산된 타인자본 비용과 자기자본 비용을 자본구성비율에 따라 가중 평균하여 계산된다. 가중평균자본 비용의 계산식은 다음과 같다.

$$\text{가중평균자본비용} = \text{타인자본 비용} \times \text{타인자본 비율} \times (1 - \text{법인세율}) + \text{자기자본 비용} \times \text{자기자본 비율}$$

예제 기업의 타인자본 비용은 5%, 자기자본 비용은 10%이고 법인세율은 30%라고 한다. 총 100억원의 자본 가운데 회사채 발행과 은행 대출을 통한 타인자본이 70억원이고 주식 발행을 통한 자기자본이 30억원이라고 할 때 가중평균자본 비용을 구하시오.

풀이 $5\% \times \dfrac{70억}{100억}(1-30\%) + 10\% \times \dfrac{30억}{100억} = 5.45\%$

사례 14-2 "우버, 이자비용 수천만 달러 아껴"…주춤했던 美 CB시장 되살아났다

코로나19 팬데믹(세계적 대유행) 직후 침체했던 미국 전환사채(CB) 시장이 지난해 큰 폭으로 회복됐다. 고금리에 자금 조달 비용을 조금이라도 낮추려는 기업들이 CB 시장으로 몰려들었기 때문인 것으로 분석된다.

3일(현지시간) 파이낸셜타임스(FT)는 런던 증권거래소그룹(LSEG) 자료를 인용해 2023년 한 해 동안 미국에서 총 480억 달러(약 63조원)어치의 CB가 발행됐다고 보도했다. 전년(약 270억 달러) 대비 77% 급증한 수준이다. 2009~2019년 연 발행액 평균치(340억 달러)도 웃돈다.

기준금리가 0%에 가깝게 유지됐던 2020~2021년에는 기업들이 너도나도 CB 시장에 뛰어들며 발행액이 역대 최고 수준을 찍었었다. 그러나 지난해 초부터 미 중앙은행(Fed)이 긴축 페달을 밟기 시작하자 CB 시장 흐름이 뒤바뀌었다. 고금리 환경이 장기화하면서 조달 금리가 낮은 CB의 매력도가 다시 높아졌다. 증시 강세로 주가 상승에 따른 차익 실현 가능성이 커진 점도 한몫했다.

CB는 발행 기업의 주가가 특정 수준(통상 채

권 발행 당시 대비 25~35% 상승)까지 오르면 주식으로 바꿀 수 있는 권리가 붙은 채권이다. 주식 전환 청구권을 주는 대신 일반 회사채보다 이자가 저렴한 편이다. 이 때문에 신용등급이 낮거나 재무 상태가 취약해 자금 조달에 어려움을 겪는 초기 단계 기업들이 선호하는 경향이 있다. 통상적으로 신기술이나 생명공학 부문에서 인기가 높았다.

최근 들어서는 회사채로 자금을 조달해 오던 투자등급 기업들까지도 CB로 눈을 돌리고 있는 분위기다. 회사채 금리가 뛰면서 이자 부담이 커진 영향이다. ICE 뱅크오브아메리카(BofA)에 따르면 투자등급 회사채의 평균 수익률은 2022년 초 2.5%에서 현재 5.2%까지 오른 상태다. 같은 기간 투기등급 회사채의 평균 수익률도 4.9%에서 7.8%로 치솟았다.

독립 자문사 매튜스사우스의 브라이언 골드스타인은 "역사적으로 CB는 투자등급 기업들이 멀리하는 투기성 상품으로 여겨졌지만, 이제는 얘기가 달라졌다"며 "CB는 그 자체로 매력적인 상품이 됐고, 거물급 기업들마저 이 시장에 속속 진입하고 있다"고 말했다. FT는 "기업공개(IPO), 후속거래(FPO), 하이일드(고위험·고수익) 회사채, 레버리지론 등 여타 자금 조달 시장이 여전히 팬데믹 이전 수준을 회복하지 못하고 있는 것과 대조적인 모습"이라는 데 주목했다.

차량공유업체 우버, 유틸리티 업체 퍼시픽가스앤일렉트릭(PG&E), 에너지그룹 에버지(Evergy) 등이 가장 최근 CB 발행에 나선 사례로 꼽힌다. 특히 우버의 경우 15억 달러(약 2조원) 규모의 CB를 발행해 연 수천만 달러를 아꼈다는 계산이 나온다.

BofA의 CB 부문 전략가 마이클 영워스는 "CB 금리는 통상 일반 회사채보다 2.5~3%포인트 정도 저렴한 편"이라며 이같이 말했다. 우버는 약 두 달 전 금리 0.875%, 전환 프리미엄 32.5%의 조건으로 CB 발행에 나섰다. 이 회사는 지난해 CB 시장에 문을 두드린 기업 중 최대 규모로 꼽힌다. 우버의 신용등급은 BB-(S&P 기준)로, 투기등급에 속한다.

전문가들은 올해에도 CB 호황이 지속될 것으로 전망한다. 미 기업들이 이미 발행한 회사채의 재융자 시점이 올해 줄줄이 도래할 예정이어서다. 국제 신용평가사 무디스에 따르면 미 투자등급 기업들은 향후 5년 내로 1조 2,600억 달러(약 1,649조 6,000억원)에 달하는 부채를 재융자해야 한다. 직전 5년 대비 12% 많은 규모다. 투기등급 기업들의 경우 재융자 부담은 1조 8,700억 달러(약 2,448조 6,000억원)에 이른다.

미국계 로펌 심슨대처의 글로벌 자본시장 책임자인 켄 왈라흐는 "팬데믹이 한창이던 2020~2021년 기업들은 초저금리 환경을 이용해 5년 만기 CB를 대량으로 발행했고, 조만간 닥쳐올 거대한 '만기의 벽' 앞에서 CB의 인기는 당분간 유지될 것"이라고 내다봤다.

출처: 한국경제 2024.01.04.

투자의사결정

우리는 제 2 절에서 재무상태표의 우변인 부채와 자본 등 자본조달 방법에 대해서 살펴보았다. 이번 절에서는 조달된 자본을 어떻게 운용하는지를 살펴볼 것이고 이는 재무상태표의 좌변에 나타나게 된다.

일반적으로 조달된 자금을 운용하는 방법은 미래에 보다 많은 이익을 창출하는 사업에 투자하는 방안과 주식이나 채권 등의 금융상품에 투자하여 이익을 창출하려는 방안으로 크게 분류할 수 있다. 즉 사업에 투자하여 자본을 운용하는 방법은 재무상태표에서 현금, 매출채권, 재고자산 등의 유동자산과 사업용 토지, 건물, 기계장치 등의 유형자산, 그리고 영업권, 특허권 등의 무형자산으로 표시된다. 반면에 주식이나 채권 등 비 사업용 자산에 투자하는 경우에는 재무상태표에서 투자자산의 항목으로 표시된다.

1. 투자안 평가방법

조달된 자본을 사업에 투자하는 경우에는 투자안에 대한 적절한 평가가 이루어져야 한다. 즉 새로운 투자안이 기업의 가치를 증대시킬 수 있는지를 평가한 후에 투자를 하여야 하는데 이러한 가치평가방법의 대표적인 방법이 자본예산(capital budgeting)이다.

자본예산은 투자의 효과가 1년 이상의 장기에 걸쳐 발생할 경우에 투자안에 대해 의사결정을 하기 위하여 수립하는데, 크게 현금흐름의 추정과 투자안의 타당성 평가로 분류된다.

현금흐름을 추정할 때에는 기회비용과 세금효과 등을 고려하여 현재의 투자로부터 얻을 수 있는 미래의 기대현금을 추정하게 된다.

그리고 현금흐름이 추정되면 투자안에 대한 타당성을 평가한 후 의사결정을 하게 되는데 이러한 투자안을 평가하는 방법에는 순현가법(net present value), 내부수익률법(internal rate of return), 회수기간법(payback period), 회계적 이익률법(accounting rate of return) 등이 있다. 회수기간법과 회계적 이익률법은 화폐의 시간가치를 무시하기 때문에 장기투자안에 대한 적절한 의사결정을 하기 어렵고 이로 인해 화폐의 시간가치를 고려한 순현가법과 내부수익률법이 투자안의 타당성평가에 주로 이용되고 있다.

순현가법(Net Present Value: NPV)

순현가법이란 현재의 투자로 인하여 미래에 발생할 현금흐름을 적절한 할인율로 할인하여 현재 가치를 계산한 후 투자안의 타당성을 평가하는 기법을 말한다. 즉 순현금유입액을 자본비용(최저 필수수익률)으로 할인한 금액의 합에서 최초투자액을 차감한 금액을 순현가(NPV)라고 하며 순현가가 0보다 크면 투자를 하고 0보다 작으면 투자안을 기각하는 의사결정을 한다. 이때 순현가가 0보다 크다는 것은 그만큼 기업의 가치가 증가한다는 것을 의미한다. 또한 서로 다른 상호배타적인 투자안이 존재할 경우에는 순현가가 가장 큰 투자안을 선택하게 된다.

$$순현가(NPV)=[CF_1/(1+r)+CF_2/(1+r)^2+ \cdots \cdots CF_n/(1+r)^n] - I_0$$

   I_0: 최초 투자액
   CF_n: t기의 현금유입액
   r: 자본비용

예제 철수는 자판기를 설치하여 아르바이트를 하려고 한다.
자판기는 매년 100만원의 현금흐름을 3년간 가져다 줄 것으로 판단된다. 반면 자판기의 가격은 200만원이고 자본비용은 10%이다. 철수의 투자의사결정을 NPV 관점에서 논하라.

풀이 $NPV=[100/(1+0.1)+100/(1+0.1)^2+100/(1+0.1)^3] - 200$
       $=248.6-200=48.6$

NPV가 양이므로 투자하는 것이 합리적이며 철수는 자판기 설치를 통해 현재가치 관점에서 48만 6천원만큼 부가 늘어난다.

내부수익률법(Internal Rate of Return: IRR)

내부수익률(IRR)은 투자에서 발생하는 순현금유입의 현재가치와 최초투자액을 일치시킬 수 있는 할인율을 말한다. 그러므로 내부수익률법이란 투자안의 내부수익률을 찾아 낸 뒤 기업의 자본비용과 비교하여 예상되는 내부수익률이 자본비용보다 높으면 투자안을 채택하고 낮으면 기각하는 의사결정 기법이다.

만약 서로 다른 상호배타적인 투자안이 존재하는 경우는 내부수익률이 가장 큰 투자안을 선택한다.

$$내부수익률=[CF_1/(1+IRR)+CF_2/(1+IRR)^2+ \cdots \cdots CF_n/(1+IRR)^n] - I_0=0$$

I_0: 최초 투자액

CF_t: t기의 현금유입액

IRR: 내부수익률

예제 철수는 자판기를 설치하여 아르바이트를 하려고 한다.
자판기는 매년 100만원의 현금흐름을 3년간 가져다 줄 것으로 판단된다. 반면 자판기의 가격은 200만원이고 자본비용은 10%이다. 철수의 투자의사결정을 IRR관점에서 논하라.

풀이 $[100/(1+IRR)+100/(1+IRR)^2+100/(1+IRR)^3] - 200=0$

$IRR=0.2337$

IRR(내부수익률)이 23.37%로 자본비용 10%보다 크므로 투자하는 것이 합리적이다.

회수기간법(payback period)

회수기간법(payback period)은 투자에 소요되는 최초투자액을 그 투자안의 현금흐름으로 회수하는 기간을 말한다. 그러므로 투자안의 투자의사결정은 기업이 미리 설정한 최장의 회수기간보다 실제 투자안의 회수기간이 짧으면 선택하게 된다. 그러나 이러한 방법은 화폐의 시간가치를 고려하지 못하고 회수기간 이후의 현금흐름을 무시하고 있다는 점에서 비판을 받고 있다. 만약 서로 다른 상호배타적인 투자안이 존재하는 경우는 회수기간이 가장 짧은 투자안을 선택한다.

예제 철수는 자판기를 설치하여 아르바이트를 하려고 한다.

자판기는 매년 100만원의 현금흐름을 3년간 가져다 줄 것으로 판단된다. 반면 자판기의 가격은 200만원이다. 철수가 미리 설정한 최장의 회수기간이 2년 6개월이라고 가정하자.

철수의 투자의사결정을 회수기간법 관점에서 논하라.

풀이 초기 투자자금 200만원을 회수하는데 2년이 소요되므로 회수기간은 2년이다.

회수기간이 2년으로 사전에 정한 목표 회수기간인 2년 6개월보다 짧으므로 투자하는 것이 합리적이다.

2. 현금흐름과 할인율 측정방법

현실에서 투자안의 평가 시 사용하는 미래 기대 현금흐름과 할인율은 주어지는 것이 아니고 투자안의 위험과 경제 상황에 따라 달라지며, 평가자가 직접 추정해야 한다.

미래 현금흐름의 추정

▌현금흐름의 중요성

투자안의 가치평가는 항상 현금흐름을 기초로 실시해야 한다. 회계적 이익은 투자안의 성과 외에도 경영자의 자의성 또는 회계처리방법의 임의성 등에 의해 영향을 받기 쉬운 반면, 현금흐름은 투자안의 성과에 의해서만 영향을 받기 때문이다. 또한 자산의 가치는 그 자산이 생성하는 미래의 모든 현금흐름을 적절하게 산출한 자본비용으로 할인하여 계산할 수 있으므로 자산의 공정가치를 결정하기 위해서는 현금흐름을 이용해야 한다. 현금흐름은 실제로 현금 유출입이 이루어졌을 때 계상되는 반면, 회계적 이익은 실제로 현금 유출입이 발생하지 않는 항목을 포함한다.

현금흐름 추정 시 지켜야 하는 기본 원칙에 대하여 살펴보기로 한다.

▍현금흐름 추정의 기본 원칙

❶ 법인세 납부 후 현금흐름: 실제로 현금 유출입이 이루어진 시점에서 현금흐름을 계산해야 하므로 모든 현금흐름은 납세 후 기준으로 측정한다 (법인세 지급이 수반되는 모든 현금흐름 항목은 그 법인세를 공제한 후에 현금 수입으로 계상한다).

❷ 비현금 비용의 제외: 비현금 비용은 현금 유출에 포함시켜서는 안 되지만, 비현금 비용의 법인세 절감 효과는 현금 유입으로 계상되어야 한다 (예: 감가상각비).

❸ 증분 현금흐름 기준: 증분 현금흐름이란 특정 투자안을 채택하였을 때와 채택하지 않았을 때에 발생하는 현금흐름의 차이로서, 투자안을 채택함으로써 발생하는 기업 전체의 현금흐름 변화를 의미한다.

❹ 기존 영업에 미치는 영향 고려: 특정 투자안의 채택이 기업의 기존 생산라인이나 판매활동에 영향을 미친다면 이에 따른 영향을 현금흐름에 포함시켜야 한다.

❺ 순운전자본의 고려: 추가로 소요되는 순운전자본(유동자산과 유동부채의 차이를 의미)을 고려해야 한다. 투자안을 수행하기 위해 운전자본이 추가로 필요한 경우, 이러한 운전자본에 대한 투자금액은 현금 유출로 계상해야 한다.

❻ 매몰원가 제외: 매몰원가(sunk cost)란 의사결정에 하등의 영향을 미치지 않는 원가를 말하며, 투자의사결정을 하기 위한 컨설팅 비용 등이 이에 해당된다. 컨설팅 비용은 투자 여부와 관계없이 이미 지출된 금액이기 때문이다. 매몰원가는 현금 유출에 포함시켜서는 안 된다.

❼ 기회비용 고려: 기회비용이란 이익의 상실분을 말하며, 현금흐름계산시 이러한 기회비용을 항상 고려해야 한다.

❽ 이자비용과 배당 지급액과 같은 재무비용 제외: 이자비용과 배당지급액이 현금 지급을 수반하는 항목이지만, 현금흐름 할인모형에서 사용하는 할인율에 이러한 비용이 자본비용의 형태로 이미 반영되어 있으므로 현금 유출에 포함시켜서는 안 된다.

❾ 인플레이션의 고려: 현금흐름을 명목가치로 추정한 경우에는 그 현금흐

름을 명목할인율로 할인하고, 실질가치로 추정한 경우에는 실질할인율
로 할인함으로써 인플레이션이 투자안의 가치에 미치는 영향을 일관되
게 처리해야 한다.

⑩ 잔존가치 및 고정자산 처분에 따른 법인세 효과 고려: 내용연수 말에 예
상되는 투자안의 잔존가치를 현금 유입으로 계상해야 한다. 자산을 매
각할 때 장부가치와 판매가격에 차이가 있는 경우 자산의 처분 손익에
따라 발생하는 법인세 지급액 또는 절감액을 현금 유입 또는 현금 유출
로 고려해야 한다.

$$고정 자산처분에 따른 순 현금흐름=판매가+(장부가치-판매가격)\times$$
$$법인세율$$

할인율 측정

자금을 조달 받는 기업의 입장에서 채권수익률은 타인자본 비용이 되고 주
식의 수익률은 자기자본 비용이 된다. 이러한 타인자본 비용과 자기자본 비용
을 부채와 자본의 비중에 따라 가중 평균한 것이 그 기업의 가중평균자본비용
(WACC)이 되며 NPV계산 시 적용되는 할인율, IRR 적용 시 투자안의 IRR과 비
교대상인 자본비용이 된다.

사례
14-3

"손대면 오른다" 주총 앞두고 주목..'돈 되는' 행동주의 펀드

올 초 정기주주총회 시즌을 앞두고 행동주의 펀드들의 주주행동과 수익률 성과가 재조명받고 있다. 그중에서도 누적 투자 규모가 1,000억원 이상인 얼라인파트너스와 KCGI 등의 수익률 성과가 눈길을 끈다.

8일 투자은행(IB)업계에 따르면 KCGI는 지난해 오스템임플란트 지분매각을 통해 200% 이상의 내부수익률(IRR)을 기록한 것으로 집계됐다. 오스템임플란트의 경우 지분매입 3개월 만에 주당 19만원에 103만 8,256주(6.92%)를 공개매수에 응하면서 보유기간 수익률 50%, IRR 220%를 기록했다.

DB하이텍 지분 매각을 통해서도 200억원 이상의 시세차익을 올렸다. 지난해 12월 시간

외 대량매매(블록딜) 방식으로 250만주(5.63%)를 1,650억원에 매각해 수익률 15%를 기록했다. 1주당 금액은 6만 6,000원으로, 같은 날 종가(5만8,600원) 대비 13% 프리미엄이 붙은 금액이다.

강성부 KCGI 대표는 "DB하이텍의 경우 지주사 전환, DB메탈 합병 취소, 투명 경영, 주주환원 30% 이상 약속, 비전제시 등 우리의 지배구조 개선 요구를 대부분 받아들이면서 매각을 하게 됐다"며 "올해 반도체 경기를 좋게 봐서 1.5%는 남겨뒀다"고 말했다. 그는 "우호적으로 해결한 선례를 남기고 싶었다"고 덧붙였다.

현재 엑시트(자금회수)가 이뤄지지 않았지만, KCGI가 가장 큰 수익률 성과 기대하는 곳은 LIG넥스원이다. KCGI는 LIG가 발행한 1,000억원 규모 교환사채(EB)를 인수를 통해 LIG넥스원 주식 189만 7,658주(지분율 8.6%)를 취득했다. 주당 4만 3,000원에 투자한 LIG넥스원 주식은 가격은 현재 12만 3,200원(5일 종가 기준)을 기록 중이다. 단순 계산으로 수익률 185%, 1,500억원 이상을 번 셈이다.

또 다른 행동주의 펀드 얼라인파트너스도 3개의 펀드를 통해 지난해 30~110%(수수료 및 비용 차감 후) 정도의 수익률을 기록한 것으로 집계됐다. 얼라인파트너스 일반사모투자신탁 제1호(에스엠) 46.8%, 얼라인파트너스 제트 일반사모투자신탁(JB금융) 110.4%, 얼라인파트너스 윈드 일반사모투자신탁(우리금융) 34.5%의 수익률을 기록했다.

지난해 얼라인은 7개 금융지주를 대상으로 자본배치정책 및 중기 주주환원 정책 도입 등을 촉구하는 공개서한을 발송했다. 증권가에서는

주주환원 기대감에 '은행주 랠리'가 이어졌다. 1월 한 달간 은행주는 15% 안팎의 급등세를 보였다.

올해 얼라인파트너스가 JB금융지주 사외이사 선임에 재도전할지가 금융권 안팎의 관심사다. 얼라인파트너스는 JB금융 지분 14.04%를 보유해 삼양사(14.61%)에 이은 2대주주다. 지난해 주총에서 성제환 사외이사 선임에 반대하고 김기석 후보를 선임해달라고 호소한 바 있다. 표 대결 끝에 패했지만, 주주환원 강화를 대변할 사외이사 선임을 포기하지 않은 것으로 전해진다.

정기주주총회 시즌을 앞두고 다른 펀드들의 적극적인 주주 활동도 기대된다. 지난해 트러스톤자산운용(태광산업, BYC, 한국알콜, LF), 플래쉬라이트 캐피탈 파트너스·안다자산운용(KT&G), 밸류파트너스자산운용(KISCO홀딩스) 등이 적극적으로 나섰다.

올해도 플래쉬라이트 캐피탈 파트너스(FCP)는 KT&G를 상대로 사장 후보 선임 절차를 개선하라며 연일 공세 수위를 높이고 있다.

현대엘리베이터를 상대로 지배구조 개선 등을 요구해온 KCGI자산운용도 목표를 일부 달성했다. KCGI운용은 최근 현정은 현대그룹 회장이 등기이사와 이사회 의장직을 사임한 것을 두고 "이사회 정상화의 첫 단추"라고 평가하면서도, 경영구조 개선과 기업가치 정상화, 자사주 전량 소각 등을 요구했다.

트러스톤자산운용도 지난해 태광산업과의 표 대결에서는 패했으나 최근 태광산업이 ESG(환경·사회·지배구조) 경영 강화의 일환으로 이사회 내 ESG위원회를 가동하겠다고 밝히

자 환영한다는 입장을 표명했다. 지난달에는 행동주의 활동을 통해 주주가치 확대가 예상되는 종목에 집중적으로 투자하는 상장지수펀드(ETF)를 출시했다.

상법상 주주제안은 주주총회 개최일 6주 전까지 서면으로 제출해야 하는 만큼, 향후 행동주의펀드들의 움직임은 더욱 분주해질 것으로 전망된다.

출처: 아시아경제 2024.01.08.

재무비율분석(전통적 기업가치분석)

지금까지 우리는 기업의 재무상태를 나타내는 재무제표와 자본을 조달해서 운용하는 방법에 대해서 살펴보았다. 기업은 자금을 조달해서 자본비용을 초과하는 수익을 얻어야 존속할 수 있다. 그렇기 때문에 경영자나 투자자 모두 기업의 자본조달 상태와 자금의 적절한 운용 상태에 대한 평가가 이루어져야 한다. 이번 절에서는 이러한 자본의 조달과 운용에 대해 어떻게 평가하고 분석하는지에 대해 알아보도록 하자.

재무제표는 기업의 규모나 성격에 따라 분기, 반기, 연간재무제표 등의 기간으로 나누어 공표된다. 이러한 재무제표가 외부에 공표되면 그것을 이용하는 이용자는 발표된 재무제표를 분석하여 의사결정을 하는 데 사용할 것이다. 즉 기업의 내부이용자인 경영자는 기업의 재무상태가 적정한지를 파악하고 부채에 대한 이자를 지급할 능력이 있는지를 분석하며 기업의 수익성과 보유하고 있는 시설을 충분히 활용하고 있는가에 대해 분석 평가하게 될 것이다. 그리고 기업의 외부이용자인 채권자나 주주 등은 발표된 재무제표를 통해 대출 및 투자의사결정을 하게 된다. 이렇듯 재무제표는 이용자의 유용성을 증대시키기 위해 여러 가지 방법으로 분석을 시도하는 데 가장 보편적인 방법이 재무상태표와 손익계산서의 비율을 중심으로 분석하는 재무비율 분석이며 이를 전통적 가치분석이라고 한다.

대표적인 비율분석에는 유동성 분석, 레버리지 분석, 수익성 분석, 활동성 분석, 성장성 분석 등이 있다.

1. 유동성 분석

유동성(liquidity)이란 자산을 현금화하는 데 소요되는 시간의 개념으로 쉽게 현금화시킬 수 있는 자산을 유동성이 높은 자산이라고 한다. 이러한 유동성은 1년 이내에 만기가 돌아오는 단기채무를 상환할 수 있는 능력을 가지고 있는지를 나타내 주는 지표로서 유동비율(current ratio)과 당좌비율(quick ratio) 등이 있다.

유동비율은 유동자산을 유동부채로 나눈 비율로서 단기채무 변제에 충당할 수 있는 유동자산이 얼마나 되는지 나타내는 비율이다.

$$유동비율 = 유동자산/유동부채 \times 100$$

유동비율이 높을수록 채권자 측면에서는 부채를 상환할 수 있는 높은 능력을 표시하고 있지만 경영자 측면에서는 유동자산을 효율적으로 활용하고 있지 못하다는 증거이다.

즉 어떤 회사가 높은 유동비율을 보이고 있다면 이 회사의 단기 채무변제 능력을 좋다고 평가할 수 있지만 유동자산은 이자수익을 발생시키지 않거나 낮은 이자수익을 올리므로 기업의 수익성에 좋지 않은 영향을 미칠 수도 있기에 경영자는 적정한 유동비율을 결정하여야 한다. 그러나 유동자산 중에서 재고자산은 유동성이 상대적으로 낮은 항목이다. 그래서 재고자산을 제외한 현금, 예금, 유가증권, 매출채권만을 고려하여 유동성을 평가하는 비율이 당좌비율(quick ratio)이라고 한다.

$$당좌비율(quick\ ratio) = (유동자산 - 재고자산)/유동부채 \times 100$$

일반적으로 유동비율이 200% 이상이면 양호하다고 판단한다. 그러나 유동비율이 200%가 넘는다고 하더라도 유동자산 중 당좌자산이 적고 재고자산이 과다하다면 기업의 단기 채무지급능력은 양호하다고 볼 수 없기에 유동성을 분석할 때는 유동비율과 당좌비율을 함께 고려하여야 한다.

유동성 사례분석

다음은 2024년 말 현재 다음기업의 재무상태표이다.

재무상태표

(주)다음기업   2024년 12월 31일   (단위: 백만 원)

현 금	200	매입채무	300
매출채권	1,500	단기차입금	2,200
재고자산	3,800	장기차입금	4,300
고정자산	4,800	자현현본	3,500
자산총계	10,300	부채와 자본총계	10,300

(주)다음기업의 유동성분석을 실시하고 평가하시오.

유동비율=5,500/2,500×100=220%

당좌비율=1,700/2,500×100=68%

(주)다음기업은 표면적으로 유동성을 확보하고 있는 것으로 보여지지만 실제로는 재고자산의 누적으로 인해 유동성이 부족한 상태이다. 그러므로 다음기업은 재고자산을 시급히 현금화하여 지급불능 상태에 빠지지 않도록 노력해야 한다.

2. 레버리지 분석(leverage analysis)

레버리지(leverage)는 원래 지렛대 작용을 의미하는데 비율분석에서 레버리지란 부채를 사용함으로써 발생하는 손익확대효과(leverage effect)를 의미한다. 즉 기업이 부채를 많이 사용하면 낮은 이자율로 차입하여 높은 수익을 얻을 수 있는 투자안에 투자를 하여 더 많은 손익을 올릴 수 있다. 그러나 부채를 많이 사용하면 재무위험이 증가하고 투자수익이 차입비용보다 떨어진다면 기업이 지급불능상태에 빠질 수도 있으므로 경영자는 적절한 부채사용 비중을 결정하여야 한다.

일반적으로 레버리지비율은 부채비율과 이자보상비율로 나누어 볼 수 있다.

부채비율

부채비율(debt ratio)은 타인자본을 자기자본으로 나눈 비율이며 100% 이하를 표준비율로 보고 있다.

부채비율=부채/자기자본×100

이러한 부채비율은 채권자 입장에서는 낮은 부채비율을 선호할 것이고 기업의 소유주 입장에서는 높은 부채비율을 선호한다. 왜냐하면 채권자 측면에서는 기업이 청산을 하더라도 부채비율이 100% 이하라면 채권을 손실 없이 회수할 수 있기 때문이며, 기업의 소유주 입장에서는 부채를 조달 운용해서 얻을 수 있는 수익률이 차입이자율보다 높다면 주주의 몫이 커지기 때문에 높은 부채비율을 선호할 수 있다.

이자보상비율

이자보상비율은 기업이 부채사용에 따른 이자지급능력을 보유하고 있는지를 파악하는 데 사용하는 비율로서 이자지급 전 경상이익이 부채를 사용하여 발생하는 이자비용의 몇 배에 해당하는지를 나타낸다.

이자보상비율 =이자지급전 경상이익/이자비용
=(경상이익+이자비용)/이자비용

이자보상비율은 적어도 1배 이상이 되어야 이자비용을 정상적으로 지급할 수 있다.

사례 14-5 레버리지 사례분석

앞의 예에서 살펴본 (주)다음기업의 재무상태표와 아래의 손익계산서를 이용하여 레버리지 분석을 하시오.

손익계산서

2024년 1월 1일~2024년 12월 31일 (단위: 백만 원)

매출액	15,300
- 매출원가	10,300
매출총이익	5,000
- 판매비와 일반관리비	2,420
영업이익	2,580
- 이자비용	680
법인세차감전순이익	1,900
- 법인세	532
당기순이익	1,368
기타포괄손익	32
당기포괄손익	1,400

부채비율=6,800/3,500×100=194.3%

이자보상비율=(1,900+680)/680=3.79배

(주)다음기업은 부채비율이 194.3%로 부채비율이 상대적으로 높은 편이나 이자보상비율이 높은 편이기에 이자지급능력은 상당히 양호한 편이다. 경기가 호황일 때에는 부채비율이 높아도 이자보상비율이 높기 때문에 이자지급이 원활하지만 경기가 불황일 경우에는 부채비율이 높은 기업은 이자비용의 지급에 문제가 발생할 수도 있다.

그러므로 기업은 경기가 불황일 경우에 적극적으로 부채비율을 낮추도록 노력해야 한다.

3. 수익성

수익성이란 일정기간의 경영성과를 표시하는 비율을 의미하며 총자본 순이익률, 매출액 순이익률, 자기자본 순이익률 등이 있다.

총자본 순이익률

총자본 순이익률은 순이익을 총자본(또는 총자산)으로 나눈 비율로 투자수익률(Investment: ROI) 또는 총자산 순이익률(Return On Asset: ROA)이라고도 한다.

즉 기업에 투자된 총자본이 최종적으로 얼마나 많은 이익을 창출하는지를 측정하는 비율이다.

총자본 순이익률=당기순이익/총자본×100

자기자본 순이익률

자기자본 순이익률(Return On owner's Equity: ROE)은 당기순이익을 자기자본으로 나눈 비율로서 주주가 기업에 투자한 자본에 대해 벌어들이는 수익성을 측정하는 비율이다.

자기자본 순이익률=당기순이익/자기자본×100

매출액 순이익률

매출액 순이익률(net income to sale ratio)은 당기순이익을 매출액으로 나눈 비율로서 기업의 전체적인 경영효율성을 측정하는 데 이용되는 비율이다.

매출액 순이익률=당기순이익/매출액×100

(주)다음기업의 재무상태표와 손익계산서를 이용하여 수익성 분석을 하라.

총자본 순이익률(ROI)=당기순이익/총자본×100=1,368/10,300×100=13.28%

자기자본 순이익률(ROE)=당기순이익/자기자본×100=1,368/3,500×100=39%

매출액 순이익률=당기순이익/매출액×100=1,368/15,300×100=8.9%

국민·하나은행 ROA·ROE 상승 수익성 개선…국민銀 NIM 나홀로 상승

하나은행이 가장 우수한 수익성을 나타내면서 3분기에도 최대 실적을 기록했다. 수익성을 나타내는 순이자마진(NIM)의 경우 국민은행이 대출자산 리프라이싱 효과가 둔화됐지만 조달비용 상승 등에 기인해 나홀로 상승세를 이어갔으며 신한은행과 우리은행의 경우 전반적인 수익성 지표들이 저하된 것으로 나타났다.

8일 금융권에 따르면 KB국민은행은 지난 3분기 누적 당기순이익 2조 8,554억원을 기록해 전년 동기 대비 12% 증가하면서 국민·신한·하나·우리은행 등 4대 시중은행 중에서 가장 많은 순이익을 기록했다. KB국민은행은 보수적인 충당금 적립 정책에 따른 신용손실충당금전입액 증가에도 불구하고 순이자이익과 순수수료이익의 균형 잡힌 성장과 유가증권 관련 손익 증가로 순이익이 증가했다.

하나은행은 2조 7,664억원으로 23.3% 증가해 2위 자리를 지켰다. 하나은행은 우량자산 중심의 대출 성장과 비이자이익 증가에 힘입어 상반기에 이어 3분기에도 최대 순이익을 기록했다.

지난 상반기에 순이익이 줄었던 신한은행은 2조 5,991억원을 기록해 0.3% 증가했으며 우리은행은 2조 2,898억원을 기록해 3.5% 감소했다. 우리은행은 누적 순이익이 감소했지만 수익성이 높은 기업대출 비중을 늘리고 비용관리에도 적극 나서면서 전분기보다 개선된 실적을 기록했다.

수익성을 나타내는 NIM의 경우 KB국민은행이 1.84%로 가장 높았으며 시중은행 중 유일하게 전년보다 상승했다. KB국민은행은 정기예금과 시장성예금 증가로 조달비용이 상승하고 대출자산 리프라이싱 효과가 점차 둔화하면서 전분기 대비 1bp 하락하고 전년 동기 대비 8bp 상승했으며 누적 기준은 1.83%로 각 1bp와 11bp 상승했다.

신한은행은 NIM 1.63%로 뒤를 이었다. 신한은행은 4분기에 시중은행들의 조달이 집중돼 3분기에 선제적으로 조달하면서 조달비용률이 개선된 측면이 있고 대출 금리 경쟁이 치열해지면서 하락한 수준으로 마감했다. NIM은 전분기 대비 1bp 하락하고 전년 동기 대비 5bp 하락했으며 3분기 누적 기준 1.62%로 전분기와 유사하고 전년 동기 대비 1bp 상승했다.

하나은행은 1.57%로 조달금리 상승에 따라 예대 프라이싱이 악화되면서 전분기 대비 4bp 하락하고 전년 동기 대비로는 5bp 하락했다. 우리은행은 1.55%로 전분기 대비 4bp 하락하고 전년 동기 대비 7bp 하락했으며 누적 기준은 1.60%로 전분기 대비 2bp 하락했지만 전년 동기 대비 4bp 상승했다. NIM은 저비용예금이 1조원가량 빠지고 은행 간 대출 경쟁이 심화되면서 조달금리 상승 영향을 받았다.

신한은행은 지난해 4분기에 조달한 고금리 예금 만기가 도래해 전환시 조달비용률이 다소 개선된 측면이 있어 4분기 NIM은 전분기 대비 1~2bp 개선될 것으로 예상했다. 올해 4분기에 가장 높은 수준으로 NIM을 마무리하고 내년 하반기에 기준금리 인하가 예상돼 2024년 NIM은 올해 수준을 유지할 것으로 내다봤다.

하나은행은 글로벌 긴축경영 장기화 전망에 정기예금, 금융채 등 조달 금리의 상승 압력으로 예대 프라이싱이 악화된 것으로 연말까지 NIM이 일정 수준을 지속할 것으로 전망했다.

우리은행은 금리 장기화로 조달비용 상승이 지속될 것으로 전망되고 예대금리차 공시 강화와 은행 간 대출이동서비스로 인한 경쟁 심화 등으로 NIM 하방 압력이 지속될 것으로 분석했다. 우리은행은 이자 수익률이 높은 기업대출 비중을 늘리면서 기업 활동 고객이 증대되고 기업 핵심예금을 확대해 NIM 하락을 최소화하겠다는 계획으로 4분기 NIM 하락폭은 적으나 1.5% 초중반대로 예상되고 내년에는 1.5% 수준을 유지해나갈 계획이다.

다른 수익성을 나타내는 ROA(총자산순이익률)와 ROE(자기자본순이익률) 모두 하나은행이 가장 높아 우수한 수익성을 나타냈다. 하나은행의 ROA는 0.75%로 전분기와 유사했으며 전년 동기 대비 10bp 상승했다. ROE는 12.10%로 전분기 대비 12bp 하락했으나 전년 동기 대비 164bp 상승했다.

KB국민은행이 ROA 0.72%로 하나은행의 뒤를 이었으며 전분기와 유사했고 전년 동기 대비 11bp 상승했다. 신한은행은 0.69%로 전분기 대비 1bp 상승했으며 전년 동기 대비 1bp 하락했다. 우리은행도 0.69%로 전년 동기 대비 3bp 하락했으나 전분기 대비 2bp 상승했다.

ROE는 우리은행이 11.88%로 뒤를 이었으며 전분기 대비 37bp 상승하고 전년 동기 대비로는 110bp 하락했다. KB국민은행의 ROE는 11.05%로 전분기 대비 8bp 상승하고 전년 동기 대비로는 60bp 상승했으며 신한은행은

10.73%로 전분기 대비 15bp 상승하고 전년 동기 대비 95bp 하락했다.

ROA는 기업의 총자산 대비 수익성을 나타내는 지표로 자산을 얼마나 효율적으로 운용했는가를 나타내는 지표이며 ROE는 기업의 순자산 대비 수익성에 대한 지표로 투입한 자기자본이 얼마만큼의 이익을 냈는가를 나타내는 지표를 가리킨다.

시중은행 모두 환율 상승에 따른 위험가중 자산 증가 등 영향으로 자본비율이 전분기보다 소폭 하락했으나 전년보다 개선되면서 미래 불확실성에 대비한 견실한 자본 버퍼(Buffer)를 확보하고 있다.

자기자본(BIS)비율은 KB국민은행이 18.32%로 가장 높았으며 전분기 대비 0.13%p 하락하나 전년 동기 대비 1.49%p 상승할 것으로 예상했다. 신한은행이 18.16%로 뒤를 이었으며 전분기 대비 0.23%p 하락하고 전년 동기 대비 0.64%p 상승할 것으로 예상했다. 하나은행은 17.47%, 우리은행은 16.17%를 기록했다.

보통주자본(CET1)비율은 하나은행이 15.56%로 가장 높았으며 전분기 대비 0.16%p 하락하고 전년 동기 대비 1.04%p 상승할 것으로 예상했다. KB국민은행이 15.22%로 뒤를 이었으며 전분기 대비 0.04%p 하락하나 전년 동기 대비 1.26%p 상승할 것으로 예상했다. 신한은행은 14.61%, 우리은행은 13.49%를 기록했다.

자산건전성 지표는 다소 상승했으나 안정적인 수준에서 관리되고 있다. KB국민은행의 연체율이 0.25%로 가장 낮았으며 전분기 대비 2bp 상승했으며 전년 동기 대비 11bp 상승했다. 신한은행이 0.27%로 전분기와 유사했

으며 전년 동기 대비 7bp 상승했다. 하나은행의 연체율은 0.29%를 기록했으며 우리은행은 0.31%를 기록했다.

　고정이하여신(NPL)비율의 경우 우리은행이 0.22%로 가장 낮은 수준을 기록했으며 하나은행이 0.23%로 뒤를 이었다. KB국민은행은 0.26%를 기록했으며 신한은행은 0.27%를 기록했다. NPL커버리지 비율은 우리은행이 239.0%로 전년 동기 대비 32%p 하락했지만 전분기 대비 9.9%p 상승하면서 가장 높았다. 하나은행이 234.5%로 뒤를 이었으며 KB국민은행이 227.7%, 신한은행이 203.6%를 기록했다. NPL커버리지 비율은 고정이하여신(NPL) 대비 충당금 적립액으로 비율이 높을수록 부실자산에 대한 완충능력이 높은 것을 의미한다.

출처: 한국금융 2023.11.08.

4. 활동성

　활동성 비율(activity ratio)은 기업이 보유하고 있는 자원을 얼마나 효율적으로 활용하고 있는지를 나타내는 비율로서 매출액을 자원액으로 나눈 회전율로 측정된다.

　활동성 비율에는 재고자산 회전율, 매출채권 회전율, 고정자산 회전율, 총자산 회전율 등이 있다.

재고자산 회전율(inventory turnover)

　재고자산 회전율은 연간매출액을 재고자산으로 나눈 비율로서 재고자산의 회전속도를 의미한다. 즉 일정기간 동안 재고자산이 몇 번이나 현금 또는 매출채권으로 전환되었는지를 나타낸다. 재고자산 회전율이 높다는 것은 적은 재고자산으로 판매활동을 효율적으로 수행했음을 나타낸다.

　　재고자산 회전율=매출액/재고자산

매출채권 회전율(receivables turnover)

　매출채권 회전율은 매출액을 매출채권으로 나눈 비율로서 매출채권의 현금화 속도를 측정하는 비율이다.

매출채권 회전율이 높다는 것은 매출채권이 잘 관리되고 현금화 속도가 빠르다는 것을 의미한다.

매출채권 회전율=매출액/매출채권

고정자산 회전율

고정자산 회전율은 매출액을 고정자산(비유동자산)으로 나눈 비율로서 고정자산이 1년 동안 몇 번 회전했는가를 나타내는 비율이다.

즉 기업이 보유하고 있는 고정자산의 활용도를 나타내는 비율이며 고정자산 회전율이 높다는 것은 고정자산의 이용도가 활발하다는 것을 나타낸다.

고정자산 회전율=매출액/고정자산

총자산 회전율(total assets turnover)

총자산 회전율은 총자본회전율이라고도 하며 매출액을 총자산으로 나눈 값으로 총자산이 1년 동안 몇 번 회전했는지를 나타내는 비율로서 기업이 투자한 총자산의 활용도를 측정하는 지표이다.

즉 총자산 회전율이 1이라는 의미는 기업이 1년 동안 실현한 매출액의 규모가 총자산의 규모와 동일하다는 것을 의미한다.

총자산 회전율=매출액/총자산

(주)다음기업의 활동성을 측정하시오.

재고자산 회전율=매출액/재고자산=15,300/3,800=4.03회

매출채권 회전율=매출액/매출채권=15,300/1,500=10.2회

고정자산 회전율=매출액/고정자산=15,300/4,800=3.18회

총자산 회전율=매출액/총자산=15,300/10,300=1.48회

5. 성장성 분석

성장성 비율은 기업의 당해 연도 경영규모 및 성과가 전년도에 비하여 얼마나 증가하였는지를 나타내는 지표로서 기업의 경쟁력이나 미래의 수익창출 능력을 간접적으로 나타내는 비율이다.

성장성 분석에는 매출액 증가율, 총자산 증가율, 자기자본 증가율, 순이익 증가율, 주당순이익 증가율 등이 있다.

매출액 증가율

매출액 증가율은 매출액이 전년도에 비해 당해 연도에 얼마나 증가했는지를 나타내는 비율로서 기업의 외형적 성장률을 판단하는 대표적인 비율이다.

매출액 증가율=(당기매출액−전기매출액)/전기매출액×100

총자산 증가율

총자산 증가율은 기업의 총자산이 전년도에 비하여 당해 연도에 얼마나 증가하였는지를 나타내는 비율로서 기업의 외형적 성장 규모를 측정하는 지표이다.

총자산 증가율=(당기말 총자산−전기말 총자산)/전기말 총자산×100

자기자본 증가율

자기자본 증가율은 자기자본이 전년도에 비해 당해 연도에 얼마나 증가했는지를 나타내는 지표이고 장부가치 기준으로 주주의 부가 얼마나 늘었는지를 파악하는 비율이다.

자기자본 증가율 =(당기말 자기자본−전기말 자기자본)/전기말 자기자본×100

순이익 증가율

순이익 증가율은 기업의 순이익 증가를 나타내는 비율로서 기업의 실질적인 성장세를 보여 주는 지표이다.

$$\text{순이익 증가율} = (당기순이익 - 전기순이익)/전기순이익 \times 100$$

주당순이익 증가율

주당순이익 증가율은 주당순이익(EPS)이 전년도보다 얼마나 증가했는지를 나타내는 지표로서 주주부의 투자 단위당 성장세를 파악하는 데 유용한 비율이다.

$$\text{주당순이익 증가율} = (당기주당 순이익 - 전기주당 순이익)/전기주당 순이익 \times 100$$

다음은 (주)다음기업의 2024년도와 2025년도의 자료이다.

	2024	2025
총자산	8,100	10,300
자기자본	3,100	3,500
매출액	11,000	15,300
순이익	950	1,368
주당순이익	278원	400원

매출액 증가율: (당기매출액 - 전기매출액)/전기매출액 × 100
= (15,300 - 11,000)/11,000 × 100 = 39%

총자산 증가율: (당기말 총자산 - 전기말 총자산)/전기말 총자산 × 100
= (10,300 - 8,100)/8.100 × 100 = 27%

자기자본 증가율: (당기말 자기자본 - 전기말 자기자본)/전기말 자기자본 × 100
= (3,500 - 3,100)/3,100 × 100 = 44%

순이익 증가율: (당기순이익 - 전기순이익)/전기순이익 × 100
= (1,368 - 950)/950 × 100 = 44%

주당순이익 증가율: (당기순이익 - 전기주당 순이익)/전기주당 순이익 × 100
= (400 - 278)/278 × 100 = 43%

6. 주가와 관련된 비율

이 외에도 실무에서 많이 사용되는 비율은 재무제표에서 얻어진 정보와 현 기업의 주식가격과 비교하여 얻어지는 비율들이다. 대표적인 비율로는 주당 수익비율(Price/Earnings Ratio: PER)과 주가장부가비율(Price/Book Value ratio: PBR)이 있다.

주당수익비율(PER)

주당수익비율은 현재 주식에 투자하면 벌어들일 수 있는 순이익이 얼마인 지를 나타내는 비율로서 다음과 같이 측정된다.

주당수익비율(PER)=주당시가/주당순이익

예를 들어 삼성전자의 1주당 주가가 10만원이고 주당순이익이 5만원이면 PER=10만원/5만원=2로 계산된다. PER은 현시가로 10만원인 삼성전자 주식 1 주에 투자하면 당기 순이익이 5만원인 수익을 올릴 수 있다는 투자수익의 개념 을 나타냄과 동시에 미래의 성장성에 대한 기대가 분자인 시가에 내재되어 있기 때문에 고부가 기술주식, 고성장 주식일수록 PER이 높게 나타난다.

주가장부가비율(PBR)

주가장부가비율은 현재 주식의 시장가치가 장부가치의 몇 배에 해당하는 지를 나타내는 비율로서 다음과 같이 측정된다.

주가장부가비율(PBR)=주당시가/주당장부가

주가장부가비율은 자기자본에서 우선주 자본금을 제외한 보통주에 귀속된 순자산을 보통주식수로 나눈 가치이다. 기업의 미래에 대한 전망이 높을수록 주당시가가 장부가보다 높게 나타난다.

애플, 늘어나는 '매도' 및 '보유' 의견…성장 없는 주가 상승 한계

지난해 매출 감소세에도 주가가 S&P500지수 대비 두 배가량 초과 상승했던 애플이 2일(현지시간) '매도' 의견 보고서에 3.6% 급락하며 190달러가 깨졌다.

애플의 가장 중요한 제품인 아이폰의 시장점유율이 하락하며 애널리스트들 사이에서 투자의견 강등이 계속되자 "그래도 애플이니까"라는 투자자들의 믿음이 흔들리고 있다는 신호가 아닌지 주목된다.

바클레이즈, 애플 목표가 160달러

바클레이즈의 애널리스트인 팀 롱은 이날 애플에 대한 투자의견을 '시장비중'에서 '비중축소'로 하향 조정했다. '비중축소'는 '매도'에 상응하는 투자의견이다. 목표주가는 기존 161달러에서 160달러로 소폭 내렸다.

그러나 이는 지난해 마지막 거래일 애플의 종가인 192.53달러는 물론 여기에서 3.6% 급락한 이날 종가 185.64달러에 비해서도 크게 낮은 수준이다.

롱은 최근 시장 조사 결과 아이폰15의 판매가 선진국과 중국에서 "부진했다"며 올 가을에 출시될 것으로 예상되는 아이폰16 역시 판매가 저조할 것으로 예상했다.

아이폰은 애플 전체 매출액의 거의 절반을 차지하는 가장 중요한 제품이다. 게다가 아이폰과 연동돼 사용되는 애플 워치, 에어팟 등의 액세서리와 아이폰을 통해 제공되는 각종 서비스를 감안하면 아이폰의 중요성은 전체 매출액의 절반 이상으로 절대적이다.

롱은 맥과 아이패드, 각종 웨어러블 기기 등 애플의 다른 하드웨어 판매도 약세를 보일 것이고 그나마 최근 유일하게 성장세를 유지한 서비스 부문도 올해 매출액 증가율이 10%를 넘지 못할 것이라고 전망했다.

따라서 그는 "최근 대부분의 분기 매출액이 실망스러웠음에도 주가는 초과 수익을 냈던 지난해와 달리 올해는 (주가 흐름에) 반대 상황이 펼쳐질 것으로 기대한다"고 밝혔다. "실적 부진이 계속되는 가운데 주가수익비율(PER) 확대는 지속 가능하지 않다"는 지적이다.

"올해도 성장 기대하기 어려워"

애플은 지난해 7~9월 분기까지 4분기 연속 매출액이 감소세를 이어갔음에도 지난해 주가는 50%가량 오르며 시가총액이 1조 달러 늘었다. 이는 지난해 S&P500지수의 상승률 24% 대비 두 배가량 높은 것이다.

롱은 애플이 지난해 9~12월 분기에도 전년 동기와 비슷한 수준의 매출액을 올리고 올해 1~3월 분기에는 매출액이 한 단계 더 감소해 약세를 지속할 것으로 전망했다.

그는 "아이폰 판매량과 판매 제품 구성이 여전히 약세"를 보이고 있으며 특히 화웨이 등 중국 업체와 경쟁이 심화되고 있는 중국에서의 판매량은 "점진적으로 악화되고" 있다고 지적했다.

아이폰 시장점유율 하락

이날 오전 카운터포인트가 발표한 시장 조사 자료도 롱의 주장을 뒷받침했다. 이에 따르면 도매가격이 600달러 이상인 프리미엄 스마트폰시장에서 애플의 점유율은 지난해 71%로 전년 75%에 비해 하락했다. 반면 삼성전자는 16%에서 17%로 올라갔고 화웨이는 3%에서 5%로 반등했다.

UBS의 애널리스트인 데이비드 보고트는 지난 1일에 카운터포인트 자료를 인용해 지난해 11월 아이폰 판매량이 2140만 대로 전년 동월 대비 1.7% 늘어났지만 전월(10월)에 비해서는 18% 감소했다고 전했다.

특히 그는 지난해 11월 아이폰 판매량이 미국에서 전년 동월 대비 13% 줄었고 중국에서도 6% 감소했다고 지적했다. 지난해 11월 인도에서는 아이폰 판매량이 65만 대로 전년 동월 대비 8% 늘었지만 이는 전월(10월) 250만 대에 비해서는 급감한 것이라고 밝혔다.

보고트는 애플에 '중립' 의견과 목표주가 190달러를 제시하고 있다.

PER 높은데 성장 잠재력 약화

그럼에도 애플에 대한 투자의견은 여전히 '매수'가 60%로 절반 이상이다. 팩트셋에 따르면 애플을 분석하는 애널리스트 44명 가운데 60%가 '매수' 의견이고 30%가 '보유' 의견이다. '매도' 혹은 '비중축소'는 10%밖에 안 된다.

다만 주목할 점은 '매수' 의견은 줄고 '보유'와 '매도' 의견은 늘어나는 추세라는 점이다. 지난해 1분기만 해도 '매수' 의견이 78%로 압도적이었고 '중립'이 17%, '매도'는 5%에 불과했다.

지난해 5월에 루프 캐피털의 애널리스트린 아난다 바루아는 애플에 대한 투자의견을 '보유'에서 '매도'로 낮췄다.

'매수'에서 '보유'로의 투자의견 하향도 줄을 이었다. 지난해 6월에는 D.A. 데이비슨의 톰 포트와 UBS의 데이비드 보고트가, 8월에는 로젠블라트 증권의 바톤 크로켓이, 10월에는 키뱅크의 브랜든 니스펠이 각각 '매수'에서 '보유'로 애플의 투자의견을 강등했다.

이전의 이러한 투자의견 하향은 애플의 주가에 별다른 타격을 미치지 못했다. 하지만 이날 바클레이즈의 '보유'에서 '매도'로의 강등은 투자 심리를 뒤흔든 것으로 보인다.

이는 애플의 PER이 향후 12개월 순이익 대비 28배로 S&P500지수의 21배보다 높은 상황에서 애플에서 기대할 만한 성장 잠재력이 크지 않다는 사실에 투자자들이 주목하기 시작했기 때문으로 보인다.

구글 반독점 소송도 애플에 리스크

게다가 미국 법무부가 구글을 상대로 제기한 반독점 소송의 재판 결과가 올해 말 선고될 것으로 예상되는 가운데 애플은 잠재적인 수익 감소의 리스크를 안고 있다.

애플은 아이폰과 사파리 브라우저의 기본 검색을 구글 서치로 설정하는 대신 매년 구글로부터 수십억 달러를 지급받고 있는데 법원이 이에 대해 경쟁을 해치는 관행이라고 판결하면 수십억 달러의 수익이 사라질 수 있기 때문이다.

지난해 애플의 주가 상승은 부분적으로 생성형 AI(인공지능)에 대한 기대 때문이었다. 스마트폰에 AI 기능이 첨가되면 아이폰 업그레이드 수요가 늘고 앱 스토어에 AI 관련 앱이 급증하며 수익 증대의 기회를 맞을 수 있다는 기대였다. 하지만 애플은 생성형 AI와 관련해 별다른 전략이나 계획을 밝힌 것이 없다.

애플은 오는 31일 지난해 10~12월 분기 실적을 발표한다. 시장 컨센서스상 매출액은 전년 동기 대비 0.8% 늘며 5분기만에 소폭 성장세로 돌아섰을 것으로 예상된다.

그러나 그 이후 실적 전망과 향후 성장 전략에 대해 비교적 구체적인 설명이 없다면 투자자들의 실망감이 커질 수 있다. 애플은 회사 상황을 상세히 설명하지 않는 비밀주의로 유명하지만 "그래도 애플이니까"라는 신뢰가 흔들리는 상황에서는 이런 비밀주의는 사치일 수 있다.

출처: 머니투데이 2024.01.03.

기업가치의 측정(EVA 모형)

기업은 자금을 조달하는 자본조달활동과 자금을 운용하는 투자활동으로 크게 분류할 수 있는데 이러한 활동의 최종 목표는 기업의 가치를 증대시키는 것이다. 즉, 기업의 가치를 증대시킨다는 것은 주주의 부가 증대된다는 것이고 그러기 위해서는 자금을 조달해서 운용한 투자안의 NPV가 0보다 커야 된다는 것을 의미한다.

그러므로 경영자와 투자자는 투자를 통해서 기업의 가치가 얼마나 증대되었는가에 관심을 갖고 어떻게 기업가치를 평가하는가에 대해 궁금해 한다. 이번 절에서는 여러 가지 기업가치 평가방법 중 경제적 부가가치(EVA)방식에 의한 기업가치 평가를 소개하고자 한다.

1. 기업가치의 측정

EVA 모형은 크게 두 가지 부분으로 나누어진다. 첫번째는 조달된 자금을 투자한 투하자본 부분이고, 두 번째는 투자로 인해 미래에 얻을 수 있는초과이익 부분이다.

여기서 초과이익이란 투자를 통한 수익이 투자를 위해 조달한 자금의 자본비용을 초과하는 부분을 말하며 이 부분이 기업이 투자를 통해 창출한 경제적 부가가치(EVA)인 것이다. 즉 기업의 초과이익이 미래에 얼마나 발생할 것인가에 따라 기업가치가 달라지는 것이다.

그러면 지금까지 살펴본 재무제표의 이해와 자본비용의 개념을 가지고 기업의 가치를 아래의 예제를 통해서 측정해 보기로 하자.

만약에 여러분의 학교 앞에 PC방인 (주)Campus Net을 2억원의 자기자본을 투자하여 개업하였다고 하자.

자기자본비용이 10%라 가정을 하고 Campus Net의 첫 해 영업기록은 매출 2억원에 제반비용(컴퓨터 감가상각비, 급여, 통신비용 등)을 공제하고 세후 순이익으로 3천만원이 남았다고 가정하자. 만약에 이러한 이익이 앞으로도 영구히 지속된다고 가정할 때 이 Campus Net의 기업가치는 얼마일까?

EVA 모형에 따른 기업의 가치는 다음과 같이 계산된다.

$$기업가치 = 투하자본 + \Sigma(세후이익 - 투하자본 \times 자본비용)$$
$$= 투하자본 + \Sigma 투하자본(투하자본이익률 - 자본비용)$$
$$= 2억 + \Sigma(3천만원 - 2억 \times 10\%)$$
$$= 2억 + 1천만원/10\%$$
$$= 2억 + 1억 = 3억$$

여기서 계산된 투하자본에 대한 기회비용(2억×10%=2,000만원)을 초과한 부분, 즉 1,000만원이 한 해에 Campus Net이 창출할 수 있는 초과이익[*]이며 미래에 Campus Net이 창출할 수 있는 모든 초과이익들의 현가를 흔히 기업의 영업권 또는 프리미엄으로 표시되는 웃돈 부분이다. 이 부분의 구성은 기업이 보유하고 있는 우수인력, 조직력, 브랜드 등 핵심역량이 계량화된 부분이다. 그러나 실제로 대부분의 기업에게는 초과이익이 무한정 지속되지 않으므로 기업가치를 평가할 때에는 이 초과이익이 얼마나 지속될 것인지, 즉 미래이익의 정확한 예측이 기업가치를 올바르게 산정하기 위한 첩경이다.

---

[*] 일부 항목을 현금주의로 수정하여 계산된 초과이익을 EVA(Economic value added)라 한다(강효석·이원흠·조장연, 「기업가치평가론」).

그러면 어떻게 기업가치를 증대시킬 수 있을까? 위의 식에서 우리는 네 가지 방법으로 기업가치를 증대시킬 수 있음을 알 수 있다.

❶ 주어진 투하자본 내에서 이익률을 올리는 방법
❷ 동일한 영업이익을 창출하는 데 가능한 한 투하자본을 줄이는 방법
❸ 자본비용을 낮추는 방법
❹ 미래의 초과이익을 올리는 지속적인 성장

2. 기업가치평가의 실제적용

앞에서 평가된 기업가치의 추정은 다양한 방법으로 실무에서 사용되고 있다. 우선 기업의 추정된 가치가 실제 주가보다 높으면 기업은 자사주 취득 등을 통하여 저 평가된 기업의 가치를 제고시키려 할 것이고, 반대로 낮으면, 증자나 자사주 매각 등을 통하여 고 평가된 주식을 현금화하도록 노력할 것이다. 또한 평가된 기업의 가치와 실제 주가와의 차이가 클수록 기업 인수·합병의 대상이 되기가 쉽다. 만약에 평가된 기업가치(본질가치)가 실제주가보다 월등히 높으며, 또한 기업의 내·외적 구조조정을 통하여 기업가치를 좀더 높이 증대시킬 수가 있다면 기업인수를 통한 가치주의 증대를 꾀할 수가 있다.

더욱이 평가모형에서 보듯이 기업가치의 증대에는 이익률 제고가 중요요소이므로 이익구조를 개선하기 위하여 투하자본을 줄이고 불필요한 경비를 줄이는 비용절감이 뒤따르게 된다. 마찬가지로 자본비용을 낮추기 위하여 사업부분을 처분하고(사업 구조조정), 부채수준을 적정수준으로 낮추는 재무 구조조정도 뒤따르게 되어 결국 기업가치의 올바른 평가는 구조조정의 가장 중요한 판단기준이 되고 있다. 마찬가지로 각 사업 부문별로 가치평가를 하여 구성원들의 상여금이나 인센티브를 각 사업부문의 가치 증대에 연결을 시키면 구성원들의 부가가치가 보상과 직접 연관을 맺는 관리구조의 개선을 기할 수가 있다.

'챗GPT' 개발사 오픈AI, 올해 매출 6조 5,000억 전망…폭풍성장

"올해 매출은 작년 대비 3배 이상 늘어난 50억 달러(약 6조 5,550억원)에 이를 것이다."

지나친 낙관론에 의한 예상 밖의 초과치보단 손쉽게 달성 가능한 기대치로 들렸다. 오히려 현재 기세를 감안하면 보수적인 전망치로 읽혔다. '챗GPT' 출시로 생성형 인공지능(AI) 시대를 개막한 오픈AI의 올해 내부 목표치여서다. 지난 2일(현지시간) 미국 정보기술(IT) 전문 매체인 더 인포메이션에 의해 전해진 오픈AI 일부 경영진의 내부 예측치다. 자신감의 배경엔 화려한 지난해 성적표가 자리했다.

오픈AI, 챗GPT 내세워 작년 매출 16억 달러…전년 대비 57배 ↑

소식통을 인용한 더 인포메이션의 이날 보도에선 오픈AI의 지난해 연간 매출은 16억 달러(약 2조 976억원)로 집계됐다. 이는 지난 2022년 연간 매출 2,800만 달러(약 367억원)의 57배에 달한다. 지난해 10월 중순 당시, 회사 측에서 13억 달러(약 1조 7,043억원)로 점쳤던 연간 매출을 2개월 반 만에 20% 끌어올린 셈이다. 특히 지난해 11월, 샘 올트먼 최고경영자(CEO)를 상대로 5일 동안 벌였던 오픈AI 이사회의 쿠데타 실패 사태 등을 감안하면 눈에 띄는 성과다.

효자는 역시 챗GPT였다. 실제 2022년 11월 30일 출시 이후 2개월 만에 1억 명을 돌파했던 챗GPT 이용자 수는 지난해 10월 말 기준, 17억 명(웹사이트 월간 방문자 수)에 달했다. 지난해 초, 미국 현지 투자업계에서 290억 달러(약

38조 원)로 책정했던 오픈AI의 기업가치가 작년 말엔 1,000억 달러(약 130조 원)까지 폭등한 이유다.

오픈AI는 본격적인 수익 창출에도 고삐를 쥘 태세다. 4일 블룸버그에 따르면 챗GPT 사용자가 맞춤형 버전 거래까지 가능한 온라인 장터 'GPT 스토어'를 다음 주 내에 선보일 예정이다. GPT 스토어는 스마트폰의 응용소프트웨어(앱) 스토어처럼 이용자들이 코딩을 배우지 않고도 거대언어모델(LLM)인 GPT 기반의 다양한 챗봇을 개발하거나 선택, 사용할 수 있는 곳이다. 자녀들에게 수학을 가르쳐주거나 다채로운 칵테일 제조용 챗봇 등이 예시로 제시됐다. 당초 지난해 11월 선보일 예정이었지만, 올트먼 CEO 해임 사태 여파로 연기됐다.

오픈AI는 또 챗GPT 전용 하드웨어 출시도 준비 중인 것으로 알려졌다. 이와 관련, 오픈AI는 애플 최고디자인책임자로 유명한 조니 아이브가 설립한 러브프롬과 손잡고 맞춤형 기기 개발에 착수한 것으로 전해졌다.

한편 시장조사업체인 그랜드뷰리서치에 따르면 지난 2022년에 101억 달러(약 13조 원)로 집계됐던 전 세계 생성형 AI 시장 규모는 연평균 34.6%씩 성장하면서 2030년엔 1,093억 달러(약 142조 원)에 달할 전망이다.

언론사와 분쟁 등은 걸림돌

다만, 오픈AI 입장에서 저작권은 최우선적으로 제거해야 할 눈엣 가시다. 생성형 AI를 내

세운 오픈AI의 잠재 성장성은 확인됐지만 현재 진행형인 언론사와 충돌은 부정적이다. 오픈AI 및 마이크로소프트(MS)는 지난달 27일 "자사 출판물 저작권이 침해당했다"며 법정 소송을 제기하고 나선 미국 뉴욕타임스(NYT)와 분쟁에 휘말린 상태다. NYT는 뉴욕 남부연방지방법원에 제출한 소장에서 "자사가 발행한 수백만 건의 기사가 자동화된 챗봇을 훈련하는 데 활용됐다"며 "챗GPT 챗봇이 이젠 신뢰할 만한 정보 제공자로서 자사와 경쟁하고 있다"고 주장했다. 이어 "관련법에선 MS와 오픈AI가 상업적인 목적으로 저작물을 사용하고자 할 경우 우선 우리 허가를 얻도록 하고 있었지만 그들은 그렇게 하지 않았다"고 지적했다. 만약 NYT가 승소할 경우엔 오픈AI는 수십억 달러를 배상해야 되는 데다, NYT 기사들이 포함된 AI 훈련 데이터까지 강제로 삭제해야 할 수 있다. 그만큼 비용이 많이 들고 복잡한 작업도 필요하다.

이후, 톰 루빈 오픈AI 최고 지식재산 및 콘텐츠 책임자가 이달 5일 블룸버그에 "다수 언론사와 많은 협상 및 논의를 진행하고 있다"면서 "활기 있고 매우 긍정적이며 잘 진행되고 있다"고 전했지만 액면 그대로 믿긴 어렵다. 실제 루빈 책임자는 "현 상황은 과거 검색엔진과 사회관계망서비스(SNS)가 마주했던 상황과 다르다"면서 "기사들은 LLM 훈련에 사용된 것이지, 콘텐츠를 재생산하거나 대체하는 데 쓰이지 않았다"고 강조했다. 이에 반해 NYT에선 "오픈AI에서 저작료 지불 없이 자사 기사를 베꼈다"며 강경한 입장이다. NYT는 제출한 고소장에 챗GPT가 기사를 글자 그대로 전체 단락들을 표출해낸 사례까지 포함시켰다.

이와 관련, 더 인포메이션에 따르면 오픈AI는 연간 100만~500만 달러(약 13억~65억원) 수준에서 언론사와 라이선스 계약을 희망하는 것으로 전해졌다. 오픈AI는 지난해 7월, AP통신과 뉴스 콘텐츠 사용 계약을 체결했지만 구체적인 비용 등에 대해선 함구했다. 업계 관계자는 "생성형 AI의 경쟁력은 결국 언론사 등에서 생산되는 검증된 콘텐츠 학습으로부터 나오는 것인데, 이 문제가 해결되지 못하면 경쟁력을 가지긴 힘든 구조여서 오픈AI 입장에서 상당히 껄끄러운 과제이다"고 전했다.

출처: 한국일보 2024.01.06.

요약

기업은 고유의 목적인 이윤창출을 위해 자본조달활동, 투자활동, 영업활동을 영위한다. 이러한 경영활동의 성과는 재무상태표와 손익계산서 등과 같은 재무제표에 나타나게 된다.

기업의 경영활동을 위한 자금의 조달은 직접금융시장을 이용한 조달방식과 간접금융시장을 통한 조달방식이 있다. 직접금융시장을 이용한 조달방법으로는 주식과 채권발행을 통한 방법을 들 수 있으며 간접금융시장을 이용한 조달방법으로는 은행으로부터의 차입, 매입채무, 기업어음 발행 등을 통한 방법이 있다. 기업 가치를 최대화 할 수 있는 최적의 자본조달방법은 자본의 가중평균자본비용을 최소화 하는 것이다.

자본을 사업에 투자하는 투자의사결정 시 순현가법이나 내부수익률법 등을 이용하여 기업 가치를 최대화하는 투자안을 선택한다.

재무제표는 이용자의 유용성을 증대시키기 위한 여러 가지 방법으로 분석이 가능하며 보편적으로 재무상태표와 손익계산서의 비율을 중심으로 분석하는 재무제표 비율분석을 사용한다. 대표적인 비율분석으로는 유동성 분석, 레버리지 분석, 수익성 분석, 활동성 분석, 성장성 분석 등이 있다.

기업은 자금을 조달하는 자본조달활동과 자금을 운용하는 투자활동으로 크게 나눌 수 있으며 이러한 활동의 최종목표는 기업가치의 증대이다. 따라서 경영자와 투자자에게 있어서 기업가치의 평가는 중요한 이슈가 된다. 기업가치의 평가방법 중 경제적 부가가치(EVA)방식은 근래에 그 중요성이 부각되고 있다.

참고문헌

- 강효석, 「가치경영을 위한 재무관리」, 형설, 2004.
- 강효석·이원흠·조장연, 「기업가치평가론」, 홍문사, 2006.

토의문제

1. 두 개의 투자대상 기업에 대한 비율분석을 실시하여 투자의사결정을 하고자 한다. 투자자가 위험회피 형인 경우 투자의사결정을 어떻게 하는 것이 바람직한지 설명해 보라.

2. EVA(economic value added)에 의한 경영분석방법을 설명하고 전통적인 재무분석과의 차이를 설명해 보라.

Chapter 15

정보의 흐름

대전에 거주하는 A씨는 세수를 하고 거울 앞에 앉는다. 페이스허트가 만든 안면인식 프로그램이 A씨의 건강 상태를 체크하기 시작한다. 분당 심박수와 혈압 등을 측정해 오늘의 컨디션을 말해준다.

고개를 조금 돌리자 로레알이 제작한 탁상형 거울이 보인다. 얼굴이 비치자 피부 상태를 인식하고 진단한다. 수분이 부족하다는 알람이 뜨고 제품을 추천하는 메시지가 뜬다. 로레알의 추천대로 기초케어를 마치고, 다양한 메이크업을 얼굴에 가상으로 입혀본다.

출근을 위해 현대차가 만든 개인용 이동수단을 탄다. 현관문을 나가지 않아도 된다. 건물에 기본으로 설치되던 공용 엘리베이터는 더 이상 존재하지 않는다. 거실 창문에 부착된 이동수단은 건물 벽을 타고 지상으로 나를 내려준다. 구독 결제로 이용 중인 탑승용 무인항공기(드론)를 타고 서울로 향한다. 회사까지 걸린 시간은 15분.

1층 입구에서 더 이상 출입증을 찍지 않아도 된다. 얼굴 인식 출입 시스템 덕분이다. 자리 선택 예약 시스템은 A씨의 업무 스케줄을 파악해 능률을 높일 수 있는 자리를 자동으로 추천해 준다. 자리로 이동하자 로봇 직원이 A씨를 향해 다가온다. 늘 먹던 커피를 마실지, 새로운 종류의 커피를 선택할지 물어본다. 그것도 아니라면 LG전자에서 내놓은 캡슐머신을 사용해 나만의 레시피를 만들 수도 있다.

업무 난이도는 높지 않다. 구글과 마이크로소프트 등이 선보인 AI 결합 사무용 소프트웨어가 비효율적인 일 대부분을 처리하고 있기 때문이다. 보고서를 다듬고 PPT를 만드는 일 등은 더 이상 A씨의 몫이 아니다. 자질구레한 일이 사라지자 창의적인 아이디어를 구상할 수 있는 시간이 생긴다.

집으로 돌아온 뒤 A씨는 휴식을 취하기 위해 헤드셋을 꺼낸다. 파이맥스가 만든 가상현실(VR) 헤드셋 '파이맥스 크리스탈'로 3D 게임을 하고, 해외여행을 떠난다.

AI 기반의 기술 혁신이 바꿔줄 인간의 미래다. 이제 우리는 직장 근처에 거주하기 위해 대출을 받지 않아도 되고, 막히는 차 안에서 시간을 낭비하지 않아도 된다. 군사적 악용 등 윤리적 문제가 문명을 파괴할 것이라는 우려도 있지만 AI는 인류 번영에 중요한 역할을 할 것으로 보인다. CES 2024에서 올해의 핵심 기술로 'AI'를 선택한 이유이기도 하다.

AI 라이프의 시작

CTA가 선정한 CES 2024의 주제는 '모두를 위한, 모든 기술의 활성화(All Together, All On)'다.

전시 중심에는 AI가 있다. AI를 중심으로 전 산업 분야의 기술 융합과 혁신이 어떻게 이루어지는지를 여러 기업이 다루게 된다. CTA는 AI로 정한 이유에 대해 "AI는 문제 해결 과정을 새로운 차원으로 발전시키며 사용자 경험을 혁신한다"며 "접근성을 높이든 효율성을 높이든 AI의 솔루션은 전세계 산업 발전을 주도하고 있다"고 밝혔다.

게리 샤피로 CTA 회장은 지난해 10월 한국을 방문해 "가장 중요한 키워드는 생성형 AI"라며 "우리는 지난 몇 년간 AI에 대해 다뤄왔다. AI는 자동차, 컴퓨터, 헬스케어 등 대부분의 산업군에 사용되고 있다"고 말했다. 그러면서도 "현재 생성형 AI는 초기 단계"라며 "사람으로 따지면 한 살 정도다. 앞으로도 생성형 AI 관련 기술은 CES에서 가장 중요한 과제"라고 말했다.

샤피로 회장, 킨제이 파브리지오 CTA 부사장, 존 켈리 부사장 등 3인은 전시회 프리뷰인 CES 데일리에서 "챗GPT가 등장한 지 1년이 지났다"며 "AI·생성형 AI와 같은 기술을 전시관 곳곳에서 찾아볼 수 있을 것"이라고 강조했다.

기조연설도 AI 중심으로 진행된다. 1월 9일(현지 시간) 기조연설에 나서는 팻 겔싱어 인텔 최고경영자(CEO)는 '모든 곳의 AI'를 주제로 발표한다. 1월 10일(현지 시간) 기조연설을 하는 크리스티아노

아몬 퀄컴 CEO 역시 주제를 '온디바이스 AI'로 정했다.

CTA는 투자 전문가, 기술 전문가 등이 AI를 설명하는 팟캐스트도 미리 공개했다. 문장을 생성하는 챗GPT, 그림을 그리는 달리(DALL-E) 등 생성형 AI가 지난해부터 최대 이슈로 떠올랐기 때문이다. 나스닥 지수 연구 전략가인 세라 메홀레, CTA 프로그램 이사인 브라이언 코미스키 등이 AI 작동 방식과 AI가 소비자에 미치는 영향을 소개한다. 애플, 유튜브, 스포티파이 등에서 청취 가능하다.

이외에도 올해는 △5G와 IoT △로보틱스 △엔터테인먼트와 콘텐츠 △자동차 △블록체인 △헬스케어와 웰니스 △홈엔터테인먼트 △AR과 VR △웹3.0 △메타버스 △게이밍 등의 기술이 주를 이룰 예정이다. 특히 자동차 기술에서는 차세대 첨단교통체계인 '도심항공모빌리티(UAM)'가 올해 주목할 기술로 선정됐다.

유통·뷰티도 온다⋯경계 허무는 CES

삼성전자, LG전자 외에도 아마존, 구글, 현대차, 메르세데스 벤츠, 파나소닉, 소니 등이 부스를 꾸리고 방문객을 맞는다. 이외에도 IBM, 존디어, 레노보, 애보트, IBM, 인텔, 퀄컴, 레딧, 로쿠, 에이피알, LG생활건강, 스냅 등이 CES에 참여한다.

올해 달라진 점은 CES 산업군의 확장이다. 기조연설에서 그 변화를 확인 가능하다.

CES 역사상 최초로 화장품 기업의 대표가 기조연설자에 포함됐다. 주인공은 니콜라 히에로니무스 로레알 CEO다. 히에로니무스 CEO는 1월 9일(현지 시간)에 기조연설을 진행하게 된다. 로레알은 세계 최대 화장품 기업으로, 지난 10년간 CES에 참가하며 영향력을 높여왔다.

로레알은 이번 CES에서 증강현실 메이크업 체

험 등 오프라인과 디지털, 가상현실을 융합한 뷰티 테크를 소개한다. 또 지속가능한 뷰티 기술이 미치는 긍정적인 영향도 공유한다. 로켓 기술을 활용해 물을 절약하는 샤워헤드, 스킨케어 지침을 제공하는 AI 기반 모바일 애플리케이션 등이 대표적이다.

기조연설은 CES 메인 이벤트로, 각 산업군을 대표하는 기업의 대표가 나와 기술 비전을 제시한다. IT 트렌드 리더로 평가받을 수 있는 중요한 자리이기도 하다. 올해 CES의 주제가 '모두를 위한 기술'인 만큼 뷰티, 유통업계 등에서도 기조연설 기회가 주어졌다.

히에로니무스 CEO는 "아름다움은 시대를 초월한 추구이며 기술은 아름다움에 즐거움을 더하는 동시에 가능성의 세계를 열어준다"며 "로레알은 누구도 뷰티 트렌드에서 소외감을 느끼지 않는 미래를 꿈꾼다. 자신만의 이야기, 경험, 정체성에서 영감을 받은 제품과 도구를 통해 트렌드를 창조할 수 있는 힘을 갖게 될 것"이라고 강조했다.

미국 대형 유통기업인 월마트도 기조연설을 한다. 월마트는 2021년 처음으로 CES 기조연설에 나섰으며 이번이 두 번째다. 더그 맥밀런 월마트 CEO는 1월 9일(현지 시간) 기조연설에서 디지털 변혁과 인간·기술 중심의 유통 혁신 비전을 제시한다. 맥밀런 CEO는 소매업에 AI를 적용하는 방법과 로봇공학과 기계 학습 등이 소매 전반에 미치는 영향을 설명할 계획이다.

기술 키워드 I. '인간에 도움이 돼야 하는' AI

AI는 올해 가장 중요한 기술로 꼽힌다. CTA가 올해 혁신상 부문에 AI 카테고리를 신설한 것도 이 때문이다.

AI 산업은 2022년 생성형 AI '챗GPT'의 등장으로 빠르게 발전하고 있으며, 다양한 산업군에 적용되고 있다. 다만 현재 AI 기술은 초기 단계다. 미국의 과학 전문매체 퓨처리즘에 따르면 미래학자 레이 커즈와일은 AI가 인간 수준의 지능에 도달하는 시기를 2029년, 특이점(Singularity)에 도달하는 시기를 2045년으로 내다봤다. AI가 인간 이상의 지능을 가진 기술이 되는 시점이다.

CES 2024에서 '인간 보안(HUMAN SECURITY)'을 주요 주제로 설정한 것도 AI와 관련된 결정이다. 인간 보안은 질병·범죄 등 다양한 문제에서 인간을 지키는 것을 의미한다. CTA는 기술은 모든 인류에게 영향을 미칠 수 있기에 긍정적으로 변화해야 한다고 강조하고 있다.

올해 최고혁신상을 수상한 AI 기술에서도 이 같은 흐름을 감지할 수 있다. 독일 자동차부품사 보쉬가 'AI 기반 보안 감지 시스템'으로 올해 최고혁신상을 수상했다. 캠퍼스 총기난사를 방지하기 위한 보안 기기에 AI 기반의 시각 판독 시스템을 적용한 것으로, 이미지와 음성 인식 등을 활용해 총기를 감지하는 방식이다.

또한 올해 전시에서는 인간의 편의를 높여주는 AI 기술이 관심을 받을 것으로 보인다.

삼성전자의 C랩 스타트업이자 AI 기반의 커머스 콘텐츠 제작 솔루션 제작사 '스튜디오랩'은 AI 기술로 최고 혁신상을 수상했다. 스튜디오랩은 상품 이미지를 기반으로 상세 페이지를 자동 제작하는 '셀러캔버스(Seller Canvas)'를 선보였다.

이외에도 AI 기술을 적용한 재활용 분리수거 솔루션, 비만 유전자를 감지하는 솔루션, 소아 환자를 위한 AI 기반 식품 알레르기 감지 솔루션 등이 관심을 받고 있다. 특히 한국 메디테크 기업인 웨이센은 AI 알레르기 감지 솔루션으로 설립 4년 만에 CES 혁신상을 받았다.

기술 키워드 2. 자동차, 공간의 재발견

해마다 주요 기술로 선정돼온 모빌리티는 올해도 CES의 핵심 화두다. 지능화, 서비스화되는 모빌리티가 올해 CES에서 관심을 받을 예정이다.

세부적으로는 커넥티드 카, 차량 소프트웨어, UAM, 친환경 전기차, 자율주행 등이 있다. 현대차, 기아, 혼다, BMW, 메르세데스 벤츠 등 다수의 모빌리티 기업이 이번 전시에 참가한다. 미국 IT 매체 테크크런치는 "지난 몇 년간 주요 자동차 기업들이 참여하면서 CES가 크게 발전했다"며 "자동차 쇼는 CES의 중요한 부분"이라고 전했다.

특히 올해 전시에서는 자율주행에 대한 관심보다 전기차에 대한 관심이 더 높을 것으로 점쳐진다. 실제 포드는 지난해 폭스바겐과 합작해 설립한 자율주행차 개발 업체 아르고AI에 대한 투자를 중단했다. 이로 인해 아르고AI는 결국 파산했다.

모빌리티에서도 AI 기반 기술이 두드러진다. 캐나다 IT 회사 폰토센스는 운전자와 승객의 안전성을 유지하는 AI 감지 솔루션으로 혁신상을 받았다. AI 알고리즘을 통해 운전자의 심박수, 호흡 등 건강 데이터를 수집하고, 이를 바탕으로 운전자의 음주 여부와 피로도 등을 확인하는 기술이다. 마이크로소프트는 클라우드 서비스인 '애저'와 '챗GPT'를 활용한 차량용 AI 비서를 공개한다.

완성차 업체들도 나선다. 메르세데스 벤츠는 AI 기반으로 직관적 경험을 제공하는 차세대 인포테인먼트 시스템 'MBUX 가상 어시스턴트'를 공개한다. 기기가 인간과 같은 자연스러운 상호 작용을 하며 운전자와 차량을 연결할 수 있다는 것이 벤츠의 설명이다.

현대차는 소프트웨어 중심 자동차(SDV) 기술을 공개한다. 업데이트를 통해 최신 기능과 최적의 성능을 유지하는 스마트폰처럼 자동차도 소프트웨어 업데이트로 진화할 수 있다는 내용이다. 혼다는 이번 CES에서 차세대 전기자동차(EV)를 공개할 예정이다.

올해 모빌리티 분야에서는 혼다의 접이식 전기 스쿠터, AUO의 차량 인터랙티브 투명 스크린 등이 최고혁신상을 받았다.

기술 키워드 3. 더 개인화되는 '디지털 헬스케어'

보건의료 기술(디지털 헬스케어)과 신체적·정신적 건강(웰니스)도 CES의 주요 관심사다. 올해 전시에서는 개인에게 더욱 맞춤화되고 접근성을 높인 △수면 추적 △혈당 모니터링 △혈압 관리 등을 위한 IT 기술이 주요 트렌드로 떠올랐다. 이번 CES에서는 디지털 헬스 구역이 따로 조성되며 CES를 주도할 핵심 기술로 인정받고 있다.

미국 제약사 애보트의 당뇨 관리 수석 이사 조엘 골드스미스는 "건강과 웰빙 카테고리는 CES에서 점점 더 큰 비중을 차지하고 있다"며 "규제 대상 의료 기기와 건강, 웰니스, 라이프스타일 기기 간의 경계가 좁혀지기 시작했다"고 강조했다. 애보트는 CES 2022에서 헬스케어 기업 최초로 기조연설을 했다.

미국 식품의약국(FDA)에 따르면 '디지털 건강'에는 건강 관련 IT, 웨어러블 기기, 원격 건강 및 원격의료, 맞춤형 의료 등이 포함된다.

컴퓨팅 플랫폼, 연결성, 소프트웨어, 센서 등의 IT 기기는 질병을 정확하게 진단하고 치료하는 임상의의 능력을 획기적으로 향상시키는 데 도움을 준다. 또한 의료기기, 진단, 연구 등을 통해 개별 환자에 대한 치료법을 개선시킬 수 있다. CTA는 "이는 1월 전시회가 끝날 때까지 두드러지게 드러날 트렌드"라고 설명했다.

헬스케어 분야에서도 AI 기술이 적극 활용된다.

심박수, 분당 호흡수, 혈압, 산소포화도 등을 측정하거나 부정맥을 예측 진단하는 제품 대부분에 AI가 적용되기 때문이다.

아울러 올해 CES 디지털 헬스 부문에서는 한국 기업의 활약이 돋보였다. 혁신상을 수상한 전체 기업 가운데 60%가 국내 기업으로 집계됐다. 국내 스타트업 앤씰은 스마트 매트리스로 혁신상을 수상했다. IoT 컨트롤러와 체압 센서를 통해 수면자의 수면 상태를 파악하고 스마트폰, 스마트워치로 사용자 컨디션을 수집하는 AI 기반의 매트리스다.

기술 키워드 4. '나만의 레시피'를 만드는 푸드테크

푸드테크는 식품(Food)과 기술(Technology)의 합성어로, 식품 생산·유통·소비 전 과정에 IT가 결합된 산업을 의미한다. 구체적으로는 △식물성 대체식품과 식품프린팅 로봇 등을 활용한 제조공정 자동화 △온라인 유통플랫폼 △무인주문기 △서빙 조리 배달로봇 등이 푸드테크에 해당한다.

푸드테크는 일반 음식점에 기술이 도입되는 것뿐만 아니라 농업의 기술화, 전 세계 인구를 위한 식량 시스템 재개발을 위해서도 중요하다. CTA는 "농업·식품에 대한 기술은 지속가능한 생산, 더 나은 영양, 폐기물 감소, 보안 강화 등을 목표로 하는 식품 산업을 구축하는 데 도움이 된다"고 언급했다. 여기서 한발 더 나아가 전 세계 기후변화, 공급망 문제, 전쟁과 같은 요인이 식량 공급에 영향을 미칠 때 식량 공급원을 확보하는 데도 IT가 중요한 영향을 미친다.

LG전자는 2020년 CES에서 로봇을 활용한 레스토랑 운영 솔루션 '클로이 쉐프봇'을 선보인 데 이어 올해 CES에서는 '신개념 캡슐 커피머신 듀오보'를 공개하고 혁신상을 수상했다. 듀오보는 두 개의 캡슐을 한 번에 추출하는 기능이 특징으로, 각 캡슐의 추출 온도, 추출량 등을 전용 앱에서 설정해 특정 레시피를 만들 수 있다.

한국 기업 탑테이블은 푸드·애그(Agricultural, 농업) 테크 부문에서 4D 푸드 프린팅 시스템 '잉크(IINK)'로 최고혁신상을 받았다. 잉크는 개인 맞춤 영양 제공 시스템으로 질감, 크기, 영양성분 등 맞춤형 식품을 만들어낼 수 있다. 섭취 후 인체 내에서 녹는 지점까지도 설정이 가능하다.

미국의 라이즈 가든스는 최첨단 실내 수경 정원을 만들어 혁신상을 수상했다. 누구나 쉽게 토마토, 가지, 오이 등을 재배할 수 있는 제품이다.

출처: 한경비즈니스 2024.01.06.

정보기술(Information Technology: IT) 전략의 필요성

정보기술(IT)은 17세기의 증기기관의 발명이 일으킨 산업혁명 이후 제 2 의 산업혁명이라고 불리어질 만큼 기업의 생산방식이나 업무구조를 근본적으로 바꾸고 있을 뿐 아니라 산업구조와 산업 내의 경쟁관계에도 커다란 영향을 미치고 있다.

IT는 신제품 및 서비스의 출시, 새로운 유통경로나 유통방식의 개발, 새로운 규모의 경제 등을 실현시킬 뿐만 아니라 기존의 경쟁규칙 자체를 변화시켜 기업이 존속하고 성장하는 데 직접적으로 영향을 주는 중요한 전략적 무기가 되고 있다.

이러한 흐름 속에서 IT가 기업 생존의 핵심 요소로 부각되고 있기 때문에 기업은 자사의 사업영역과 업무와 관련해서 IT의 최신 동향 및 경쟁환경을 살피면서 업무 프로세스를 개혁해 나가야 한다.

IT를 활용하면 정보를 보다 유연하게 처리하고 효율적으로 전달할 수 있으며, 제품과 서비스를 생산하는 데 필요한 노동력이나 비용을 절감하고, 고객을 효과적으로 관리하여 고객 만족도를 향상시킬 수 있다. 디지털시대의 기업들이 경쟁적 환경에 노출되면서 IT는 기업의 경쟁력을 제고하는 중요한 수단이 되고 있다. 따라서, IT전략은 전사적 관점에서 경영 비전의 효과적 실현을 목표로 추진하여야 한다. IT는 이를 다루는 인적자원과 조직이 있어야 비로소 효과를 발휘할 수 있으므로 IT전략은 항상 인사와 조직전략을 동시에 고려하면서 진행해 나가야 한다.

'AI 쓰나미'가 모든 기업 덮는다···로레알 메이크업도 AI 솜씨

모든 기업은 이제 'AI 기업'이다.

오는 9일 미국 라스베이거스에서 개막하는 세계 최대 가전·정보기술(IT) 전시회 '소비자 가전쇼(CES) 2024'에서 주목해야 할 흐름이다. 올해 CES 주제는 '올 온'(All On), 기술이 모든 곳에 스며든다는 것. 행사를 주최하는 미국 소비자기술협회(CTA)는 그중에서도 '인공지능(AI)'을 핵심으로 꼽았다.

하드웨어·보안·헬스케어 등의 혁신 제품·서비스에 주는 CES 혁신상에는 올해부터 'AI' 부문이 신설됐다. 그런데 수상한 28개 기업 중 'AI 전문 기업'은 없다. 분리수거 로봇 업체, 비만 관리 업체, 웹툰용 소프트웨어 개발 업체, 인테리어 업체 등이 각자의 영역에 AI를 결합한 제품으로 AI 혁신상을 받았다.

로레알은 지난해 CES에서 뷰티 기기 2종으로 혁신상을 받은 데 이어, 올해는 니콜라 이에로니무스 CEO가 화장품 업계 대표 중 최초로 기조연설 무대에 올라 AI를 활용한 로레알의 개인 맞춤형 뷰티 전략을 소개할 예정이다.

'블루 컬러를 위한 기술'을 내건 인도 스타트업 프록스기(Proxgy)는 소음·가스를 감지하고 인체 상태를 모니터링하는 AI 스마트 안전모를 출품해 혁신상을 받았다.

인터넷이 대중화되며 '인터넷 기업'이라는 명칭이 무색해졌듯 이젠 모든 기업이 AI를 적용하고 다루며 쓰레기 분리수거나 총기 사고 예방, 감기 치료 같은 일상에서부터 AI 혁명이 시작할 전망이다. 글로벌 시장분석업체 무어인사이트 앤 스트래티지의 안셀 새그 수석 애널리스트는

"작년 CES에서 AI의 파도를 봤다면, 올해는 AI 쓰나미"라고 말했다.

AI 기술을 보유한 빅테크는 이른바 'AI 세수(稅收)'를 노린다. 그간 초거대 AI 모델 등에 수십조원 규모 투자를 해왔는데, 추수의 계절을 앞당기려는 것. AI가 모든 산업의 기반에 적용되면, 수도·전기 요금처럼 AI 솔루션·클라우드를 일반 기업에 서비스로 제공해 매출을 올릴 수 있어서다. 제품·생산성·마케팅 등 전 영역에서 AI 전환을 해야 하는 기업들에게는 비용과 효율을 따지는 '가성비 싸움'이 시작됐다.

올해 CES는 챗GPT가 촉발한 생성AI 혁명이 제대로 반영된 첫 CES다. 팬데믹 이후 최대의 미국 오프라인 비즈니스 행사 중 하나이기도 하다. 올해는 전시 공간이 22만 2,000㎡로 전년 대비 10% 늘었고, 4,124개 업체가 참가해 13만 명이 관람할 예정이다. CES 2024의 관전 포인트는 다음 세 가지.

① 전통 대기업 '우리도 AI 한다'

CES의 큰 흐름을 볼 수 있는 올해 기조연설은 인텔·퀄컴·지멘스·HD현대 같은 기술 기업 외에 월마트·로레알·베스트바이 같은 전통 소비재·유통기업의 CEO들도 맡았다. 지난해엔 BMW·스텔란티스(자동차), AMD(반도체)의 CEO가 연설했었다. AI와 거리가 멀어 보이던 전통 기업도 제품과 마케팅, 고객 분석 등 전 분야에 AI를 도입한 사례를 소개할 예정이다.

특히 화장품 업계의 AI발 맞춤형 서비스 경쟁이 치열하다. 기조연설 무대를 차지한 로레알

에 이어, 일본을 대표하는 화장품 기업 시세이도도 올해 CES에 출격한다. 한국의 아모레퍼시픽은 입술 전용 뷰티테크 기기 '립큐어밤'으로 올해 CES 최고혁신상을 받았다.

② 헬스케어, 웨어러블 'AI로 화룡점정'

헬스케어나 웨어러블(입는) 기기가 AI 도입으로 1년 새 얼마나 진도를 나갔는지도 주목할 점이다. 디지털 헬스케어는 지난해 CES 혁신상에 새 부문으로 신설되고 전시 영역도 별도로 꾸려지며 CES의 큰 줄기가 됐다.

지난해 CES에서 존디어의 자율주행 농기계가 '농슬라'라 불리며 최대 화제를 모은 것처럼, 생각지 못한 영역에서 'AI와 찰떡궁합' 이룬 제품이 눈길 차지할 예정이다.

올해는 애보트의 초소형 무전극 유도 심박동기 등 글로벌 제약업체의 헬스케어 기기 외에도 코골이 완화 특수 설계 베개(10마인즈)와 수면 무호흡증 진단기(루아랩), 스마트 욕창 예방기(인셉션랩), 신경근육 진단기(엑소시스템즈) 등 AI를 활용한 국내 스타트업의 헬스케어 기기가 소개된다.

웨어러블 기기는 '실용성'으로 무장한 제품들이 소개될 예정이다. CES 최고혁신상을 받은 덴마크 기업 WS오디올로지의고막형 보청기와 인도 스타트업 프록스기(Proxgy)의 AI 연동 스마트 안전모 등이다.

③ 'AI도 전기·수도처럼' 현실 되나

'모든 곳에 AI'가 현실이 되면 웃는 건 빅테크. AI 기반 기술과 AI 클라우드 등으로 B2B(기업 대 기업) 매출을 거둘 수 있어서다.

이번 CES에서 마이크로소프트(MS)·아마존·구글 같은 빅테크는 고객사 뒤의 조연을 자처한다. 내비게이션 기업 톰톰(TomTom)은 MS의 클라우드 애저와 오픈AI(MS 투자사)의 GPT 모델을 활용해 개발한 '차량용 AI 비서'를 이번 CES에서 공개한다. 4일 MS는 "AII시대를 맞은 30년 만의 키보드 변화"라면서 코파일럿(MS의 AI 비서) 키가 윈도11 PC에 기본 적용된다고 밝혔다. AI 키를 눌러 각종 AI 기능을 바로 사용할 수 있으며, MS 협력사들의 CES 부스에 전시될 예정이다.

아마존은 CES에서 최신 AI 기술이 모빌리티·광고·자율주행 등에 적용되는 방식을 체험할 수 있는 부스를 연다고 공식 블로그에 밝혔다. 10일 정기선 HD현대 부회장의 기조연설에는 필립 모이어 구글클라우드 부사장이 함께 연단에 오른다. HD현대는 조선·건설기계 등 핵심 사업 영역에 AI 도입 중인데, 여기에 구글의 AI 개발 도구인 '버텍스AI'를 사용한다.

AI 석학으로 꼽히는 앤드류 응 교수는 지난해 중앙일보와 인터뷰에서 "AI는 전기처럼 다양한 분야에 활용되는 범용 기술"이라고 말했다. 그 전망이 이번 CES에서 실현되는 셈이다.

AI 모델을 단시간·저비용으로 제공하는 스타트업 프렌들리AI의 전병곤 대표(서울대 컴퓨터공학부 교수)는 "AI 인프라는 미국 기업들이 잘 하고 있는 상황"이라며 "다양한 기업들이 AI를 구독형 소프트웨어 같은 B2B 서비스로 이용하게 될 텐데, 비용 효율을 반드시 생각해야 한다"라고 말했다. 김기응 KAIST AI 대학원 교수는 "AI를 전력 효율적으로 사용하는 기술 등이 많이 연구되고 있다"라고 말했다.

출처: 중앙일보 2024.01.05.

정보시스템의 기능과 역할

1. 정보시스템의 정의

오늘날 기업의 관리자들의 일상적인 활동은 대부분 정보와 관련된 것이다. 즉 정보를 수신, 처리, 전달하면서 다양한 업무에서 활용하고 있다. 실제로 정보는 조직에서 수행되는 거의 모든 활동의 기초가 되기 때문에 정보를 생산하고 관리하는 시스템의 개발은 필수적이다.

정보시스템은 데이터를 입력하고 입력 받은 데이터를 주어진 절차에 따라 처리하며, 처리결과를 출력하는 입력–처리–출력의 과정을 가진 시스템이다. 기업에서 정보시스템은 의사결정을 하고 각종 업무 활동을 통제하며 문제를 분석하고 제품·서비스를 생산하기 위해 필요한 정보를 산출하는데, 이러한 활동은 입력, 처리, 출력의 과정을 거치게 된다. 정보시스템은 또한 피드백을 필요로 하는데 출력물에 따라 입력에 대한 평가나 수정을 하기 위한 것이다.

정보시스템은 단순히 하나의 객체로 이루어진 것이 아니라 여러 요소들이 조직화되어 시스템을 이루고 있는 것이다. 여기에는 컴퓨터 하드웨어, 소프트웨어, 데이터베이스, 통신, 사용자, 사용절차 등이 포함된다. 특히 현대의 정보시스템은 컴퓨터 하드웨어와 소프트웨어 기술을 기반으로 하고 있기 때문에 정보시스템을 CBIS(computer-based information system)라고 표현하기도 한다.

본 장은 정보시스템의 여러 활용영역 가운데에서도 특히 경영활동에 초점을 두고 있어 정보시스템을 말할 때는 경영정보시스템(Management Information System: MIS)으로 부르기로 한다.

정보시스템은 다양하게 정의되고 있으나 그 중 가장 전통적이라 할 수 있는 것은 Davis & Olson의 경영정보시스템에 관한 정의이다. 이들은 MIS를 "조직의 운영, 관리 및 의사결정 기능을 지원하기 위한 정보를 제공하는 통합적 인간–기계시스템(integrated man-machine system)으로 컴퓨터 하드웨어와 소프트웨어, 수작업 절차, 분석, 계획, 통제 및 의사결정을 위한 제반 모형, 그리고 데

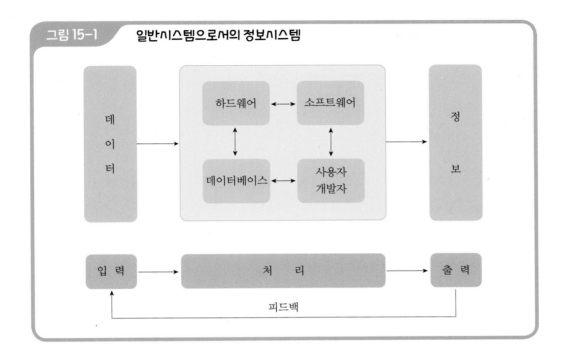

그림 15-1 **일반시스템으로서의 정보시스템**

이터베이스를 활용하는 시스템"으로 정의하고 있다.

유용한 정보를 제공함으로써 일상적 운영, 경영관리, 분석 또는 의사결정을 지원하는 것이 정보시스템의 목적이다. 이러한 정보시스템은 유용한 정보를 제공하기 위해서 수집된 정보를 변경하고 가공하는 기능을 가진다.

정보시스템의 중요성과 경영상의 과제

기업이 구축하고 있는 정보시스템은 일상적인 업무 처리뿐만 아니라 조직의 전략을 지원하는 등 광범위한 기능을 하고 있으며 경영환경이 글로벌화되어 가면서 더욱 중요한 경쟁전략적 무기가 되어 가고 있다.

고성능 컴퓨터, 소프트웨어, 네트워크는 조직을 보다 유연하게 만들고, 계층을 축소하여 단순한 조직의 운영을 가능하게 하며 시간과 장소에 제약을 받지 않고 업무 자체에만 집중하게 하여 업무흐름을 재구축할 수 있게 한다. 더 나아가, 인터넷 및 각종 네트워크의 발달은 조직의 경계를 허물고 전자상거래와 e-business라는 새로운 비즈니스 기회를 창출하고 있다.

이러한 상황에서 현대의 조직은 정보시스템 구축에 있어 다음과 같은 경영과제에 직면하게 된다.

① 효율적이고 경쟁력이 있는 정보시스템의 설계
② 글로벌 비즈니스 환경에서 시스템 요건 이해
③ 조직목표 실현을 지원하는 정보 아키텍처의 창조
④ 정보시스템의 비즈니스 가치의 평가
⑤ 종업원이 사회적·윤리적 책임을 지면서, 통제하고 이해하며 사용할 수 있는 정보시스템의 설계

2. 정보시스템의 분류

정보시스템의 종류는 열거할 수 없을 만큼 많고, 정보기술을 유사한 업무에 적용하여도 기업의 특성에 따라 그 활용형태가 다를 수 있다. 이런 점에서 정보시스템을 이해하기 위한 가장 보편적인 분류체계는 경영계층과 연계시키는 것이다.

조직을 계층별로 보면 일반적으로 최고경영층, 중간관리층, 하위관리층으로 구성되어 있으며 각 계층이 담당하는 업무의 특성과 역할이 다르다. 따라서 정보시스템은 경영계층의 특성을 반영하여 구축되는 것이 바람직할 것이다.

기업에서 활용되는 정보시스템은 크게 운영업무를 위한 시스템과 관리자를 위한 시스템으로 구분할 수 있다. 전자는 기업활동에서 발생하는 자료를 처리해 주기 위함이고, 후자는 경영자의 관리활동 및 의사결정에 필요한 정보를 제공하는 목적을 가진다.

운영을 위한 정보시스템에는 거래자료처리시스템(Transaction Processing System: TPS), 관리자를 위한 정보시스템에는 경영지원시스템(Management Support System: MSS), 의사결정지원시스템(Decision Support System: DSS), 경영자정보시스템(Executive Information System: EIS) 등이 포함된다. Davis & Olson은 이와 같은 다양한 정보시스템을 광의의 경영정보시스템(Management Information System: MIS)의 범주 안에서 이해할 수 있다고 주장한다.

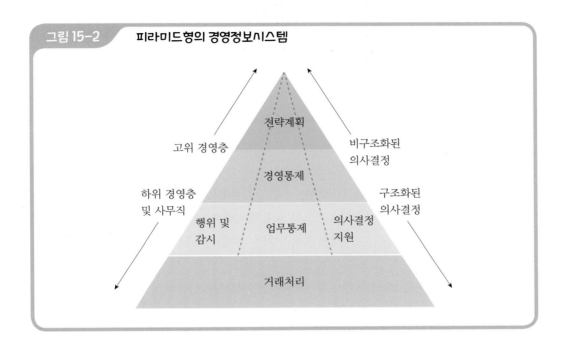

그림 15-2   **피라미드형의 경영정보시스템**

의사결정 분야	**정보에 대한 인식**	**정보시스템의 목적**
표 15-1 **정보시스템 역할의 변천**		
TPS(1950~60년대)	데이터의 효율적 처리	거래의 업무처리에 산재한 데이터 처리의 효율성 증대
MSS(1960~70년대)	보고 및 통제 수단	효과적인 경영관리를 위한 효율적 정보 보고
DSS, EIS(1970~80년대)	의사결정의 기본자료	효과적인 의사결정에 필요한 정보 제공
SIS(1980~90년대)	전략적 자원, 경쟁무기	경쟁우위의 획득과 유지, 전략경영의 자원

이러한 정보시스템의 유형은 시대에 따라 변천해 왔다. 특히, 정보기술이 발전하는 과정과 조직이 요구하는 정보의 변화가 맞물려 다양한 정보시스템 유형이 등장해 오고 있음을 파악하는 것이 중요하다.

거래자료처리시스템(Transaction Processing System: TPS)

기업을 운영하는 데 기본적으로 발생하는 거래자료를 신속 정확하게 처리하는 정보시스템이다. 판매, 구매, 급여, 재고 등의 업무는 많은 거래자료를 빈번하게 발생시키므로 이를 효율적으로 처리할 필요가 있다. 이와 같은 업무는 대부분 수작업에 의존하던 것을 컴퓨터를 활용함으로써 생산성을 증가시킬 수 있는 분야이다.

경영지원시스템(Management Support System: MSS)

관리자에게 보고서를 제공하거나 기업이 보유하고 있는 과거 자료와 현재의 상태에 대한 온라인 정보를 제공하는 시스템이다. 이는 주로 마케팅, 생산, 재무 등의 기능적 활동을 담당하는 중간관리계층의 계획·통제활동 및 그와 관련된 의사결정을 돕기 위한 시스템으로 공통데이터베이스에 의해 연결된다. 일반적으로 경영지원시스템은 거래처리시스템에 의해 기록된 데이터와 정보를 가공 및 요약하여 표준화된 보고서를 산출한다. 경영지원시스템은 조직의 외부환경에 관한 정보보다는 조직의 내부활동과 관련된 정보를 전달하는 데 이용된다.

의사결정지원시스템(Decision Support System: DSS)

관리자의 의사결정과정을 지원해 주는 정보시스템으로 관리활동에 관한 자료를 검색하여 문제를 발견하고, 필요한 정보자료를 수집하여 의사결정 문제에 대한 해결대안을 마련할 수 있도록 지원해 주는 정보시스템이다. 예를 들면, 내년도의 투자 의사결정을 하기 위해서 몇 가지 대안을 가지고 있다고 할 때에 이를 컴퓨터 시뮬레이션 모델을 만들어서 의사결정자가 컴퓨터와 상호 대화적(interactive)으로 요인의 변경에 따른 수익성 등을 비교하게 할 수 있다. 이처럼 DSS는 의사결정을 도와 줄 수 있는 것이다.

경영자정보시스템(Executive Information System: EIS)

최고경영자에게 필요한 정보를 제공하기 위한 시스템으로 의사결정지원시스템과는 달리 특정문제에 국한되어 있지 않고, 여러 상황에 적용될 수 있는 정보를 제공하는 시스템이다. 경영자가 필요로 하는 정보는 크게 내부정보와 외부정보로 나눌 수 있다. 내부정보는 기업의 전략적 목적을 달성하는 데 중요한 요인에 관한 정보를 말하며 수익현황, 판매현황, 생산현황, 고객현황 등 지속적으로 추적(monitoring)해야 할 필요가 있는 것이다. 외부정보는 기업의 외적 환

표 15-2	경영계층 및 정보시스템 비교

	거래처리시스템(TPS)	경영지원시스템(MSS)	경영자정보시스템(EIS)
사용자 (지원대상)	실무자층 · 하위관리층	중간관리층	최고경영층
지원내용	기업이 일선에서 일어나는 일상적이고 반복적인 거래를 처리하고 거래 시 발생하는 자료의 처리 및 저장	실무자층의 통제와 기업운영에 대한 정보를 지원하고 최고경영층에 보고할 정보 요약	기업에 관한 전략적이고 장기적인 의사결정 지원
정보의 유형	많은 양의 상세한 정보	종합되고 요약된 정보	기업내부 및 외부정보

경에 관한 정보로 정치, 경제, 산업, 경쟁자 등에 관한 국내외의 정보를 말한다. 경영자정보시스템은 이와 같은 정보를 경영자 자신이 컴퓨터 터미널을 사용하여 온라인으로 신속하게 접할 수 있도록 해 준다.

3. 정보시스템의 전략적 활용

정보시스템이 기업에 도입된 초기에는 거래자료를 효율적으로 처리하는 것이 주된 역할이었다. 이후 정보화에 대한 경험이 누적되고 컴퓨터의 성능이 향상되고 가격도 하락하면서 컴퓨터에 보관된 다양한 자료를 분석하여 조직의 관리·통제활동에 필요한 정보를 추출하여 경영자가 효과적으로 의사결정을 할 수 있도록 지원하는 역할이 강조되었다.

오늘날에는 정보기술이 기업의 경쟁적 우위를 확보하고 이를 통하여 이윤을 극대화하는 데 전략적으로 활용되고 있다. 이와 같은 전략정보시스템 (Strategic Information System: SIS)은 조직의 목표, 업무, 제품, 서비스, 환경과의 관련성을 변화시켜 조직에 경쟁적 우위를 가져올 수 있게 하고 있다.

이러한 정보시스템의 역할의 변화를 보면 아래와 같다. 즉 정보시스템이 이용되는 기능적 측면에서 보면 기본적으로 거래처리를 하는 기능과 데이터베이스의 자료를 검색하고 분석하여 정보를 산출하는 기능으로 나눌 수 있는데, TPS가 거래처리를 대상으로 프로세스의 자동화를 목적으로 한다면, MSS는 정보요구의 충족을 위해 질의분석을 주로 한다고 볼 수 있다. 반면 SIS는 거래처리와 질의분석을 모두 포함하면서 기업의 경영전략을 지원하고 형성하는 역할

표 15-3 **정보시스템의 기능 및 목적**

이용 기능 ＼ 목적	기본경영 프로세스 자동화	정보욕구의 충족	경영전략의 지원 및 형성
거래처리	TPS		SIS
질의분석		MSS	

을 하는 것이다.

전략정보시스템은 다음 세 가지 차원의 전략 지원에 유용하게 적용될 수 있다.

첫째, 사업 차원에서는 가치사슬 분석을 통해 전략적 영향을 가지는 활동에 주목해 정보시스템에 투자한다. 비용 절감, 제품 차별화, 새로운 시장 개척, 그리고 고객이나 공급자와의 네트워킹 구축 등이 전략적 영향을 준다.

둘째, 기업 차원에서는 정보시스템을 보다 고차원의 효율화와 서비스 향상에 활용한다. 해당 개별 사업단위의 업무를 연결하여 통합된 형태를 만들어 내며, 전 사업장에서 지식 공유를 추진한다.

셋째, 업계 차원에서는 네트워크 경제의 개념을 활용하여 업종 내와 업종 간의 협조를 촉진하여 업계 전체의 유효성을 높인다. 정보 공유를 위한 합작이나 업계 단체를 형성하고 업무를 조정하며 거래를 촉진하는 등의 역할을 한다.

사례 15-2 AI 기술과 신뢰 확보

지난해 우리는 생성형 인공지능(AI)이 기업에서 사용하는 데이터에서부터 인력 관리와 운영 모델, 기업 전반의 전략에 이르기까지 기업의 모든 부분에 영향을 미치며 변화를 주도하는 것을 목격했다. 그러나 AI로 인한 비즈니스의 혁신은 이제 시작됐을 뿐이다. 2024년은 AI 기술에 있어 또 다른 중요한 해가 될 것이다. 그리고 신뢰는 기업이 AI를 활용할 때 성공 여부를 가름 짓는 중요한 요소가 될 것이다.

최근 IBM 기업가치연구소는 올해 AI와 관련해 주목할 만한 다섯 가지 트렌드를 담은 '2024년 AI 5대 트렌드' 보고서를 발간했다. 여기서 가장 눈에 띄는 내용은 많은 기업들이 '플러스(+) AI' 전략에서 'AI+' 전략으로 전환하게 된다는 것이다. 이는 기존 비즈니스에 AI를 적용하는 것이 아니라 AI를 기본으로 놓고 비즈니스 전략을 세우는 것을 의미한다. AI를 도입하는 것이 경쟁력 확보를 위해 필수적이지만 일관성 없는 AI 도입은 예산을 낭비하고 실패로 이어지기 쉽기에 아예 처음부터 AI 도입을 염두에 두고 경영전략을 수립한다는 것이다.

다른 하나는 AI가 가진 역량을 효과적으로 이용하고 전략적으로 대응하는 사람들이 그렇지 못한 사람들을 대체하게 된다는 것이다. 올해는 생성형 AI가 조직의 모든 직무와 직급에 영향을 미치게 될 것이다. 기업의 성공적인 AI 도입은 직원들이 재교육을 기꺼이 받아들이고 새로운 역할에 적응할 수 있는지에 달려 있다고 해도 과언이 아니다. 따라서 기업은 믿을 수 있는 AI 거버넌스 체계를 수립해 직원 사이에서 AI에 대한 신뢰를 구축하고 사람과 AI 간의 협업이 원활하게 이뤄지도록 설계하는 것이 필요하다.

세 번째는 생성형 AI 활용이 증가하며 데이터 관리는 정보기술(IT) 부서가 아니라 기업 전체의 문제가 된다는 것이다. 생성형 AI는 환각이나 편향된 정보를 방지하기 위해 신뢰할 수 있는 데이터로 학습돼야 하고 생성형 AI를 활용할 때 기업 내 데이터가 유출되지 않도록 보호돼야 하며 생성형 AI로 인한 사이버 공격이나 민감 정보 유출 등에 철저히 대비해야 하는 등 생성형 AI와 데이터 보호·신뢰 문제는 주요 쟁점이 될 것이다. 이외에도 기업이 급변하는 환경에 적응할 수 있도록 신뢰할 수 있는 운영 모델이 필요하게 되는데 생성형 AI가 다양한 외부 충격에 대한 가시성과 대응력을 제공하게 된다는 것, 생태계를 구축하는 것이 필수적인 경쟁우위가 될 것이며 이를 위해 생성형 AI의 도입과 고객 신뢰, 윤리적 고민 등이 균형을 이뤄야 한다는 것 등이 보고서에서 주요 시사점으로 다뤄졌다.

올해 생성형 AI가 조직의 성공에 더 큰 영향을 미치게 되겠지만 이와 함께 AI 기술의 잠재력을 활용하면서도 책임감 있고 윤리적인 사용을 보장하는 인간 중심적 접근 방식이 요구될 것이다. 결국 생성형 AI를 도입하면서 '신뢰'를 어떻게 확보하느냐가 관건이 될 것이며 비즈니스 리더들은 기술과 신뢰 사이에서 균형을 잡아야 하는 숙제를 안았다.

출처: 서울경제 2024.01.07.

4. 기존 정보시스템과 지식관리시스템

기존의 정보시스템은 대규모 데이터를 고속으로 처리하거나 일상적·반복적인 업무를 처리하는 시스템이 주종을 이루고 있다. 이러한 시스템은 반복적으로 발생하는 구조적인 문제를 자동화하여 처리함으로써 수작업에 비해 괄목할만한 업무생산성의 향상을 가져왔다.

그 후에 발달한 의사결정지원시스템(Decision Support Systems: DSS)이

나 전문가시스템(Expert Systems: ES), 경영자정보시스템(Executive Information Systems: EIS) 등은 특정 업무영역에 대한 모델을 기반으로 반구조적 성격의 문제해결을 위한 데이터의 결합 및 분석을 주 기능으로 하는 정보시스템이었다고 볼 수 있다.

이에 반해 지식관리시스템은 이러한 기존 정보시스템들과의 유기적인 결합을 통해 컴퓨터상에 저장된 데이터나 정보뿐 아니라 다양한 형태(문서, 사례, 규칙, 그래픽, 동영상, 모델, 노하우, 경험 등)로 조직 내에 분산되어 있는 지식을 효과적으로 저장 및 관리하게 할 수 있는 통합된 개념의 정보시스템이다.

또한 지식관리시스템의 사용자들은 단순히 데이터나 정보를 입력, 조회 또는 출력을 하는 소극적 역할이 아니라 자신의 업무경험에 기초한 지속적인 업무지식의 창출(지식근로자), 효과적인 지식관리시스템의 설계 및 운용(지식관리자), 그리고 전사적인 지식기반경영의 비전 및 전략수립(최고지식관리자) 등에 있어서 보다 적극적인 역할을 맡아야 한다.

5. 빅데이터

최근 많은 기업들은 데이터 수집 방법 및 기술의 발달로 엄청나게 많은 데이터를 수집하고 있는바 이 많은 데이터를 어떻게 구조화하고 분석하여 가치 있는 정보를 산출할 수 있는가를 고심하고 있다. 빅데이터(big data)란 데이터가 발생되는 주기와 정보의 양 및 형식 등이 기존 데이터에 비해 매우 다양하고 방대하기 때문에(기존의 수치 정보뿐만 아니라 문서, 이미지 등의 정보), 기존의 방법으로는 수집·저장·검색·분석이 어려운 데이터를 말한다. 빅데이터는 인터넷의 확산과 데이터의 수집 방법이 다양화됨에 따라 발생한 현상으로 이러한 데이터를 적절하게 분석하면 기업경영에 유용한 새로운 가치 있는 지식을 창출하여 활용함으로써 기업의 경쟁력 제고에 크게 기여할 수 있을 것으로 기대되고 있다.

빅데이터는 대용량의 데이터 양(volume), 다양한 형태(variety), 빠른 생성 속도(velocity), 가치(value) 창출의 가능성의 특징을 가지고 있어 4V라고 특징 지워지는데, 이러한 데이터는 시간이 지나면서 매우 빠르게 전파되고 변화함에 따라 일정한 패턴을 발견하기가 어렵게 되면서 가치(value) 창출의 중요성이 강조된다.

빅데이터를 활용하여 차별화된 가치를 창출할 수 있는 분야는 다음과 같다.

➊ 미래 예측: 실시간 예측 및 자동 업데이트로 예측의 정확도를 높인다. 병원의 경우 환자의 증세, 질환 및 입원 패턴을 추출해 재입원 가능성을 예측한다.

➋ 숨은 니즈 발견: 소비자의 일상생활 데이터로부터 새로운 패턴을 발견해 숨은 니즈를 발견한다. 자동차업계는 고객의 운전습관 데이터를 분석해 신차의 소비자 니즈를 파악한다.

➌ 위험도 경감: 정성적 정보를 대폭 확보함으로써 관리 가능한 위험도의 범위와 정확도가 높아진다. 의료정보시스템은 웹데이터로부터 공중보건에 해로운 이벤트를 탐지해 위험을 경고한다.

➍ 맞춤형 서비스: 고객 개인별로 차별화해 스팸이 아닌 유용한 정보를 제공한다. SNS(social network service)업체는 관계정보 데이터를 분석해 개인 특성에 맞춰 친구를 추천한다.

➎ 실시간 대응: 고객과 경영환경에 대한 실시간 모니터링과 즉각적인 대응이 가능해진다. 카드사는 거래정보를 실시간으로 분석해 부정거래를 감시하고 고객에게 즉시 고지하여 문제 확산을 최소화한다.

사례 15-3

'두 돌' 마이데이터 사업 키우는 당국, 12일 마이데이터 2.0 TF 킥오프

곳곳에 흩어져 있는 소비자들의 정보를 한 곳에서 볼 수 있도록 하는 금융분야 마이데이터 사업이 올해 더 활성화될 전망이다.

금융당국과 업계가 오는 12일 '마이데이터 2.0' 태스크포스(TF) 킥오프 회의를 갖고 고객이 체감할 수 있는 사업 활성화 방안을 마련키로 하면서다. 2022년 1월 본격 시행돼 만 2년 된 마이데이터 사업 전반을 점검하고 업계의 의견을 반영해 다양한 '성공 사례'를 만드는 게 핵심이다.

"고객 만족도 높이는 데 집중" 마이데이터 2.0 TF 킥오프

7일 금융권에 따르면 금융위원회는 오는 12일 서울 종로구 손해보험협회 본사에서 '마이데이터 2.0 TF' 상견례 자리를 갖고 각 업권과 마이데이터 사업을 활성화·고도화하기 위한 논의에 나선다. 이날 회의에는 △하나금융지주 △웰컴저축은행 △신한카드 △네이버파이낸셜 △핀다 등 각 업권 마이데이터 사업자와 은행연합회, 금융투자협회, 생명보험협회, 손해보험협회 등 금융협회가 참석할 예정이다. 각 업권에서 마이데이터 사업에 관심을 갖고 적극적으로 의견을 개진한 회사들의 대표이사뿐 아니라 부장급 이하 실무진이 참여해 의견을 낼 것으로 전해진다.

금융당국 관계자는 "그동안 마이데이터 사업이 고객 입장에서 와닿지 않는다는 이야기가 있었기 때문에 금융 소비자들이 체감할 수 있게 (사업과 서비스) 발전 방향을 고민하는 것"이라며 "소비자들이 마이데이터 서비스에 보다 만족할 수 있도록 개선방안을 찾기 위한 자리"라고 말했다.

신용정보협회에 따르면 현재 마이데이터(본신용정보관리업) 본 허가를 받은 금융·비금융 회사는 69곳이다. 2022년 1월 마이데이터 사업을 본격 시행한 후 2022년 1·4분기 누적 가입자수(중복 포함) 2,487만 명에서 지난해 1·4분기 7,680만 명으로 늘었다. 지난해 3·4분기 9781만 명에서 현재는 누적 가입자가 중복 포함 1억 명을 넘어섰다.

은행에서는 여러 금융회사 계좌를 한 곳에 모아 보여주고, 개인의 소비·투자·저축 흐름을 보여주는 서비스를 시행 중이다. 이를 토대로 개인에게 맞춤형 자산관리 상품을 추천해주는 식으로 마이데이터 사업을 운영하고 있다. 카드사, 증권사, 핀테크, 신용정보사(CB)뿐 아니라 통신사들도 마이데이터 사업에 뛰어들었지만 고객의 체감 만족도는 크지 않다는 지적도 나온다. 이런 상황에 마이데이터 사업 2년을 맞아 '고객의 효용'을 높이는 쪽으로 재점검하고 활성화하는 게 TF 취지다.

데이터에 사활 거는 금융사들, 사업 박차..정보전송 과금 이슈도

실제 각 업계에서도 마이데이터 사업과 관련해 추진하는 방향도, 바라는 제도개선 방안도 다르다. 여신전문업계에서는 △고객 정보수집을 위한 인증서 유효기간 연장 △마이데이터 겸영·부수업무 인허가 및 신고 조치 간소화 등을 희망하고 있다.

핀테크업계에서는 정보 제공 수수료가 부담된다는 입장이다. 한 핀테크업계 관계자는 "규모가 작은 핀테크 업체에서는 과금 규모에 따라 마이데이터 사업자가 수익을 못 내게 될 수 있다"라며 "핀테크가 시장 업황이 침체되는 분위기에서 비용 부담이 누적되면 업체들은 생존에 신경 쓸 수밖에 없어 고객을 위한 혁신 서비스 발굴이 어렵다. 기존 업권이나 빅테크 위주로 돌아가는 문제가 있을 것"이라고 말했다.

마이데이터 2.0 TF에서도 최근 업권 간 이해관계가 얽힌 정보전송 과금기준과 산정절차가 다뤄질 것으로 알려졌다. 앞서 금융당국은 정보를 정기적으로 전송하기 위해 필요한 적정원가를 보상할 수 있는 수준으로 정보전송 비용이 결정되도록 하고, 필요한 경우 마이데이터사업자 부담 비용을 일부 감액할 수 있게 감독규정을 개정했다.

금융업계에서도 '데이터 활용이 미래 먹거리'라고 보고 마이데이터 사업 범위를 늘리고 있다.

KB국민은행은 올해를 '마이데이터 플랫폼 도약' 원년으로 삼고 '데이터분석 모델 고도화' 등을 통해 My현금흐름 서비스의 미래 예측 정확도를 높이고, 실생활에 접목할 수 있도록 서비스를 발전시킬 예정이다. 신한은행은 금융 자산 이외 부동산, 차량 관리 서비스를 강화해 종합적인 자산관리를 지원하고 마이데이터 서비스에서 소외돼 있는 시니어 이용을 활성화하기 위해 은퇴 시뮬레이션을 고도화할 계획이다.

하나은행은 마이데이터와 하나원큐 간 연계를 통한 자산관리 서비스에 중점을 두고, 지출 관리 고도화 등을 통해 고객 관심 대상과 연관성이 높은 상품(여행·환전·보험)을 매칭할 수 있

도록 서비스를 개선 중이다. NH농협은행은 신용관리 서비스, 학자금대출 관리 등을 올해 순차적으로 출시한다.

카드와 핀테크 업체들도 마이데이터 사업에 박차를 가하고 있다. 신한카드에서는 △자산 및 소비패턴 분석 기반 생활 밀착형 서비스 제공 △컨설팅을 통한 금융 상품 추천과 중개에 초점을 두고 마이데이터 사업을 추진 중이다.

카카오페이에서는 마이데이터를 기반으로 △내 보험 리포트(보험 큐레이션) △개인맞춤형 금융일정 서비스 △배당금 분석 △신용점수 올리기 △병원비 청구 서비스를 시행하고 있다. 핀다는 이용자의 행동분석 데이터까지 분석해 개인에게 맞춤형 서비스 추천에 주력할 예정이다. 대출상품을 보여줄 때 낮은 금리나 대출 한도 순이 아니라 이용자 행동분석 데이터에 맞게 순서를 구성하는 것이다.

출처: 파이낸셜뉴스 2024.01.07.

정보시스템이 조직활동에 미치는 영향

1. 성공적인 정보시스템 도입을 위한 조건

새로운 정보시스템을 도입하게 되면 기업의 업무에 변화를 초래하게 되므로 조직의 변혁을 위한 계획적 추진이 필요하다. 이러한 변화를 효과적으로 도입하여 정보시스템을 성공적으로 추진하기 위해서는 IT를 적용하는 대상과 분야가 적정한 비즈니스 모델/프로세스이어야 하며, 도입된 정보시스템을 받아들

여 활용하는 조직원(종업원)에게 충분한 관심을 기울여야 한다.

기업의 전략적 성공은 결국 일 자체에 중심을 두고 얼마나 최소 비용과 최고 품질을 동시에 실현할 수 있는가에 달려 있다. 따라서 IT에 대한 투자를 포함한 정보화는 기업의 중요한 전략적 의사결정이라는 인식이 필요하며, 비즈니스 프로세스 개선을 위해서 어떻게 IT를 활용할 것이며, 초기에는 어떤 비즈니스 프로세스가 개선을 필요로 하는가 등에 대한 연구와 이해가 필요하다.

정보화의 대상을 발견하기 위해서는 기업분석방법이나 기업을 성공으로 이끄는 데 필요한 주요 성공요인(Critical Success Factor: CSF) 분석방법을 활용할 수 있다. 잘못된 비즈니스 프로세스의 최적화는 조직의 유효성을 오히려 저하시키게 되어 경영자원을 쓸모 없게 만들기 때문에 대상프로세스의 설정과 이를 최적화하기 위한 개선작업이 필요하다.

정보시스템을 도입하면 대부분 업무가 합리화되고 간소화되며 일상적인 업무는 컴퓨터가 대행하게 되므로 업무에 변화가 일어나고 인원 감축의 효과가 생긴다. 이러한 합리화 작업에 위협을 느끼는 종업원들은 정보화에 저항을 할 수도 있으며 정보시스템이 도입되어도 사용을 꺼릴 수도 있다. 아무리 훌륭한

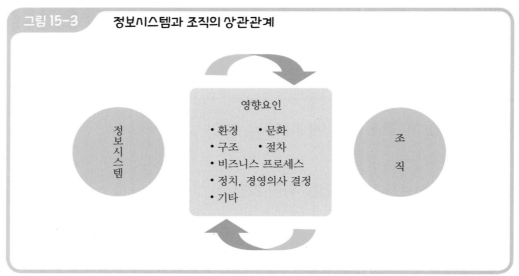

출처: Sanada, IT Strategy.

정보시스템이 도입되었다고 해도 실제로 이를 활용하지 않으면 시스템 도입의 효과를 이끌어 낼 수가 없다. 따라서, 도입된 정보시스템을 받아들이고 활용해야 하는 조직원(종업원)에 대한 충분한 배려가 필요하다.

2. 정보시스템과 조직활동의 상호 작용

정보시스템과 이를 사용하는 조직은 서로 영향을 주는 상호 작용적인 관계에 있다. 즉, 정보시스템은 조직의 요구가 충족되도록 설계되어 조직의 기구, 직무, 목표, 문화, 경영층에 의해 형태가 만들어진다. 또한, 새로운 정보시스템의 도입은 조직기구, 목표, 직무설계, 가치, 이해관계자 사이의 경합, 의사결정, 일상행동 등에 영향을 준다.

그러나, 정보시스템을 구축하고 활용하는 것은 용이한 일이 아니다. 조직이란 조직구조, 구성원, 프로세스 등 여러 가지 요소가 혼합되어 살아 있는 생명체이기 때문이다.

오늘날 정보시스템을 활용하지 않고 기업을 경영하는 것을 상상할 수 없을 정도로 정보시스템 활용이 필수적으로 되어 감에 따라 조직과 정보시스템의 관계는 더욱 밀접해지고 있다. 정보시스템은 조직의 목적을 달성하기 위해 개발되므로 개발된 정보시스템은 조직의 특성에 크게 좌우될 수밖에 없다. 또한 정보시스템은 개발과 활용과정에서 조직의 변혁을 초래하고 업무방식과 조직문화의 변화를 가져온다. 즉, 조직구조가 변경되기도 하고 시스템 이용자의 직무가 영향을 받기도 한다. 이러한 관점에서 볼 때 조직과 정보시스템은 상호 긴밀하게 영향을 주고 받는 관계에 있다.

개발 중인 정보시스템이 주어진 목적을 달성할 수 있도록 개발되기 위해서는 경영자의 적극적인 참여가 필요하다. 또한, 정보시스템의 활용이 조직에 미치는 영향을 미리 예상하고 적절히 대응해야 할 책임도 경영자에게 있는 것이다. 그러므로, 경영자는 조직과 정보시스템에 존재하는 이러한 쌍방향적 관계에 대해 충분히 이해하고 있어야 한다.

3. 정보시스템 도입의 효과

조직이 정보시스템을 도입하는 이유는 기업마다 다양하며 시대적 특성에 따라 주요 목적이 달라져 왔다. 이는 정보화 경험이 누적되면서 발전적으로 변화해 왔다고 볼 수 있는 것이다.

컴퓨터를 기업에서 활용하기 시작한 초기에는 기업활동에서 발생하는 거래자료를 효율적으로 처리하는 것이 주요 응용분야이었다. 따라서 업무의 성격상 대부분 하위 직급에서 컴퓨터를 사용하였다. 다음 단계에서는 컴퓨터에 저장된 자료를 분석하여 조직의 관리·통제활동에 필요한 정보를 추출하는 시스템이 개발되기 시작하였다. 이후 개인용 컴퓨터와 사용하기 쉬운 소프트웨어가 등장하면서 관리자가 담당하는 특정 문제를 컴퓨터의 도움을 얻어 의사결정을 할 수 있는 시스템에 대한 관심이 커졌다.

최근에는 정보시스템이 기업의 업무를 지원하는 역할에서 기업의 전략을 수행하는 전략수단으로서의 역할이 강조되면서 기업의 경쟁적 우위를 확보하여 극심한 경쟁환경에서 살아남기 위한 목적으로 정보시스템을 개발하는 경우가 많아지고 있다. 이러한 정보시스템의 역할의 시대적 변천은 정보기술의 발전과 함께 조직의 정보시스템 활용목적이 변화해 가기 때문이다.

정보시스템을 도입하여 얻어지는 효과는 효율성(efficiency)과 효과성(effectiveness)으로 나눌 수 있는데 성공적인 정보시스템은 두 가지 측면에서 가시적인 성과를 보여 주어야 한다. 또한, 효과는 수량화 여부에 따라 무형(intangible)과 유형(tangible)의 효과로 나눌 수 있는데 정보시스템이 고도화되고 도입의 역사가 오래될수록 유형의 효과를 가시화하기가 어려워진다. 예를 들면, 시간절감, 비용절감, 인원절감 등은 비교적 측정이 용이한 반면, 의사결정의 향상, 정보자원의 효과적 사용, 의사소통의 향상, 업무에 대한 이해 증진, 분석능력의 향상, 서비스 품질의 향상, 효과적인 고객 응대 등은 측정하고 수량화하기가 어렵다.

정보시스템 도입으로 업무를 개선하는 과정은 3단계를 거쳐 고도화될 수 있다. 즉 첫 번째 단계에서는 기존 업무를 자동화하는 수준이다. 기존에 수작업으로 처리하던 경리업무를 컴퓨터를 사용하여 자동화하거나 재고관리를 자동화하는 것 등으로 어느 정도의 합리화를 위한 노력이 필요하다. 다음 단계는 업무혁신의 단계로 업무의 흐름과 중복 프로세스의 단축, 단절된 업무의 기능적 통합 등을 통해 생산성을 개선하는 단계이다. 일반적으로 업무의 혁신을 하기 위해서는 BPR(business process reengineering)을 선행하거나 동시에 진행함으로써 정보시스템을 도입하였을 때 기대하는 효과를 실현할 수 있다. 마지막 단계로는 기업 경영의 패러다임을 바꾸는 단계라고 볼 수 있다. 이 단계에서는 기업의 경영을 새로운 각도에서 조망함으로써 기업이 내외부적으로 긴밀히 연결되어 정보와 지식의 공유가 자유롭게 일어나고 대부분의 경영활동이 디지털화된 상태에서 내외부 환경의 변화를 자동으로 감지하여 대응하는 지능적인 기업이 실현되는 단계이다.

사례 15-4 삼성그룹도 IT비용절감 본격화?…삼성물산, ERP 3자 유지보수 선정

삼성 그룹사 최초의 제3자 유지보수 서비스 도입 사례가 나왔다. 3자 유지보수 업계에선 이번 사례를 통해 국내 대기업의 3자 유지보수 도입에 대한 장벽이 한 꺼풀 벗겨진 것으로 보고 있다.

5일 관련업계에 따르면 삼성물산 사업부 중 한 곳은 최근 전사자원관리(ERP) 라이센스에 대한 유지보수 계약을 추진, 지난해 리미니스트리트와 계약을 체결한 것으로 알려졌다. 리미니스트리트는 2016년 국내 시장에 진출한 3자 유지보수업체다.

3자 유지보수는 SAP 및 오라클 등 소프트웨어(SW)업체에 직접 유지보수를 받지 않고, 제3자에게 받는 방식을 말한다. 삼성물산은 현재 글로벌 IT기업 SAP ERP 제품을 이용하고 있다. 즉 삼성물산이 ERP에 대한 유지보수가 필요할 경우 앞으로 SAP가 아닌 리미니스트리트가 그 사업을 맡는다는 의미다.

이번 계약이 주목받는 이유는 삼성그룹 처음으로 3자 유지보수 서비스가 도입된 사례이기 때문이다.

3자 유지보수 방식이 갖는 대표적 장점은 비용절감이다. 마치 노트북 수리를 공식 서비스센터보다 사설업체에 맡겼을 때 비용이 더 저렴한 것처럼, ERP 등 기업용 소프트웨어를 3자 유지보수 업체들에 맡기면 최대 50%가량 비용을 아낄 수 있다. 유지보수 비용 절감을 통해 기업은 다른 디지털 사업에 대한 투자 여력을 확보할 수 있다.

그간 국내 주요 대기업들은 3자 유지보수업체 장점에도 불구, 높은 비용을 지불하며 SAP, 오라클 등 소프트웨어 제공업체들에 유지보수를 맡겨왔다. 책임 소재와 안정성 문제 때문이다. 혹여 3자 유지보수 업체에 사업을 맡겼을 때 문제 발생 시 책임에서 자유로울 수 없다는 인식도 강했다.

하지만 기업들이 엔터프라이즈 애플리케이션(앱)을 도입하면서 지속적으로 공급업체, 제품 및 서비스 수가 증가했고 유지보수 지원 모델도 늘어나며 부담이 커졌다. 여기에 갈수록 높아지고 있는 비용도 문제다.

고금리 장기화로 올해 경기불황이 지속되는 가운데 기업들은 긴축에 들어갔고, 대표적 비용 부서인 정보기술(IT) 부문에서 비용절감이 본격화되고 있는 가운데 향후 2~3년간은 기업의 고정비용 줄이기가 본격화될 것으로 풀이된다.

대표적인 것이 고정적으로 들어가는 유지보수요율에 대한 부담이다. 국내 소프트웨어 기업 평균 유지보수요율은 8% 수준이지만 해외 소프트웨어 기업 평균 유지보수요율은 20%에 달한다. 해외 기업들이 유지보수용으로 제품가격 20% 정도를 매년 기업들에 받고 있다는 의미다.

국내 대기업들의 경우 그럼에도 안정성을 이유로 SW 벤더에게 유지보수요율을 부담하면서 제품에 대한 사후서비스(A/S)를 맡겨왔다. 하지만 경기가 어려워지면서 최근 분위기는 달라지고 있다.

기업들은 예산을 절약하고 선택과 집중을 통해 경쟁력을 확보해야 하는 상황이다. 기업들이 3자 유지보수에 관심을 가질 수밖에 없는 이유다. 소프트웨어 업체들이 제공하는 ERP 복잡도가 높아졌지만 3자 유지보수 업체 서비스 역시 고도화되고 있다는 점도 기업 눈길을 돌리는 데 기여했다.

지난해 한국공항공사 등 공공시장에 이어 삼성물산 등 국내 대기업까지 3자 유지보수를 선택하면서, 전통적 유지보수 책임 등 거버넌스 측면에서 큰 변화가 나타날 전망이다. 특히 국내 1위 기업 삼성그룹 계열사 삼성물산이 이번에 처음 3자 유지보수를 위해 리미니스트리트와 계약을 체결했다는 점은 해외 소프트웨어 업체들에 긴장감을, 국내 기업들에게는 3자 유지보수에 대한 보다 적극적인 검토 가능성을 불어넣고 있다.

소프트웨어 업계 관계자는 "유지보수 계약 단위는 ERP를 도입하는 주기보다 훨씬 짧다"며 "3자 유지보수를 하다가 다시 해외 소프트웨어 기업으로 돌아오는 등 다양한 사례가 있다"고 말했다.

또 다른 관계자는 "삼성물산의 이번 계약에 대해 우선 대형 동종업계 기업의 관심이 뜨거운 상황이다. 비용최적화가 숙제인 기업들이 삼성물산의 이번 사례를 적극 참고 하고 있는 것으로 안다"고 전했다.

한편 삼성물산은 이번 계약 사실에 대해 "아직까지 결정된 바 없다"고 답했다. 리미니스트리트 역시 고객과의 계약관계에 대해서 확인해 줄 수 없다는 입장으로 전해진다.

출처: 디지털데일리 2024.01.05.

4. 조직변화에 대한 저항

정보시스템을 도입하게 되면 현재의 업무에 여러 변화가 일어난다. 업무처리의 주체가 사람에서 컴퓨터로 옮겨지기도 하고, 해당 부서의 조직구조 및 위상이 변화하기도 한다. 대부분의 이용자는 이러한 변화를 두렵게 느끼기 때문에 정보시스템 도입은 사용자로부터 저항을 불러일으키기 쉽다.

어느 조직에서나 조직을 변화시키고 혁신적 문화를 도입하는 것은 어렵고 복잡한 일이다. 변화에 저항하는 힘은 조직의 구조, 가치 규범 및 관련 그룹에 내재하기 때문에 이를 전제로 변화를 추진해 가는 것이 필요하다. 정보시스템의 도입은 정도의 차이는 있으나 합리화 과정을 거치기 때문에 프로젝트 리더는 변화를 이끄는 변화의 매개자(change agent)로서 사용자의 저항을 사전에 파악하여 주의 깊게 계획을 세우고 실천방안을 마련하여야 한다. 즉 사용자가 정보기술의 활용을 꺼려하는 이유를 파악하고 분석하여 정보시스템의 설계와 구현에 반영하여야 하며 이러한 변화를 수용할 수 있는 일련의 조치를 취하여야 한다.

표 15-4　**조직계층별 정보기술에 대한 저항 이유**

저항이유 ＼ 조직계층	하위실무자	운영관리층	중간관리층	최고경영층
자격 및 지위 상실	◎	○		
근무기회 상실	◎			
대인관계의 변질	○	○	○	○
직무내용의 변화	◎	○	○	
의사결정방법 변경		○	○	○
권한 상실		○	○	
불확실성/정보 오용	◎	○	○	○

주: ○ : 영향있음; ◎ : 강한 영향 있음
출처: Hussain & Hussain, *Information Management*, Prentice-Hall.

정보기술의 적용 분야

정보화는 새로운 IT환경에 적응하며 이를 활용하기 위한 조직의 변혁 활동이다. 최근의 IT의 발달은 기간 업무, 마케팅, 공급자나 고객과의 관계, 인사, 연구 개발 등을 포함한 모든 업무 프로세스의 근본적인 재검토를 강요하고 있으며 이에 따라 효과가 가시화되는 기업이 늘어가고 있다. 여기에서는 보다 구체적으로 무엇을 목표로 한 어떠한 변화가 현재 진행되고 있는가를 개관하기 위해서 몇 개의 영역을 선별하여 살펴보고자 한다.

1. 인적자원관리(Human Resources Management: HRM)

기업조직의 이해 당사자들을 모두 만족시킬 수 있는 성과를 실현해 내야만 진정으로 '강한 기업'이 될 수 있다는 점과, 이렇게 하기 위한 기반은 바로 경쟁력 있는 지식 자산을 창출하고 활용할 수 있는 우수한 인적자원을 확보하고 활용해야 한다는 측면에서 일류 기업들이 인적자원관리에 쏟는 관심은 매우 높다.

HRM은 급여, 교육훈련, 기술관리, 경력관리 등을 종합하여 인재 개발을 위한 시스템으로 운영되어야 하며, 기간 업무 시스템과 연동하여 실적 등을 정확하게 인사평가 등에 반영할 수 있어야 한다.

HRM이 도입되어 성과에 근거하여 보상이 이루어지고, 목표관리가 확립되면 재택근무도 가능해진다. 의사소통이나 정보교환의 장소로서 전자메일이나 그룹웨어를 활용하면 개인의 활동계획이나 업무진행 상황을 원격지에서 담당자 간에 공유하여 업무협조를 하거나 상사의 조언을 얻을 수도 있다. 물론 이때 문자로 표현될 수 없는 미묘한 상황은 전달되기가 어렵기 때문에 정기적으로 대면할 기회를 만드는 것이 중요하다.

표 15-5	경쟁우위를 창출하는 정보기술	

요 건	요구되는 능력	활용 가능한 정보기술
신속성	제품개발 시간 단축	• CAD/CAM/CAE • CE(Concurrent Engineering) • CALS(Commerce At Light Speed)
	고객 대응시간 단축	• BPR(Business Process Reengineering) • QR(Quick Response)
	효율적인 조직 (신속 정확한 의사결정)	• DSS(Decision Supporting System) • Expert System • Virtual Company • 인트라넷 • 그룹웨어 • 데이터웨어하우스
	유연한 생산시스템	• FMS(Flexible Manufacturing System) • CIM(Computer Integrated Manufacturing)
관계성	고객과 관계 강화	• 인터넷 • 데이터베이스 • E-mail
	공급자와 관계 강화	• SCM(Supply Chain Management) • EDI(Electronic Data Interchange)
	기업간 협력 · 제휴	• VAN(Value Added Network)
창조성	연구개발	• 슈퍼컴퓨터 • 시뮬레이션
	마케팅	• 데이터베이스 마케팅
	디자인	• 3차원 CAD

출처: 노재범, 「정보혁명 성공을 위한 7계명」, 삼성경제연구소.

2. 고객관계관리(Customer Relationship Management: CRM)

CRM은 '고객과의 관계를 구축한다'는 관계 마케팅의 개념에 기초하여 기존 고객의 유지 관리를 중시하는 데 초점을 맞추어 매스 마케팅과는 분명히 구별된다.

기존 고객과 밀접한 관계를 구축하는 CRM의 특징은 다음과 같다.

❶ 표적 고객이나 예상 고객의 정보를 개별적으로 잘 파악하여 고객과 효과적인 커뮤니케이션을 도모한다.
• 기존 고객이나 예상 고객을 이해한다.
• 기존 고객이나 예상 고객별로 개인적 욕구를 만족시킨다.
• 장기적 관계를 구축하여 고객의 충성도를 높인다.

- 반복 구매율을 높인다.
- 고객의 생애 이익을 최대화한다.

② 방대한 고객정보를 데이터베이스에 축적한다.

- 데이터에 근거한 과학적인 마케팅을 목표로 한다.

물론 신규 고객의 획득은 기업의 성장에 필수적이며 매스 마케팅도 계속 중요하다. 그러나 대량생산에서 다품종소량생산으로 시장환경이 변화하고, 소비자의 취향이나 가치관이 다양해지고 있는 상황에서는 매스 마케팅 접근방법은 유효성이 떨어진다. 따라서 지금까지 기존의 고객과의 관계를 호의적으로 유지하여 해당 고객으로부터 최대한의 이익을 얻어 내는 관계 중시의 고객 유지 형태의 마케팅의 전개로 자신의 입지를 굳히는 것이 중요해지고 있다.

어메리칸 호스피털 서플라이(AHS)는 고객(병원)이 자사제품을 편리하게 주문할 수 있도록 각 병원에 온라인 터미널을 설치하였다. 각 병원의 구매 담당자들은 터미널을 통해 AHS 제품들의 재고량, 가격, 배달에 관한 정보를 열람하고 직접 주문도 가능했으며, 또한 고객을 대신해 재고관리를 대행하며, 시점별로 거래상황 요약정보도 제공하였다. 이를 통해, AHS는 주문업무를 병원에서 온라인 터미널로 하도록 하며 관리비용을 절감할 수 있게 되었으며 주문도 늘어나 시장점유율을 크게 확대할 수 있었다.

사례 15-5 세일즈포스, 생성형 AI와 CRM으로 한화호텔앤드리조트 고객 경험 높인다

글로벌 고객관계관리(CRM) 기업 세일즈포스는 국내 호텔과 레저서비스 산업을 운영하는 한화호텔앤드리조트가 고객 데이터에 기반한 개인화 마케팅 역량과 데이터 연결 및 통합 강화를 위해 자사 마케팅 클라우드와 데이터 클라우드를 도입했다고 25일 밝혔다.

한화호텔앤드리조트는 1979년 국내 최초 콘도미니엄 분야를 시작으로 현재까지 다양한 범주의 고객서비스를 제공하는 종합 레저·서비스 기업이다. 총 4,700여 객실의 국내 10개 직영 리조트와 호텔 4곳, 골프장 3곳을 운영 중이며 지스텀 플라워숍, 테마파크(설악 워터피아, 경주 뽀로로아쿠아빌리지) 등도 갖추고 있다.

한화호텔앤드리조트는 이번 세일즈포스 도

입을 기반으로 추후 디지털 기반 업무 체계를 구축하고, 마케팅 활동 간의 업무 생산성과 효과성 제고를 목표로 고객경험 고도화를 위한 고객관계관리 환경을 구축에 집중할 계획이라고 전했다. 고객 재방문율을 높이고 지속 가능한 고객관계관리 역량을 확보함에 따라 직접적인 매출 증가에 기여할 수 있는 마케팅 활동을 강화하겠다는 의도다.

세일즈포스 마케팅 클라우드는 고객 데이터를 수집, 관리, 분석하고 이를 기반으로 개인화 마케팅 캠페인을 보다 신속하고 효과적으로 기획 및 실행할 수 있도록 돕는 클라우드 기반의 마케팅 솔루션으로 개별 고객의 특징과 선호도에 따라 다수의 고객을 대상으로도 초개인화 마케팅 실현을 지원한다. 특히 자체 생성형 인공지능(AI) 기술인 아인슈타인은 마케팅 캠페인을 위한 웹페이지, 콘텐츠, 이미지 등의 신속한 개발을 돕는다.

한화호텔앤드리조트는 급변하는 고객과 시장의 변화에 실시간으로 대응하고 초개인화 및 마케팅 활동의 투자대비효과(ROI) 개선과 고객경험 향상을 목표로 세일즈포스를 디지털 혁신 파트너로 선정했다. 특히 마케팅 클라우드를 기반으로 고객 데이터 기반의 활동을 바탕으로 실질적인 비즈니스 성과 도출에 기여할 수 있는 마케팅 활동 역량을 강화해 나갈 것이라는 목표를 밝혔다.

실제로 한화호텔앤드리조트는 세일즈포스 마케팅 클라우드를 활용해 고객의 예약, 투숙, 시설 이용, 체크아웃을 포함한 모든 여정 간의 다양한 데이터를 통합하고 분석한다. 이를 통해 고객의 관심사와 선호도를 파악하고, 이를

기반으로 개인화된 마케팅 캠페인을 실행할 수 있다. 또한, 한화호텔앤드리조트는 고객 여정 전반을 옴니채널상에서 추적 및 관리할 수 있는 환경을 구축함에 따라 고객의 선호 채널에 맞춰 보다 향상된 고객경험을 제공할 수 있게 됐다.

한화호텔앤드리조트는 또한 고객 데이터를 수집, 저장, 분석할 수 있는 클라우드 기반의 데이터 플랫폼인 세일즈포스 데이터 클라우드를 도입함에 따라 고객경험과 비즈니스 성과 모두를 개선할 수 있었다고 전했다. 가령, 고객의 예약, 방문, 구매 등 다양한 데이터를 통합 분석하는 것이 가능해짐에 따라, 고객의 관심사와 선호도를 파악하고 개인화된 마케팅과 서비스를 제공할 수 있게 된 것이다. 또한, 고객의 예약 데이터를 분석하여 고객의 선호하는 호텔과 객실을 예측하고, 이를 기반으로 맞춤형 혜택을 제공함으로써 고객 만족도 제고에 기여할 수 있었다고 설명했다.

더불어, 한화호텔앤드리조트는 세일즈포스 데이터 클라우드로 부서별 분산된 고객 데이터를 통합해 고객의 여정을 단계별로 확인할 수 있는 가시성을 확보함에 따라 산재된 데이터를 취합 및 분석하는 과정간의 페인포인트였던 데이터사일로를 극복할 수 있었다고 전했다. 이에 따라 각 고객 접점 부서들은 IT 부서의 도움 없이도 고객 데이터를 실시간으로 활용하고 효율적으로 데이터를 통합 및 분석해 업무 생산성을 높일 수 있었다.

한화호텔앤드리조트는 변화관리 측면에서도 디지털 스킬 함양 및 세일즈포스 내재화를 위한 별도의 사내 프로그램을 운영하고 있다.

세일즈포스의 무료 온라인 학습 플랫폼인 트레일헤드와 사내 별도 스터디 그룹을 운영함에 따라 디지털 혁신 여정 간의 변화관리와 세일즈포스 내재화를 위한 별도 프로세스를 개발 중이며, 이를 통해 추후 마케팅 부문을 넘어 세일즈포스의 활용 범위를 여타 고객 접점 부서까지도 확대해 나갈 것이라는 포부를 밝혔다.

이병진 한화호텔앤드리조트 디지털 커뮤니케이션 팀장은 "고객경험을 혁신하기 위해서는 고객의 변화를 빠르게 파악하고, 고객에게 연결성 있고 일관된 경험을 제공하는 것이 필수적"이라며 "CRM은 이러한 과제를 수행하는 데 있어 매우 중요한 역할을 수행하고 있으며,

한화호텔앤드리조트는 세일즈포스와 함께 고객의 경험을 확대하기 위한 디지털 혁신 여정을 지속해 나갈 계획"이라고 말했다.

손부한 세일즈포스 코리아 대표는 "세일즈포스 마케팅 클라우드는 적시에, 적절한 마케팅 채널을 통해 최적의 메시지를 고객에게 전달할 수 있도록 지원하는 한편, 고객의 특성과 선호도에 따른 초개인화 마케팅 실현을 돕고 있다"며 "마케팅 부문의 혁신을 시작으로 진정한 고객 중심 기업으로 도약할 한화호텔앤리조트의 다음 디지털 혁신 여정이 매우 기대된다"고 했다.

출처: 디지틀조선일보 2023.10.25.

3. 공급사슬관리(Supply Chain Management: SCM)

SCM은 제품생산을 위한 프로세스를 전산화해 부품조달에서 생산계획, 납품, 재고관리 등을 효율적으로 처리할 수 있는 공급망 관리 솔루션을 말한다.

SCM 솔루션은 제품을 생산하는 기업이 부품의 구매, 생산, 판매까지의 모든 일정을 수립하고 고객의 수요계획 및 물류 현황을 체계적으로 정리하여 제품의 흐름을 원활하고 효율적으로 수행할 수 있도록 도와 주는 역할을 한다. 이에 따라 SCM을 도입하면 수발주 업무나 대금청구 업무의 합리화를 추구하는 기업간 거래의 전자화, 생산·물류·판매 계획의 통합, 재고관리의 일원화 등을 달성할 수 있다. SCM은 유통경로와 점포 내의 재고 감소, 납기 단축, 의사결정의 신속화 등을 통해 비용과 시간을 절감하여 생산성을 향상시킬 수 있다. SCM을 구현하기 위해 주로 사용되는 정보기술은 엑스트라넷, 기업간 정보공유를 위한 데이터베이스 연동기술, 수요예측, 최적 생산과 물류를 위한 모델링 기법, EDI 등이 있다.

플라스틱 원료를 생산하는 제일모직 화성부문은 다품종, 단납기의 특성을 갖는 산업재를 수주생산하고 있다. 고객사가 원하는 제품을 단납기에 납품하기 위하여 수주 프로세스와 생산스케줄을 연동하는 납기확약체계(capable-To-promise)를 도입하고자 물류 전반의 합리화 및 ERP 구축에 이어 SCM을 도입하였다. 제일모직 화성부문의 SCM은 원재료 공급업체와의 단순 정보교류를 넘어 회사 자체의 의사결정시스템과 고객정보를 하나의 시스템으로 구축하여 4백여 개의 공급업체와 1천 2백 개에 달하는 고객사의 정보망을 자체 계획관리 시스템에 접합시켜 경쟁력을 제고하고 있다.

사례 15-6

공급망 관리없는 ESG '사상누각'… 데이터 플랫폼 · IT 시스템이 해법

국내 대표적인 제조기업 A사는 소재 · 부품 · 장비 수급부터 협력사 관리, 구매발주, 상품 운송까지 공급망 전체를 관리하는 차세대 IT 시스템을 구축하고 있다. 수시로 터지는 글로벌 공급망 리스크에 대응하는 동시에 ESG(환경 · 사회 · 지배구조) 규제와 고객 요구사항에 맞추기 위해서다. 목표는 마치 공장의 제조라인이 정해진 시나리오와 규칙에 맞게 돌아가듯, 글로벌에 흩어진 사업장과 협력사 상황, 원자재 시황 데이터까지 한눈에 보며 대응하는 '공급망 ESG 인텔리전스'를 갖추는 것이다.

'혼자 달려서는 결승선을 통과할 수 없는 게임.'

ESG라는 숙제를 받아든 기업들이 공급망 상황을 심각하게 들여다보기 시작했다. 공급망 관리 없는 ESG 경영은 불가능하기 때문이다. 분석에 따르면 기업이 자체적으로 배출하는 탄소배출량보다 공급망 · 소비단에서 간접 배출하는 '스코프3'가 평균 10배 이상 많다. 애플은 2022년 전체 탄소배출량 중 스코프3가 99.7%, 마이크로소프트는 96.71%에 달했다. 삼성전자도 스코프3가 스코프1과 2를 합친 값의 8배가 넘었다.

탄소감축의 열쇠가 스코프3에 있다는 사실을 확인한 글로벌 기업들은 협력사에 탄소배출량과 감축계획 보고를 요구하기 시작했다. 그러면서 협력사부터 소비자의 상품 이용단계까지 탄소배출량 데이터를 측정하고 관리 · 모니터링하는 IT시스템을 도입하기 시작했다.

김양호 엠로 부사장은 "국내 10대 기업을 포함한 주요 기업들은 모두 SCM(공급망관리) 시스템을 ESG에 맞춰 바꾸고 있다고 봐도 무방하다. ESG 공시규정이나 고객사 요구가 구체화되거나 추가될 때마다 이를 IT시스템에 적용하고 관련 데이터를 관리하는 체계를 만들고 있다"고 밝혔다. 엠로는 국내 1위 구매 · 공급망 관리 솔루션 기업으로, 올해 3월 삼성SDS에 인수돼 자회사로 편입됐다.

ESG 경영이 화두가 되면서 디지털 공급망 관리 플랫폼은 전 업종으로 확산되고 있다. 한전을 비롯한 공기업부터 우리은행·미래에셋금융그룹 등 금융권, 하이브·엔씨소프트 같은 엔터테인먼트 기업들도 디지털 공급망 체계를 운영 중이다.

국내 주요 기업들, ESG 맞춰 공급망 시스템 개편중

온실가스 배출원 분류는 스코프1(경계내 직접배출), 스코프2(간접배출), 스코프3(기타 간접배출)로 나뉘는데, 세계 각국은 스코프1과 2부터 시작해 스코프3까지 적용범위를 넓히는 순서로 가고 있다. 스코프1은 기업 내부의 에너지 연소나 공정, 스코프2는 사업활동에 필요한 전력, 열, 물 등을 써서 나오는 간접배출을 의미한다. 스코프3는 같은 간접배출이면서 공급망과 소비단의 원재료 생산, 제품 사용, 폐기 등에서 나오는 온실가스다. 대부분의 기업에서 스코프3 비중이 가장 크다 보니 기업이나 산업군에 따라 스코프3도 국가 차원의 규제나 산정 범위에 서둘러 포함시켜야 한다는 목소리가 나오고 있다.

스코프3 배출량을 제대로 산정하려면 제품 라이프사이클 전체에 대한 탄소 배출을 측정 기법인 LCA(전생애주기 평가)를 도입해야 한다. ESG 공시기준을 주도하는 ISSB(국제지속가능기준위원회)는 기업들이 스코프3를 포괄하는 ESG 공시를 2026년부터 하도록 못박았다. EU(유럽연합)도 수입품 제조 과정에서 EU가 정한 탄소배출량 기준을 넘긴 제조사에 배출권 인증서 구매를 강제시키는 CBAM(탄소국경조정제도)

시행을 지난 4월 확정했다. 그 결과 자동차 배터리 기업들은 이르면 내년부터 탄소발자국 정보를 공시해야 한다. 철강·알루미늄·비료·전기·시멘트·수소제품 등 6개 품목 수출 기업들은 이달부터 탄소배출량 보고가 의무화됐다. 여기에다 글로벌 경제를 주무르는 거대 기업들이 협력사에 ESG 명세서를 요구하면서 기업들의 압박은 갈수록 커지고 있다.

기업들, 디지털 플랫폼에서 협력사 ESG 수준 평가·관리하고 AI 분석도 동원

글로벌을 무대로 사업을 하는 국내 주요 기업들은 ESG 경영에서 협력사 리스크를 최소화하기 위해 협력사 ESG 평가체계를 만들기 시작했다. 그동안 주로 기업의 재무적 리스크를 보던 신용평가사들도 ESG 수요에 맞춰 비재무적 리스크를 평가하고, SCM 솔루션 기업과 협력해 디지털 플랫폼을 준비하기 시작했다. 기업들은 자체적인 협력사 평가·관리체계와 함께 외부의 평가 데이터를 활용해 품질·납기뿐 아니라 ESG 수준에 따라 협력사를 평가하고, 기준이 안 되는 협력사는 다른 기업으로 대체하는 준비를 하고 있다.

정유사 B사는 공급망 변화에 대응해 원자재 시황과 외부 시장요인을 수시로 분석·모니터링하고 미래 변동성을 시뮬레이션하는 시스템을 구축했다. 수시로 바뀌는 상황과 데이터에 맞춰 최적의 시점에 원하는 물품이나 재료를 발주하는 체계를 운영한다. 외부 시장 데이터와 흐름을 읽어서 상품 수요를 예측하고 AI를 활용해 판매량까지 예측하는 한편 그 결과를 공급망 관리 시스템과 연계해 생산과 발주까지 연계한다. 화장품 제조기업 C사는 자사는 물론 협력사의 화장품 원료는 물론 포장재 재고 상황을 실시간 관리하고 있다. 자사는 물론 협력사의 포장재에 대한 ESG 기준도 관리·통제한다.

광범위한 ESG 데이터 단일 원장으로 관리

구매기업 입장에서는 리스크와 비용을 줄이기 위해 ESG를 잘 하는 기업에 더 많은 일감을 줄 수밖에 없다. ESG에 앞선 기업은 인센티브를 받거나 더 많이 공급할 기회를 얻게 되는 것. 흐름을 못 쫓아가는 기업엔 페널티가 주어진다. SCM 시스템 안에서 관련 정책을 운용하고 기업별 인센티브·페널티를 주는 기능을 도입하는 기업이 늘어나고 있다. 기업들이 거래를 원하는 기업의 ESG 평가정보를 확인할 수 있는 정보서비스도 개발되고 있다. ESG 전문 평가기관의 정량적 평가결과에다 빅데이터와 인공지능을 활용한 정성적 평가를 결합해서 기업들이 협력사를 종합적으로 파악할 수 있도록 위험징후를 포함한 정보부터 솔루션, 컨설팅 서비스까지 등장하고 있다.

현진완 SAP코리아 지속가능성 파트너는 "각 기업이 공급망 전반에 걸쳐 탄소배출 등 관련 데이터를 활용하는 체계를 갖추는 게 ESG 경영의 핵심"이라며 "관련 데이터를 하나의 원장에 모아 내부 관리나 외부 공시에 쓰고 의사결정을 해야 하는데, 광범위한 데이터를 적시에 수집·공유하는 속도와 이를 뒷받침하는 정확도를 갖추려면 IT의 힘에 기댈 수밖에 없다"고 밝혔다.

가장 앞선 애플마저 "공급망 배출량 측정 어려워"

ESG 경영에서 가장 앞선 것으로 평가 받는 기업은 애플이다. 특히 스코프3 탄소배출량 관리·감축에 신경쓰는데, 애플마저 이 작업이 어렵다고 토로한다. 애플의 스코프3 탄소배출량은 2015년 3,231만 9,900톤에서 2019년 2,506만 5,200톤으로 줄었다. 2016년부터 스코프3 측정을 해서 자사를 비롯한 관계사에서 발생한 온실가스까지 모두 데이터화해 관리한 덕분이다. 300개 넘는 애플 협력사들이 100% 청정에너지 사용을 약속했다. 삼성전자 반도체부문, 삼성전기, LG이노텍, 포스코 등도 애플 공급망 안에 남기 위해 2030 탄소중립을 약속했다.

애플은 제품 제조·사용·운송·폐제품에 대한 데이터를 수집하고 탄소배출량 상세 데이터와 조합하는 데 이어 업계 평균 데이터 세트와 비교해 점검하는 다단계 검증과정을 거치지만 아직 탄소발자국이 완벽하지 못하다고 자평한다. 스코프3의 범위가 매우 넓은 데다 측정이 어렵고 방법론도 아직 성숙하지 못한 상황에서 기업이 단독으로 관리하기 힘들다는 것.

그러나 공급망 전문가들에 따르면 애플은 상품 종류가 많지 않고 공급망이 폐쇄적이어서 다른 기업들에 비해 ESG에 훨씬 유리한 환경이다. 소품종 대량생산을 하는 데다 제조 협력사의 생산라인부터 설비 투자까지 애플이 주도하기 때문에 관리가 상대적으로 쉽다. 마이크로소프트, 구글 같은 빅테크들도 제조 비중이 낮다 보니 협력사 관리가 비교적 용이하다.

국내 기업은 더 복잡한 '다차방정식' 풀어야

이와 달리 제조업 의존도가 높은 국내 기업들에 스코프3 탄소배출량 감축은 훨씬 어려운 다차방정식이다. 제조업 환경이 급변하면서 제조기업들은 상품의 종류부터 제조규모까지 수시로 변하는 '변종·변량' 제조를 하고 있다. 삼성전자만 해도 애플에 비해 협력사의 수가 훨씬 많고 1·2·3차 협력사까지 복잡하게 얽혀 있다. 이차전지, IT부품, 자동차 전장, 철강까지 국내 핵심 산업들의 상황이 비슷하다. 거미줄처럼 얽힌 가치사슬을 투명하게 들여다 보며 ESG를 실천할 수 있는 데이터 플랫폼과 IT시스템이 유일한 답이라는 게 전문가들의 지적이다.

양경란 다쏘시스템코리아 지속가능성부문 대표는 "최근 글로벌 공급망의 가장 큰 이슈는 불확실성이다. 공급망 관리에서 이런 변화에 얼마나 민첩하게 대응하느냐가 중요한 만큼 데이터 분석과 시뮬레이션 역량이 더욱 중요해졌다"면서 "예컨대 원자재 가격이 급등락할 경우 데이터 기반으로 영향을 분석하고 시뮬레이션을 통해 대안을 모색해서 리스크를 관리할 수 있는데, 이는 공급망 전반의 탄소배출량 변화나 각 제품·부품의 환경영향도 파악 등 ESG 대응에도 마찬가지로 적용된다"고 밝혔다.

출처: 디지털타임스 2023.10.12.

4. e-비즈니스(e-Business)

e-비즈니스에서 "e"는 "전자적"을 의미한다. 따라서 e-business는 "electronic business"로서 "전자적 수단을 통해 기업의 경영활동을 수행"함을 말한다. 기업의 경영활동에 있어 비즈니스(business) 앞에 "e"가 더해져 만들어진 e-business에서 "e"의 반대 개념은 무엇일까? 그것은 "전자적이 아닌(non-electronic)"이 될 것이다. "전자적이 아닌"이란 바로 "물리적(physical)"을 의미한다. e-business와 e-business 이전의 전통적 비즈니스 사이의 차이는 바로 "전자적 수단을 통해 기업의 경영활동을 수행하는 것"과 "전통적인 물리적 방식을 통해 경영활동을 수행하는 것"이다.

과거 새로이 사업을 시작하려는 경영자들은 처음 어떤 일들을 해야 했을까? 업종과 취급하는 제품, 서비스 및 상대하는 고객은 각기 다를지라도 그들 모두의 사업 기반은 물리적인 시설과 업무 프로세스의 물리적인 처리에 기초했다. 사업에 필요한 물리적 시설, 일반 관리, 제조, 유통, 마케팅, 회계, 인적자원 관리, 재무 등과 관련된 업무 프로세스 처리 등 모든 경영활동의 기반 및 구성요소들은 눈에 보이고 만질 수 있는 물리적인 기반 위에서 만들어지고, 구비

표 15-6	e-비즈니스의 정의

학자/기관	정의
Bound & King(1999)	전자적 비즈니스란 기술, 프로세스 그리고 경영관행들을 포괄하는 것으로 전자적 정보의 전략적 사용을 통해 조직의 경쟁력을 향상시키고자 하는 것
가트너그룹(2000)	상거래가 기존 산업 및 일반기업의 활동 자체에도 영향을 미침으로써 기업 간 상거래(B2B), 기업과 고객 간 상거래(B2C) 등을 포함한 기업 활동이 인터넷 비즈니스화 되는 것
IBM(2000)	인터넷 기술의 사용을 통한 주요 비즈니스 프로세스의 변형, 즉 비즈니스 파트너와 통신하고, 후방 데이터베이스 시스템과 연결하며, 상거래를 수행하기 위해 웹을 사용하는 것
PWC(2000)	전통적 비즈니스 방식을 향상·발전시키고 때로는 대체하기 위해서 웹, 인터넷, 새로운 컴퓨팅, 통신기술을 적용하는 것
Jelassi & Enders(2005)	전자적 수단(electronic means)을 활용하여 기업의 내·외부 비즈니스를 수행하는 것
Papazoglou & Ribbers(2006)	전자상거래보다 확장된 개념으로 기업의 모든 비즈니스 프로세스에 정보기술을 적용·활용하는 것

출처: 김성희, 장기진, 일부 수정.

되고, 실행되어야 했다. 정보기술의 발전과 이의 적용은 기업들로 하여금 이러한 물리적 방식의 경영활동을 변화시켰다. 과거의 수작업으로 실행되던 업무 프로세스 처리 및 문서작업들과 방대한 데이터들은 최근 기업들이 앞 다투어 도입한 정보시스템 및 데이터베이스 관리시스템(DataBase Management System: DBMS)을 통해 실시간으로 보다 빠르고 정확하게 처리되고 있다. 〈표 15-6〉은 다양한 연구기관과 학자들에 의한 e-비즈니스의 정의이다.

이상의 정의를 종합하면 e-비즈니스의 개념은 다음과 같이 정리할 수 있다.

❶ 전통적 비즈니스 방식을 향상·발전시키고 때로는 대체하기 위해서 인터넷 또는 새로운 정보통신기술을 적용하는 것
❷ 정보통신기술, 업무 프로세스, 경영관행들을 포괄하는 것으로 정보의 전략적 사용을 통해 조직의 경쟁력을 향상시키고자 하는 것

"짝퉁도 좋아요"…회계사·직장인도 '중국산'에 바진 이유

직장인 한모씨(48)는 최근 물건을 구매할 때마다 일단 알리익스프레스, 테무 같은 중국 이커머스 어플리케이션(앱)을 검색해본다. 최근엔 알리에서 안경 클리너, 휴대폰 거치대 등 생활용품 몇 가지를 샀는데 국내 온라인몰 최저가보다도 70%가량 저렴했다. 무료 배송, 무료 반품 혜택까지 있었다. 한씨는 "초저가에다 배송, 결제 단계에서 혜택도 있으니 안 살 이유가 없다"고 말했다.

그가 알리를 통해 처음 구매한 물건은 스마트 체중계. 국내에선 6만원 가까이 하지만 여러 할인 혜택을 받아 채 1만원도 안 되는 가격에 구매했었다. 하지만 막상 받아보니 생각보다 사이즈가 커 반품했는데, 쇼핑몰 측에선 비용도 받지 않고 바로 물건을 회수해 갔다. 까다로운 절차 없이 무료로 반품 가능했던 이 경험이 한씨가 중국 앱에 빠진 이유가 됐다.

국내에서 알리·테무·쉬인 등 중국 직접구매(직구) 플랫폼 선호도가 높아지고 있다. 물가가 올라도 너무 오르면서 한 푼이라도 싸게 살 수 있는 중국 쇼핑앱에 국내 소비자들도 몰리는 것이다. 이들은 초저가 정책과 소셜네트워크서비스(SNS) 홍보 전략으로 단숨에 쿠팡, 11번가 같은 기존 업체들을 위협할 만큼 국내 온라인 쇼핑 시장을 빠른 속도로 잠식해가고 있다.

'최저가' 공략에 中플랫폼 찾는 소비자들

7일 앱·리테일 분석 서비스 와이즈앱·리테일·굿즈(와이즈앱)에 따르면 지난해 1~11월 사용자 수가 가장 많이 증가한 앱 1·2위는 중국계 이커머스 기업 알리익스프레스와 판뒤뒤의 자회사 테무였다. 알리는 지난해 11월 기준 월간 활성사용자수(MAU)가 707만 명에 이르렀다. 11개월간 사용자 수가 371만 명이나 늘었다. 테무의 지난해 11월 MAU는 354만 명이었다. 지난 7월 국내에 진출해 4개월 만의 성과다.

중국 이커머스 업체들의 돌풍은 실제로 한국 이커머스 시장을 뿌리째 흔들고 있다. 업계에서는 "쿠팡·네이버도 안심할 수 없다"는 말이 나올 정도다. 올해 상반기 한국 소비자들이 쇼핑앱 등을 통해 중국에서 직접 구매한 금액은 1조 4,000억원 규모에 이른다. 상반기에만 2022년 한 해 중국 직구 금액(1조 4,858억원)과 맞먹을 만큼 급성장세를 보였다. 이미 해외직구 주문 건수 기준으로 지난해 1·2위는 알리와 테무로, 이들의 합산 점유율은 43%에 달했다. 알리 점유율이 26.6%인데 쿠팡은 12.8% 수준에 그쳤다.

2018년 국내에서 서비스를 시작한 알리는 작년 3월 영화배우 마동석을 모델로 내세우고 국내 시장 1,000억원 투자 계획을 밝히며 공격적으로 시장 확대에 나섰다. 해외직구의 가장 큰 단점이었던 배송비와 기한도 획기적으로 줄였다. 수백만개 상품에 대해 5일 내 배송을 보장하고, 1,000원짜리도 공짜 배송을 해주는 정책으로 빠르게 회원을 늘렸다. 지난달부터는 더 빠른 배송을 위해 한중 전용 고속 화물선 6척을 정기 운행하기로 했다. 테무도 막강한 자금력을 앞세워 한국 시장에 빠르게 진입하고 있다. '가입만 하면 30만원 공짜' 쿠폰을 배포할 정도다.

초저가 비결은…생산업자-해외 소비자 직접연결

이처럼 중국 이커머스 업체들이 배송 비용을 줄이고 저가 전략을 내세울 수 있었던 것은 생산자와 소비자를 직접 이어줘 유통 경로를 줄였기 때문이다. 종전에는 중국 도매시장에서 제품을 사입한 뒤 네이버 스마트스토어 등을 통해 파는 구매대행이 많았다. 그러나 알리, 테무는 이 같은 중간 유통단계를 생략하고 중국 내 생산자와 해외 소비자를 바로 연결해 판매가를 낮췄다.

생산자와 소비자 간 직거래로 유통 방식을 바꾸면서 관세를 면제받은 것도 가격 경쟁력에 영향을 미쳤다. 세관에 따르면 해외에서 국내 판매용으로 물건을 들여올 때는 정식으로 수입 신고를 하면서 관세를 내야 한다. 제품을 대량 수입하는 일반 소매업이 대상이 된다. 하지만 테무나 알리는 고객 하나하나에게 우편으로 물품을 보내 관세가 부과되지 않는다. 개인이 직접 사용할 목적으로 직구한 150달러(미국 물품은 200달러) 이하 물품의 경우 수입 신고 없이 관세 등을 면제받고 목록 통관이 가능하기 때문이다. 그만큼 가격은 더 쌀 수밖에 없다.

일각에선 중국 직구가 관세를 피하기 위한 우회로로 이용되고 있는 만큼 규제 필요성도 제기하고 있다. 우리나라에서 해외직구를 위해 발급되는 개인통관고유번호는 이미 2,500만건을 돌파했다. 800달러(약 100만원) 이하의 수입품은 무관세인 미국에서도 중국산은 이런 기준에서 배제해야 한다는 법안을 발의할 정도로 중국 직구 대책 마련에 분주하다. 뉴욕타임스에 따르면 올해 9월까지 미국 수입 물량에서 무관세를 적용받은 물품 10억개 중 3분의 1이 쉬인과 테무에서 발송한 상품이다.

짝퉁이라도…소비자들 "상관 없어요"

중국 쇼핑 앱들의 고질적인 가품, 이른바 '짝퉁' 문제도 소비자들은 정작 개의치 않는 분위기다. 패션에 관심이 많은 대학원생 강모씨(28)는 중국 직구 앱을 통해 일부러 '짝퉁' 제품을 샀다. 최근엔 우영미 티셔츠, 에센셜 후드티 등 의류 제품을 많이 샀는데 비교적 질도 만족스러웠다. 실제 리뷰에서도 "이 정도면 입을 만하다"는 평이 많았다. 강씨는 "유행이 너무 빠르게 바뀌어서 트렌드를 따라 제 값을 주고 옷을 사기엔 비용이 너무 많이 든다"며 "싼 값에 중국 가품을 사서 한 철 입고 버리고 또 새 제품을 사는 식이다. 요즘엔 중국산 짝퉁도 질이 좋아졌다"고 말했다.

회계법인 회계사로 근무 중인 박모씨(39)도 알리에서 '문재인 안경'으로 유명한 린드버그 모르텐 안경을 하나 더 샀다. 80만원짜리 고가 안경이라 여행을 가거나 운동을 하면서 벗겨져 잃어버릴까 불안해서다. 알리에서는 거의 12분의 1에 불과한 수준의 6만원대 모르텐 안경을 살 수 있었는데 무게도 2.5g(진품은 1.9g)으로 큰 차이가 없고 싼 가격 덕에 부담 없이 쓸 수 있어 만족스럽다고 했다. 박씨는 "당연히 짝퉁인 걸 알고 샀다"며 "1년 전 여행에서 안경을 한번 잃어버린 경험이 있어 여행용으로 하나 사뒀는데 생각보다 품질이 나쁘지 않았다"고 말했다.

레이 장 알리익스프레스 한국 대표에 따르면 알리에서 한국 전체 거래량 대비 가품 이의 제기는 0.015% 수준이다. 소비자들이 가품인 것을 어느 정도 인지하고 구매한다는 얘기다. 실제로 국내 이커머스가 모방품을 철저히 단속하는 것과 달리 중국 직구 앱은 이 점을 마케팅

포인트로 활용하는 모양새. 구글에서 '알리익스프레스' '짝퉁', '테무' '짝퉁' 키워드 조합으로 검색해보면 '짝퉁 명품 시계 - Temu 공식 홈페이지', 'AliExpress에서 짝퉁 명품 시계를 구매하고 무료로 배송받자' 등의 안내 문구가 뜨는 식이다.

중국에 대한 부정적 선입견도 초저가 공세 앞에선 무용지물이 됐다. 한 이커머스 업계 관계자는 "사실 국내 쇼핑 앱에서 팔리는 제품 상당수는 이미 중국산"이라며 "중국과 충돌하고 있는 미국에서조차 중국 쇼핑앱이 선풍적 인기를 끄는데 한국 소비자라고 저렴한 물건을 택하지 않을 이유가 없다. 저가 시장에서 경쟁자가 없는 중국이 당분간은 대량 생산 능력을 기반으로 유통망과 인터넷·모바일 시장을 장악할 것"이라고 내다봤다.

출처: 한경닷컴 2024.01.07.

전자상거래

전자상거래를 분류하는 기준에는 여러 가지가 있지만, 거래특성 별로 분류하면 다음과 같다.

▮ 기업 간 전자상거래(Business to Business: B2B)

기업 간의 각종 상거래와 업무처리 등을 인터넷과 같은 전자적인 방식으로 처리하는 것을 말한다. 이러한 기업 간 전자상거래는 인터넷이 발달하기 이전에 전자데이터교환(Electronic Data Interchange: EDI)을 사용한 기업 간 정보시스템(Inter-Organizational System: IOS)에서부터 시작되는데, 원자재 판매 및 공동구매, 제품의 공동개발 및 생산, 금융결제, 기술정보 교환 등이 여기에 속한다.

▮ 기업과 소비자 간 전자상거래(Business to Consumer(Customer): B2C)

인터넷 상점을 통해 공급자인 기업의 제품과 서비스를 소비자인 개인이 구매·이용하는 전자상거래의 형태이다. 여기에는 인터넷 쇼핑몰, 인터넷 뱅킹, 증권 사이트, 공연·여행 관련 예약, 인터넷 방송 및 신문 등이 있다.

▮ 기업과 정부 간 전자상거래(Business to Government: B2G)

수요자인 정부가 조달할 상품목록과 수량, 조건 등을 사이트에 공시하면 기업들이 이를 확인하고 입찰하여 거래를 성사시키는 과정이 대표적인 예이다. 또한 정부가 인터넷을 통해 세금을 징수하고 각종 기업 대상 서비스를 제공하는 것도 이에 포함된다.

▌소비자 간 전자상거래(Consumer(Customer) to Consumer(Customer): C2C)

소비자가 직접 다른 소비자에게 판매하는 것으로, 벼룩시장(www.findall.co.kr)에서 개인적으로 부동산, 차 등을 판매하는 것이 이에 해당되고, 또한 인터넷에서의 개인 서비스 광고나 지식 및 전문기술의 판매도 소비자 간 전자상거래의 또 다른 예라고 할 수 있다. 그리고 몇몇 경매 사이트에서도 개인 물건을 경매에 올리는 식으로 소비자 간 거래를 중개해 주고 있다. 이러한 소비자 간 전자상거래는 P2P(Peer to Peer)라고도 한다.

▌정부와 소비자 간 전자상거래(Government to Consumer(Customer): G2C)

정부가 전자매체를 통해 세금을 부과·징수하고, 각종 주민 생활 서비스 제공 및 면허 등의 발급/갱신을 그 예로 들 수 있다. 이 외에도 최근에는 기업 간 그리고 기업과 소비자가 모두 참여하는 B2B2C, 기업과 소비자가 정부와 거래하는 B2G2C 등과 같은 복합적인 형태도 등장하고 있다.

e-비즈니스의 새로운 추세: m-Business, m-Commerce 그리고 t-Commerce

전자상거래와 e-비즈니스에서 최근 관심이 집중되고 있는 것으로 새로운 도구 및 매개체를 사용하는 m-Business 또는 m-Commerce 그리고 t-Commerce가 있다. 여기서 "m"은 "mobile"을 뜻하며 "t"는 "television"을 뜻한다. 전자상거래를 wired commerce로 보면 m-Business(모바일 비즈니스) 또는 m-Commerce(모바일 상거래)나 t-Commerce(TV 셋톱박스를 이용한 상거래)는 unwired의 개념으로 "언제, 어디서나, 즉각적으로" 라는 장점을 가지고 있다.

m-Business 또는 m-Commerce는 기존의 고정된 PC에 의한 전자상거래의 한계를 뛰어넘어 거래도구의 이동성(mobility)과 휴대성(portability)을 부가한 개념이다. 한편 t-Commerce는 기존의 e-Commerce 기술과 interactive TV(쌍방

향 TV, 최근의 "인터넷 TV" 또는 "스마트 TV")의 결합으로 디지털 TV 시청자를 장래의 목표고객으로 하고 있다.

▌ m-Business의 등장

m-Business란 무선인터넷을 활용하는 비즈니스를 말한다. 다시 말해 m-Business는 이동형(mobile) 정보통신기기를 이용한 무선 인터넷을 통해 기존 사업을 효율화하거나 신규 사업을 창출하는 것을 의미한다.

m-Business의 가장 큰 특징은 이동성 및 휴대성, 개인화 속성, 위치기반 서비스라고 할 수 있다.

❶ 이동성 및 휴대성: 시공간의 제약에서 벗어나서 유선 전자상거래, e-Business보다 신속하고 편리하게 실시간으로 상거래를 수행할 수 있다.

❷ 개인화 속성: 개인 전용단말기를 이용한 상거래를 하기 때문에 기존의 전자상거래에 비해 보다 개인화되고 차별화된 특성을 갖게 된다.

❸ 위치기반 서비스 가능: 무선 전자상거래 사업자들은 무선단말기 이용자의 위치정보를 활용하여 push형 무선마케팅을 시도할 수 있으며, 사용자 또한 자신의 현 위치에 대한 지리적 정보를 쉽게 얻을 수 있다.

위와 같은 특징 외에도 m-Business는 다음과 같은 속성을 가진다.

❶ 편재성(ubiquity): 실시간 정보를 어디서나 받아 볼 수 있다는 속성이다. 이동형 단말기 특히 휴대폰은 이젠 거의 연령과 관계없이 누구라도 사용할 수 있는 보편적인 기기로 생활 속에 자리 잡고 있다.

❷ 도달성(reachability): 언제, 어디서나 접속할 수 있다는 속성이다. 이러한 편리성으로 인해 m-Business는 사용 연령층을 중장년층까지 확대할 수 있다.

❸ 편리성(convenience): 휴대성이 높은 커뮤니케이션 도구로서의 속성이다. 또한 서비스 이용에 필요한 기기구입 비용 등이 컴퓨터에 비해 상당히 저렴하므로 빠른 시간 내에 무선단말기를 통한 인터넷 수요확산을

기대할 수 있다.

❹ 접속성(instant connectivity): 빠른 시간 내 필요한 정보를 탐색할 수 있다. 컴퓨터보다 이동형 단말기의 경우가 조작이 간편하여 이용의 편리성이 있는데다가 필요한 시기에 서비스를 즉시 제공받을 수 있다.

m-Business로 창출될 서비스는 다음과 같다.

❶ 위치 지리정보 서비스: 위치 지리정보 서비스는 현재 있는 위치 주변의 주유소, 공공시설 위치 정보를 제공하면서 동시에 이들을 광고해주는 서비스이다.

❷ 위치 확인 서비스: 위치 확인 서비스는 연결을 희망하는 사람의 현재 위치를 확인해주는 서비스이다.

❸ 개인 특화 서비스: 개인 특화 서비스를 통해 현재 PC에서 구현되고 있는 개인의 주소록, 일정, 메모 등의 정보서비스, 금융결제서비스 또는 개인별로 원하는 뉴스, 신제품 소개 등을 제공할 수 있다.

❹ 콘텐츠 제공 서비스: 콘텐츠 제공 서비스를 통해 신문, 뉴스, 날씨, 유머, 주가(株價) 등 사용자가 원하는 콘텐츠를 제공한다.

❺ 음성기술을 이용한 정보제공: 전자우편 등의 문자정보를 음성으로 바꾸어 주거나 또는 음성으로 메뉴를 검색하는 서비스이다.

❻ 커뮤니티 서비스: 무선 인터넷을 사용한 커뮤니티 서비스도 가능

▌m—Commerce의 등장

언제, 어디서나 인터넷 접속을 가능하게 해주는 새로운 데이터 통신의 미디어인 이동형 단말기(PDA, 노트북, 태블릿PC, 스마트폰, 스마트패드 등)의 등장으로 인해 21세기는 이제 Post-PC 시대가 되었다. 휴대전화는 이제 더 이상 음성통신의 도구만이 아니다. 소프트웨어 개발업계, 쇼핑몰업계, 경매업계, 게임업계, 물류업계, 광고업계, 포털사이트 등 기존의 인터넷 비즈니스 관련업계가 이동통신사업계와 휴대단말기업계와 더불어 다양한 이동형 단말기를 이용한 데이터 서비스인 무선인터넷 비즈니스를 확대하고 있다.

m-Business 또는 m-Commerce라고 불리는 무선인터넷 비즈니스는 이동

전자상거래(mobile e-Commerce)를 의미하며, 다양한 무선인터넷 접속 단말기를 활용하여 이동성과 휴대성을 부가한 것으로 기존의 고정된 PC에 의한 전자상거래의 한계를 넘어서는 것이다.

m-Commerce는 기본적으로 최종 이용자뿐만 아니라 잠재적으로 정보통신, IT, 금융부문, 그리고 소매부문과 미디어부문에 이르기까지 산업전반에 지대한 영향을 미칠 것으로 전망된다.

m-Commerce는 특히 이동통신망과 무선인터넷을 이용한 편리성(convenience)에 강조점을 두고 있다. 경제주체 별로 보면 이미 소비자들은 휴대전화를 이용하여 전자화폐(Electronic Cash: E-cash)뿐만 아니라 뱅킹, 주식시장 모니터링, 극장예매, 열차표예매, 게임 등 광범위한 m-Commerce 서비스를 이용하고 있다.

▌t-Commerce의 등장

디지털 방송은 포화된 방송시장 및 관련 하드웨어 시장에 새로운 수요를 창출하고 경기를 활성화시켜 줄 주역으로서 각국에서는 국가 정책적 차원으로 다루고 있다. 세계적으로는 미국이 2009년까지, 유럽과 일본 등이 2011년까지, 우리나라도 2012년 12월 31일부로 전 지상파 방송의 디지털 이행이 완료되었다. 이러한 디지털 방송보급의 물결과 함께 화두로 떠오른 것이 t-Commerce이다.

t-Commerce는 단순하게 보면 단말기를 TV로 한 e-Commerce라고 할 수 있다. 그러나 e-Commerce나 m-Commerce와는 기술, 이용행태, 이용환경 등에서 많은 차이를 가지고 있다. t-Commerce는 TV를 통해 인터넷을 이용하고 은행과 주식 등의 금융업무와 오락, 쇼핑, 교육 등의 일상생활의 많은 문제를 해결할 수 있게 해준다. 컴퓨터가 아닌 일반 TV로 인터넷을 할 수 있게 만든 인터넷 TV는 주부나 노인 등 컴퓨터에 익숙하지 않은 일반인들도 리모컨을 조작하여 손쉽게 인터넷에 접속할 수 있게 해준다. 인터넷 TV는 컴맹이라 할지라도 일반 TV, 전화선, 케이블 모뎀, 셋톱박스 등을 연결해 리모컨이나 무선 키보드 등으로 간편하게 인터넷을 이용할 수 있게 만든 것이다. 인터넷 TV를 통해 TV를 시청하면서 인터넷에 접속해 e-mail 확인 웹사이트 검색, 온라인 쇼핑 등을 자유롭게 할 수 있다.

5. 지식경영(Knowledge Management: KM)

지식이란 무엇인가

지식이 무엇인가에 대한 논의는 이미 오래 전부터 있어 왔다. 먼저 데이터(data)와 정보(information), 그리고 지식(knowledge)의 관계를 보면 지식은 데이터와 정보의 상위개념이라고 할 수 있다. 데이터란 어떠한 사실, 상황에 관한 처리되지 않은 상태의 것을 말하며 이러한 데이터에서 공통점이나 일관성을 찾아 내어 가공한 것이 정보이다. 그리고 이러한 정보들을 나름대로 해석을 하고 의미를 부여한 것을 지식이라고 한다.

사전에서 정의하는 지식의 의미를 살펴보면 지식이란 사물을 아는 마음의 작용, 알고 있는 내용이나 알려진 일, 인식을 통해 얻어진 성과를 의미한다. 경영학적 측면에서는 지식의 본질에 대한 성찰보다는 지식을 자산으로 보고 이의 활용에 초점을 맞추고 있으며, 지식이 기업경쟁력의 핵심이라는 전제 하에 기업의 지식경쟁력을 어떻게 제고할 것인가에 대한 연구가 이루어지고 있다. 따라서 지식의 활용목적과 범위에 따라 지식은 다양한 의미로 해석되고 있다.

지식경영에 관한 연구자들은 〈표 15-7〉과 같이 지식에 대한 정의를 하고 있다.

표 15-7 **지식의 정의**

연구자	정의
Nonaka & Takeuchi (1995)	정당하고 진실된 체험과 믿음에 의해 획득된 기술
Wiig(1995)	지식은 진실, 믿음, 전망, 개념, 판단, 기대, 방법, 노하우 등으로 이루어진 것으로 특정한 상황과 문제해결에 적용하기 위해 축적, 구성, 통합되어 오랜 기간 보유하고 있는 것
Leibeskind(1996)	증명과정을 통해 타당성이 입증된 정보
Heibeler(1996)	시스템을 구성하고 있는 개인의 이동과 관계없이 조직이 보유하여 사용할 수 있고 행동에 옮길 수 있는 의미 있는 정보
Davenport, Long & Beers (1998)	지식은 경험, 상황, 판단, 사상과 결합된 정보
Leonard & Sensiper(1998)	지식은 당면한 문제와 연관되고 즉시 활용할 수 있는 정보로 경험에 준거한 것

출처: 김영수 외, 「한국기업의 지식경영모델」, 지식경영심포지엄.

지식은 기존의 데이터나 정보에 비해 기업에게 높은 가치를 부여하며 사람들을 통해 오랜 시간에 걸쳐 창출된다는 특성을 가진다. 드러커(1993)는 "미래 기업의 기본적인 경제활동의 원천과 생산요소는 자본, 토지, 노동이 아닌 지식이다. 지식은 전통적인 생산요소와 같은 또 하나의 자원이 아니라 오늘날 유일하게 중요한 자원이다"라고 지식의 중요성을 강조하고 있다. 그러나, 대부분의 기업들은 방대한 양의 데이터를 처리하여 보관하고 있지만 중간 관리자나 경영층이 의사결정을 하기 위해 수시로 필요로 하는 비정기적이고 비구조적 정보는 쉽게 접할 수 없는 경우가 많다. 이러한 정보는 반복적으로 기업의 문제해결을 위해 활용되지만 조직 차원에서 관리가 안 되고 있으며 아예 파악조차 하지 않고 있는 경우가 많다. 따라서 지식은 관리하고 공유하여야 하며 이러한 과정에 많은 시간과 노력이 요구된다.

지식경영이란

지식경영에 관해서는 여러 학자가 다양하게 정의를 내리고 있는데 휴스트(1997)는 조직의 학습능력을 향상시키기 위해 지식 프로세스를 능률화하는 것이라 하였고, Davenport(1998)는 지식을 담아 둘 창고를 구축하여 지식에 쉽게 접근할 수 있도록 하며, 지식의 창조와 이전 및 사용이 촉진되도록 환경을 마련하여 지식을 자산으로 관리하는 것이라고 하였다. Nonaka(1998)는 새로운 지식을 창조하고 이를 조직 전체로 확산하여 다시 상품, 서비스, 시스템화하는 프로세스라고 하였다. 이를 종합하면 지식경영이란 조직의 성과를 향상하고 가치를 제고하기 위해 지식을 창출하고 보존하며 이전하고 활용하는 일련의 프로세스라고 할 수 있다. 따라서 효과적인 지식경영을 위해서는 분리될 수 없는 두 가지 요소가 있음을 알 수 있다. 즉 지식을 창조하는 프로세스와 이를 효과적으로 저장하여 활용할 수 있도록 하는 프로세스이다.

지식의 창조 프로세스에 관심을 갖는 접근법은 Nonaka를 중심으로 지식의 개념 및 지식의 창출에 대한 연구에서 찾을 수 있다. Nonaka는 지식에는 형식지(explicit knowledge)와 암묵지(tacit knowledge)가 있으며, 지식의 습득과 재창조는 집단 내의 구성원 간에 암묵지와 형식지의 교류 및 전환 프로세스에 의해 이루어진다고 하였다(Nonaka & Takeuchi, 1995; Nonaka & Konno, 1998). 이러한

표 15-8	지식관리시스템 중심 접근법과 지식창조과정 중심 접근법 비교		
	초점	지식의 수준	방법론
지식관리시스템 중심 접근법	• 지식의 축적, 공유, 활용을 위한 IT 인프라 구축·운용	• 기존지식의 축적, 평가(측정), 재활용 • 지식관리적 성격	• 데이터베이스 구축 • 지식공유 그룹웨어
지식창조과정 중심 접근법	• 지식을 창조하는 집단 내 개인의 상호과정 및 역학관계	• 새로운 지식의 창조 • 지식창조적 성격	• 암묵적 지식의 창출 • 조직문화/학습능력 • 조직구조

출처: 최재윤, "지식경영의 이해와 방법론", 「경영과 기술」.

지식창조과정 중심의 접근론은 Nonaka를 중심으로 한 학자들이 이론적 연구를 하여 왔으며, 기업이 독자적으로 지식을 창출하기 위한 프로세스 창조에 연구의 초점이 맞추어져 있다.

한편 지식을 저장하고 활용하는 프로세스에 관심을 갖는 접근법은 정보기술과 데이터베이스 기술의 발전에 따라 많은 기업들이 정보 축적의 경험을 누적하면서 이를 지식관리에 응용하려는 연구에서 찾을 수 있다. 따라서 지식의 습득, 분류, 저장, 공유를 위한 정보 인프라 구축이 기본이 되며 선진기업들이 자사의 필요성에 따라 구축해 온 시스템적인 특성을 갖는다(Edvinsson & Malone, 1997). 지식관리시스템 중심의 접근론은 정보기술을 활용하여 기존에 조직 내·외부에 산재되어 있는 지식을 효율적으로 획득하고 공유하여 기업성과를 제고하는 데에 초점이 맞추어져 있다. 따라서 그 속성상 주로 정보처리 혹은 경영정보 관련학자와 시스템통합(System Integration: SI) 관련 컨설턴트에 의해 주도되고 있다. 물론 이 경우에도 지식의 공유를 위해 조직내부에서 공감대를 형성하여야 하는 등 조직의 지식공유를 위한 문화가 강조되고는 있지만, 지식공유를 지원하는 데이터베이스, 그룹웨어 구축 등이 주요 관심사가 되고 있다.

지식관리시스템 중심의 접근론이 지식관리를 지원하기 위한 정보기술적 접근론이라면 지식창조과정 중심의 접근론은 지식창조를 위한 조직문화-구조설계적 접근론(culture-structure configuration approach)이라 할 수 있다(최재윤, 1998). 그러나 성공적으로 지식관리를 도입하기 위해서는 두 가지의 접근방식이 모두 필요하기 때문에 기업에서는 이를 명확히 이해하고 지식관리를 추진하여야 할 것이다.

지식경영과 기존 경영과의 차이점

지식경영의 개념이 새로운 것이어서 누구나 인정하는 어떤 통일된 개념과 추진방식이 있는 것은 아니다. 또한 여러 학자들이 나름대로 모델을 제시하여 왔으나 지식경영의 기본 활동들을 체계적으로 언급하고 있지는 못하다. 또한 최근에 유행하고 있는 다른 개념들, 예를 들면 혁신경영이나 지식창조와는 어떻게 다른 것인가 하고 의문을 제기하는 사람들도 있다.

지식경영과 혁신경영은 개념적으로 서로 중복되는 부분도 많지만 근본적으로는 다르다. 혁신경영(innovation management)이란 혁신을 그 경영의 대상으로 삼는 것이지만 지식경영은 지식이 경영의 대상이다. 혁신 자체의 개념은 무엇인가를 새롭게 만들거나 새롭게 시도하는 과정에서 부가가치를 창출한다는 의미를 포함하고 있다. 그런데 지식경영에선 지식 및 지식의 활용이 부가가치 창출의 주요 원천으로 본다. 다만 모든 혁신과정에서 지식의 활용 및 지식창조가 자연스럽게 포함되기 때문에 혁신경영과 지식경영은 상당한 부분이 중복된다고 볼 수 있다. 그러나 분명한 것은 경영의 대상 자체가 한 쪽은 지식이고 다른 한 쪽은 혁신이라는 점이다. 또한 혁신 및 지식이 모두 질적인 개념이긴 하지만 혁신보다는 지식이 비교적 구체화하기 쉽고 경영의 대상으로 더 적합한 측면이 있다는 점도 지식경영이 각광받는 이유이다.

지식경영의 유형

지식경영은 지식자산의 활용목적(개선 ⇔ 가치 증가)과 지식자산의 활용기법(집약 ⇔ 제휴)이라고 하는 2개의 축에 기초를 두어 다음과 같은 네 가지 유형으로 나눌 수 있다(Sanada, 1999).

첫째, 베스트 프랙티스(best practice) 공유형태(개선/집약)는 조직 내의 성공사례의 노하우, 일상의 업무분석과 학습을 통해서 지식을 공유하고 이전한다. 구체적으로는 성공사례의 이전, 과거사례의 재활용, 지식 저장소의 공유와 지식발굴 활동을 한다. 이를 위해서는 과거의 문제해결 방법의 공유, 업무의 중복 배제, 최고의 노하우 복제를 통한 시간의 단축과 비용의 절감이 필요하며, 기업 내에서 지식의 공유에 대한 의식 개혁이 이루어져야 한다.

둘째, 전문지식의 네트워크 형태(개선/제휴)는 노하우를 기반으로 조직 내외의 전문가를 네트워크로 연결한다. 이를 위해서는 사원, 전문가 지식을 디렉토리화해야 하며, 지식을 적재·적소·적시에 결합하고, 네트워크를 통한 의사소통을 받아들이는 조직문화를 만들어야 한다.

셋째, 지적 자본형태(증가/집약)는 경제적 가치로 변환할 수 있는 지식자산을 대상으로 수익창출을 꾀한다. 지식자산과 기업가치를 연결하는 노력을 하고, 잠재적 지식자산에서 지적자산까지 포괄적인 지적재산 전략을 수행한다. 이를 위해서는 지식자산을 파악하고 활용하기 위한 조직적 분류체계와 방법 등을 정비하여야 한다. 이때 지식자산을 정적인 자산(stock)으로 보기보다는 동적인 프로세스로서 지식자산의 활용에 초점을 맞추어야 한다.

넷째, 고객지식의 공유형태(증가/제휴)는 고객을 참여시켜 지속적으로 지식을 공유하고 창출할 수 있도록 한다. 세부 방안으로는 고객과의 지식공유, 고객에 대한 지속적 지식제공, 고객관계관리, 원투원 마케팅 등을 들 수 있다. 이를 위해서는 고객과 지식을 공유하고 지식을 제공하는 장소 만들기가 중요한데, 고객이 원하는 것이 무엇인가를 파악하여 고객과 지속적 성장구조를 만들어 나가야 한다.

지식경영의 주요 성공요인(Critical Success Factors: CSF)

데븐포트 등(1998)은 24개의 회사를 대상으로 연구한 결과 지식경영의 성공요인(critical success factor)으로 다음과 같이 8가지를 제시하였다.

1. 지식경영과 기업의 성과연계
2. 인터넷 등 기술적 인프라 확보
3. 탄력적이며 동시에 표준화된 지식관리체계의 보유
4. 지식 중심적인 기업문화의 조성
5. 지식경영에 관한 명확한 목표와 용어의 사용
6. 조직 구성원을 동기 부여하는 적절한 수단 활용
7. 지식이전을 위한 다양한 채널의 구축
8. 지식경영에 대한 최고 경영층의 지원

Nonaka & Takeguchi(1995), Ulrich(1996) 등도 다양하게 견해를 제시하고

있는데 이를 정리하면 다음과 같다.

❶ 최고 경영자의 명쾌한 비전·전략
- 조직 비전·전략의 설정과 전사차원의 공유
- 지식 실태를 파악하여 지식상의 문제를 재정의
- 자사 조직에서 필요한 지식경영의 정의와 범위를 결정

❷ 지식 중시의 사풍
- 상호 신뢰와 호혜의 사풍
- 외부 지식을 적극적으로 배우려는 자세
- 직위 상하에 관계없이 자유롭고 활발하게 토론을 하는 커뮤니케이션 환경
- 다양한 대화장소의 존재

❸ 실천활동을 지원하기 위한 제도(평가지표, 프로세스, 조직)
- 지식 및 그 제공자를 평가하는 구조
- 지식 제공자에 대한 인센티브(보수, 포상)
- 사원의 프로화를 촉진하는 단순조직과 권한 이양
- 조직 비전과 일치되는 개인목표 설정, 이를 근거로 하는 목표관리
- 어느 지식이 귀중한가를 이해하는 정도
- 지식을 기반으로 경쟁하고, 타인을 돕는 것에 자부심을 가지는 전문가 의식을 가진 직원
- 실천활동을 지원하기 위한 정보기술 활용
- 노하우의 중요성에 대한 이해: 문서화된 정보로부터 얻을 수 있는 내용의 한계에 따라 직접 대화 선호
- 각 사원에게 수시로 자유롭게 전달되는 신선도와 스피드를 지닌 '동적 지식'과 지식으로부터 핵심을 추출해 체계화한 '정적인 지식'의 조화
- 철저한 탈종이화(paperless)를 통한 정보의 디지털화

❹ 최고 경영자의 주체적 참여
- 조직구조, 추진 프로세스의 구축, 의식 개혁을 위한 리더십의 발휘
- 지속적 지원

요약

정보시스템은 "조직의 운영, 관리 및 의사결정 기능을 지원하기 위한 정보를 제공하는 통합적 인간-기계시스템(an integrated man-machine system)"으로 컴퓨터와 하드웨어와 소프트웨어, 수작업 절차, 분석, 계획, 통제 및 의사결정을 위한 제반 모형, 그리고 데이터베이스를 활용하는 시스템이다. 정보시스템의 목적은 유용한 정보를 제공함으로써 일상적 운영, 경영관리, 분석, 의사결정을 지원하는 것이다.

정보시스템이 기업에 활용된 초기에는 운영업무 위주의 거래자료를 효율적으로 처리하는 것이 주된 역할이었으나, 최근에는 기업의 전략을 수행하는 전략수단으로서의 역할이 강조되면서 기업의 경쟁적 우위를 확보하여 극심한 경쟁환경에서 살아남기 위한 목적으로 정보시스템을 개발하는 경우가 많아지고 있다.

정보시스템을 포함한 IT를 활용하면 기업은 정보를 보다 유연하게 처리하고 효율적으로 전달할 수 있으며, 제품과 서비스를 생산하는 데 필요한 노동력이나 비용을 절감하고, 고객을 효과적으로 관리하여 고객 만족도를 향상시킬 수 있다. 더 나아가, IT는 기업의 전략적 우위를 확보하고, 이를 통하여 이윤을 극대화하는 데 활용된다.

IT의 발전은 기업간 경쟁규칙을 고객을 기점으로 한 공급사슬 전체를 대상으로 확대하고 있어 업계간 경계를 허무는 발상이 필요하다. 또한 IT 혁명에 의해 광범위하게 퍼지고 있는 업무개선 기회를 적절히 자사의 것으로 소화해 나가는 IT 전략이 기업의 경영전략 전체 중에서도 핵심요소로 등장하고 있다.

참고문헌

- Amidon, D. M., Innovation Strategy for the Knowledge Economy, Butterworth-Heinemann, 1997.
- Davenport, T. and D. DeLong and M. Beers, "Successful Knowledge Management Projects," Sloan Management Review, 43~57, 1998.
- Davis, G. B., and M. H. Olson, Management Information system: Conceptual Foundations, Structure and Development, New York: McGraw-Hill, 1985.
- Hiebeler, R. J., Benchmarking Knowledge Management, Strategy and Leadership, 22~29, 1996.

- Hussain K. and D. Hussain, Information Management, Prentice-Hall. 1993.
- Jelassi, T. and A. Enders, Strategies for e-Business: Creating Value through Electronic and Mobile Commerce, Prentice Hall, 2005.
- Kalakota, R. and A. Whinston, Electronic Commerce, Addison-Wesley, 1997.
- Kalakota, R. and M. Robinson, e-Business 2.0: Roadmap for Success, Addison-Wesley, 2001.
- Laudon, K. C. and C. G. Traver, E-commerce: Business, Technology, Society, Addison Wesley, 2002.
- Laudon, K. C. and J. P. Laudon, Management Information Systems: Managing the Digital Firm, Pearson Education, 12th ed., 2012.
- Leonard, D. and S. Sensiper, "The Role of Tacit Knowledge in Group Innovation," California Management Review, 40(3), 112~132, 1998.
- Liebeskind, J. P., "Knowledge, Strategy, and the Theory of the Firm," Strategic Management Journal, 17, 93~107, 1996.
- Nonaka, I. and H. Takeguchi, The Knowledge Creating Company, Oxford University Press, 1995.
- Nonaka, I. and N. Konno, "The Concept of 'Ba': Building Foundation for Knowledge Creation," California Management Review, 40(3), 40~54, 1998.
- O'brien, J. A., Introduction to Information Systems, McGraw-Hill, 12thed., 2005.
- Papazoglou, M. P. and P. M. A. Ribbers, e-Business: Organizational and Technical Foundations, John Wiley and Sons, 2006.
- Rainer, K. and H. Watson, Management Information Systems: Moving Business Forward, John Wiley and Sons, 2012.
- Sanada, IT Strategy, http://home.att.ne.jp/sea/tkn/issues/issue-itstrategy.html, 1999.
- Schneider, G., Electronic Commerce, Thomson Learning, 6th ed., 2006.
- Ulrich, R. and M. Wolf, "Modeling of Reusable Product Knowledge in Terminological Policies: a case study," Proceedings of the First International Conference in PAKM'96 (Practical Aspects of Knowledge Managemenet'96), 2, 1996.

- 김성근, 이주헌, 「인터넷 시대의 경영정보시스템」, 문영사, 2009
- 김성희, 장기진, 「e-비즈니스.com」, 2판, 도서출판 청람, 2007
- 김영수, 「한국기업의 지식경영모델」, 지식경영심포지엄, 1999.
- 김영실 • 임덕순 • 장승권, 「지식경영의 실천」, 삼성경제연구소, 1998.
- 노규성, 조남재, 「경영정보시스템 - 전략적 비전 실현을 위한 경영정보 활용법」, 사이텍미디어, 2010
- 노나카 이쿠지로 저, 김영동 역, 「지식창조의 경영」, 21세기북스, 1998.
- 노나카 이쿠지로 저, 나상억 역, 「지식경영」, 21세기북스, 1998.
- 노재범, 「정보혁명 성공을 위한 7계명」, 삼성경제연구소, 1996.
- 매일경제 지식프로젝트팀, 「지식혁명보고서」, 매일경제신문사, 1998.
- 삼성경제연구소, 「지식경영과 한국의 미래」, 삼성경제연구소, 1999.
- 서영호 외 4인, 「e-Business 시대의 경영정보시스템」, 한경사, 2011
- 채명수, 조준서, 「고객관계관리」, 한국외국어대학교 출판부, 2011
- 최재윤, "지식경영의 이해와 방법론," 「경영과 기술」: 통권 104호, 한국통신, 1998.
- 황하진 외 2인, 「전자상거래와 e-비즈니스」, 경문사, 2010

토의문제

1. MIS에 대해 정의해 보라.
2. e-business에서 MIS는 어떻게 적용될 수 있는가에 대해 그룹별로 토의하고 요약 발표해 보라.
3. 정보기술을 전략적으로 활용하는 기업의 사례를 조사하여 발표해 보라.
4. m-Business 또는 m-Commerce, t-Commerce에 대해 본인의 경험을 바탕으로 설명해 보라.
5. 인터넷 상에서 지식경영 관련자료나 문헌을 찾아 웹사이트 별로 정리하고 토론해 보라.

Chapter 16

글로벌화의 이해

'31년 만의 무역적자' 韓의 탈중 · 입미, 그리고 동반자

지난해 대중 무역수지가 1992년 한중 수교 이후 31년 만에 처음으로 적자를 기록했다. 언제나 흑자만 기록하는 줄 알았던 대중 무역수지가 적자로 전환한 건 놀라운 일이다.

2001년 중국이 세계무역기구(WTO)에 가입하면서 국제 분업구조에 편입된 이후, 한국이 중국에 중간재를 수출하면 중국이 완제품을 생산·수출하는 구조에서 한국은 막대한 대중 무역흑자를 누려왔다. 그런데 이 분업구조가 더 이상 유효하지 않을 뿐 아니라 한중 교역구조가 근본적으로 변했다.

2010년대 초반만 해도 중국에서 1위를 꿰찼던 삼성 갤럭시 스마트폰의 점유율이 1% 미만으로 하락했고 한때 10%를 넘나들던 현대차의 중국 시장점유율은 1%대에 불과하다. 이처럼 한국을 대표하는 소비재 브랜드의 중국 시장점유율이 무의미한 수준으로 하락한 데 이어 이제 반도체·디스플레이·석유화학제품 등 중간재에서도 대중 수출이 줄고 있다.

대신 대미 수출이 급증하면서 처음으로 월 기준 110억 달러를 돌파했으며 해외 직접투자도 중국 대신 미국이 대세가 됐다. 우리만 그런 게 아니다. 동아시아 국가 중 대중국 의존도가 상당히 높은 대만에서도 2020년 이후 '탈중입미(脫中入美)' 현상이 가속화되고 있다. 중국에서 벗어나 미국으로 들어간다는 의미인데, 한국 역시 똑같은 상황이다.

대중 무역수지는 180억 달러 적자…대미 무역수지는 445억 달러 흑자

대중 무역흑자는 2013년 628억 달러로 최고치를 기록했다. 점차 줄기 시작한 대중 무역흑자는 2019년 이후 200억 달러대로 주저앉더니 2022년에는 12억 달러로 급감했으며 지난해 180억 달러 적자를 기록했다. 2000년부터 2022년까지 23년 동안 총 6,873억 달러를 기록했던 대중 무역흑자가 적자로 전환한 것이다.

막대한 원유 수입과 만성적인 대일 무역적자를 메우고도 남아 무역흑자국 위치를 유지할 수 있게 한 대중 무역수지가 적자 전환하면서 지난해 한국은 무역적자 100억 달러를 기록했다. 2008년 글로벌 금융위기가 터졌을 때에도 한국은 대중 교역에서 매년 300억~400억 달러에 달하는 무역흑자를 기록하며 위기에서 누구보다 먼저 빠져나왔는데, 앞으로는 다른 성장 엔진을 찾아야 한다는 얘기다.

미국 수출이 늘어난 건 다행스럽다. 지난 12월 대미 수출은 사상 최초로 110억 달러를 넘어서며 월간 기준으로 최대 수출국이 20년 만에 중국에서 미국으로 교체됐다. 전기차 등 자동차 수출 급증이 대미 수출의 효자 역할을 하면서 대미 무역흑자는 2022년 280억 달러에서 2023년 445억 달러로 급증했다.

중국 산업구조 고도화로 인한 제조업 경쟁력 향상과 중간재 자급률 제고가 대중 무역수지 적자 전환에 상당한 영향을 끼쳤지만, 미국의 반도체 지원법(CHIPS Act), 인플레이션 감축법(IRA) 등 글로벌 교역 환경이 변화한 영향도 크다.

특히 대중 무역적자는 2차전지 영향이 상당하다. 지난 10월 한국무역협회 무역통계에 따르면 지난해 1~8월 중국산 전기차용 배터리 수입금액은 44억 7,000만 달러로 전년 동기 대비 114.6% 늘었다. 국내 2차전지업체들이 지난해 1~10월 중국에서 사온 수산화리튬 수입금액도 42억 6,700만 달러에 달한다.

배터리와 수산화리튬 두 품목에서만 한국이 100억 달러 이상의 대중 무역적자를 봤다는 얘기다. 대신 미국의 IRA에 대응해 미국 등 북미에 진출한 LG에너지솔루션 등 2차전지 업체들이 현지 공장 가동을 본격화하면서 양극재 등 2차전지 소재 수출이 급증했다. IRA는 북미에서 최종 조립되고 배터리 부품·소재 요건을 충족하는 전기차를 구매하는 소비자에게 최대 7,500달러의 세액공제 혜택을 주고 있다.

급증하는 한국의 대미 투자

2018년 트럼프 전 미국 대통령의 미중 무역전쟁으로 촉발된 미중 기술경쟁이 바이든 행정부에서도 이어지면서 미국은 대중 첨단 기술 제재를 강화하고 반도체, 배터리 등 첨단산업의 미국 현지 생산을 장려하고 있다. 해당 정책은 한국의 대미 투자, 더 나아가 대중 투자에 막대한 영향을 미치고 있다.

2022년 7월 미국 정부가 반도체지원법을 통과시키며 미국 현지에 반도체 공장을 짓는 기업들에게 527억 달러(68조 5,000억원)의 보조금을 주겠다고 밝힌 이후, 삼성전자는 미국 텍사스주 테일러시에 170억 달러를 투자해 파운드리 공장을 건설하고 있다. 대신 보조금을 받은 기업이 중국 내 첨단 반도체 생산능력을 5%, 범용 반도체의 경우 10% 이상 확장할 경우 보조금을 반환하는 가드레일 규정이 있기 때문에 삼성전자와 SK하이닉스의 중국 반도체 공장 신규 투자는 사실상 막혔다고 볼 수 있다.

2차전지도 상황은 마찬가지다. 앞에서 말했듯이 최대 7,500달러의 세액공제 혜택을 받기 위해서는 미국, 캐나다 등 북미에 배터리 생산공장을 지어야 한다.

이 같은 영향으로 2020년 이후 한국의 대미 투자가 급증하기 시작한 반면, 대중 투자는 제자리걸음이다. 특히 지난해 1~9월 한국의 대미 투자가 217억 달러를 기록한 반면 대중 투자는 14억 6,000만 달러로 급감했다. 지난해 12월 기획재정부가 발표한 '2023년 3분기 해외직접투자 동향'은 "이차전지 시장 선점과 공급망 강화를 위한 북미·아세안 지역 관련 산업투자는 지속되는 양상이며, 대(對)중국 투자는 위축세를 지속하고 있다"고 전했다.

대만의 '탈중입미(脫中入美)' 가속화

재밌는 건 한국과 더불어 동아시아에서 가장 중국과 밀접한 무역관계를 유지했던 대만 역시 '탈중입미(脫中入美)' 현상이 가속화되고 있다는 사실이다. 대만의 해외 투자 중 대중 투자 비중은 지난해 1~11월 11.5%에 그쳤다. 중국-대만 간 자유무역협정(FTA)격인 경제협력기본협정(ECFA)이 체결된 2010년 83.8%에 달했던 대중 투자 비중이 2018년 30%대로 떨어지더니 지난해 10%대 초반으로 급락한 것이다.

대신 지난해 1~11월 대만의 대미투자는 96억 달러로 전체 해외 투자의 37%를 차지했다. 지난해 대만의 대미 투자는 대중 투자의 3배에 달할 뿐 아니라 1993년 대만이 대중 투자를 허용한 이래 처음으로 대미 투자가 대중 투자를 앞섰다. 이 역시 반도체지원법으로 인한 TSMC의 미국 애리조나주 파운드리 공장 건설 영향이 크다.

대만의 대미 교역도 급증했다. 대만의 대미 수출금액은 2018년 395억 달러에서 2022년 751억 달러로 급증하면서 이 해 297억 달러의 대미 무역 흑자를 기록했다. 대만의 탈중입미가 가속화되고 있는 것이다.

오는 13일 대만 총통 선거를 앞두고 탈중국 성향의 집권 민진당 라이칭더 후보와 친중 성향인 국민당의 허우유이 후보가 치열한 접전을 벌이고 있지만, 누가 당선되더라도 대중 투자가 당장 증가할 가능성은 낮다. 대만 싱크탱크 대만경제연구원의 쑨밍더 주임은 "미중 갈등이 지속되는 한 대만의 대중 투자는 계속 감소할 것"이라고 내다봤다.

2001년 WTO에 가입하며 중국이 국제 분업구조에 편입한 이래 대중 교역에서 가장 큰 수혜를 누렸던 한국과 대만의 '탈중입미'가 동시에 진행되고 있는 건 이 추세가 구조적이며 장기적임을 의미한다. 탈중입미의 문턱을 넘어선 지금, 향후 한국 제조업과 무역이 가야 할 길을 깊이 고민해야 할 때다.

출처: 머니투데이 2024.01.07.

국제경영학의 개요

국제경영학은 1945년 제2차 세계대전 이후 기업의 국제경영활동을 연구 대상으로 하여 성립된 학문으로, 여기서 국제경영이라 함은 국경선을 넘어서거나 2개국 이상에서 동시에 일어나는 경영활동을 의미한다.

기업의 경쟁무대는 국내, 혹은 특정 국가가 아니며 경쟁기업도 국적을 불문한다. 세계 소비자들의 욕구와 구매행동이 동질화되어 가고 있는 추세가 있는 반면에, 여전히 국가시장 간에는 다양한 측면에서의 차이가 존재한다.

어떤 제품과 서비스를 가지고, 어떤 시장을 대상으로, 어떤 방법으로 그 시장에 들어가서, 어떤 경영전략을 전개해야 할까? 국가 간에 유사해져 가는 경향이 있는 동시에 여전히 다른 국제마케팅 환경에는 어떻게 대처해야 할까?

이러한 질문에 대한 답을 얻기 위하여 본 장에서는 국제경영학의 기본적인 개념에 대하여 알아보기로 한다.

1. 국제경영학의 정의

국제경영학이 성립하게 된 배경으로는 첫째로, 제 2 차 세계대전 이후 과학기술이 급진적으로 발전함에 따라 세계 각국의 경제, 사회 및 그 구성원인 기업들은 활동범위가 커지게 되고 여러 국가에서 국경선을 넘어 활동을 하게 되었다는 점과 둘째로는, 이러한 기업환경의 변화에 대응하여 기존의 실천적 학문인 경영학은 그 이론과 기법에 있어서 새로운 체계를 필요로 하게 되었다는 점을 들 수 있다. 즉, 안정적인 국내경영의 여건으로부터 경쟁적인 국제경영으로 기업의 행동반경이 넓어짐에 따라 이들 기업이 직면하게 된 문제들을 해결할 수 있는 새로운 학문 분야인 국제경영학의 도입이 필요하게 되었던 것이다. 그 후 기업들의 국제적인 경영활동이 활발하였던 1960년대 이후 국제경영학에 대한 이론과 실증적인 성공과 실패 사례가 축적되면서 오늘날 국제경영학은 경영학의 한 고유 분야로서 학술적인 위치를 확고히 하고 있다.

국제경영학이 학술적·실천적으로 태동하게 된 원인을 살펴보면 다음과 같다. 세계 경제구조와 관련된 여러 환경변화, 특히 경제블록화에 따른 새로운 무역장벽을 원인으로 들 수 있다. 유럽통합에서 볼 수 있는 경제블록화의 영향으로 외부기업들은 블록 내에서의 입지를 마련하고자 현지기업과의 협력을 시도하게 된다. 또한 블록 내의 기업들은 외부기업의 진입을 저지하기 위해 기업간 협력을 추진하는 성향을 보이기도 한다. 개발도상국들과 신흥공업국(NIEs)들은 다국적기업들의 국내진출을 저지하기보다는 투자유치에 더 주력하고 있는데, 이는 개방화를 통해 세계경제의 주역으로 발돋움하는 것이 국가발전에 유리하다는 판단에서 나온 정책이다. 그 결과 선진국의 입장에서 볼 때, 미국-유럽-

일본의 주축 외에 새로운 협력의 장이 열린 셈이다.

또한, 경제적 환경과 관련된 정치적·법적 규제의 완화도 중요한 요인으로 작용하고 있다. 즉, 독점금지법으로 단절되어 있던 기업간 협력의 가능성이 점차 완화되고 있다. 1984년에 제정된 미국의 국가협력연구법(National Cooperative Research Act)은 경쟁자끼리의 협력을 일부 허용했다. 비록 이 법이 즉각적인 반향을 불러일으키지는 못했지만 최근 급증하는 기업간 협력의 분위기를 조성하는 데 기여하였다. 또한 세계무역기구(World Trade Organization: WTO)체제하에서 각종 무역장벽이 국내외적으로 완화된 것이 긍정적인 효과를 발휘하고 있다.

이러한 배경 아래에서 국제경영학을 한마디로 정의한다고 하는 것은 어려운 일이다. 왜냐하면 국제경영학은 실천학문으로서 학자들의 연구목적과 연구방법에 따라서 조금씩 차이가 있기 때문이다. 그러나, 공통된 사항은 "국경선을 넘어서는, 또는 2개국 이상에서 동시에 일어나는 경영활동"이라고 정의할 수 있다.

Robock, Simmonds & Zwick의 정의

국제경영과 다국적기업(international business and multinational enterprises)에서 "국제경영이란 국경을 넘는 사업활동을 경영교육 및 학문적 연구의 대상으로 하는 분야로서, 여기서 국경을 넘는 사업활동의 대상에는 재화, 서비스, 자본, 인력, 기술이전 그리고 인력관리 등이 모두 포함된다."

Robinson의 정의

"국제경영이란 한 나라, 한 영토 또는 한 식민지 이상의 사람 또는 기관에 영향을 미치는 공사의 경영활동을 대상으로 하는 연구 및 실무의 한 분야이다."

국제경영의 개념에 관한 위의 두 견해를 비교해 보면, 전자는 국경선을 후자는 활동지역의 수를 기준으로 하고 있다는 점에서 서로 다르다는 것을 알 수 있다. 즉 전자는 역사적·동태적인 관점에서 기업이 나아가는 방향을 설명하고 있고, 후자는 현상적·정태적인 관점에서 기업이 경영활동을 한 결과, 나타난 현상을 설명하고 있는 것이다. 그러나 국경선을 넘어서는 경영활동은 결국 2개국 이상에서 동시에 일어나는 경영활동으로 귀착된다는 점에서 이들의 견해는 하나로 수렴된다고 볼 수 있다.

2. 국제기업과 국제경영

국제기업의 개념에 대해서는 통일된 견해가 없고, 다만 서구학자들은 국제경영활동을 수행하는 주체로서의 국제기업에 대해서는 다양한 명칭과 평가기준이 병존하고 있으며 이에 대한 통일된 개념정의가 이루어지고 있지 않다. 기업은 환경변화에 의해서 범 세계화되고 또한 기업의 전략에 의해서 범 세계화되게 된다. 경쟁이 치열해짐에 따라 각 기업은 부가가치활동의 분화를 통해 경쟁우위를 점유하려고 시도한다. 즉, 범세계적 산업에 속한 기업들은 범 세계화된 시장을 겨냥하여 기업의 개별적인 부가가치활동을 범세계적으로 배열, 조정함으로써 경쟁자보다 우월한 위치를 차지하려고 한다.

더욱이, 교통, 통신 그리고 컴퓨터를 통한 정보교류의 활성화(정보통신기술(Information Technology: IT), 국제적인 부가가치통신망(VAN) 이용)가 본격화되면서 정보의 정확도나 신속성에 대한 신뢰도가 높아지는 현상을 보이고 있다. 기업내 본사와 지사 간의 정보교류뿐만 아니라 협력기업 간의 정확한 정보교류에도 도움을 주고 있다. 이에 따라 협력과정에서 나타날 수 있는 여러 문제들을 즉각적으로 해결해 줄 수 있는 수단을 강구할 수 있게 되었다.

Vernon의 다국적기업

다국적기업(multinational enterprise)이라는 표현을 택하고 있는 Vernon은 그 개념에 대해 『포춘』(*Fortune*)지의 500대 기업에 연 2회 이상 등재되어 있는 동시에 6개 이상의 국가에서 제조업 투자 및 영업활동을 벌이고 있는 기업"이라는 구체적인 평가기준을 설정함으로써 "대형의 다국적 제조기업만을 포함시키고 있다."

Root의 다국적기업

"여러 나라에서 자신의 계열회사를 통하여 생산을 포함한 여러 활동을 수행하며, 이들 활동을 국경선을 초월한 입장에서 직접 통제하는 본사 또는 모기업이라는 비교적 추상적인 표현으로 그 개념을 설정하고 있다."

기 타

이 밖에도 '국제성(internationality)' 또는 '다국적성(multinationality)'의 정도를 기업의 구조 면에서 보는가 또는 성과 면에서 보는가, 아니면 행태 면에서 보는가에 따라 다양한 국제기업의 개념이 나타나고 있다.

시장수요에 부응하면서 기업효율성을 달성하기 위해서는 단일기업으로는 자본능력에 한계가 있기 마련이고, 경쟁자의 행동은 항상 위험으로 존재하게 된다. 따라서 기업규모를 능가하는 시장수요가 있는 경우 대규모 투자를 감행하기보다는 경쟁자와의 협력을 추진함으로써 효율적으로 시장을 관리할 수 있으며, 규모, 범위, 경험의 경제를 기업간 협력을 통해 획득함으로써 한 기업이 누릴 수 없는 이익을 여러 기업이 공동으로 누릴 수 있는 가능성을 엿볼 수 있게 되는 것이다.

사례 16-1

공채·파벌 없는 쿠팡…동시 통역만 200명 달하는 '다국적 기업'

쿠팡엔 신년사가 없다. 2010년 창업 때부터 줄곧 그랬다. 매년 초 그룹 회장 또는 회사 대표가 그해 경영 방침을 발표하는 상당수 국내 기업과의 차이점 중 하나다. 대신 쿠팡에는 '임직원이 지켜야 할 15계명'이란 게 있다. 최고경영자(CEO)로 누가 오든 절대 흔들리지 않도록 만든 철칙이다.

첫 번째는 '고객이 와우(Wow)를 외치도록 하라'다. 쿠팡의 존재 이유다. 나머지 14개는 이를 실현하기 위해 어떻게 사고하고, 행동해야 하는가에 관한 내용이다. '리더는 전체 그림

을 보고 오너처럼 결정한다' '반드시 이겨야만 하는 단 하나의 전투에 집중한다' '광적으로 단순화에 집착하라' '리더는 야근이 아니라 결과로 말한다' '지위가 아닌, 지식이 권위를 만든다' 등이다.

공채가 없는 조직

공채·파벌 없는 쿠팡…동시 통역만 200명 달하는 '다국적 기업' 미국 하버드대에서 정치학을 전공한 김범석 쿠팡 창업자(쿠팡InC 의장)는 미국 아마존의 비즈니스 모델을 한국에 이

식하기 위해 쿠팡만의 조직 문화를 구축하는 데 이처럼 공을 들였다. 공채가 없는 것도 창업 13년 차 기업에 '쿠팡 DNA'를 심기 위해 김 창업자가 선택한 수단이다.

쿠팡이 공채를 하지 않는 건 파벌주의 등 한국식 조직 문화에 물들지 않기 위해서다. 쿠팡은 대부분의 직원을 15계명에 근거해 경력자로 채운다. 일반 직원은 네 번, 임원은 여섯 번의 면접을 거쳐야 한다.

면접당 인터뷰 시간은 1시간. 해당 분야에서 경쟁자에게 꿀리지 않는 '프로'라는 점을 납득시켜야 입사할 수 있다. 일단 조직에 들어온 이들은 오로지 자신이 맡은 프로젝트를 중심으로 사고하고, 행동한다. 좋게 보면 철저한 일 중심의 조직이고, 부정적으로 보면 무한경쟁의 정글이다.

상당 기간 이마트(오프라인 유통), CJ대한통운(물류) 같은 1등 경쟁사선 웬만하면 경력자를 뽑지 않으려는 경향도 보였다. 이들 기업에서 잔뼈가 굵은 경력자에게 알게 모르게 각인된 전 직장 DNA가 쿠팡식 조직문화 형성을 방해할 것을 우려했기 때문이다. 유통업계 관계자는 "쿠팡이 이마트, CJ 등에서 상품 전문가를 뽑기 시작한 건 2021년 상장 이후부터"라고 설명했다.

누구나 회의 소집할 수 있어

기존 국내 기업들과의 또 하나 차이점은 비대면 커뮤니케이션이다. 쿠팡은 2020년 코로나19 창궐 후 본격화한 화상 회의를 아직도 고수하고 있다. 엔데믹(감염병의 풍토병화) 이후 상당수 실리콘밸리 기업조차 직원들을 회사로 불러들이고 있다. 그런데도 쿠팡은 대외 커뮤니케이션 부문 등 일부 조직을 제외하고 여전히 재택근무를 원칙으로 삼는다.

화상으로 이뤄지는 회의는 한국, 미국, 대만, 싱가포르 등을 연결해 하루에만 수백 건 열린다. 회의 소집은 직급에 상관없이 누구나 할 수 있다. 소집 기준은 안건의 중요성과 긴급성이다. 쿠팡 전직 임원은 "과장급에 해당하는 연차의 직원이 회의를 소집하더라도 필요하다면 다른 부서 임원들도 화상 회의에 들어와야 한다"며 "이때 회의 참가자들은 각자가 어떤 직급인지 전혀 알지 못한 채 오로지 회의 안건만 놓고 협의하고 논쟁한다"고 설명했다.

C레벨 네 명 중 세 명이 외국 국적자

외국 국적 임직원들이 소통에 어려움 없이 근무하는 것도 특징이다. 김범석 대표, 강한승 한국 쿠팡 대표, 거라브 아난드 최고재무책임자(CFO), 해럴드 로저스 최고행정책임자(CAO) 네 명의 C레벨 중 강 대표를 제외한 3명이 외국 국적자다.

쿠팡은 한국 본사를 포함해 상하이, 베이징, 홍콩, 시애틀, 도쿄, 싱가포르 등 전 세계 10개 도시에 오피스를 두고 다국적 인재를 뽑고 있다. 쿠팡에 따르면 미국, 프랑스, 인도, 중국, 대만, 스위스, 베트남, 미얀마 등 국적도 다양하다. 아마존, 마이크로소프트 등 빅테크 출신도 수두룩하다. 외국인이 워낙 많다 보니 쿠팡에서 상시 근무하는 동시 통역자만 150~200명에 달하는 것으로 알려졌다. 국내 단일 기업으로는 최대 규모다.

출처: 한국경제 2023.12.24.

3. 국제화과정의 유형화

기업의 성장에 따른 국제화 과정은 ① 국내지향기업(국내기업), ② 해외지향기업(수출기업), ③ 현지지향기업(다국적기업), ④ 세계지향기업(세계기업)의 네 단계로 나눌 수 있다.

한국의 기업 경우를 보면, 1기를 국내기업이라고 한다면, 2기와 4기는 국제기업이라고 할 수 있다. 특히 2기는 해외수출활동을 가장 주된 업무로 삼는다는 점에서 '수출기업', 제 3 기의 현지지향기업은 여러 국가에 본격적인 거점을 마련하고 생산 마케팅 등의 경영활동을 수행한다는 점에서 '다국적기업', 그리고 제 4 기의 세계지향기업은 세계를 무대로 한 경영활동을 본격적으로 벌인다는 점에서 '세계기업'이라 칭할 수 있다.

사례 16-2 GS25, 해외 진출 6년 만에 20배 커졌다

K-편의점이 해외 국가에서 승승장구 하고 있다.

GS25는 지난 2018년 1월 베트남을 시작으로 2021년 5월 몽골까지 글로벌 시장에 진출한 지 만 6년 만에 첫해 대비 점포수가 무려 20배 성장했다고 7일 밝혔다.

연도별로 살펴보면 베트남 점포수는 △2018년 26점 △2019년 55점 △2020년 86점 △2021년 157점 △2022년 211점 △2023년 230점 △2024년 245점(1월 7일 기준)이며, 몽골 점포수는 △2021년 34점 △2022년 112점 △2023년 268점 △2024년 273점(1월 7일 기준)으로 현재 해외 총 GS25는 518점까지 확대됐다. 진출 첫해인 18년과 비교해 보면 점포수가 무려 20배나 커진 셈이다.

해당 기간 GS25는 베트남에서 5년 만에 남부 베트남 기준 점포수 1위를 달성했다. 몽골에선 250호점을 28개월 만에 오픈하는 등 브랜드 편의점 중 가장 빠른 확장 속도를 자랑하며 3년 만에 시장점유율 40%를 넘어섰다. 이달 초에는 베트남과 몽골을 합쳐 '글로벌 500호점'을 돌파하는 금자탑도 쌓아 올렸다.

GS25는 해외에서 성공적으로 안착한 비결로 떡볶이, 카페25, 치킨25 등 K-푸드를 현지에 융합한 식(食)문화 전략과 편의점 인프라가 식당, 카페, 쉼터 역할을 모두 수행하고 있는 점이 주효했던 것으로 분석하고 있다. 이러한 인기에 힘입어 GS25의 해외 매출은 진출 첫해인 18년 대비 22년 기준 약 34.8배 커졌으며, 대내외적인 성장과 함께 매년 더 크게 신장할 것으로 전망된다.

GS25는 지난달 몽골에서 가맹 1호점 전개를 시작하며 글로벌 확장에 속도를 더한다는 계획이다. 몽골 GS25 가맹 1호점 오픈은 2021년 5월 몽골에 첫 점포를 개점한 지 만 2년 반 만에 이뤄졌다. 베트남에서는 이미 21년 12월 가맹점을 선보여 21년 2점, 22년 8점, 현재는 30점까지 확대됐다. 업계에서 유일하게 해외 진출국가 모두 가맹점 시대를 열게 됐다.

GS25는 직영점뿐 아니라 현지 일반인 대상 가맹점 전개에 속도를 내며 2025년까지 베트남과 몽골에서 점포수를 500점 이상 확대해 글로벌 1,000호점을 달성하고, 2027년까지 글로벌 1,500호점을 달성하겠다는 중장기 목표를 세웠다. 이를 위해 남부 베트남의 중심 도시인 호찌

민과 인근 지역인 빈증, 동나이, 붕따우 등 더 넓은 지역까지 진출하고, 몽골에서는 수도인 울란바토르 외 바가노르, 다르항, 종머드 등의 지역까지 점포 확산에 탄력을 더한다는 계획이다.

정재형 GS리테일 편의점사업부장(전무)은 "GS25가 새로운 성장동력을 확보하기 위해 해외에 진출한 지 약 6년 만에 점포수 20배 성장과 글로벌 500호점이란 성과를 거두며 K-편의점의 성공신화를 써나가고 있다"라며 "지금껏 쌓아온 해외 운영 노하우와 다목적 인프라 기능 강화, 가맹점 전개에 속도를 내 명실상부한 현지 1위 편의점으로 도약하고 세계적인 프랜차이즈 브랜드로 뻗어 나갈 것"이라고 말했다.

출처: 헤럴드경제 2024.01.07.

기업의 해외시장 진입방법

기업의 해외시장 진입방법은 수출, 계약형태, 직접투자형태에 따라서 〈표 16-1〉과 같이 구분할 수 있다.

1. 수출형태로 진입

간접수출은 제품이 중간상을 통해 수출되는 경우를 의미한다. 따라서 제조기업은 제품을 납기에 맞추어 중간수출업자에게 판매하기만 하면 수출업무가 종료되는 셈이기 때문에 시장선택이나 수출 마케팅전략에 대한 통제력을 갖지

표 16-1	기업의 해외시장 진입방법의 구분		
수출형태로 진입	**계약형태로 진입**	**직접투자형태로 진입**
• 간접수출(indirect exporting) • 자사대리점/유통업자 수출 (direct agent / distributer exporting) • 자사지점/자회사 수출 (direct branch/subsidiary exporting)	• 라이선싱(licensing) • 프랜차이징(franchising) • 기술계약(technical agreement) • 서비스계약(service contract) • 관리계약 (management contract) • 건설/턴키계약 (construction/ turnkey contract) • 계약생산 (contract manufacture) • 협동생산계약 (co—production agreement)	• 단독투자(신설) (sole venture: new establishment) • 단독투자(취득) (sole venture: acquisition) • 합작투자(신설) (joint venture: new establishment) • 합작투자(취득) (joint venture: acquisition)

못한다. 이러한 특성 때문에 간접수출은 주로 수출경험이 일천하거나 수출전문인력을 이용할 수 없는 경우, 그리고 수출규모가 생산 및 재정적인 면에서 적극적인 수출활동을 추진하기가 어려울 정도로 작은 경우 등에 많이 이용된다. 간접수출을 효율적으로 활용하기 위해서는 무엇보다도 신뢰할 만한 중간수출상을 정선하여 그를 자사 제품의 수출마케팅 계획에 공동으로 참여시키는 동시에 제품홍보, 광고 및 기술지원 등에 협력하고 주문에 대해 즉각적인 수출이 가능하도록 지원해 주는 것이 필요하다.

이에 반해, 직접수출은 제조기업이 직접 시장 및 고객접촉, 시장조사, 물적유통, 수출서류 작성, 가격결정 등의 제반 수출 마케팅활동을 계획하고 수행하는 수출을 의미한다. 직접수출은 간접수출보다 기업의 마케팅활동이 훨씬 더 발전된 단계이며 시장개입의 범위도 크게 확대된다. 그러나 제조기업은 예를 들어, 대규모시장에는 직접수출을 이용하고 소규모시장에는 간접수출을 이용하는 등 직접수출과 간접수출은 상호 보완적으로 이용할 수 있다.

대응무역은 제품판매를 구매와 연계시키거나 제품구매를 판매와 연계시키는 거래형태라고 정의할 수 있다. 최근에는 대응무역이 상품뿐만 아니라 기술이전, 서비스 제공, 기자재 등의 현금거래를 대체하거나 또는 그에 대한 보상적인 방법으로 이루어지는 여러 가지 무역거래를 포괄하는 의미로 사용되고 있다. 최근 대응무역은 전세계 동서무역의 약 1/2을 차지하고 있는 것으로 알려지고 있다.

이러한 대응무역의 유형을 살펴보면, 먼저 바터(barter)로서 이는 두 나라 간에 동일한 가치를 갖는 상품이 화폐 개입 없이 물물교환의 형태로 거의 동시에 수출입 되는 거래방식으로서 주로 정부간 거래에 많이 이용되고 있다. 바터무역의 예는, 1991년 구 소련의 농업 및 구매위원회는 콜라공급을 증대시키기 위해 미국의 펩시콜라와 US\$ 30억에 달하는 구매계약을 체결한 바 있는데, 동 계약은 펩시가 구 소련 내 공장 수를 24개사에서 50여 개사로 늘리고 모스크바에 2개의 피자(pizza) 레스토랑을 설립하는 것을 그 골자로 하고 있다. 동 계약에서 펩시는 음료수 및 피자레스토랑에 대한 대가로 10척의 유조선과 화물선, 그리고 보드카를 공급받는 것을 조건으로 하고 있다.

대응구매(counter purchase or parallel barter)는 수출업자가 수출에 대응하여 수입업자 또는 수입업자 중개하의 제 3 자로부터 특정 상품 또는 서비스를 구매함으로써 수출과 수입을 연결시키는 거래이다. 이러한 거래는 선진국과 개발도상국 간의 대응무역에 가장 흔하게 나타나는 형태인데, 이러한 방법에 의한 거래가 전체 대응무역의 55%를 점하고 있다

쌍무청산협정(bilateral clearing agreement)은 두 나라 사이에서 정부가 일정기간 동안(통상 5년) 관여한다. 이러한 방식에 의한 수출입거래는, 수출국은 통상 선진국이고 수입국은 개발도상국인 경우가 대부분인데, 개발도상국이 항공기나 군수품을 수입할 때 그 항공기나 군수품 생산에 개발도상국에서 생산된 부품이나 일부 제품을 사용하도록 하는 경우를 의미한다. 선진국들은 일반적으로 개발도상국들이 부품이나 일부 제품을 생산할 때 기술지원을 해 주고 있다.

보상무역(compensation, buyback)은 수출업자가 산업시설을 건설하기 위하여 설비, 면허 및 기술정보를 제공하고 그 대가로 이 설비로부터 생산된 관련재 또는 결과재를 일정기간 동안 구매하기로 하는 장기계약을 의미한다. 이 방식은 주로 턴키(turnkey)방식의 플랜트수출에서 많이 이용되고 있다. 예를 들어, 피아트(Fiat) 자동차는 구 소련에 US\$ 15억을 투자하여 소형자동차 공장을 설립하고 그 대가로 생산된 자동차의 1/3을 피아트가 수출하여 외화를 획득하는 방식을 활용한 바 있다.

표 16-2	간접수출의 장·단점	
장점	**단점**	
해외시장에 적은 투자자본으로 진출 가능	판매 이후 마케팅에 대한 통제권을 상실하기 때문에 해외고객과의 접촉이 불가능하고, 최종소비자의 욕구나 반응에 대한 파악이 힘듦	
위험을 줄이면서 해외진출 가능	많은 제품을 취급하는 대리상의 경우 수출규모나 이익 가능성이 적은 경우, 또 과도한 경쟁을 하는 경우 제조기업의 피해우려	
전문무역회사를 이용함으로써 양질의 해외시장정보를 입수, 회사의 지명도도 활용	제조기업과 중간수출상의 분규가 발생 가능성이 높고, 이로 인해 수출대행을 거절할 수도 있으며 제품 판매 기회의 상실위험	
클레임이나 환율변동에 따른 위험을 중간거래상으로 이전	수출시장에 대한 제조기업의 정보부재로 수입감소의 초래 가능성	
해외수출의 직접 운영에 따른 경비 절감	간접수출에만 의존하는 경우 해외시장으로부터 격리될 가능성이 높고, 적극적인 국제경영활동에 필요한 전문인력의 양성에 어려움	

스위치무역(switch trading)은 양국이 쌍무무역협정하에서 일정기간 동안 거래를 지속하는 경우 발생하게 되는 국가 간의 무역불균형을 시정하기 위해 이용되는 방법으로써, 주로 서방투자자들이 대 동구권과의 교역에서 지급받은 제품 및 소련·동구권 통화를 제3국을 통해 외화로 태환할 때 많이 활용된다. 예를 들어, 크리스찬 디오르(Christian Dior)는 1985년부터 모스크바와 프라하에 3개의 향수판매점을 개점하고 소련의 루불화 및 체코의 크로나화를 받고 향수를 판매하였다. 판매수익을 본국으로 송금하는 것이 금지되고 있었기 때문에 크리스찬 디오르는 소련이나 체코에 대해 루불화나 크로나화 부채를 지고 있는 제3국에게 루불화와 크로나화를 지급하고, 그들로부터 서방세계에서 판매 가능한 제품 또는 외환을 매입하여 문제를 해결하였다.

상계무역(offset trade)은 수출업자가 수출제품을 생산하는 과정에서 수입국에서 생산된 부품이나 일부 제품을 포함시켜 제품을 생산하도록 하는 경우를 의미한다. 이러한 방식은 민간 및 군용 항공기 그리고 군수품과 같은 고부가가치제품의 수출에서 쉽게 찾아볼 수 있다.

2. 계약형태로 진입

다음은 계약형태의 진입방법에 대하여 자세히 살펴보자.

라이선싱(licensing)

라이선싱은 라이센서(licensor)와 라이센시(licensee) 간에 라이선싱 계약을 체결하고, 이 계약 하에서 라이센서가 자사가 보유하고 있는 특허(patent), 기업비밀(trade secret), 노하우(know-how), 등록상표(trade-mark), 지식(knowledge), 기술공정(technical process) 등의 상업적 자산권을 사용할 수 있는 권리를 라이센시에게 제공하고 그 대가로 라이센시로부터 일정한 로열티를 수수하는 국제경영방식이다.

라이센서는 라이센시로부터 자기가 원하는 수준의 제품을 공급받기 위해 단순히 특허나 노하우 등의 상업적 자산권을 이전하는 데 그치지 않고 라이센시에게 상당한 정도의 기술도 지원해 주는 것이 일반적이다. 이때 기술을 어느 정도로 지원해 줄 것인가 하는 것은 관련 기술 및 공정의 복잡성 정도 그리고 기술, 경영, 마케팅 등과 관련된 라이센시의 능력에 따라 좌우된다.

라이선싱은 해외시장 침투에 그 기본 목적이 있으며, 이 방식은 높은 생산원가 때문에 제품을 국내에서 생산하는 것이 비효율적이거나 국내에서 생산하여 그것을 판매지역까지 운송하는 데 많은 운송비가 소요되는 경우, 또는 제품특성면에서 장거리 운송이 불가능한 경우, 그리고 현지정부의 규제 때문에 현지생산이 불가능한 경우 등에 이용된다.

라이선싱의 장점과 단점은 다음과 같다. 먼저 장점은,

❶ 현지시장 진출에 따른 관세 등의 비용증대 및 수량제한과 같은 수입장벽을 우회할 수 있다.

❷ 지분투자(equity investment)의 경우에 비해 정치적 위험이 낮고, 보다 적은 비용으로 해외시장에 신속히 침투할 수 있다.

❸ 현지국의 수입제한 및 투자제한 정책에 따라 기업의 현지진출이 완전히 배제되는 경우 라이선싱이 유일한 현지진출방법이 되기도 한다.

④ 해외진출 제품이 서비스인 경우 서비스는 수출이 불가능하기 때문에 라이선싱이 훨씬 매력적인 방법이다. 또 제조기업의 제품을 현지시장의 요구에 부응하도록 적응이 필요한 경우 라이선싱이 유리하다.

⑤ 해외투자에 비해 정규적이고 안정적인 로열티를 수수할 수 있다. 라이선싱은 각종의 자원부족 때문에 해외시장에 직접 개입할 수 없는 소규모 기업의 경우 해외시장에 가장 적게 개입하면서도 이익을 구가할 수 있는 방법이다.

단점으로는

① 기업이 기술이나 특허, 등록상표, 기업명 등과 같이 현지시장에 매력적인 자산권을 보유하고 있지 못한 경우 라이선싱을 이용할 수 없다.

② 현지시장에서의 마케팅계획 및 제품생산 공정에 대한 라이센서의 통제력이 약화된다.

③ 라이선싱에 따른 수익은 수출이나 해외투자에 따른 수익보다 훨씬 낮다.

④ 현재의 라이센시가 장차 제3시장 및 국내시장에서 경쟁기업이 될 수 있다.

⑤ 라이선싱은 통상 라이센시에게 기술 및 등록상표에 대한 특정 지역에서의 일수권(exclusive right)을 부여하기 때문에, 라이센서가 여타 진출방법을 이용하여 동 지역에 진출하는 것이 불가능하다.

프랜차이징(franchising)

프랜차이징은 라이선싱의 한 형태로서 프랜차이저(franchisor)가 독립적인 프랜차이지(franchisee)에게 일정한 수수료(fee 또는 royalty)를 대가로, 프랜차이즈의 영업에 필수불가결한 자산인 등록상표(trademark)등에 대한 사용권을 허가해 주고 기업의 운영까지를 계속적으로 지원해 주는 국제경영방식이다. 프랜차이즈의 운영지원에는 장비 및 기구공급, 훈련 및 금융제공 그리고 일반 경영지원 등이 포함된다,

프랜차이즈는 프랜차이저의 등록상표를 이용하고 프랜차이저의 정책과 절차를 준수하는 한편, 프랜차이저는 프랜차이즈의 운영에 필요한 물품을 공급해

주기도 한다. 예를 들어, 할리데이 인(Holiday Inn)은 프랜차이저에게 '할리데이 인'이라는 이름을 사용하도록 허락하고 프랜차이즈가 숙박업을 시작할 수 있도록 모텔 위치에 대한 평가 등과 같은 운영에 필요한 지원을 제공한다. 그리고 프랜차이저인 할리데이 인은 프랜차이즈에게 성공적인 사업이 될 수 있도록 예약서비스와 훈련 프로그램 등도 제공한다.

프랜차이징은 프랜차이저와 프랜차이즈 모두가 독립성을 가지고 최종 소비자에 이르는 재화 및 서비스의 일부를 각기 생산한다는 점에서 수직적 통합과 유사하다. 프랜차이징은 즉석식품, 자동차임대, 건설, 음료수, 호텔 및 모텔, 주유소 등의 산업에서 많이 이용되고 있다. 이러한 방식을 이용하고 있는 대표적인 예로서는 Coca Cola, McDonald's, KFC(Kenturcky Fried Chicken) 등을 들 수 있다.

프랜차이징의 장점은 다음과 같다.

① 적은 비용으로 해외시장에 신속히 진출할 수 있다.
② 표준화된 마케팅 방법을 이용하여 독특한 이미지를 형성할 수 있다.
③ 프랜차이즈에게 높은 동기를 부여할 수 있다.
④ 정치적 위험이 낮다.

프랜차이징의 단점은 다음과 같다.

① 프랜차이저의 이익이 제한적이다.
② 프랜차이저가 프랜차이즈의 운영을 완전히 통제할 수 없다.
③ 프랜차이지가 장차 경쟁기업이 될 수 있다.
④ 프랜차이징 계약에 대해 현지정부가 제약을 가할 수 있다.

관리계약(management contract)

관리계약이란 일종의 합작투자 형태로서 양 파트너 간에 기업의 소유와 경영이 분리되어 한 파트너는 운영시설을 소유하고 다른 한 파트너는 경영을 담당하는 형태의 국제경영 방식이다. 하지만 관리계약의 범주는 기업의 계속적인 운영에만 국한될 뿐 신규투자, 배당정책 결정, 소유권정책 등과 같은 주요 문제에 대해서는 어떠한 권한도 부여되지 않는다. 관리계약은 주로 실제적인 합작투자 또는 턴키 프로젝트 등에 대한 보완책으로 이용된다. 경영을 담당하는 파트 는 관리적 노하우를 제공하는 대가로 합작업체 소유권의 일부 지분이나 로열티(royalty) 또는 관리대가(management fee)를 수수하게 된다.

　　관리계약은 특히 공공부문, 서비스산업, 식품가공, 천연자원 개발 등의 분야에서 쉽게 찾아볼 수 있다. 오늘날 많은 국가들이 전기, 가스, 상수도, 전화, 전신, 텔레비전 및 여타 공공 서비스 분야를 국영기업(state owned enterprise) 형태로 운영하는 경우가 많은데, 관리계약은 동 시설을 지속적으로 근대화시키는 데 전문인력이 필요한 정부의 경우에 이용된다.

　　관리계약은 위험수준이 낮은 해외 현지시장 진출방법이지만, 협상에 많은 시간이 소요되고 희소 경영자원이 투입되면서도 그것이 장기적으로 지속될 수 없다는 점에서 만족스러운 해외진출 방법이라고는 할 수 없다. 또 수익이 정해진 기간 동안의 수수료에 국한된다는 단점이 있다.

턴키 프로젝트(turnkey project)

　　턴키 프로젝트는 일명 플랜트수출(plant export)이라고도 하는데, 이 방식은 기업이 외국으로부터 생산공장이나 석유시추시설 등과 같은 산업시스템을 발주 받아 이를 설계, 건설하여 프로젝트를 완공한 다음 그 초기운영까지를 담당한 후 그것을 발주자에게 일괄 제공하는 방식이다. 한 단계 더 나아가 프로젝트의 발주자가 당해 프로젝트를 독자적으로 운영할 수 있도록 경영관리나 근로자 훈련 등의 서비스를 추가로 제공하는 방식도 있는데, 이를 턴키 플러스(turnkey plus)라고 한다.

　　턴키 프로젝트는 각 프로젝트마다 각기 상이한 특성을 지니고 있고 그 내용도 서로 다르기 때문에 어떤 표준적인 계약을 이용할 수는 없으나 통상적으로 이 방식에서는 엔지니어링 기술과 노동 및 경영 관리기법이 복합적으로 이전되는 것이 일반적이다. 턴키 프로젝트를 제공하는 업체는 완성된 시설 전체를 제공하고 그 대가로 기계설비 대금과 공장설계, 공정 노하우, 현지인 훈련 등에 대한 대가(fee)를 지급받게 된다. 턴키 프로젝트는 건설 및 엔지니어링 능력이 부족한 개발도상국을 상대로 많이 이용되고 있다. 턴키 프로젝트는 복잡한 협상과정을 거쳐야 되고 대부분의 경우 현지국 정부와 계약이 이루어지기 때문에, 이와 관련하여 야기될지도 모르는 문제점들을 잘 해소시킬 수 있도록 계약을 효과적으로 체결하는 것이 무엇보다도 중요하다. 한편, 턴키 프로젝트는 국유화의 위험이 없으며 현지정부의 제약을 받지 않는다는 장점이 있다. 또 부품만을 판매하는 경쟁기업보다 경쟁적인 위치를 강화할 수 있고 일단 턴키 프로젝트 형식으로 현지에 진출하면 부품을 계속적으로 판매할 수 있다는 장점이 있다.

사례 16-3

"한화 태양광 사업 턴키로 확대...MS와 협업 더 강화"

한화솔루션 큐셀부문(이하 한화큐셀)이 태양광 사업 구조 다변화에 속도를 낸다. 태양광 모듈 판매에만 그치지 않고 태양광 발전소 턴키(설계·시공 일괄입찰) 등 고부가가치 사업 경쟁력을 키우는 것이다.

박흥권 한화큐셀 미국 사업본부장(사장)은 12일(현지시간) 미국 워싱턴주 레드먼드 마이크로소프트(이하 MS) 캠퍼스에서 진행된 기자 간담회에서 "패널 공급뿐만 아니라 태양광 발전소 건설 등 사업 영역을 넓혀가면서 중국 업체와의 경쟁에서 직접 노출되는 부분은 점점 줄어들고 있다"고 강조했다. 그러면서 "하드웨어를 통해 창출되는 수익이 향후 전체 비중에서 절반으로 줄어들고, 2030년 이전에는 턴키 등을 통해 나오는 수익이 커질 것"이라고 말했다.

한화큐셀은 태양광 모듈 생산·판매를 넘어 태양광 발전소 턴키(설계·시공 일괄입찰) 등 수익 모델 다변화를 구축하고 있다. 태양광 발전소에 에너지저장장치(ESS) 배터리를 연계하는 프로젝트도 추진하고 있다. 김동관 한화그룹 부회장이 단일 수익 모델에 의존해선 안 된다고 판단, 사업 구조 확대를 적극적으로 지지하는 것으로 알려졌다.

박 사장은 "몇 년 전부터 태양광 모듈만 판매하는 사업 구조는 부가가치를 최대화하지 못한다고 판단했다"며 "경험이 많은 턴키 사업 전문가 등을 채용해 준비하고 있다"고 설명했다.

태양광 분야에서 한화큐셀과 가장 적극적으로 협력하고 있는 회사는 MS이다. MS는 탄소중립을 넘어 탄소 네거티브(감축)를 목표로 삼고 있다. 목표 달성을 위해 올해 초 한화큐셀과 친환경 에너지 확산을 위한 전략적 파트너십 협약을 맺었다. 이번 협약으로 한화큐셀은 MS가 전력 구매 계약을 체결할 태양광 발전소에 2.5GW(기가와트) 이상의 모듈을 차례로 공급할 예정이다. 현재는 MS와 태양광 모듈 공급을 넘어 발전소 턴키 등 다양한 협력 방안을 논의하고 있다. 박 사장은 "MS가 하드웨어를 만드는 회사와 재생에너지 관련 파트너십을 맺은 이후 턴키 등 사업을 확대하려는 사례는 없었다"고 강조했다.

성장하는 미국 태양광 수요에 대응하고자 공장 추가 건설도 검토한다. 그는 "미국에서 태양광 공장 추가 건설을 고려하고 있고, 가능성은 충분히 있다"고 밝혔다. 한화솔루션은 미국에 신규 태양광 공장 구축을 위해 3조 2,000억 원을 투입했다. 올해 7월 준공된 모듈 생산라인 조지아주 달튼 2공장에는 2,000억원, 건설 중인 태양광 통합 생산단지 조지아주 카터스빌 공장에는 3조원을 투자했다. 다만 구체적인 시점에 대해서 한화큐셀 관계자는 "구체적으로 정해진 바가 없다"고 했다.

한화솔루션의 적극적인 투자로 미국 조지아주에 창출된 일자리는 4,000개 이상이다. 밥 코젝 미국 조지아주 경제개발국 글로벌커머스 본부장은 11일(현지시간) 미국 조지아주 애틀란타의 한 건물에서 진행한 기자간담회에서 "한화큐셀과 같은 기업은 지역사회와 산업 생태계 전체에 이익을 창출, 주정부에 긍정적인 파급 효과를 가져다 준다"고 강조했다.

한화솔루션 투자를 유치한 배경으로 조지아주는 낮은 법인세율을 꼽았다. 조지아주는 2019년 1월부터 법인세율을 기존 6%에서 5.75%로 인하했다. 기업의 투자를 유도하고자 50년 동안 6%로 유지했던 법인세율을 내린 것이다. 코젝 본부장은 "조지아주 관계자는 기업이 성장할 수 있는 비즈니스 친화적인 환경을 지속해서 지원해 왔다"고 말했다.

출처: 헤럴드경제 2023.10.18.

계약생산(contract manufacturing)

계약생산은 라이선싱과 직접투자 간의 절충형태로서, 이 방식은 자기 기업이 제품을 직접 생산하여 현지에 수출하기보다 생산능력을 가지고 있는 현지기업으로 하여금 자기 기업이 요구하는 대로 제품을 생산하도록 하는 장기계약을 체결하고, 그 계약 하에서 생산된 제품에 대한 마케팅은 자사가 독립적으로 책임을 지는 국제경영방식이다.

계약생산을 위탁하는 기업은 자사가 요구하는 제품을 즉시 생산하기 위해 통상 현지기업에게 기술을 이전해 주거나 또는 기술을 지원해 주는 것이 일반적이다. 이때 기술이전 및 기술지원은 기업간 별도의 라이선싱계약이나 기술지원계약에 따라 이루어진다. 계약생산은 통상 해외고객에게 자사가 제품을 직접 공급할 수 있는 생산여력이 미치지 못하거나 현지시장이 협소하여 직접투자형태의 진출이 타당하지 않는 경우, 그리고 현지정부의 규제 등의 장벽 때문에 통상적인 수출경로를 통해서는 해외고객에게 제품을 공급할 수 없는 경우에 많이 이용된다.

계약생산은 직접투자형태의 진출에 비해 적은 자본과 경영자원으로 해외시장에 신속하게 진출할 수 있고 현지의 값싼 노동력이나 원자재를 이용할 수 있으며, 현지에서의 소유권 문제 등에 따른 충돌을 피할 수 있다는 장점이 있다. 또 마케팅 및 애프터 서비스에 대한 통제를 가능하게 해 주기도 한다. 오늘날 흔히 볼 수 있는 OEM(original equipment manufacturing)방식도 일종의 계약생산이라고 할 수 있다.

한편, 계약생산은 위탁기업의 입장에서 보았을 때 적격한 현지 생산기업을 찾아내기가 어렵고, 또 찾아낼 수 있는 경우라고 할지라도 생산기술 및 질적 수준을 향상시키기 위해 막대한 기술지원을 제공해 주어야 하는 등의 어려움이 따른다. 그리고 기술을 제공받은 기업이 장래의 경쟁기업이 될 수 있다는 위험도 내포하고 있다.

전략적 제휴(strategic alliance)

전략적 제휴는 합병과 외부시장거래(라이선싱 등) 간의 중간형태로서 기술개발, 조달, 생산, 마케팅, 디자인, 엔지니어링, 유통 등의 분야에서 이루어지는 기업 간의 제휴관계를 의미한다. 전략적 제휴에 참여하는 기업들은 상호 대등한 입장에서 서로의 비교우위 요소를 결합함으로써 전체적인 경쟁력 제고를 도모하게 된다.

최근 이러한 전략적 제휴는 항공기산업 분야에서의 프랑스·영국·독일·스페인 기업이 참여한 Airbus사, 미국·영국·일본·독일·이탈리아 기업이 참여한 International Aero Engines사 등의 경우에서 찾아볼 수 있다. 이 외에도 네슬레가 자사의 아이스 티(iced tea)·네스카페 커피, 그 외에 다른 음료제품의 시장을 확대하기 위해 코카콜라와 전략적 제휴관계를 맺은 예, 그리고 GM이 플라스틱·배터리·트랜스 미션·전자·환경 등의 분야에서 신기술을 개발하기 위해 포드·크라이슬러와 협력관계를 맺은 예 등을 들 수 있다.

전략적 제휴는 참가기업들이 사업을 공동 추진하되 경영의 독립성을 유지할 수 있으므로 위험분산과 안정적인 수익확보에 기여할 수 있고, 동시에 개별기업의 노하우를 용이하게 관리할 수 있는 기업협력형태라고 할 수 있다.

전통적 기업협력형태인 합작투자가 주로 선·후진국기업간 수직적 분업체계를 형성하기 위해 새로운 사업체를 설립하는 형태를 띠고 있는 데 반해, 전략적 제휴는 대부분 선진국 경쟁기업 간에 신규회사를 설립하지 않고 형성되는 것이 특징이다.

　　다국적기업 간의 전략적 제휴는 해외시장 개척을 통해 기업성장의 발판이 되었던 자국의 시장규모의 한계를 극복할 수 있고, 신제품개발에 필요한 연구개발비를 분담함으로써 비용을 절감할 수 있을 뿐만 아니라, 신시장 진입에 소요되는 비용절감, 제품생산 및 공정기술의 습득과 규모의 경제에 의한 생산비 절감, 조직 및 경영과 관련된 노하우의 습득, 불안정한 시장에서 영업활동을 전개함에 따라 수반되는 정치적·경제적 위험분산 등의 이점을 가지고 있다. 또 다국적기업 간 마케팅, 금융, 기술 및 생산참여를 통한 시장확보, 자원획득, 기술습득, 그리고 용이한 자본조달 등의 이점도 가지고 있다. 그러나 장기적으로 많은 자원투입이 요구되고 의견조정에 따른 시간비용이 많이 소요될 뿐 아니라 의사결정이 지연되는 단점을 가지고 있다.

3. 직접투자형태의 진입방법

단독투자

▌ **단독투자**: 신설(sole venture: new establishment)

직접투자형태의 해외진출은 기업이 관리, 기술, 마케팅, 재정상의 능력 및 기법을 자사 통제하의 기업형태로 국경을 넘어 현지시장에 이전시킨다는 점에서 전술한 여타 형태의 국제경영방식과 다른 특성을 가지고 있다. 그 중에서도 단독투자는 의결권을 가지고 있는 주식의 95% 이상을 자기기업이 단독으로 소유하는 형태로 해외에 진출하는 방식으로서, 신설이나 취득 어떤 방법으로도 해외진출이 가능하다.

일반적으로 단독투자 형태의 해외시장 진출은 통상 기업이 강력한 독점적 우위를 소유하고 있는 경우나 제품 생산과정에서 모기업이 자회사에게 원자재를 공급한다든지 또는 그 반대의 관계가 성립되는 경우 등에 주로 활용된다.

단독투자가 특히 선호되는 경우를 보면 다음과 같다.

❶ 청량음료나 화장품 등의 소비재 제품에서 전형적으로 볼 수 있는 바와 같이 차별화된 제품에 대해 전세계적으로 통일된 마케팅기법이 사용되는 경우

❷ 성숙기에 달한 제품에서 볼 수 있는 바와 같이 생산비 절감을 위해 범세계적인 시야에서 생산설비를 합리화하거나 집중화하는 것이 우선되는 경우

❸ 원료 및 자원생산에 대한 국제적 과점기업의 전략으로 활용되는 경우

❹ IBM과 같은 신제품개발지향형 기업의 전략 등

GM이나 IBM 등은 이러한 단독투자 전략을 채택하여 완전소유를 지향하고 있는데, 기업이 합작투자를 하고자 하는 경우라 할지라도 다음과 같은 경우에는 부득이 단독투자를 고려하지 않을 수 없다.

❶ 현지파트너의 능력이나 성실성이 결여된 경우

❷ 현지파트너의 주식이 제3자에게 양도될 것으로 우려되는 경우

❸ 현지파트너와 모기업 간에 이해가 대립되는 경우 등

단독투자방식에 의한 기업의 해외진출은 제품이나 기술에 대한 보다 강력한 통제가 가능하고 자사의 경영방침을 독자적으로 운영할 수 있으며, 기술이나 노하우의 누출을 방지할 수 있다는 장점을 가지고 있다. 단독투자에 의한 진출은 제품판매 및 서비스 분야보다는 제조업 분야에서 훨씬 쉽게 찾아볼 수 있다.

한편, 오늘날 대부분의 국가들은 단독투자에 의한 외국기업의 자국 내 진출을 원칙적으로 금지하는 경우가 많으나, 그렇다고 해서 완전소유자회사 방식에 의한 진출이 전혀 불가능한 것은 아니다. 오히려 개발도상국의 경우 공업화가 급속히 진행됨에 따라 자국의 전략산업을 육성하고자 할 때, 그리고 고도의 기술이 필요한 수출대체산업으로 구조적인 전환을 하고자 하는 경우 등에는 100% 소유의 외국인투자라 할지라도 이를 받아들이고 있다. 개발도상국의 관점에서 100% 외국인 직접투자는 때로 합작투자방식에서는 이용할 수 없는 수출시장 제공과 같은 이점을 제공받기도 하며, 피투자국의 목표에 따라서는 다른 대안보다도 더 유효하게 활용될 수도 있다.

▌단독투자: 취득(sole venture: acquisition)

기업이 신설(greenfield)과 취득(acquisition) 중 어떤 방식으로 해외에 진출할 것이냐 하는 것은 이 두 가지 대안에 따른 예상위험과 조정비용, 기업의 능력 및 전략, 그리고 현지국의 영향 등을 고려하여 결정하게 된다. 취득에 의한 기업의 해외진출은 기업이 신설이나 합작투자 형태로 진출하는 경우 직면할 수 있는 문제점을 상당 부분 보완해 주는 대체방안으로서, 기업이 부족한 경영자원을 외부로부터 일시에 취득하여 단기간 내에 해외에 진출하고자 하는 경우에 이용되는 가장 적극적인 해외투자방법의 하나이다.

신설방식에 의한 해외투자가 생산시설 설립 등으로 인해 장기간이 소요되는 데 반해, 취득에 의한 기업의 해외진출은 기존의 제품과 시장을 가진 계속기업을 취득하여 진출함으로써 현지시장에 즉각적으로 진출할 수 있고, 또 새로운 제품라인을 추가할 수 있으며 회수기간이 짧다는 장점을 가지고 있다.

또 취득방식을 이용하는 경우 해외 현지기업의 기술, 상표 및 기존 유통구조와 현지 관리자를 일거에 획득함으로써 진출기업의 경쟁력 강화는 물론, 현지시장에의 조기 진입, 시장점유율의 증가, 마찰 회피, 그리고 투자비용의 절감 및 리스크(risk) 회피 등의 효과를 동시에 거둘 수 있다. 이 외에 동종 산업 간의 국제경쟁에 있어서 자사의 경쟁력을 증대시켜 주고 기업의 다국적화에 효율적인 수단으로 활용될 수 있다. 또 시너지 효과(synergy effect)는 물론, 전략적으로도 신속한 수익 증대와 지역 및 제품의 다각화를 가능하게 해 준다. 따라서 기업의 국제화 과정에서 자사의 능력에 한계가 있거나 또는 조속한 현지진출이 필요한 해외투자의 경우 취득방식의 이용이 증대되고 있으며, 동시에 점차 하나의 중요한 해외진출전략이 되어 가고 있다. 하지만 취득방식에 의한 해외진출도 몇 가지 단점을 가지고 있다 먼저 취득방식에 의한 기업의 해외진출이 성공하기 위해서는 무엇보다도 최선의 우량기업을 엄선하는 것이 중요한데, 그 평가는 대단히 어려울 뿐 아니라 많은 시간이 소요되며 그 기간 동안 기업의 성과와 이익이 제약을 받게 된다. 그리고 진출기업이 피 취득기업의 새로운 제품라인에 대한 경험이 부족한 경우 실패할 가능성이 높다. 또 피 취득기업을 자사방식의 운영과 정책에 적응시키는 데에도 상당한 시간이 소요되며, 기존의 잘못된 노사관계나 손상된 기업성과도 동시에 따라 올 수 있다. 그리고 취득방식에 의한 해외진출은 경제적 공헌도가 낮기 때문에 피투자국 정부로부터 우호적인 대우를 받기가 힘들다는 단점이 있다.

합작투자: 신설/취득(joint venture: new establishment/acquisition)

합작투자는 2개국 이상의 기업체, 개인 또는 정부기관이 영구적인 기반 아래 특정 기업체의 운영에 공동으로 참여하는 국제경영방식으로서 전체 참여자가 공동으로 소유권을 갖는다. 공동소유의 대상은 주식자본, 채무, 무형고정자산(특허권, 의장권, 상표권, 영업권), 경영노하우, 기술노하우, 유형고정자산(기계, 설비, 토지) 등에 이르기까지 다양하다.

합작투자는 합작에 참가하는 기업들이 소유권과 기업의 경영을 분담하며 자본, 기술 등 상대방 기업이 소유하고 있는 강점을 이용할 수 있고 위험을 분담한다는 점에서 상호 이익적인 해외투자방식이다. 따라서 합작투자는 단독투자에 비해 자회사에 대한 통제보다는 오히려 현지파트너의 공헌을 필요로 하는 경우에 이용되는 방식이다.

합작투자는 신설방식으로 이루어질 수도 있고, 기존 현지기업의 일부 소유권을 취득하는 방식으로 이루어질 수도 있다. 다국적기업이 현격한 기술격차를 이용하여 해외에 진출했던 1950~60년대에는 합작투자보다 단독투자 방식이 훨씬 많이 이용되었지만, 경쟁이 격화되고 신기술개발이 지연되는 등, 독점적 우위의 확보가 어려워짐에 따라 합작투자가 선호되기 시작하였다. 또 합작투자의 이용증대는 각국 간의 산업이 동질화되고, 개발도상국 정부가 외국 다국적기업에 대해 소유권에 대한 압력을 강화했기 때문에 나타난 결과로 해석할 수도 있다. 최근에는 100% 단독투자만을 고수해 왔던 미국 기업이나 유럽 및 일본 기업들도 점차 합작투자를 통한 해외진출을 많이 이용하고 있다.

개발도상국들은 외국 기업이 단독투자로 자국에 진출하는 경우, 해외직접투자 자체가 일괄적(packaged)으로 이루어지게 되고, 이런 경우에는 훨씬 많은 비용이 소요되기 때문에 이것을 피할 수 있는 합작투자를 선호한다. 또 합작투자는 단독투자에 비해 현지의 통제를 현격히 강화할 수 있다는 장점을 가지고 있다. 개발도상국들은 때로 외국기업의 단독투자를 금지하거나 제한하고 있기 때문에 현지 진출방식이 합작투자로만 국한되는 경우도 있다.

합작투자가 선호되는 경우를 살펴보면 다음과 같다.

❶ 현지 정부의 제한 때문에 단독진출방식을 이용할 수 없는 경우
❷ 자사가 필요로 하는 원료 및 자원을 현지파트너가 생산하고 있고, 원료 및 자원을 입수하는 것이 현지진출을 위한 전제조건이 되는 경우
❸ 다각적인 제품라인을 취급하는 기업의 경우 현지 마케팅노력이 요청될 때, 즉 제품라인 별 판매채널을 자사가 현지에서 독자적으로 창출하기 보다는 기존 채널을 이용하는 것이 이익적이고 효과적인 경우
❹ 해외사업 운영에 필수불가결한 자본 및 경영능력 부족을 현지파트너와의 제휴에 의해 해결하고자 하는 경우
❺ 해외사업 경험이 일천하거나 협상력(bargaining power)이 약한 경우 등이다.

외국 기업은 합작투자 방식을 이용함으로써 다음과 같은 전략적 이점을 활용할 수 있다.

합작투자를 이용하는 경우 제품 포트폴리오 다변화, 고정비 및 자본투자 축소, 해외시장에의 조기진입 그리고 조속한 대금회수 등의 장점이 있다. 또한 규모의 경제 및 합리화를 달성할 수 있다. 합작투자를 이용하면 대규모 생산에 따른 비용절감 효과와 각 파트너의 비교우위 활용에 따른 비용절감 효과를 거둘 수 있으며, 상호 보완적인 기술 및 특허를 활용할 수 있다. 합작투자를 이용함으로써 기술상의 시너지 효과를 누릴 수 있으며 특허를 상호 교환할 수 있다. 더욱이 경쟁을 흡수하거나 차단시키는 차원에서 합작투자를 이용하면 경쟁을 완화시킬 수 있다. 또한, 현지파트너의 노하우를 이용함으로써 초기의 국제적 확장을 꾀할 수 있다.

마지막으로는 준 수직적 통합이 가능하다는 것이다. 합작투자를 이용하는 경우 원재료, 기술, 노동, 자본, 유통망 등에 대한 접근이 용이하고, 국제상의 허가를 획득할 수 있으며 상표인지에 따른 이익을 확보할 수 있다. 또 주요 구매자와의 연계관계를 수립할 수 있고 기존의 고정적 마케팅시설을 이용할 수 있다.

이상과 같이 합작투자는 단독투자에서와는 달리 본사와 자회사 간에 긴밀

한 관계를 가질 수 없으며 일정한 간격을 두고 유지되는 것이 통례이다. 따라서 합작에 있어서는 최적의 선택이 가장 중요한 문제가 된다. 합작투자파트너의 선정은 시장개입의 정도나 재정능력, 기술능력, 마케팅능력 등을 기준으로 하되, 이 외에 파트너에 대한 갖가지 정보를 다각적으로 분석하는 것이 필요하다. 현지파트너는 기본적으로 현지 사기업, 정부기관, 그리고 제 3 국으로부터의 파트너 등이 그 대상이 될 수 있다.

사례 16-4 마그나 합작사 설립 3년, LG전자 일냈다…차세대 차량 플랫폼 개발

2021년 합작법인을 세웠다. 2023년 자동차 시스템 솔루션 고도화란 개발 방향성을 설정했다. 2024년 1월 성과가 나왔다. 세상에 이제 막 등장한 플랫폼은 2027년부터 본격적으로 확산할 전망이다. LG전자와 세계적인 자동차 부품업체 '마그나'(Magna)에 대한 얘기다.

LG전자는 인포테인먼트 시스템(이하 IVI·In-Vehicle Infotainment System)과 첨단운전자보조시스템(이하 ADAS·Advanced Driver Assistance System)을 통합한 단독 플랫폼을 개발했다고 4일 밝혔다. 이는 LG전자와 마그나가 2021년 합작법인 'LG마그나 이파워트레인'(이하 LG마그나)을 설립한 지 3년 만에 나온 결과물이자, 지난해 협력 방향을 구체화한 뒤 1년 만에 나온 성과다. 양사는 지난해 세계 최대 IT·가전 전시회 '소비자가전쇼(CES) 2023'에서 자율주행 협력을 논의한 바 있다. 이번에 새롭게 개발한 통합 플랫폼은 오는 1월 9일(현지시간) 미국 라스베이거스에서 개막하는 'CES 2024'에서 완성차 고객사를 대상으로 처음 공개된다.

양사는 ▲더 나은 차량 경험 ▲직관적 인터페이스 ▲효율적 디자인 ▲비용 절감 등 '완성차 업체와 사용자의 요구'를 반영해 차량 플랫폼을 개발해 왔다. LG전자의 IVI 기술과 마그나의 ADAS 및 자율주행 관련 솔루션을 단일 칩셋 모듈(SoC·System on Chip)에 담아 기능과 효율성을 대폭 끌어올린 이유다.

LG전자 측은 "IVI와 ADAS 및 자율주행 솔루션을 하나의 부품으로 통합함으로써 각 부품이 차지했던 전체 부피를 줄여 차량 공간 확보에 유리하다"며 "각각의 시스템을 탑재하는 것 대비 비용도 절감된다"고 전했다. 시스템 간 실시간 정보 공유 및 빠른 데이터 처리를 통해 안전하고 효과적인 주행 경험을 제공한다는 점도 장점으로 꼽았다.

▲필러 투 필러(P2P·Pillar-to-Pillar) 디스플레이 ▲증강현실 헤드업 디스플레이(AR-HUD·Augmented Reality Head-Up Display) ▲최적화된 사람-기계 간 인터페이스

(HMI·Human Machine Interface) 등의 기능도 탑재됐다. 계기판(클러스터)·중앙정보디스플레이(CID·Center Information Display)·보조석디스플레이(PD·Passenger Display) 등 3개의 화면을 하나로 통합했고, 운전자의 전방 주시에 도움이 되는 시각적 정보를 3차원(3D)과 2차원(2D) 그래픽 이미지로 보여주는 기능도 구현했다는 의미다.

LG전자 측은 "운전자 및 탑승자는 주행 중에 전방 차량과의 거리는 물론 차선 이탈 등 안전 운행에 필요한 알림과 교통 상황에 따른 우회 경로 등 다양한 ADAS 정보가 제공된다"며 "자주 찾는 상점의 프로모션 정보와 같은 유용한 생활 정보까지 자동차 디스플레이에서 최적화된 사용자 환경·경험(UI·UX)으로 만날 수 있다는 점이 특징"이라고 했다.

LG전자는 CES 2024에서 자율주행 통합 플랫폼을 공개한 뒤 기술적 안정화 과정을 진행할 계획이다. 2027년형 모델부터 도입하는 걸 목표로 삼고 있다. 'IVI 분야의 글로벌 강자'인 LG전자와 '세계적인 자동차 부품업체' 마그나가 손잡고 만든 플랫폼이란 점에서 시장의 관심이 높다. 양사는 협업을 통해 IVI 분야의 영향력을 더욱 공고히 하는 동시에 차량 내 각종 부품을 통합하려는 자동차 산업의 현안 과제에도 이정표를 제시한 바 있다. LG전자는 마그나와 함께 개발한 통합 플랫폼이 소프트웨어 중심의 'SDV'(Software Defined Vehicle)에 필요한 차세대 인포테인먼트 기술이라 '시스템 간 복잡한 기능을 효율적으로 관리하고 제어하는 데 중요한 역할'을 할 수 있다고 자신했다.

빌 스나이더(Bill Snider) 마그나 일렉트로닉스 본부장은 "자동차 산업이 빠르게 변화함에 따라 혁신을 이끌기 위해 산업 리더들이 협력해 시너지를 내는 것이 매우 중요하다"며 "LG전자와 협력해 미래 ADAS 솔루션의 개발을 혁신적으로 진전시킬 것"이라고 말했다.

은석현 LG전자 VS사업본부장(부사장)은 "양사가 보유한 혁신적인 기술의 시너지를 통해 미래 모빌리티 기술 발전에 기여하는 솔루션을 완성했다"며 "업계를 선도함과 동시에 고객에게 차별화된 차량 경험을 지속 제시하기 위해 끊임없이 노력할 것"이라고 강조했다.

2021년 LG전자와 마그나가 손잡고 설립한 합작법인 LG마그나는 인천·남경(중국)·라모스 아리즈페(멕시코)에서 생산기지를 운영하며 사업 외연을 확장하고 있다.

출처: 이코노미스트 2024.01.04.

세계시장으로의 진출 – 글로벌 마케팅

국제경영학은 일반 경영학의 세부 분야인 재무관리, 인적자원관리, 생산운영관리, 마케팅 등에 적용이 가능하다. 예를 들어 국제경영학을 재무관리 분야에 적용하면 이는 국제재무관리라는 국제경영학의 세부 분야가 되며 자본조달과 투자의사결정이 국제적으로 이루어지게 된다. 즉 영국에서 회사채를 발행한 자금을 이용하여 남아프리카 공화국 다이아몬드 광산에 대한 투자 여부를 검토할 수 있게 된다. 여러 적용 분야 가운데 본 절에서는 마케팅 분야에 국제경영학을 접목한 국제마케팅 혹은 글로벌마케팅을 간략히 살펴보도록 한다.

사례 16-5 **현지에 공장 짓고 마케팅 강화…식품 · 주류, 해외공략 가속화**

전 세계에서 K-푸드에 대한 수요가 증가추세를 보이면서 식품·주류업계가 새해에도 해외시장 공략에 속도를 내기로 했다.

해외에 생산공장을 짓고 현지 소비자 입맛에 특화된 제품을 선보이는 한편 현지 유통채널과 협업을 강화해 판매를 늘릴 계획이다.

K-라면은 지난해 수출액이 역대 최대 기록이 유력한 만큼 해외사업에 더욱 힘을 쏟고 있다.

1일 식품업계에 따르면 지난해 농림축산식품부에서 4억 달러(약 5천 200억원) 농식품 수출탑을 수상한 삼양식품[003230]은 해외법인을 기반으로 수출 규모 확대에 나선다.

미국법인 삼양아메리카는 월마트·코스트코 등 주요 유통망을 넓히고 중국법인 삼양차이나와 일본법인 삼양재팬은 각각 온라인 채널과

편의점을 중심으로 경쟁력을 강화할 계획이다.

지난해 4월 설립된 인도네시아법인도 올해 초부터 영업을 본격화한다.

삼양식품은 불닭볶음면 등 주요 제품의 수출 증가에 대응해 내년 밀양 2공장을 추가로 짓는다.

해외에서도 제품을 직접 생산하는 농심[004370]은 올해 하반기 미국 2공장 생산라인을 증설한다.

농심은 지난 2005년 미국에 공장을 설립해 서부와 교포 시장을 중심으로 제품을 판매해 왔다. 코로나19 시기에 제품 수요가 급증하자 2022년 미국에 2공장을 지어 공급량을 늘렸다.

미국 사업이 성장세를 보이면서 농심은 2공장 설비를 증설하고 미국에 제3공장 착공도 나

선다.

동시에 베트남과 태국 등 동남아시아 시장과 호주, 일본 등에서도 제품 판매를 늘려나갈 예정이다.

특히 짜파게티, 너구리 등에 대한 해외 마케팅을 강화해 글로벌 시장에서 신라면에 이은 '제2의 파워브랜드'를 육성할 방침이다.

주요국 유통 채널과 협업해 현지 소비자 요구에 적합한 신제품 출시를 이어가고 이를 통해 내년 해외 매출 비중을 50%까지 끌어올리는 게 목표다.

'종가' 김치를 생산하는 대상[001680]은 올해 하반기 폴란드에 김치공장을 준공하고 유럽 시장 공략을 본격화한다.

대상은 유럽 국가의 포장김치 수요가 늘자 접근성과 재료 수급 용이성 등을 고려해 폴란드 크라쿠프에 6천 613㎡(2천평) 규모로 김치공장을 짓기로 결정했다.

이후 현지업체 ChPN과 합작법인 '대상 ChPN 유럽'을 설립하고 공장 준공에 약 150억 원을 투입하기로 했다.

또 공장 준공 뒤 김치 생산량을 늘려 오는 2030년에 연간 3천t(톤) 이상 생산할 계획이다.

롯데웰푸드[280360]는 올해 인도 빙과 자회사인 하브모어의 공장 증설을 완료한다.

롯데웰푸드 관계자는 "인구 대국인 인도에 앞으로도 투자를 이어가며 매출을 확대할 계획"이라고 말했다.

롯데웰푸드는 또 빼빼로 브랜드 마케팅도 강화한다.

작년 빼빼로데이(11월 11일)에 미국, 베트남, 필리핀 등 세계 각지에서 마케팅을 진행한 데 이어 올해 역시 관련 행사를 이어가기로 했다.

음료와 주류 수출로 지난해 1억 달러(약 1,300억원) 농식품 수출탑을 수상한 롯데칠성음료[005300]와 하이트진로[000080]도 해외사업 강화 전략을 계속 펼칠 계획이다.

지평막걸리를 생산하는 지평주조는 미국, 중국, 일본을 중심으로 수출에 나선다.

출처: 연합뉴스 2024.01.01.

국제경영활동에 있어 해외/국제/글로벌시장들에 대한 국제적 오리엔테이션과 접근방법은 기업체 별로 차이가 있기 마련이다. 그러한 차이는

❶ 국제경영의 몰입국면이 어느 정도에 도달했는가와
❷ 어떠한 국제 마케팅관리의 컨셉트 전략을 채택하느냐에 따라 달라진다.

여기서는 국제마케팅 국면에 있는 기업의 글로벌 마케팅컨셉트 전략에 대해서 살펴보기로 하자.

글로벌 마케팅에 의해 경영되고 있는 기업체는, 전체 지구를 하나의 시장으로 삼고 활동하면서 글로벌 마케팅활동을 전개하고 있기 때문에 흔히 글로벌회사(global company)라고 부른다.

그러한 글로벌 마케팅전략(global marketing strategy)을 채택하고 있는 글로벌회사는 글로벌시장에 적정가격으로 판매하는 데 목적을 두고 신뢰할 만한 품질의 표준화된 제품들(standardized product)을 개발함으로써 규모의 경제와 능률(economies and efficiencies of scale)을 실현하려고 노력한다.

글로벌마케팅은 다음과 같은 두 가지에 바탕을 두고 있다.

첫째, 글로벌시장을 형성하는 복수시장국들의 소비자들은 그들의 니즈와 욕구를 근본적으로 같은 제품/서비스들을 소비함으로써 만족시키려는 경향을 보이고 있어서 세계적으로 소비자수요의 공통분모(commonality)가 결집되고 있다는 전제이다. 두 번째로는 복수시장국들에 존재하는 소비자들이 근본적으로 동일한 제품/서비스들을 소비함으로써 같거나 유사한 수요를 만족시키려는 경향의 증가로 인하여, 전체지구상에 시장수요의 공통분모가 결집되고 있기 때문에, 그러한 소비자들은 전체 지구상에서 막대한 규모의 세분시장들(market

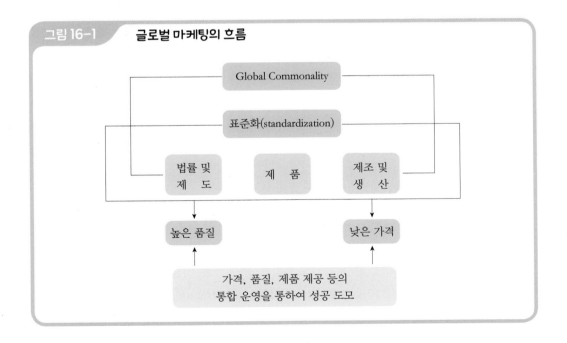

그림 16-1 **글로벌 마케팅의 흐름**

segments)을 형성한다는 전제이다. 그러한 전제들을 받아들이고 있는 글로벌회사는 마케팅 믹스 구성요소들을 포함한 마케팅 노력들(marketing efforts)을 실용성이 있는 한도 내에서 전체 지구(즉 글로벌) 차원에서 최대한 표준화하려고 시도한다. 여기서 실용성이 있는 한도 내에서 표준화하려고 '시도'한다 함은, 모든 국제마케팅 의사결정을 글로벌 차원에서 표준화하기가 아직은 현실적으로 불가능하다는 사실을 시사한다.

왜냐하면 국제마케팅 의사결정들 중에는 글로벌 하게 적용 가능한 것들도 있지만, 지역시장들 및 국가시장들의 서로 다른 환경요소들을 반드시 고려해야만 하는 것들도 있기 때문이다. 전략 채택시의 현실적 문제해결방법에 일반적으로 글로벌회사는 다음과 같은 접근방법으로 그런 현실적 문제를 해결한다.

즉 표적으로 삼은 한 국가시장들(entire set of country markets: 그것이 본사국시장에 더하여 1개 국가시장이든, 또는 본사국시장과 130개 국가시장들이든)을 하나의 단위(unit)로 간주하고서, 유사한 니즈와 욕구를 지닌 잠재적 구매자들로 구성된 집단을 하나의 글로벌 세분시장(global market segment)으로 규명한 다음에, 비용-문화적으로 유효한 범위 내에서, 표준화 노력이 내포된 마케팅계획을 개발한다.

이렇게 개발한 글로벌마케팅 표준화 계획은, 표준화된 제품과 더불어, 광고를 국가별로 특유한 시장 특성에 적용시킨 것일 수도 있고, 표준화된 광고테마를 사용하되 광고의 어필을 국가별로 특유한 시장특성에 적용시킨 것일 수도 있다. 표준화된 브랜드나 이미 기타의 믹스 등을 포함하는 것을 뜻할 수도 있다. 달리 표현하면, 글로벌 안목(global perspective)을 가지고 마케팅계획과 마케팅 믹스를 접근하되, 비용-문화적으로 유효성이 있는 범위 내에서만, 마케팅 믹스에서 표준화의 능률(efficiencies of standardization)을 추구한다는 뜻이다. 그러므로, 만일 특정한 국가시장·지역시장들의 문화적 특유성이 제품·이미지·브랜드·품질·규격 등을 조정·적용하도록 요구하고 강요할 때에는 그러한 요구와 강요에 긍정적으로 순응하는 조치를 취하게 되는 것이다.

따라서 글로벌 회사는 글로벌화를 추구하는 것을 기본목표로 삼고 있되, 글로벌화는 현지화(localization)와 지역화(regionalization)라는 목표가 있어야 효과적이다. 실례로 EU·NAFTA 등과 주요 국가시장들에 대해서는 글로벌화와 현

지화를 합친 글로컬리제이션(glocalization) 및 글로벌화와 지역화를 합친 글로
지오널리제이션(glogionalization)을 동시에 추구한다고 말할 수 있다.

이러한 관점에서 지구 전체를, 즉 글로벌 시장들을 표적시장으로 간주하고
서 글로벌 마케팅전략을 개발하여 집행하는 만큼 글로벌 회사들은 주로 세계시
장 지향적(geocentric)으로 분류되면서도, 해외시장국 지향적(polycentric)인 것
과 지역시장지향적(regiocentric)인 성격 역시 띠고 있다고 말할 수 있다.

이러한 상황 하에서 글로벌 안목을 가지고 글로벌 마케팅을 하려는 기업들
에게 중대한 점은 전체 지구상에 똑같은 제품들은 수요하는 구매자들이 얼마나
많은가보다는 서로 다른 국가시장들에서 살고 있는 잠재적 고객들이 공유하는
니즈, 욕구, 구미, 선호(shared needs, tastes, preferences)가 어느 정도인가를 파
악하는 것이다.

왜냐하면, 만일에 공유된 니즈 등이 충분히 존재한다면, 그러한 공유된 니
즈 등에 어필할 수 있도록 비교적 표준화된 마케팅 프로그램을 개발하는 것이
타당해지기 때문이다. 이러한 접근방법의 예로서 화장품 제조업체들은 대부분
의 개발국들과 몇몇 신흥공업국들에 거주하고 있는 패션의식이 높은 고소득층
여성들로 구성된 글로벌 세분시장(global market segment)을 표적시장으로 삼고
있는 것을 보면 잘 알 수 있다.

또한, Nestle사의 예를 보면 Nestle사는 국가시장별로 상이한 혼합(blend)
커피를 마케팅하고 있으며, 동시에 진입하고자 하는 모든 국가시장들에 적용할
마케팅 계획을 수립하는 전 과정에서 마케팅 계획을 조정(coordinate)하고, 똑
같은 브랜드 네임을 거의 모든 국가시장들에서 사용하고, 마케팅 아이디어를
공유하여 활용하고, 기업자원을 더욱 효과적으로 배분함으로써, 경험곡선효과
에서 비롯되는 편익을 누리고 있기 때문이다.

글로벌 마케팅의 기타 장점으로는 국내시장 운영만을 하는 기업들과 비교
할 때, 글로벌 마케팅운영을 하는 기업들은 ① 지구상에 있는 폭넓은 잠재적 고
객들 중에서, ② 그러한 고객들의 니즈·욕구·선호 중에서, ③ 보유하고 있거나
동원 가능한 제품생산 기술 등 중에서, 글로벌 마케팅 목적달성에 최대한 기여
할 수 있는 것만을 재량껏 취사선택할 수가 있다. 이것도, 기업들이 글로벌 마
케팅 컨셉을 채택하도록 강력하게 고무하는 요소이다.

요약

기업의 경쟁무대는 국내, 혹은 특정 국가가 아니며 경쟁기업도 국적을 불문한다. 세계 소비자들의 욕구와 구매행동이 동질화되어 가고 있는 추세가 있는 반면에, 여전히 국가시장 간에는 다양한 측면에서의 차이가 존재한다. 따라서, 글로벌 기업은 서로 상이한 환경하에서의 마케팅 믹스의 다양한 요소들을 관리하기 위한 의사결정들에 직면하게 된다. 어떤 제품과 서비스를 가지고, 어떤 시장을 대상으로, 어떤 방법으로 그 시장에 들어가서, 어떤 마케팅 프로그램을 전개해야 할까? 국가 간에 유사해져 가는 경향이 있는 동시에 여전히 다른 국제 마케팅 환경에는 어떻게 대처해야 할까? 이러한 질문에 대한 답을 얻기 위하여 본 장에서는 글로벌 경영에 대한 기본적인 개념과 유형 및 글로벌 마케팅에 대하여 알아보았다.

참고문헌

- 강태구, 「국제경영학」, 박영사, 1997.
- 국제경영연구회, 「국제경영」, 문영사, 2001.
- 유필화 외, 「디지털시대의 경영학」, 박영사, 2000.
- 이철·장대련, 「글로벌시대의 국제마케팅」, 학현사, 1998.
- 차태훈 외, 「글로벌마케팅」, 경문사, 2002.

토의문제

1. 글로벌 마케팅 전략을 수립하는 데 있어 내부자원의 분석이 결정적으로 중요한 이유는 무엇인지 설명해 보라.
2. 기업이 글로벌 시장에서 성공하기 위해서는 반드시 규모가 크거나 경험이 많아야 하는 것이 아닌 이유를 설명해 보라.
3. 개발도상국 출신의 후발기업들이 세계시장에서 선진국 선발기업과 경쟁하기에 유리한 산업은 무엇이며, 이들이 취할 수 있는 전략은 무엇인지 토의해 보라.

찾아보기

❧ 공저자 소개 ❧

김 귀 곤

한국외국어대학교 경영대학 졸
한국외국어대학교 경영학석사
한국외국어대학교 경영학박사
현, 금오공과대학교 경영학과 교수

김 솔

KAIST 경영대학 졸
KAIST 경영학석사
KAIST 경영학박사
삼성 SDS 컨설팅본부 근무
서울여자대학교 조교수 역임
한국파생상품학회 회장 역임
현, 한솔케미칼 사외이사
현, 한화자산운용 사외이사
현, 한국외국어대학교 경영대학 교수

이 순 희

KAIST 산업공학과 졸
Georgia Institute of Technology 산업공학석사
Northwestern University 산업공학/경영과학박사
UNIST(울산과학기술원) 조교수 역임
현, 한국외국어대학교 경영대학 교수

이 주 헌

University of Southern Mississippi 전산학사
Virginia Polytechnic Institute and State University
　산업공학석사
Illinois Institute of Technology 경영정보학박사
한국경영정보학회 회장 역임
현, 한국외국어대학교 경영대학 명예교수

조 남 신

서울대학교 경영대학 졸
KAIST 산업공학석사
University of Pennsylvania Wharton School 경영학
　박사
한국전략경영학회 회장 역임
현, 한국외국어대학교 경영대학 명예교수

제 8 판
경영학으로의 초대

초판발행	2002년 3월 20일
제 2 판발행	2004년 2월 10일
제 3 판발행	2010년 2월 20일
제 4 판발행	2014년 2월 25일
제 5 판발행	2015년 7월 20일
제 6 판발행	2018년 2월 9일
제 7 판발행	2021년 1월 30일
제 8 판발행	2024년 2월 20일

공저자	김귀곤·김 솔·이순희·이주헌·조남신
펴낸이	안종만·안상준
편 집	전채린
기획/마케팅	박부하
표지디자인	Ben Story
제 작	고철민·조영환
펴낸곳	㈜ **박영사**
	서울특별시 금천구 가산디지털2로 53, 210호(가산동, 한라시그마밸리)
	등록 1959.3.11. 제300-1959-1호(倫)
전 화	02)733-6771
f a x	02)736-4818
e-mail	pys@pybook.co.kr
homepage	www.pybook.co.kr
ISBN	979-11-303-1963-6 93320

정 가   28,000원